미디어 콘텐츠 경영

MEDIA CONTENT MANAGEMENT

심상민 지음

신아사

심상민

성신여자대학교 미디어커뮤니케이션학과 교수. 삼성경제연구소 경영전략실 수석연구원을 거쳐 한국문화콘텐츠진흥원 이사, 영화진흥위원회 부위원장/위원장 직무대행, (사)한국문화경제학회 회장 역임. CJ인터넷(현 넷마블)과 로엔엔터테인먼트(현 (카카오뮤직(멜론)) 사외이사를 했고 현재 콘텐츠 미래연구회 회장, 문화체육관광부 청렴 시민 감사관으로 있음.

저술로는
〈엔터테인먼트 산업론 (2021)〉, 〈문화마케팅(공저, 2008)〉, 〈컬처 비즈니스(2007)〉, 〈미디어 기업의 수익다각화 전략 (2005)〉, 〈문화콘텐츠와 창의성 (2005〉, 〈미디어는 콘텐츠다 (2002)〉등 저술

미디어 콘텐츠 경영

초판 1쇄 발행 _ 2022년 12월 30일

저　　자 • 심 상 민
발 행 인 • 정 현 걸
발　　행 • 신 아 사
인　　쇄 • 토탈프로세서
출판등록 • 1956년 1월 5일 (제9-52호)
주　　소 • 서울시 은평구 통일로 59길 4 (2층)
전　　화 • 02)382-6411 • 팩스 02)382-6401
홈페이지 • www.shinasa.co.kr
E-MAIL • shinasa@daum.net

ISBN 979-11-92428-40-6 (93320)

정가 30,000원

『미디어 콘텐츠 경영』 머리말

활발한 경영 수업과 편력을 위하여

누구나 미디어 콘텐츠 종사자가 되고 싶어 하지 않을까?

언제라도 기회를 잡는다면 할리우드 선셋 대로, 브로드웨이, 충무로를 거닐며 부드러운 소프트 파워 새 가치를 나누는 멋진 리더를 꿈꾸지 않을까?

이런 상상 환상 몽상을 품고 미디어 콘텐츠학을 연구해왔던 것 같다. 사회 첫발, 신문기자를 할 때만 해도 솔직히 언론사 경영 따위에는 관심을 두진 않았었다. 다만 경쟁사가 명성을 얻고 나의 경쟁자가 더 강력한 네트워크를 거머쥐는 것을 볼 때는 미디어 기업의 경영 시스템을 깊이 고민해보았다.

경영학을 전공하러 워싱턴 D.C.에서 생활할 때는 온갖 산업과 여러 선도적인 기업들의 역사와 매력에 반해 연차 보고서와 같은 보물들을 샅샅이 탐사했었다. 당시 슈퍼 하이웨이라 했던 정보화 혁명이 워낙 대단했던지라 ICT 기업의 스타 탄생을 케이스 스터디로 주로 다루었다. 이런 인연 덕분이었는지 삼성경제연구소 경영전략실에 와서부터는 미디어와 인터넷 신경제를 내 마음자리에 새기는 브랜드 현판으로 삼게 되었던 것 같다.

이 시기 2001년부터 마침 콘텐츠(Contents)가 혜성처럼 나타나 한류와 문화콘텐츠, 인문콘텐츠, 디지털 콘텐츠, 문화경제, 미디어 경영 경제 영역 등 다양한 갈래로 힘찬 물줄기를 뻗어나가게 하였다. 나는 장엄한 새 물결 용틀임에 뛰어들어 콘텐츠 비즈니스, 미디어 엔터테인먼트 경영, 문화산업, 문화 경제학 영토를 마음껏 뒹굴어 볼 수 있었다. 행복한 여정에 오를 수 있어 늘 감사한 마음이다.

대학으로 와서 관련 과목들을 개설하여 미디어 콘텐츠 경영 이론과 실제를 강의한 지도 어느새 20년에 닿고 있다. 맑고 푸른 청년들이 눈을 반짝이며 몰입하고 묻고 답했던 시간 속에서 지혜와 진리를 한 줌씩 적립해왔다. 여러 우여곡절과 노력이 알맞게 축적됐기에 뒤

늦게나마 이 책을 만들어낼 수 있었다고 여긴다.

무엇보다 매 학기 별난 팀 빌딩을 하고 내내 빡빡한 프로젝트 매니지먼트를 종용한 교수를 잘 믿고 따라준 나의 학생, 제자들에게 큰 감사를 전하고 싶다. 특히 책 본문에 담은 그대로 충실하고 빼어난 기업 조사, 분석, 평가 자료를 연구해 발표한 2021년 〈미디어 비즈니스〉 5개 팀원에게 큰 경의를 표한다.

책, 〈미디어 콘텐츠 경영〉은 싱싱한 유기농 느낌을 추구하고 싶다. 숱한 산업, 모래알같이 많은 기업과 사업 중에서도 미디어 콘텐츠는 무척 다르고 특수하기 때문이나. 모든 인간의 라이프 스타일 변화에 가장 근접해 있고 문화예술을 주축으로 한 총체적 가치를 느끼게 해주는 세상이어서다.

그러니 너무 기계적이고 굳어져 버린 경영학이나 현실과 동떨어진 강단 아카데미아로는 그 환희와 떨림, 벅찬 교감을 마주하기 힘들다. 1972년 영화 〈대부〉 한 편을 만나 성숙한 남성의 미학에 압도당한 이후 불후의 명작을 껴안고 원더풀 라이프를 보내고 있는 어느 한 사람 팬심을 연상해보면 좋을 터이다.

K POP 혁신가들도 그렇고 한류 팬들도, 중남미 텔레노벨라, 인도 볼리우드 열성 팬들도 매한가지다. 이들은 한결같이 고귀한 걸작을 추앙하면서도 늘 참신한 경험(fresh experience)에 목말라 한다. 양철북 댕댕 두들겨가며 멋지고 아름다운 미디어 콘텐츠 제공과 세련된 마케팅, 서비스를 갈구하고 있다.

엄중한 사명감을 알기에 산뜻하고 화사한 수요와 공급을 성사시킬 수 있는 체계화되고 풍성한 〈미디어 콘텐츠 경영학〉 과업에 도전하게 되었다. 도전자 역할을 수행할 이 책은 I 부 〈See〉에서 미디어 콘텐츠 경영 일반(이론과 인식)을 다룬다. II 부 〈Do〉는 미디어 콘텐츠 업무 실행(비즈니스 모델)을 살핀다. 이렇게 전부 14장에 걸쳐 지상에서 가장 신나고 흥미진진한 미디어 콘텐츠 경영을 탐사한다면 한결 더 즐겁게 탐구하고 일하여 유익한 성과를 만들어낼 수 있지 않을까 기대해본다.

명품 교육 콘텐츠를 위해 듬직한 파트너로서 함께 해온 신아사 남궁연, 김금란 님에게 큰 감사를 드린다. 늘 가까이서 합심해온 내 가족에게 무한한 사랑을 전한다. 사랑하는 아내 이선영, 자랑스런 딸 심보원 고맙고 또 고맙다.

귀한 인연으로 몸담은 성신여대와 한국문화경제학회, 한국지역문화학회, 콘텐츠미래연구회 동료들, 선후배님들께도 존경한다고 말씀드리고 싶다.

우리 미디어 콘텐츠 경영 분야 학문과 활용에 더욱 헌신하도록 하겠다. 이 책을 통해 이어지는 모든 분과도 좋은 성과로 인연 맺어지기를 소원한다.

2022년 늦가을

심상민

목차

I. See

(경영 일반 : 이론과 인식)

1. 서론 : 미디어 콘텐츠 경영 ?

2. 기업에 대한 이해

3. 하우스 모델과 경영시스템

4. 업의 개념과 가치 사슬

5. 경영 환경을 보는 눈

6. 경쟁에 대하여 : 5 Forces Model

7. 전략 도출 · 생성

II. Do

(업무 실행 : 비즈니스 모델)

8. 창의적 사업 기획, 개발

9. 인(人) : 인사 · 조직 관리

10. 물(物) : 제작시스템

I. See

(경영 일반 : 이론과 인식)

1 서론 : 미디어 콘텐츠 경영 ?

미디어 기업을 위한 경영학 이론과 실제가 따로 존재해야 하는가? 우리가 아는 엔터테인먼트 또는 콘텐츠 업에 특화한 비즈니스 모델 학습과 개발이 꼭 필요한가?

이렇게 묻고 답하는 탐사 여정을 시작한다. 이 오디세이는 그 자체가 프로그램이고 개인과 팀이 함께 주도하는 프로젝트 매니지먼트이기도 하다.

1) 개요

목적

이 탐사가 우선 미디어와 콘텐츠 경영에 관한 이론과 실제를 곧바로 정복하는 방편이 되기를 원한다. 우선 미디어와 경영, 사업, 전략, 산업, 글로벌화 등과 관계를 이해한다. 이를 통해 미디어 활동과 비즈니스가 객관적 여건으로서 산업, 시장 환경과 밀접한 연관을 맺고 있고 이에 대응하는 주관적 소선으로서 석합한 전략이 요구되고 있음을 알 수 있다. 아울러 콘텐츠 상품을 중심으로 치열하게 전개되는 미디어 기업의 각축장인 글로벌 시장을 다양한 사례 분석 등을 통해 보아야 한다. 이로써 실제 미디어 기업 현장에서 활동할 수 있는 기본 소양을 기를 수 있다. 또한 학습 입문자와 업계종사자들이 중심이 되는 프로젝트 경영 실습 프로그램 운영을 통해 전문적인 미디어 비즈니스 업무 수행의 기초를 익힐 수 있다. K POP, 한류, 플랫폼 비즈니스, 인터넷 모바일 디지털 콘텐츠와 같은 최근 사회문화현상에 대해서도 문헌과 사례연구 방법론으로 학습함으로써 생생한 현장 현실 비즈니스 모델을 익히고자 한다.

배경

미디어와 콘텐츠 경영계에도 거시(macro)가 있고 미시(micro)가 있다. 거시는 미디어 경제학 또는 이를 압축한 엔터테인먼트 산업론이라는 별도 탐사 부문으로 접근하면 된다. 미시의 미디어와 경영, 경영학 그리고 거시의 경제와 경제학이 공존하는 구조이다. 여기서는 미디어 콘텐츠와 경영학을 구체화하며 좁혀나가는 탐사 작업을 펼친다. 경영 전반이 아닌 사업이라는 용어로서 비즈니스에 초점을 더 두고자 하는 것은 경영이론과 실제를 연결하되 좀 더 사업활동과 수익모델에 집중하고자 함이다.

시점은 이론에서는 과거와 현재, 실제는 현재와 미래를 브릿지로 이동하듯이 흘러가도록 할 터이다. 매일 매일 엄청나게 많은 자료와 정보가 쏟아지는 영역이라는 여건도 잘 활용해야 한다. 국내외 전 세계 뉴스 아티클과 동영상 무더기가 아침 저녁으로 방사되기 때문에 분석의 틀과 연구 모형이 더더욱 중요하다. 미디어 콘텐츠 기업과 경영을 제대로 이해하기 위한 가장 유력한 범위와 대상은 최근세사와 현재 상황이다. 할리우드로 치면 1912년 이후 지난 110여 년간 응축된 제작시스템, 파이낸스 시스템을 꿰어야만 미디어 콘텐츠 경영 이 구역의 사용 설명서를 제대로 알 수 있다는 얘기다.

〈그림 1〉 'C-P-N-D'와 미디어 콘텐츠 비즈니스 영역

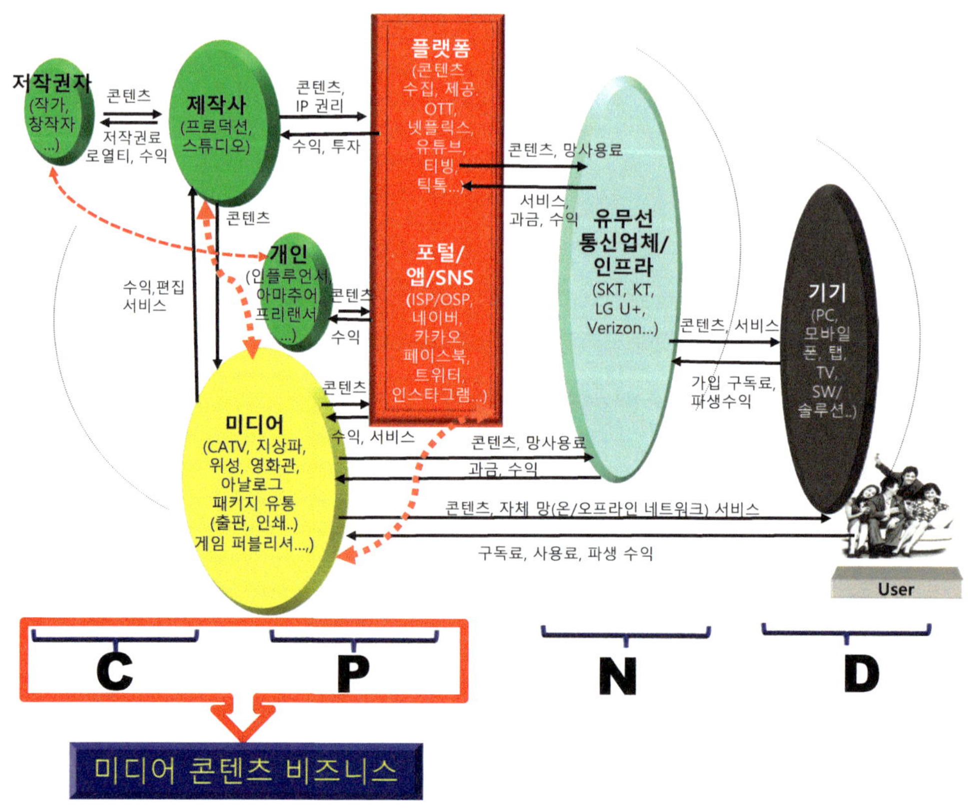

범위와 대상

미디어 콘텐츠 경영은 유통 플랫폼과 연관 관계 때문에 모호한 영역을 공유하게 되었다. 넷플릭스와 유튜브 같은 OTT 플랫폼이 동영상 시장 지배력을 끌어올리는 바람에 미디어와 플랫폼 개념이 충돌하기에 이르렀다. 해서 이 책은 기본적으로 C(Content)-P(Platform)-N(Network)-D(Device) 산업 구조 위에서 탐구 범위와 대상을 명확히 하려고 한다.

〈그림 2〉 미디어 콘텐츠 비즈니스 생태계 범위

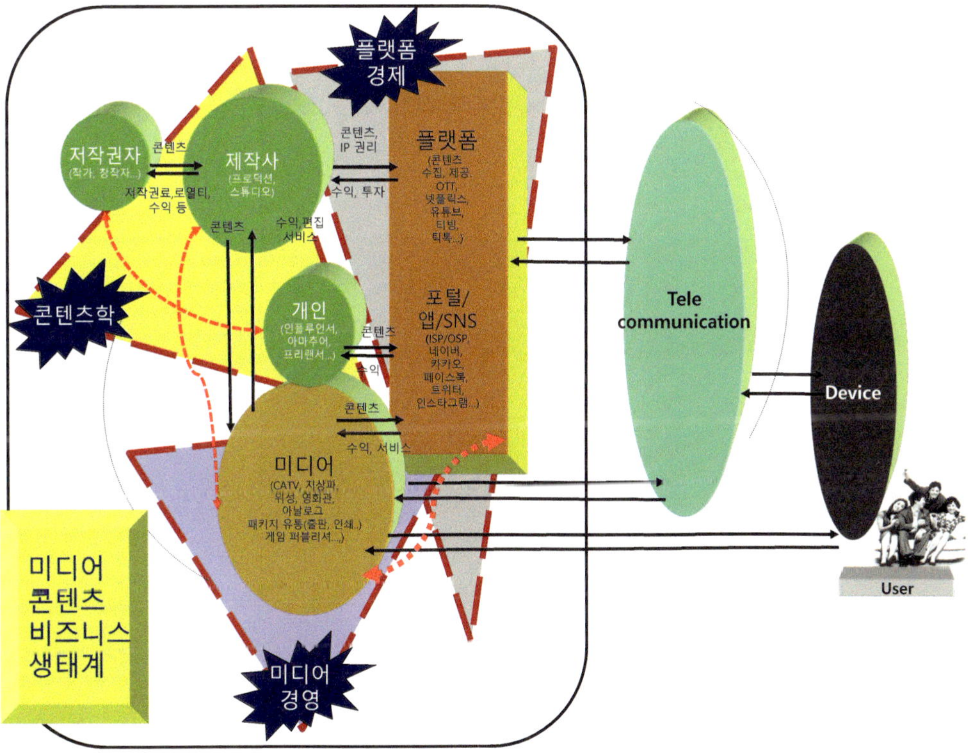

무엇보다 C(Content)-P(Platform) 영역에 초점을 맞추고자 한다. 콘텐츠(C: Content)는 창작 활동을 하는 저작권자와 전문 제작사, 개인 참여자 등이 주역들이다. 문제는 미디어인데 전문제작사와 공급 계약을 맺거나 내부 인 하우스로 콘텐츠를 생산한 이후 유통 단계에서 플랫폼, 텔코(통신회사), 이용자 고객과 3중 연결망을 갖고 작동한다. 슈퍼 플랫폼을 통해 글로벌 신출을 꾀하기도 하고 유무선 통신망으로 자체 웹, 앱을 개설해 마케팅을 뛰기도 한다. 아예 케이블, 위성, 신문 배달, 도서 판매, 극장 상영 등 자체 고유 망을 거쳐 고객

과 만나기도 한다. 이 때문에 미디어 기능과 역할이 플랫폼과 혼재되어 있기도 하다. 플랫폼과 이웃하는 영역으로 포털과 모바일 앱, SNS를 구분해 둘 수도 있다. 카카오톡, 인스타그램을 보면 개인이나 일반 기업으로부터 콘텐츠를 받아와 곧바로 유통에 나선다. 이 또한 OTT 플랫폼과는 다르고 주로 콘텐츠를 조달하여 편집, 편성하는 전통적인 미디어와도 차별화되는 신생 영역이다. 플랫폼과 더불어 유통 시스템으로 간주할 수도 있다. 해서 이 책에서는 C(Content)-P(Platform)까지를 미디어 콘텐츠 비즈니스 구역으로 보겠다.

이론적 산업 구분과 배경으로 접근할 경우 이 미디어 콘텐츠 비즈니스 구역(C(Content)-P(Platform))에는 3가지 독자적인 구획이 나누어진다. 콘텐츠학과 미디어 경영, 그리고 플랫폼 경제이다. 콘텐츠를 창작, 기획, 개발하는 것에서부터 문화적 배경, 미학적 가치, 예술가 정신 등이 광범위하게 따라붙는다. 콘텐츠학의 중요성을 보여주는 좋은 예시가 있다.

〈그림 3〉 영화 〈대부〉 50주년 이미지

The Godfather 50th Anniversary', COURTESY OF PARAMOUNT PICTURES

구체적으로 영화 〈대부〉를 만나보자. 1972년에 나온 이 영화가 50주년을 맞이하면서 다시금 풍부한 역사의 축적과 굴러온 이끼를 고색창연하게도 쥐여주고 있다. 사람을 볼라치면 P.C.R.을 다시 반추하고 깊숙이 들어가 보아야 오묘한 미디어 콘텐츠 비즈니스의 시크릿과 마주할 수 있다. 작가 마리우 푸조, 감독 프란시스 포드 코폴라, 음악 작곡 니노 로타라는 삼총사의 패밀리 네임 이니셜을 딴 P.C.R.을 말한다. 이들의 각자 내력, 기획과 창작 협업의 힘은 일반적인 제조업이나 서비스업에서 볼 수 없는 영혼의 마성을 간직하고 있다. 이에 더해 말론 브란도, 알 파치노, 로버트 드니로, 로버트 듀발 등 배우를 추앙하는 영역에서도 영화 미학의 큰 산과 함께 영화 미디어, 콘텐츠 비즈니스의 세계가 펼쳐지고 있다. 배우 에이전시로부터 시작해서 예술과 상업의 계약 관계, 팬덤이라는 무형 자산, 롱테일 이론으로도 커버 가능한 마케팅과 종합 커뮤니케이션 활동 등을 체계적으로 다룰 수 있다. 그리하여야만 역대 세계 영화 순위 1, 2위에 우뚝 선 불멸의 영화를 문화자본으로 계속 축적하고 제 2, 제 3의 후속작, 후속 성공 사례를 이어갈 수 있다.

콘텐츠학에 이어서는 미디어 경영 분야를 상세하게 조사, 분석, 평가하여야 한다. 이를 통해 다른 일반 제조업과 다른 특성이 있는 미디어 기업이 공공성과 사회문화적 가치, 문화자본 등 요인들을 어떻게 활용하는지를 면밀히 분석해 보아야 한다. 플랫폼 경제는 대략 2020년 이후 지배적인 사업자로 등장한 글로벌 슈퍼 플랫폼과 로컬 플랫폼에 관한 고민이자 고찰이다. 콘텐츠학, 플랫폼 경제, 미디어 경영, 이들 3개 영역이 곧 미디어 콘텐츠 경영 생태계를 형성한다는 것을 전제로 이 책은 출발한다.

2) 경영학 일반

Great to Grace : 위대한 기업을 넘어 기품 있는 기업으로

'Good to Great'로 가고 'Great to Grace'로 가는 정상 루트도 경영학이고 경영전략이다. 그런가 하면 'Good to Grace'로 한방에 곧바로 퀀텀 점프하며 솟구쳐 오를 수도 있는 것이 소프트 파워를 지향하는 미디어 콘텐츠 경영의 이론과 실제의 묘미라고 본다. 그래서 잭팟 비즈니스라는 말도 따라붙었지만, 그보다는 뭔가 마성적인 힘, 영험하고 신비롭고 멋진 신세계가 잘 어울리는 영역이다. 이러한 매력과 특질을 귀하게 여기면서 미디어 콘텐츠 비즈니스 이론과 실제 탐사를 시작하려 한다. 'Great to Grace'나 'Good to Grace'를 논하기 전에 무엇보다 중요한 기초 체인 'Being Good'으로부터 시작한다.

이 모든 과정을 통해 위대한 기업을 넘어 '기품 있는 기업'으로 가는 여정이 곧 미디어와 콘텐츠 경영 활동이라고 볼 수 있다. 도약하는 기업의 성장 진화를 다룬 짐 콜린스의 베스트셀러『Good to Great』를 패러디해보았다. 이 책은 경영학 교과서는 아니다. 미디어와 비즈니스 책도 아니고 IT 디지털 기업 경영에 국한된 것도 아니다. 경영의 고민과 미션, 지향점에 대하여 공통적인 영역에서 알기 쉽게 압축한 콘텐츠다. 부제목처럼 '왜 어떤 기업은 훨훨 날아다니는데 다른 기업들은 그렇지 못한가?'라는 물음에 대한 해답이기도 하다.

미디어 기업도 판박이로 똑같기만 할까? 위대한 기업으로 가는 것만 해도 필생의 꿈이자 과업이 될 터이니 그럴 수도 있을 테다. 하지만 그와 달리 문화하고 예술하고 정신과 마음의 공감을 추구하는 미디어 콘텐츠 경영은 조금은 결을 달리한다고 본다. 고객 관점에서 보면 좋겠다. 사람들은 물론 가격이 착하면 좋아한다. 삼각 김밥 하나 사고 노트북 컴퓨터 한 대 살 때 되도록 싼 쇼핑몰을 찾아 할인까지 받아내기를 바란다. 여기까지는 'good buy'다. 한 단계 올라가면 가격이 비싸도 어느 편의점이 신상으로 내놓은 특별한 김밥을 맨 처음 영접했다거나 최신 사양 애플의 노트북 맥북을 꼬박 밤새워 줄서서 득템하는 진풍경이 있을 수 있다. 이게 'best buy'를 포함한 'great buy' 쯤 될 터이다. 여기를 넘어 저 너머 밖에 따로 존재하는 외계가 있지 않을까? 영국의 싱어 송 라이터 애드 시런 내한 공연에 몇 달 치 용돈을 올인하는 고객도 있다. BTS 글로벌 팬덤을 이끈 아미도 있고 천만 영화, 쌍 천만 배우, 감독도 나온다. 1996년에 나왔다가 사라졌으되 20대 청춘 에단 호크와 줄리 델피를 기어이 봐야겠다는 관객들의 소환으로 20주년 재개봉을 한 영화 〈비포 선라이즈〉는 또 어떤가? 일반 경제학, 여느 경영학이 다스리는 영토에서 탈출해 벗어난 고유한 세계가 엄연히 놓여 있다. 이 시크릿 가든으로 들어가는 담쟁이 담벼락 가린 좁은 문을 찾아 열어젖히는 작업이 필요하다. 이 영토에 들어오는 사람들은 이미 'goog buy'에서 'great buy'를 지나 'graceful buy' 또는 'graceful experince', 'graceful life'를 안는 특별한 존재가 된다. 미디어 콘텐츠 비즈니스를 영위하는 기업도 일반 경영학이 주문하는 'Good to Great'로 발전하기를 힘쓰고 그 너머로 'Great to Grace'로 나아가야 하는 숙명을 안고 있다. 어쩌면 무지개 저 너머(over the rainbow)로까지 탐험을 마다하지 않는 개척자와 모험가이며 예술가 정신과 똘끼 충만한 몽상가들이 주력 선수들인 곳이 미디어 콘텐츠 비즈니스 운동장이 아닌가 싶다.

이런 마음을 품고 위대한 기업을 넘어 '기품 있는 기업'을 탐사하는 기분 좋은 여행을 떠날 채비를 해보자. 먼저 'Good to Great'가 있다. 저자 짐 콜린스는 '좋은 기업을 넘어 위대한 기업으로(Good to Great)' 가는 이들의 7가지 특성을 말한다.

1. Level 5 leadership
2. From Who, Then What
3. Confront Brutal Facts
4. Hedgehog Concept
5. Culture of Discipline
6. Technology Accelerators
7. The Flywheel

〈그림 4〉『Good to Great』

Seven characteristics of "Good to Great" companies [edit]

Collins identified several key characteristics in companies that made the leap from good to great.

1. **Level 5 Leadership:** Leaders who are humble, but driven to do what's best for the company.
2. **First Who, Then What:** Get the right people on the bus, then figure out where to go. Find the right people and try them out in different seats on the bus (different positions in the compa
3. **Confront the Brutal Facts:** The Stockdale paradox—Confront the brutal truth of the situation, yet at the same time, never give up hope.
4. **Hedgehog Concept:** Three overlapping circles: What lights your fire ("passion")? What could you be best in the world at ("best at")? What makes you money ("driving resource")?
5. **Culture of Discipline:** Rinsing the cottage cheese.
6. **Technology Accelerators:** Using technology to accelerate growth, within the three circles of the hedgehog concept.
7. **The Flywheel:** The additive effect of many small initiatives; they act on each other like compound interest.

Collins found that the main reason certain companies become great is they narrowly focus the company's resources on their field of key competence.

https://www.amazon.com/Good-Great-Some-Companies-Others/dp/0066620996

리더십과 사람과 할 일, 냉혹한 현실 직시, 고슴도치 개념(집중하기), 규율 문화, 기술 가속 페달, 플라이휠과 파멸의 올가미를 통해 위대한 기업으로 올라서고 그 고지를 지켜낸다는 영웅담 신화와도 같다.

이 책에는 스톡데일 패러독스(Stockdale Paradox) 얘기도 나온다. 미군 장교 스톡데일이 베트남 전쟁 때 무려 8년을 포로로 잡혀 있다 생환한 스토리다. 다른 포로 동료들은 다음 크리스마스에 나간다더라는 근거 없는 희망 고문에 끝내 버티지 못했다. 스톡데일은 긍정적 낙관론을 신념으로 가져 루머에 휘둘리지 않고 이겨냈다. 비관적인 현실을 냉정하게 받아들이면서 끝내 잘 될 것이라는 굳은 신념으로 현실을 이겨내는 합리적인 낙관주의이다. 막연한 낙관주의나 자기기만과는 다르다. 미래가 아닌 거친 현실을 낙관하는 역설적인 신념이 인간의 놀라운 탄력성을 보여주었다는 해석이다.

이런 내용이 경영학에는 매우 광범위하게 들어온다. 전쟁 한 가운데 발생한 진귀한 사례도 들어오고 인간의 마음, 역사, 기술 전 분야를 망라하기도 한다. 18세기 근내경제학에서부터 시작해서 19세기 심리학, 20세기 사회학, 문화인류학에서 상당한 내용을 흡수하였다. 왕성한 식욕을 가진 경영학은 1970년대 후반에 와서야 제대로 된 체계를 갖춘 학문이자 대학 학과로서 자리를 잡기 시작했다. 미국 보스턴 케임브리지에 있는 하버드 대학에서다. 경영학의 발전은 미디어 콘텐츠 분야도 끌어 안고 여전히 진행중이다. 노벨 경제학상은 있지만, 아직도 노벨 경영학상이 없지 않은가.

하버드 비즈니스 스쿨 8 분과

미국에서는 경영학과, 경영대학을 비즈니스 스쿨이라고 이름하는 경우가 대부분이다. 실질적인 실물경제를 중시하고 실전 경영학, 실무 전략 활동을 강조하는 경향이 강하다 보니 관리(management)보다는 사업 활동(business)이라는 표현을 선호하는 것으로 풀이할 수 있다. 경영학 용어에도 관리(management)라는 표현 없이 비즈니스 어드미니스트레이션(B.A.: Business Administration)을 쓴다. 그러니 경영학 석사는 MBA(Master of Business Administration가 되고 박사는 DBA(Doctor of Business Administration)다.

〈그림 5〉 하버드대 비즈니스 스쿨

https://www.hbs.edu/Pages/default.aspx

우리말로 직역해보면 경영학이라기보다는 비즈니스 행정학일 수도 있는 개념을 원조 발생지에서는 경영학으로 정의하고 있어 뭔가 불협화음 같기도 하다. 그래 보여도 실상은 그렇지 않다. 한국에서 말하는 행정학 진영에서 이미 행정학이나 정책학 대신 공공경영학으로 새롭게 바꾸어 불러야 한다는 의견도 나오고 있다. 행정(Administration)이 시대정신에 맞게 변화해야 하고 새롭게 바로 잡을 수 있는 아이덴티티는 경영, 경영학이라고 보는 시각이다.

하버드대 비즈니스 스쿨의 현황을 보면 현재 경영학의 차림표 구성을 단박에 알 수 있다. 전 세계 수많은 경영학과, 경영대학이 저마다 다른 구성을 하고 대학 학과와 대학원에서 독자적인 프로그램을 운영하고 있기에 하버드대의 전공 구조와 커리큘럼을 중요한 표준으로 삼을 만하다. 워낙 들쭉날쭉하고 자유분방한 경영학 정의와 개념 범위와 대상이 난무하고 있음을 생각하면 원조 종가 격인 하버드대 비즈니스 스쿨의 조직화된 구조는 명확한 지침이 되어주기도 한다.

이 대학은 경영학 박사과정에서 8개 트랙으로 프로그램를 나누어 갖고 있다.

1. Accounting and Management
2. Business Economics
3. Health Policy (Management)

4. Management
5. Marketing
6. Organizational Behavior
7. Strategy
8. Technology and Operation Management

특이한 것은 금융(Finance)이 따로 없다는 점이다. Accounting and Management에 부속된 것 같기는 한데 회계와 금융은 확연히 다르다. 회계는 과거의 언어이고 금융은 미래의 언어라는 말도 있을 정도니까. 이런 당혹스러움은 Management라는 표현에서 대부분 해소할 수 있어 보인다. 1. Accounting and Management, 3. Health Policy (Management), 4. Management 8. Technology and Operation Management에 이르기까지 4개 분과 타이틀에서 Management가 나오고 있다. 우리말로 응용해보면 금융을 넣은 재무관리가 1. Accounting and Management에 들어가 있는 데다 4. Management에도 듬뿍 담겨 있다고 볼 수 있다. 만일 하버드 대학이 뉴욕 월스트리트 인근에 소재하였다면 금융뿐만 아니라 증권, 자본시장 이름을 간판에 내걸었을 게 분명하다. 다른 기초과학 학문 분야와 달리 경영학 영역, 비즈니스 스쿨은 그 자체가 일거수일투족 비즈니스 활동이니까. 장사라고 해도 과언이 아니지 싶다.

3. Health Policy (Management)는 보건정책관리 쯤으로 풀어볼 수 있다. 하버드대 의대가 워낙 권위가 있고 국가 사회의 공중보건에도 큰 영향을 끼치고 있음을 참고할 수 있겠다. 코로나 팬데믹 상황만 보더라도 이 분과의 수요가 얼마나 클 것인가를 쉽게 가늠해볼 수 있다. 하버드 비즈니스 스쿨의 전략 품목이기도 하다. 4. Management는 넓게 열어 놓은 오픈 시스템처럼 보인다. 인사조직관리, 재무관리, 생산관리, 서비스관리 등 전 영역을 포괄하고자 한 의도가 포착되는 타이틀이다. 8. Technology and Operation Management는 사실 기술과 생산관리라고 특정할 만하다. 이 또한 이 대학이 스탠퍼드대처럼 실리콘 밸리 쪽에 있다면 기술 경영이나 경영공학은 별도로 살림을 차리고도 남았을 터이다. 한국의 KAIST 경영대학은 일찌감치 경영공학으로 경영과 과학기술의 융합을 자연스럽게 포장해 사용해왔다. 기술 부문은 MIS(Manangement Information System)라는 전공 타이틀로도 매우 익숙한데 하버드대와는 기술 전체를 강조하고 제조업 생산관리도 커버하고 싶었던 것 같다.

7. Strategy는 명실상부한 이 대학의 시그너처 브랜드이자 대표주자다. 하버드대 비즈니스 스쿨은 신입생 오리엔테이션때부터 '경영은 첫째도 전략 둘째도 전략 셋째도 전략'이라고 주입한다는 말도 있을 정도다. 이 대학 교수진의 최고 셀럽인 마이클 포터 교수가 1970년대 말부터 기업의 경쟁환경을 분석한 경쟁전략에 관한 저서를 펴낸 이후부터 이 분야의 절대 강자로 자리 잡았다. 전략에 앞서 현대 경영학 자체를 발족시킨 시원이라고 해도 좋을 만하다. 하버드대 비즈니스 스쿨의 경영학 전반을 움트게 했고 그 가운데 특히 전략 분과를 히트 상품으로 만들어냈다. 그 덕에 오늘날 전 세계 모든 나라에서 경영학, 경영학과가 에이스 역할을 맡게 되었다고 할 수 있지 않을까 한다.

한편 시카고의 노스웨스턴대 같은 경우는 필립 코틀러 교수가 마케팅학을 시작하면서 이 분야 최고 권위 기관으로 평가받고 있다. 비즈니스 스쿨의 이름 자체에 곡물 시리얼 기업인 켈로그(Kellogg) 이름이 붙어 있다. 그런가 하면 스포츠 매니지먼트나 엔터테인먼트 비즈니스, 카지노 비즈니스, 컴퓨팅 비즈니스에 각각 특화한 비즈니스 스쿨들이 다수 포진해 있다. 대표적인 예가 미국 LA 할리우드 이웃인 UCLA의 비즈니스 스쿨인 앤더슨 스쿨이다. 두말할 것 없이 방송영상산업과 엔터테인먼트 비즈니스계의 대표주자다.

3) 콘텐츠 포맷

내용 구성

이 책은 미디어 콘텐츠 경영 활동에 맞춘 이론과 실제를 다루려 한다. 이 책이 갖춘 2부 14장 구성에 따라 개인 독자이든 팀 차원이든 흡사 주어진 프로젝트를 수행하는 과정으로 여기면 좋다. 문제를 받아 해결하는 능력과 업무를 익힌다는 상황으로 스스로 연출하는 학습 게임의 규칙이라고 말해두고 싶다. 솔루션 중심이 되어야 한다는 것에는 미디어 콘텐츠도 예외가 아니다. 경영 산업 사업 글로벌화 문제도 나오고 있다. 이에 대응하면서 해결하는 능력과 기법, 노하우가 요구되는 이유다. 미디어 콘텐츠 경영 활동 대부분이 프로젝트 베이스로 이루어진다는 점 또한 중요하다. 어디서나 팀을 결성하고 팀 비즈니스를 수행하는 구조라면 팀 창의성과 같은 때로는 고약한 경영의 블랙박스를 피해갈 순 없다. 실제 프로젝트를 수행하는 과정에서 팀은 팀원을 위해 팀원은 팀을 위해 원활하게 굴러갈 턱이 없으므로 노상 개인과 개인은 충돌하고 갈등하고 대립한다. 이런 인사조직관리의 심오하고도 복잡한 능력이 내부 파열을 막는 솔루션이 되는 셈이다. 특히나 예술가 정신과 튀는 기질이 농후한 이 구역에서는 보통의 경영학, 무난한 비즈니스 모델로는 어림도 없다.

따라서 아주 세밀하게는 직접적이거나 간접적인 영역에서 한 사람의 생애주기 전체 라이프 사이클 경영에도 이 책을 응용한다는 관점이 필요하다. 당연히 개인은 전체를 위해 전체는 개인을 위해 뭔가 반죽이 되어야만 잘 돌아간다는 건 맞다. 하지만 그 개인이 기본 역량을 갖추고 자립하여 자기 자신 개인을 위하는 기초 단계에서부터 스텝이 엉키는 경우가 비일비재하다는 게 미디어 콘텐츠 경영의 큰 도전이다.

이 책과 함께 하는 탐사의 첫 대문은 기업에 대한 이해로 정했다. 책의 제 1부는 서론 / 오리엔테이션을 지나 〈2. 기업에 대한 이해〉에서 경영의 주체인 기업을 가장 먼저 다룬다. 이어 심화하는 〈3. 하우스 모델과 경영시스템〉, 〈4. 업의 개념과 가치 사슬〉에서는 정밀기계를 해체하고 조립하듯이 기업 경영의 세밀한 부분을 미디어 콘텐츠 경영 관점에서 살펴본다. 기업 조직에서 출발하여 사업, 즉 비즈니스 활동으로 넘어가기 위해서 경영 환경을 분석한 다음 경영의 꽃인 전략으로 직행한다. 〈5. 경영 환경을 보는 눈〉과 〈6. 경쟁에 대하여 : 5 Forces Model〉는 주관적 조건이 바라보고 맞추어 대응해야 하는 객관적 여건으로서 경영환경과 경쟁상황을 분석한다. 미디어 콘텐츠 경영 환경이라면 세계 무대에서 변화무쌍한 격랑에 휩싸이기도 하는데 이럴수록 과학적이고 전략적인 대응이 요구된다고 강조하는 대목이다. 이는 상대방과 겨루는 병법의 시간으로 시장 점유율을 높이는 게임과 같은 차원이다. 환경 분석은 곧 대처하는 역량으로서 전략 프로그램으로 연결된다. 〈7. 전략 도출 생성〉에서는 미디어 콘텐츠 경영 부문에서 전략을 이끌어내는 도출 프로세스와 제시하는 전략 기본방향으로서 아이디어 생성에 관해 다룬다. 전략 도출 프로세스를 알고 기본방향 전략 패키지를 생성하는 방식까지가 미디어 콘텐츠 경영의 제1부 See(경영 이론 일반)에 해당한다.

이후 제2부인 Do(실제 실무 운영)를 시작해 맨 처음 프로젝트 사업기획과 개발을 사업계획서 작성 실무와 함께 익혀보도록 하겠다. 책의 2부는 액션을 말한다. 'Do'로서 실제 업무를 실행하는 비즈니스 모델 차원으로 진행한다. 먼저 〈8. 창의적 사업 기획, 개발〉은 기업이

구한 전략 기본방향으로서 아이디어 생성을 갖고 곧장 실행에 착수할 수 있도록 하는 도면이자 비즈니스 사용 설명서 내용이다. 기업은 외부 전략에 제대로 임하기 위해서 시초 경영관리와 최종 시장 활동을 통한 최종 고객 케어에 이르기까지 전사적 경영관리와 비즈니스 모델 수행을 성공적으로 수행해야 한다.

그 사람 다음 4개 장은 4가지 자원, 즉 인(人) · 물(物) · 금(金) · 정(情)을 연속해서 살펴본다. 인(人)으로서는 기업 내부, 즉 인터널 한 부분으로서 인사 조직 관리를 제시한다. 물(物)과 금(金)에서는 각각 기업 경쟁력의 원천인 제작시스템과 파이낸스 시스템을 다룬다. 내부 공정인 콘텐츠 제작과 자금 조달, 운영을 어떻게 할 것인가에 관한 부분이다. 정(情)에 해당하는 대외관계인 퍼블릭 정책(public policy)에서는 미디어의 공공성과 콘텐츠 글로벌 전략의 제약이기도 한 문화적 할인과 문화적 다양성도 포함한다. 이러한 관점에서 〈9. 인(人) : 인사, 조직 관리〉, 〈10. 물(物) : 제작시스템〉, 〈11. 금(金) : 파이낸스 시스템〉, 〈12. 정(情) : 대외관계, 글로벌〉 4가지 권역에서 실제적인 내용을 살펴보고자 한다. 기업의 인풋(input)이기도 한 〈인, 물, 금, 정〉 4개 영역에서 미디어 콘텐츠 경영 실제 업무를 이해함으로써 현장 실무를 한층 실감나게 제대로 익힐 수 있다.

이어 나오는 〈13. 전략 실행 : 종합 커뮤니케이션 활동(마케팅, 서비스)〉은 내부 경영관리 업무를 해내고 외부 시장 활동으로서 전략 실행에 성공하도록 하는 미디어 콘텐츠 경영의 다양한 경영기법을 다룬다. 마케팅, 서비스를 포함하는 종합커뮤니케이션 차원에서 설명한다. 후반부는 전략 학습을 활용해서 실제 프로젝트에 응용하고 장르별 특수성을 반영하는 단계이다. 고객과 접점에 들어가서 마케팅 브랜드 매니지먼트 활동을 하고 서비스 품질 높이는 활동을 짜고 추진한다.

마무리하는 〈14. 미래 도전과 전망〉은 미래학이다. 미디어 콘텐츠 경영의 향후 전망과 도전을 생각하는 내용이다. 현재의 관성대로 미래를 낙관할 순 없으므로 지속 경영, 글로벌 도전, 신기술 활용, 유통 혁신으로 가는 플랫폼 경제, 창조 경영 등 핵심 이슈들을 미디어 콘텐츠 경영 학습자와 종사자 주역들에게 적용해본다. 여기서는 특히 글로벌 트렌드 변화와 신기술 유입과 활용, 코로나 팬데믹 시기 이후 위기관리 경영을 말하는 지속(sustainabiltiy), 미래 시나리오, 융합을 포괄하게 된다. 미디어가 메타버스, NFT, 블록체인, AI, 로봇, 빅데이터 등 신기술과 만나 사람간, 산업간, 비즈니스간, 지역간, 국가간 제약을 초월해나가는 초융합, 대융합에 대응하는 전략 과제가 결론으로 제시될 터이다.

2 기업에 대한 이해[1]

경영학 원론에 해당하는 미디어 콘텐츠 기업의 본질과 역할을 바라보는 인식을 어떻게 시작해야 할까? 기성 체제에 들어선 경영학과 교과과정에서 사용하는 교과서적 내용과 다른 좀 더 간결하고 실질적인 접근을 해보면 어떨까?

이런 관점에서 기업 현장에서 실제로 사용해온 콘텐츠를 채택해보고자 한다. 삼성그룹의 싱크탱크인 삼성경제연구소(SERI, 현재 삼성글로벌리서치)가 한 때 경영 기초 교재로 사용해왔던 자료가 있다. 경영학 원론이나 개론 류의 시판 교재와 달리 기업의 감각으로 실무적 목적에 따라 만들고 구성원 교육을 시행한 재료이기도 하다. 삼성의 실무 실용 실전 경영학 기초라고 할 수 있다. 2000년대 초 어느 시점에서 삼성그룹에는 전체 64개 계열사가 있었는데 인력의 상당수가 경영학 비전공자였다. 삼성전자를 필두로 에버랜드, 신라호텔, 제일모직, 삼성생명, 삼성화재 등 계열사들 인력 90% 이상이 이공계 출신으로 컴퓨터, 기계, 화학 등 비경영학 학부, 대학원 전공자였다. 미디어 콘텐츠 경영과 같은 특정 영역은커녕 경영학의 가나다라도 접해본 적이 없는 이른바 경린이(경영학 어린이)와도 같았다. 삼성전자에 입사해 반도체, 스마트폰 개발에 몰두하느라 5년 10년이 지나가도 자기 회사 장부인 재무제표 한 줄 읽어내기도 힘들어한다는 뜻이다. 자기 월급이 어떻게 나오는지 모른 채 직장 생활을 하는 격이라고나 할까?

영업이나 마케팅, 서비스도 들어본 적은 있어도 내 일이 아니라 담벼락치고 출근할 기세인 사람이 대부분이다. 해서 삼성과 같은 대기업에서는 1~2개월 신입사원 합숙 연수 과정을 운영해왔다. 이때 경영학 입문 과정을 개설해 가르치는 기본 교재가 〈기업에 대한 이해〉이다.

1) 기업의 역사 · 유형

삼성의 실전 경영학 기초 교재는 5가지 장으로 구분해 되도록 기업을 정확히 알고 한국

1) 삼성경제연구소 내부자료(2003), 기업에 대한 이해, 교육자료 내용에서 인용, 변형.

적 경영학 특수성과 과제에 대해서도 공감할 수 있도록 하였다. 내용 구성은 다음과 같다.

1) 기업의 역사와 사회적 역할
2) 기업지배구조의 이해
3) 혁신 주체로서 기업
4) 한국경제의 발전과정과 기업의 성장
5) 기업 경영의 주요 과제와 변화방향

가장 앞서서 역사와 역할을 알도록 했는데 2장에서는 지배구조(governance)라는 당시 주요 현안으로 곧장 넘어가 마치 여론을 정면 돌파하는 것과 같은 특이점이 나타나고 있다. 그다음 3번째 장은 모든 기업의 새롭고도 영원한 주제인 혁신을 올렸다. 혁신의 주체가 누구이며 혁신이 경영학이나 비즈니스 모델 활동에서 무엇인가를 명징하게 알 수 있게끔 독려하는 순서다. 혁신적인 전략을 어떻게 생성시켜야 하는가와 기술의 눈부신 발전 속에서 경영시스템을 쇄신하고 창의적인 콘텐츠 기획, 개발과 마케팅 브랜드 관리를 어떻게 레벨업 시켜야 하느냐에 관한 기본 관점과 기법 이론을 보여준다. 이어 한국경제 안에서 보는 기업의 위상에 주목했고 끝으로는 미래 전략프로그램 차원에서 변화와 대응 방안을 가리키고 있다.

이 가운데 2장의 지배구조가 이런 정도 큰 비중으로 들어와 있다는 것은 매우 이례적이다. 일반적인 경영학 원론이 잘 짜인 골격으로 목차를 구성해본다면 지배구조라는 용어가 대형 또는 중형보다는 소주제에 떨구어 놓는 게 더욱 적합해 보일 수도 있다. 경영시스템이나 기업조직을 말할 때 기업의 소유구조를 먼저 본 다음, 하위 범주에서 지배구조를 넣는 것이 타당해 보이기도 한다. 아니면 기업의 대외관계 활동에 들어가서 기업의 사회적 책임(CSR : Corporate Social Responsibility)이나 공유가치(CSV : Creating Shared Value) 활동 영역에 지배구조를 위치시키는 것도 괜찮아 보인다.

하지만 삼성의 실전 경영학 첫 재료에서 뜨거운 감자이면서 계륵과도 같은 느낌을 주었던 지배구조를 곧바로 직시한다는 설정이 이례적이면서도 그만큼 절실하다는 의미로 다가온다. 힘들고 까다롭고 예민한 이슈이긴 하지만 어쩌면 기업의 명운을 가르고 활로를 개척하는 승부처일 수도 있다는 뉘앙스를 주기에 충분한 대목이다.

기업의 역사

삼성이 보기에 주식회사는 인류의 가장 위대한 발명품 중 하나이다. 개인의 능력 범위 내에서 위험을 분담하면서 창조적 생산활동을 수행해내게 만드는 거의 완벽한 조직 시스템이라는 뜻이다.

역사상 산업혁명은 유럽에서 발화하였다. 영국 스티븐슨이 1814년 상업적인 증기 기관차를 만들었고 1825년에 가서는 로코모션호를 부설된 철로에 달리게 하였다. 공업화가 일대 확산하자 이미 프랑스 대혁명으로 해체되기 시작한 유럽의 왕족과 귀족 기성 체제가 대대적으로 흔들리게 되었다. 새로운 기회를 노린 새로운 클래스인 중하층 노동자, 농민, 신흥 사업가, 상인 등 일꾼들이 대거 신대륙 미국으로 몰려들게 되었다. 이에 유럽의 공업기술과 산업혁명을 고스란히 받아들인 미국 사회는 상위 세습 특권 지배계급을 두지 않는 전형적인 시장주의, 자본주의 윤곽을 잡아가며 월스트리트를 중심으로 한 초대형 금융자본을 형성하게 되었다. 투자은행 JP 모건이 리딩 컴퍼니이자 비전 제시자 역할을 도맡았다. 금융자본의 엄호 아래 근대적인 주식회사 형태 기업들이 미국에서 속속 배출되기에 이르렀다.

19세기 중후반 이후부터 미국을 중심으로 지금 우리가 이해할 수 있는 근대적 형태의 주식회사가 본격적으로 출현하게 되자 군(집단)으로서 기업계가 스스로 자족적인 생태계를 형성하게 되었다. 적자생존과 약육강식 섭리에 따라 강력한 우량종자가 된 대기업은 점차 대량생산과 대량소비에 적합한 규모를 갖춘 경영 인프라를 만들어나가게 되었다. 선도적인 제조업체들이 생태계 구축과 인프라 조성을 주도해나갔다. 동시에 뉴욕 월스트리트의 주식, 채권 등 직접금융시장과 은행 중심 간접금융시장 또한 비약적인 팽창을 거듭해 수월한 자금 조달과 운영을 할 수 있게 되었다. 자본의 흐름과 시장 진입과 퇴출이 원활해지면서 유기적이고 자족적인 경영 생태계가 산업별로 지역별로 착착 조성되어갔다. 이때부터 다양한 개성과 스타일을 지닌 사람의 입김과 숨이 불어 넣어지게 된다. 기업가의 기능 중에서는 소유와 경영이 분리되고 전문경영인이 전면에 등장하면서 법인으로서 기업이라는 꼴과 캐릭터가 갖춰지게 되었다.

〈그림 6〉 카카오 기업 역사

출처 : 카카오 내부 자료(2019)

기업 유형

기업의 형태는 개인회사, 가족회사, 유한회사를 거쳐 상장으로 공개된 주식회사로 바뀌어나갔다. 큰 규모 자본금을 가진 개방된 기업조직으로 발전하게 되었다. 비즈니스 단위 주체가 오랜 역사를 거치면서 자본주의 체제에 적합한 형태로서 주식회사가 태동하게 되었다. 주식시장이 공식화하면서 이에 입회하고 상장하는 공인 기업이 하나의 표준 체계로 탄생하게 된 셈이다. 1800년대 초중반을 기점으로 보면 미국에서도 150년 역사를 넘나드는 근대적 주식회사 기업들이 탄생하여 꿋꿋하게 존속하고 있다. 미국 대학의 비즈니스 스쿨 MBA 과정에서 부르는 원 센튜리 클럽, 즉 백 년의 기업이 문화재급 보물로서 19세기, 20세기, 21세기 3세기를 관통하며 생존해 있다. 19세기에 탄생한 대표적인 기업으로 듀퐁(1802년 창업), JP 모간(1871년 창업), 코카콜라(1886년 창업), GE(1892년 창업)을 들 수 있다. 미국 백화점 효시 격인 JC Penney는 1902년에, 자동차 회사 포드는 1903년에 각각 창업되어 120년 역사를 넘어서고 있다.

미디어 콘텐츠 기업으로서는 퀄리티 페이퍼로서 명성을 유지하고 있는 미국의 국보 뉴욕 타임스가 1851년에 창간되어 오늘날 170년을 넘어서는 역사를 자랑하고 있다. 오랜 기간 술처버그 가문의 패밀리 비즈니스로 형태로 남아 있으며 현재 공개한 주식회사이기도 하다.

〈그림 7〉 미국기업의 역사로 본 기업 변천사

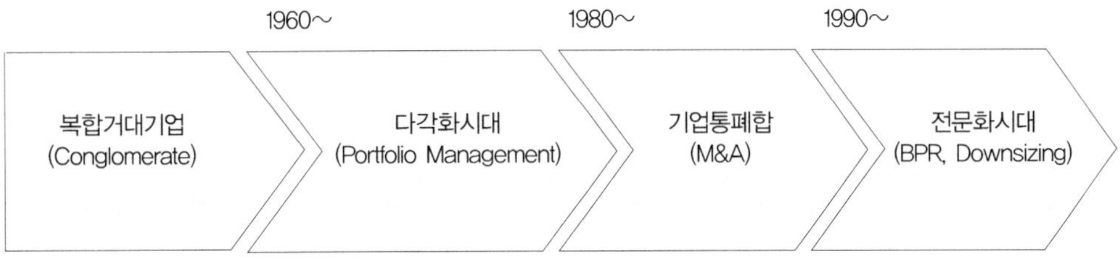

이렇게 기업들은 대략 19세기 후반부 미국을 중심으로 근대적인 주식회사 형태로 대거 출현하면서 자본주의 체제의 총아로서도 주목받게 된다. 기업 민주주의 체제로서는 개인이 아니라 여러 주주가 참여하여 권한을 위임하는 에이전트를 뽑고 경영시스템을 작동시키게 되었다. 과학적 의미에서 좀 더 체계가 잡힌 기업경영은 지금으로부터 대략 110년 전 대량생산과 대량소비가 맞물려 가는 인프라가 완성되면서부터 비롯되었다. 그 유명한 포드 자동차의 모델 T가 대량생산 시스템을 선보인 것이 1913년이었다. 포드주의라 일컫는 이 시스템은 컨베이어 시스템을 통해 효율적으로 대규모 부품을 조립하고 다량 출하하는 방식으로 매우 성공적인 대량 생산 체제를 정착시켰다. 시장 또한 대량소비로 포드주의를 떠받쳐주었다. 이를 계기로 미국의 선도적 기업들은 대량 설비 인프라를 만들어 대량생산을 주도하게 된다. 대량소비가 이를 뒤따르며 주식회사가 주식과 채권의 신속한 발행과 유통은 대규모 자금 조달과 운용을 가능하게 해주었다.

이미 1792년 맨해튼 남부 월스트리트 금융지구를 개막한 NYSE(The New York Stock Exchange)가 미국기업들의 강력한 파이낸스 시스템이자 금융자본의 메카로 자리를 잡기 시작하였다. 산업자본의 파트너인 금융자본과 금융시장은 이후 런던, 동경, 홍콩, 서울 등 전 세계의 금융시장과 연계하여 다국적 기업, 글로벌 복합그룹의 세계 경영을 백업하기에 이른다. 제1금융권의 은행과 제2금융권의 단자, 종금, 리스, 렌털, 캐피털 회사 등 다양한 금융 생태계가 발전하게 되었다. 주식회사가 데뷔하는 월스트리트의 직접금융시장이 선도하고 운영자금을 조달, 관리하는 은행 중심 간접금융시장이 경계를 넓히는 본격적인 글로벌 금융시스템도 작동하기 시작했다.

전문 경영

기업의 소유와 경영이 분리되는 것도 주식회사의 발전과 궤를 같이한다. 배경에는 경영 · 경제 · 정치 전반에서 매우 중요한 에이전트 이론이 있다. 주주들이 한자리에 모여 아테네 그리스 직접 민주주의처럼 관여할 수 없는 시점이 찾아온 탓이다. 회계와 법률, 영업 등 경영기법에 능한 파워 엘리트를 선정하는 기업 이사회(BOD)가 모든 의사결정 역할을 담당하는 채널이자 에이전트 위촉 집행자 역할을 맡는다. 주식회사의 제1대 최대 주주, 2대 주주, 3대 주주를 대변하는 인사들이 이사회를 장악하여 지분을 반영한 의결권을 행사하는 체제이다. 이론적으로는 기업의 주주 전체와 최대 주주 등 주요 주주 스스로는 선거 유권자와도 같은 본체(principal)로서 존재한다. 본체인 이들이 이사회를 통해 기업을 운영할 에이전트(agent)인 전문경영인을 물색하고 선출하여 책임과 권한을 위임하는 구조다. 최대 주주가 경영까지 도맡아 한다는 등식에서 벗어났다는 면에서 소유와 경영의 분리라고 일컫게 되었다.

이때부터 미국에서는 비즈니스 스쿨, MBA 프로그램을 발판으로 하는 전문 경영인력 수급이 활발해지기 시작했다. 1970년대 후반부터는 경쟁전략으로 명성을 쌓기 시작한 하버드대 비즈니스 스쿨을 필두로 경영학 분야가 비약적인 성장을 거듭하기에 이르렀다.

기업의 변천사를 상세하게 시기 구분해보면 먼저 듀퐁과 GE, 포드와 같은 복합 거대기업이 포문을 연다. 발명가 토마스 에디슨이 시작한 사업체인 GE는 이후 발전기, 엔진, 방송사, 금융 부문까지 아우르는 세계 최대 기업으로 성장한 복합그룹의 대명사이기도 하다.

이들 거대기업은 1960년대가 되자 다각화 모드에 박차를 가하게 된다. 수평적 통합과 수직적 계열화가 전방위적으로 이루어지고 기업들은 여러 사업군을 거느리는 포트폴리오 매니지먼트를 영위하게 되었다. 미국의 경우 중후장대한 초대형 세단 자동차들이 전미 방방곡곡 시골구석까지 들어차게 되었다.

1980년대 초 오일 쇼크가 당시 흥청망청하던 고비용 미국 사회를 송두리째 흔들 때까지 1960~1970년대 기간은 황금시대라는 상투적 표현으로도 묘사할 수 없는 초절정 전성기였다. 아예 사회 곳곳을 온통 금박으로 칠해 덮어버린다는 뉘앙스로 도금 시대(gilded age)라고 부르는 시대 명칭까지 등장하였다.

그런 도금 시대를 흘려보내고 오일 쇼크를 겪게 되자 연비 좋은 소형 자동차와 앙증맞은 가전기기를 앞세운 일본기업의 역습이 도드라졌다. 이즈음 기업 인수 및 합병(M&A : mergers and acquisitions)이라는 기업 생태계 일대 변혁의 신호탄이 쏘아 올려졌다. 미국의 심장이라는 할리우드의 메이저 스튜디오 중 하나인 콜롬비아 픽쳐스가 소니에 넘어가자 일본 일장기에 빗댄 라이징 선(Rising Sun)이라는 뉴스 용어까지 나왔다.

이 무렵 CNN과 MTV라는 창조 혁신 매체들이 슈퍼 히어로처럼 나타나 마이클 잭슨과 마돈나의 현란한 뮤직비디오가 뒤흔든 영상과 팝 컬쳐의 르네상스를 개막한 것도 특기할 만하다. 기업이 위기를 겪고 경제적인 풍요로움이 꺾였을 때 소비자들은 문화 영역 라이프스타일 소비에 몰두하며 실험하고 파괴하고 창작하는데 열광했다는 아주 역설적인 시기이기도 했다. 마음껏 누려온 호사로움이 퇴색되는 약간의 궁핍함이 만들어낸 개성 있는 미디어 혁신이었다. 덕분에 오히려 왕성해진 생산력은 이후 인터넷 신경제에 진입하면서 풍부한 콘텐츠 중심 슈퍼 플랫폼 경제를 이끌게 되었다. 실제로 1990년대 미국 사회 전체가 요동을 쳤던 초고속 정보통신망 슈퍼 하이웨이가 결정적 모멘텀이 되어주었다. 사상 최초 개방형 웹브라우저 넷스케이프가 1994에 도입되자 퓨어 클릭스(pure clicks)라고 부른 순수 인터넷 전용 회사인 신생 닷컴 기업들이 세상에 선보였다. 야후와 아마존, 이베이와 냅스터가 저마다 독특하고 실험적인 모드로 인터넷 비즈니스를 개시했다.

인터넷은 주변의 모든 것을 빨아들였다. 이미 80년대부터 M&A로 하는 체질 변화에 돌입했던 미국의 기업들은 인터넷 신경제라는 거대한 패러다임에 합류하면서 디지털 전환(e transformation) 시기의 혹독한 시험대에 오르게 된다. BPR(business process reengineering)이라고 하고 리엔지니어링, 리스트럭쳐칭, 다운사이징이라고도 여러 갈래로 부르는 가공할만한 모토인 구조조정 대변혁기가 찾아왔다. 공교롭게도 한국에서는 1997년 외환위기를 겪으며 기업들이 경영압박에 내몰렸다. 예외 없이 모든 기업은 비상 경영을 선포하고 사업 구조조정, 조직 구조조정을 감행하게 되었다. 저마다 좀 더 확실한 캐시 박스만 남겨두고 나머지는 일괄 처분하는 초강수를 두기도 했다. 이렇게 되자 경영학의 기술, 경영기법, 경영컨설팅의 입지가 더욱 반등하게 되는 기현상도 포착된 시기였다.

전통적인 기업들이 우왕좌왕하는 사이 인터넷 신경제는 2000년도라는 새천년 뉴 밀레니엄 분기점을 관통하면서 예상을 뛰어넘는 빅뱅의 기운을 보여주었다. 2000년 이후 세부 특화 기술과 노하우를 가진 벤처기업과 대기업 간 시너지와 네트워크화 연대도 한층 강화되었다. 2007년 6월에 애플의 스티브 잡스가 새로운 운영체제와 전면부 터치스크린을 탑재한 혁신적 스마트폰인 오리지널 아이폰을 내놓았다. 그러자 디지털 신세계, 플랫폼 세계 경영은 그야말로 일시에 잠금 해제가 되어버렸다. 트위터와 페이스북, 유튜브와 넷플릭스, 인스타그램과 스포티파이, 카카오톡과 틱톡 등 전 세계 인터넷 모바일 비즈니스가 꽃 대궐로 만발하게 되었다. 덩달아 글로벌 리더 이슈메이커들은 4차산업혁명을 화두로 내걸고 고도화, 수익화를 독려했다.

그러다 2020년부터 코로나 팬데믹을 겪게 되면서 택배와 배달, 전기차와 자율주행차가 전면에 주목받는 모빌리티 사업이 광범위하게 자리 잡게 된다. 온, 오프라인 유통 혁신과 물류의 눈부신 발달로 인해 기업경영 생태계도 일대 혼란을 겪게 된다. 재택근무와 가상기업이 보편화되고 개인이 여러 직업을 전전하는 임시직 선호경제인 긱 이코노미(gig economy) 흐름도 빠르게 확산하고 있다. 기업경영의 기본 단위인 노동과 업무, 생산과 공급, 소비의 알고리즘 전부가 급격히 변화하게 되는 초유의 상황을 맞이하게 되었다.

2) 기업의 역할 · 관계

기업의 역할

기업은 기본적으로 사회의 다양한 주요 자원을 받아들여 한층 더 가치가 높은 상품과 서비스 자원을 내놓는 매직박스 기능을 한다. 인풋으로 들어가는 자원의 빅 3는 인(人) · 물(物) · 금(金)이다. 첫 번째가 인적 자원, 즉 경영의 HRM(human resources management)영역이다. 두 번째 물적 자원은 물산이라는 표현에 들어오는 부동산, 시설, 장비, 원부자재 재료 등 전반을 가리킨다. 자동차 기업의 강판, 조선소의 후판, 반도체의 모래, 스마트폰의 희토류 등 모든 기업은 물적 자원의 유입에서부터 생산관리의 첫발을 떼게 된다. 세 번째 금융 자원은 파이낸스 시스템으로 주식 채권 은행 차입 예금 투자 등 무수히 많은 돈의 유출입을 말한다.

정보화 시대 이후에는 이들 3가지에 정(情), 즉 정보적 자원을 더 해 인 · 물 · 금 · 정, 빅 4를 설정할 수 있다. 디지털, 글로벌, 소프트화와 같은 메가 트렌드에 맞추어 경영기법이 한층 고도화되면서 정보적 자원의 중요성을 강조할 필요가 있어서다.

이러한 빅 4 인풋 자원을 흡수하는 게 기업의 초기 역할이다. 동시에 기업 생산 기본 단위이기도 하고 인풋 역할은 기업 하나가 고스란히 들어가는 박스에 비유할 수도 있다. 자원들이 들어가서 뭔가 놀라운 성과를 만드는 매직 박스일 수도 있고 반대로 깜깜이로 뒤죽박죽이 되는 블랙박스일 수도 있다.

영리 추구

기업은 엔진이자 실물경제 주체로서 시장 경제의 키 플레이어 역할을 한다. 거시적 국가경제, 지역경제, 세계 경제 무대에서 모두 개별 기업은 하나하나가 월드 클래스 선수를 지향하는 스타 플레이어로서도 시선을 끈다. 이때 가장 강력한 역풍이 하나 불어올 수 있다. 바로 영리를 추구하는 존재이며 끊임없이 수익모델을 쫓는 실체라고 하는 척도이다. 잘 나가는 기업은 하나 같이 탐욕적(greedy)이라는 선입견이다.

하지만 실제 기업의 원초적인 모습 그대로를 보면 정작 이윤이나 이익, 수익은 그다지 절대적이지 않다. 대개는 수익성과를 최우선시하는 경향이 있지만, 현실을 살펴보면 실로 다양한 여러 기업은 영리 추구를 굉장히 유연하게 본다.

헨리 포드의 기업가 정신에서 아주 오래된 순수 원형을 찾을 수 있다. 포드 자동차는 T모델이라 부른 국민차를 생산하는 초창기부터 수익이 아닌 다른 가치를 탐닉했다. 공공, 공영 기업이 아니었지만 어떻게 해서든지 싸고 좋고 편리한 차를 최소한 이윤을 남긴 채 팔아보겠노라고 도전한 정신이다. 이렇게 해서 더 많은 수요가 생기면 다시 더 많은 생산을 하고 종업원들에게도 최대한 높은 수준의 보상을 해주겠다고 표명하였다. 비용을 줄이고 마진 폭을 높여 이익을 극대화하겠다는 강단 경영학의 표본이 본디부터 포드에게는 맞지 않았다는 얘기가 된다. 이러한 포드의 기업가 정신은 이후 많은 기업에도 영향을 끼쳤다. 기업의 본성을 바로보기 위해서는 창업가가 제시하는 고유하고 독특한 비전과 미션을 잘 받아들여야 한다는 교훈으로도 남게 되었다.

기업들을 뭉뚱그려 단견으로만 너무 폭 좁게 보게 되면 기업 일반을 탐욕적인 실체 집단으로 보는 우를 범할 수 있다. 선한 영향력(virtuous influence)처럼 좋은 제품을 잘 만들어서 적절하고 깨끗한 이익을 얻어서 궁극적으로 소비자와 국민에게 이바지하겠다는 좋은 전통이 만들어져 전해지고 있다는 부분도 정확하게 알고 존중해야 할 덕목이다.

이해관계 당사자 (stakeholders)

기업은 상생(相生) 네트워크의 구심점이 되기도 한다. 가치 창출의 주역으로서 사회적 대외 친화력을 갖고 기업윤리와 기업 시민정신이 요구하는 대로 책임을 다하게 된다. 세상의 중심에 어느 특정한 기업이 있고 이를 에워싼 다양한 관계자들이 포진하게 되는 구도이다. 이를 미국식 경영학에서는 셰어홀드(shareholders) 주주와 구분해서 스테이크 홀드(stakeholders), 즉 이해관계당사자라고 부른다.

〈그림 8〉 기업을 둘러싼 경영 은하계

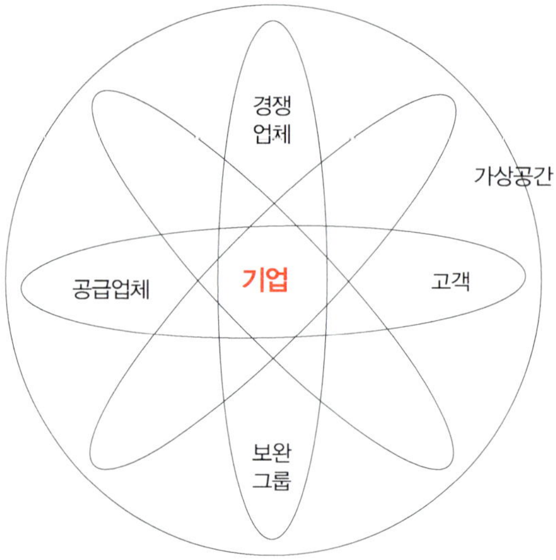

주주는 애당초 개념이 선명하다. 한 주라도 갖고 있으면 주주가 되고 5%든 25%든 75%든 1대 최대 주주가 되기도 한다. 순차에 따라 2대 주주, 3대 주주로 내려가는데 나중에는 소액주주라는 다분히 정치적이기도 하고 예사롭지 않은 실체가 두드러지기도 한다.

이러한 산술적 위치 선정과 달리 이해관계당사자는 기업을 둘러싼 실로 다양한 주역, 조역, 단역들, 앞 배우, 뒷 배우, 미래 고객, 험담꾼 등 모두를 아우른다. 주주에서부터 시작해서 채권자, 종업원, 협력업체, 수요자, 국가, 경쟁사 등 많으면 10개, 20개라도 세분화해서 개별 실체를 들일 수 있을 정도로 관계도를 펼쳐 볼 수 있다. 이해관계당사자는 제한 없이 무수히 분열하여 많이 늘어날 수 있다는 뜻이다.

기본적으로 기업의 일거수일투족에 따라 이해가 엇갈리게 되어 영향을 받을 수 있는 모든 실체가 곧 이해관계당사자들이다. 동시에 마치 피드백 쌍방 관계성을 보여주듯 기업에 영향을 전해주기도 하는 실체들이 곧 이해관계당사자들이다. 긍정적 가치로 보면 윈윈(win win)하는 상생, 공생 관계이긴 하지만 알력과 갈등과 대립이 점증한다는 부정적 관점에서 보면 어마어마한 부담이자 잔소리와 간섭을 일삼는 객체들이기도 하다.

〈그림 9〉 이해관계 당사자(stakeholders) 개념도

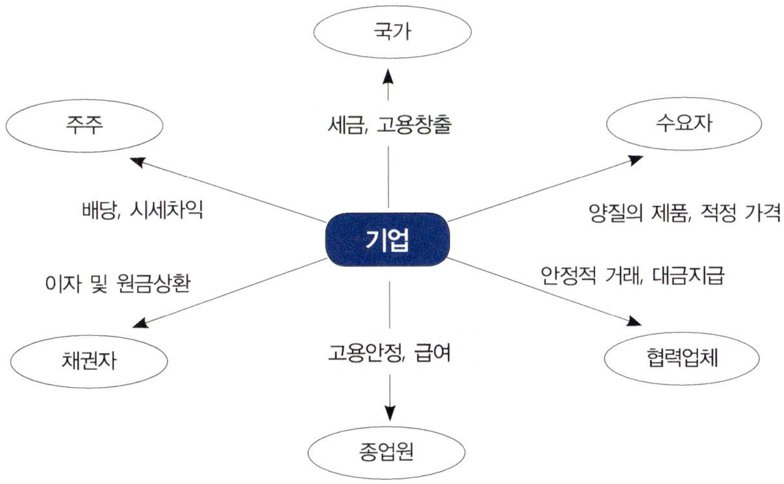

예컨대 종업원의 경우 법적 관계로서는 단순히 피고용인(employee)인 순한 맛 회사 직원이 있고 보통 맛 협의회도 존재한다. 이게 나중에 매운맛 강성 노조로 변신하게 되면 노상 밀당하고 긴장감을 높이는 노사관계 회오리에 들어서고 만다. 삼성의 경우 오랫동안 노조가 없고 직원협의회가 그 기능을 대신했는데 임금과 복지, 재택근무 등 상세 조건을 둘러싼 갈등과 대립은 항상 있어 왔다. 해서 종업원, 피고용인을 내부 고객으로 간주함으로써 이해관계당사자가 갖는 실무적 함의를 강조하는 흐름도 나오게 되었다. 이렇게 되면 직원도 미디어 콘텐츠 시장의 최종 사용자(end user)처럼 경영의 최종목표 대상인 고객으로 삼아 전략적이고 과학적인 원칙 경영을 하고 업무 관리를 잘해야 한다는 자각이 생기게 마련이다.

이해관계당사자 경영은 또한 상생 네트워크 하나하나에 맞닿은 상대방 파트너들을 대상으로 하는 폭넓은 시스템적 관리를 요구한다. 기업 소재지를 둔 로컬활동이 좋은 예다. 삼성전자라면 수원특례시부터 시작해서 용인, 기흥, 천안, 아산, 구미, 평택, 광주는 물론 해외

사업장 지역을 포함한 모든 지역에서 주민, 지자체, 현지 시민단체 등과 맞닥뜨리게 된다. 신세도 지고 기여도 해가며 좋은 관계를 만들어나가는 큰 과업이 주어지는 게 현실이다. 포스코의 포항, 광양, 현대의 울산도 이해관계당사자 경영에서 생생한 경험을 축적하여온 산 증인들이다. 흔히들 말하는 기업의 사회적 책임(CSR)뿐만 아니라 지역의 대(對)기업 책임, 국가의 대(對)기업 책무와 같은 입체적 관점이야말로 이해관계당사자 경영의 성공을 확약할 수 있다는 관점도 필수적이다.

지배구조

기업 지배구조(Corporate Governance)란 핵심 의사결정 체계를 가리킨다. 보통은 경영진(대주주 포함)-소액주주-채권자-종업원 등 기업 이해관계당사자들의 역학관계를 총칭하는 말이기도 하다. 한마디로 기업을 다스리는 구조가 어떻게 되어 있느냐를 보는 개념이다. 넓게는 기업경영과 관련된 의사결정에 영향을 끼치는 모든 요소의 집합으로 이해할 수 있다.

〈그림 10〉 스튜디오 드래곤 지배구조 분석

거버넌스

- CJ ENM: 스튜디오드래곤 모회사, 지분 54.5% 소유
- **NAVER: 스튜디오드래곤과 지분 스왑, 2대 주주**
  [스튜디오드래곤의 제작능력 <-> 네이버 웹툰 IP]
  (CJ ENM, CJ 대한통운과도 지분 스왑)
- 문화창고, 화앤담, KPJ, 지티스트: 스튜디오드래곤의 자회사
- Netflix: 스튜디오드래곤 지분 4.99%를 1년 내에 매도할 수 있는 지분투자계약으로 2대 주주였으나 현재 네이버에 밀림

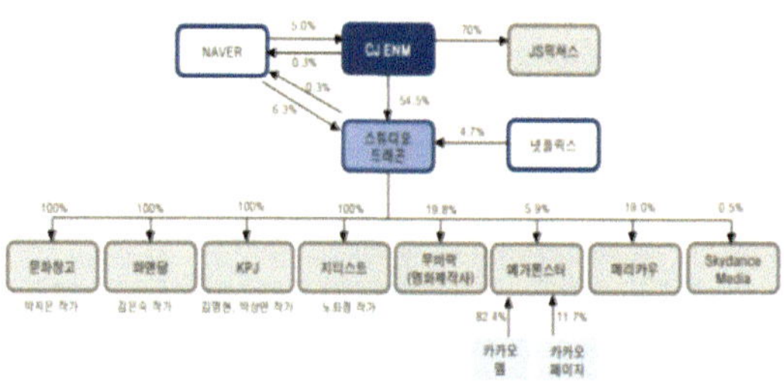

스튜디오드래곤, 네이버와 지분스왑 이후 지분 변화(단위 : 주)		
주주명	소유주식수	지분율
CJ ENM	16,345,182	58.18%
네이버(2대 주주)	1,877,345	6.26%
넷플릭스	1,402,009	4.99%
소액주주	9,233,733	32.86%
총발행주식수	28,096,370	100.00%

자료 : 성신여대(2021), 강의「미디어 비즈니스」팀 프로젝트 발표문

기업 내부의 의사결정시스템은 물론 시장에 대한 규제, 금융 감독체계, 관행, 의식과 같은 외부 환경 요소 문화적 여건 등을 포괄한다. 좁게는 기업경영자가 이해관계당사자, 특히 주주의 이익을 위해 역할을 다할 수 있도록 감시 통제하는 체계를 뜻한다. 우리나라의 경우 기업지배구조 개선작업은 소유와 경영의 분리, 사외이사제도 도입, 감사의 독립성 제고, 회계제도의 선진화, 주주 권리의 강화, 금융감독체계 강화 등을 기본 골격으로 진행되고 있다.[2]

기업의 인사 조직 관리 활동 중에서 가장 드러나지 않은 비밀의 영역이 지배구조이기도 하다. 공개된 기업은 주주 지분에 관해서는 투명하게 보여주지만 중요 의사결정에서 실질적 권한을 행사하는 권력 역학관계는 드러내지 않는다. 보이지 않는 손과 같이 작용하면서 조직 전체를 장악하는 감춰진 시스템이 곧 지배구조라고도 할 수 있다.

누가 실질적인 의사결정을 하고 사업과 활동을 실행하는지에 관한 역학관계라고도 할 수 있다. 여기에는 주주 주권론과 이해관계자 주권론의 대항이 깔려 있다. 주주 주권론의 전형으로는 한국의 대기업 그룹, 재벌 체제가 들어온다. 여러 가지 패턴이 있긴 하지만 그룹 총수가 있어 지주회사와 같은 구조를 통해 방대한 전체 계열사를 통솔한다. 이 때 1인 총수가 최대 주주 오너로서 매우 복잡하고 정교한 소유구조를 갖고 수십개를 넘나든 계열사 전부를 리드하게 되는데 실제 현실 지배구조 작동원리는 그리 단순하지가 않다. 글로벌 기업이자 세계 최대 IT 기업 반열에 오른 삼성전자를 보면 외국인 지분이 이미 50%를 넘어선지 오래다. 주식시장 자체가 완전 개방되어 뉴욕 증시, 나스닥에 입성하기도 하고 해외 자본이 기관투자가, 사모펀드, 개인 등 다양한 형태로 유입되다 보니 지배구조 또한 오픈 시스템으로 간다는 뜻이다. 잘 나가는 기업일수록 외부 자본 도입이 전면적으로 진행되므로 스마트폰, 반도체, AI, 플랫폼과 같은 첨단 분야 비즈니스일수록 최대주주 오너들의 경영권 방어가 힘들어지는 실정이다.

국책기관인 외환은행을 인수한 미국의 펀드 론스타 먹튀 논쟁이 극단적인 예시이다. 단기 투기성 외자에 속수무책으로 당해 경영권 방어가 안 될 때 수천, 수만 명의 직원 가족의 고용 안정과 생계가 위협을 받고 결국 국민의 안녕과 질서가 흔들릴 수 있음을 극명하게 보여주었다. 그래서 기업지배구조와 자본주의 시스템간 경쟁이라는 표현도 나오고 있다. 기업의 성과에서 지배구조라는 변인이 차지하는 비중이 날로 커지고 있음을 나타내주는 등

2) [네이버 지식백과] 기업지배구조 (시사상식사전, pmg 지식엔진연구소)

식도 나와 있다.

기업의 성과 = f(a, b, …지배구조, …y, z)

〈그림 11〉 지배구조

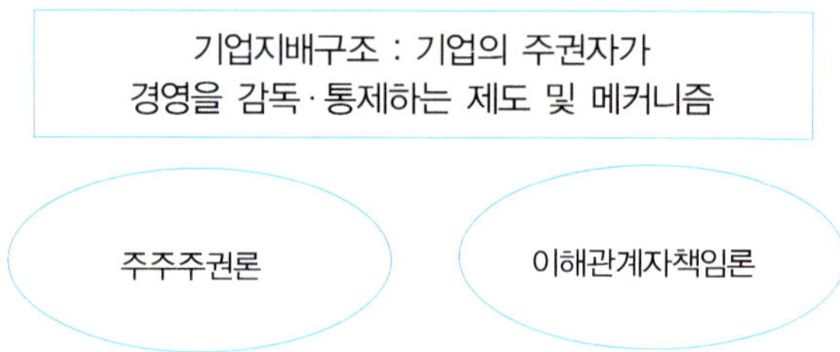

지배구조 관련 전 세계적 추이를 보면 1980년대의 승자는 일본과 독일이었고 1990년 이후 승자는 미국이라는 견해도 있다. 영미식 주주 주권론이 글로벌 스탠더드화되어 결국 영미식 주주 중시형 지배구조를 위한 장치가 적극적으로 도입되기 시작했다는 평가다. 전문경영인 CEO를 포함한 대리인 문제를 해결하기 위해 기업이 다수의 사외이사를 포함하는 이사회 중심 지배구조를 강화하게 된 것이 대표적인 예다. 소액주주 권익 보호를 위한 법적 장치 또한 기업들이 앞장서서 들여와 갈등의 소지를 줄여나가고자 하였다.

주주대표소송의 예

주주대표소송은 현실적으로 기업경영에 참여할 수 없는 소액주주들이 일정 지분 이상의 의결권을 모아 집단으로 내는 소송으로 대주주나 경영진의 전횡을 견제하기 위한 법적 수단이다.[3] 원래 주주대표소송은 영미법에서 인정한 법리이다. 우리나라는 1962년 상법을 제정하면서 영미식 주주대표소송 제도를 도입하였다. 영국과 미국의 경우 단 1주의 주식을 보유한 주주에 대하여도 주주대표소송을 제기할 수 있도록 허용하고 있다. 반면 우리나라의 경우에는 비상장회사의 경우 발행주식의 총수의 100분의 1 이상, 상장회사의 경우 6개월 전부터 계속하여 상장회사 발행주식총수의 1만분의 1 이상에 해당하는 주식을 보유한 주주에게만 소를 제기할 수 있도록 하였다.

3) [네이버 지식백과] 주주대표소송 (한경 경제용어사전) http://dic.hankyung.com

이에 건강한 지배구조 보장을 위해서는 차등 의결권을 줘야 한다는 주장도 활발하게 제기되고 있다. 주주 비중에 단순히 비례하는 게 아니라 책임 경영에 복무하는 대주주들의 방어할 권리를 법제화하는 방향으로 상법을 개정해야 한다는 학설도 발표되고 있다.

〈그림 12〉 미국과 한국 주주행동주의 발전 과정

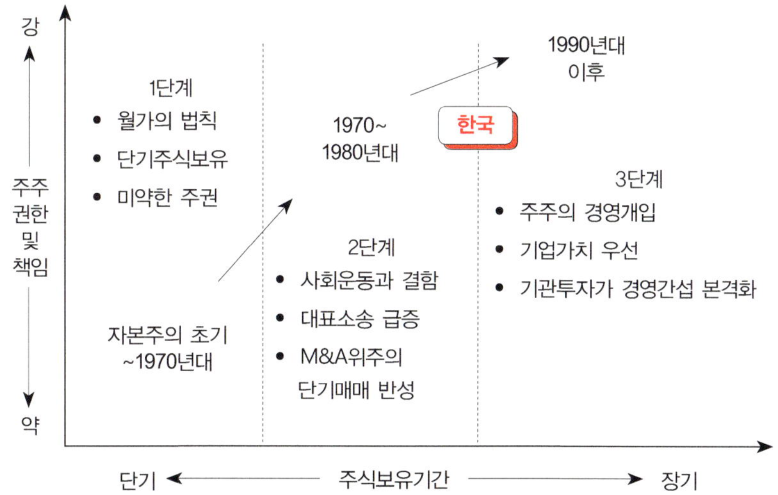

주주를 고립시키는 이해관계자 책임론에 치우치게 되면 정치 주의에 쏠린 노조나 시민단체, 외부자들이 기업을 장악하고자 하는 급진적인 발상을 제어하기 힘들다는 지적도 나오고 있다. 낙후한 기업지배구조를 혁파한다는 경제민주화를 명분으로 시민단체 등 외부 세력과 연계한 소액주주가 정기주총 현장에서 기업에 대해 압박을 가하기도 한다. 정치적 의도에 휩싸여 주주를 상대로 소송을 남발하여 정상적인 경영이 힘들 정도로 극단화하는 경우도 발생한다. 삼성에버랜드 전환사채 저가 배정 사건에서 드러난 대로 2세인 이건희 회장에서 3세인 이재용 부회장에 넘어가는 후계자 구도에서 세금 납부 문제를 빌미로 법적 분쟁이 격화되기도 했었다.

이러저러한 논란을 겪으며 한국적 상황에 맞는 기업지배구조의 모색은 계속되고 있다. 지배구조 관련 갈등은 결국 기업의 리스크라는 부담 요인으로 남게 된다. 기존의 경영시스템을 담당해온 경영진을 불신임하고 당장 변해가는 기업의 시장가치를 우선시하는 여러 기관투자자의 경영 개입을 본격화하는 신호탄이 되기도 한다. 그 가운데 이른바 빅 마우스 주주들이 큰 목소리를 내면서 사회적 이슈로 확대하는 언론 플레이가 기승을 부리고 시시콜콜 경영을 간섭하게 된다면 달려야 하는 기업의 발목을 잡아끄는 파탄을 부르게 된다.

우리나라에서는 특히 외환위기 당시 대마불사 신화를 이어왔던 금융회사와 중후장대 사업체마저 경쟁력을 잃고 무너지는 것을 경험하면서 급진적 거버넌스 논리가 확산하기도 하였다. 많은 화살을 맞은 삼성의 경우 수많은 의견을 듣고 연구를 지속하여 활로를 찾으려 했다. 한국 실정에 맞는 거버넌스를 확립하고 이해관계자들로부터도 충분한 인정을 받는 모델을 추구했으나 여전히 어려운 과제로 남게 되었다. 모범 답안이나 이상형은 없다는 결론에 도달한 셈이다. 과거 개발 독재 시대 한국 기업 행태가 주주를 경시하는 경향이 있었던 것은 사실이었다. 하지만 한국경제의 견인차가 된 반도체 사업과 같은 메가 히트 성공 사례의 원천이 1인 총수가 전격적으로 의사결정하고 실행할 수 있도록 작동한 간결한 지배구조 시스템이었다는 평가도 강력하다. 주주 중시 일변도의 경영이 단기업적과 눈에 보이는 실적에 치중하는 보여주기식 의사결정에 빠질 수 있다는 우려와 단점을 극복해야 했던 시대도 있었다. 원칙은 한국 기업의 경쟁력 강화와 사회적 책임의 완수 여부에 초점을 두는 것이다. 이를 위해서는 어떠한 고정관념과 선입견을 배제할 필요가 있다. 기업은 오로지 혁신의 주체이자 살아있는 유기체로서 기능해야 바람직하기 때문이다. 근본적으로는 생존을 위한 독특한 자기 개성(Uniqueness)을 한시도 쉬지 않고 추구해야 한다. 귀중한 자원을 맡긴 사회에 대한 책임을 다하는 미션이기도 하다. 지배구조 이슈 또한 기업이라는 법인을 활인하는 방향으로 끊임없는 수정, 보강 노력을 통해 개선되어야 할 터이다.

3) 기업의 혁신 · 과제

혁신

혁신(innovation)이란 뜻은 동양 고전에도 있는데 그 본래 뜻이 피부를 벗겨 완전히 갈아엎는다고 하는 무시무시한 말이기도 하다. 표현 자체가 어찌 보면 호들갑이고 과장된 부분도 섞여 있긴 하지만 기업들로서는 늘상 강조할 수밖에 없다. 기업 수명주기 30년설 하나만 봐도 혁신을 강조하는 비장한 분위기를 대번에 감지할 수 있다. 1960년대 이후 한국의 재계 순위 10대 기업, 100대 기업을 조사해보면 진입과 퇴출이 거의 회전문과 같은 정도로 잦고 활발함을 알 수 있다. 30년 후가 되면 거의 다 바뀌어 버린다. 한국 기업의 흥망성쇠를 들여다보면 1965년 100대 기업 중 1997년 시점에서 100대 기업으로 생존한 기업은 13개에 불과하였다. 1960년 이후 세계 100대 기업의 30년간 생존율은 38%이고 미국기업은 21%, 일본기업은 22% 정도라고 한다.

또 다른 자료를 보면 미국의 경우 IT 벤처기업의 유동적인 행보 등 요인에 따라 500대 기업의 평균 수명이 15년으로 준 것으로 나타났다. 미국 500대 기업의 수명은 90년(1935) →75년(1955) → 60년(1966) → 30년(1975) → 22년(1995) → 15년(2015)으로 줄어든 것으로 맥킨지 보고서가 밝히고 있다.[4] 포브스도 글로벌 100대 기업의 평균 수명도 약 30년에 불과하며 이들 기업이 70년간 존속할 확률은 18%에 불과하다고 발표하였다.[5]

〈표 1〉 시대별 재계 순위 변화 (매출액, 총자산 기준)

한국의 10대 기업 변천사(매출액 기준)							
순위	1955년	1965년	1975년	1985년	1995년	2005년	2011년
1	삼양사	동명목재	대한항공	삼성물산	삼성물산	삼성전자	삼성전자
2	대한석탄공사	금성방직	재보공사	대우	현대상사	현대자동차	현대자동차
3	한국산업은행	판본방직	제일제당	현대상사	삼성전자	LG전자	SK이노베이션
4	락희화학	경성방직	삼성물산	유공	LG상사	한국전력공사	포스코
5	금성방직	대성목재	대우실업	호남정유	유공	국민은행	LG상사
6	전남방직	양회수출조합	삼양사	포항제철	현대자동차	포스코	현대중공업
7	충남화학공사	동일방직	기아산업	현대건설	한국전력공사	SK	GS칼텍스
8	한국비료공사	동신화학	금성사	동방생명	포스코	기아자동차	한국전력공사
9	현대건설	대한제분	럭키	삼성전자	선경	GS홀딩스	기아자동차
10	남익사	제일제당	동양나일론	선경	LG전자	SK네트워크	S-Oil

한국의 10대 기업 변천사(매출액 기준)						
순위	1965년	1975년	1985년	1995년	2005년	2012년
1	삼성	락희	삼성	현대	삼성	삼성
2	삼호	삼성물산	현대	삼성	현대자동차	현대자동차
3	삼양	현대	럭키금성	대우	LG	SK

4) LG경영연구원, 2015.8.11. https://www.lgbr.co.kr/report/view.do?idx=19066

5) LG경영연구원, 2015.8.11. https://www.lgbr.co.kr/report/view.do?idx=19066

4	개풍	한국화약	대우	LG전자	SK	LG
5	동아	동국	선경	선경	롯데	롯데
6	락희	대한	쌍용	쌍용	KT	포스코
7	대한제분	효성	한국화약	한진	포스코	현대중공업
8	동양	신동아	한진	기아	한진	GS
9	화신	선경	효성	한화	GS	한진
10	한국유리	한일합섬	대림	롯데	한화	한화

자료 : LG그룹, 60년간 국내 10대 기업 '영예'지켜왔다.
http : //www.consumernews.co.kr/news/articleView.html?idxno=334050

기업 존재의 유한함

인간보다 짧은 수명주기를 가진 것이 기업의 숙명이기 때문에 생존과 혁신에 대해 항상 주시하는 경각심을 강조할 수밖에 없다. 최후의 보루인 기업 생존을 위한 독특한 차별성과 창의성을 끊임없이 캐내고 끌어올리려 애쓰는 혁신 노력이 처절해 보일 때도 있다.

SK 최태원 회장은 2021년 10월 안동에서 열린 인문가치 포럼에서 기업의 사회적 가치(SV : Social Value)를 역설하였다. 언뜻 보면 시장자유주의를 근간으로 하는 자본주의 사회에서 사회적 기업이나 사회적 가치를 접목한다는 것이 부자연스럽고 모순적이기도 하다. 북유럽의 사회민주주의도 연상되기도 하는데 근본적으로는 국민이나 기업 시민이 행복하게 잘 산다고 하는 의미가 무엇인지에 관해 생각해보는 계기가 되기도 한다. 이에 대해 최회장은 한국적 상황에서 변화를 수용하고 나아가는 혁신 키워드로서 사회적 가치를 강조하고 있다. SK의 기업이미지 슬로건이기도 했던 고객 감동이라는 것도 우선 임직원 자신으로부터 우러나오는 즐거움, 성취가 행복감으로 나타나야만 실현될 수 있다고 말한다. 이런 생활의 변화가 곧 사회적 가치로 이어진다는 관점이기도 하다. "사회적 가치는 내 성적표에 남의 행복이 들어가는 것"이어서 협력할수록 사회적 가치도 기업의 가치도 더 커진다는 표현에도 잘 녹아있다.

구조조정과 대기업병

미국의 경우 1980년대 이후 M&A 질풍노도를 거치면서 리엔지니어링, 리스터럭처링, 다운사이징이 기승을 부리는 혹독한 구조조정을 밀어붙였다. 멸종위기에 내몰린 공룡이 되기보다는 참신한 총기가 살아 있는 활달한 기업으로 거듭 태어나기 위한 열망이기도 했다. 어느새 덜컥하고 걸려버린 대기업병을 수술하는 몸짓이기도 했다. 한창 잘 나가던 시기에는 자각하지 못했던 '큰 기업에서 혁신이 나오지 않는다'는 격언을 쓰디쓴 쓸개로 곱씹으면서 위기를 탈출하고자 하였다. 혁신이 없는 기업의 미래는 암울하다는 진실을 실감할 수밖에 없었다.

그렇다면 자각 증상도 없어 예방하지 못한 대기업병은 무엇을 말하는가? 1992년과 1996년 미국 대통령 선거에 나와 정당조직도 없는 제 3후보로서 10% 득표율을 얻었던 억만장자 로스 페로가 남긴 재밌는 말이 있다. "내가 나고 자란 세계(텍사스)에서는 뱀이 나오면 죽이는 것으로 되어 있다. 그렇지만 GM에서는 뱀이 나오면 우선 뱀에 관해 위원회를 설치하고 뱀에 정통한 컨설턴트를 초빙하여 일 년에 걸쳐 회의한다…". 1980년대 GM의 경영자 시절 로스 페로의 이러한 술회는 관료주의(bureaucratism) 병폐를 꼬집었다. 대기업이 경영통제가 가능한 선을 넘어 너무 비대해지면 침묵의 살인자와 같은 병증이 침투한다는 통렬한 비판이었다. 타성에 빠져 소통도 못 하고 정체되고 답습만 하는 굼뜬 기업의 동맥경화가 대기업병의 가장 흔한 예다.

이런 지경이 되면 비울 건 비우고 버릴 건 버리고 포기할 건 포기하는 용단이 필요하다. 호환 · 마마보다 더 무서운 공포의 철퇴, 즉 구조조정이다. 겉으로만 보면 기업의 구조조정은 사람을 자르고 피도 눈물도 없이 자신을 매각하고 통합하고 조직을 없애는 망나니 칼춤과도 같다. 이런 부정적인 면모도 있긴 하다. 하지만 성숙한 경영의 세계에서는 낡은 옛날 껍데기를 탈피해서 새로운 비즈니스를 찾고 수혈한다는 필수코스로서 정화 작업이어야 한다. 혁신하여 구조조정이 자연스럽게 되면 기존 임직원이 더 좋아지고 고객들도 더 만족하게끔 뭔가 탈바꿈한다는 게 구조조정의 본래 목표이다. 일단 불가피하다면 되도록 성공하고 잘하는 구조조정을 수행하는 것이 경영의 과업이다.

구조조정의 필요성을 자각하기는 사실 쉽지 않다. 인간이 산성 체질로 약화하면 각종 징후가 나타나듯이 기업도 대기업병과 같은 적신호가 켜지는 때가 있다. 기업의 상태 진단을 할 때 30대 체력의 50대 중년과 50대 체력의 30대 청년을 빗대어 말하기도 한다. 젊고 멀쩡해

뵈는 기업이라도 속으로 곪아 문드러진 지경이 되었다면 치료를 미룰 수 없다는 뜻이다. 하물며 오래되어 낡고 굼뜬 기업들은 적어도 한 번 이상은 사업구성의 대전환을 경험하게 마련이다. 진화론의 자연선택 이론이 기업에도 작용한다는 섭리를 부정하기는 어렵다.

실제로 듀퐁은 초기 화약 제조업에서 출발하였다가 GM(제너럴 모터스) 대주주로 등극하면서 나일론과 같은 특수화학제품 메이커로 변신하는 데 성공하였다. 일본 미쓰이(三井) 기업은 포목상으로부터 시작하여 은행업 · 광산업으로 나갔고 19세기 말부터는 제조업을 본업으로 삼고 있다. 가전 업체 메이커였던 소니도 영화사업, 음악 사업 진출에 이어 플레이스테이션 브랜드를 통한 콘솔 게임 비즈니스로 확장하였다. 소니는 비전까지 새롭게 하여 'Digital Dream Kids; Out of the Box!'를 기치로 내걸고 무형 자산 콘텐츠로 중심축을 옮긴 바 있다. 미국의 원조 IT 기업 IBM은 슈퍼컴퓨터 제작으로 이름을 떨쳤던 하드웨어 기기 제작사에서 솔루션 서비스 중심으로 일대 전환하였다.

관련해서 '포기도 전략이다'라고 하며 집착을 버려야만 산다는 충고도 잇따르고 있다. 1981년부터 2001년까지 20년간 GE를 이끌었던 잭 웰치 전 회장은 "Don't fall in love with your business"라고 말하며 현실에 안주하고자 하는 속성을 경계하였다.

정신적인 젊음이 중요

기업의 생로병사와 그 도중에 겪는 치료의 과정인 구조조정과 관련해서 정신적인 젊음이 강조되고 있기도 하다. 창의성 · 기업가 정신 등 정신적 젊음이야 말로 기업 위상과 실력을 말해주는 진정한 척도라는 의미다. 사람과 마찬가지로 기업도 지속해서 젊은 기풍을 유지하기 위해서는 기민한 조직으로 개편하는 꾸준한 노력이 필요하다는 뜻이다.

특히 ICT 분야, 인터넷 모바일 비즈니스와 미디어 콘텐츠 비즈니스까지 아우르는 소프트 산업 부문에서는 정신적인 젊음은 물론이고 기발하고 창의적인 감각과 예술적 기질이 생존과 직결된다고 할 수 있다. 100년의 기업이 된다 해도 그대로 늙은 이미지로 연명하고 만다면 경쟁력을 유지할 수가 없다.

창조적 파괴를 불러일으킬 수 있도록 시스템을 만들어 정신적인 젊음을 추구하는 일본 출판 잡지 미디어 그룹 리크루트의 사례가 있다. 이 회사에는 뛰어난 사람 순으로 직원을 나가라고 권장하는 파격적인 기업문화가 한때 존재했었다. 일본에서 한때 소니, 일본 IBM

과 함께 대졸 취업자 선호 탑 3에 들기도 했었던 구인 구직 매체 기업인 리크루트 사례다. 입사 후 5년 차 정도 되었을 때 우수한 직원을 불러 퇴사를 권유하는 특이한 시스템이다. 회사 밖으로 나가서 큰 조직에서 못한 혁신을 해보고 새 영역을 개척하라는 취지다. 초기 벤처 창업 자금은 리크루트 본사가 투자해준다. 그렇지만 투자처가 일단 그룹 계열사 권역을 벗어나므로 사내벤처로 스핀 오프하는 기업 내부의 소사장제와는 성격이 다르다.

이런 실험을 통해 근본적인 쇄신 노력을 기울이기 때문에 리크루트는 일본 전역의 다양한 지역에서 구인, 구직과 연관성을 가진 기발한 주제를 내건 신규 매체를 수십 종까지 협력 브랜드로 보유할 수 있었다.

〈그림 13〉 퇴직을 장려하는 회사?! 일본 리크루트

OPT 제도	• 만 30세 미만의 사원이 퇴직하는 경우 퇴직금 이외에 1,000만엔 지급
Flex 선택정년제	• 만 38세 이상의 사원이 자신의 정연퇴직연력을 자유롭게 설정 • 퇴직시에는 퇴직금 이외에 직급, 연령에 맞춘 가산금 지급
IO 제도	• 특정분야에 높은 능력을 보유한 사원이 퇴직 이후에도 1년 계약으로 업무위탁을 받는 제도 • 첫 2년 동안은 퇴직점의 기본급을 보장
Recruit Fellow제도	• 특정분야에서 높은 능력을 자긴 외부인재와 1년 단위로 업무위탁계약 • 기본연봉 + 성과보수 지급 • 현재 6명
Business View	• 사내 응모자 중 선정하여 타회사에 3개월~1년 동안 파견 • 파견 기간 동안 인건비는 리쿠르트가 부담
Career Web	• 사내웹에 게재되는 구인광고에 사원들이 자유롭게 응모하는 전직시장 • 인사부를 통하지 않고 각 부분이 인새를 이동배치할 수 있음 • 이동희망자의 상사는 거부권을 행사할 수 없음

자료 : 삼성경제연구소 내부자료(2002)

한국경제의 발전과정

한국은 지난 100여 년 만에 낙후한 농경 국가에서 신흥공업국의 선두주자로 부상하였고 이윽고 디지털 한류를 칭송할 정도로 강력한 경쟁력을 실현하였다. 세계 역사상 유례가 없는 고도 압축성장을 기록한 독보적인 모델에 해당한다. 2022년 기준으로 50~70대 연령대 국민은 한 세대 안에서 농경사회, 산업사회, 정보사회를 모두 경험하기도 하였다. 이 과정에서는 정부를 중심으로 한 역량집중모델이 크게 작용하였다. 적극적 외자도입과 국내시장 보호, 수출지향적 공업화 등 국가전략이 작동하였고 우수한 인력과 세계 최고의 근로시간이 보여주었던 근면성과 기업인들이 보여준 결단의 리더쉽이 빛을 발휘하였다.

소수 대기업 그룹이 관련, 비관련 다각화를 통해 한국경제의 성장을 주도했다는 측면에서 한국 기업의 성장사를 대기업들의 안행형(雁行型) 약진으로 묘사하기도 한다. 기러기 떼가 수장 기러기의 향도에 따라 거센 바람을 타고 나아가는 형국을 따온 본디 불교식 표현이다.

현대 그룹의 경우 맨 먼저 건설 부문이 경부고속도로를 수주하면서 사업을 치고 나가면 뒤를 이어 조선 중공업, 자동차, 석유화학, 보험 등이 줄을 지어 따라간다는 모양새다. 삼성은 종합상사인 물산이 앞장서고 제일제당, 제일모직, 생명, 화재, 전자, 전기가 뒤따랐다. 이런 양태는 개발 독재 시대 경제력 집중 특혜라는 비판도 불러왔지만, 기업경영 차원에서는 거래 비용을 줄이고 기민한 판단과 의사결정, 실행력으로 성과를 높이는 결정적 요인이 되기도 하였다.

삼성 현대 LG SK의 안행형 약진은 사회 전체의 인력 수급, 교육과 자원 배치에도 지대한 영향을 주고받게 된다. 1960~70년대 대학의 인기 학과가 토목공학과로부터 시작해서 기계공학과, 화학공학과, 조선공학과, 원자력공학과를 거쳐 왔다. 1980년대 이후 전자공학과, 전산과학과, 컴퓨터공학과 오늘날 수학과, AI학과, 반도체, 휴대폰 학과로 진화하는 경로 자체가 기업의 주력 품목과 성장 엔진의 변천과 맥을 같이 하고 있다.

〈그림 14〉 한국기업의 성장사(대기업 안행형(雁行型) 약진)

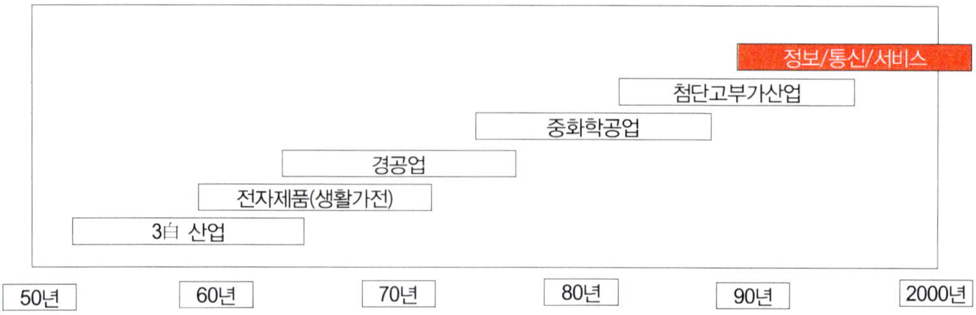

10대 그룹 순위 역시 크게 바뀌었다. 1965년 10대 그룹은 1위 삼성, 2위 삼호, 3위 삼양을 비롯해 개풍, 동아, 락희, 대한제분, 동양, 화신, 한국유리였다.

1950년대와 1960년대만 해도 섬유와 목재가 주력이었던 반면 1980년대 종합상사 전성기를 거쳐 현재는 전자와 자동차가 우리 경제를 이끌고 있다. 1955년 10대 기업 중 방직 회사가 2곳을 차지했으며, 1965년에는 금성방직과 판본방직, 경성방직이 2~4위를 싹쓸이하고 동일방직이 7위를 기록하는 등 방직업 전성시대를 이뤘다. 1960년대 들어 건설업이 확대되면서 동명목재와 대성목재가 각각 1위, 5위를 차지했고 밀가루와 설탕 기업 2곳(대한제분 제일제당)이 9~10위에 올랐다. 1970년대는 종합상사와 화학섬유의 부상이 눈에 띈다. 제일제당과 삼양사, 동양나이론 등 섬유화학업체가 10대 기업에 이름을 올렸고 삼성물산과 대우실업(현 대우인터내셔널) 등 종합상사도 10위권에 등장했다.

국내에서는 LG그룹이 1950년대부터 60여 년간 꾸준히 국내 10대 기업에 이름을 올린 유서 깊은 기업으로 조사됐다. LG전자의 전신인 금성사가 8위에 랭크되며 전자산업의 본격적인 태동을 알렸다. 재벌이 시작한 1960년대에 10대 그룹에 속했던 재벌그룹 가운데는 삼성과 락희(현 LG)만 현재 10위 안에 이름을 올리는 등 격동의 세월을 거치며 기업의 부침이 극심했던 것으로 나타났다.

CEO와 기업 실적 평가 사이트인 CEO스코어가 광복 67주년을 맞아 1955년부터 최근까지 국내외 10대 기업 순위를 조사한 결과에서는 1955년 우리나라 1위 기업은 삼양사였다. 또 대한석탄공사, 한국산업은행, 락희화학(현 LG화학), 금성방직(쌍용그룹 모태), 전남방직, 북삼화학공사(현 동부하이텍), 한국비료공사(현 삼성정밀화학), 현대건설, 남익사가 그 뒤를 이었었다.[6]

한국의 대기업은 세계의 중소기업

한국 기업들은 지난 60여 년간 초고도 압축성장을 통해 외형은 물론 질적으로도 비약적 변화를 이루어냈다. 종업원 500명 이상 대규모 사업장은 지난 1955년 18개에서 40여 년만인 1997년에 500여 개로 늘어났다. 상위 30대 기업 평균 매출액은 1965년 13억 원에서 1997년 9조 원으로 연평균 30%가 증가해왔다. 주력업종도 1950년대 소비재 일색에서 전자, 자동차, 석유화학, 조선, ICT 등으로 외연을 넓혀왔다. 하지만 한국의 여러 기업은 여전히 세계 무대

---

6) https://mobile.newsis.com/view.html?ar_id=NISX20220711_0001938782

에서 중소기업 수준에 머물러 있는 것도 현실이다. 반도체, 스마트폰 등 ICT 분야와 비교해 한국경제의 주변 업종으로 밀려 있는 미디어 콘텐츠 분야의 경우 세계 선도기업과 격차가 더 벌어져 있는 것으로 보아야 한다.

ICT 부문 세계 순위에서는 한국이 ICT 강국이라는 타이틀과 달리, 세계 100대 기업 중 한국 기업은 단 2곳에 불과한 것으로 나타났다.[7] 가장 많은 국가는 56곳을 보유한 미국이었으며 중국 9곳, 일본 8곳 등의 순이었다. 전국경제인연합회(전경련)는 기업분석 데이터베이스인 S&P Capital IQ를 통해 세계 ICT기업 시총 100대 기업을 분석 자료를 이처럼 발표했다. 세계 100대 ICT 기업에 한국은 삼성전자 9위, SK하이닉스 56위 등 2곳만이 이름을 올려 중국, 일본, 인도, 대만 등 ICT 경쟁국에 모두 뒤진 것으로 확인됐다. 향후 100대 기업에 진입할 수 있는 차세대 주자들로 구성된 200대 그룹까지 범위를 넓혀도 한국 기업은 네이버와 카카오를 포함해 5개에 그쳐 중국(27개)과 일본(17개)에 비해 크게 적었다.

세계 100대 ICT 기업을 업종별로 구분한 후 가장 많은 기업이 분포한 상위 5대 업종은 ▲ 반도체(1위) ▲ 앱 소프트웨어(2위) ▲ 데이터 프로세싱 · 아웃소싱 서비스(3위) ▲ 시스템 소프트웨어(4위) ▲ IT 컨설팅(5위) 등의 순이었다. 이 가운데 신종 코로나바이러스 감염증(코로나19) 사태 이후 비대면 경제가 본격화되며 ICT 상위 5대 업종에 진입한 시스템 소프트웨어 100대 기업에 한국은 더존비즈온(74위)과 안랩(82위) 등 2개만 이름을 올렸다. 다른 나라는 미국 34개, 중국 32개, 이스라엘 6개, 일본 5개였다.

〈표 2〉 글로벌기업 순위 변천

글로벌 10대 기업 변천사(매출액 기준)							
순위	1955년	1965년	1975년	1985년	1995년	2005년	2011년
1	GM	GM	Exxon	Exxon	GM	Wal-Mart Stores	Wal-Mart Stores
2	Exxon	Exxon	GM	GM	Ford Motor	Exxon Mobil	Exxon Mobil
3	US Steel	Ford Motor	Ford Motor	Mobil	Exxon Mobil	General Motors	Chevron
4	GE	GE	Texaco	Ford Motor	Wal-Mart Stores	Ford Motor	Conoco Phillips

7) 매일경제, 전경련 "세계 ICT 100대 기업에 한국 기업 2개뿐…경쟁국에 뒤처져", 2022.7.12. https://m.mk.co.kr/news/economy/view/2022/07/610412/

5	Esm ark	Mobil	Mobil	Texaco	AT & T	General Electric	Fannie Mae
6	Chrysler	Chrysler	Chevron Texaco	Intl. Business Machines	General Electric	Chevron Texaco	General Electric
7	Arm our	US Steel	Gulf Oil	Dupont	Intl. Business Machines	Conoco Phillips	Berk shire Hathaway
8	Gilf Oil	Texaco	GE	co AT & T	Mobil	Citigroup	General Motors
9	Mobil	Intl. Business Machines	Intl. Business Machines	GE	Sears Eoebuck	Am erican Intl. Group	Bank of America Corp
10	Dupont	Gulf Oil	ITT Industries	Amoco	Altria Group	Intl. Business	Ford Motor

자료 : LG그룹, 60년간 국내 10대 기업 '영예' 지켜왔다.
http://www.consumernews.co.kr/news/articleView.html?idxno=334050

2022년 3월 기준으로 시가총액 1위는 2조 8천 500억 달러인 애플이 차지했다.[8] 2위는 마이크로소프트(MS), 3위는 사우디 아람코, 4위는 구글의 모기업 알파벳, 5위는 아마존이었고 테슬라(6위), 버크셔해서웨이(7위), 엔비디아(8위), 메타(9위)가 그 뒤를 이었다. 대만의 TSMC는 시총 5천410억 달러(약 692조4천800억 원)로 10위에 이름을 올렸다. 지난해 11위에서 한 계단 상승했다.

국가별로 보면, 100대 기업 중 미국이 63개 사, 중국은 11개, 영국은 4개 사가 이름을 올렸다. 국내에서는 삼성전자가 22위로 유일하게 100대 기업 명단에 포함됐다.

3강의 규칙(The Rule of Three)

향후 세계시장에서 부문별 3대 기업만 생존할 수 있으며 궁극적으로는 세계적 과점경쟁 체제로 수렴해갈 것이라는 관측이 지배적이다. 따라서 애플이나 구글, 아마존, 디즈니, 테슬라와 같은 압도적 우위에 올라선 기업을 제외한 모든 기업이 분투 중이다.

8) 연합뉴스, 삼성전자, 전세계 기업 시가총액 순위 22위. 작년보다 7계단↓, https://news.v.daum.net/v/20220612060149379

〈그림 15〉 새로운 패러다임이 요구되는 배경

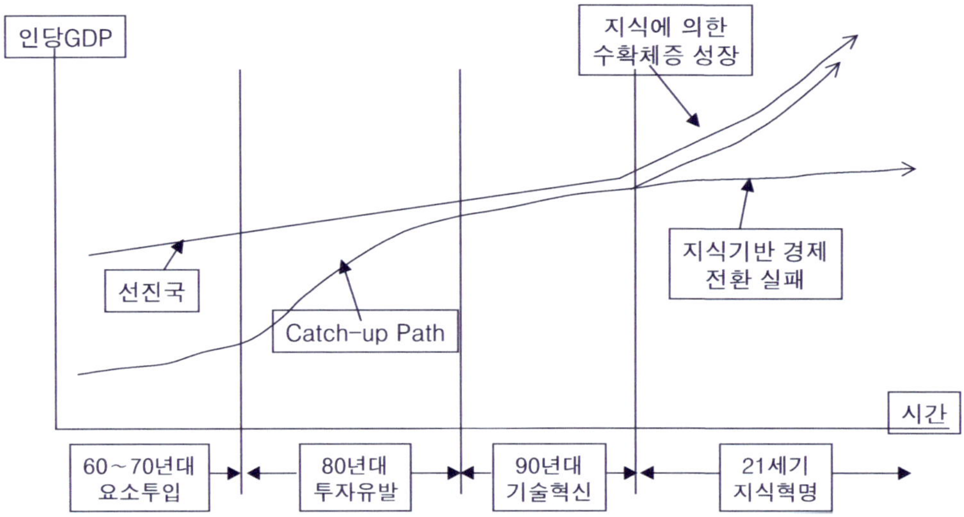

제조업의 경우 과거 외환위기 이후 기업들이 어떤 불황기보다 극심한 수익성 위기를 경험한 적이 있어 코로나 팬데믹 국면에 들어서면서부터는 대부분은 비상 경영체제로 돌입한 상태이다. 반도체와 ICT 산업에서는 배타적 독점 원천기술을 보장하는 표준 특허 쟁탈전도 갈수록 치열해지고 있다. 급할수록 돌러간다는 말처럼 거북이걸음 같은 R&D 활동에 전사적 명운을 거는 기업도 있다. 이러한 때 정확한 경기 흐름 예측과 강력한 조정기능, 과감한 결단력이 절실히 요구된다. 경영의 신이 강림해야만 승산을 볼 수 있다고 얘기할만한 상황이다. 이것이 바로 끊임없이 새롭고 획기적이며 창조적인 세계관 또는 패러다임이 요구되는 배경이다.

미래 新 산업 분류

기업 자신이 소속한 산업 자체를 다른 눈으로 보기 시작하는 데서 혁신은 출발한다. 우리 기업이 가전이다, 자동차다, 통신이다, 방송이다…, 이런 고정관념에 매달려 있는 해묵은 관성을 거부하는 몸짓이다. 공식적이고 제도적인 산업분류는 정책 라인에 던져 버리고 고객과 가치, 효용의 본질을 파고들어 참신한 대안 솔루션을 찾는다는 시도이기도 하다.

가령 보험이나 금융 서비스라면 고객을 챙긴다는 뜻으로 커스터머 케어(customer care) 형 산업으로 재규정할 수 있다. 심지어는 자동차 제조업도 업의 본질과 개념을 새롭게 달리 본다면 그저 물건을 만들어 건네는 기존의 제조와 판매라는 개념은 고집할 필요가 없다.

〈그림 16〉 새로운 산업 분류

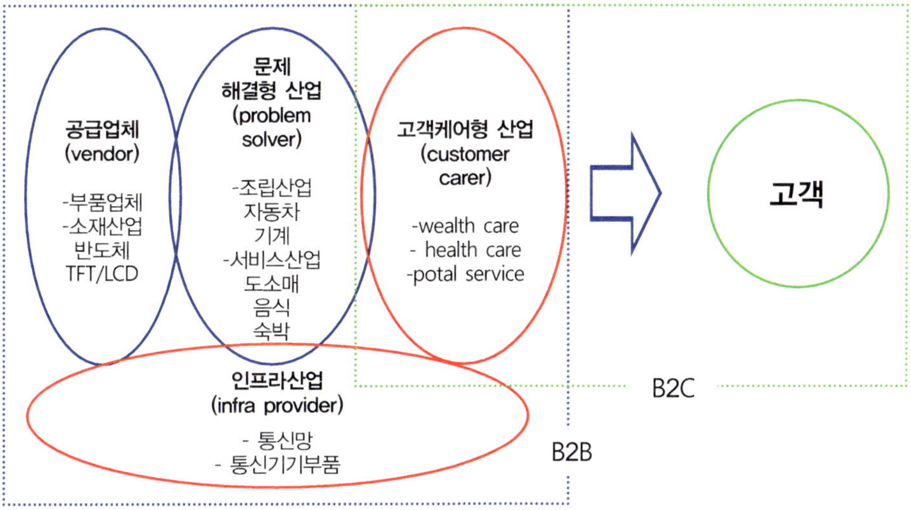

자동차라는 제품도 운전 주행보다는 엔터테인먼트 기기 체험으로 변경할 수 있다 고객과는 리스, 렌털 서비스마저 뛰어넘는 구독경제형 서비스로 전환하여 일상적인 돌봄 서비스를 기획해 제공할 수도 있다. 미디어 콘텐츠 기업이라면 더욱더 극적으로 커스터머 케어와 같은 신개념을 확장할 수도 있다. 새로운 페러다임 서비스를 찾아서 미디어 산업이라 하지 않고 '고객 딜라이드(delight)'라거나 '즐거운 콘텐츠 이용 산업'이라고 업의 개념을 개조하는 식이다.

바야흐로 기업이 생존과 지속 가능한 성장, 사회적 가치를 확장하는 체질 변화와 혁신을 통한 성공으로 나아가기 위한 초 무한경쟁이 닻을 올리고 있다. 초일류기업으로 치솟기 위한 큰 무대 경영 게임이 미디어 콘텐츠 기업의 일생에서 막 펼쳐지기 시작했다. 관건은 기업을 정확히 알고 신기술과 신문화를 첨병으로 치고 올라오는 새로운 경영, 경쟁환경을 꿰뚫어 조사, 분석, 평가하여 창의적인 전략프로그램을 도출하는 대응이자 문제 해결 솔루션 능력이다.

3 하우스 모델과 경영시스템

미디어 콘텐츠 경영 생태계에 들어오는 기업의 종류는 다양하다. 콘텐츠 기업도 있고 미디어 기업, 플랫폼 기업도 모두 포함되어 각기 다른 형태를 보여준다. 그런데도 기업이라고 하는 공통적인 원형을 갖게 되는데 이 부분을 하우스 모델과 경영시스템이라는 분석의 틀로 접근해 보겠다. 주로 콘텐츠 제작사와 미디어 경영을 수행하는 미디어 기업을 전형적인 모델로 간주하는 것이 한결 손쉬운 접근일 수 있다. 플랫폼 기업의 경우 자체 생산이 없이 유통 시스템만 가동하는 때도 많아서 되도록 제작시스템을 갖춘 미디어 콘텐츠 기업을 상정하는 것이 적합할 터이다.

〈그림 17〉 기업 하우스 모델/경영시스템 등장 배경

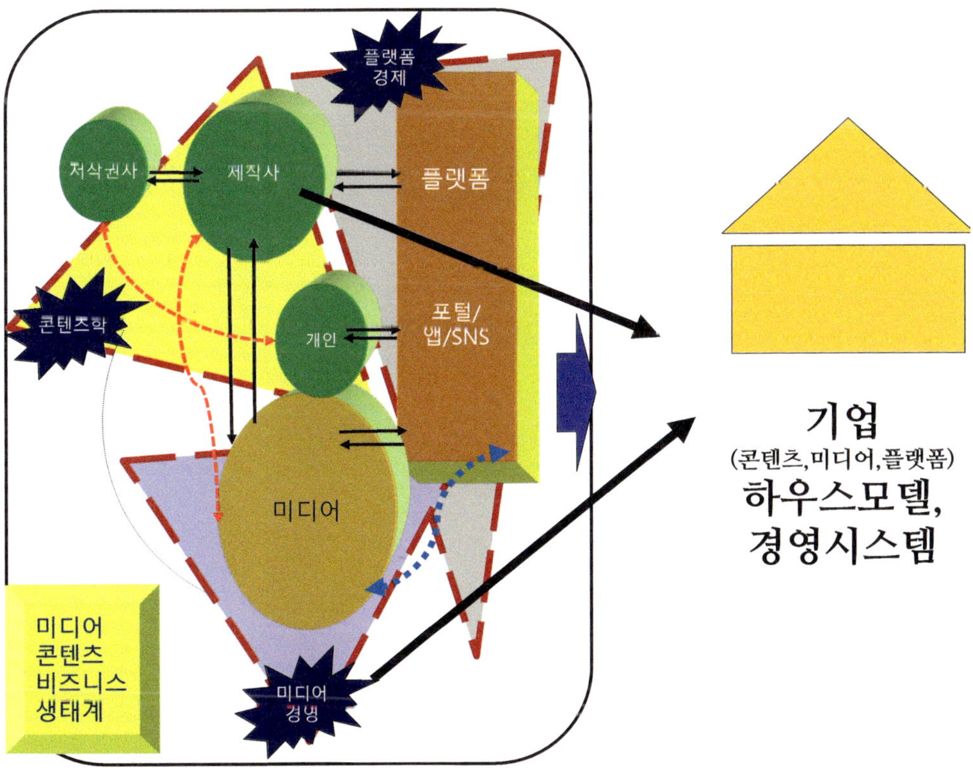

1) 하우스 모델

분석의 틀

기업을 집이라고 생각해본다면?

집이란 모름지기 비와 바람을 피해야 하니 지붕과 벽이 있어야 하고 반듯하게 받쳐줄 바닥과 기둥이 있어야 한다. 유리창을 내고 하는 장식은 그다음 생각할 일이다. 이렇게 은유해서 기업과 사업에 대한 이해를 진전시키고 경영학적 접근을 통해 전략 방향과 같은 주어진 문제를 해결할 수 있다.

〈그림 18〉 하우스 모델 원형

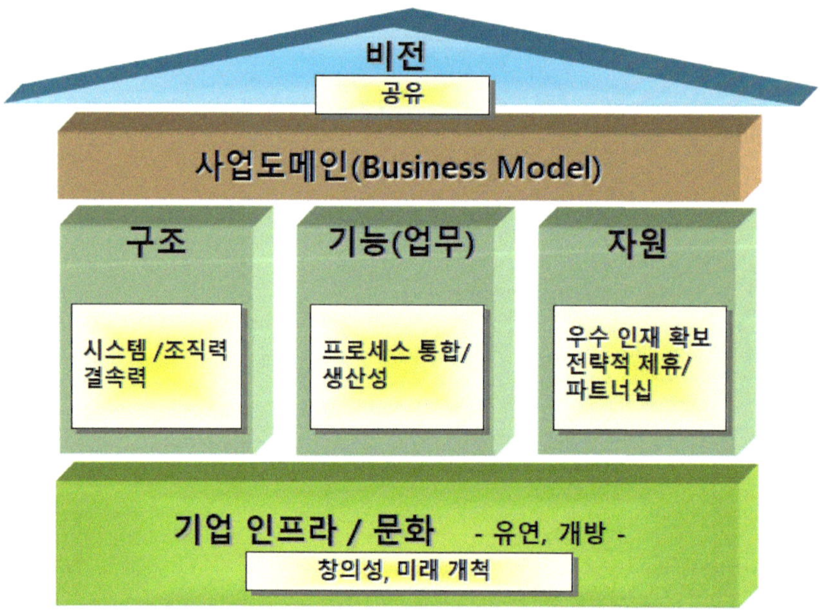

지붕 : 비전

첫 번째 하우스 모델의 요소인 지붕은 기업의 비전을 말한다. 비전 설명서(vision statement)는 모든 기업의 홈페이지에 올라와 있는 자부심 가득한 철학이자 이념, 세계관이다. 웹이나 앱의 사이트맵에 들어가 기업소개를 찾아 들어 비전 설명서를 만나본다면 그 순간 보물찾기에 성공한 아이처럼 기쁨을 만끽할 수 있지 않을까 한다. 최선을 다한 멋진 표현으로 그 기업이 추앙하는 제 일의적 가치가 숭고한 내면의 기업가 정신을 내포한 채로 드러나 있을 테니까. 네이버라는 기업으로 치면 청년 이해진이 삼성 직원으로서 사내 벤처에 도전했을 때 품었을 이상이 무엇이었는지를 가늠해보며 시간 여행도 할 수 있는 특급 찬스를 거머쥘 수 있다.

기업들이 비전과 함께 미션(mission statement)까지도 함께 사용하는 경우가 많아 궁금해 하기도 한다. 아예 기업 홈페이지에 미션을 맨 먼저 뛰워 놓고 그 다음에 비전을 위치시키는 기업도 꽤 많다. 하우스 모델의 지붕을 놓고 자리다툼을 하곤 한다. 그런가 하면 많은 기업은 비전과 미션을 대략 섞어서 혼용하기도 한다.

그러나 엄밀하게는 분리해 보는 것이 맞다. 비전은 원대한 꿈과 지향하는 바이고 미션은 구체화하는 임무이므로 이 둘은 서열도 내용도 달라야 한다. 아무튼 현장 기업들이 비전과 미션을 뭉뚱그려 표현하는 케이스가 워낙 많아서 하우스 모델의 지붕을 비전과 미션의 혼성 쯤으로 이해하는 것도 큰 무리는 없을 것으로 본다.

예를 들면 어떤 기업이 창업 50주년을 맞아 비전 선포식을 한다고 할 때 발표하는 그 내용은 기실 새롭게 변형하거나 업그레이드한 비전 플러서 새 임무인 미션까지 한 데 버무리는게 더 자연스러울 수도 있겠다. 영화 미디어 콘텐츠 사업도 펼치고 있는 롯데그룹의 경우 기업 홈페이지에 미션과 비전, 핵심가치 3가지 범주를 나누어 사용하고 있다.[9] 비전은 「Lifetime Value Creator」이다. 이에 대해 "'새로운 50년을 향한 다짐'으로서 롯데는 미래 50년 동안에도 지속 가능한 성장을 이룰 수 있도록 그룹의 성장 방향을 질적 성장으로 전환하고, 이에 맞춰 새로운 비전을 선포하였습니다. 「Lifetime Value Creator」에는 롯데의 브랜드를 통해 고객에게 전 생애주기에 걸쳐 최고의 가치를 선사하겠다는 의미가 담겨져 있습니다."라는 설명서를 붙여두었다. 비전보다 앞 순서에 있는 미션은 "사랑과 신뢰를 받는 제품과 서비스를 제공하여 인류의 풍요로운 삶에 기여한다(We enrich people's lives by providing superior products and services that our customers love and trust)"라고 되어 있다. 덧붙여 "롯데의 미션은 경영활동의 기본이자 출발점이 되는 개념으로서, 내부 구성원들의 조직에 대한 자부심과 결속력을 다지고 업무에 대한 동기를 창출하는 데에 다음과 같이 중요한 역할을

9) 롯데그룹 홈페이지, 2022.7.29. 현재 https://www.lotte.co.kr/about/vision.do

합니다."라고 설명하고 있다. 좀 더 상세한 내용은 핵심 가치에 담았다. 특히 글로벌 다국적 기업들이 비전과 미션 외에 가치설명서(value statement)를 부가하곤 하는데 롯데도 이런 구조를 따랐다.

〈그림 19〉 롯데그룹의 핵심가치

자료 : 롯데그룹 홈페이지, 2022.7.29. 현재 https://www.lotte.co.kr/about/vision.do

롯데 핵심가치는 "롯데인들이 미션과 비전을 달성하기 위해 갖추어야 할 사고와 행동 방식의 기준입니다"라고 밝히고 있다. 정의 및 행동 지침 슬로건으로서 'Beyond Customer Expectation'을 내걸고 "우리는 고객의 요구를 충족하는데 머무르지 않고, 고객의 기대를 뛰어넘는 가치를 창출해낸다"라고 하였다. 이에 3가지 핵심어가 나온다. Challenge(우리는 업무의 본질에 집중하며 끊임없는 도전을 통해 더 높은 수준의 목표를 달성해 나간다)와 Respect(우리는 다양한 의견을 존중하며 소통하고, 원칙을 준수함으로써 신뢰에 기반한 공동체를 지향한다). Originality(우리는 변화에 민첩하게 대응하고, 경계를 뛰어넘는 협업과 틀을 깨는 혁신을 통해 쉽게 모방할 수 없는 독창성을 만든다)가 그 내용이다.

대들보 : 사업 도메인(비즈니스 모델)

비전이 어른거리는 지붕 아래 구역은 기업의 사업 도메인이다. 한옥으로 치면 들보 또는 대들보에 해당한다. 대들보는 작은 보에서 전달되는 하중을 받기 위해 기둥과 기둥 사이에 건너지른 보를 말한다. 작은 보가 없을 때도 철근 콘크리트 구조 · 철골 구조 등의 주요한 기둥 사이에 건너지른 보를 대들보라고 말하기도 한다.[10]

대들보는 위로 떠받치고 있는 지붕으로서 기업의 비전을 달성하기 위한 위치 좌표를 지칭한다. 어디서 어떻게 사업을 펼쳐 추구하는 비전을 실현하겠는가에 관한 영역이다. 우리말로 수익모델이고 비즈니스 모델로 볼 수 있겠다. 그런데도 하우스 모델에서 사업 도메인으로 이름 붙인 것은 '어떻게'보다 '어디서'라는 지점을 좀 더 강조하기 위함이다. 비전 다음에 나오는 기업의 행보이기 때문에 어떤 곳에 속해 사업을 개시할 것인가를 먼저 보는 게 타당하다고 보는 관점이다.

장터로 치면 먹거리든, 옷가지든, 잡화상이든 어느 구역에 자리를 잡을 것인지를 먼저 정해야 한다. 그다음 사업을 전개하는 방식으로서 수익모델, 비즈니스 모델은 하루 동안에도 아니면 사시사철 가는 동안에도 여러 번 변할 수 있다고 봐야 한다. 돈 버는 노하우요 방법론이기 때문에 그러하다. 물론 어디서라는 사업 도메인을 정하고 나면 키는 비즈니스 모델, 수익모델이 되어버린다. 다만 여기서 하우스 모델이 띠맡는 임무 자체가 기업 해부도라는 정적인 도면이기 때문에 활발한 사업 활동을 뜻하는 비즈니스 모델, 수익모델을 전면에 내세우지는 않는다.

기본적으로 사업 도메인은 비즈니스 모델(how)에 앞서 'where'와 'what'을 가리키는 개념이다. 네이버의 청년 이해진이 삼성 직원일 때 사내벤처를 한번 해보라고 하는 일생일대의 기회를 마주했을 때 과연 어떤 영역에서 판을 한 번 차려볼 것인가를 고민했을 터이다. 그 시기라면 이미 국내에서는 검색사이트 1위로서 한메일 브랜드까지 보유한 다음이 있었고 글로벌 스탠더드이자 아성으로 보였던 야후가 버티고 있었다. 이때 인터넷 비즈니스를 향한 청년의 비전이 좀 더 자라나 구체적으로 검색 서비스 영역에 깃발을 꽂게 되는 것이 곧 사업 도메인이다. 당시 인터넷 웹 브라우저 양대 축인 넷스케이프와 인터넷 익스플로러라는 운동장 안에서 한국인에게 좀 더 잘 맞고 다음보다 검색이 더 잘되는 사이트 서비스를

10) 두산백과 두피디아, https://terms.naver.com/entry.naver?docId=1080759&cid=40942&categoryId=32340

창안하는 쪽으로 올인했다는 스토리다. 이때 나온 결정적 한 방이자 히트 상품이 곧 네이버 지식인이다. 똑같은 인터넷 검색이라는 사업 도메인에서 야후나 국내 최강자 다음과도 차별화하는데 성공했다. 왕성한 궁금증을 뿜는 네티즌들의 갈증을 한 방에 해소해주는 신박한 양방향, P2P(people to people 또는 peer to peer) 방식의 지식인 검색이 승부를 갈랐다. 이에 더해 좀 더 중립적이고 풍부한 뉴스 박스 제공이 네이버라는 벤처를 일약 업계 리더로 끌어올렸다.

이런 시초의 생각과 전략이 좀 더 편리한 인터넷 모바일 비즈니스 아카이브 만들기와 플랫폼 꾸미기라는 행복한 꿈으로 계속하여 연결되는 것이 곧 비전과 사업 도메인의 결합이 될 터이다.

3개 기둥

대들보, 들보 아래 집 본체를 지탱하는 3개 기둥이 있다. 현관과 중문, 창문이 붙어 있는 벽면, 벽체라고 떠올려도 좋겠다. 기둥 역할을 하는 기능이 핵심이다. 3개 기둥은 곧 기업의 구조와 기능, 자원을 말한다.

〈그림 20〉 하우스 모델 변형

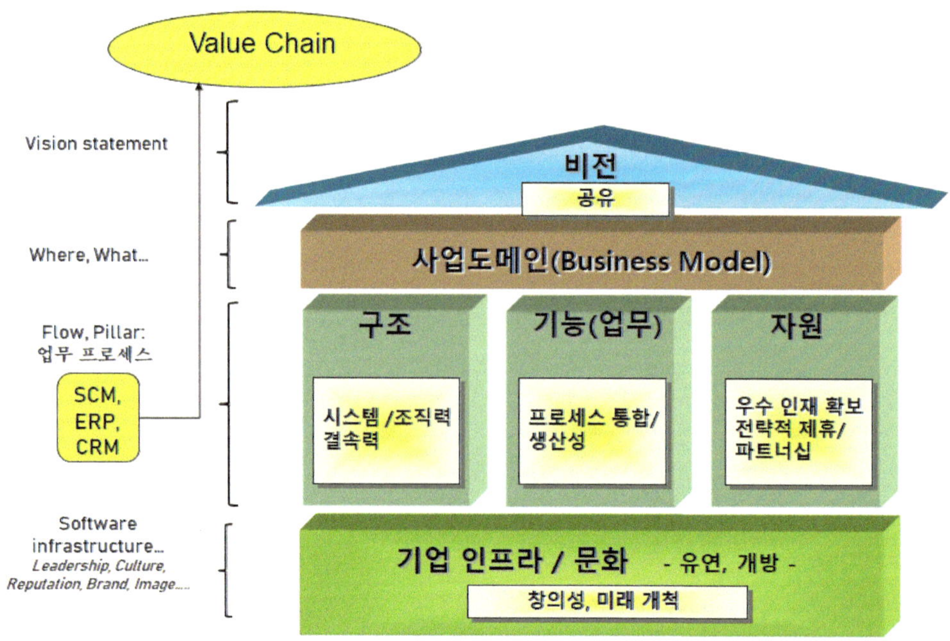

살아있는 유기체로서 기업에 혈류가 있어 전기처럼 흐르는 해부도를 생각해보면 된다. 기업 외부에서 들여오는 4가지 자원인 인(人), 물(物), 금(金), 정(情)이 조합해 업무를 수행하는 전체적인 프로세스를 형상화한 것이 곧 3개 기둥이다. 구조 기능 자원 가운데 기능이 사실상 기업 전체를 연결하여 업무 흐름을 작동시키는 개념이 된다. 따라서 기능 또는 업무 수행 차원에서 하우스 모델의 3개 기둥을 달리 표현하는 것도 의미가 있겠다.

업무 프로세스, 플로우(flow)라는 기능 역할에서 본다면 왼쪽에서 오른쪽으로 흐름이 이어지는데 첫 번째 기둥은 SCM(supply chain management)이고 두 번째 기둥은 ERP(enterprise resources planning), 세 번째 기둥은 CRM(customer relationship management)으로서 각각 위치한다. 두 번째인 ERP는 우리말로 전사적 자원관리라고 부르는 그대로 기업의 처음부터 끝까지 전 영역 업무 흐름을 관장하는 개념이어서 단 하나의 기둥이라는 형상에는 맞지 않는다. 그러니 여기 하우스 모델의 기둥을 집안의 벽체로 본다는 유연한 사고로 돌아가서 집의 4면 전체를 둘러치는 벽면으로 간주하면 되겠다. 그렇게 해도 지붕 아래 있고 그 밑에 서까래가 떠받치고 다시 들보, 대들보가 기둥과 벽체 위에 놓인다는 기본 구조는 변할 게 없다.

첫 번째 기둥 또는 벽체로 나오는 SCM(supply chain management)은 공급망관리라고 한다. 기업에서 원재료의 생산 · 유통 등 모든 공급망 단계를 최적화해 수요자가 원하는 제품을 원하는 시간과 장소에 제공하는 '공급망관리'를 뜻한다. SCM은 부품 공급업체와 생산업체 그리고 고객에 이르기까지 거래관계에 있는 기업 간 IT를 이용한 실시간 정보공유를 통해 시장이나 수요자들의 요구에 기민하게 대응토록 지원하는 것이다. 세계적으로 선도적 위치에 있는 제조업체, 물류업체, 유통업체들은 SCM을 통해 거래처들과 긴밀하게 협력함으로써 그 이익을 훨씬 더 극대화하고 있다. SCM의 고도화는 공급자관계관리(SRM), 제품주기관리(PLM), 성과측정지표(BSC), 능률원가측정(ABC) 등의 애플리케이션을 기업애플리케이션통합(EAI) 및 기업포털(EP)작업에 연계함으로써 협력사들과의 총체적인 협업체계를 구현하는 데 목적이 있다. 그 저변에는 전사데이터웨어하우스(EDW), 초대형 서버, 전사자원관리(ERP), 고객관계관리(CRM) 등이 자리 잡는다.[11]

11) [네이버 지식백과] SCM (시사상식사전, pmg 지식엔진연구소), https://terms.naver.com/entry.naver?docId=931077&cid=43667&categoryId=43667

두 번째 기둥 또는 벽체인 ERP(enterprise resources planning)는 전사적 자원관리라고 부른다. ERP란 기업 내 생산, 물류, 재무, 회계, 영업과 구매, 재고 등 경영활동 프로세스들을 통합적으로 연계해 관리해 주며, 기업에서 발생하는 정보들을 공유하고 새로운 정보의 생성과 빠른 의사결정을 도와주는 전사적 자원관리시스템 또는 전사적 통합시스템을 말한다(노규성 · 조남재, 2010; Laudon & Laudon, 2006).

ICT 관점에서 보면 여러 부서에서 수행되는 업무 처리를 돕기 위해 일상 업무 작업을 자동화한 응용시스템(패키지 소프트웨어)들의 집합으로 구성되어 있다(권태형, 2012). 여기에서 패키지 소프트웨어(SW)란 한컴의 'imagefont글'이나 'MS-오피스', 'CAD(Computer-Aided Design)'처럼 제품으로 만들어서 파는 형태의 SW를 말한다.

ERP의 주목적은 조직의 모든 기능 영역들 사이에 정보가 끊김 없이 흐르도록 하는 것이다. 따라서 ERP를 도입한다고 하는 것은 예전처럼 전산화한 시스템을 구축하는 것이 아니다(양정식 외, 2013). 오히려 새로운 공장을 짓고 새로운 회사를 설립하는 것과 같이 기존의 시스템과는 전혀 다른 혁신적인 개념의 SI를 구축하는 것이다. 즉, ERP를 도입하고 활용함으로써 업무의 처리 방법이나 기업의 구조를 본질에서 혁신해 생산성을 극대화하는 전략적 접근이라 할 수 있다.[12] 글로벌 ICT 기업인 독일의 SAP와 미국의 오라클이 이 ERP 소프트웨어, 솔루션 서비스 분야 절대 강자로 군림하고 있기도 하다.

세 번째 CRM(customer relationship management)은 고객관계관리를 말한다. 집중공략형 영업전략으로 IBM사가 창안한 마케팅전략이다. 예를 들어 1건의 영업 프로젝트가 있을 때 사전에 고객의 구매 의지를 평가하고 이중 가능성이 있는 대여섯 건을 골라낸 후 사내에 흩어져 있는 전문인력을 프로젝트별로 투입하여 인력 낭비를 최소화하고 시너지효과를 발휘하게 하는 새로운 경영기법이다.[13]

이 3가지 기둥 또는 벽체로서 SCM(공급망관리), ERP(전사적자원관리), CRM(고객관계관리)라는 주요 기능이 구조를 형성하고 자원을 들여와 물 흐르듯이 이어져가는 업무 흐름 또는 프로세스가 기업이라는 유기체의 신진대사, 혈류를 보여준다.

---

12) [네이버 지식백과] 전사적 자원관리(ERP) (기업을 바꾼 10대정보시스템, 2014. 4. 15., 노규성), https://terms.naver.com/entry.naver?docId=2274731&cid=42171&categoryId=51120

13) [네이버 지식백과] CRM [customer relationship management] (한경 경제용어사전), https://terms.naver.com/entry.naver?docId=2063062&cid=50305&categoryId=50305

기초 토목 공사 : 인프라, 기업문화 (culture makes man)

기업문화는 한 기업의 소프트웨어 인프라라고 할 수 있다. 눈에 보이거나 명시해 표현하기는 불가할 수도 있지만 분명 감도는 분위기, 축적된 문화로 작용하는 거대한 실체이다. 이런 바탕과 기초가 반석이 되어 기업이라는 하우스를 든든하게 떠받치게 된다.

비슷한 성향을 지닌 같은 또래 친구들이 졸업 후 기업에 입사하여 지내게 되면 세월의 연식에 따라 인간형 자체가 달라지는 것을 종종 볼 수가 있다. 졸업 후 10년, 20년 만에 만나는 삼성맨, 현대맨, LG맨이 상당히 다른 스타일로 변화하는 것을 목격할 수 있다. 하나의 학교, 전공에서 만나 부대낀 청년 시절의 뿌리와 배경은 같을지라도 각기 다른 회사에 들어가 중장년 시기를 보내노라면 어느새 삼성은 삼성맨을 찍어내고 현대는 현대맨을 만들어낸다. 대학 졸업 후 25년 만에 모교 방문의 날을 한다면 삼성맨은 감색 싱글 슈트에 단정하게 빗어 넘긴 차림새로 뭔가 서초동 강남 스타일로 나타나는 장면이 연상된다. 울산에서 KTX 타고 올라온 현대맨은 청색 점퍼 차림에 기름 묻은 두툼한 작업 안전화를 신고 연회장 문을 활짝 열고서 우렁찬 목소리로 하이파이브를 날릴 것만 같다. LG맨은 인화의 LG답게 온화한 미소와 표정으로 삼성맨과 현대맨 친구를 침착하게 자기 테이블로 안내하는 캐릭터가 맞지 않을까 싶다.

SK그룹은 재계 순위 넘버 2(2022년 기준)로 오르기까지 외부의 여러 다양한 기업문화를 들여와 화학적 융합에 공을 들여왔다. 모기업인 선경이 해왔던 직물, 의류만으로는 지속 발전도 추가 확장도 어려운 상황이었다. 적극적인 M&A 전략을 펴면서 정유 사업체 유공 인수, 모바일 통신사업체 한국이동통신 이수, 반도체 사업 하이닉스 인수, 가진 사업 동양매직 인수 등을 연속으로 이루어냈다. 한계를 극복하고 높은 성과를 이룬 SK그룹의 특성상 개방성과 대내외 협업을 존중하는 기업문화가 두드러진다.

이렇게 보일 듯 아닐 듯, 보이지 않게끔 배어있는 표정, 말투, 외모를 결정 짓는 소프트 파워가 바로 기업문화이다. 기업의 초석이 된다. 적어도 기업에서는 매너가 사람을 만든다(manner makes man)보다는 문화가 사람을 만든다(culture makes man)는 관용구가 더 맞을지도 모른다.

〈그림 21〉 유한킴벌리 비전 2020 (하우스 모델 형상)

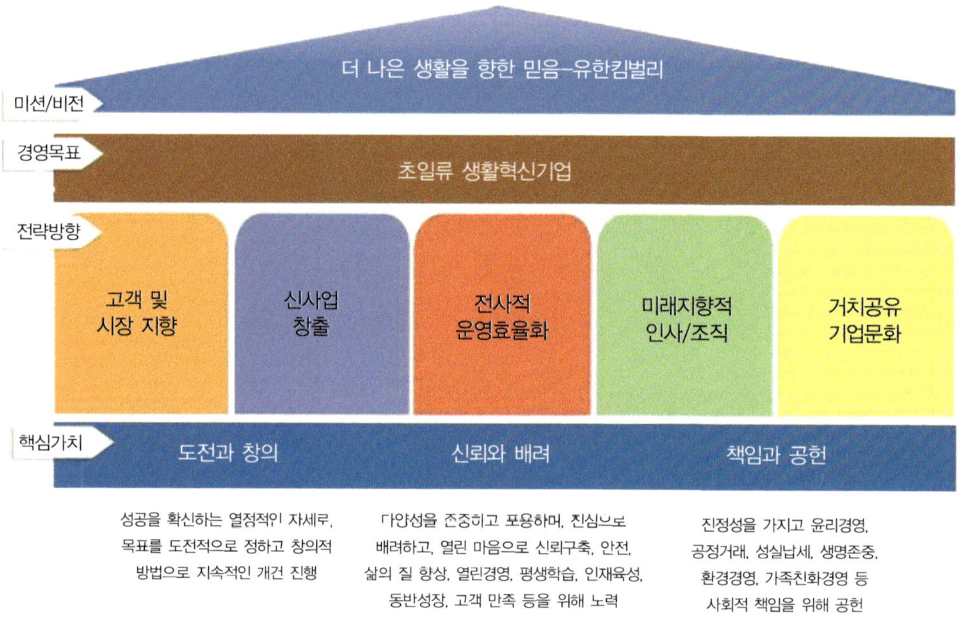

자료 : 유한킴벌리, 2016 지속가능성보고서

2) 경영시스템

3개 기둥 때문에 그리스 신전처럼 생겨 보이는 하우스 모델과 근접한 개념으로 경영시스템이라는 말도 꽤 광범위하게 쓴다. 형상을 달리해서 레고 블록 쌓기나 피라미드 구조를 연상해보면 맨 아래 몸통에 해당하는 영역이 경영시스템(management system)이 된다.

〈그림 22〉 경영시스템

레고나 피라미드의 맨 위쪽이 비전이고 그 아래가 도메인이 되고 한 층 아래는 비즈니스 모델로 설정할 수가 있다. 그리고 그 밑에서 기업의 전반적인 작동 메카니즘을 경영시스템이라고 표현할 수 있다.

기업의 구성 실체를 비전과 사업영역 비즈니스 모델 그리고 경영시스템 4가지로만 두고 주로 변화와 전략 구상을 꾀할 때 사용하는 모형도 가능하다. 여기서 비즈니스 모델과 경영시스템은 작동하는 원리와 패턴을 말하는 역동적인 개념으로 정적인 정신과 영역만을 가리키는 비전, 사업영역과 구분하여 보는 것도 좋겠다. 아무튼 이들 4가지 요소를 한 축으로 두고 다른 세로축에다 〈고객가치를 위한 재설계〉와 〈가치창조 단위의 변화〉, 〈경쟁과 협력의 공존〉 3가지 개념을 들여와 각각 매칭하고 변화하는 루트를 설정해 전략과 혁신의 도면으로 활용할 수도 있다.

〈그림 23〉 경영시스템 디지털화

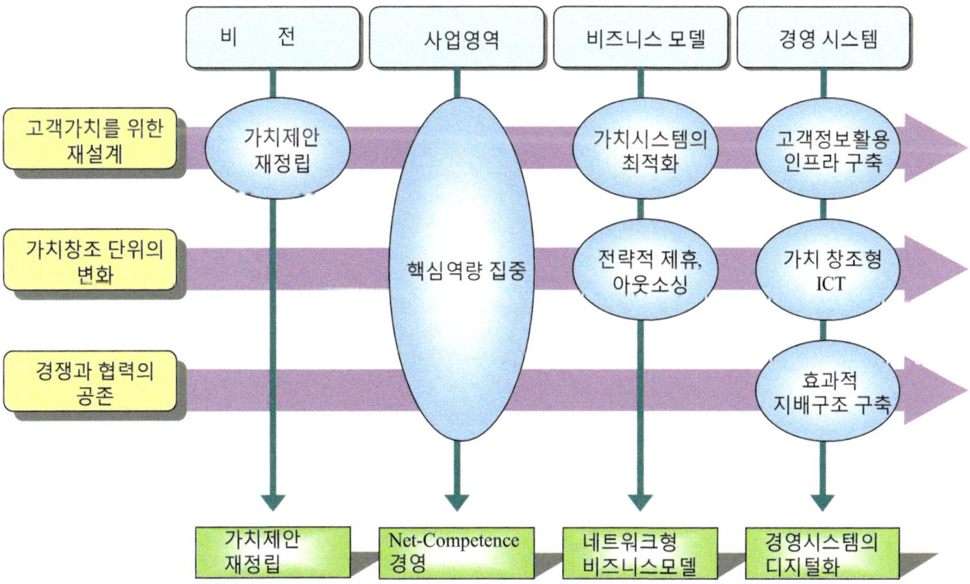

자료 : 삼성경제연구소 내부자료(2001)

맨 먼저 비전에서는 '가치제안 재정립'이 과업 주제가 된다. 기업의 발전 과정과 외부 환경의 변동에 맞추어 비전 또한 적절한 수정과 개량이 필요할 때가 찾아오면 고객과 업의 개념을 재정의해야 한다는 의미다. '가치제안 재정립'은 〈고객가치를 위한 재설계〉 범주와 라인 선상에서 생성하여 인접하고 있는 사업영역과 비즈니스 모델, 경영시스템에 연쇄적으로 영향을 끼친다. 비전에서 시작한 시초의 변화가 기업의 전면, 전방위를 바꾸어 놓는 파장을 일으킨다. 내용상으로 보면 사업영역에서 '핵심역량 집중'으로 다시 비즈니스 모델로 가서는 '가치 시스템의 최적화'로 각각 이어진다. 맨 끝의 경영시스템에 대해서는 '고객정보 활용 인프라 구축'과 같은 매우 실무적인 업무로 체계화한다. 사업영역의 '핵심역량 집중' 미션은 〈가치창조 단위의 변화〉, 〈경쟁과 협력의 공존〉 2가지 범주에 그대로 적용되며 이들 세로축의 모든 3가지 범주를 거치게 되면 'Net Competence(순수역량)' 경영과 같은 실질적인 전략적 시사점을 얻을 수 있다.

〈가치창조 단위의 변화〉 범주는 비전을 건너뛰고 사업영역에서 '핵심역량 집중'을 부여받고 비즈니스 모델 요소로 넘어가서는 '전략적 제휴 / 아웃소싱'과 같은 과업을 만나게 된다. 그 사람 다음 경영시스템에서는 '가치창조형 ICT(Information and Communication Technologies)'라는 태스크를 받아들 수 있다.

〈경쟁과 협력의 공존〉 범주로 가면 비전 다음 사업영역에서 역시 같은 '핵심역량 집중'을 명 받고 비즈니스 모델을 건너뛴 다음 경영시스템에 가서 '효과적 지배구조 구축'이라는 생생한 실천과제를 배정받을 수 있다.

이러한 2차원 전 과정을 거쳐 경영시스템 영역 안에 들어오는 실질적인 과업들인 〈고객가치를 위한 재설계〉의 '고객정보 활용 인프라 구축'과 〈가치창조 단위의 변화〉의 '가치창조형 ICT', 〈경쟁과 협력의 공존〉의 '효과적 지배구조 구축' 등 3개 미션을 통합할 수 있다. 그렇게 융합하여 본 헤드라인이 '경영시스템의 디지털화'로 귀결되는 논리다.

〈그림 24〉 경영시스템 순환 구조

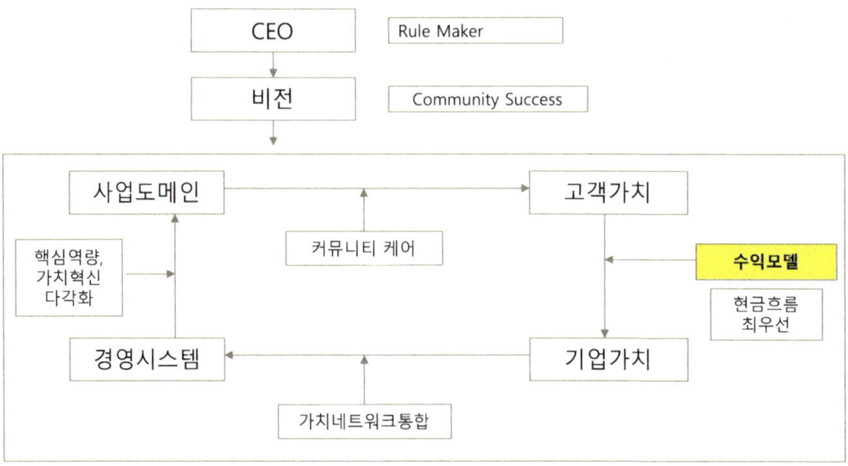

이처럼 경영시스템은 기업의 비전과 사업, 수익모델을 지원, 보급하고 떠받칠 수 있도록 하는 체질과 태세의 변화 관리라고 볼 수 있겠다. 경영시스템 개념이 여전히 모호하고 두루뭉술한 개념도가 마땅치 않다면 흡사 기계 설비의 전기 전력 체계도와 같이 기업이 수행하는 업무 기능으로서 성격을 부각해 세밀화해 볼 수도 있다.

우선 하우스나 레고 블록, 피라미드와 같은 계층 구조를 벗어나서 CEO와 비전이라는 조종석, 운전대가 터치하는 콘솔 박스를 상정해볼 만하다. 박스 안에 사업 도메인, 경영시스템, 고객가치, 기업가치 등을 구성 요소들이 상관관계를 갖는 연결도를 그려 볼 수 있다. 크게 보면 리더십과 경영목표가 스위치를 누르면 전류가 흘러 작동하는 모터 박스 전체가 경영시스템 일반이다.

CEO가 기업 경영의 전문 에이전트로서 회사 창업 때부터 제시해온 경영목표이기도 한 비전을 받들어 아침 출근하자마자 시동을 켜고 기업이라는 모터 박스나 자동차를 가동하는 게 사전 준비 예열 단계와 같다. 모터가 돌고 차가 달리기 시작하면 설정한 사업 도메인 주행로 위에서 고객가치를 중시하며 커뮤니티 케어와 같은 종합커뮤니케이션 활동을 본격화한다.

시장에서는 마케팅이 중추적 역할을 맡는다. 고객가치 생성을 기업가치로 가져오기 위해서는 적확한 수익모델이 갖춰져야 하고 현금흐름을 최우선시하는 운영 지침도 세워야 한다. 매출과 이익 등 구체적인 경영성과가 기업가치를 향상하면 전방위 가치 네트워크 통합 업무를 수행하면서 경영시스템 안정과 고도화에 주력해야 한다. 동력이 만들어지면 기업의 핵심역량을 확보, 육성하고 가치혁신 다양화 노력을 통해 사업의 저변과 외연을 넓혀나가야 한다.

요약하면 기업이 시장 활동을 수행한 경험과 성과를 내부로 환원하여 본래 서식하고 있는 산업 영역, 시장 부문에서 경쟁력을 강화할 수 있도록 이어주는 것이 곧 경영시스템이다.

경영시스템 이론적 개념[14]

전통적인 관리과정론(管理過程論)에 의하면 관리는 계획 · 조직 · 지휘 · 조정 · 통제 등의 과정으로 이루어지는 것으로 분석됐다. 근대조직론에서는 관리는 조직의 형성과 유지라고 보고 있으며, 조직개념을 통해서 관리가 해명됐다. 시스템 개념을 경영관리에 적용하면 경

14) 네이버 지식백과, 두산백과 두피디아https://terms.naver.com/entry.naver?docId=1060211&cid=40942&categoryId=31909

영시스템의 개념이 발생할 뿐 아니라 그것을 통해서 새로운 경영계획이나 경영조직, 그리고 경영통제 등의 수법도 개발되어 나온다.

경영시스템은 다른 모든 인위적 시스템과 마찬가지로, ① 상호작용의 관계에 있는 각 부분으로 이루어진 전체라는 점, ② 환경에서 물자 · 자금 · 정보 · 인력을 인풋(input)하여 그것을 아웃풋(output)으로 전환하는 과정을 가지는 점, ③ 일정한 목적을 달성하기 위한 컨트롤 메커니즘을 가지는 점에 있어서 공통된다. 이에 비해 경영시스템을 구성하는 특유한 시스템 개념으로서, ① 수온조절기(thermostat) 시스템, ② 적응적 시스템, ③ 시스템의 위계질서(hierarchy) 개념이 중요하다.

① 수온조절기(thermostat) 시스템은 피드백 컨트롤에 의해서 시스템의 작동을 일정 표준으로 컨트롤해 가는 시스템이며, 일상적인 재고관리나 생산관리 등의 정형적 경영문제에 대해 수온조절기(thermostat) 시스템 원리가 적용되고 있다. ② 적응적 시스템은 외부 환경의 변화에 따라 시스템의 성과가 만족 기준에 도달하지 못할 때, 학습으로 결정 룰을 바꾸거나 새로운 결정 룰을 설정하여 환경변화에 적응해 나가는 시스템을 가리킨다. 외부 환경의 변화에 적응하기 위한 전략적 경영시스템, 또는 제품개발, 새로운 생산방식의 도입, 조직의 변혁 등의 혁신적 직능을 수행하는 혁신적 경영시스템은 이와 같은 적응적 시스템의 성격을 가지지 않으면 안 된다. 그리하여 경영시스템은 업무시스템, 정형적 업무를 컨트롤하기 위한 수온조절기(thermostat) 시스템에 해당하는 정형적 관리시스템과, 외부 환경의 변화에

〈그림 25〉 경영시스템 개요

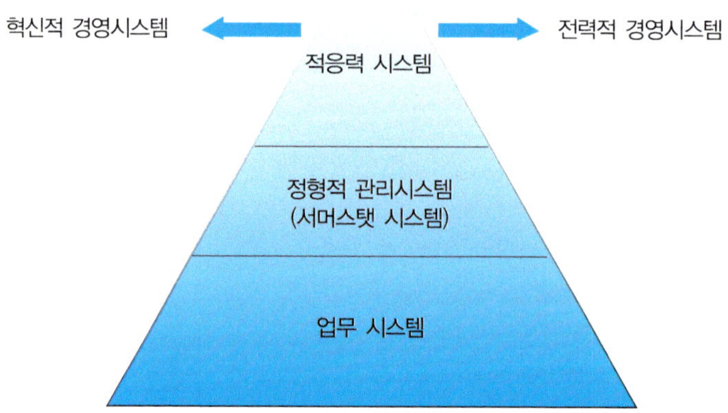

적응하기 위한 적응력 시스템(전략적 경영시스템과 혁신적 경영시스템)으로 되어 있다. 기업 전체는 물론 각 사업부의 각 부문에도 타당한 경영시스템이다.

마지막으로 경영시스템을 특징짓는 것으로서 시스템의 위계질서(hierarchy) 개념이 있다. 경영시스템은 각 서브 시스템의 위계질서(hierarchy)로 구성되어 있으며 그것은 유기체나 기계 등의 시스템에서는 볼 수 없는 경영시스템 특유의 내용이다. 경영시스템은 조직계층에 의해서 톱 매니지먼트, 미들 매니지먼트, 로 매니지먼트로 각각 나눌 수 있다. 시스템 기능의 차이에 따라서는 ① 외부 환경의 변화에 적응하기 위해 경영목표나 경영전략을 결정하는 전략적 경영시스템, ② 목표나 전략의 실행에 필요한 자원의 조달 · 개발을 결정하는 관리적 경영시스템, ③ 일상의 재고관리나 생산관리 능률의 최대화를 도모하는 업무적 경영시스템의 위계질서(hierarchy)에 의해 전체 구조가 만들어진다. 또한 시스템 개념을 경영계획에 적용함으로써 PPBS(Planning Programming Budgeting System : 기획 · 계획 · 예산제도)나 전략적 경영계획 시스템이 개발될 수 있다. 또한 시스템 개념을 경영조직에 적용함으로써 프로젝트 조직이 활용되어 정보처리 분야로 확장하여 경영정보 시스템 분야가 나올 수 있다. 경영시스템 개념의 구체적인 발전이라 할 수 있다.

〈그림 26〉 하우스 모델 예시 (카카오 페이지, 2021년 5월 기준)

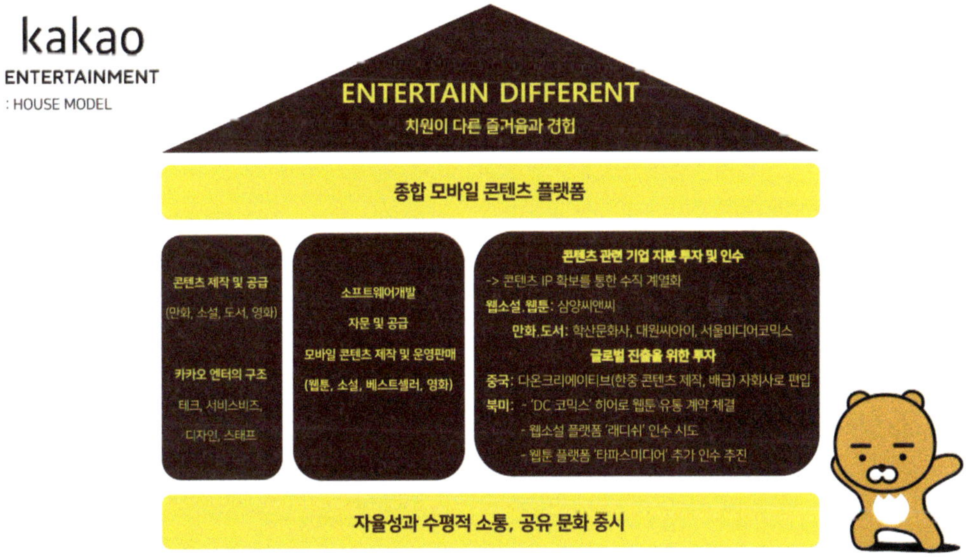

자료 : 성신여대(2021), 강의「미디어 비즈니스」팀 프로젝트 발표문

4 업의 개념과 가치 사슬

미디어 콘텐츠 경영이라고 하는 업(業)의 개념은 'Essence of Business(비즈니스 활동의 본성)'라고 해도 뉘앙스가 잘 맞는다. 이 책에서 새롭게 제시하는 미디어 콘텐츠 비즈니스 생태계 안에서 콘텐츠학 영역이라면 그 안에서도 개별 기업이 영위하고 있는 업의 개념, 비즈니스 활동의 본성이 각기 다를 밖에 없다. 콘텐츠 산업 안에 서식하는 수없이 많은 개별 개체로서 기업들이 갖는 저마다 생존 방식이라고 볼 수 있겠다.

미디어 부문도 마찬가지다. 신문 방송 출판과 같은 올드미디어에서부터 소셜 미디어와 같은 유통 중심 커뮤니케이션 미디어까지 다양하고 방대한 폭을 보여준다. 개별 업의 개념과 특징은 역시 저마다 천차만별이다. 플랫폼 기업들도 순수 OTT(넷플릭스), 하이브리드 OTT(유튜브) 등으로 자잘하게 구분된다.

〈그림 27〉 업의 개념과 기업 가치 사슬 성격

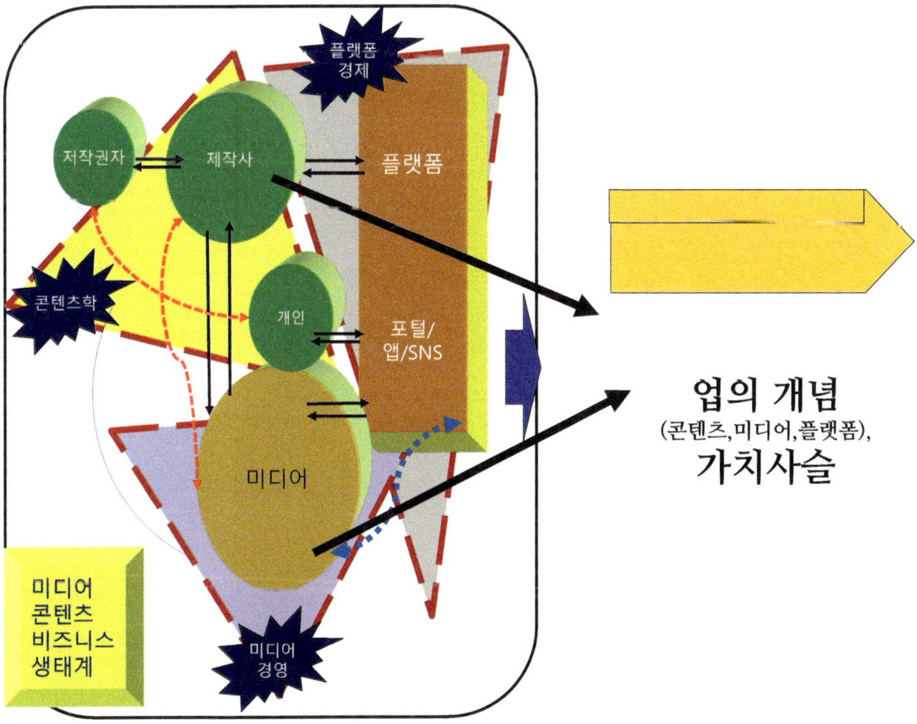

1) 업의 개념

미디어 콘텐츠 경영은 기본적으로 문화 가치에서 출발한다. 문화 현상과 예술 행위로부터 산업화할 수 있는 작품과 아이디어를 상품화하는 전환 과정을 업의 개념으로 삼는다. 역방향 전환도 동반한다. 문화, 예술 외적인 영역에서 나온 일반적인 재화와 서비스를 2차적으로 가공하고 활용하여 문화상품으로서 부가가치를 더하는 경로도 가능하다.

〈그림 28〉 문화 경제 업의 개념

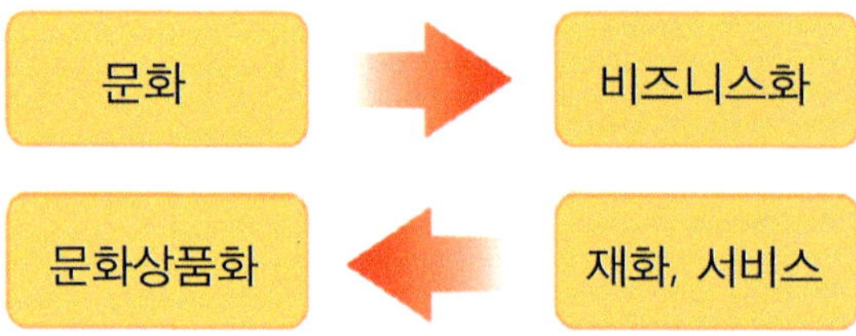

기업 경영의 원리에서 보면 사업 포트폴리오를 구성하는 기업 활동 내역으로서 솔루션, 서비스, 콘텐츠, 물자를 나눠 볼 수 있는데 이 가운데 콘텐츠를 원 소스로 다루는 것이 곧 미디어 콘텐츠 경영의 본질이다. 콘텐츠는 갈망(wants)과 재미(fun)라는 큰 분류의 가치 범주를 거쳐 가치의 소분류인 꿈, 모험, 감동 등 요소와 만나게 된다. 최종 이용자에게 전달된 다음 소비와 향유 차원에서는 일(노동)과 생활 그리고 놀이(여가) 모두에 이어져 효용을 창출하게 된다.

〈그림 29〉 콘텐츠 업의 개념

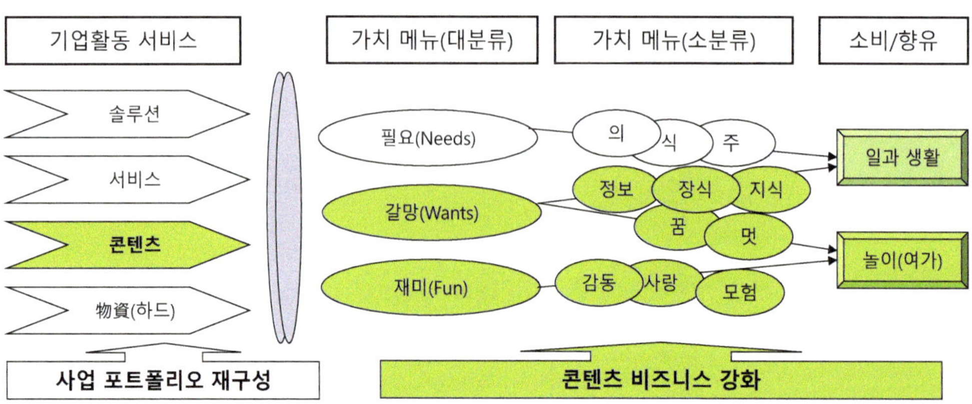

결국 미디어 콘텐츠 경영이 다른 업종, 비즈니스와 구분되는 고유한 본성과 특성은 사회문화적 고유가치를 갖는 문화상품, 즉 콘텐츠를 만들고 공급하여 이용자의 요구와 관심을 충족시키는 수급 관계라고 할 수 있다. 창의성이라는 예술가 정신이 비즈니스 활동을 운영하는 기업가 정신, 신기술과 만나 좀 더 큰 비즈니스 기회를 창출하게 된다. 강력한 외부 인접 파급 효과를 갖는 콘텐츠 사업의 특성대로 원 소스로 공개된 미디어 콘텐츠를 여러 장르, 분야로 팽창하는 멀티 유즈(muli use)가 원활하다는 최대 특성 또한 보여준다.

〈그림 30〉 문화콘텐츠 원 소스 멀티 유즈(OSMU:One Source Multi Use)

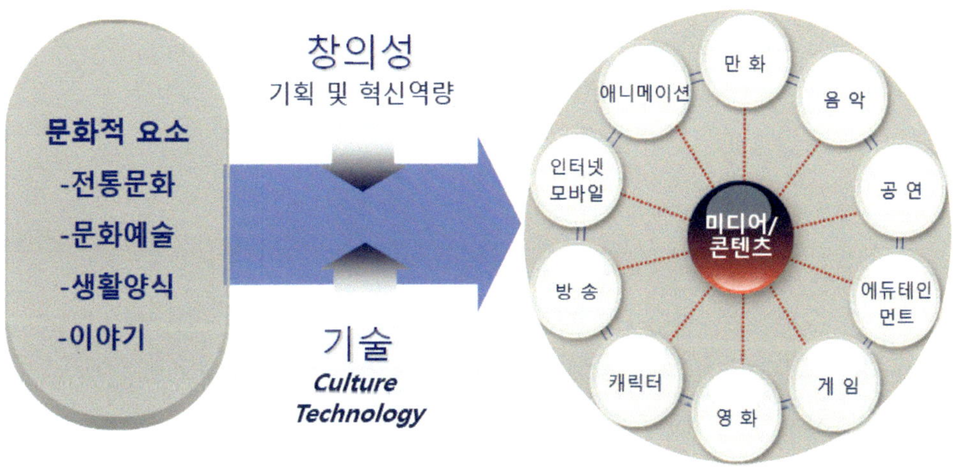

정의와 개념

미디어 콘텐츠 경영 활동의 본성과 특징을 강조해 다음과 같이 정의할 수 있다. "어떤 특정한 상황에서 주의를 끌어 즐거움과 놀이 기회를 이용자에게 제공하여 인정받고자 하는 시장 활동 행위의 구조적 집합"이다. 미디어 콘텐츠 기업이나 개인 예술가 등 어떤 주체가 주의, 시선, 관심을 끌고자 하는 목표를 갖고 특정 시공간, 장소에서 즐거움이나 놀이 체험 서비스 효용을 생성하여 전달하는 것까지 말한다. 이어 이런 제공자들에 끌려 군중이든 고립된 낱개 개인이든 수요자들이 들어와 교호하는 시장 질서가 나와야 한다. 이 속에서 수익이나 커뮤니케이션 활동을 지속해서 추구하는 플레이어들이 연결된 구조가 산업으로서 기능해야만 한다.

또한 개별 상품과 서비스에서 이용자가 알아차려 받아들이는 효용가치라는 실질적이고 상대적인 개념으로 규정해 볼 수 있다. 예컨대 오락과 창의, 문화 세 가지 요소를 사용하여 각각 상호 배타적인 위상으로 설정할 수 있다. 오락으로서 엔터테인먼트성과 이와 다른 창조 역량을 뜻하는 크리에이티브성, 보편적 사회문화적 가치를 가리키는 문화성을 합쳐 총체적인 가치가 완성된다고 하는 접근이다. 철저하게 소비자가 바라보고 궁금해하는 현실 문제와 쟁점이라는 이용자 가치로부터 출발할 수 있다. 이러한 관점으로 새로운 구분이 가능하다. 미디어 콘텐츠 경영 활동, 즉 비즈니스 모델이 서식하는 업종의 6개 새 분류는 ▲ 매스미디어 콘텐츠 ▲ 개인 미디어 콘텐츠 ▲ 플랫폼 / 소셜 미디어 콘텐츠 ▲ 실재 미디어 콘텐츠 ▲ 레저 / 여가문화 미디어 콘텐츠 ▲ 첨단 미디어 콘텐츠 등이다.

우선 미디어 콘텐츠 경영 활동, 즉 비즈니스 모델의 역사적 굴곡을 보여주는 이론적 배경을 먼저 살펴보도록 하겠다.

미디어 경제학

미디어 연구는 “미디어는 메시지다”라는 명제를 남긴 마셜 매클루언(Herbert Marshall McLuhan) 이후 커뮤니케이션 효과와 매체 영향력, 저널리즘 역할, 수용자 의식 등 사회적 언론 활동에 초점을 두어 왔다. 따라서 미디어의 내용물로서 문화적 상품이 거래되는 미디어 콘텐츠(엔터테인먼트) 비즈니스에 관한 관심은 많지 않았다.

관련하여 알바란(Albarran, 1998)은 미디어 경제학이 언론학에 기여한 바를 다음의 네 가지로 요약한 바 있다. 첫째, 미디어 경제학은 경제적 기관으로서의 미디어를 이해하는 수단을 제공한다. 둘째, 미디어 산업의 글로벌화에 한 이해를 돕는다. 셋째, 주류 미디어에 대한 다양한 대안을 제공한다. 넷째, 현 언론학 연구에 간학문적(inter-disciplinary) 관심을 제공한다. 여기서 언급한 미디어 산업은 곧 엔터테인먼트 분야와 함께 복합적으로 묶을 수 있는 범주가 되겠다. 미디어 경제학은 미디어 운영자들이 수용자, 광고주, 사회의 정보, 오락의 욕구와 필요를 어떻게 충족시켜 주느냐 하는 문제를 다룬다. 이를 위해 미디어 콘텐츠를 생산하는 데에 희소한 자원을 어떻게 사용하는가를 주로 연구한다(Albarran, 1996).

미디어 경제학은 ‘다양한 미디어 산업에서 생산물을 제작하여 판매하는 기업 활동과 재정을 다루는 학문’으로 정의된다. 이런 미디어 경제학의 초기에 출간된 오웬, 비브 그리고 매닝(Owen, Beebe, & Manning)의 『텔레비전 경제학(Television Economics)』(1974)과 오웬과 와일드만(Owen & Wildman)의 『영상 경제학(Video Economics)』(1992) 등은 텔레비전 산업, 특히 당시 뉴미디어로 주목받기 시작한 유료 케이블방송 산업의 정책에 많은 부분을 할애하고 있다.

미디어 경제학이 기존 언론학과 차별적으로 전제한 바는 첫째, 이윤 극화를 추구하는 미디어 기업, 둘째, 상품으로서 콘텐츠, 셋째, 상품과 소비자로서 수용자 등으로 요약해 볼 수 있다. 미디어학의 정통 주류인 언론학에서 조금 벗어나 콘텐츠 상품의 수요, 공급과 수용자를 대신하는 소비자 개념을 중시하는 참신한 접근이기도 하다. 이처럼 미디어 콘텐츠(엔터테인먼트) 비즈니스에 대한 본격적인 관심을 드러내게끔 작용한 것이 미디어 경제학의 큰 역할이었다.

공공성 늪

미디어 콘텐츠를 통해 공익적 가치를 실현하는 데에 초점을 둔다면 수용자가 알아야 하는 것, 수용자에게 알려야 하는 것 등 '수용자에게 필요한 것'에 무게가 실리게 된다. 이와 달리 상품적 가치에 초점을 둔다면 소비자가 무엇을 선택할지, 어떻게 활용할지 등 '소비자가 원하는 것'에 더 큰 관심이 쏠리게 마련이다.

이에 미디어 경제학자들은 경제적 효율성의 의미에서 소비자 잉여라는 개념을 도입하여 자유로운 시장 실물경제가 작동하는 현장에 큰 관심을 보이기 시작했다. 가장 핵심적인 개념은 대중매체에 종종 압도되기도 하는 메시지 수신자라는 수동적인 지위가 아닌 적극적인 상품 소비자로서 수용자다. 원래 수용자 개념은 언론학에서 다차원적으로 접근됐는데, 수용자 개념을 어떻게 정의를 하느냐에 따라 '효과 모델(effect model)', '상품 모델(commodity model)', '시장 모델(marketplace model)' 등 세 가지로도 설명(Webster & Phalen, 1997)할 수 있는 결정적인 부분이다.

효과 모델은 전통적인 언론학에서 수용자를 인식하는 방식으로 미디어의 메시지가 수용자에게 효과를 미쳤는지, 그 효과는 어떤 형태로 나타나는지, 어떤 조건으로 효과가 나타나는지 등에 관한 관심을 다룬다. 이에 비해 상품 모델은 수용자의 크기나 구성 요소를 통해서 본 수용자의 가치에 중점을 둔다. 시장 모델은 미디어 시장에서 수용자가 행하는 소비자로서의 선택에 중점을 둔다.

이런 수용자에 대한 인식의 확장은 미디어 경제학적 관점으로부터 지적 자극을 받은 바가 크다. 미디어 경제학적 접근은 미디어 수용자를 상품(good)과 소비자(consumer) 차원으로 인식하기 때문이다. 이는 미디어 기업의 주 수입원과 직결되어 있다. 미디어 기업의 주 수입원은 수용자 판매, 서비스 판매, 콘텐츠 판매 등의 세 가지 유형으로 구성된다. 수용자 판매라는 개념은 미디어와 광고주가 수용자를 상품으로 거래하고 있다는 시각(Owen & Wildman, 1992; Napoli, 2003)에서 나온 발상이기도 하다.

미디어 경제학의 실용적 접근은 이후 등장한 미디어 기업의 활동과 비즈니스 수익모델 등을 다루는 미디어 콘텐츠 경영 연구와 이론 개발에 중요한 역할을 담당하게 되었다.

콘텐츠 출현

미디어학이 미디어 경제학, 미디어 경영학과 같은 새 경로로 엔터테인먼트 산업을 탐구하는 시도에는 분명히 한계가 뒤따랐다. 언론학을 중추로 하는 전통에서 크게 벗어나지 못했기 때문이다. 예컨대 영국의 BBC나 한국의 KBS, MBC, SBS 등 지상파방송에 대해 미디어학은 공영성, 공공재로서 가치에 가장 큰 비중을 두곤 한다.

대부분 당위론적인 사회적 책무를 말하고 국가 이익, 언론 윤리를 먼저 보고만 있다. 정작 공영방송 기업의 책임경영이나 적정 수익 창출과 같은 경영 정상화 이슈는 소홀히 다루기도 했다. 사회문화적 가치와 언론 매개로서 미디어 위상에 치중한 나머지 미디어 콘텐츠 기업 경영시스템과 같은 실질적인 주제는 방치되곤 했다.

이 때문에 미디어라는 외형, 외피, 그릇을 벗어 던지고 콘텐츠라는 내용물이 전면에 나서게 되는 극적인 변화가 필요했다. 그동안 미디어와 문화연구라는 껍데기에 둘러싸여 스스로 자율성을 확인받지 못했던 콘텐츠라는 신개념이 마침내 하나의 학문적 체계와 이론적 영역으로 올라서게 되는 때가 찾아오게 되었다. 그 결정적 시기는 인터넷 대중화 원년인 1994년에 찾아왔다.

일반인도 사용할 수 있는 최초의 인터넷 브라우저인 넷스케이프가 1994년 등장하자마자 새로운 종으로 탄생한 생명체와도 같았던 닷컴기업들이 속속 나타나게 되었다. 순수한 인터넷 벤처 기업 야후와 아마존을 필두로 검색과 뉴스, 쇼핑, 경매, 교환, 금융, 전문 정보 사이트가 미국과 한국 등 인터넷 선도 국가에서 쏟아져 나왔다.

3C

이때 유럽에서는 정보 콘텐츠라는 새 용어 새 개념에 주목했고, 1999년께 한국에서는 3C라는 개념에 집중했다. 스위스 취리히에서 콘텐츠라는 새 용어가 등장하는 것을 지켜본 송민정은 본인의 직장인 한국의 KT와 학회를 통해서 콘텐츠 개념을 소개했다. 이즈음 벤처의 성지라 불렀던 서울 강남 테헤란로에서는 투자설명회, 사업설명회, 세미나, 포럼, 연구회, 콘퍼런스가 아침저녁으로 수도 없이 빈번하게 열렸다. 참여자들은 인터넷 비즈니스 성공 요인으로서 3C, 즉 커머스(Commerce), 커뮤니티(Community), 콘텐츠(Content)를 논의했다.

3C 가운데 가장 먼저 보편적 용어로 자리 잡은 것은 단연 커머스였다. 인터넷 첫 영토로서 이커머스(e-Commerce)라는 말은 인터넷 리더 국가 미국에서 이미 활발하게 사용되고 있었다. 한국에서는 전자상거래라는 신조어로 경영학 분야와 유통 관련 현업과 정부, 입법부가 공식적 용어로 평가하기 시작했다.

커머스 다음으로는 커뮤니티가 한국에서 핵심어로 떠올랐다. 인터넷 브라우저 출현 이전에 이미 천리안, 데이콤, 유니텔 등 각종 PC 통신에서 게시판 BBS(Bulletin Board System)를 중심으로 만들어졌던 가상공간 동아리, 모임, 조직이 활발했기 때문이다. 또한 커뮤니티 파워가 급성장한 것은 노래방, PC방 문화가 일러주듯 유독 방 문화가 발달한 한국의 독특한 컬처 코드도 한몫했다.

이후 글로벌 시장 흐름을 보면 한국의 선도 벤처 싸이월드, 아이러브스쿨, 다모임 등으로 고조된 커뮤니티 열기가 오히려 인터넷 모바일 본토 미국으로 역수출되는 기현상을 낳은 것 또한 특기할 만하다. 페이스북, 트위터, 인스타그램 등 SNS 커뮤니티 기업의 선행 모델이 죄다 한국에 이미 존재했던 상황이었다.

3C 가운데 가장 늦게 주목받은 것이 바로 콘텐츠다. 커머스나 커뮤니티보다 콘텐츠가 한발 뒤처지게 된 것은 올드미디어 장르와 문화산업 진영의 기득권 저항이 있었던 때문이다. 방송 미디어는 인터넷에 올라오더라도 프로그램이라고 하면 되고, 그게 아니라도 영상이나 동영상 등으로 지칭하는 용어가 건재했다. 문학이나 미술 영역의 문화산업에서도 이미지, 텍스트, 플래시 등 세세하고 구체적으로 지칭할 단어들이 없지 않았다.

그러다 한국의 초고속통신망 인프라 사업을 선도해 온 정부 부처 정보통신부가 국회와 함께 진흥정책에 쓰일「온라인디지털콘텐츠산업발전법(약칭 콘텐츠산업법)」을 준비하면서부터 콘텐츠라는 통칭이 본격적으로 알려지고 지지를 받게 되었다. 2002년도에 제정된 이 법안은 그 시점까지 방송과 영화, 출판, 캐릭터 등 엔터테인먼트 부문 여러 장르로 흩어져 다뤄야 했던 개별 실체들을 묶어 무언가 공통적 내용물이라는 통일된 뜻으로서 콘텐츠를 명명해 주었다는 점에서 의미가 크다.

실제로 전문 매체인《전자신문》과《아이뉴스 24》이외에 가장 먼저 이 현상을 다룬 몇몇 종합지, 경제지들은 영어 'Contents'에 대한 한글 표기에서부터 제각각이었다. 저마다 컨텐츠, 콘텐트라 달리 부르며 혼란상을 보이기도 했다. 'Content'를 단수로 둬야 하느냐 원어 그대로 복수를 기준으로 해야 할 것인지에서부터 의견을 모으지 못했다.

이런 상황에서 정보통신부와 정책적으로 경쟁 관계에 있던 문화부가 기존의 문화산업국 체제를 고쳐 2001년에 한국문화콘텐츠진흥원(KOCCA)을 발족하게 되었다. 이후 한국콘텐츠진흥원으로 개편한 이 기관은 한국뿐 아니라 아시아와 세계 전체에서 가장 선도적인 콘텐츠 산업 진흥정책 에이전시로서 위상을 다질 수 있었다. 한국에서 '콘텐츠'라는 용어 사용과 함께 공공 분야의 독보적인 선진 사례가 움트기 시작했다.

그런데도 콘텐츠를 둘러싼 정부 부처 간 업무 조정은 매우 복잡한 양상을 띠고 말았다. 문화콘텐츠는 문화부가, 방송 미디어 콘텐츠는 통합된 정부 부처인 방송통신위원회가 나눠 담당하여 중복과 혼란을 가져왔다. 게다가 디지털화되는 정보 콘텐츠와 지식 콘텐츠는 정보통신부 후신인 과학기술정보통신부가 다시 한번 점유하기에 이르렀다. 크게 보아 제작은 문화부가, 공급은 방통위가, 네트워크 유통과 기술 서비스는 과기정통부가 나누는 매우 기형적인 구조가 출현한 형국이 되었다.

학계에서도 콘텐츠학이라는 복합학 영역이 2000년도 이후 출현해 전 세계적으로도 가장 먼저 꽃피운 선도적 위치를 한국이 갖게 되었다. 심상민은 콘텐츠를 엔터테인먼트 콘텐츠와 정보 콘텐츠, 지식 콘텐츠 3개 영역으로 구분하는 데서부터 논의를 개시했다. 될 수 있는 대로 총체적인 관점에서 어떤 제약이 없는 통합적이고 개방적인 개념으로 콘텐츠를 사용하는 게 적절하다고 했다.

기존 학계에서는 최영(2000)이 웹 캐스팅이라고 불렀던 인터넷 방송 연구를 시작했고, 인지과학과 경영학 기반으로 HCI(Human Computer Interaction) 관점에서 접근한 김진우의 인터넷 디지털 콘텐츠 연구가 진행되고 있었다. 방송학, 언론학 부문에서도 여러 학자가 방송과 통신 융합 원동력으로서 콘텐츠에 주목했다.

방송이나 컴퓨팅에서 벗어나 콘텐츠 전반을 독자적인 연구 대상으로 삼은 시도도 나왔다. 심상민은 『미디어는 콘텐츠다』(2002)와 삼성경제연구소 보고서 『콘텐츠 비즈니스 부상과 새 전략』(2001)에서 종전의 올드미디어 부속물로서 콘텐츠가 아닌 별도 실체와 거래 유통 단위가 되는 최종 변인으로서 콘텐츠를 강조했다. 심상민은 실제 콘텐츠에 대한 경제, 경영 연구에 집중하여 콘텐츠 이용자가 지각하는 가치평가를 중시했다. 최종 이용자가 인정하는 문화적 가치로서 창의성과 몰입, 소비를 이끄는 심리적 보상, 심미적 가치에 관한 탐구와 전략 개발을 수반하는 콘텐츠 비즈니스 모델 설계와 성공적인 전략 수행이 핵심 주제가 되었다.

이후 콘텐츠학은 오랫동안 경제와 혼합하기 힘들었던 인문학, 문화연구, 커뮤니케이션 이론 전반을 과감하게 경제, 경영 영역으로 끌어들였다. 인문콘텐츠학회를 선두로 한국콘텐츠학회, 글로벌문화콘텐츠학회 등이 등장했고 기존의 패션, 화장품 향장 업계와 언론, 연구를 뭉뚱그려 뷰티 콘텐츠라고 하거나 과학 콘텐츠, 정치 콘텐츠라는 용어가 나오기도 했다.

인문콘텐츠학회가 2006년에 펴낸 입문서 『문화콘텐츠 입문』에는 콘텐츠학 생성과 초기 확산을 보여주는 분위기가 잘 실려 있다. 이 책의 서문 '입문서를 발간하며…'에서는 "현재 활발하게 전개되는 문화콘텐츠 분야의 다양한 연구 축적물과 실제 문화콘텐츠 결과물들이 누적되면 다양한 방법론의 정립과 함께 어느 시기에 가서 자연스럽게 '문화콘텐츠학'이라고 표현될 것으로 생각합니다"라고 밝히고 있다. 이 입문서 목차는 문화에 방점을 둔 콘텐츠학 초기 학문 영역을 포괄하고 있다. 이처럼 새로운 용어이자 인터넷 비즈니스 3C 가운데 가장 뒤늦게 주목을 받은 콘텐츠가 대융합 시대에 가장 적합한 최신 복합학으로 자리매김하게 되었다. 이로써 미디어 콘텐츠 산업에 관한 이론 연구는 더욱 풍부한 자원을 흡수하게 되었다.

이 밖에도 문학과 예술의 사회사를 다루는 문화사회학, 예술사회학, 미학의 전통도 여전히 건재하다. 인터넷 모바일 출현과 확장에 따른 컴퓨터 과학과 응용 분야도 문화와 기술의 결합 차원에서 미디어 콘텐츠(엔터테인먼트) 비즈니스 연구에 지대한 영향을 주고 있다. 순수 미술, 고전음악, 디자인학과 문화도시 연구에 특화한 지리학, 소비자 심리학 등 여러 학문 분야 역시 미디어 콘텐츠경영의 다양하고도 통합적인 이론적 배경을 형성해 오고 있다.

다음으로 업의 개념과 연관한 특성을 상세하게 보도록 하겠다. 미디어 콘텐츠 경영의 10가지 특성을 추려본다.[15]

10가지 특성

미디어 콘텐츠 경영은 문화예술과 경제, 경영, 정치, 정책, 기술이 합성한 하이브리드 복합 영역으로 발전해 왔기 때문에 보편적 본성과 특수한 속성을 풍부하게 지니고 있다. 보편적인 본성은 주로 문화경제학 또는 경제학 원론 영역에서 나오게 된다. 이 범주에는 혼합재, 경험 기반 규모의 경제, 저작권 비즈니스, 외부 효과, 문화적 할인과 문화적 다양성 등 다섯 개를 포함했다.

이어 개별적인 비즈니스와 같이 시장의 실전 기업 경영 활동에서 포착할 수 있는 대표적 속성들로 하이 리스크 하이 리턴, 가치평가 어려움, 창의성 자율성 기반, 창구효과(windowing effect), 유통 시스템 갈등 등 다섯 개를 뽑아 들여다본다.

1) 혼합재

미디어 콘텐츠 경영 활동에서 나오는 상품은 일반 사적재(private goods, 私的財)와 달리 공공재(public goods)적인 성격을 지니게 된다. 공공재란 한 사람의 소비가 다른 사람의 소비를 방해하지 않고 여러 사람이 동시에 편익을 받을 수 있다고 하는 비배제성(non-exclusiveness)과 비경합성(non-rivalry)의 특성을 가지는 상품이다. 비배제성이란 특정한 소비자들이 어떤 이유로든 상품을 이용할 기회를 박탈당하지 않는 것을 말한다. 비경합성이란 소비자가 다른 소비자의 소비를 저해하지 않고 동시에 소비할 수 있는 것을 가리킨다.

방송 프로그램의 경우 지상파방송은 순수 공공재다. 돈을 내야 하는 유료 방송 콘텐츠는 비경합적이지만 비배제성은 완화된 상품으로 준공공재(quasi-public goods)의 특성을 갖는다. 영화도 한 사람이 영화를 보았다고 해서 다른 사람이 그 영화를 보는 데 방해받는 것은 아니다. 모든 사람이 동시에 영화를 관람해도 영화의 재고가 줄어들거나 소멸하지는 않

15) 심상민(2021),『엔터테인먼트 산업론』, 커뮤니케이션북스, 내용 인용, 일부 변형

지만, 표를 사서 극장에 들어가야 한다는 점에서 완화된 비배제성을 가지고 있다.

따라서 콘텐츠들은 공공재나 부분 공공재, 준공공재 등으로 다루어지며 기본적인 공적 영역에 편입되는 경우가 많았다. 여기에는 어느 사회나 국가가 모국어 사용과 같은 고유한 문화적 정체성을 중시한다는 배경이 있다. 특히 매스미디어를 경유하는 콘텐츠에 대해서는 각국 정부가 공적 척도로 보호하는 동시에 통제하려고 하는 보편적인 성향을 갖고 있다.

유럽이나 한국, 일본뿐만 아니라 시장 자유주의가 극단화된 미국까지도 공영방송국에 의한 공영 공공재로서 엔터테인먼트 콘텐츠를 관리하는 것이 좋은 예다. 한국의 경우 국영 방송이 아닌 지상파방송사 MBC, SBS와 일부 종합편성채널, 보도전문채널 등에 대해서 절충적인 표현으로 굳이 공영상업주의라고 표현한다. 이 또한 공공재로서 성격과 위상을 강조해 온 관행이라 할 수 있다.

하지만 이런 국가 보호주의 세계관은 점차 배격당하고 있다. 자유로운 소비와 이용자 참여가 활발해지는 인터넷 모바일 환경에 들어오면서부터는 점점 낡아 빠진 생각으로 비치고 있다. 공공재라는 굴레를 점차 탈피하고 있다는 의미다. 대신 새로운 개념으로 들어선 디지털 콘텐츠 상품은 사적재와 공공재의 성격을 동시에 갖는 혼합재(mixed commodity)로서 성격을 명확하게 재설정해 오고 있다.

미디어 엔터테인먼트를 포함한 모든 종류의 콘텐츠는 소비를 위해 대가를 지급해야 하는 사유재이긴 하다. 동시에 지상파방송 프로그램과 같이 소비에서 비배제적이고 비경합적인 성격인 공공재적 특징을 전면적 또는 부분적으로 갖는 복합적 특성을 보인다.

가치재

미디어 콘텐츠가 인간의 상상력과 자아실현, 소통과 삶의 질 문제와 관련되는 문화적 가치를 지니는 가치재라는 점도 일반적 재화와 구분된다. 콘텐츠의 문화적 가치는 그 자체로 공동체의 집단적 정체성을 함축하기도 하며, 공통의 행동이나 경험, 집단 내에서 공유되는 상징 등을 통해 구현되기도 한다(Hutter, 1996).

그러므로 미디어 콘텐츠 상품은 지극히 사적 영역에서 만들어질 수 있는 순수 사유재로서만 정의 내릴 수도 없다. 불가피하게 공적 영역, 즉 공통적인 사회문화적 가치와 혼합하여 빚어지는 콘텐츠라는 본질적 속성을 지닐 수밖에 없다.

중요한 것은 올드미디어가 세상의 권위를 독식해 오던 종전의 환경에서 공공재 우위의 지배와 압박이 컸었던 시대가 물러나고 있다는 사실이다. 인터넷 모바일 상품과 서비스로서 콘텐츠가 중심이 되어 온 2000년대 이후 이른바 뉴 노멀 신경제에서는 재화와 서비스의 본질도 달라지기 시작했다. 개인과 기업의 사적 영역이 미디어 콘텐츠 사업의 성패를 주도하며 공공재 요소를 포용하고 초월하기도 하는 새로운 지평이 열리게 된 것이다. 공공재에서 사적 재화로 무게중심이 옮겨 가는, 혼합재의 내적 형질의 중요한 변화가 이루어지고 있다. 변화를 추동하는 힘이 바로 이용자 세계관 등에 따라 시시각각으로 움직이는 역동성, 즉 가치다.

2) 경험 기반 규모의 경제

미디어 콘텐츠 사업은 여느 다른 산업과 마찬가지로 규모의 경제(economies of scale), 범위의 경제(economies of scope), 연결의 경제(economies of network)라는 특성을 갖게 된다. 좀 더 차별화되는 것은 이른바 경험재로서 소비자본이 축적되어 가는 매우 독특한 규모의 경제를 보여준다는 점이다.

우선 규모의 경제라는 보편적 차원에서 볼 때 미디어 콘텐츠 상품을 제작하기 위해서는 대체로 초기 비용이 매우 크다. 이후에는 급격한 변화가 뒤따른다. 미디어 콘텐츠 상품은 대량으로 복제해 소비가 커질수록 소비자당 평균 생산비용은 기하급수적으로 낮아진다. 즉, 생산 규모가 커질수록 고정비용의 분산이 이루어진다. 단위당 인건비가 줄어들며, 자원 확보 등에서 비용이 절감되는 이른바 규모의 경제가 나타난다. 이는 고정비 성격인 초기 제작비가 투입된 이후에는 매출 증가에 연동하는 복제비와 같은 변동비가 거의 제로에 가까운 디지털 프리미엄 덕이기도 하다. 손익분기점 이후 일단 한 번 매출이 증가한 이후에는 이익이 큰 폭으로 증가할 수 있다.

수직 통합

규모의 경제를 안정적으로 실현하기 위해서는 생산된 상품을 대량으로 소비할 수 있는 유통 체계를 갖추는 것이 유리하다. 이를 위해 미디어 콘텐츠 업체들은 제작과 배급 부문을 통합시키려 한다. 재료, 생산, 유통, 판매 등 원재료에서 최종 분배에 이르는 일련의 과정을 통합하는 수직 통합(vertical integration)을 선호한다.

여기서 관건인 큰 규모의 소비는 미디어 콘텐츠 산업과 제조업 등 일반적 산업을 구별 짓는 특징을 갖고 있다. 만화 한 편과 전기차 신상품 한 대를 비교해 볼 수 있다. 만화 콘텐츠는 기본적으로 경험재이기 때문에 어느 특정 지역 특정 소비자의 생애주기와 연동하여 오랫동안 경험을 통해 축적되어 온 소비자본이 쌓이게 된다. 이것이 규모를 형성하게 되어 높은 충성도를 보이는 팬덤에 따라 특정 미디어 콘텐츠는 일정 수준 이상 규모의 경제를 매우 장기간 지속해서 나타내게 된다.

1970~1980년대 전 세계를 석권한 일본의 망가와 아니메가 그러했다. 서구문화의 주류인 프랑스 대학가에까지 경험재로서 쌓인 소비자본을 축적해 낸 일본의 만화, 애니메이션, 캐릭터 엔터테인먼트 산업은 일정 시점 모멘텀을 지나면서 곧장 규모의 경제를 실현했다. 그 이후 한동안 동종 영역에서 독점적 지위를 갖고 막대한 수익과 문화적 영향력, 전방위 파급효과를 보여 주었다.

뒤이어 2000년대 이후 본격화된 한국의 K팝 콘텐츠가 실현한 규모의 경제도 똑같은 경험재 기반 발전 경로를 나타내고 있다. 동아시아 지역을 주축으로 빠르게 형성된 한류 콘텐츠 연관 소비자본이 성장 엔진이 되어 주었다. 드라마, 영화, 게임, 음악과 같은 엔터테인먼트 영역뿐만 아니라 화장품, 패션, 음식, 가전과 같은 인접 영역에까지 광범위한 경험 기반 규모의 경제를 만들어 갔다. 특히 뷰티 콘텐츠 부문은 눈부신 성장을 거듭했다. K팝 콘텐츠를 선호하는 베트남, 태국, 인도네시아 등지 여성 소비자들이 대체할 수 없을 정도로 탄탄한 규모의 경제와 팬덤을 지탱하게 되었다.

이런 경험 기반 규모의 경제의 본질에는 미디어 콘텐츠 상품을 향한 이른바 세계와 취향이라는 매우 독특한 비밀이 숨어 있다. 흡사 블랙박스와 같은 개인의 복잡다단한 세계관과 변화무쌍한 기호를 가리키는 세계와 취향이라는 개념은 한 분야에 열중하는 사람을 가리키는 오타쿠(otaku, 御宅) 문화가 크게 발달한 일본의 콘텐츠 산업에서 쓰인 용어다.

애초에 강력한 마니아 기질을 보이는 특정 팬들이 그룹을 형성한다. 팬덤 커뮤니티가 영향력 있는 소비자 집단으로서 위상을 갖춤으로써 하나의 문화 현상이 생성되고 어느 정도 수명주기를 이어 가며 지속한다. 콘텐츠가 소비자들의 영혼을 매혹하여 오타쿠, 마니아로 변화시키고 미디어 콘텐츠뿐만 아니라 파생 상품에까지 소비자본을 축적하는 선순환 구조가 만들어지는 셈이다.

이와 같은 매혹적인 문화 현상은 자동차나 가전제품과 같은 산업에서는 흔한 일이 아니다. 물론 브랜드 충성도가 광범위하게 존재하지만, 미디어 콘텐츠 이외 상품과 서비스들은 가격과 기능에 상당히 민감하여 탄력적으로 변동하기 일쑤다.

소비자 개인의 세계와 취향에 따르는 경험 기반 규모의 경제는 미디어 콘텐츠경영의 대표적인 특성이라고 할 수 있다. 산업 내부에서도 경험의 크기, 경험의 연결, 경험의 범위가 사업의 경쟁 우위를 결정짓게 되는 셈이다.

3) 저작권 비즈니스

미디어 콘텐츠 비즈니스는 곧 저작권 비즈니스다. 미국의 국가경쟁력에 대해 두 개의 주력과 세 개의 심장이 있다고 하는 표현을 보더라도 저작권의 중요성과 특성을 잘 알 수 있다. 두 개 주력은 군수산업과 저작권 산업이다. 초강대국 미국을 가장 앞서서 달리게 하는 세 개 심장은 금융의 월스트리트와 ICT의 실리콘밸리 그리고 저작권 비즈니스의 할리우드라고 한다.

이처럼 저작권 비즈니스, 저작권 산업으로서 엔터테인먼트 산업의 본질이 워낙 강력하다 보니 인터넷 모바일 콘텐츠 전반을 IP(Intellectual Property), 즉 지식재산권 기반 비즈니스라고 부른다. 이제는 엔터테인먼트 산업 대신 IP 산업이라고 부르는 경우도 점차 더 많아지고 자연스러워지고 있다.

음악의 음원이나 영화의 원작 소설, 전기, 만화와 같은 원천 소스가 저작권을 포함하는 지식재산권 IP로서 등재되기 때문에 실효적 위상을 갖게 된다. 내수는 물론 세계시장에서 인정을 받고 법적 보호를 받게 되는 것이 정상적 비즈니스 활동의 첫걸음이라는 뜻이다.

오리지널리티 IP

치열한 경쟁 관계에서 우위를 점하고자 하는 경영전략 차원에서도 누가 어떤 IP를 선점하여 배타적 권리를 행사하느냐가 흥행과 성공을 결정짓게 된다는 냉정한 현실을 말해 주기도 한다.

미디어 콘텐츠 비즈니스를 저작권 비즈니스라고 표현하는 배경에는 법제적 인식이 철저하게 작용하고 있다. 주된 이유는 콘텐츠가 무형자산에 해당한다는 점이다. 박준석(2013)은 한국 지적 재산권 법의 과거 현재 미래에 관한 논의에서 국내 지적 재산권의 현황을 검토했다. 그는 한류의 형성으로 관련 분야의 경쟁력 확보가 급속히 만들어지고 있다는 점에 주목했다. 한국의 지적 재산권 제도가 주로 외적 변수로 형성되었고 앞으로도 일정 부분은 이런 외부 영향력은 불가피할 것이라고 진단했다. 하지만 독자적인 발전 방향 또한 필요한 시점에 있다는 것을 강조하고 있다.

또한 박정호(2011)는 음악 산업의 차세대 수익모델에 대한 법적 고찰을 통해 음악 산업의 법률적 보호 범위에 따른 산업적 논의를 말하고 있다. 엔터테인먼트에서 무형자산은 수익모델의 기본을 제공하는 핵심 가치라 할 수 있으며, 이런 내용은 지속 확대되고 있다는 평가다. 따라서 무형자산에 대한 논의와 평가는 엔터테인먼트 산업 특징의 첫 요소라 할 수 있다.

핵심은 저작권 효력과 권리 행사와 인정, 평가와 활용에 있다.

4) 외부 효과

미디어 콘텐츠 경영은 내부에서 자기 완결적이며 제한적인 수익 구조를 충족시키는 정도로 만족하지 않는다. 철저하게 원 소스 멀티 유즈(OSMU, One Source Multi Use)나 콘텐츠 융합으로 인한 멀티 소스 멀티 유즈 원리에 따라 작동한다. 한 번 만들어진 콘텐츠는 실로 다양한 활용과 그에 따른 성과를 가져오게 된다.

외부 효과(external effect)는 방송 드라마나 영화 촬영지, 뮤지컬 공연장이 마치 연못에 던진 조약돌과 같다는 개념이다. 원 소스가 나와 스스로 작용한 다음 관광, 쇼핑, 부동산 투자, 소비재 수출, 지역과 국가 이미지 제고 등 여러 파문을 가져온다는 긍정적인 뜻으로 사용하고 있다. 미디어 현장에서 뉴스 콘텐츠 하나가 생각지도 못한 정치 · 경제 · 사회 · 문화 각 분야의 엄청난 파급 효과를 가져오는 경우가 발생한다. 이런 현상에 대해 '연못에 던진 조약돌(pebble in the pond)'이라는 은유를 사용해 오기도 했다.

국내에서는 한류 현상에 대한 기대와 신규 콘텐츠 산업 육성 정책 목적 등에 따라 전방위 외부 효과를 측정하는 연구도 활성화되있다. 유승훈 등(2008)은 국내 방송 산업이 국내 산업 전반에 미치는 산업 연쇄효과를 전방 연쇄효과와 후방 연쇄효과로 나누어 분석했다. 전방 연쇄효과는 확산 감응도(sensitivity of dispersion)를 나타내는 감응도계수라고 하고,

후방 연쇄효과는 확산력(power of dispersion)을 나타내는 것으로 영향력계수라 불리며 전 산업 평균 생산유발계수에 대한 산업별 생산유발계수의 비율을 가리킨다.

연구 결과, 방송 산업의 1원 생산은 타 산업의 생산을 0.7059원만큼을, 타 산업의 부가가치는 0.3970원만큼을 각각 유발했다. 또한 방송 산업의 10억 원 생산은 타 산업에서 7,919명의 취업을 유발한다. 방송 산업에서 1원의 공급이 이루어지지 못할 때, 타 산업에서는 1.3083원의 생산 차질이 발생하여 공급 지장 효과가 제법 크다는 연구 발견도 이어졌다. 추가로 방송 산업 산출물의 가격이 10% 상승했을 때, 국민경제 전체에 미치는 물가 파급 효과는 0.2926%로 분석되었다.

이런 연구 결과에 따라 방송 시장 육성이 연관 산업에 대한 지식, 기술의 공유와 확산을 가져온다는 논리로 연결되었다. 방송 시장의 성장이 여타 산업의 성장으로 연결될 수 있다는 결론이 제시되기도 했다.

관광 유발

발달한 외부 효과의 증거를 관광산업에서 찾을 수 있다. 음악 미디어 콘텐츠의 외부 효과를 극대화하고 있는 영국의 '런던 록 음악 투어'와 '맨체스터 뮤직 투어'가 대표적인 사례다. 영화나 TV 시리즈와 관련해서는 '해리포터 투어', '닥터 후 투어', '런던 크레이(Krays) 갱스터 투어', '스코틀랜드 하일랜드 투어'가 있다. 공연 예술로서는 '영국 웨스트엔드 뮤지컬'이 있다.

오세영과 심창섭(2016)은 자생성과 고유성, 접근성의 세 가지 범주로서 이 같은 외부 효과를 분석했다. 자생성 범주에서는 '웨스트엔드 뮤지컬'과 '런던 록 음악 투어', '맨체스터 뮤직 투어'를 포함했다. 이들 외부 효과들은 모두 공공 부문의 직접 개입은 인프라 구축으로 최소화된 상태로 유지한 사례들이다. 민간이 자생으로 형성한 창조 환경에서 탄생한 엔터테인먼트 콘텐츠가 갖는 재미와 즐거움을 목적으로 하며 우연성과 자연스러움이 매력일 수 있어 과도한 사회적 개입은 매력을 저하하는 요인이 될 수 있다고 분석한다.

고유성 범주에서는 '해리포터 투어'가 프리미어리그, '피터 래빗', '닥터 후', '스코틀랜드 하일랜드'로 연결되는 경로를 다루었다. 이 사례는 콘텐츠의 성장을 장기적 관점에서 투자하고 기다려 줄 수 있는 사회 분위기가 필요함을 보여준다고 했다. 저작권으로서 고유성을 가진 콘텐츠가 성숙하는 과정에서 자연스럽게 지역의 일상 문화와 결합하여 매력으로 거듭나게 된다고 보았다.

접근성 범주에서는 '해리포터 투어'가 '피터 래빗', '런던 크레이 갱스터 투어', '런던 록 음악 투어'로 이어지는 외부 효과에 주목했다. 나이, 성별, 계층 등에 한정적으로 향유되던 문화가 미디어 콘텐츠 비즈니스라는 도구를 통해 계층이 평범하게 누리는 방향으로 전환되어 접근성이 향상된다는 결론이다. 연관 지역이 사회간접투자 등을 확충해 방문이 쉽도록 돕게 된다면 접근성은 크게 확충되게 마련이다.

일상에서는 규범으로 허용이 되지 않는 문화들이 콘텐츠라는 형식을 빌려 일탈이 허용되어 광범위한 소비를 불러일으켜 낙후된 장소마저 접근성을 개선하는 효과를 가져온다고 분석한다.

5) 문화적 할인과 문화적 다양성

문화적 할인(cultural discount)이란 자유롭고 원활한 문화상품과 프로그램의 교류와 교역을 가로막는 장벽을 말한다. 미디어 콘텐츠 상품은 국가나 일정 지역을 넘어서는 순간 언어와 관습, 선호 장르 등의 차이로 인해 다른 문화권에 진입하기가 쉽지 않다. 예를 들어 비언어(nonverbal) 공연의 경우 공연 중 언어라는 장벽이 없어서 해외시장에 진출하기가 비교적 쉽다. 공연 중 대사가 있는 언어(verbal) 공연의 경우에는 해외시장 진출이 어려운 게 사실이다.

이처럼 국가나 지역 간 언어, 관습, 선호 장르의 차이 등을 문화적 장벽이라고 하고 그 크기를 할인율로 나타낸 것이 문화적 할인율이다. 문화적 장벽이 높을 때 문화적 할인율이 높고 문화적 장벽이 낮으면 문화적 할인율은 낮아지게 된다. 장르별로 보면 게임, 애니메이션, 다큐멘터리 등은 국적성과 같은 특정 문화적 요소가 약해 할인율이 낮다. 반면, 드라마, 가요, 영화 등은 특수한 개별 문화적인 요소가 강하여 문화적 할인율이 높은 특성을 가진다.

국가 간 문화 차이를 나타내는 비교연구의 대표 주자인 홉스테드(Geert Hofstede)의 문화차원 이론을 보면 ① 권력 거리 : 평등 문화와 불평등 문화, ② 개인주의 문화와 집단주의 문화, ③ 남성적 문화와 여성적 문화, ④ 불확실성 회피 문화와 수용 문화, ⑤ 장기 지향 문화와 단기 지향 문화, ⑥ 쾌락 추구 문화와 절제 문화 : 평등 문화와 불평등 문화 등 여섯 가지 차원으로 구성된 문화가 있다(Hofstede, 2011).

예컨대 한국과 일본은 집단주의, 장기 지향 사회에 해당하고, 미국은 극단적인 개인주의 국가로 단기 지향성을 높게 인식하고 있다(백종훈, 2014). 한류 현상과 관련해서는 이런 한류 수용국들의 문화 특성은 한류 확산 정도와 한류 인기 등과 더불어 한류 선호, 한국을 향한 인식 변화와 행동 의도 등에 깊은 영향을 주게 된다.

문화적 할인은 대체로 미디어 콘텐츠 비즈니스의 전달 왜곡이나 비용 증대, 수익 감소와 같은 과정 손실(process loss)을 안긴다. 하지만 유사한 개념인 문화적 다양성(cultural diversity)은 풀이하기에 따라서 반전의 기회를 열어 줄 수도 있다.

문화적 다양성은 본래 유네스코가 무자비하고 탐욕적인 다국적 기업의 횡포와 급격한 세계화를 제어함으로써 상대적으로 약소한 문화를 보호하기 위해 활용한 개념이다. 문화산업 논쟁에서 짚었던 대로 미국 할리우드 방송영상 문화가 문화제국주의에 비길 정도로 엄청난 지배력을 행사하는 광폭 질주를 견제하고 항거하는 논거로 도입된 측면도 강하다. 미국 문화 침투에 큰 거부감을 표시한 나라들이 특히 생물학적 종의 다양성과 같은 맥락을 가진 문화적 다양성을 강조했다.

미디어 콘텐츠 기업들의 경쟁과 비즈니스 활동, 경영관리 현장에서 나타나는 특성들로는 하이 리스크 하이 리턴, 가치평가의 어려움, 창의성 자율성 기반, 창구효과, 유통채널 갈등 등 다섯 가지를 다뤄 볼 수 있다.

6) 하이 리스크 하이 리턴

미디어 콘텐츠 경영은 원래 하이 리스크 하이 리턴(high risk-high return)의 특성을 보이는 것으로 잘 알려져 있다. 위험성이 매우 높지만 한번 흥행에 성공한 작품은 압도적 수익을 가져다주는 산업이다. 이런 특성 때문에 소수의 히트 작품이 수익 중의 대부분을 차지하여 부익부 빈익빈 현상이 뚜렷하게 나타난다.

실제로 미국 영화 산업의 경우 10%의 영화가 50%의 흥행 수익을 올리는 것으로 파악된 적도 있다(Vogel, 2003). 엔터테인먼트 산업에 투자할 때는 수익성과 위험성을 동시에 고려하여 자신의 투자 성향에 맞는 적정한 투자를 선택해야 한다는 철칙이 강조되어 왔다.

개별 미디어 콘텐츠 비즈니스가 고위험 고수익의 늪에 빠지게 되는 숙명을 연대와 집단의 힘인 산업 클러스터로 극복 가능하다는 통찰도 알려진 바 있다. 한국 벤처의 개척자 이민화 회장이 강조한 '혁신의 3대 갈등', 즉 실패와 갈등, 기존 산업과 갈등, 지속성의 갈등에서 실마리를 찾을 수 있다.

이민화는 첫 번째 난제인 실패와 갈등 문제는 개별 벤처가 아닌 투자 포트폴리오 차원에서 묘법을 찾은 실리콘 밸리를 언급했다. 개별은 위험하나 다수는 안전할 수 있다는 지적이다. 개별적인 여러 사업의 고위험성을 각개격파식으로는 관리하기 어렵다는 것은 인정할 수밖에 없다는 얘기다. 하지만 전문가 그룹이 연대하여 어느 정도 다양하고 풍부한 사업 포트폴리오, 투자 포트폴리오를 조직화하면 위험을 막고 관리할 수 있다. 그렇게 되면 하이 리스크 하이 리턴은 얼마든지 상대 가능한 도전이 되는 셈이다.

7) 가치평가의 어려움

미디어 콘텐츠 경영 생태계의 선순환 구축은 우수한 무형자산이 시장에서 신뢰할 수 있는 가치평가와 금융에 의해 창업, 유통 및 거래로 이어져야 가능하다(한국콘텐츠진흥원, 2014). 무형자산은 그 자체의 가치를 측정하기 어렵다. 공신력 있는 기관을 통한 가치 판단이 이루어지지 않아 시장에서 무형자산이 유동성을 확보하기가 힘들었던 게 사실이다.

금융기관으로서도 무형자산을 담보로 대출을 일으키기에는 위험부담이 커서 섣불리 대출을 실행하지 않는 오랜 관행이 있있다. 은행 등 제1금융권은 엔터테인먼트를 포함한 콘텐츠 산업을 위한 체계화된 가치평가 기법을 운용하고 있지 않았다. 재무 건전성을 중심으로 평가하며, 창업투자사의 경우 경험치 평가 등 정성 평가 의존도가 높다는 한계를 지녔었다.

한국 문화체육관광부는 이에 따라 「문화산업진흥기본법」을 개정해(2015.12.30) 한국콘텐츠진흥원을 콘텐츠 가치평가기관으로 지정했다. 콘텐츠와 관련한 객관적이고 체계화된 평가 체계나 제도적 기반이 미흡하고, 제도 도입 단계상 민간에서 형성되기는 곤란하다는 판단에서였다.

가치평가 운영 방식을 보면 일단 기업의 재무 현황 중심의 한정된 평가를 지양하고자 했다. 대신 콘텐츠 산업의 특성이 총체적으로 반영된 평가로 실제 금융권으로부터 투 · 융자를 유치할 수 있도록 콘텐츠 중심 평가에 집중토록 했다. 영화, 게임, 방송, 애니메이션, 뮤지컬 장르의 제작 중인 콘텐츠 프로젝트를 우선 다루었다.

실무적으로는 문화콘텐츠 평가표에 의한 사업화 타당성 평가(등급모형)와 순현재가치(NPV : Net Present Value) 산출 등 경제성 평가(가치평가모형)를 적용하게 된다. 사업화 타당성 평가는 제작 인프라, 콘텐츠 경쟁력, 가치 창출(11개 모형 : 온라인 게임, 모바일게임, 기타 게임, 방송 드라마, 극장 영화, 방송 애니메이션, 기타 영화 / 애니메이션, 캐릭터, 뮤지컬 공연, 기타 공연, 음악)으로 나누어 진행한다. 경제성 평가는 NPV, 실제옵션가치(ROV : Real Option Value), 경제적 이익을 산출하는데 온라인 게임, 극장 영화, 방송 드라마, 방송 애니메이션 등 4개 모형을 완성했다.

그다음 등급모형에서는 문화콘텐츠 평가표에 의해 최종 평가 등급을 산출한다. 평가자가 평가한 24개 이내 소항목의 개별 등급(A~E)과 미리 설정된 가중치와 가중합으로 완성 가능성 점수와 흥행 가능성 점수를 산출하고 가중합으로 평가점수를 산출토록 한다. 각 소항목의 가중치는 AHP(Analytic Hierarchy Process) 분석 기법으로 설정하고 산출된 평가 점수를 등급부여 기준에 따라 10등급(AAA~D)으로 부여하도록 했다.

장르별 가치평가모형에서는 콘텐츠의 미래 현금 흐름을 통해 산출되는 NPV, 경제적 이익 등을 바탕으로 하여 콘텐츠의 경제적 가치를 평가한다. 장르별 특성에 맞는 변수 선정 및 사례 분석을 통해 예상 수입을 산출하게 된다. 이때 NPV 산출, ROV, 경제적 이익 등을 평가하며, NPV가 0보다 큰 경우에 한 해 콘텐츠의 경제성을 인정하는 방식이다.

8) 창의성 · 자율성 기반

미디어 콘텐츠 경영을 수행하는 기업 가치 사슬의 첫 단계 생산 행위는 예술창조, 창작이다. 다른 일반 제조업의 제작과 달리 콘텐츠 창작은 창의성과 자율성을 본질로 삼는다. 창의성으로 기획과 개발 활동을 일으키는 창(創)을 하고 작(作)을 하는 구조다. 따라서 자유로운 창의성을 체화한 인력 자원이 산업 경쟁력의 핵심역량이 되어 사회문화적 가치 발현과 최종 경영성과까지 결정짓게 된다.

창의성은 개인의 절대적이고 주관적인 차원의 창의성과 사회 속에서 발휘할 수 있는 조직 차원의 집단 창의성으로 나눠 볼 수 있다. 예술과 엔터테인먼트 산업 참여 인력의 창의성과 생산성을 연구한 안채린(2019)은 향후 문화콘텐츠 산업 정책적 맥락에서 창의성을 볼 때 조직과 사회 차원에서 창의성 개념이 좀 더 명확하게 제시될 필요가 있다고 지적한다. 그는 개인의 숨은 창의적 아이디어를 찾아내는 것보다 사람들이 모여 함께 창의성을 발휘할 수 있는 환경과 맥락 조성의 방법론적 고민이 더 필요하다고 했다.

연관하여 미디어 콘텐츠 비즈니스에서 창작 자율성은 전통 예술인들의 사이에서 논의됐던 예술과 미학적 자율성보다는 전문가적 자율성에 더 가깝다(Hesmondhalgh & Baker, 2011)는 분석도 나와 있다. 이는 순수예술 영역과 달리 업무상 창작 행위가 체계화되어야만 하는 미디어 콘텐츠 비즈니스 특질을 반영하는 것이기도 하다.

1990년대 중반 이후 부상한 콘텐츠 시장 논리에서 미학적 자율성(aesthetic autonomy)이 다른 자연물이나 인간이 만든 상품에는 적용되지 않는 자유롭게 형성된 규칙을 아우르는 예술노동이라고 보는 관점도 있다(Bowie, 2003).

업무 자율성과 관련해서 이용관(2017)은 한국 근로환경 조사 자료를 활용하여 업무 순서, 업무 방법, 업무 속도로 분류하여 자율성을 측정하기도 했다. 현장 조사에서 업무 순서에 대해 "귀하는 일하실 때 일의 순서를 선택하거나 바꿀 수 있습니까?"라고 묻는 방식이다. 업무 방법에 대해서는 "귀하는 일하실 때 작업 방법을 선택하거나 바꿀 수 있습니까?"라고 묻고, 업무 속도는 "귀하는 일하실 때 작업속도, 작업률을 선택하거나 바꿀 수 있습니까?"라는 질문으로 파악했다. 이 연구를 통해서 업무 자율성은 의미 부여, 사회적 기여도와 함께 창작 과정과 결과에 큰 영향을 미치는 무형적 보상이기도 하다는 새로운 인식이 강조되었다.

9) 창구효과

창구효과(window effect)란 하나의 미디어 콘텐츠 상품을 나양한 시치를 두고 다른 가격에 출시하는 것으로, 미디어 콘텐츠 상품과 같은 공공재적 상품의 시장에서 두드러지게 발생한다. 특정 방송 프로그램이 지상파, 케이블, 인터넷 등 미디어를 달리하며 순차적으로 배급되는 것과 하나의 출판만화가 방송용 드라마, 영화 버전, 게임물 등 다른 형태로 가공되는 경우를 모두 가리킨다.

창구효과를 극대화하는 방식으로 가장 대표적인 것이 방송영상 산업의 홀드 백 피리어드(hold back period)다. 공중파의 본방송 이후 다른 케이블방송이나 다른 방송 플랫폼에서 재방송되기까지 걸리는 기간을 말한다. 한 편의 영화가 다른 수익 과정으로 중심을 이동할 때까지 걸리는 시간에 대해서 특별히 홀드 백(hold back)이라고 한다. 콘텐츠 부가 판권이 한 곳에서 다른 곳으로 넘어가는 데 걸리는 시간이라고 정의할 수 있다.

영화는 전통적으로 1차 창구인 극장에서 90일 정도 홀드 백 되었다가 DVD 시장에서 2~3

개월 정도 부가 판권 수입을 구하게 된다. 이후 케이블TV에서 6개월~1년 편성된 후, 크리스마스 연휴와 같은 특수기에 지상파TV에 편성되는 주기를 갖고 있었다.

엄밀하게는 영화관 상영에 앞서 먼저 열리기도 하는 특별한 시초 창구가 존재하기도 한다. 비행기 기내 영화 상영이다. 기내 관람이 활성화되었을 때는 개봉영화가 극장에 앞서 비행기 일등석, 비즈니스석과 같은 특정 장소에서 가장 먼저 창구효과를 가질 수도 있었다.

영화의 홀드 백 피리어드는 미디어 환경이 IPTV 확산과 인터넷 모바일 플랫폼으로서 OTT 서비스가 보편화됨에 따라 크게 달라지고 있기도 하다. 미국 극장 체인 AMC와 영화제작사 유니버설스튜디오 간 홀드 백은 2020년에 접어들어 90일에서 17일로 줄어들기도 했다.

10) 유통시스템 갈등

유통채널은 엔터테인먼트 콘텐츠의 생산과 소비를 연결하는 유통시스템 전반을 말한다. 유통시스템이 왜곡되는 상황이 발생할 때 생산하는 창작자, 제작사 그룹과 소비자 그룹이 일으키는 적대적 상황을 유통채널 갈등이라고 부를 수 있다. 유통채널 갈등은 초기 단계인 기초 창작자와 개발자 또는 창작자와 제작자 사이에서도 번번이 발생한다. 원작자인 동화작가가 자신의 작품을 뮤지컬 공연으로 개발한 제작자와 법적 소송 분쟁으로까지 비화하는 것과 같은 유통채널 갈등 사례가 나오기도 했다. 가장 큰 이슈는 수익 배분이고 시장 경쟁 상황에서 나타나는 불공정 거래도 갈등의 주된 원인이다.

미디어 콘텐츠 경영은 제작과 유통에서 불공정 거래 관행이 지속하고 구조화되는 고질적 병폐를 안고 있다. 불공정 거래의 법적 유형과 기준은 「공정거래법」 23조와 시행령 별표에 구체적인 행위가 나와 있다. 이 법은 불공정 거래의 유형을 거래거절, 차별적 취급, 경쟁사업자 배제, 부당한 고객 유인, 거래강제, 거래상 지위 남용, 구속 조건부 거래, 사업 활동 방해, 부당한 지원 행위 등으로 구분하고 있다.

이 같은 현상 너머에는 불공정 거래가 일어나기 쉬운 구조적 특징이 도사리고 있다. 첫째, 아이디어 중심의 콘텐츠 창작 및 제작 과정은 노동력과 기술력이 동시에 요구된다. 둘째, '원가'에 해당하는 소요 비용 자체를 산출하기 어려우며 상품성을 사전에 평가하기 어렵다. 셋째, 시장가치뿐만 아니라 사회문화적 가치 또한 동시에 요구되며, 이 둘은 엄격히 분리되지 않는다. 넷째, 제작과 유통 단계의 사업자 특성이 상이하다.

이런 구조적 문제로 인해서 제작 단계와 유통 단계의 사업자 규모가 차등화된다. 거래 당사자 사이의 우열 관계도 불가피하게 존재한다. 콘텐츠의 경제적 가치는 사전에 평가하기 어려우므로, 창작이나 기획 등의 문화 영역보다 제작, 유통 등 시장 영역 당사자의 영향력이 커지기 쉽다는 뜻이기도 하다. 더구나 콘텐츠 기업의 94%는 매출액 10억 원 미만, 95%는 종사자 수 10인 미만(2013년 기준)의 중소업체로 구성될 정도로 영세하다.

미디어 콘텐츠 경영 분야는 대체로 불공정하다는 인식이 만연해 있다. 규모가 영세하고 방송, 음악, 영화, 애니메이션 분야에 종사할수록 불공정 거래 경험이 높다. 다양한 이해관계와 성격을 지닌 이들이 특정 프로젝트를 중심으로 협업해야 하는 산업 특성상 수익 배분이 왜곡되고 있다는 인식이 강하다. 콘텐츠 기업의 최대 애로사항인 투자 유치 측면에서도 대기업의 진출은 거부감이 여전하다.

불공정 거래는 제작 단계와 유통 단계에서 함께 일어나고 있는데, 우선 기업 간의 문제를 집중적으로 살펴보기 위해서 유통 단계의 불공정 거래에 초점을 두고자 한다. 영화 산업에서는 멀티플렉스 상영관이 거래상 지위를 남용하여 조기 종영, 부율 변경, 무료 초대권, 스크린 독과점과 과도한 마케팅, 계열사 이외 기업 차별, 부금 조기 정산 등이 빈번하게 발생한다. 음악 산업에서는 창작자와 유통업자 간에 불공정한 음원 수익 분배가 드러나고, 대형 음원 유통사업자 간 담합도 공공연하게 벌어지고 있다.

방송 시장에서는 콘텐츠 저작권 소유 문제, 방송사와 제작사 간 수익 분배가 지속해서 문제로 제기되고 있다. 수익 배분 구조가 유통사에 유리하게 형성되어 있어 채널 갈등은 쉽게 해소되지 못하고 있다.

2) 가치 사슬(Value Chain)

하우스 모델이 기업 해부도라고 하면 가치 사슬은 기업의 몸짓, 동작 설명서라고 할 수 있겠다. 기본 형상도 간단하여서 컴퓨터 정보 처리 분석 도구인 I. P. O.를 연상하는 것으로 이해하면 좋을 것 같다.

Input은 외부에서 여러 자원을 가져와 Processing에서 미디어 프로젝트를 기획, 개발, 제작하는 운영을 거쳐 끝 단의 Output에서 완성된 콘텐츠를 선보여 시장에 유통하고 마케팅하고 서비스하는 일련의 과정을 말한다. 인풋으로 유입되는 자원은 인적 자원, 물적 자원, 금융적 자원, 정보적 자원을 뜻하는 '인 물 금 정'으로 함축할 수 있다. 프로세싱은 원석을 다듬고 만듦새 수준을 높여 고품질 콘텐츠를 창안하는 공방의 시간이다.

〈그림 31〉 I.P.O.와 기업

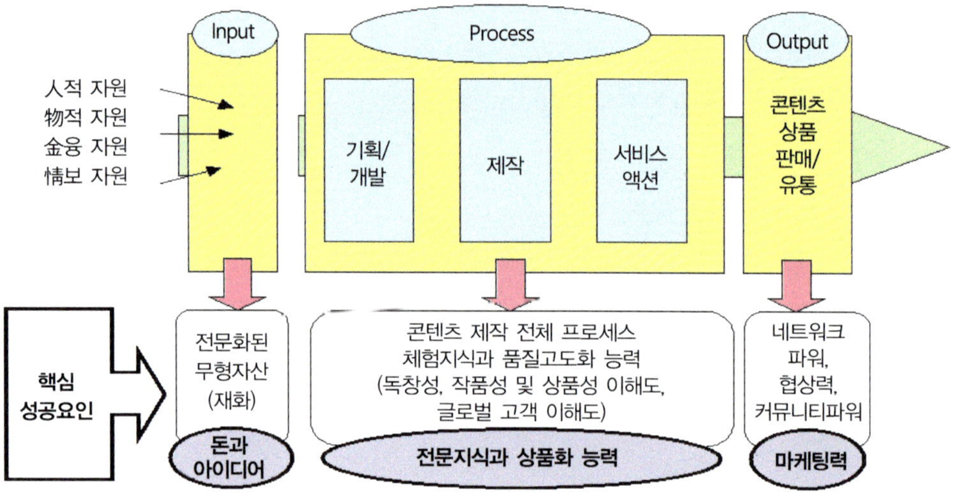

아웃풋은 고객 팬덤과도 활발하게 교류하며 만들어진 콘텐츠에 부가가치를 더하는 메타 콘텐츠 성과에 주목할 만하다. 미디어 콘텐츠의 이러한 일관 공정은 PP(pre production) - MP(main production) - PP(post production) 라는 고유한 전용 용어로 통용되고 있다. IPO라고 하는 기업의 일반적인 작동 과정이 미디어 콘텐츠 영역으로 와서 PP-MP-PP로 응용이 되는 기초적인 스탠더드가 곧 가치 사슬이라고 보는 것도 꽤나 적절해 보인다.

핵심 성공 요인

가치 사슬을 도면으로 보면 국소별 장, 단점으로 파고들어 갈 수가 있다. 동시에 Input-Process-Outpot 부위별로 요구되는 핵심 성공 요인을 감지해낼 수 있다. 종전에는 KSF(Key Success Factors)라고도 불렀던 KFS(Key Factors of Success) 개념이다. 개별 사슬별로 잘하는 기업, 못하는 기업의 사례가 나올 터이고 이로부터 성공 요인을 추출할 수 있으므로 전략 도출에도 유용하게 활용할 수 있다.

기본 개념[16]

가치 사슬(vlaue chain)은 기업 활동에서 부가가치가 생성되는 과정을 의미한다. 1985년 미국 하버드대학교의 마이클 포터(M. Porter)가 모델로 정립한 이후 광범위하게 활용되고 있는 이론 틀이다. 포터 교수는 부가가치 창출에 직접 또는 간접적으로 관련된 일련의 활동 · 기능 · 프로세스의 연계를 나타내준다. 주 활동(primary activities)과 지원 활동(support activities)으로 나누었다.[17]

여기서 주 활동은 제품의 생산 · 운송 · 마케팅 · 판매 · 물류 · 서비스 등과 같은 현장 업무 활동을 의미하며, 지원 활동은 구매 · 기술개발 · 인사 · 재무 · 기획 등 현장 활동을 지원하는 제반 업무를 의미한다. 주 활동은 부가가치를 직접 창출하는 부문을, 지원활동은 부가가치가 창출되도록 간접적인 역할을 하는 부문을 말한다. 이 두 활동 부문의 비용과 가치 창출 요인을 분석하는 데에 사용된다.

이를 통하여 가치 활동 각 단계에 있어서 부가가치 창출과 관련된 핵심 활동이 무엇인가를 규명할 수 있으며, 각 단계 및 핵심 활동들의 강점이나 약점 및 차별화 요인을 분석하고, 나아가 각 활동 단계별 원가동인을 분석하여 경쟁 우위 구축을 위한 도구로 활용할 수 있다. 보통 기업의 내부역량 분석 도구로 많이 사용된다. 그러나 인터넷과 정보통신의 발달로 해체가 가속되면서 네트워크를 통한 아웃소싱이 활발하게 진행되고 있다.

압축하면 가치 사슬(Value Chain)은 고객에게 제공하는 부가가치를 창출하는 활동의 연쇄 과정을 말한다. 기업 활동 영역을 주 활동 즉, 본원적 활동(Primary Activity)과 지원적 활동(Support Activity)으로 구분하는 접근이다. 이 가치 사슬, 밸류 체인 분석은 자사의 경쟁 우위가 어디에 있는가를 분석하기 위한 도구이기도 하다. 미디어 콘텐츠 기업의 가치 사슬로 곧장 들어가기 전에 표준화된 가치 사슬을 전형적으로 보여주는 제조업체를 살펴볼 필요가 있다.

예를 들어 현대자동차를 보면 가치 사슬에서 처음 시작하는 첫 가치 활동인 인바운드 로지스틱스(inbound logistics)는 실제로 광범위한 직접 원부자재 구매와 조달을 뜻한다. 포스코 강판에서부터 국내외 각지에서 들여오는 20만여 개 부품이 새벽부터 울산 현대자동차 공장 정문을 통과하게 된다. 전 세계에서 조달하는 자동차 바퀴며 에어컨 등 부품들을 바

16) [네이버 지식백과] 가치사슬 [value chain, 價置—] (두산백과 두피디아, 두산백과), https://terms.naver.com/entry.naver?docId=1231904&cid=40942&categoryId=31819

17) Porter, M.E. (1985). Competitive advantage: Creating and sustaining superior performance.

로 공장 생산 라인으로 밀어 넣는 것까지가 인바운드 로지스틱스(inbound logistics) 경영관리의 대상이자 책무가 된다.

〈그림 32〉 마이클 포터의 Value Chain 원형

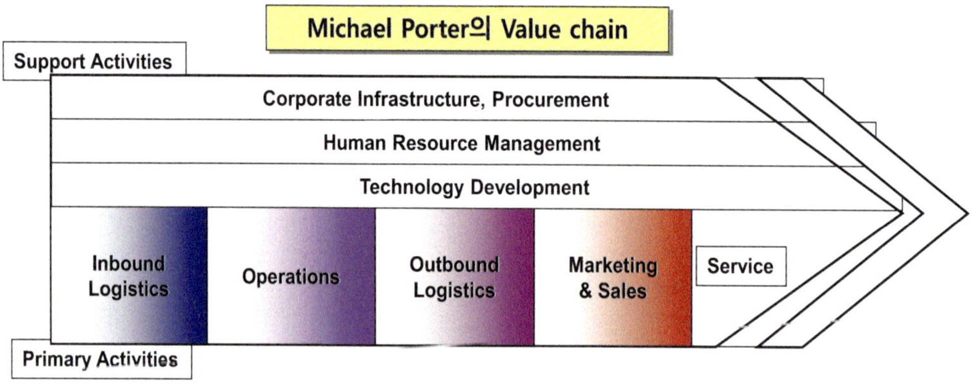

자료 : Porter, M.E. (1985). Competitive advantage : Creating and sustaining superior performance.

이어 울산 공장에서 완성차 조립을 해내는 생산활동이 오퍼레이션(operation) 가치 블록으로 사슬처럼 연결된다. 한국의 경영학과에서 오랫동안 생산관리라고 이름 붙인 개별 과목이기도 하다. 생산관리에 돌입하게 되면 공장장과 모든 구성원이 할 수 있는 최선의 노력을 다해서 생산성을 올리겠노라는 지상 과제를 안게 된다. 이때 경영시스템, 경영관리의 과업은 자동차 공장의 인력과 자재를 대상으로 운영하는 형태가 되며 예컨대 프리미엄 브랜드 제네시스라는 제품을 불량과 하자 없이 잘 만들어내는 데 있다. 차가 만들어지고 나면 아웃바운드 로지스틱스(outbound logistics) 체인으로 이행하는데 회사로서는 야적장에 대기하는 시간을 최대한 줄여 울산항에 정박중인 카 캐리어 선박에 밀어 넣어야 한다. 태평양을 가로지르는 자동차 운반선 카 캐리어에 탑재한 후 대략 1주일 항해를 마친 제네시스 차량 수백 대는 북미 시장의 경우 최대 관문인 롱비치 항으로 들어가는 미션이 주어진다. 국내라면 대형 트레일러에 실어 울산 공장을 출발하여 서울 강남 영동대로 매장에 입고해 고객 인도를 기다리면 된다. 이 지점부터는 마케팅 서비스의 시간이 열린다. 롱비치 항을 통해 미국 캐나다 전역으로 탁송된 제네시스 차량도 매장 영업사원들의 개인기 역량이 펼쳐지는 세계대전, 무한경쟁 게임에 빨려 들어간다. 이까지가 가치 사슬의 본원적 활동이다.

본원적 활동을 호위하고 백업하는 지원활동이 엔드 투 엔드 전 과정에 걸쳐 진행된다. 번

저 HRM 인사 조직 관리 활동이 따라붙는다. 'procurement'라는 구매 활동도 지원 체인인데 이는 본원적 활동의 인바운드 로지스틱스가 담당한 생산 직접 원자재 구매 조달과 다른 개념이다. 간접 자재 또는 소모성 자재라고 부르는 MRO(maintenance, repair and operating)라는 시설의 유지 보수용 부품 및 소모성 물품과 서비스를 구매, 조달하는 기업 지원 활동이다. 그다음 기술 지원도 광범위한 영역에서 이루어진다.

여러 미디어 기업의 예시를 통해 좀 더 구체적으로 이해할 수 있다.

〈그림 33〉 가치 사슬 예시(카카오 페이지)

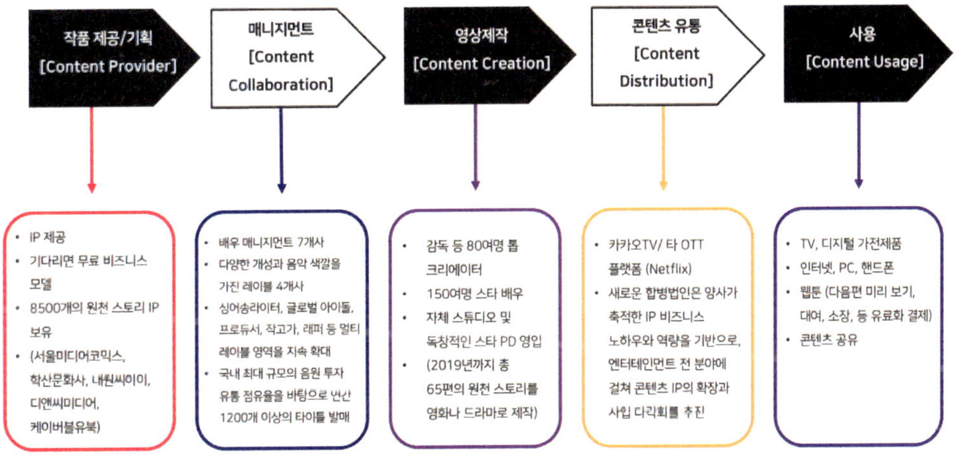

자료 : 성신여대(2021), 강의 「미디어 비즈니스」 팀 프로젝트 발표문

1. 콘텐츠제공업체(CP)나 에이전시로부터 검증 받은 웹소설을 제공 받음
2. 카카오페이지/다음웹툰 미디어 콘텐츠 플랫폼에 연재 (웹소설을 웹툰으로)
3. 웹툰 콘텐츠를 기가오M에서 운영하는 영상제작사를 통해 드라마나 영화로 제작
4. 카카오TV, TV방송, 타 OTT 플랫폼 (넷플릭스)에서 소비자들에게 유통
5. 핸드폰, PC, 미디어 기기를 이용해 소비자들의 콘텐츠 이용이 이루어짐

자료 : 성신여대(2021), 강의 「미디어 비즈니스」 팀 프로젝트 발표문

〈그림 34〉 가치 사슬 예시(스튜디오 드래곤)

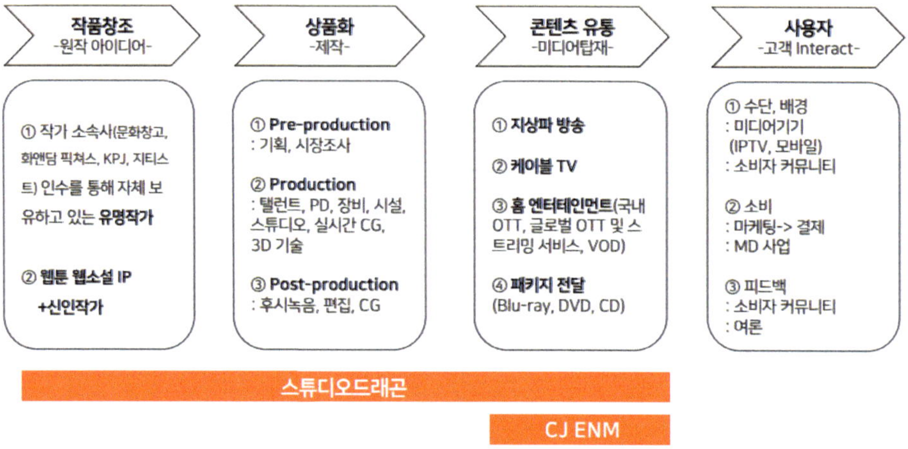

" **작품창조, 상품화, 국내 콘텐츠 편성 전문화**, 국내외 판권 판매는 모회사에 위탁 "

〈그림 35〉 가치 사슬 예시(데브시스터즈)

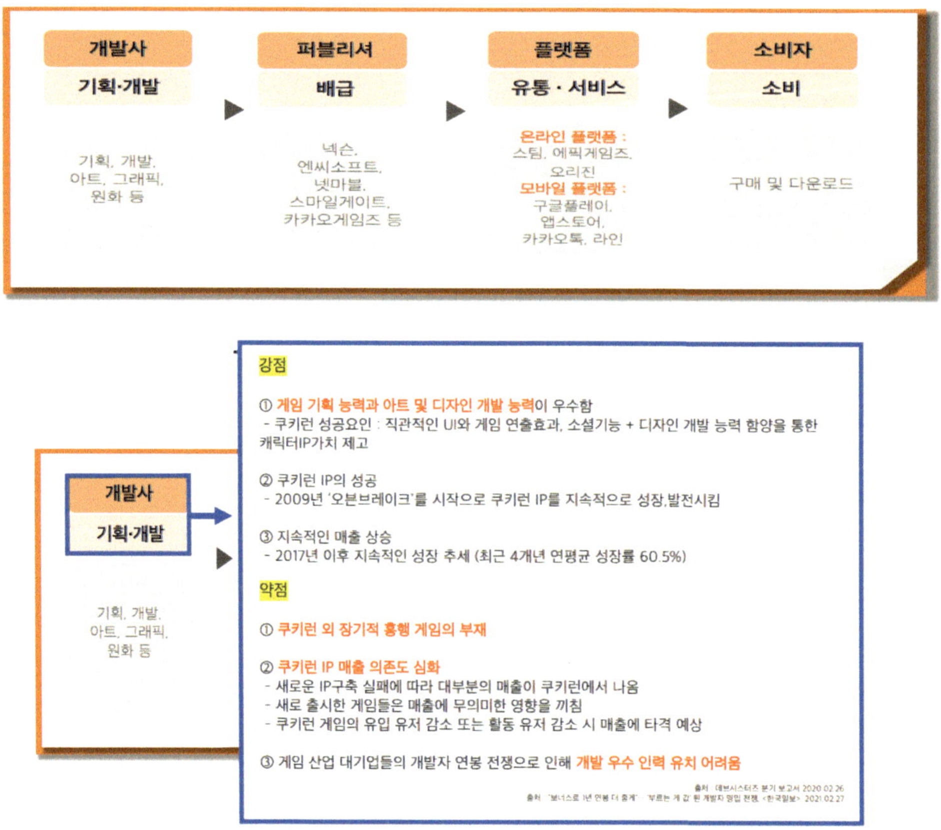

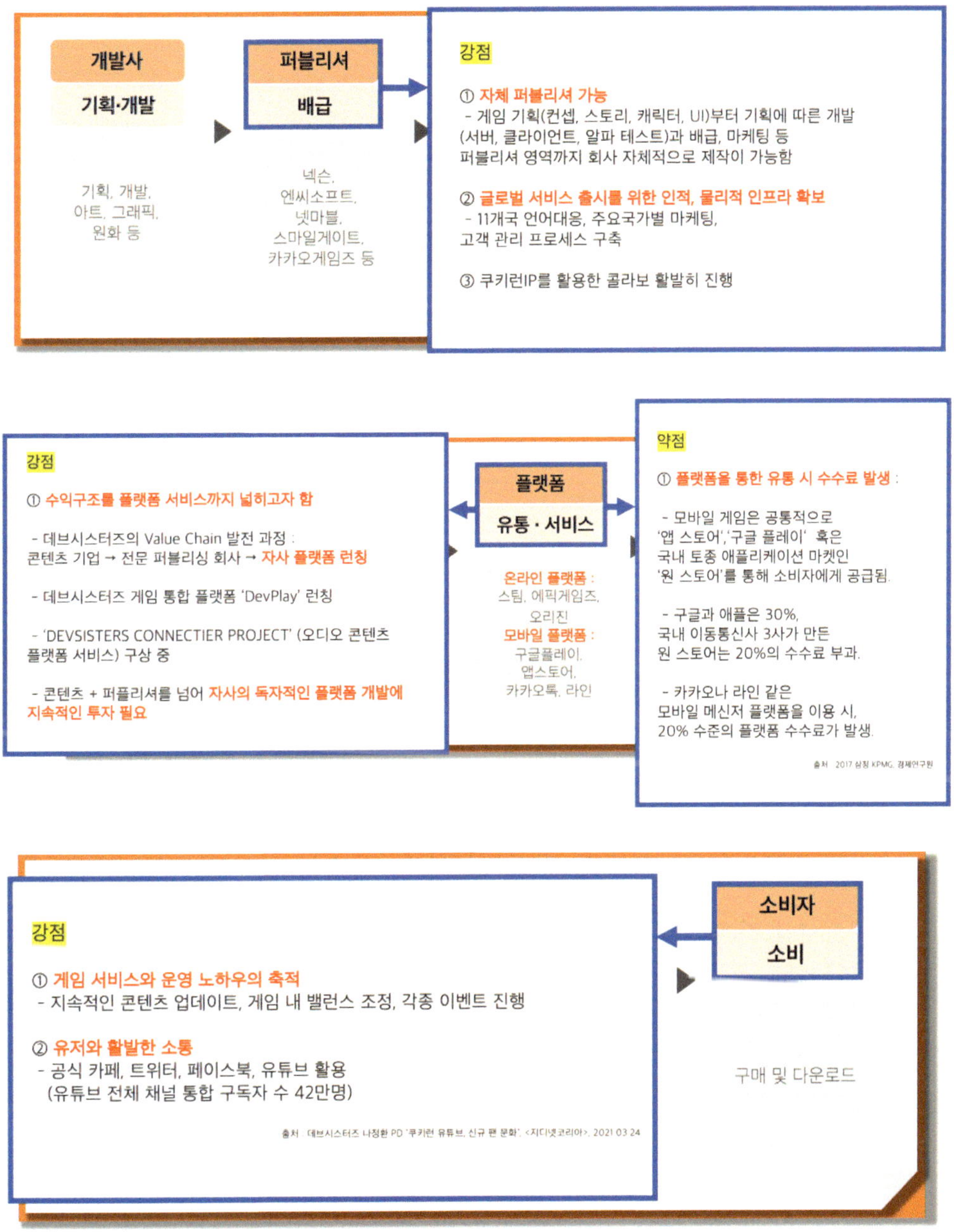

자료 : 성신여대(2021), 강의「미디어 비즈니스」팀 프로젝트 발표문

가치 사슬의 역류, 해체, 이탈

가치 사슬은 전체 단일 형상으로는 화살표 모양을 한다. 화살표가 왼쪽에서 오른쪽으로 가게 되어 인풋 프로세싱 아웃풋으로 가는 일방향 흐름을 전제로 한다. 이것이 오리지널 원형이긴 하지만 실제 기업 현장에서는 다양한 변종과 변이가 나타날 수 있다. 기업 활동의 결과를 통해 최종적으로 고객과 만나는 패턴이 대대적으로 바뀌게 된다는 뜻이다. 가치 사슬이 해체되고 붕괴하고 역류하고 이탈, 탈락하는 현상이 드러나게 된다. 본디 한 개의 정형화된 모델인 가치사슬이 거꾸로 뒤집히거나 깨어지거나 이빨 빠진다는 건 무슨 상황일까?

가장 전형적인 예를 IT 기업 시스코에서 찾아볼 수 있다. 시스코는 라우터(Router), 스위칭 허브(일명 스위치, Switching Hub) 등의 네트워킹 장비를 비롯하여 기업을 위한 통합 커뮤니케이션 시스템(UC, Unified Communication : 기업 내 다양한 커뮤니케이션 도구를 단일한 플랫폼을 통해 제공해 주는 것을 칭함), 통신사업자를 위한 네트워크 솔루션을 제공하는 네트워킹 전문 기업이다.[18]

인터넷 확산 초기 2000년대 초반 시스코의 스타 CEO 존 체임버스가 한국을 찾아 시스코 방식 혁신 경영을 소개해 크게 화제가 된 적이 있다. 이 기업은 인터넷 신경제가 팽창하던 시기 실리콘밸리 클러스터에서 급격히 발달하기 시작한 전문 요소 공급자(SS : specialized supplier) 서비스 부문 최대 수혜자가 되는 계기를 맞게 된다. 인터넷 라우터라는 주력 제품에 대한 수요가 전 세계적으로 폭증하게 되면서부터다. 직원들이 전 세계 출장 업무가 급증하면서 비행기 예약, 호텔 예약, 현재 렌터카 등 교통편 정보 파악, 맛집 식당 정보에 이르는 시시콜콜한 부분까지 총무팀 지원부서를 두들기는 일감이 봇물 터져버렸다. 출장비 예산을 책정하는 것부터 항공권 발권과 교부 등등 온갖 실무를 쳐내기 위해 직원들을 대거 채용하고 배치했지만 쇄도하는 문의와 요구에 응대하기 힘들 지경이 되었다.

결국 인사 총무 경리 지원 부서 조직이 비대해지긴 했는데 안타깝게도 업무 생산성은 반비례 역진하게 되는 기현상을 보게 되었다. 이즈음 시스코의 안테나에 외부 전문 요소 공급자(SS)로서 총무지원 서비스에 특화한 신종 기업이 잡혔다. 오로지 인사 총무 행정 지원 서비스에 특화한 이 신종 기업은 비행기, 호텔, 렌터카 공동 구매와 같은 규모의 경제나 입도

---

18) 세계 브랜드 백과, https://terms.naver.com/entry.naver?docId=2697890&cid=43168&categoryId=43168

선매를 통한 유리한 조건을 통해 훨씬 더 저렴하고 신속한 지원 서비스를 확약하며 시스코를 매혹하고 말았다.

〈그림 36〉 가치 사슬 변형

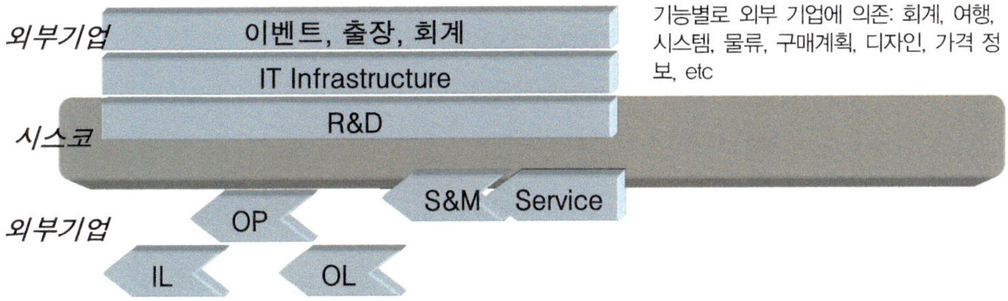

전문 신종 기업 인원 1인당 생산성도 두말할 것 없이 몇 곱절 더 높은 수준이라고 했다. 지금 당장 짜증 제대로 받으며 산더미 같은 일감에 깔려 신음 중인 시스코의 내부 정규직원과 비교하면 일 당 백 수준인 것으로 판명 날 판이었다. 이에 시스코는 과감한 결단을 내렸다. 수백 명을 돌파해버린 거대 공류 부서를 싹 도려내고 전체 업무를 외부 전문 회사에 맡기기로 한 결정이었다. 물론 고용 승계 문제가 없도록 기존 총무행정 지원부서에 속한 직원 수백 명은 영업 일선과 같은 다른 부서로 새배치하였다. 이런 변환은 오히려 시스코의 마케팅 파워를 강화하는 순기능도 덤으로 가져오게 된다.

이를 두고 시스코의 가치 사슬 한 블록인 지원하는 활동의 HRM 한 부분이 이탈, 탈락한 것이라는 분석이 나오게 되었다. 마치 어깨 한쪽 떼어낸 로봇이 여전히 잘 걸어가는 그림처럼 시스코도 가치 사슬 이탈, 탈락을 결행하고서도 더 낫고 세련된 기업으로 발돋움한 격이다. 여러 수혜가 나왔지만 거래 비용 절감으로 인한 수익 향상이라는 알토란 같은 성과가 현실화하였다. 종전대로 회사 내부에 인 하우스로 기업 가치사슬의 지원적 활동의 첫 블록인 HRM의 총무행정 지원 서비스를 유지하는 것보다 외부 아웃소싱으로 돌리는 것이 더 큰 이익이 되었다는 얘기다.

가치 사슬이 역류하는 것은 아주 이례적인 돌연변이와도 같은 느낌을 준다. 이 유형의 시스코에 해당하는 기업은 코로나 백신으로 저명한 화이자다. 10년도 더 걸린다는 백신 개발에 성공해 코로나 팬데믹 시기에 가장 큰 성과를 이룬 불멸의 브랜드가 된 장본인이다.

화이자의 가치 사슬 역류 스토리는 1998년 세상에 등장한 비아그라라는 메가 히트 제품으로 거슬러 올라간다. 비아그라를 내놓기 직전 세계 제약업계 상황은 1위 업체 머크와 뒤를 따르는 노바티스, 존슨앤존슨 등이 난공불락의 선두권을 형성하고 있었다. 당연히 미국 대학의 제약관련 학과나 전략과 마케팅 부문에 투입할 비즈니스 스쿨 에이스 인력들은 업계 서열대로 입사하곤 했다. 탑 MBA의 슈퍼 엘리트 졸업생들은 백년 천년 이어가며 바벨탑 성층권을 구가할 것만 같은 머크나 존슨앤존슨 입사를 선호했다. 업계 B급에서 맴돌던 화이자로서는 제약 비즈니스 업의 꽃이기도 한 마케터들 충원에도 애를 먹었다. 제약 업종에 유입되는 AAA급 인력이 머크나 존슨앤존슨으로 줄이어 입사하는 행렬을 끊어내지 않고서는 톱 클래스 챔피언이라는 업계 수위 자리에 오를 수 없다는 절망감, 패배주의도 만연했다.

〈그림 37〉 가치 사슬 역류 사례, 화이자

BBC 뉴스 : https://www.bbc.com/korean/international-57155183

이러한 때 이라크와 중동 지역 파견 장병들이 속속 미국에 귀환하는 사회적 물결이 넘실대기 시작했다. 참전했다가 다쳐 퇴역해야만 했던 상이용사들의 사회 적응은 미국이 직면한 사회적 문제로 급부상하기도 했다. 일부 장병들은 할리우드 영화산업에 진입하기도 했다. 영화 〈배틀쉽〉에 한쪽 다리를 잃은 퇴역 장교를 캐스팅하여 특유의 엔터테인먼트 콘텐츠 마케팅 효과도 얻고 노블레스 오빌레주 식의 사회적 책무도 다한다는 공익 서비스가 펼쳐졌다.

화이자도 움직였다. 어차피 견고한 탑 클래스 경쟁사들 틈바구니에서 젊고 유능한 MBA 마케팅 전사들을 확보한다는 건 무리였다. 해서 미국으로 속속 귀국하는 퇴역 장교들 가운데 특정 집단을 타깃으로 정했다.

육군사관학교인 웨스트포인트 출신들을 점찍는 특별한 용단이자 배팅이었다. 한데 여기서 아무도 예상치 못했던 놀라운 메가 히트가 잉태되고 있었다. 고용 대박 상종가를 친 드라마다 전개되기 시작했다. 30~40대 유능했던 엘리트 군인들이 영업 현장을 돌아다니다 전혀 예기치 않았던 대박 사건 잭팟이 터졌다. 제약 제품도 잘 모르던 웨스트포인트 출신들은 동네 요양병원 같은 한적한 곳을 돌아다니며 주저리주저리 수다 떨기로 근무시간을 보내기 일쑤였다. 은퇴자 등 중장년 시니어 계층과 주로 만나 정치 얘기며 과거 무용담에 푹 빠져들어 갈 무렵 특별히 병은 없으나 삶의 만족도가 추락해버린 내밀한 원인에 대해 화제가 좁혀졌다. 남성 성기능 뒷담화였다. 장교 특유의 친화력으로 기존 제약업체 마케터들에게는 절대 털어놓지 못했던 속내를 탈탈 긁어모을 수 있었다. 복귀한 이들 장교 마케터 군단은 회사 안에서도 가만히 앉아 있질 않았다. 돌격 앞으로 외치고 불구덩이를 뛰어드는 군인정신으로 일말의 머뭇거림 없이 제약회사의 심장이자 금지구역인 연구개발실로 쳐들어갔다. 귀찮아하는 기초과학 전공 연구원들을 붙잡고 또 특유의 커뮤니케이션 파워를 발휘하였다. 이런 약품, 아니 건강 제품이 나온다면 얼마나 좋겠느냐며 연일 커피 마시고 퇴근 후 맥주도 한잔, 바비큐 파티도 해가며 설득했다. 그 결과 화이자는 당초 협심증 치료제로 개발 중이었던 약품을 업그레이드하여 전대미문의 비아그라를 내놓는 데 성공한다.

통상 기업 가치 사슬의 오퍼레이션, 즉 제약 연구개발 활동과 생산에서 만들어져 나오는 신제품을 마케팅 서비스 블록으로 밀어내 고객들과 만나도록 연결한다는 흐름을 역전 시킨 일대 사건이기도 했다. 생산관리에서 유통 마케팅 서비스로 흐르는 가치의 물꼬를 반대로 역류시킨 꼴이다. 웨스트포인트 마케터들이 가져온 정보를 역방향으로 들이부어 맨 처음 초동 활동인 연구개발진을 움직이게 만든 희대의 성공적 돌연변이가 나타난 사례이다.

기능성 약품을 내놓는 가치 사슬의 리버스, 즉 역류는 회사 체질을 바꾸어 놓았고 화이자는 마침내 업계 1위에 올라설 수 있었다. 중국산을 포함해 전 세계 짝퉁 천국까지 낳았던 비아그라는 명실상부하게 업계 챔피언을 만드는 일등 공신이 되어 주었다. 이런 역량과 실력으로 화이자 백신도 최단기간, 초강력 솔루션으로 나와 인류의 선물로 칭송받게 되었다.

가치 사슬 응용

OECD 보고서(1999) 그림을 보면 방송 산업 전체를 보여주는 큰 단위의 가치 사슬이 나온다. 산업 내 여러 복수의 기업들이 보유한 가치 사슬이 모여 있는 가치 사슬들을 가치 시스템이라고 한다. 미시적 기업에 한정된 개념을 산업으로 확대한 형상이다. 콘텐츠 프로덕션과 패키징, 컨버팅, 인터랙티브로 이름도 달라져 있다. 맨 처음 시작은 콘텐츠를 만드는 자이고 최종 끝의 '전달'은 미디어, 플랫폼 유통을 통해 콘텐츠를 송신 발신하는 부분이다. 가치 사슬 원리를 확장한 가치 시스템에서 보면 방송 미디어 기업들이 개별 블록별로 매칭되어 나온다.

각각 연결되고 해당하는 기업들 유형과 사업영역도 프로덕션, CATV의 PP SO, 위성 TV와 같이 세분화하여 표시된다. 기업이 아닌 참여자들도 매칭되어 나타나는데 방송의 연기자, 작가, IP 소유자들이 들어온다.

영국 OVUM이라는 미디어 정책 기관에서는 콘텐츠 크리에이션 패키징, 서비스와 같은 상이한 표현을 사용하였다. 가치 시스템으로 가면서 또 한 번 표현이 달라져 산업 내 전체적인 비즈니스 흐름을 설명하고 있다.

영상 콘텐츠 비즈니스는 참여자(Players)들의 역할 범위에 따라 Content Producer, Content Platform, Content Syndicator, Content Conglomerate로 구분할 수 있다. 영상산업은 Content Conglomerate이 주도했고 중간 유통 방식의 합리화, 디지털화가 진전되면서 플랫폼의 기능은 한층 강화하게 되었다. 유통채널의 증가로 콘텐츠 제작 업종의 영향력이 커졌다. 이에 따라 글로벌 미디어 그룹들은 미디어 채널을 인수, 합병하는 것은 물론 제작업종으로까지 진출하여 전체 미디어 콘텐츠 산업을 수직계열화 해나가고 있다.

〈그림 38〉 가치 사슬 개념 응용(방송산업으로 확장)

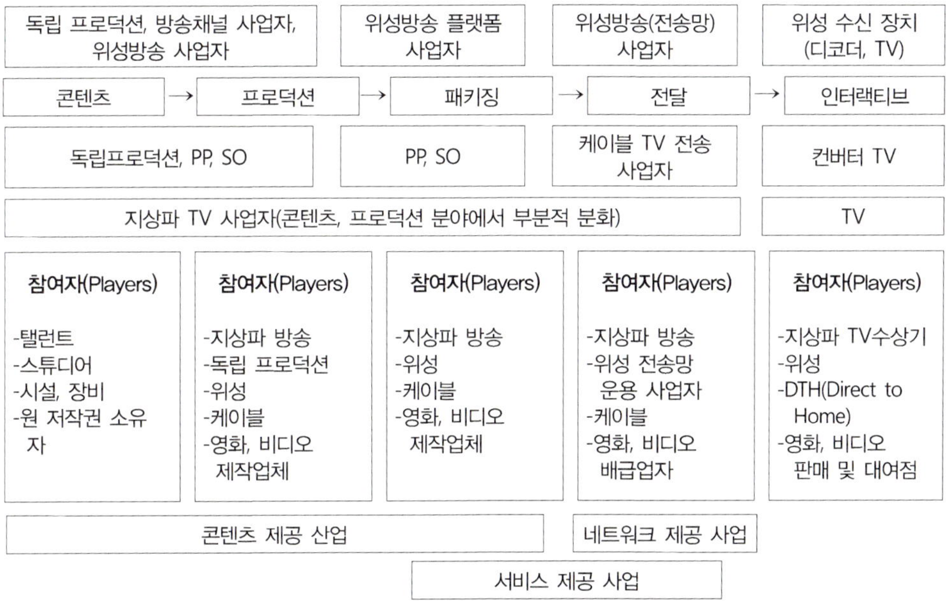

*자료 : OECD, 1999- Regulation and Competition issues in broadcasting in the light of convergence, Committee on competition law and policy, *1.EPG : Electronic Program Guide, CA : Conditional Access

〈그림 39〉 정보 콘텐츠 가치 사슬과 공공서비스 이슈

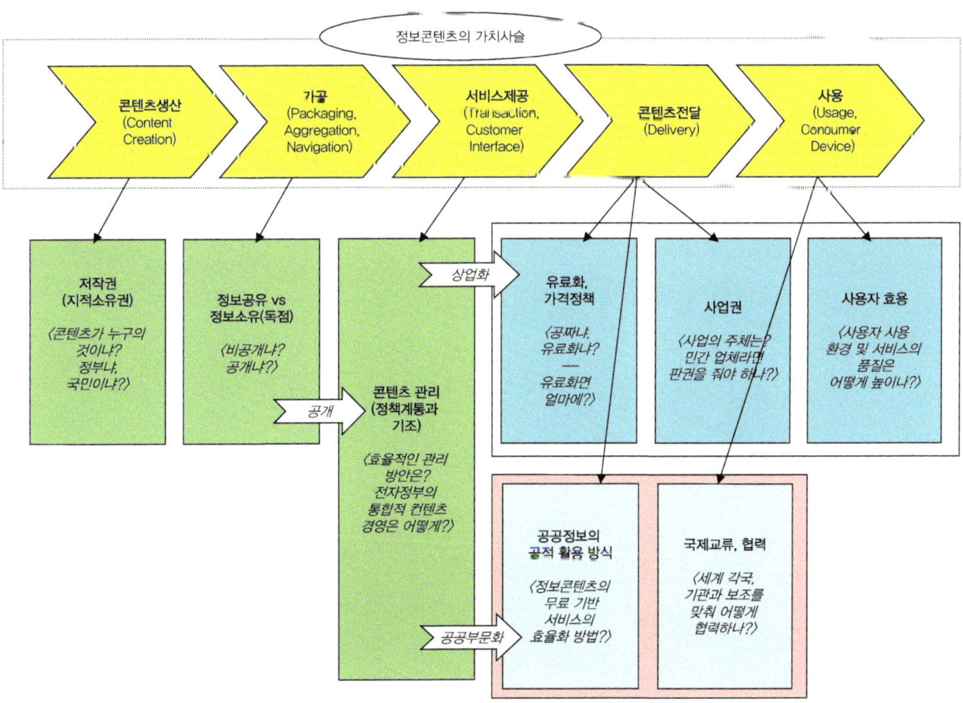

5 경영 환경을 보는 눈

기업 자체를 정밀하게 들여다보았던 것은 나 자신을 알아야 하는 주관적 조건 차원이다. 이 장에서는 나를 에워싼 외부 환경을 보는 객관적 여건 차원으로 옮아간다. 미디어 콘텐츠 기업이 모여 있는 생태계는 폐쇄된 것이 아니라 정치 · 경제, 사회 · 문화, 산업 · 기술, 정책 · 법규 등으로 범주화할 수 있는 외계 행성으로 가득하다. 이들 외부 요인들이 경영 환경을 변동해가면서 끊임없이 미디어 콘텐츠 경영 활동 주체에 영향을 끼치고 있으므로 결코 떠밀려 가거나 휩쓸려서는 안 된다는 점을 명심해야 한다. 이 장에서는 정치 · 경제, 사회 · 문화, 산업 · 기술, 정책 · 법규 4가지 범주에 맞춰 기업이 적응하며 대응해나가는 관계와 그로부터 체득하게 되는 전략적 시사점을 얻는 과업까지 살펴보도록 하겠다.

〈그림 40〉 경영 환경 분석 개념도

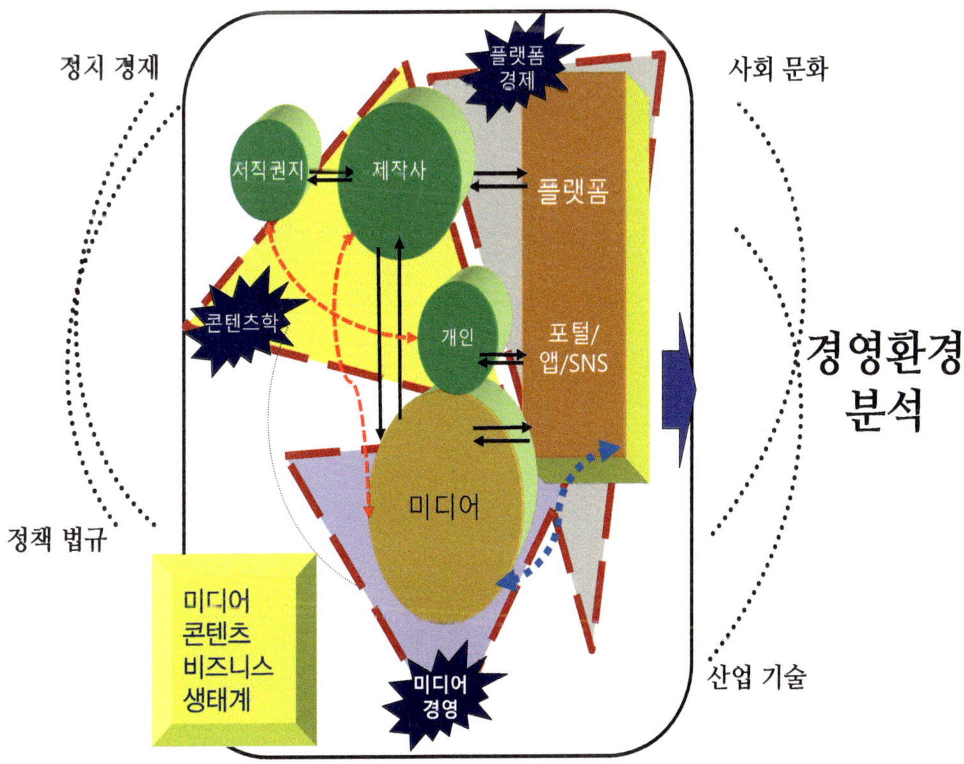

기업의 환경은 객관적으로서 자신이 컨트롤 할 수 없는 대상이 아니다. 스스로 컨트롤할 수 있는 건 주관적 조건이다. 문제는 주관적 조건이 객관적 여건으로서 환경으로부터 지대한 영향을 받는다는 사실이다. 봄 여름 가을 겨울 계절이 지나는 길목마다 장롱을 뒤져 반팔, 민소매, 다시 긴 팔, 점퍼, 패딩, 코트 외투를 번갈아 입는 적응을 명 받은 기업이라면 어떻게 해야 슬기로운 대처가 되는 걸까?

BTS 소속사 하이브와 같은 K POP 음악 비즈니스 업체가 해외 진출을 하는 상황을 떠올려보자. 소속사 하이브가 우리 내수만 하다가 일본 시장이라는 새 환경에 들어가게 되면 언어를 비롯한 문화적 차이부터 시작해서 시장 내 방송미디어 관련 거래 관행, 정책 규제, 콘텐츠 소비 인프라, 경쟁상황 등 챙겨야 할 새로운 여건이 한둘이 아니다. 미국, 유럽 어디서나 각각 새로운 환경이 펼쳐지게 된다. 지역적으로만 봐도 미국이라고 하면 동부와 서부, 북캘리포니아와 남캘리포니아, LA와 오렌지 카운티 지역과 샌디에이고 근방 등등 제각각이다. 사는 동네마다 하다못해 케이블 TV 채널 순서와 종류까지도 같은 것은 하나도 없다.

〈그림 41〉 가을 하늘(경영 환경)과 뭉게구름(기업조직)

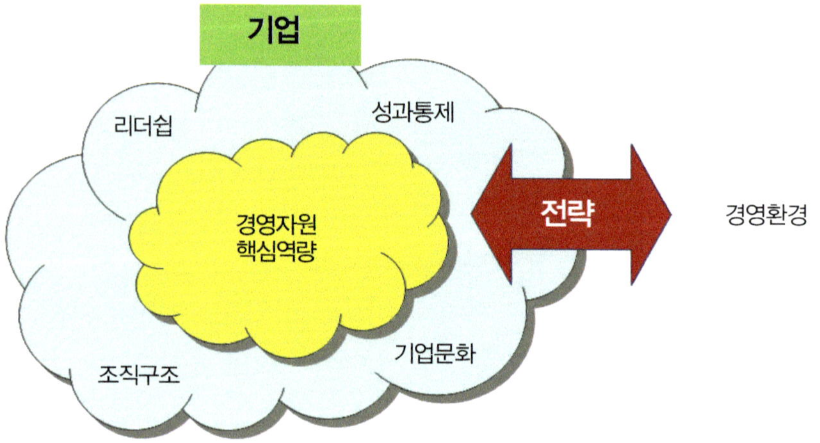

기업을 블랙박스로 보거나 가치사슬 원형처럼 블록 화살표로 간주하는 데 이미 익숙한 사람으로서는 도화지 위에 그린 뭉게구름을 기업의 실체라 여기기는 퍽 좀 당황스러울 수 있다. 변화무쌍한 어느 계절 파란 하늘을 배경으로 떠다니는 뭉게구름이나 조각구름 하나하나가 기업이라고 보는 건 왜일까?

구름 전체가 기업이고 그 인사이드 안에 하우스 모델과는 전혀 다른 무정형 형태로 맨 안쪽 배꼽 부위 코어에 핵심역량이 도사리고 있다. 경영자원 한가운데 가장 믿음직한 실력이자 최종 병기가 곧 핵심역량(core competence)이 된다. 코어를 에워싸는 뭉게구름 안에는 기업의 리더십, 성과통제, 관리 등 경영의 요소들이 포진한다. 이들은 모든 기업에 적용되는 보편적인 요소들이지만 미디어 기업의 경우 그 개별 요소 하나하나에 담긴 특수성과 차별성의 허들이 매우 높다.

예컨대 리더십을 보면 기업가 정신 하나로 이끌어가기도 벅찬데 미디어 기업은 대개 내부의 제작시스템 자원들의 본성인 예술가 정신과 번번이 충돌한다. 성과 통제 면에서는 압박이 더욱 가중된다. 일반 제조업체라면 수율이 나오고 생산성 지수가 계량화할 수 있어서 한결 간편하다.

하지만 미디어 콘텐츠 경영 현장에서는 누구누구의 성취와 기여분을 정확하게 객관화해서 산정하기가 거의 불가능하다. 천만 영화나 10% 넘는 본방송 시청률을 기록했다고 해도 그 안에서 개별적인 몫을 산정하는 건 무척 어렵다. 마치 한 부서 10명 부원의 각각 다른 개인 존재감을 순위 매기고 절댓값 비중까지 숫자로 표현하라고 하는 애초에 불가능한 미션과도 같다. 이에 더해 뭉게구름 안에 들어찬 경영 요소들은 외부 환경과 무관하지 않다는 게 핵심이다. 시시각각 아침저녁으로 변해가는 외부 환경 날씨 습도에 따라 민감하게 반응하는 경영 요소들 상태를 항상 점검해야 한다는 얘기다.

외부 여건이 내부 조건을 흔드는 상관관계도 의식하지 않을 수 없다. 반대로 한 두 기업 또는 여러 기업 집단의 내밀한 자기 조건들의 대처와 반응이 외부 여건들을 하나둘씩 바꿔 놓고 마는 역방향 인과관계와 순환 구조 또한 챙겨봐야 한다.

자연환경을 볼 때 인간의 지나친 소비와 개발 이용이 기후 변화까지 초래하고 있는 작금의 상황이 꼭 그러하다. 객관적 여건이 주관적 조건에게, 그리고 주관적 조건이 객관적 여건에게 각각 끼치는 영향 일체를 총체적으로 보아야 한다는 지적이다. 기업의 경영 환경을 보고 최선을 다해 적응하고 될 수 있으면 좋은 영향과 상관관계를 지속해서 유지하는 것 자체가 귀한 시크릿이 될 수 있다. 아리스토텔레스가 남긴 격언인 '주어진 것에서 최선을 다하는' 마음가짐과 실행이 여기 경영 환경을 보는 눈에서 강소하는 부분이다. 소크라테스 잠언 그대로 '너 자신을 알라'에 충실하고 손자병법 말씀마따나 지피지기면 백전백승이라는 진리에 순응해야 할 일이다.

경영 환경이 둘러 처진 세상의 중심에서 미디어 기업은 사방이 벽인 채로 고립된 형국이 된다. 자신이 속한 우리 회사가 세상의 중심이 있긴 한데 주위 모든 요인이 호시탐탐 먹잇감을 노리고 있는 상황이다. 정글 한복판에 떨어져 있는데 사자며 표범, 하이에나에다가 지나가는 코끼리, 코뿔소, 하마까지 언제 우리 기업을 들이받을지 모르는 일촉즉발 상황을 그려 볼 필요가 있다. 이런 형상화는 나중에 귀결되는 전략을 도출하는 과정으로서 한 몫이바지하는 이메지네이션이 되어 준다.

예시로서 거칠게 그려 보면 중심에 하나의 기업이 있다. 미디어 기업으로 방송사 SBS도 좋고 신문사 중앙일보를 염두에 둬도 좋겠다. 중앙일보 뉴스 콘텐츠 비즈니스를 대입해보면 수많은 위협과 공격자가 압박하는 요인으로 포위하고 있다. 중앙일보를 향해 저벅저벅 다가오는 숱한 프레데터, 침탈자들이 으르릉거리는 상황, 이것이 바로 경영 환경이다. 핵심 키워드는 다름 아닌 경쟁이다. 그것도 예시의 미디어 기업처럼 글로벌 시장에 개방된 완전경쟁, 무한경쟁, 초무한경쟁, 출혈경쟁으로 가는 극한의 경영 환경이라면 그 기업은 우선 멈추고 구부려 신발 끈을 동여맬 수밖에 없다. 공격자와 침입자를 확인한 다음부터는 그들의 전방위 압박에 맞서 최선의 공격과 같은 방어 전략을 세워 달려 나가야 하기 때문이다.

경쟁론과 경쟁전략 연구 첫 스텝을 개시한 마이클 포터 교수가 이 같은 원리를 직시하고 있다.[19]

"경쟁전략의 수립은 기업을 그 기업의 주변환경과 연관시키는데 본질적인 의미가 있다" (Michael E. Porter, Competitive strategy).

만약 경영 환경 일대가 정글이 아니고 사막이라면 어떠할까? 우리 기업, 나 자신 말고는 아무 경쟁자가 없는 독점이라면 판도가 완전히 달라지겠는가? 그렇진 않다. 일인자 독무대로 독야청청하는 사막이나 너른 초원 벌판이라도 경영 환경은 엄존한다. 라이벌이 우글거리는 경쟁환경이 없을 따름이다.

가령 한국전력이나 원자력 사업을 하는 한국수력원자력발전과 같은 공공재 부문 독점

---

19) Porter, M.E. (1979). How Competitive Forces Shape Strategy. Harvard Business Review

공기업들을 살펴보자. 탈원전 기조나 친원전 복귀와 같은 정책 변동도 그렇고 전기요금 인상에 따른 물가 폭등에 반발하는 국민 여론이 꿈틀댄다면 천하의 한수원도 한전도 꼼짝없이 당하게 되어 있다.

만일 그런 외부 압박 요인이 없다고 해도 마냥 우호적인 경영환경 상황만 있는 것도 아니다. 방만한 경영, 긴장감 없는 느슨한 공기업 특유의 도덕적 해이가 극단화되어간다면 이른바 독점의 폐해가 도를 넘게 되고 사회의 감시자들이 가만히 놔두지 않을 터이다. 언론과 시민단체, 학술 진영, 국제기구 등의 협공이 곧 새롭게 조성된 경영 환경이 되어 그 기업의 경영시스템을 변모하게 압박하고 만다.

민간 부문도 마찬가지다. 독점의 폐해와 같은 중차대한 상황이라면 강력한 경영 환경 요인이 자라나게 마련이다. 마이크로 소프트의 컴퓨터 운영체계 부문, 오피스 상품으로 지배하는 문서 소프트웨어 시장 부문 등이 전형적인 예다. 해당 시장을 세분화하는 방식과 정도에 따라 민간 기업일지라도 경제력집중이 심각한 독점 체제로 판명날 수 있다. 법정에서 최종 판결이 나게 되면 거대 독점 기업이 사업 부문을 쪼개 스스로 해체해야 하므로 경영 환경 무대에서는 '하나의 적도 너무 많다(one enemy is too many)'는 말이 딱 들어맞는 순간이 언제든 찾아올 수 있다. 실제로 마이크로소프트는 회사 분할 명령을 피해갔지만 1948년의 파라마운트 판결은 메이저 스튜디오의 제작과 유통을 분리하며 할리우드 영화계의 가장 큰 분기점이 되었었다.

문제는 뭉게구름이 된 기업의 경영 환경을 어떻게 한눈에 일괄하여 제대로 파악하여 대응하는 전략 방향을 찾을 수 있는가에 관한 어려움이다. 360도 주변은 물론 위아래 입체적인 환경 여건까지 어디 하나 빠진 구석이 없이 전체적인 관점(with holistic view)으로 알아나간다는 게 결코 쉬운 일이 아니다. 총체성(totality)을 추구하다 보면 급박한 기업경영의 세계에서 한발 늦어 그만 잡아 먹히거나 까마득히 추락할 수 있다. 언제 당장 늑대 떼가 뒷덜미를 물어뜯으려 몸을 날릴지 모르는데 한정된 인력을 죄다 동원해 전체적인 관점, 총체성을 중시한 조사를 하고 분석, 평가하여 합당한 전략을 얻어낸단 말인가?

높은 수준으로 가다듬은 정교한 기법이 필요하다. 여기서는 신문을 펼쳐 보듯, 4개 대형 부문으로 나눠 경영 환경을 일별하는 방식을 소개하고자 한다. 급할수록 둘러 간다는 격언 그대로다. 아무리 바빠도 아침에 배달받아 집어 든 신문 한 부, 양손 안에 거머쥔 정치경제, 사회문화, 산업기술, 정책 법규 전체 내용을 하나 빠짐없이 구분하여 리서치하는 정공법이다. 분석의 대표 예시로는 생활 정보 콘텐츠를 매일 온, 오프라인으로 서비스하는 무가 정보지 미디어 콘텐츠 기업을 들도록 하겠다.

1) 정치 경제

총체성(totality)에 맞춤하여 한 장씩 넘기는 것이 지름길이자 정석 플레이가 된다. 첫 장은 정치경제 경영 환경이다. 물론 정권이 바뀌고 선거를 하고 때에 따라서는 진보와 보수, 좌와 우가 격렬하게 맞서는 게 정치 현실이다. 그런 등등 연유로 정치에 무관심하거나 냉소적이고 외면하는 때도 많이 있다. 혐오하는 극단으로 흐르기도 한다. 기업인들 가운데는 되도록 정치권과 거리를 두고자 하는 성향을 숨기지 않는 경우도 많다. 그렇게 냉정한데도 정치를 아예 젖히고 보는 현실은 거의 없다. 경제환경이라거나 경제정치환경으로 변형하는 것은 여전히 자연스럽지 못하다. 경제신문들조차 정치 또는 정치 종합 지면을 먼저 배치한 다음 산업, 금융 등 경제 본 마당으로 넘어가는 것만 보아도 알 수 있다. 정치라는 요인이 전체 환경 가운데 부동의 제 1의적 요인이라는 것을 실감할 수 있다. 구체적인 예를 들어 분석해보자.

먼저 실무 실행을 위한 포맷부터 제시해야 한다. 정치경제 부문 경영 환경을 분석하는 한 가지 유력한 방법은 주요 변동 범주를 3~6개 정도 뽑아내는 것으로부터 시작한다. 미국과 중국의 국제 정세 갈등이나 우크라이나 전쟁으로 인한 세계 물가 폭등과 같은 현재 주어진 여건에서 긴급하고도 중요한 이슈를 특정 절차를 통해 추출하는 작업이다. 특정 절차는 곧 현재 일하는 방식인 팀 단위 또는 개인 차원에서 토의하거나 전략적 사고를 통해 의사결정하는 선택을 말한다. 브레인스토밍(brianstorming), 브레인 라이팅(brain writing) 등 사용 가능한 모든 창의적 토의 방식을 해당 기업의 노하우나 전통에 따라서 리더의 지휘에 맡겨 수행하면 된다. 개인이라면 골라낸 이슈들 가운데 긴급하고도 중요한 우선순위를 정해 판단하는 지극히 상식적인 판단 근거에 의존하면 될 터이다.

이러한 과정을 통해 추출한 경영환경 요인들을 압축하여 요약 정리한 다음 오른쪽 공간에 각각 매칭하는 전략적 시사점(implication)을 끄집어내는 것이 분석 포맷의 마무리가 된다.

〈그림 42〉 정치 경제 경영 환경 분석

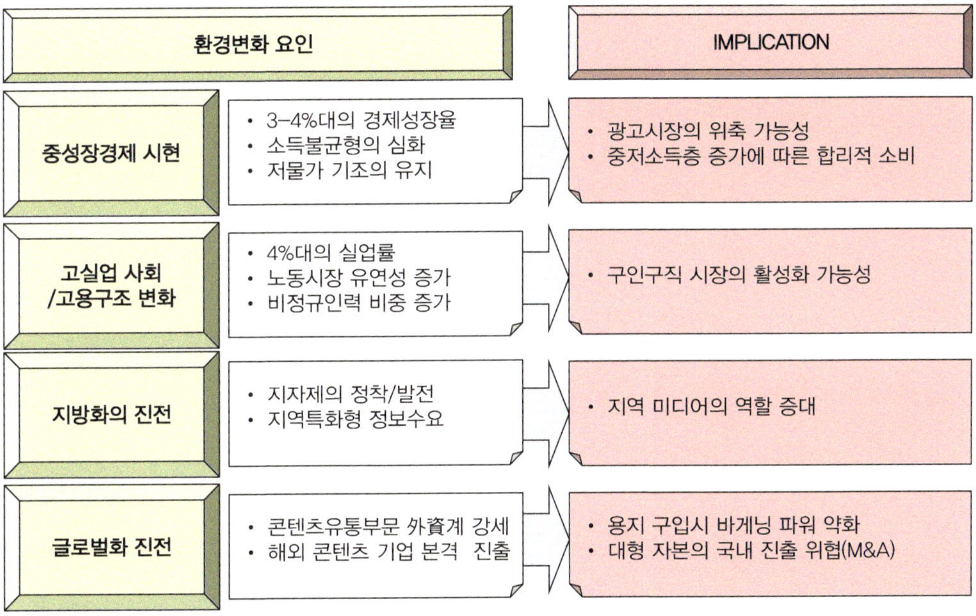

왼쪽에 위치시킨 이 범주의 경영 환경 요인 개별 내용에 대해 리서치를 담당하는 기업 내부 당사자들은 치열한 토의, 검증을 거쳐 요인들이 해당 기업이나 프로젝트, 비즈니스에 끼칠 수 있는 영향을 규명해내야 한다. 산업 전체에 적용한다거나 하는 일반적인 보편적인 영향이 아니라 특정 활동에 작용하고 관계할 수 있는 개념 그대로인 선략직 시사점을 언어내야 한다는 의미다. 이 과정은 현재 붙들고 있는 구체적인 미디어 콘텐츠 경영, 비즈니스 또는 프로젝트의 미션 설명서를 되새기면서 과업 목표에 철저하게 맞추어 생각하고 토의하고 최종 판단하는 과정의 완성도에서 승패가 갈리게 된다.

우크라이나 전쟁 사태가 세계 곡물 가격 인상, 유가 인상을 불러와 스태그플레이션이 현실화하였다고 파악했다고 하면 그다음 절차인 전략적 시사점 도출에 전사적 역량을 집중해야 한다는 뜻이다. 리서치로 핵심 요인 3~6가지를 먼저 끌어내고 그로부터 각각 우리 기업, 나의 프로젝트를 흔드는 실제 영향력을 통찰해내는 데까지가 경영 환경 분석의 미션이다.

리서치 작업의 핵심은 노하우보다는 노웨어(know where)에 있다. 제대로 노웨어를 알아서 빨리 파악하는 것으로부터 리서치가 쾌속 진행할 수 있다. 사실 정치경제라는 큰 범주를 일거에 본다는 것은 너무나 까마득하다. 그래서 더더욱 어떤 자료의 소스가 정통한 권위를 갖고 있고 활용 가치가 높은 정보가 어디에 있는지가 관건이 되는 법이다.

그림에 나온 실제 사례를 보면 우선 성장 기조를 뽑아냈다. 한국의 기업으로서 한국경제가 향후 초고속성장인지 고성장인지 중성장인지 저성장인지 아니면 마이너스 역성장 단계로 가는지에 관한 균형 잡힌 시각이 필요하다. 예시에서 한국경제는 고성장시대에서 벗어나 6%대의 중성장 시대로 진입하는 전망을 인용하였다. 이 전제 조건 위에서 투자둔화, 노동 투입 감소 등으로 중성장 기조 고착화가 사회 전체를 짓누를 것이라는 예상이 자연히 따라 나온다.

이어 연쇄적으로 나타나는 것이 소득 편중, 빈부 격차 확산으로 20 : 80 또는 그보다 더 심각한 양극화 현상이 출현할 수 있다. 2000년대 초반 시점에서는 외환위기 이후 시작된 중산층 비중 감소 경향이 지속되리라는 것이 지배적인 전망이었다. 아울러 금융시장 발달로 인한 금융소득 증가, 전문직-단순식 간 임금 격차 확대, 정부 복지지출 한계가 노출되면서 2~3%대의 저물가시대가 개막될 것으로 내다보았다. IMF 사태 이후 나타난 일시적인 물가 급등 현상은 사라지고 안정세가 유지될 것이라는 당시 예측이다.

덧붙여 향후 시장개방, 기술혁명 및 보수적인 통화정책의 영향으로 저물가를 유지한다는 전망도 취합되었다. 2001년 시점에서 볼 때 2004년까지 4% 이상의 실업률을 유지할 것이라는 자료도 인용되었다. 이에 따라 기업전략이 공격적 투자와 시장점유율 확대에서 수익성 위주로 전환하면서 고용흡수 효과도 저하되며 산업 구조가 노동집약적 산업에서 자본 및 기술집약적 산업으로 변화한다는 전망을 끌어왔다.

고용 부문에서는 장기적으로는 실업률이 내림세를 보이나 취업구조의 내용은 상당한 변화가 예상되었다. IMF 이전의 실업 수준을 회복하는 것은 2010년쯤 평생직장 개념이 퇴색하고 노동시장의 유연성이 증대되고 IT, 바이오 등 신사업 출현으로 구조적 실업이 한때 증가할 것으로 내다보았다. 고소득-저소득 근로자 간 임금 격차도 확대되면서 정규직 인력 비중이 감소하고 임시직 인력 활용이 증대할 것이라는 예상을 가져왔다.

예시의 다음 부분은 정치 영역에서 보는 지방자치제다. 제도적으로나 내용상으로 발전, 정착되는 추세를 지목했다. 과거 1998년 민선 2기 출범 이후 많은 문제점이 노출되고 있기는 하나, 사회 전반의 민주화 흐름과 맞물려 중앙정부 기능의 축소와 지방 분권화가 진전될 것으로 보았다. 권한과 재정의 분리 등 지방자치 관련 제도 정비는 민선 3기가 출범하는 2002년 이전에 일단락될 것이라는 정치적 견해도 인용하였다. 아울러 지방화시대에 발맞춘 지역특화형 정보에 대한 수요 증가와 함께 전국 규모의 획일적인 정보유통에서 탈피하여 지역 공동체(community)의 개념에 기반한 지역만의 고유한 정보 수요 증가도 내다보인다고 분석하였다. 기존 중앙지나 공중파 방송이 충족시키지 못하는 정보의 사각지대가 더 늘어날 것으로 보았다. IMF 이후 지역 미디어가 도리어 쇠퇴하는 경향을 보인다고 풀이했다. 이렇게 되면 지역사회의 발전을 위한 지방 미디어의 역할이 증대할 수 있다는 견해가 나올 수 있다.

외자계 기업의 한국 진출도 증가한다는 전망이다. 로컬 산업으로서 미디어 업계 속성상 두드러진 매체의 진출은 없으나 Trader.com과 같은 다국적 생활 정보 유통업체의 동향을 주시할 필요가 있다는 관점이었다. 신문용지 업계는 외자계 기업들이 장악하고 있다는 시장 상황을 염두에 둔다면 종이 구매 단가에 영향을 끼치는 요인들에 대한 면밀한 분석과 전망이 필수적인 상황이 된다.

〈표 3〉 예시(스튜디오 드래곤의 경영 환경)

환경요인변화		
TV 채널 위기	- 시청률 감소 - 매출 적자 - 방송 프로그램 축소 - 광고비 감소	- 타 채널을 통한 드라마 유통의 증대
시장 구조방송, OTT시장 성장 차이	- 드라마 제작 시장 저체 중 10%의 대형 제작사가 시장 주도	- 메이저 제작사 중심으로 편향된 양상, 독과점에 가까운 집중도 기록
글로벌화	- 해외 시장진출 확대 - OTT시장의 동남아 진출	- OTT산업 유통으로의 쏠림 가능성 - 방송영상콘텐츠 시장의 성장과 돌파구 모색 필요성
드라마 유통구조의 변화	- 제작사 인수를 통해 드라마 인력 확보, 제작비 조달 안정, 유연한 제작시스템 구축, 텐트폴전략, 흥행실패 위험 분산, 유통망 역량 확보 등을 함	- 판권 가격이 크게 상승하며 아시아 시장에 본격 진출 예상 - OTT를 통한 해외판권 판매로 시장 활성화 가능성 기대
중국자본의 투입	- 중국색이 두드러지는 국내 드라마 콘텐츠 이슈	- 밸류체인 통합으로 제작사의 경쟁력 강화 및 시너지 기대
		- 국내시장을 잠식한 중국자본, 우려 증폭으로 인한 콘텐츠에 대한 소비자 반감 증가, 중국 PPL 제거 수순 예상

자료 : 성신여대(2021), 강의「미디어 비즈니스」팀 프로젝트 발표문

〈그림 43〉 예시(카카오 페이지의 경영 환경)

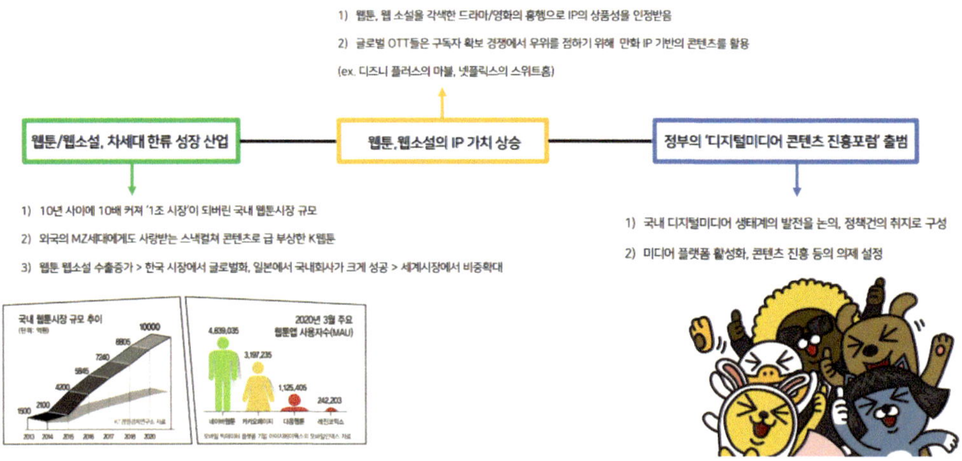

자료 : 성신여대(2021), 강의「미디어 비즈니스」팀 프로젝트 발표문

2) 사회 · 문화

사회문화 영역에서 보는 경영환경변화 요인은 보기에 따라서 너무 많을 수 있다. 흩어진 연관 자료도 너무 많아서 걱정일 수 있다. 하지만 정확한 분석과 활용을 위해서는 소탐대실하는 악마의 편집이 아닌 천사의 편집을 해내야만 한다. 폭넓고도 다양한 루트를 통해 다다익선으로 모은 자료와 정보를 조사, 분석, 평가하기 위한 기본 상차림으로서 데스킹하는 스킬을 갖추어야 유리하다.

무가 정보지 미디어 기업의 관점이고 2000년대 초 시점이라면 여성과 세대, 서비스업, 여가, 파워 소비자 등이 핵심 요인으로 올라올 만하다. 오른쪽 전략적 시사점 자리에 가서는 6개 요인별로 모두 다루지 않고 위아래로 크게 묶어도 된다.

여가문화 트렌드를 축약한 3R 같은 내용은 미디어 기업에 결정적 영향을 주는 인자이기도 하다. 중요한 것은 우리 기업과 나의 프로젝트, 비즈니스에 콕 찍어서 어떠한 영향력 화살표가 어느 지점에 날아와 꽂힐 것인가에 대한 답이다.

예시에서는 우선 생산과 소비가 단일 프로세스하는 변화에 주목하였다. 소비,생산의 주도자, 의사 결정자가 분리되기보다는 통합하여 한데 움직이는 변형을 예측한 내용이다. 그

다음 생산, 소비의 소프트화와 고급화 물결이 가속할 것이라는 전망이 들어왔다. 소비의 우선순위도 여가문화 체험과 자기 계발 쪽으로 전이되면서 종전에 만나지 못했던 제품과 서비스가 등장할 것이라는 예상이다.

〈그림 44〉 사회 · 문화 경영 환경 분석

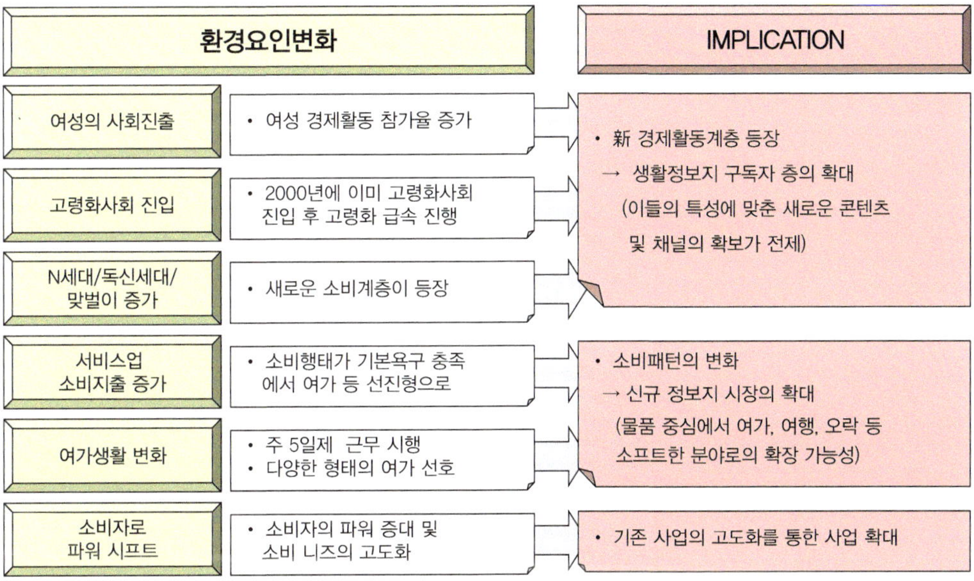

〈그림 45〉 3R

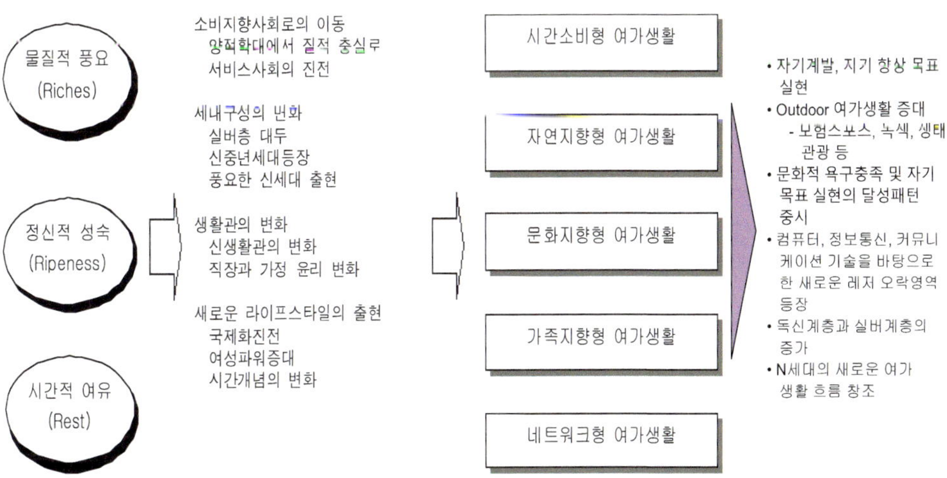

가사부담을 줄여주는 컴퓨터와 미디어 콘텐츠 프로그램, 거주 생활 시스템을 보좌하는 비즈니스 모델도 예상 가능하였다. 이로 인해 전자제품 사이클의 신속한 변화가 이루어지고 노

동시장과 가정에서 고효율의 집약적인 삶을 영위하고자 하는 욕구가 높아질 것으로 점쳐졌다.

인구 구조를 보면 고령 사회로 급속한 진전이 현실화하기 시작했음을 들추어 보았다. UN에 따르면 65세 이상 인구 비율이 7%가 넘는 사회를 고령화 사회(Aging Society), 14%가 넘는 사회를 고령 사회(Aged Society)로 간주하고 있다. 한국의 경우 65세 이상이 2000년 인구의 7%로 이미 고령화 사회에 진입하였으며, 2020년엔 14% 이상인 고령 사회가 될 것으로 그 당시 예측 회로는 돌아가고 있었다.

참고로 현재 시점에서 실현된 상황은 결국 예측치 이상으로 나타나 있다. 2021년 고령자 통계 발표를 보면 노인인구는 853만 명으로 전체 인구의 16.5%를 차지하였다.[20] 이제 곧 65세 이상 노인인구 비중이 20%를 넘게 되면 초고령사회로 들어서게 되는 셈이다. 이와 같은 사회 예측은 UN의 기준과 우리 정부 통계청이 공식 발표에만 의존하면 되는 신속하고 단순한 리서치 작업이 될 수 있다. 물론 이에 대한 파장을 분석하고 해석하는 다양한 지료로부터 정작 우리 미디어 기업, 콘텐츠 프로젝트와 비즈니스에 주는 영향을 전략적 시사점 차원으로 연결해내는 것은 결코 단순한 과업이 아닐 터이다.

고령화 사회 흐름에 관해서 보면 이 예시는 사회적 부담의 증가를 우선 주목하였다. 연금지급 기간 장기화로 수급 부담 불균형이 초래되면 고령자의 직업 선택 활동에 곤란이 초래된다. 스마트폰 사용과 같은 디지털 문명에 거부감이나 소외감도 현실 타격이 될 수 있다. 한편으로는 고령자 관련 신사업 기회도 자랄 전망이다. 실버산업 시장규모는 급증하여 국내의 경우 16조 원 규모(2000)였던 것이 30조 원(2010년)으로 팽창할 것으로 내다보였다. 금융서비스와 의료수요가 증가하여 경제력 있는 고령자와 안정적인 연금 생활자가 증가하게 되면 주거와 의료, 여가활동, 금융서비스 부문 비즈니스 지형도가 일대 재편될 것이라는 전망도 채택하였다.

관련 분야 여성의 경제활동 참여율도 많이 증가할 것으로 보았다. 2000년대 초 미국의 60%, 일본의 50% 수준보다 뒤처진 49% 선을 보인 한국의 경우 2010년에 56%로 증가할 것으로 전망되었다. 여성 고유가치에 대한 존중 요구가 사회적으로 확산하면서 수적 평등과 함께 문화, 정치 및 운용 메커니즘 전반에 여성 특유의 취향 적용과 인정 요구가 거세질 것이라는 견해도 끌어들였다. 덩달아 자녀교육에 대한 사회적 압력은 여러 가지 형태로 될 것이라는 전망도 포함하였다.

20) 통계청 발표 자료, '2021 고령자 통계'. 2021.9.29

〈표 4〉 예시 (아프리카TV 경영 환경)

요인	내용	시사점
5060대 디지털컨텐츠 소비↑	전체 인구의 50대 이상 비율 : 39.5% 5060대 디지털 콘텐츠 결제금액 증가율이 2017년 대비 2.9, 3.2배로 크게 늘어남	액티브 시니어 〉 경제력 갖춘 소비자 확보 가능 수익 창출의 통로 활성화 동영상 산업 전체적 활성화와 더불어 자녀세대와 협업 구조 구축 블루슈머-새로운 컨텐츠 생산 확대
청년실업 최고치	청년 실업자가 사상 최대인 32만명으로 나타남 첫 입직이 1년 늦어질수록 임금이 연평균 4~8% 낮아지는 것으로 추정	
1인 가구 증가	10가구 중 3가구가 1인 가구 20년 6월말 기준 38.5% 차지	1인 미디어 〉 지속 가능한 사업 전망 평균 소득 큰 폭으로 확대 가능, 시장 전반적 성장 도모
MZ세대	돈과 소비에 대해 편견없는 새로운 소비자 탄생 자본주의의 생리를 몸으로 체득	소비패턴 변화 〉 가심비 주축 자본주의 신념에 맞는 웰메이드 콘텐츠 수요 증가 (접근 쉬운 양질의 컨텐츠 요구)
라이프 스타일 변화	레이어드 홈 / 홈코노미	
빠르고 짧은 세대적 문화	롤코 라이프 / 레이블링 게임	
E스포츠 관심 증가	코로나 19로 인하여 시장 규모에 대한 전망이 타스포츠에 비해 밝음. 전통 스포츠의 약세와 대조되는 흐름	견고한 E스포크 기반 파생 컨텐츠 사업 확대 가능

자료 : 성신여대(2021), 강의「미디어 비즈니스」팀 프로젝트 발표문

〈표 5〉 예시(스튜디오 드래곤의 경영 환경)

환경요인변화		IMPLICATION
COVID-19영향	- 일감의 감소와 제작 비용의 어려움 - 해외 로케이션 촬영의 어려움, 촬영장소의 제약 - 광고시장이 어려워지며 광고 감소 - 소비자의 실내 생활 시간 증가	- 국내 촬영으로만 강행 - 광고비 감소로 인한 방송사 구입 감소 - 드라마 시청 기회 / 시간 증가
소비자 라이프스타일 변화	- TV / 영화관에서 OTT서비스로, 소비자의 선호도 변화 - 시청각적 경험 중요시하는 소비자	- OTT시장 성장률 지속적 증가, 방송산업의 OTT진출 또한 증가할 것으로 예상
새로운 방송 시스템의 정착	- 드라마의 시즌제 시스템	- 자본이 투입되는 기간 감소, 안정적인 캐스팅 확보의 어려움 가능성 - 시즌 사이의 텀으로 인한 퀄리티 상승 - 외국드라마 시즌제에 익숙해진 소비자의 유입 가능성
고령화 사회	- 고령층 타겟 TV프로그램 - 고령층 타겟 영화 배급	- 연령별, 세대별 맞춤형 콘텐츠 확보⇒ 새로운 소비층 타겟
1인 / 2인 가구 증가	- TV의 필요성 부재	

자료 : 성신여대(2021), 강의「미디어 비즈니스」팀 프로젝트 발표문

〈그림 46〉 예시(카카오 페이지)

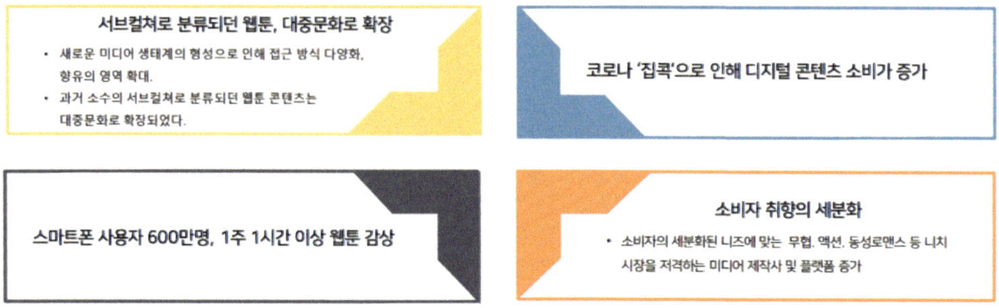

자료 : 성신여대(2021), 강의「미디어 비즈니스」팀 프로젝트 발표문

3) 산업 기술

산업 기술 부문 경영 환경의 포스는 날로 강해지고 있다. 미디어 신기술의 발전이 비즈니스, 프로젝트 향방을 결정지을 정도로 중대한 영향력을 끼치고 있다.

미디어 콘텐츠 기업으로서는 2000년대 상황에서 무선통신 수요가 급격히 증가(무선을 통한 데이터 전송량 급증, 유 / 무선 네트워크의 통합 가속)한다거나 차세대 이동통신의 발

〈그림 47〉 산업 기술 경영 환경

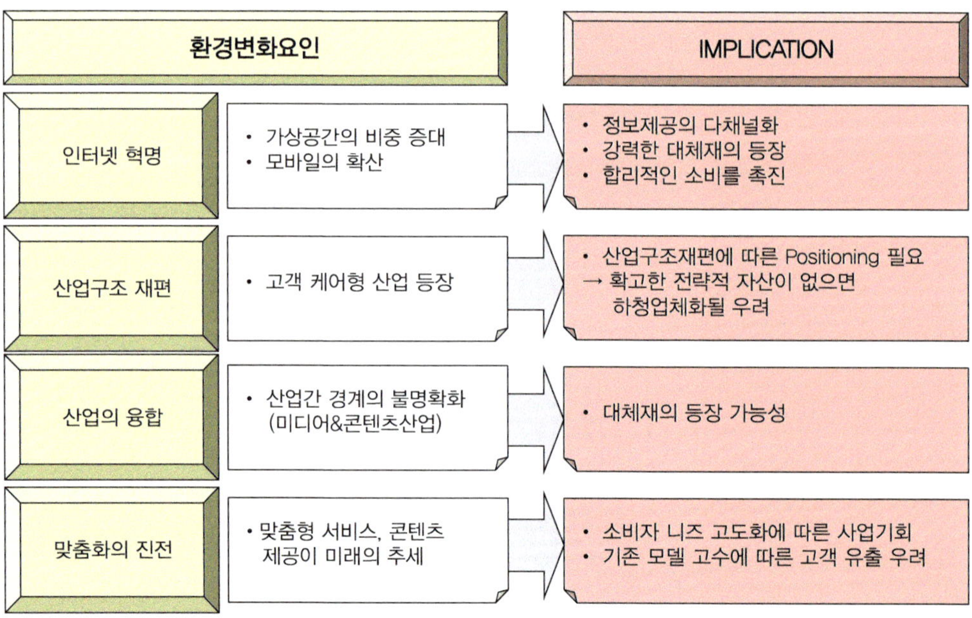

전(글로벌 개인 통신망으로 진화)이 예고된다는 기본 대세를 인용할 수밖에 없다. 기술의 진보가 융합 / 이동성 / 개인 대응 방향으로 발전하여 당시 2002~3년을 전후로 B-ISDN, 기가급 ATM 교환, IMT-2000, 무선 인터넷, Internet TV, 멀티미디어 정보처리 등 획기적인 기술발전이 속속 도입될 것으로 내다보는 내용이다. 이런 메가트렌드가 미디어 시장에 큰 영향을 주어 인터넷 모바일 기반 비즈니스는 모두 다 융합과 고객 맞춤화 방향으로 신장할 것이라는 데서부터 전략 시사점 구하기가 시작될 수 있다.

〈그림 48〉 기술 환경

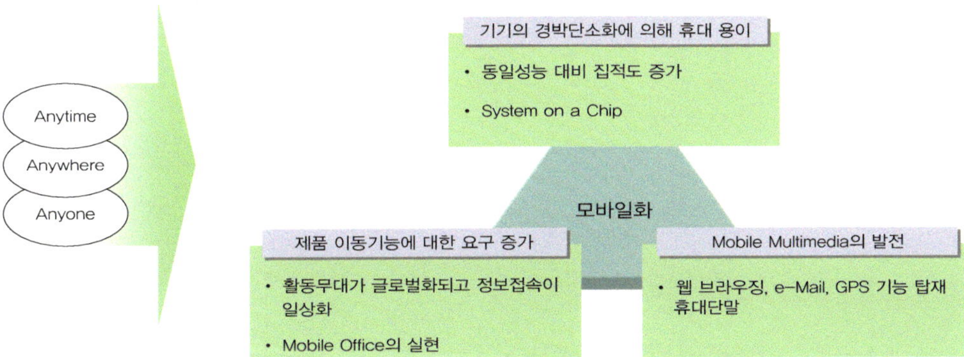

- 무선통신 수요가 급격히 증가 (무선을 통한 데이터 전송량 급증, 유/무선 네트워크의 통합 가속)
- 차세대 이동통신의 발전 (글로벌 개인 통신망으로 진화)

〈표 6〉 예시 (카카오 페이지)

환경변화 요인		IMPLICATION
플랫폼 이용의 변화	OTT플랫폼 이용 증가	제한적인 콘텐츠 제공의 변화
	국내외 OTT 플랫폼 출시 · 성장	- 제작사와의 계약 체결 증가 - 드라마 CP사 가치 상승 예상
	e커머스의 OTT 진출	더욱 치열해진 시장
웹툰 유저, 결제액 확대 / 증가	웹툰 플랫폼 / CP사 주목	웹툰 작품 영상화
4차 산업혁명	VR, 드론 등 기술 발전	콘텐츠 다양성 증가 + 특수 영상 제작 용이

자료 : 성신여대(2021), 강의「미디어 비즈니스」팀 프로젝트 발표문

〈표 7〉 예시 (아프리카 TV)

MCN 2.0 등장	MCN과 플랫폼과의 협업 가능성
UHD, AR, VR, 5G 등 최신 ICT 기술 발전	기술 발전에 맞춰 이용자가 만족할 만한 개인화된 맞춤형 미디어 콘텐츠 개발 필요
시맨틱 기술을 이용한 지능화된 웹	이용자의 콘텐츠 생산 쉬워지면 콘텐츠 다양화, 양질화
클라우드 기반 오픈 미디어 플랫폼, 오디오 기반 SNS 등장	'어떤 제품'을 판매할 건지, '어떤 자원(인플루언서, 플랫폼에 대한 신뢰 등)을 활용'하여 판매를 촉진할 것인가에 대한 고민 필요
라이브커머스의 성장	

자료 : 성신여대(2021), 강의「미디어 비즈니스」팀 프로젝트 발표문

〈표 8〉 예시 (스튜디오 드래곤)

환경요인변화		IMPLICATION
OTT서비스 시장의 활성화	- OTT서비스의 일상화, 필수화	- 새로운 유통활로의 개척 기회 - 해외 동시 런칭으로 해외 진출의 기회 - 유통단계의 간소화 - OTT로의 소비자 구매 분산
뉴미디어 칭구의 출현	- 상대적으로 진입장벽이 낮은 유튜브를 통한 비즈니스 기회 창출	- 중소제작자의 입장에서 넷플릭스의 대안이 될 기회 - 홍보수단으로서의 활용 가능
콘텐츠 산업 지형 변화	- 미디어별로 구분되던 시장이 디지털화로 동일 디바이스로 소비되는 시장으로 변화	- 콘텐츠 생산에 있어 5G와 연결된 AR, VR, AI 등을 활용해 시장 급성장 예상
5G 상용화	- 초고화질 UHD 방송시대 예고	- 코드리스 TV의 구현 가능성으로 인한 소비자의 콘텐츠 구매 증가 기대
AI 맞춤화	- 개개인의 니즈에 맞춘 AI 빅데이터 기반 기술의 출현	- 맞춤형 추천 콘텐츠 등에 대한 소비자의 수요 증가로 인한 이용자 증대 기회

자료 : 성신여대(2021), 강의「미디어 비즈니스」팀 프로젝트 발표문

〈그림 49〉 예시 (카카오 페이지)

웹툰과 웹소설은 스마트폰에 최적화된 세로 스크롤 방식의 콘텐츠

좁은 스마트폰 화면에서 콘텐츠를 즐기는데 큰 어려움이 없도록 만들기 위해 화면 비율을 고려하여 콘텐츠를 제작한다.

애니메이션 효과, 배경음악 삽입 가능

스크롤에 반응하는 애니메이션 효과나 배경음악을 삽입하여 좀 더 사람들이 웹툰에 몰입할 수 있도록 도와준다.

뉴미디어 발전

IT 산업에 기반한 글로벌 IP 콘텐츠 산업의 발달로 인해 불법유통의 문제를 낳을 수 있다.

구글의 인앱 결제 시스템

구글의 수수료 관련 정책 변경으로 해외 서비스 제공시 수수료 부담 증대

자료 : 성신여대(2021), 강의「미디어 비즈니스」팀 프로젝트 발표문

4) 정책 법규

정책(policy making, public policy)은 경영 환경 제1 요인으로 다룬 정치와는 성격이 다르다. 정치라는 블랙박스를 통과하여 법제화되어 구체적인 시행령과 같은 행정 집행 사안으로 정제된 규제 또는 진흥 프로그램을 뜻한다. 실행 가능한 예산이 책정되고 정책 프로그램을 시행하고 관리하는 정부와 공기관, 민관 협력 부문 등 실질적인 체계가 들어서게 되는 영역이다. 해서 기업의 경영시스템과 같이 정책, 행정 부문을 공공 경영, 공공 경영시스템 개념으로 보는 시각도 꽤 확산하여 있다.

미디어 콘텐츠 기업이 2000년대 초 맞닥뜨린 관련 정책 요인 가운데 당시 한국문화콘텐츠진흥원이 꺼내든 CT(culture technology) 정책 프로그램이 강력하였다. 당시 아시아는 물론 전 세계적으로도 유례가 없었던 선도적인 콘텐츠 부문 진흥정책이 문화부 입안과 초대 원장으로 발탁된 삼성전자 부사장 출신 서병문의 합류로서 기념비적인 성과를 달성하게 되었다. 이 시기 미디어 콘텐츠 기업이라면 이러한 정책 지원, 진흥 프로그램을 적극적으로 활용하는 것이 곧 기회가 된다. 외부 경영 환경 요인으로 조성된 국가의 지원 프로그램이 연관 미디어 기업의 전략적 시사점 단계를 뛰어넘어 실질적인 동반 사업 성공으로 이어졌던 생생한 사례가 이 시기에 집중적으로 나타났었다.

〈그림 50〉 정책 법규 경영 환경

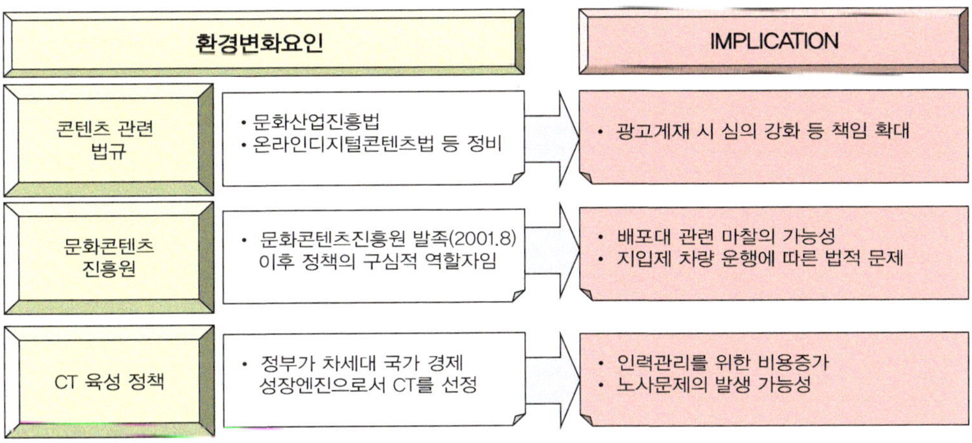

방송미디어 부문에서는 광고 규제와 콘텐츠 내용 심의, 종합편성채널 허가와 재승인 등 긴급 현안들이 다수 포진해 있다.

〈표 9〉 예시 (아프리카 TV)

1인 미디어 산업 육성정책	제8차 혁신성장 전략점검 회의에서 2020년 이후 정부가 관련 예산과 정책지원을 대폭 늘림	1인 미디어 플랫폼 기업은 활성화 정책의 수혜기업 – 부가가치 창출 + 체계적 성장 가능성 확보
방송통신 위원회 개입	방송 혹은 플랫폼 자체에서 모니터링을 강화할 수 있는 자체 필터링 강조	인터넷의 특성을 무시한 규정 or 국민 개개인의 표현활동 검열이라는 반발 – 자율성과 제한성 경계에서 규율 문제 가능성
자격 표시제도	금융 BJ 자격표시 제도 도입, 업무 협약 체결	건전한 자본시장 생태계 구축 – 적절한 판단 기준 / 알권리 보장 / 투명성 제고

자료 : 성신여대(2021), 강의「미디어 비즈니스」팀 프로젝트 발표문

〈표 10〉 예시 (스튜디오 드래곤)

환경요인변화		IMPLICATION
IP권리 논쟁	- 현재 국내의 IP권리 구조의 불합리성	- 창작자가 권리를 보장받고 안정적인 수익모델을 구축할 수 있는 제도 개선 필요
초대형화	- 제작사가 대형화, 체계화되며 전략적인 비즈니스 모델을 구축함	- 제작사가 IP를 모두 보유하며 대형화, 중소규모의 제작사의 위축
OPP관련 법규 제정	- 문제부서 OTT콘텐츠팀을 만들어 OTT정책 수립과 신규의제 대응에 나섬 - OTT에 대한 음원 저작권료 행정소송	- OTT관련 앞으로의 정책 변화 예고 - 저작권 행정소송에서 음대협의 승리로 저작권 요율이 확정될시 오리지널 콘텐츠 사업과 국내 OTT 산업 위축 불가피 - OTT서비스 구독 요금 인상으로 인한 고객 유출 우려

자료 : 성신여대(2021), 강의「미디어 비즈니스」팀 프로젝트 발표문

〈그림 51〉 예시 (카카오 페이지)

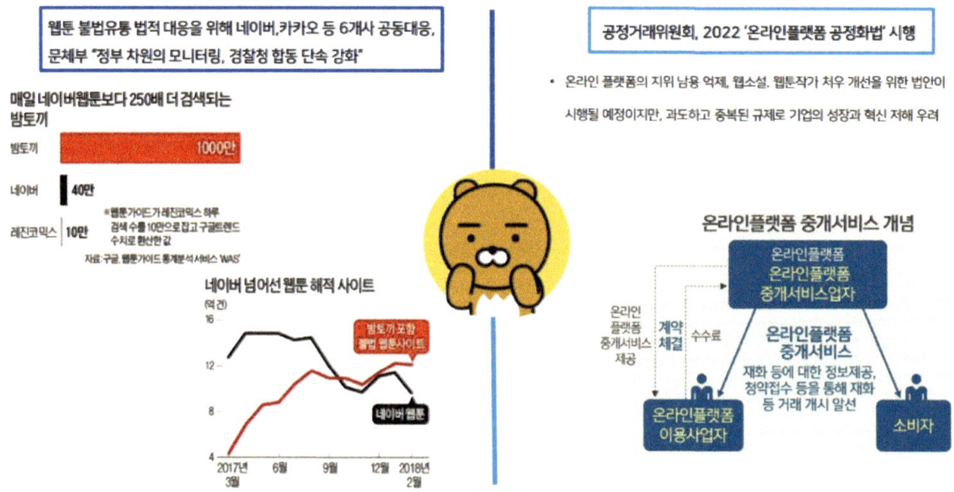

자료 : 성신여대(2021), 강의「미디어 비즈니스」팀 프로젝트 발표문

6 경쟁상황 : 5 Forces Model

광활한 영역에 펼쳐져 있는 경영 환경 분석 다음 단계는 미디어 콘텐츠 기업의 해당 산업 내부로 들어가 주어진 상황에 집중하는 과업이다. 경쟁환경이라고 해도 되고 경쟁상황이자 산업구조분석으로도 풀이할 수도 있다. 예컨대 특정 산업이 영화 상영 업이라면 그 안에서 비즈니스 관계상 매일 부딪히고 있는 갈등과 대립, 위협 요소들이 호시탐탐 기업을 겨누게 된다. 방송미디어 기업이나 게임 콘텐츠 제작사나 할리우드 메이저 스튜디오 미디어 복합그룹 전용 플랫폼 사업자도 모두 같은 원리로 위협 또는 기회 요소를 안고 있다. 긴급하고도 중요한 현안 이슈로서 작용하는 이들 위협, 기회 요소에 대해 이 장에서는 〈5 Forces Model〉을 활용하여 추적해보겠다.

〈그림 52〉 경쟁상황 성격과 분석의 틀

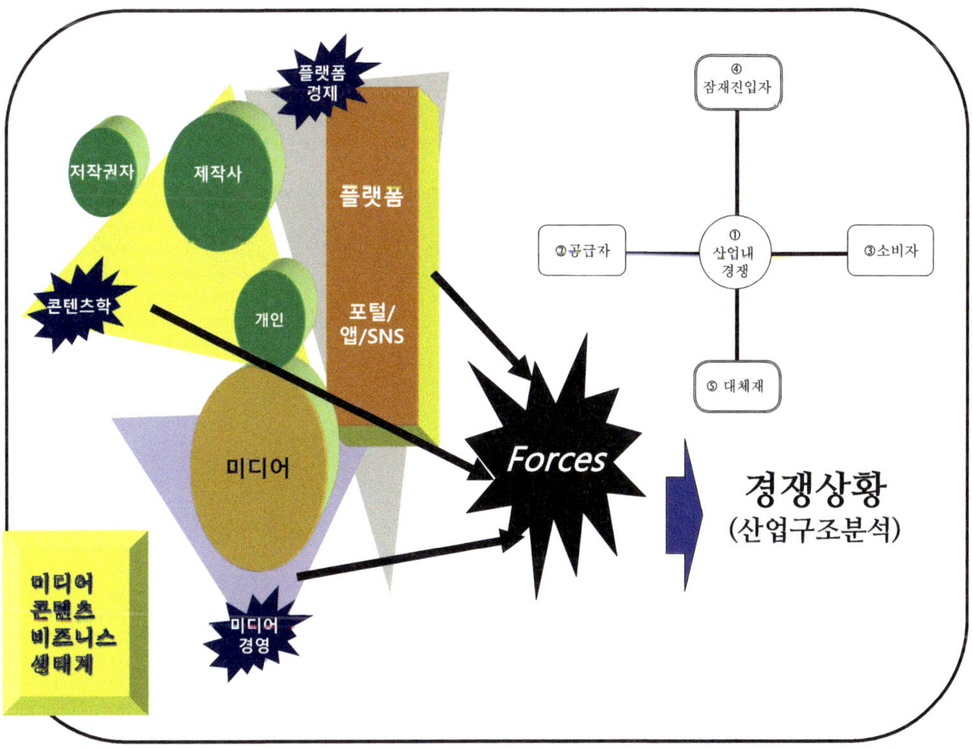

경영 환경 분석은 일반적인 경영 전략으로 이어지고 지금부터 수행하는 경쟁환경분석은 경쟁전략으로 직행한다. 단순화해본 구도이지만 대체로 일반 환경과 특정 환경으로 연이어 들어가는 코스로 받아들이면 될 터이다.

이 장에서는 마이클 포터 교수의 이론 모델을 전적으로 원용하게 된다. 포터 교수가 전략론에 관해 언급한 부분을 이미 앞 장에서 인용했었다. 다시 한번 되새겨보자.

"경쟁전략의 수립은 기업을 그 기업의 주변환경과 연관시키는데 본질적인 의미가 있다" (Michael E. Porter, Competitive strategy).[21]

〈그림 53〉 경쟁환경 상황도

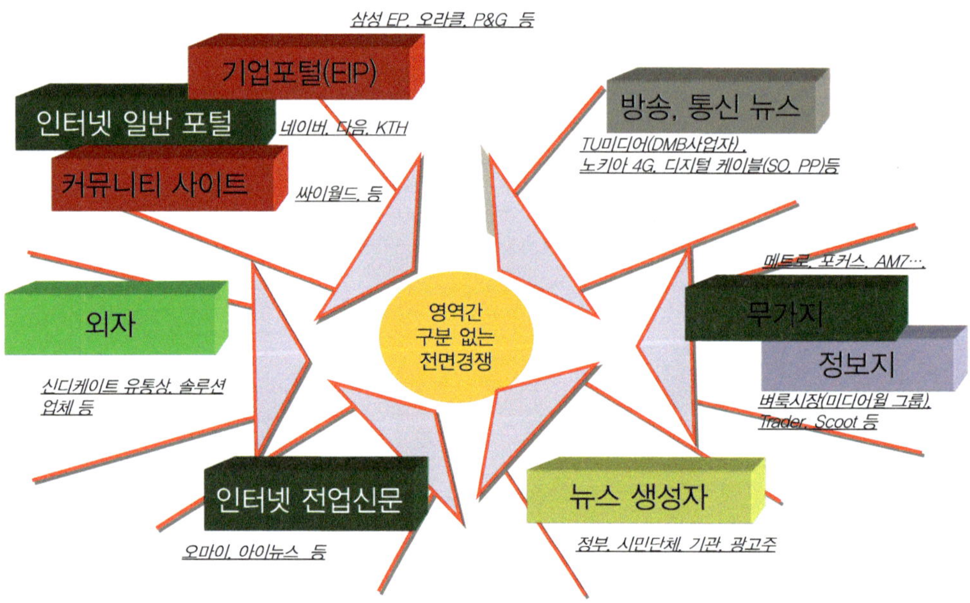

21) Porter, M.E. (1979). How Competitive Forces Shape Strategy. Harvard Business Review

1) 5 forces model

산업구조분석모형으로서 5 forces model[22]

이 모델은 다섯 가지 경쟁요인을 통해 특정 산업 분야의 현황과 미래를 분석하는 기법으로, 기업의 경영 전략을 수립하는 데 활용된다. 파이브 포스 모델(5 forces model)은 1979년 미국 하버드대 경영대학 교수 마이클 포터(Michael Porter)가 발표한 산업구조분석 기법이다. 파이브 포스(5 forces)란 다섯 가지 경쟁요인을 의미하는데, 그것은 ① 기존 기업간의 경쟁 정도, ② 둘째 신규 기업의 진입 위협, ③ 대체재의 위협, ④ 구매자의 협상력, ⑤ 공급자의 협상력이다.

즉, 동종 산업 내 기존 기업들과의 경쟁이 얼마나 심한지, 동종 산업에 진입하는 새로운 기업들의 유무와 그 진입을 늦추거나 제지할 수 있는지, 상품 또는 서비스를 대체할 수 있는 다른 상품 또는 서비스 영역이 있는지, 구매자의 니즈가 까다롭거나 수요가 적어 권한이 강한지, 원료나 부품, 중간재를 공급하는 공급업체 수가 적어 이들의 협상력이 높은지가 바로 특정 산업 분야에서 경쟁 상황을 좌우하는 요인이다. 이 중 어떤 요인이라도 강해진다면 산업의 전반적인 수익률이 감소한다.

다섯 가지 경쟁요인을 기반으로 구성된 포터의 산업구조분석모형은 주로 기업이 자사의 수익에 위협이 되는 요인이 무엇인지 분석함으로써 그 위협으로부터 자신을 스스로 방어하거나 그 요인들을 자사에 유리한 상태로 변화시킬 수 있는 경영 전략을 수립하려는 목적으로 이용된다. 또, 특정 산업 분야에 신규로 진출하려는 기업이 해당 산업의 전망을 파악하기 위해 활용되기도 한다.

경쟁전략 도출 도구로서 5 Forces Model

경영 환경 전반에 대한 분석에서도 개별 요인들에 대한 전략적 시사점을 얻을 수 있었고 이로부터 각기 대응하는 전략프로그램을 상세하게 개발할 수 있다. 더 나아가 광대한 그림

22) 네이버 지식백과 산업구조분석모형 두산백과 두피디아, https://terms.naver.com/entry.naver?docId=1847090&cid=40942&categoryId=31909

인 경영환경의 틀을 좁혀 지금 당장 영위하고 있는 A라는 비즈니스가 직접 동서남북, 현재, 미래로 맞닥뜨리는 경쟁환경을 산업구조분석의 틀 거리를 이용해 파악하는 방법이 필요하다. 주요 경쟁사들의 경쟁 활동도 봐야 하고, 시장점유율의 현재 스코어도 잘 읽어내기 위해서는 5 Forces Model이 매우 요긴하다. 해당 비즈니스가 속한 영화, 방송, 게임, 웹툰, 캐릭터 등 분야별 경쟁전략에 집중하기 때문에 당장 도입할 차별화 전략, 글로벌 전략 등을 지체 없이 제시하는 데도 적합한 도움을 준다.

진흙탕에 뒤엉킨 현재 경쟁자들을 하나씩 누르고 최고로 올라서는 당면 과제를 수행하기 위해서 오직 자신 내부 핵심역량만 믿고 적대하는 경쟁사만 노려보는 1차원적인 전략 행위는 그야말로 단순 무식한 꼴이다. 그보다는 경쟁자들도 예의주시하면서 전방 구매자와 관계, 후방의 공급자와 관계에서 물이 새는 곳은 없는지, 반대로 지렛대로 밟고 솟구칠 스프링은 없는지를 늘 챙겨봐야 한다. 지금 하는 프로젝트, 비즈니스 업의 개념으로부터 경쟁전략을 구하는 정공법이다.

더 나아가 1개월 후, 1년 후 코앞에 닥칠 신규 진입자에 대한 정보 수집도 게을리하지 말아야 한다. 가변적인 시장 상황의 대미를 장식하는 진정한 해결사요 절대강자로서 대체재라는 존재까지 불러 세워야 한다. 이런 총체적인 상황 판단과 대처 능력이 대적하는 상대방보

〈그림 54〉 Forces Model과 위협 별 개념

1. Threat of substitute prodects
2. Threat of new entrants
3. Intense rivalry among existing players
4. Bargaining power of suppliers
5. Bargaining power of Buyers

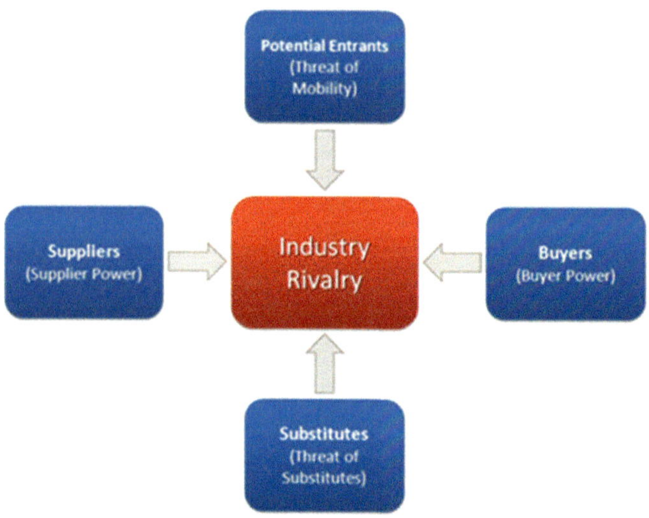

자료 : Porter, M.E. (1979). How Competitive Forces Shape Strategy. Harvard Business Review

다 한 수 위가 되어야만 동종 업계 경쟁에서 맨 꼭대기에 오를 수 있다. 천신만고 끝에 일단 최고가 되었다 하더라도 방어하면서 롱런하는 수성 전략을 짜는데도 5 Forces Model은 매우 쓸모가 있다.

구매자

미디어 콘텐츠 기업의 시청자나 최종 이용자는 변덕이 죽 끓듯 하고 까탈스러운 실물 고객 이미지 그대로다. A라는 미디어 콘텐츠 비즈니스에 대한 팬덤과 충성도가 아주 높다고 하더라도 기업으로서는 끝내 안주할 수 없다. 언제든지 어떤 돌발 변수가 생겨나면 표표히 고인 물을 떠날 수 있다. 현재 1등이라도 구매자라는 실체, 존재는 한순간에 위협(force)이 될 수 있다는 압박과 긴장감 속에서 웅크릴 수밖에 없다.

공급자

공급 요소는 B2B 관계에 들어 있어 잘 노출이 되진 않아서 그렇지 기실은 굉장히 복잡다단하다. 제작사가 콘텐츠 완성작을 만들어 유통, 서비스로 보내기도 하지만 개별 부분 요소만을 대주는 일도 있다. 인적 자원 공급이 전형적인 예다. KBS 시절 《1박 2일》 프로그램을 연출한 스타 PD 나영석이 CJ ENM으로 옮겼다고 하면 헌 회사 KBS로서는 공급 체인에 비상이 생긴 상황이다. CJ ENM 예능 제작 파트너로서는 천군만마와 같은 나영석 사단이 가세한 그림이 된다. 일개 PD뿐만 아니라, 작가와 촬영, 편집, 미술, 의상을 전부 포괄하는 나영석 원 팀이 유입하는 변동이다. 이럴 때 보너스 인센티브 한 번 제대로 안겨본 적이 없던 KBS는 공급자 Force로부터 마른벼락을 맞은 격이 된다.

그런가 하면 영화 상영업을 하는 CJ의 다른 계열사 CJ CGV로서는 항상 언제까지나 자매 회사인 CJ ENM과 밀월 유착에 젖어 있을 수 없다. CJ ENM이 투자하거나 만든 영화 콘텐츠를 공급하는 조건의 단 하나라도 부담이 되는 쪽으로 돌변하면 같은 그룹 안에 있는 계열사끼리라도 불편한 갈등과 대립에 휘말리게 된다.

〈그림 55〉 Forces Model과 위협 별 개념

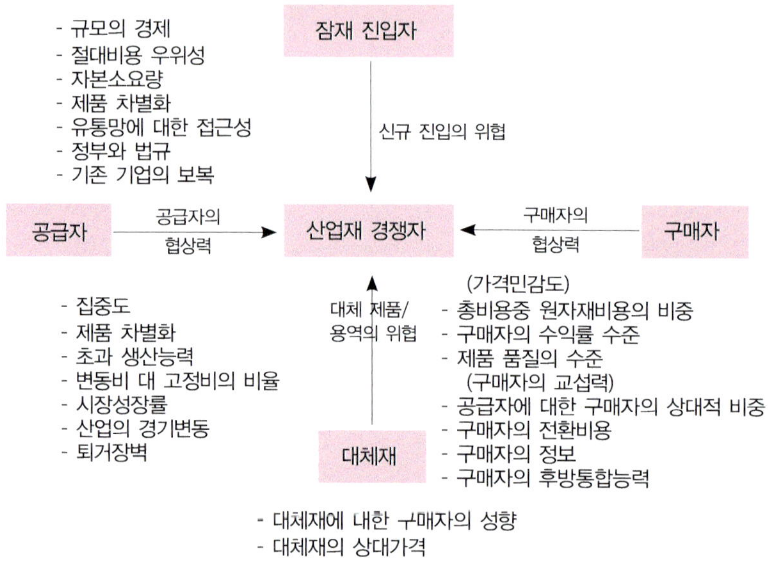

자료 : 한국표준협회 경영전략 교육 산업분석(5 Forces Model), https://blog.naver.com/alluret/130131510380

잠재적 진입자

CJ CGV와 메가박스 단 2개 대형 대기업 사업자가 영화 상영업을 양분하고 있던 2000년대 초 아무도 모르게 잠재적 진입자가 꿈틀대기 시작했다. 일본 동경 금융가와 국내 극소수 콘텐츠 전략 연구자에게서만 고급정보로 돌았던 찌라시 같았던 내용이 현실화하였다.

다름 아닌 롯데그룹의 영화사업 진출이었다. 백화점, 쇼핑, 마트, 호텔 리조트 부문의 제1인자요 국내 유통의 제왕으로 군림하여온 롯데가 소리소문없이 영화관 1호점을 개점 발표를 하기 직전까지는 아무런 위협이 드러나지 않은 상황, 즉 잠재적 진입자 성격이 된다. 하물며 경쟁사가 갖고 있지 않은 카드회사와 커피 체인점 같은 F&B(food and beverage) 사업체도 보유한 막강한 위협이 미확인 상태로 있었을 때는 전운만 감도는 공기였을 터이다. 그러다 막상 베일을 벗고 10층도, 지하도 아닌 건대입구 스타시티몰 2층에 위용을 갖춘 포스 넘치는 롯데시네마가 들어서는 충격이란 그야말로 엄청난 두려움과도 통하지 않았을까? 더군다나 후발주자로서 더욱 세련된 최고급 최첨단 사운드 시스템을 적용해 음악 효과에 진심인 감독과 제작진들의 대작 시사회를 싹쓸이해버리는 업계변화를 직접 봐야만 했던 이해관계당사자였다면 더욱 실감이 났을 터이다.

대체재

이 존재는 그야말로 싹 다 갈아치우고 갈아엎는 클라이맥스를 불러온다. 경제학에서 나온 경험재, 보완재 그리고 대체재 모두 미디어 콘텐츠 비즈니스에 적용하게 되는 일반적 특성이긴 하다. 하지만 5 Forces Model에 들어온 대체재는 유독 위협이라는 속성을 강조하는 특별한 존재다. 이를테면 CJ CGV가 영화사업을 하는 그 구역의 일정한 게임의 규칙을 일거에 무너뜨리는 종결자가 곧 대체재라고 봐야 한다. 기존 기업 처지에서 보면 죽느냐 사느냐를 가르는 완전한 위협이라고 할 수 있겠다. 2020년에 몰려온 코로나 팬데믹이 극장 영화관에서 관객을 몰아낸 상황에서 OTT 플랫폼이 그 많던 관람 수요를 흡수해간 것도 대체재다. 넷플릭스와 유튜브가 영화 가는 시간, 영화 보는 열정을 앗아간 것도 CJ CGV 주력 시장을 붕괴하고 허물어뜨리는 대체재 위협이 분명하다.

문제는 점입가경이다. 거기서 다가 아닌 상황이 전개되면서 이 가공할만한 대체재 연작은 계속 질주하고 있다. 아니 그럴지도 모른다. 넷플릭스와 유튜브가 거머쥔 영상 수요 시장을 새로운 강자로서 떠오른 틱톡과 애플 tv+, 아마존 프라임 비디오, 디즈니 플러스, HBO Max가 따라붙고 있다. 선발 대체재를 능욕하러 모인 후발 대체재 군단이다. 더 나아가 똑같은 동영상 플랫폼 서비스와 같은 가시적 위협이 아니라 AI, NFT, 메타버스와 같은 상상 밖의 뉴 미디어, 뉴 콘텐츠 비즈니스 모델로 중무장하고 있다면 이 위협은 상상 초월이 된다

게임 체인저(game changer)였던 원조 대체재에게 통할만한 또 다른 스텔스 방식과도 같

〈그림 56〉 예시 (카카오 페이지, 대체재)

각 서비스 가입시 한 분야(영상/소설/웹툰)의 콘텐츠만 소비할 수 있지만

카카오페이지는 웹툰, 웹소설, 오리지널, 영화 등을 모두 한 플랫폼 안에 모았기 때문에 대체재보다 경쟁력이 있고 제공하는 콘텐츠의 스펙트럼이 넓다.

다. 전혀 새로운 룰 메이커(rule maker)의 뉴 게임 체인저가 될 수도 있다는 얘기다. 이렇게 되면 네카오, 즉 네이버와 카카오 같은 ICT 기업들도 AI, NFT, 메타버스, VR, AR 경로를 통해 전혀 뜻밖의 비즈니스 모델로 중무장하여 진입해올 수도 있다. 기존 영화 상영업 생태계를 대체하는 대대적인 상륙작전을 펼칠 가능성도 매우 커질 수도 있다.

업계 내 경쟁

영화 스타워즈 에피소드 타이틀인 'awakened force'처럼 카리스마 가득한 막대한 위협 포스는 동종 업계 내부를 주 무대 진원지로 삼는다. 카카오엔터테인먼트의 음악 부문 멜론 비즈니스를 보면 동종업계 안에서 스포티파이, 구글 뮤직, 유튜브 뮤직 등 글로벌 최강자들과 그냥 한데 버무려져 있다.

여기에 KT의 지니, NHN 벅스 등 국내 로컬 도전자들의 위협도 만만치 않다. 바라보기에는 흥미진진하겠지만 실제 멜론 사업체 내부에서 견뎌내야 하는 위협의 강도는 당 태종 이세민에 맞선 고구려 안시성 급이 아닐까 한다.

〈그림 57〉 Forces Model을 활용한 케이블 TV 산업 이슈 분석

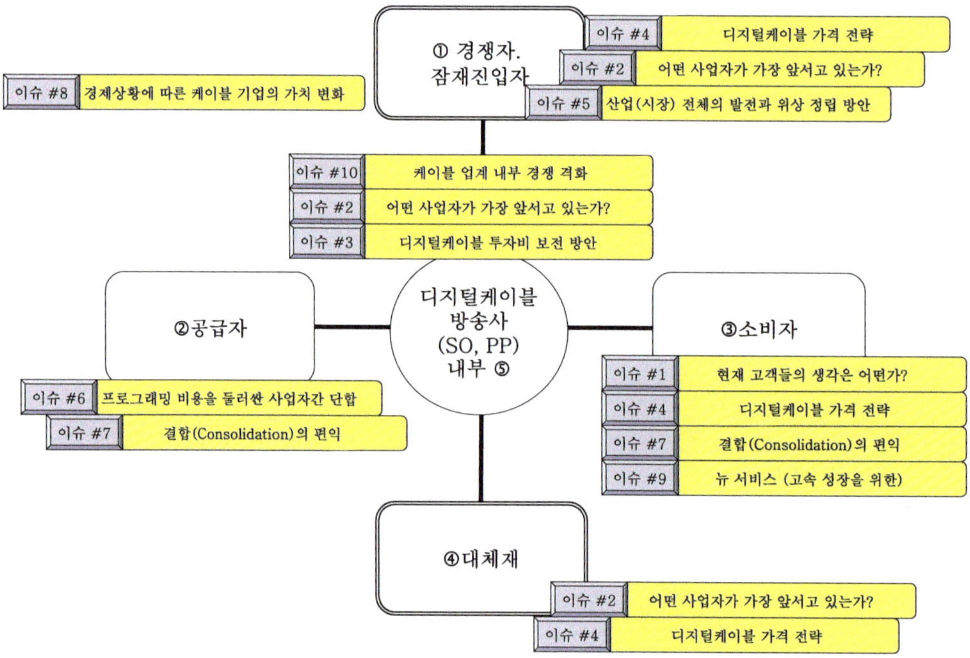

〈그림 58〉 Force Model을 활용한 비즈니스 이슈 도출(교육콘텐츠 기업 관점)

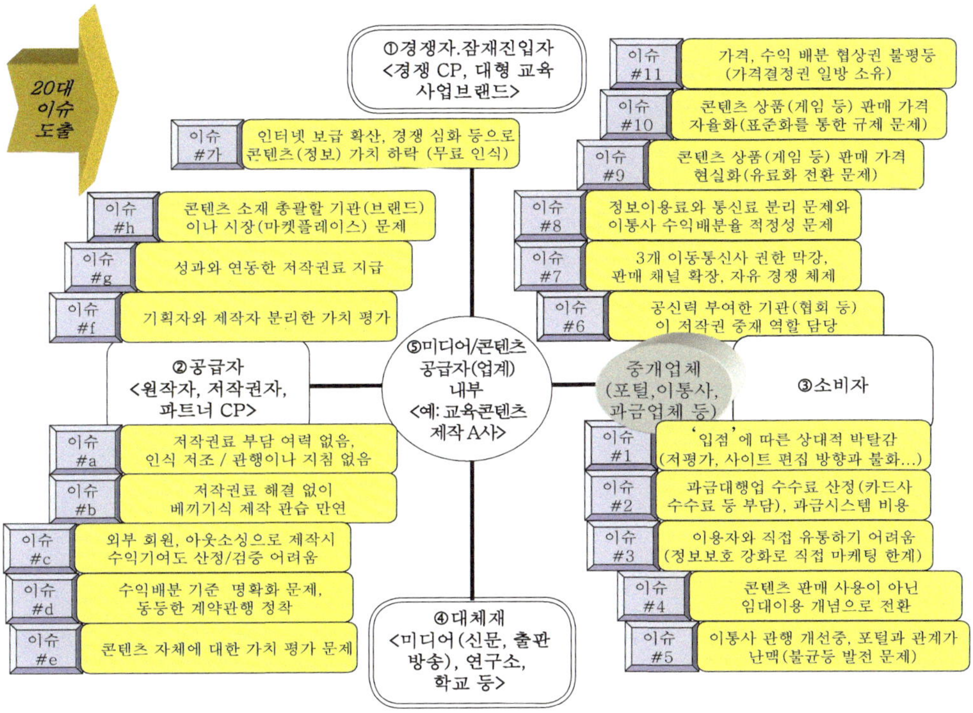

〈그림 59〉 예시 (아프리카 TV)

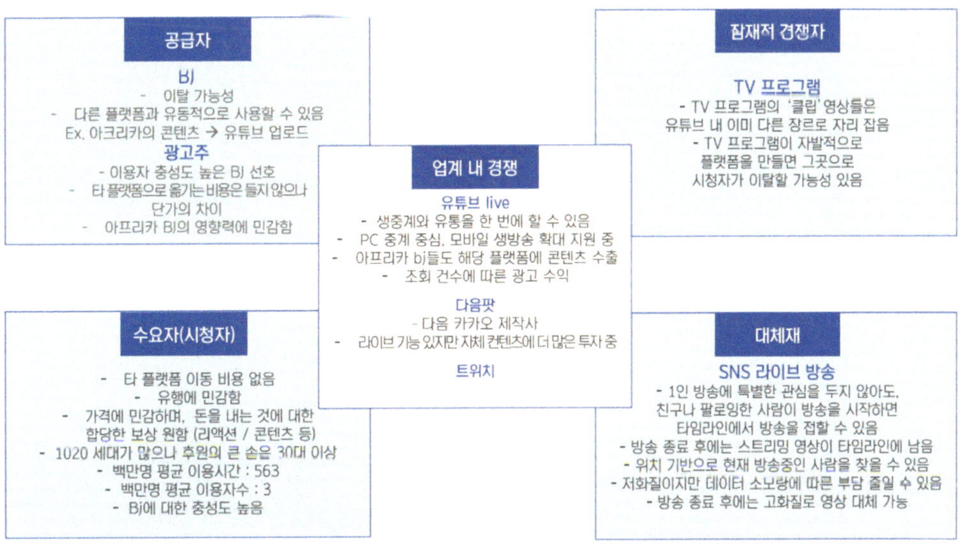

자료 : 성신여대(2021), 강의「미디어 비즈니스」팀 프로젝트 발표문

〈그림 60〉 예시 (아프리카 TV)

자료 : 성신여대(2021), 강의「미디어 비즈니스」팀 프로젝트 발표문

〈그림 61〉 예시 (아프리카 TV)

자료 : 성신여대(2021), 강의「미디어 비즈니스」팀 프로젝트 발표문

〈그림 62〉 예시 (아프리카 TV)

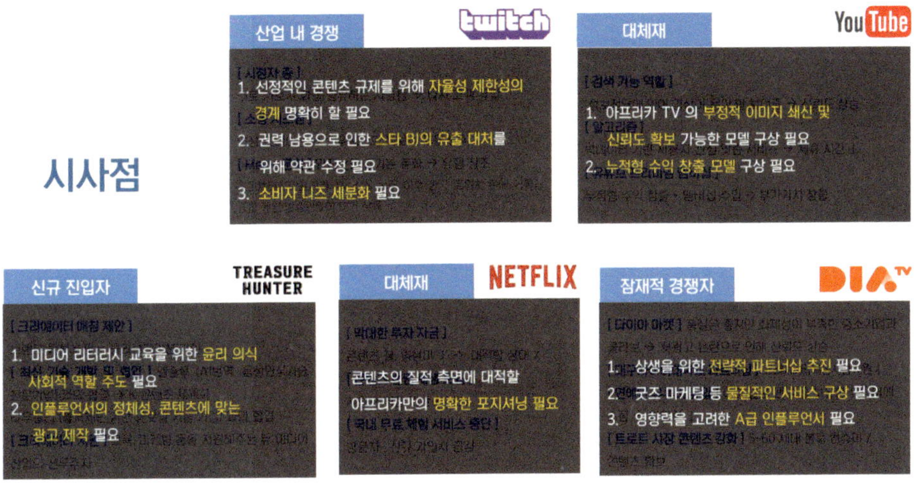

자료 : 성신여대(2021), 강의 「미디어 비즈니스」 팀 프로젝트 발표문

〈그림 63〉 예시 (카카오 페이지, 잠재적 진입자)

자료 : 성신여대(2021), 강의 「미디어 비즈니스」 팀 프로젝트 발표문

2)「다섯 개 힘」 모델 분석 연구

영화 미디어 콘텐츠 비즈니스 분석 사례[23]

– 초국적 시네마 구상 :「다섯 개 힘」 모델 분석

한국 영화가 글로벌 한류 무대에서 승승장구하기 위해서는 내부 핵심역량과 문제점을 의미하는 주관적 조건과 기술, 경쟁, 비즈니스 외부 환경을 가리키는 객관적 여건에 잘 대응해야 한다. 특히 외부에서 주어진 객관적 여건에 대해서는 좀 더 선제적이고도 체계적으로 대응하는 한류 혁신이 필요하다. 이 같은 맥락에서 글로벌 무대에서 성공하는 영화 한류를 위한 기업 글로벌 전략 또는 발전전략을 다섯 개 힘 모델(5 Forces Model) 분석 틀을 활용하여 도출해 본다.[24]

다섯 개 힘(5 Forces)은 세계영화업계 내부 경쟁과 글로벌 공급자, 글로벌 소비자, 잠재 · 신규 진입자, 대체재 그룹 등으로 재구성하였다. 이 모델은 한국 영화가 보편적 가치를 인정받아야 하는 글로벌 시장에서 맞닥뜨려야 하는 경쟁 변수들이자 관계를 의미하고 있다. 이들 경쟁 변수들과 관계들이 주어지는 여건에 대응하고 한국영화가 스스로 교섭력을 발휘하고 전략을 도출해나가는 주관적인 역량 발휘가 곧 초국적 시네마를 창출하는 실행 방안이 될 수 있다.

이 분석의 틀 위에서 글로벌 영화한류 현황, 현 위상, 문제점, 내부역량, 해외 선도 사례에 대한 탐구로부터 얻은 기업 글로벌 전략을 추출할 수 있다. 이들 다섯 개 힘들은 성공적인

---

23) 심상민(2015), 영화한류 확장 위한 초국적 시네마 창출 방안, – 한국영화 둘러싼「다섯 개 힘」 분석을 중심으로–, 인문과학연구 제 33집 408~413쪽.

24) 송낙원, 2007「포스트 할리우드 시대의 미국 영화산업 연구」, 한양대 박사학위 논문에서도 다섯 가지 힘 모델을 활용하여 영화산업 분석을 하였음. 파이브 포스 모델(5forces model)은 1979년 미국 하버드대 경영대학 교수 마이클 포터(Michael Porter)가 발표한 산업구조분석 기법이다. 파이브 포스(5 forces)란 다섯 가지 경쟁 요인을 의미하는데, 그것은 ① 기존 기업 간 경쟁 정도, ② 공급자 협상력, ③ 구매자 협상력, ④ 신규 기업 진입 위협, ⑤ 대체재 위협이다. 이 중 어떤 요인이라도 강해진다면 산업의 전반적인 수익률이 감소한다. 다섯 가지 경쟁요인을 기반으로 구성된 포터의 산업구조분석모형은 주로 기업이 자사의 수익에 위협이 되는 요인이 무엇인지 분석함으로써 그 위협으로부터 스스로를 방어하거나 그 요인들을 자사에 유리한 상태로 변화시킬 수 있는 경영전략을 수립하려는 목적으로 이용된다.

영화한류를 원하는 한국 영화산업을 둘러싼 경쟁 관계이자 위협을 의미한다. 이들 위협과 압박을 이겨내고 글로벌 무대에서 경쟁력과 영향력을 갖춘 탄탄한 위상에 오르기 위해서는 현 단계에서 초국적 시네마와 같은 구체적인 방향성이 필요하다는 게 본 연구의 결론이다. 이 초국적 시네마라는 원형은 여기 다섯 개 힘 구조에서 도출하는 역시 다섯 개 요건들을 갖춤으로써 가능해진다. 세계 영화업계 내부 경쟁과 글로벌 공급자, 글로벌 소비자, 잠재/신규 진입자, 대체재 그룹 등 다섯 개 힘들에 대응하는 방안들 결합이 곧 영화한류 방향성으로서 초국적 시네마로 생성될 수 있다는 뜻이다.

〈그림 64〉 한국형 초국적 시네마 창출 전략 키워드 도출(다섯 가지 힘 모델)

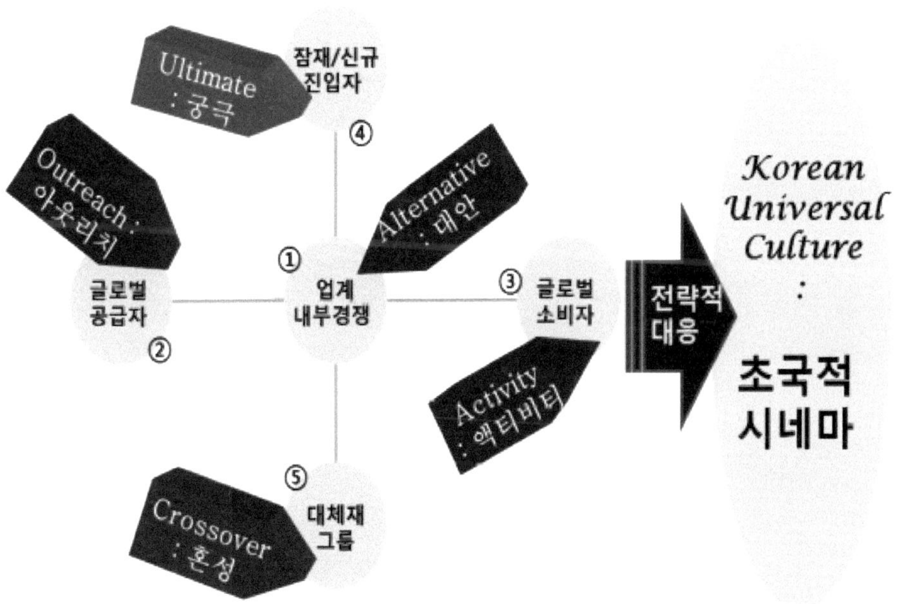

이 같은 전략 도출 프로세스에 따라 본 연구는 첫 번째 힘인 업계 내부 경쟁에서 대안(Alternative), 두 번째 힘 글로벌 공급자에게서는 아웃리치(Outreach), 세 번째 힘 글로벌 소비자에게선 액티비티(Activity), 네 번째 힘 잠재 · 신규 진입자에게서는 궁극(Ultimate), 다섯 번째 힘 대체재 그룹에서는 혼성(Crossover)을 초국적 시네마 요건이자 전략적 키워드로 각각 제시하고자 한다.

1) 업계 내부 경쟁 전략 : 대안 (Alternative)

세계 영화산업 글로벌 공급자와 소비자들은 대안을 갈구하고 있다. 새 비즈니스를 뜻하는 모델 이미지(Model Image)와 새 비전을 함축하는 모럴 이미지(Moral Image) 찾기가 주요 화두로 떠오른 바가 있다. 영화 본질에서 장삿속(Commercialism) 보다는 예술성(Artisanship)이 우위에 있어야 한다는 공식을 재발견한 셈이다. 미국 일변도 지배와 독점을 뜻하는 서구화, 미국화(Gospel of Americana)에 대한 항거와 대안 찾기 무드가 아시아 지역, 뉴미디어를 통해 빠르게 확산하고 있다고 분석한다. 이에 따라 프랑스류, 이탈리아류 영화가 보여주는 작품성, 장인정신, 작가주의 가치에 대한 공감이 커지고 있다. 유럽연합(EU)과 중국이 China CCIs(문화창조산업) 플랫폼 연대를 맺고 국제공조 체제를 만든 것도 같은 맥락이다.

아울러 영화 콘텐츠 내용 면에서도 새로운 비전 찾기가 한창이다. 글로벌 영화업계가 원하는 대안으로서 새 모럴 이미지(New Moral Image)는 세계시민이 공감할 수 있는 보편적인 이야기와 이미지, 메시지를 뜻한다. 글로벌 독점 체제에서 한 발 후퇴하고 있는 할리우드마저도 보편적인 영화(Western Universal Films) 만들기를 위한 대안 찾기에 적극적으로 나서고 있다.

글로벌 한류 영화를 갈망하는 한국도 한국적이면서도 세계 보편적인 영화, 즉 코리안 유니버설 필름(Korean Universal Film) 만들기에 총력을 집중해야 한다는 지적이다. 이 같은 인식 변화는 〈와호장룡, 2000〉 이후 영화 문법에 대한 새로운 맛보기 체험이 이루어지면서 가능해졌다. 세계 영화시장을 지배했던 서양 주류 존재론을 동양적 담론(윤리학, 도덕 등) 코드가 대체할 수 있다는 선례를 보여주었기 때문이다.

문화산업을 극복하는 대안 찾기가 활발해지면서 영화 비즈니스 목표가 경제성 위주 〈경쟁력〉에서 글로벌 〈영향력〉으로 대체되는 변동이 예고되고도 있다. 여기에는 소프트 파워에 민감한 소비자 주도 혁신이 강력한 동인으로 작용하고 있다. 기존 경쟁력을 넘어서 국가 / 사회 총체적 개혁역량과 콘텐트 소프트파워(문화, 인문, 가치…)로 파악하는 〈영향력 : Global Influence〉이 새로운 문화산업 종속변인으로 자리 잡기 시작한 셈이다. 이렇게 영화 비즈니스 게임의 규칙이 경제적 경쟁력 위주에서 문화적인 소프트 파워로 이동하게 되면서 기존 문화산업과 다른 패러다임을 가진 신문화산업이 등장하게 마련이다. 글로벌 영화산업 대안으로서 제시해보는 신문화산업 개념은 "소비자 참여 문화가 중심이 되는 글로벌 문화산업"으로 말할 수 있다. 소셜 미디어 확대로 이용자가 주도하는 네트워크 사회 패러다임에 안착하게 되었기 때문에 기존 문화산업은 문화창조산업(Culture Creative Industry)이자 커뮤니케이션 산업으로 이행하게 되었다.

2) 글로벌 공급자 전략 : 아웃리치(Outreach)

영화 한류를 스스로 힘만으로 달성할 수 있는 여력이 모자란다. 따라서 아주 지혜로운 글로벌 다문화 경영을 통해 외부 인력, 자금, 기술 등을 확보해야 한다. 이런 노력은 아웃소싱(outsourcing)과 같은 기존 경영방식을 훨씬 앞질러 나가야 한다. 영화 한류에 필요한 자료, 인력이 해외 현지에 있고 그 내용이 아직은 미흡하다고 하더라도 적재적소를 찾아가 직접 끌어들여 안정된 기업 활동 자원으로 확보하는 아웃리치(outreach) 능력이 한류 비즈니스 성공을 좌우할 수 있다. 영화의 핵인 감독, 시나리오, 투자부터 시작해서 모든 요소들을 해외 현지에서 발굴하고 교섭하고 채택하는 다문화 경영이 새 화두다.

실제 선도적인 영화비즈니스는 외계와 접촉을 늘리고 있다. 아카데미, 해외 문화자원, 순수 과학 부문과 교류를 늘려 정체성 위기를 겪고 있는 영화창작 외연을 넓히려 하는 대안 찾기다.

세계 1극 단일 체제를 누려왔던 할리우드도 세계는 차이나우드, 볼리우드, 웰리우드(뉴질랜드 웰링턴)가 만들기 시작한 다극, 다거점, 다문화 체제로 가고 있음 을 받아들이고 있다. 이른바 할리우드 아웃 리치(Out Reach) 게임이 본격화된 셈이다. 실제로 뉴질랜드는 피터 잭슨 감독을 통해 WETA(컴퓨터그래픽 특화 업체)를 글로벌 명소이자 할리우드와 협업하는 유력한 생산기지로 키워내는 데 성공했다.

영화기업 경영시스템에서도 아웃리치가 성행하고 있다. 영화업체들이 신규 인력 글로벌 수급에 주력하기 시작했다. 창의성을 인정받는 문제작(품)을 가져올 핵심역량으로서 기업 외부 인적자원, 학생 등 아마추어급 견습 인력에까지 관심을 둔 아웃리치 활동이 펼쳐지고 있다. 미국 드림웍스 등은 미국 중소대학, 아시아 지역 기관을 망라한 산학협력, 인재발굴 / 훈련 프로그램을 항시 가동한다. 인력확보 분야인 드로잉, 컴퓨팅, 스크립트 등 영역을 대상으로 확산적 아웃리치를 감행해 미국뿐만 아니라 전 세계 교육기관을 찾아다니며 인재 확보에 나서고 있다. 드림웍스는 ACT, American Conservatory Theatre, YC.. Young

Conservatory, Program, ROYAL ACADEMIES OF DRAMATIC ART 등에서 인력을 충당해 오고 있다. 이렇듯 애니메이션 기술 제작에 직접 관련이 있는 전공 분야 이외 연기, 디자인, 인문 등 영역 인력들까지 충당하는 폭넓은 아웃리치가 일상화되어 있다.

3) 글로벌 소비자 전략 : 액티비티 (Activity)

글로벌 소비자들은 영화 말고도 엄청나게 많은 콘텐츠 선택을 누리고 있다. 영화보다 더욱 강렬하게 고객의 영혼을 매혹시키는 압도적인 장르도 존재한다. 게임이다. 이미 TV를 떠나고 영화관을 외면하는 글로벌 청소년 고객들은 게임 콘텐츠에서 많은 시간을 보낸다. 영화도 이에 주목하여 세계 다양한 고객층, 연령대 소비자들에게 자극을 줄 수 있는 코드를 심을 줄 알아야 한다. 그동안 국내 영화, 그 안에서도 특정 고객층에게 어필하는 진부한 코드에 안주해왔던 점을 극복하고 초국적, 초빈감 기법을 액티비티 차원에서 강구해야 한다. 이를테면 미국과 중국 10~30대 소비자들은 세계를 구하는 영웅적 캐릭터를 숭상한다. 힘과 지혜를 갖춘 영웅 캐릭터에 동양적인 우아함, 인간미, 부드러움을 부가한 이미지를 한국 영화기업이 고안해낸다면 아주 신선한 주목을 받을 수 있다.

영화소비자는 관람 행위를 벗어나 참여하고 체험하는 혼성 행위를 요구하고 있다. 엔터테인먼트(Entertainment : 피동적 관객을 의미)에서 액티비티(Activity : 스스로 주동하는 고객 팬덤)로 이행이다. 영화 비즈니스도 이용자를 탐험과 추격에 끌어들이는 퀘스트 인바이팅(Quest Inviting)으로 승부를 걸고 있다. 영화 콘텐츠에 다양한 액티비티와 같은 게임 다이내믹스를 최대한 반영하는 새 트렌드이기도 하다.

게임 다이내믹스는 이용자가 경합하고 놀고 특정 임무를 수행하고 관여하게 만드는 작용을 한다. 이런 경향으로 인해 이용자 경쟁, 충돌 본능 공략하는 콘텐트 게임화(Gamification)가 영화를 비롯한 거의 모든 콘텐츠 부문에서 일어나고 있다. 2012년 상반기 성공작 〈헝거 게임〉과 같이 게임과 같은 포맷을 가져가고 승자는 보상하고 사회적으로도 주목받고 인정받게 만드는 장치를 통해 효과를 증폭시킬 수 있었다. 당시 조사 결과 이용자 10%는 LikedIn에 자신 프로필을 적어 넣고 Foursquare에 가상 체크인하도록 하고 'adventure badge'를 개시하도록 하는 앱(app)과 같은 소셜 네트워크 게임 방식 선호하는 것으로 파악되었다. 이때 이용자는 Endomodo나 Runkeeper에 가서 런닝 타임을 서로 비교하고 이를 Facebook에 올려 커뮤니케이션하며 액티비티 재미를 배가시킬 수 있다고 분석한다.

4) 잠재 · 신규 진입자 전략 : 궁극(Ultimate)

영화 한류도 K POP이 개척한 것처럼 'K'라는 브랜드 가치를 적극적으로 수용해야 한다. 이미 실체를 갖춘 K 브랜드는 글로벌 시장을 먼저 개척하고 관리해오고 있다. 전자와 자동차 등이 제조업 중심으로 K 브랜드가 성과를 거두고 있지만 여기서 가장 압도적인 현상은 디지털이다. 디지털은 스마트폰, 스마트 TV 등을 매개로 해외 현지 미디어 시장을 지배하고 있으면서 동시에 미래영화의 새 플랫폼으로서도 가능성을 인정받고 있다. 바로 이 'K 디지털' 브랜드 자산은 영화 한류로서도 반드시 활용해야 할 중요한 부분이다. 더구나 영화 감상과 서비스가 최첨단 디지털 기기와 시스템으로 빠르게 이행하고 있는 세계 영화산업 흐름을 볼 때 디지털 강국 이점은 축복받은 여건이기도 하다.

영화 상영 비포 & 애프터 마켓 전 과정에서 디지털 커넥션이 증대되고 있다. 디지털 활동 공간 경험과 탐사 성과 축적, 서비스 품질(QOS)향상 실현이 영화 비즈니스 주요 이슈로 떠올랐다. 날로 확충되고 견고해지는 디지털, 모바일 환경이 콘텐츠 생성자가 주도하는 소셜 네트워크 마켓(Potts et al, 2008)으로 변모를 촉진했기 때문이다. 영화기업으로서도 새로운 디지털 스페이스 수급 균형 맞추기와 최적화 노력 가속화가 매우 중요하게 되었다. 소비자들이 일상적인 소셜 네트워크 사용을 하게 되어 전통적 영화 콘텐츠 생산양식과 소비행태가 모두 파괴되기 시작했다.

예를 들어 피터 잭슨 감독 차기작 〈호빗〉은 라스베가스 중간시연(2012.4)을 통해 비포 마켓(before market) 리서치를 병행하는 새 움직임을 보여주었다. 영화 제작 도중이지만 투자자, 소비자 의견을 집단지성(collective intelligence) 형태로 반영하여 사실상 개방적 집단창작 형태로 넘어가는 패턴이다. 이런 변화 속에서 디지털 신유통 경로가 약소 콘텐츠에게 대박 기회를 제공하는 변동도 나타나고 있다. 디지털 신유통을 개척한 중소 제작사 Cross Creek Pictures의 영화 〈블랙스완〉 성공사례가 건강한 생태계와 니치 마켓 가능성 보여주었다. 기존 체제로는 불가능했던 것을 디지털 하이를 통한 연결의 경제로 이룩한 셈이다.

"현재 자본주의는 공급자 생산보다는 소비자가 참여하는 공동생산 형태 소비에 더 의존하게 되는 이른바 가상 축적(virtual accumulation) 과정이라고 본다"(Lash and Lury, 2007)는 분석과도 상통한다. 이러한 네트워크화된 신종 가상자본축적(networked virtual capital accumulation)은 기존 유형 자본 질서와는 다른 새로운 게임의 법칙을 제공하게 되었다. 그 핵심은 디지털 이점을 최대로 활용하는 디지털 하이(digital high)에 있다.

5) 대체재 그룹 전략 : 혼성 (Crossover)

영화 한류는 늘 경쟁 부문과 대체 요소를 생각해야 한다. 글로벌 현지 소비자 관점에서 영화를 위협할 정도로 강력한 콘텐츠는 현재 엄연히 존재하고 있고 앞으로도 속속 등장할 터이다. 성공하는 영화 한류를 위해서는 바쁜 길을 돌아서 갈 수밖에 없다. 리서치 없는 영화일수록 글로벌 시장에서 성공 가능성이 떨어지기 때문이다. 영화기업 리서치는 서로 협력하거나 정부 지원을 받아 연대하든지 해서 반드시 해내야 하는 숙제와 같다. 한국 영화산업이 가장 취약한 부분이기도 하다. 이제부터 영화 한류 비즈니스는 혁신 영화 만들기에 총력을 기울여야 한다. 혁신 영화는 할리우드 영화, 볼리우드 영화와 같은 독보적인 전형성을 갖추어야 한다. 동시에 글로벌 시징에서 인성받을 수 있는 매혹과 가치를 품은 생명력을 보유해야 한다.

제임스 캐머런 감독 대작인 〈아바타〉는 누구라도 박수를 보냈던 혁신 영화, 혁신콘텐츠였다. 〈아바타〉는 부럽게도 기술 집약, 자본집약으로 실험해낸 혁신 영화였지만 한국 영화산업에서는 이런 기적이 곧바로 탄생하기 힘들다는 지적을 받아왔다. 때문에 새로운 아이디어, 예술 스타일, 신비한 캐릭터 등을 무기로 열정적인 실험을 거듭하는 전략에 눈을 떠야 한다. 이 같은 혁신콘텐츠 실험을 주도하는 길이 곧 오래가는 영화 한류, 높은 수준 영화 한류 비즈니스를 실현할 지름길이다.

소셜 네트워크 위력을 경험하고 나서 영화산업 업의 본질과 개념이 엔터테인먼트 비즈니스에서 탈피해서 점차 종합적인 미디어 커뮤니케이션 비즈니스로 들어서고 있다. 영화에서도 이종 매체, 채널, 기업, 루트 사이 협업을 감행하는 산산협력(産-産 협력)이 성패를 결정한다는 시각이다. 이미 산업환경 자체가 '빅 & 스마트 데이터'를 요구하고 있어 영화를 초월한 미디어 초융합 활동이 중심이 되고 있다. "영화 콘셉트, 타이틀 테스팅, 스크리닝과 마케팅에 관한 지속적인 현장 리서치가 매우 중요해졌다. 여기서 얻은 자료로 적절한 미디어 바이(Media Buy)를 하고 효과적인 글로벌 마케팅을 전개할 수 있다"[25]는 견해에 주목해야 한다. 이제 영화는 기존 패턴대로 극장 상영하고 이차적 부가 시장으로 옮겨가는 진부한

25) Randy Greenberg, Greenberg 그룹 대표, 2012.4.30

루트를 유지할 수가 없고 끊임없이 실험하고 고객에게 묻고 관찰해서 맞춰나가는 비즈니스를 해야 한다.

이게 영화를 초강력 미디어로 만들기 위한 곧 미디어 인 베타 (media in beta)라는 키워드다. 실험 관찰 도중에 의미 있는 발견이 감지되면 극장을 변신시킨 (면세 극장, 키즈 존 등) 유통업체와 공동 마케팅(Co Work)을 바로 실행할 수 있는 경영시스템이 요구되는 내목이기도 하다.

관련해서 할리우드에서는 올드미디어 최첨단 복구, 리메이크, 재목적화 사업이 탄력을 받고 있다. 영화 〈위대한 개츠비〉가 30주년을 맞아 재창조된 바 있고 명품 업체 프라다는 〈달콤한 인생〉 복구를 지원했다. 거장 마틴 스코세이지 감독은 앨프레드 히치콕 작품 복구와 특수효과 기술을 채택한 커머셜 재활용, 재목적화에 몰입하고 있다.

시간을 초월해 클래식 올드 미디어와 뉴 미디어 영화가 실험적으로 결합하는 혁신이 곧 미디어 인 베타(media in beta)다.

7 전략 도출 · 생성

앞선 1부 내용에서 한 계단씩 올라온 내용을 간추려 보면 기업에 대한 이해, 하우스 모델 / 경영시스템, 업의 개념 / 가치사슬, 경영 환경 분석(정치 · 경제, 사회 · 문화, 산업 기술, 정책 법규), 경쟁상황(산업구조분석, 5 Forces Model)이 있었다. 이에 SWOT 분석 등을 더해 일단 도달해야 하는 목표 지점은 전략 도출과 생성이다. 미디어 콘텐츠 경영 생태계에 대해 이해하고 조사하고 분석하고 평가해온 전 과정이 곧 전략 도출 프로세스가 된다.

어느 기업이 미디어 콘텐츠 경영 활동을 하고 비즈니스를 펼칠 때 늘 오가는 정해진 길에만 서 있을 순 없다. 가보지 않은 길, 밟아보지 않는 신대륙을 앞두고 있다면 응당 주어진 문제를 해결하고 미래 환경에 대응하며 뭔가를 실행할 액션 플랜을 내비게이션 지도처럼 켜 두고 임해야 한다.

이 장에서는 조사 분석 평가를 마친 다음 단계에서 바로 적용할 수 있는 과학적인 방법에 대해 알아볼 터이다. 우선 전략 개념을 정확히 살피고 실제 경영전략 컨설팅 사례와 기업 분석 학술 연구 사례를 통해 전략 도출과 생성 기법을 익히도록 하겠다.

〈그림 65〉 전략 도출/생성 프로세스 개념도

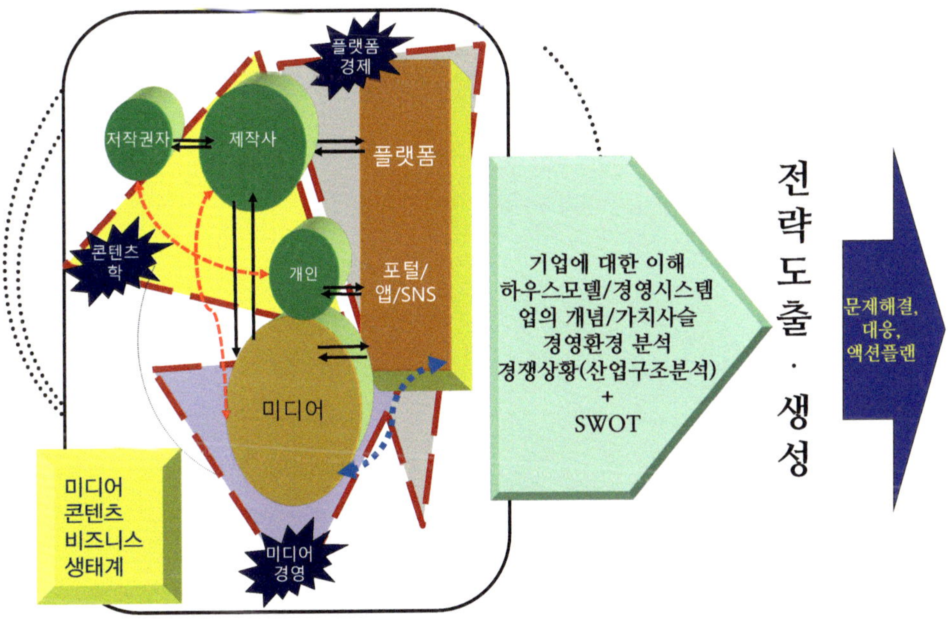

앞서 경영환경 분석과 전략적 시사점 도출을 하였고 5 Forces Model을 통한 경쟁환경 진단과 대응 방안으로서 경쟁전략 개발을 다루었다. 이제 이론적으로는 전략을 도출하여 생성을 완료하는 최종 단계에 와 있다. 기업의 미디어 콘텐츠 경영 활동을 실천하는 액션 플랜을 가다듬는 준비의 끝에 도달한 셈이다.

그 너머 단계는 실무다. 실물 경영이요 이론이 향도한 그대로 실제 액션이 펼쳐지는 진짜 세계(real world)요 현장(field)이다. 막바지 정비에 해당하는 이 지점에서 더욱 집중하여 철저하게 검수하고 실현 가능성과 타당성을 인정받는 전략 프로그램을 완성해야 할 순간이다. 이 때문에 잠시 멈춤 할 줄 알아야 하는 역설의 찰나를 미디어 콘텐츠 경영 안으로 받아들여야 한다. 새 전략 선포를 우렁차게 내지르기 직전, 숨 한 번 크게 고르는 멈춤의 찰나를 말한다.

이 절묘한 진공이 틈바구니에서는 전략을 생성하기 위해 고군분투해온 전 과정을 빠르게 점검해보는 조망이 요구된다. 경영환경 분석과 5 Forces Model을 통한 경쟁환경 진단은 필수 과정이지만 그 자체로는 불완전하다. 조망하고 리뷰하는 자가 진단의 크로스 체크, 더블 체크를 날 선 시각으로 보아 통과해내야만 필요하고도 충분한 조건을 갖춘 전략 패키지를 얻을 수 있다.

1) 전략 본성

전략생성의 실제 예시를 보기 전에 전략의 개념에 대한 고전적인 접근을 먼저 알아보도록 하겠다. 전략이란 무엇인가를 원초적으로 생각해보는 순서다.

전쟁과 경영[26]

전략(strategy)은 strategus라는 단어, 즉 아테네의 군사 사령관이나 전쟁위원회 구성원에게서 기원하였다. 이후 프랑스의 기베르 백작이 프리드리히 대제가 수행한 원정(1740년)에

26) Clausewitz on Strategy : Inspiration and Insight from a Master Strategist Hardcover April 23, 2001, by Tiha von Ghyczy (Author), Christopher Bassford (Author), Bolko von Oetinger (Author).

서 일으킨 여러 혁신을 전략의 개념으로 재정립되었다. 이러한 내용으로 보스턴컨설팅그룹(BCG)의 전략연구소가 편저자로서 현대 경영의 환경에 맞게 전쟁론의 전략을 재해석한 책『Claussewitz on Strategy』(2001)을 펴냈다. 이 책의 원전이 되는 클라우제비츠의『전쟁론』(1832년 출간)은 동양의『손자병법』에 필적한 고전으로 온고지신(溫故知新)을 독려하는 불후의 명작으로서 위상과 가치를 지니고 있다.

서양의『전쟁론』에는 카오스적 세계관이 관통하고 있어 불확실성이 높아가고 있는 오늘날 응용할 여지가 많다는 게 보스턴컨설팅그룹의 해석이다.

전략(strategy)은 strategus라는 단어, 즉 아테네의 군사사령관이나 전쟁위원회의 구성원에서 기원. 이후 프랑스의 기배르 백작이 프리드리히 대제가 수행한 원정(1740년)에서 일으킨 여러 혁신을 전략의 개념으로 재정립

본문에서 정리한 전략의 기본 원칙은 4가지로 축약되고 있다. 첫째 인간의 상호 작용에서 리더십과 관련된 분야가 가장 어려운 부분이므로 지휘와 통솔에 역점을 둬야 한다. 둘째 이론과 실천의 중용으로서 중간의 좁고 가파른 길을 선택할 것을 명심하여 한쪽으로 치우치지 말아야 한다. 셋째 변증법적 사고방식으로 극(極)과 반극(反極)의 긴장을 이해하여 역전과 반전까지를 항상 의식해야 한다. 넷째 규정된 이론을 배재하고 불확실성을 전략의 원천으로 활용해야 한다. 불확실성은 저주이면서 축복이므로 굴하지 말고 상황을 잘 이해하여 오히려 이용해야 한다.

또한 경영전략은 "전체 행동의 조용한 조화"라고 하였다. 고객은 카멜레온과도 같아서 고객에게만 경청한다는 것은 현실에 안주한다는 뜻이 된다는 걸 알아야 한다. 전쟁은 우연의 세계이나 실제로는 '지적인 힘'이 지배하므로 지휘관(경영자)은 부단히 지적 역량을 높여야 한다.

부대(조직) 또한 학습하는 지식공유를 통해 지적 사원을 보유해야만 한다. 또한 이성과 용기만이 불확실성을 돌파할 수 있으므로 고도의 훈련을 통해 강인한 용맹심을 길러야 한다. 또 하나, 전략은 전투의 운용에 관한 것이므로 치밀하고 섬세한 검토가 필요하다.

이 책은 전략의 묘미와 역동성, 미덕에 대해서도 정리하고 있다. 기습, 동맹, 긴장과 휴식의 활용 등이 전략의 묘미이다. 도덕적 힘도 전략의 힘이 되므로 도덕적으로 우월한 활동, 운용을 강조해야 한다. 사령관의 정신적 미덕도 훈련되는 것이기 때문에 최고 경영진의 자기 계발과 교육은 필수적인 과정이다.

보스턴컨설팅그룹은 클라우제비츠의『전쟁론』이 특히 전략적 관점에서 오늘날 현대 경영 전략에 주는 시사점을 3가지로 요약하였다.

1. 불확실성에 대한 이해
   - 적이 조장한 불확실성도 있다. 대비하라
2. 이성과 용기의 힘
   - 명장 밑에 약졸 없다
3. 절대적 힘의 우위 확보
   - 전략만으로는 안된다. 우선 일정한 자원과 경쟁력이라고 하는 물적 토대가 필요하다.

2) 전략 도출 프로세스

기업이 주어진 상황에서 최선을 다하기 위한 어려운 선택과 실행이 전략의 참뜻이다. 과연 우리 프로젝트와 비즈니스 그리고 나를 들썩이게 하는 주어진 상황이 무엇인지를 아는 것으로부터 전략 준비에 돌입하게 된다.

분석(see)하여 전략 구상(design)하고 실행(do)하여 목표가 다다르는(be) 전체 일관 공정이다. 첫 번째 인식(see)은 객관적 여건과 주관적 조건 양자를 모두 꿰뚫어 보되 어제(as was)와 오늘(as is)을 냉철하게 숙달해야 한다. 하우스 모델과 업의 개념에서 점검한 나 자신, 우리 기업의 어제와 오늘을 최대한 객관화하여 상대 평가를 해야 한다.

창업 때 비전과 미션 설명서 성장 내력과 같은 절대적 사실 자료를 학습하되 현재 기업의 가치사슬 개별 블록마다 나타내는 경쟁력 수준을 냉철하게 평가해야 한다. 필요하면 I. P. O. 구조, 흐름과 같은 단순한 구조에 맞춰 업무 흐름의 상태와 업무 수행 능력의 크기를 선진 기업과 비교해서라도 점수를 매겨봐야 한다. 그리하면 전체 기업은 물론 경영시스템과 기업 기능의 개별적인 부분에서 디테일한 상대적 평가를 거친 진짜 실력과 과제를 파악할 수 있다.

어제(as was)는 역사적 자료(historical data)에 대한 조사 분석 평가로 따라잡을 수 있다. 경쟁 기업을 분석한다고 하면 그 기업의 연차보고서(annual report)를 잘근잘근 소화할 줄 알아야 한다. 최소한 3개년 연속 자료를 활용해야 한다. 연차보고서 안에서도 핵심 중 핵심인 3대 재무제표의 세세한 수치까지도 정통해지면 질수록 좋다. 물론 5개년 치 10개년 치 연차보고서까지 종단적으로 탐사에 나선다면 더없이 좋다. 해당 기업의 건강 곡선이 한눈에 들어온다. 최근 매출과 수익 자료는 분기 보고서나 IR 자료, 투자은행 리서치 리포트 등 모든 가용할 자료는 다 모아야 한다.

자료를 볼 때는 신뢰도(credibility)를 끊임없이 자문해봐야 한다. 연차보고서라 하더라도 자가 발전, 과대 포장, 자기검열 등 여러 갈래의 왜곡이 있을 수 있음을 의식해서 행간의 의미를 읽고 비판적으로 봐야 하겠다. 나와 있는 액면 그대로, 주는 대로 받아쓰기 하는 식으로 조사, 분석한 결과는 거칠고 부실한 평가로 이어질 수밖에 없다.

이런 노력을 통해 주관적 역량을 점검하게 된 후에는 객관적 여건이라는 환경에 대해서도

〈그림 66〉 전략 생성 과정

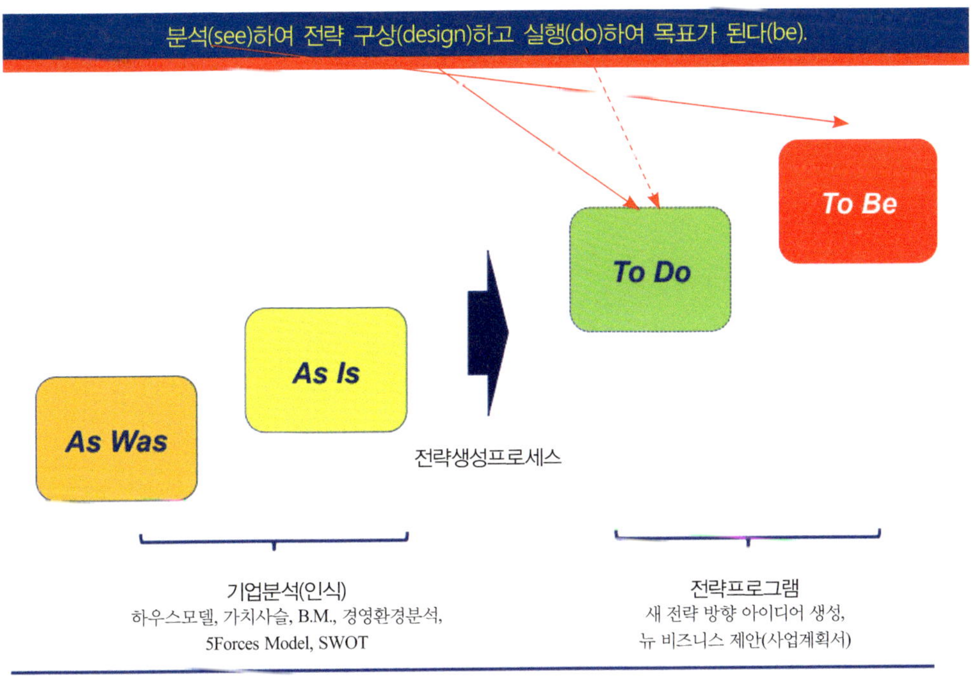

어제(as was)와 오늘(as is)을 제대로 인식(see)하는 지점에 올라서야 한다. 외생 변인으로서 객관적 여건인 환경 생성과 변화의 본질이 무엇인지를 정치경제, 사회문화, 산업기술, 정책 법규와 같은 총체적인 분석 접근으로 간파해야 한다. 그래야만 전략적 시사점을 얻을 수 있다.

해당 미디어 콘텐츠 비즈니스, 프로젝트가 속하는 산업구조 분석의 틀인 5 Forces Model을 통해서는 당장 대처해야 하는 경쟁상황이 초래한 위협, 즉 이슈와 문제점을 한층 더 정교하게 알아냄으로써 대처 방안이라는 약속의 해변에까지 가 닿을 수 있다. 포스가 위협이라면 문제를 해결하는 솔루션 없이는 원하는 바닷가로 상륙할 수 없을 터이다.

이렇게 무엇이 문제이고 어디로 튈 것인지를 꿰뚫어 볼 줄 알면 내가 가진 핵심 역량을 믿고 발휘해나가면 된다. 동맹이든 합작이든 연대든 이용할 것은 또 그대로 가져와서 머릿속에 복기한 전략 프로그램을 실행(to do)하는 과업에 몰두하면 된다. 성공한다면 대망해왔던 이상적 미래상(to be)에 티치 다운할 수 있다.

〈그림 67〉 예시 : 전략 도출 프로세스 (신문기업 수익모델 개발)

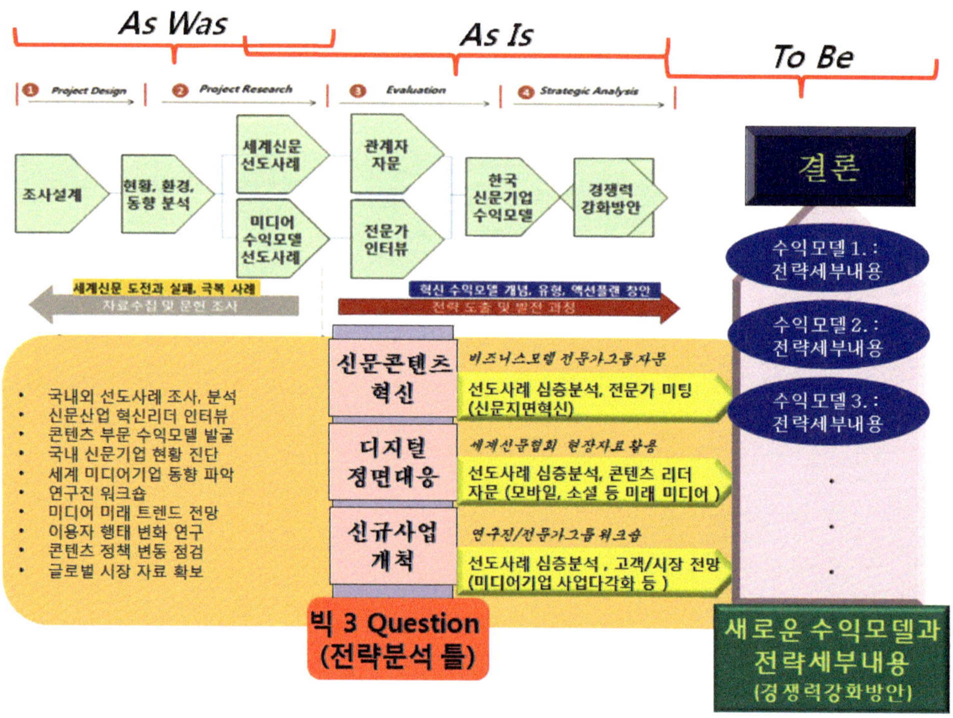

자료 : 심상민(2013), 세계신문의 새로운 수익모델과 신문 경쟁력 강화방안 연구, 한국언론진흥재단.

예시로서 신문 미디어 기업의 수익모델 전략을 도출한 과정을 보도록 하겠다.

가장 먼저 과거에 보여 왔던 수익모델 노력(As Was)과 현행 시장에서 나타나고 있는 흐름(As Is)에 대한 관찰을 먼저 실행하게 된다. 이어 전략 분석의 틀로서 세 가지 영역(빅 3 Question), 즉 신문콘텐츠 혁신과 디지털 정면 대응, 신규 사업 개척 등을 설정했다.

전략 분석의 틀은 실로 다양하게 나타나고 있는 수익모델 노력을 간결하게 분류하고 정리할 수 있게 해준다. 이 과정을 통해 주시해야 할 신문기업의 새로운 수익모델을 유형별로 도출해내고 각각 구체적인 전략 세부 내용을 제시하게 된다. 이 수익 모델별 전략 세부 내용은 신문기업이 수익모델에 따라 준비하고 실천해야 할 경쟁력 강화방안과 같은 개념이고 내용이다.

최종적으로 제시하는 이 새로운 수익모델과 개별 전략 세부 내용, 즉 경쟁력 강화방안 내용이 바로 결론이자 액션 플랜이 된다. 대개 일반적 의미로서 경쟁력 강화 방안은 기업의 인력, 자금, 조직, 정보, 활동 등 모든 업무 프로세스 혁신까지 다룰 수 있다. 하지만 이 예시 연구에서는 가장 본원적 주제인 새로운 수익모델에 철저히 집중하고자 하였기 때문에 새로운 수익모델을 실행하기 위한 전략 내용을 경쟁력 강화방안으로 분명하게 규정했다. 끝으로 맺음말 부분에서는 신문기업 규모와 유형별로 실현 가능한 새로운 수익 모델별 전략 세부 내용 차별화에 관해서도 언급하였다. 각기 역량이 다른 신문사들이 저마다 다른 위상과 의지, 관심사에 따라 개별적으로 전략 방향을 선택하고 새로운 수익모델 수준을 결정할 수 있도록 기준을 제시하기 위해서다.

요약하면 신문기업의 새로운 수익모델을 읽는 분석의 틀을 제시한 다음 경영환경변화와 선도적 혁신사례에 대한 조사와 분석, 평가를 시행하는 과정이 우선 이루어진다. 이에 더해 별도로 조사하고 의뢰한 신문기업 현장과 소비자 경험과 의견까지 반영한 결론으로서 새로운 수익모델 별 전략 세부 내용이자 경쟁력 강화방안, 신문사 기업규모 별 실천 방안 등이 나오게 된다.

새로운 수익모델은 기존 사업을 유지하거나 사업을 철수하거나 신규 진출을 하는 3가지 갈림길에 선 선택이기도 하다. 이때 매력도 평가와 내부역량 평가, 전략적 가치평가라는 3개 요소의 내용을 관련 근거로 삼아 기업에 좀 더 실질적인 이익이 되는 방향으로 결정을 하도록 한다.

〈그림 68〉 전략 기본방향 결정

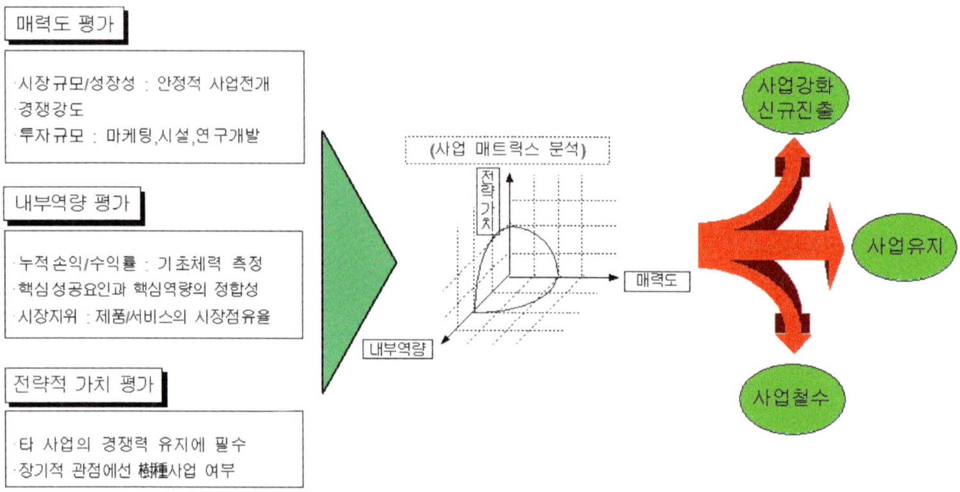

조사 분석 평가

전략 도출을 위한 전 단계 프로세스인 하우스 모델 조사 분석, 가치사슬과 업의 개념 조사 분석 평가, 경영환경 조사 분석 평가, 경쟁상황에 관한 5 Forces Model 조사 분석 평가는 경영학을 내포하는 사회과학연구방법론의 문헌조사 단계이다. 이어 전략 도출을 완성 짓기 위해서는 현장 조사라는 실증적 방법을 동원하는 것이 적절하다.

〈그림 69〉 A기업 전략 생성 예시 전략도출 프로세스 연결

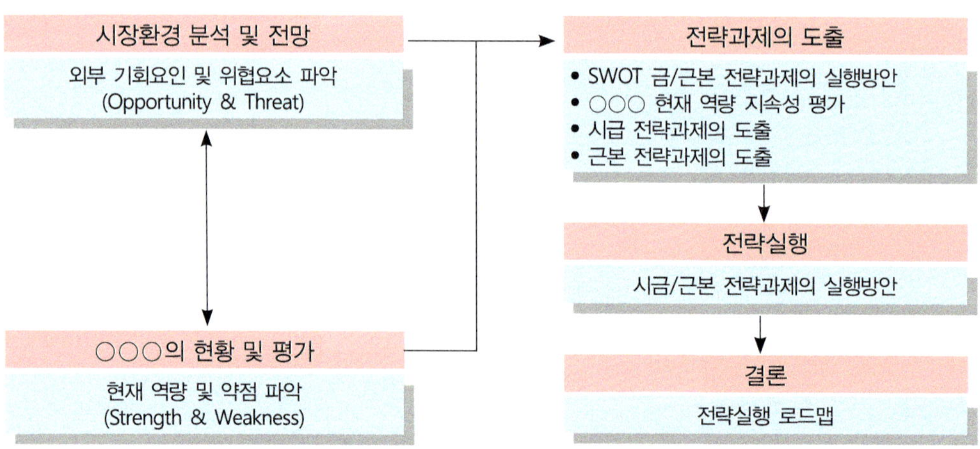

자료 : 삼성경제연구소 내부자료(2002)에서 변형

문헌조사는 기본적으로 2차 자료를 대상으로 한, 간접적이고 이론적인 접근 방법이라는 한계를 지닌다. 이론적 배경과 선행 연구, 공공 정보, 공식 통계, 뉴스 보도 등 자료를 망라한다고 해도 부가하는 실증 현장 조사가 따라붙지 않으면 아무래도 취약해지고 만다. 현장을 관찰하거나 이해관계자와 직접 대화해보지 않은 전략 아이디어라면 그냥 그저 그런 상상의 소산물로 끝날 수도 있기 때문이다.

〈그림 70〉 SWOT분석 결과와 전략 도출(예시)

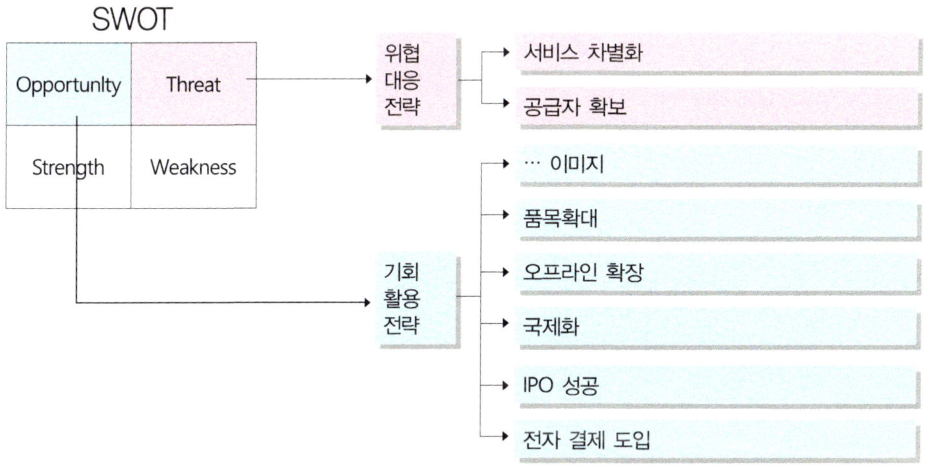

자료 : 삼성경제연구소 내부자료(2002)에서 변형

해서 전략 도출을 위한 막판 마무리 작업으로서 실증 현장 조사의 필요성이 늘 강조되고 있다. 다만 문헌조사로 할 수 있는 최대치가 나와주고 그로부터 전략적 아이디어 생성이 이루어져야 한다는 전제 조건이 있어야 한다. 효율적이면서도 강력한 실증 현장 조사 방법을 알아보고 이전의 문헌조사 과정에서 진행하는 조사, 분석, 평가 활동에서 좀 더 창의적인 결론과 결정을 돕는 유력한 커뮤니케이션 활동이 요구된다.

문헌조사를 통해 얻은 소 결론을 다시 한번 검증하고 실체를 확인하기 위해 실증 현장 조사를 시행한다. 4가지 방법이 대표적이다. 설문조사(Survey)와 사례 분석(Case Study), 실험실 실험(laboratory experiment), 방문 인터뷰(Visit & Interview (with Stakeholders)) 등이다.

이러한 일반적인 방법 이외에 실제 경영 현장에서 쓰고 있는 쿨 헌팅 인터뷰(CHI : Cool Hunting Interview)와 포커스 그룹 인터뷰(FGI), 마니아 그룹 인터뷰(MGI)도 보조적이거나 때로는 절실한 히든카드 방법으로 애용되고 있다. 이 가운데 쿨 헌팅 인터뷰(CHI)는 새로운 전략과 사업을 기획, 개발하는 비즈니스 액션 실행 단계로 넘어가는 개념이다. 포커스 그룹 인터뷰(FGI)와 마니아 그룹 인터뷰(MGI)도 사업 개발, 실행을 위한 전초전이자 파일럿 테스트로 주로 활용되긴 하지만 문헌조사와 실증 현장 조사를 거친 다음, 전략 아이디어를 검증하는 데도 유용하다.

〈그림 71〉 콘텐트리 중앙 SWOT과 전략 도출(예시)

S	W
• **JTBC스튜디오-제이콘텐트리스튜디오 합병**으로 콘텐츠 경쟁력 강화 • 통합 법인으로 콘텐츠 제작에서 **모든 밸류체인 담당** → 조직 효율성 상승 • **지속적 콘텐츠 투자**로 드라마 완성도 향상 • **장르 다양화**로 핵심 역량 강화 ('앤솔로지스튜디오' 인수) • **유튜브 채널 운영과 디지털 유통 사업** 통해 다양한 콘텐츠 제작 (스튜디오 룰루랄라)	• 경쟁사에 비해 **적은 유통갈래** (경쟁사 경우, tvN + 네이버, 웹툰 IP 수급) • 경쟁사 대비 **절반 수준의 드라마 제작 편수**
O	**T**
• 글로벌 OTT들의 국내 콘텐츠 수급 경쟁 본격화로 **작품 판매 단가 상승 전망** • OTT산업 확장으로 흥행 **드라마 VOD 매출 확대** 기대 • **넷플릭스와 장기 공급 계약** • 유상증자 대금 유입으로 향후 **고예산 텐트폴 작품 제작 확대 전망** • 중국시장 개방 시 초기 수혜 집중받을 가능성 상당 (후발 주자들과의 격차 심화)	• **중소형, 신생 제작사들 재평가 구간 진입** → 업황 변화에 따른 헤게모니 이동, 교섭력 증대 가능성 (열악한 위치의 중소 제작사에 큰 기회요인) • 중국 한한령 지속으로 인한 **수출 재개 지연** • 방송채널사용사업 등록제로 시장진입 완화→ 시장경쟁 심화 • **경쟁사가 다양한 업무 협약, 제휴 통해 경쟁력 강화** (스튜디오드래곤-제일기획)

자료 : 성신여대(2021), 강의「미디어 비즈니스」팀 프로젝트 발표문

〈그림 72〉 콘텐트리 중앙 전략 기본방향(예시)

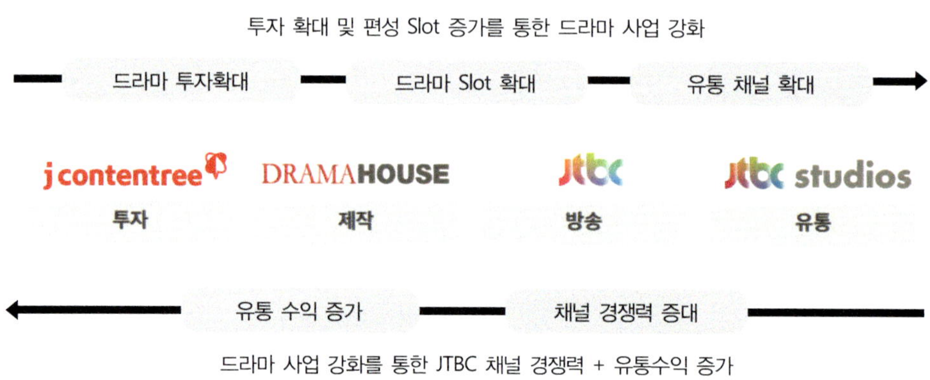

자료 : 성신여대(2021), 강의「미디어 비즈니스」팀 프로젝트 발표문

아이디어 차원의 전략 원형을 조직화한 이해관계자 그룹에 직접 물어보고 관찰함으로써 전략생성을 마무리할 수 있다. 액션 플랜 확정을 위한 최종 점검을 실증 현장 조사로 한다고 할 때 포커스 그룹 인터뷰(FGI)나 마니아 그룹 인터뷰(MGI)도 좋은 방편이 될 수 있다.

〈그림 73〉 아프리카 TV SWOT과 전략 도출(예시)

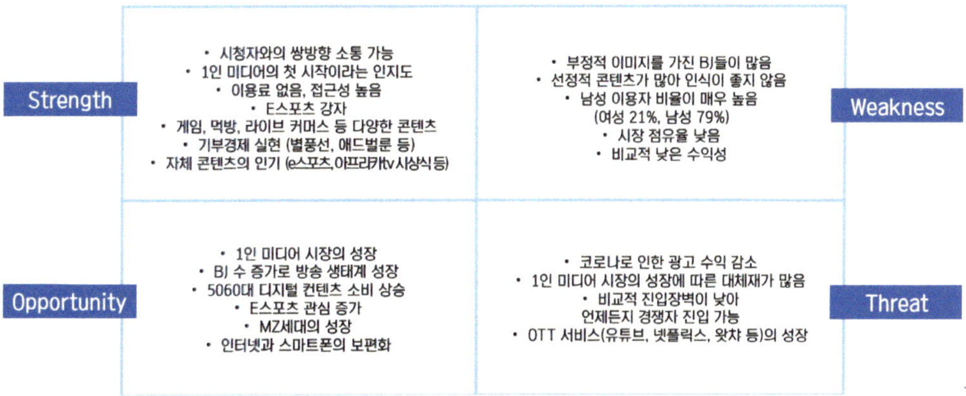

자료 : 성신여대(2021), 강의「미디어 비즈니스」팀 프로젝트 발표문

〈그림 74〉 아프리카 TV 전략 기본방향(예시)

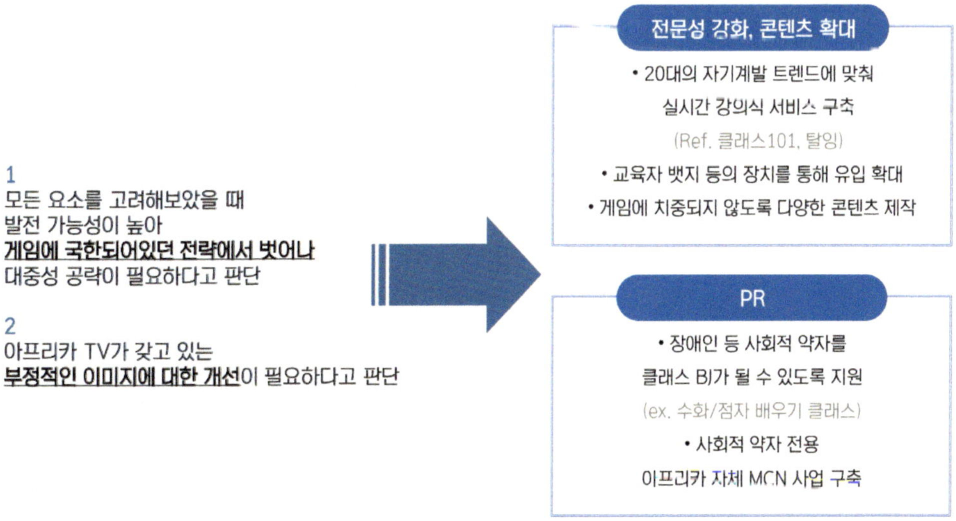

자료 : 성신여대(2021), 강의「미디어 비즈니스」팀 프로젝트 발표문

3) 미디어 콘텐츠 경영전략 방향

비즈니스 전략생성[27]

한국 미디어 콘텐츠 경영 활동은 다변화, 전문화, 수익화, 지속화, 특성화 등 5개 영역에서 전략 프로그램을 개발하여 실행하여야만 당면한 위기를 극복하고 새로운 미래 지평으로 나아갈 수 있다는 결론이다.

다변화

뉴 콘텐츠, 뉴 벤처로 미래 신시장 선점에 나서야 한다. 혁신을 주도하는 콘텐츠 기업과 타 산업 분야 강소 벤처, 중소 · 중견기업 중심이 초융합, 초연결 구도로 만나 협업하는 공유경제 모델 경제구조로 전환하면서 자연스럽게 문화와 소프트 파워 부문의 중요성을 강조하는 전략이 필요하다. 한류 콘텐츠와 부드러운 문화의 힘을 강소, 중견, 중소기업 부문에 전략적으로 활용하기 위한 정책적, 기업 전략적 차원의 대안 마련이 시급하다.

국내에서 낙후된 제조업과 서비스업까지도 협업하여 글로벌화를 촉진하기 위한 문화자본과 소프트 파워 측면의 정책 아이디어를 한류 콘텐츠 마케팅 활동 고도화를 통해 다양한 활로를 찾아야 한다.

브랜디드 콘텐츠(Branded Content)의 경우 참여 제품, 서비스 브랜드 다양성과 미디어 플랫폼을 포괄하는 마케팅 수단 다양성 증대가 곧 소비자 경험 풍성함(richness) 등 변인을 통해 최종 구매 의사 결정으로 연결될 수 있다. 브랜디드 콘텐츠 장르 표현에도 기존 엔터테인먼트 쇼와 리얼 다큐 방식에서 벗어나 영화, 게임, 교육 등 다양한 영역으로 확장해나가야 한다. 기존 활동 무대인 유튜버, 주관기업 브랜드 채널, MCN, 중국 등 일부 해외 현지 플랫폼 사용에 한정짓지 않고 새로운 플랫폼 유통 수단을 확보하는 과업이 중요하다.

예를 들어 네이버 동영상 플랫폼은 일본과 동남아시아 지역에서 유력한 리딩 플랫폼으로 인정받고 있는 라인을 활용할 수 있어 한류 마케팅 범위를 극적으로 넓히는 다변화가 가능

27) 심상민(2017), 「한류 위기 돌파할 엔터 키, 게이미피케이션」, 『한류스토리』 2017년 5월호

하다.

아울러 다양한 AI 기술 집결하여 자연어 처리(NLU: Natural Language Understanding), 인공신경망 기계번역(NMT: Neural Machine Translation), 추천, 검색엔진 등 다양한 모듈과 엔진이 결합된 형태로 개발된다면 더욱 강력한 마케팅 수단이 될 수 있다. 네이버는 클로바 적용 음성인식 스피커 웨이브 출시하면 향후, 음성인식, 비주얼 인식, 대화형 엔진 등 상용화를 추진해왔다. 2017년 부터 인도네시아어, 태국어, 중국어(번체), 베트남어 등 지원언어를 확대하고 한국-스페인, 한국-프랑스어 번역 서비스도 제공하기 시작했다.

전문화

콘텐츠에 대한 미디어 이용, 컬처 코드, 소비자 심리, 의사 결정 등에 관한 과학적이고 전문적인 연구 개발이 긴요한 시점이다. 구매를 설득해낼 수 있는 구매전환 콘텐츠를 전문적으로 개발하여 단순히 재미있거나 스타 팬덤에만 의존하는 엔터테인먼트 재생산과 같은 기존 방식은 지양해야 한다.

이를테면 브랜디드 콘텐츠에서 구매 전환 관계와 같은 주제에 전문적인 연구, 개발 역량을 투입해야 미래 성장을 기약할 수 있다. 소비자는 크게 감성적 호소에 민감한 소비자와 이성적 접근에 호의적인 소비자로 구분되기 때문에, 이성적 콘텐츠와 감성적 콘텐츠를 고루 제공해야 한다. 또한 인지도 제고를 위해서는 바이럴 콘텐츠와 게임, 콘테스트 등 엔터테인먼트 요소가 강한 감성적 콘텐츠와 언론 기사, 가이드, 트렌드 보고서 등 교육적 성격이 강한 이성적 콘텐츠가 효과적이라는 점도 활용하여 콘텐츠 비즈니스를 기획해야 한다. 구매 전환율 제고를 위해서는 연예인 협찬, 고객 후기 등 설득의 성격이 강한 콘텐츠와 체험제품, 제품 상세정보, 고객추천 등 이성적 성격이 강한 콘텐츠를 동원해야 한다는 결론이다.

한국 문화산업과 한류 콘텐츠와 관련해서 보면 게임화는 앞으로 적절한 구원투수이자 문제해결자인 레인 메이커가 될 수 있을 것이라는 전망이다. 우선 게임화는 기능성 게임(serious game)과 같은 뉴 콘텐츠 생산을 촉진할 수 있다. 미김 한국 게임산업이 폭력적이고 선정적인 엔터테인먼트 콘텐츠 늪에서 빠져나오지 못하고 있는 상황을 타개할 솔루션이자 블루오션이 곧 게임화 영역이다.

〈그림 75〉 보험업계 게임화 선도 사례

자료: Travelers.

자료: NRMA.

자료: Northwestern Mutual Life.

기능성 게임(serious game)은 보통 게임이 오락물인 것과 달리 교육, 건강, 군사, 전략 등에 활용할 수 있는 응용 효과를 강소한 새 종류 게임 콘텐츠를 말한다. 이 새로운 게임은 이미 사행성 게임 쪽으로 오락 중독성이 극단화하고 있는 게임 장르 쏠림을 바로잡아 주는 균형추 구실을 톡톡히 해내고 있다. 동시에 게임 콘텐츠가 인류 교양과 건강, 자립 등에 복무하도록 길을 터줌으로써 영화, 출판, 방송 못지않게 양성화된 주류문화, 주력 성장산업으로 발돋움하는 데 결정적으로 기여하고 있다. 한때 '사회악'으로까지 손가락질 받았던 게임 산업 위기를 극복하게 해주는 메시아와도 같다.

4차산업혁명 시대 문화산업 성장동력을 '산업의 문화화'로 본다고 할 때 이 혁신 방향에 가장 부합하는 게 게임화라는 분석도 가능하다. VR, AR, AI, 로봇, 빅데이터, 사물인터넷과 같은 4차산업혁명 핵심 기술을 활용하여 모든 기업과 기관, 단체의 생산성을 높이고 ICT, 금융, 유통, 교육, 복지, 국방, 정책과 같은 사회 각 부문 혁신 노력도 게임화가 촉진할 수 있다.

특히 한류 콘텐츠 경우, 아예 문화적 할인이 없는 초국적성 보편 콘텐츠를 내놓아야 한다는 논의가 활발하다. 게임이야말로 세계경영이 가장 앞서 있는 비국가적 만국 공통 놀이 콘텐츠다. 한국은 커뮤니티 참여 기반 인터넷 게임 발명 성지이기도 하다. 현재 게임화 흐름에서 뒤처져 있긴 하지만 K POP과 드라마, 영화, 캐릭터, 공연에서 끌어올린 높은 수준을 게임화와 접목하게 된다면 강력한 수단이자 미래 먹거리가 될 터이다. 당장 먹구름으로 닥친 한류 위기와 문화산업 답보 상태를 해결할 최종 병기로써 게임화 엔터 키를 경쾌하게 누를 시점이 찾아왔다.

〈그림 76〉 나이키 게임화 응용 사례 〈Mango Health〉와 〈Nike Fuel Mission〉

자료: https://www.slideshare.net/manumelwin/nike-fuel-mission-gamification-in-healthcare-manu-melwin-joy

수익화

지상 최대 브로드 마켓인 미국과 중국에서 성공을 굳혀야 한다. 이를 위해서는 한류 콘텐츠 마케팅 정보 교류 센터 상설화와 같은 구체적 실천에 집중해야 한다. 한류 마케팅 관련 정보를 생성, 공유하고 고객 타겟팅 고도화를 위한 데이터 분석, 머신 러닝 작업 등을 관장할 교류 센터 설치가 급선무다. 이 센터를 통해 시장 정보, 고객 데이터가 순환하는 체계를 만들 수 있다.

더불어 해외시장 지식 환류, 학습 체계 구축도 가능하다. 한류 마케팅 직접 당사자인 해외 현지 소비자 관련 최신, 최정예 정보를 주관, 참여 기업에 제공하고 전략 자문까지 하는 환류 시스템이 생기는 셈이다. 중국 시장의 경우 2016년 하반기 이후 부정확한 정보, 불확실한 동향, 미비했던 실태 조사로 인하여 기껏 공들인 한류 마케팅 활동 자체가 무력화된 값비싼 경험을 상기해야 할 터이다. 따라서 중국이나 해외 전략 거점 국가의 경우 문화와 소비 트렌드를 정확하게 읽어내고 이에 상응하는 비즈니스 기회 분석, 경쟁상황 예측 등 고급정보를 생성 또는 입수하여 해당 주관, 참여 기업들에 제공해야 한다.

이를 통해 한류 최일선의 글로벌 전략 품목으로서 브랜디드 콘텐츠를 집중 배치하는 전략 실행에 나서야 한다. 초국적 보편적 해외시장 수용 가능성이 큰 시그너처 품목으로서 브랜디드 콘텐츠에 대한 인증 시스템을 도입해 품질 관리를 담당하는 실무도 수반해야 한다.

또한 캐릭터도 포함하는 브랜디드 콘텐츠는 하나의 콘텐츠 속에 브랜드를 연계시켜야 한다. 이는 단편 영상, 웹툰, 게임 등 다양한 표현도 적극적으로 권장해 볼 수 있다. 브랜디드 콘텐츠에서 정보 요소보다 엔터테인먼트 요소가 더 강한 경우 브랜디드 엔터테인먼트 마케팅(Branded Entertainment Marketing)이라 부르기도 하는데 캐릭터야말로 이러한 놀이, 재미 요소를 키워주기 때문이다.

콘텐츠 출연자가 마케팅 큐레이터 역할까지 겸임하도록 함으로써 콘텐츠 산업과 유통 산업이 랑데부하게 유도할 필요가 있다. 최근 유튜버를 보면 크리에이터들이 제품을 '홍보' 하는 것을 넘어서 제품의 초기 단계에서부터 크리에이터가 중심이 되어 직접 브랜드를 런칭하는 형태가 늘고 있다. 이러한 MCN 콘텐츠 소비, 수익 흐름에 착안하여 콘텐츠와 결합한 유통 마켓을 신설하는 것도 좋은 방법이다.

지속화

한국의 콘텐츠가 진입이 어려운 글로벌 시장이나 교육 인접 영역에서도 지속적인 마케팅 활동을 통해 미래 수익 기반을 확보하려는 움직임이 필요하다. 영화나 드라마에서 시리즈 콘텐츠와 같은 지속적 마케팅 활동에 기반을 둔 브랜디드 콘텐츠 운영을 통해 글로벌 교육 콘텐츠의 문화적 할인율 장벽과 일부 서비스 브랜드 낮은 인지도 제약을 극복하는 것도 좋은 방향이다. 한류 마케팅 리더 역할을 하는 주관 대기업과 참여 중견기업들은 CSV(기업의 공유가치), CSR(기업의 사회적 책임) 활동을 지속적으로 펼침으로써 영속적인 고객관계관리에 주력해야 한다.

기업들의 문화마케팅 관심을 적극 유도하고 활용하는 것도 콘텐츠 기업의 훌륭한 전략이 될 수 있다. 기업들은 CSR 활동의 중요성을 인식하고 좀 더 적극적이고 전략적인 CSR 활동을 통해 기업에 대한 긍정적 이미지를 형성하려고 하므로 문화콘텐츠를 매개로 중소기업과 공동 마케팅을 수행하는 지속적 협업에 더 큰 의미를 부여한다.

실제로 제조업체 등 기업들은 한류 마케팅을 사회 참여를 통한 지속적인 캠페인 활동으로 간주하고 있으며 성공적인 운영을 위한 원칙을 준수하고자 한다. CSR이 쌍방향적 소비자 참여형 프로그램인 경우, 기업의 일방적 커뮤니케이션보다 소비자로 하여금 사회적 연결감을 더 크게 인지하게 함으로써 CSR 평가를 긍정적으로 하게 되며 결국 긍정적인 평가는 참여 의도를 높인다는 연구 결과도 나와 있다. 결국 CSR 활동을 통해 기업 이미지나 명성을 제고하기 위해서는 단발적 캠페인보다는 좀 더 효과적인 CSR 활동을 위해서 콘텐츠를 매개로 한 일관된 메시지를 통한 지속적인 캠페인이 필요하다는 점을 강조해야 한다.

특성화

한국이 강한 ICT 활동 스마트 콘텐츠와 도래한 4차산업혁명 관련 뉴 콘텐츠에 철저하게 특화된 한류 마케팅을 지향해야 한다. 이미 세계적인 콘텐츠 선도 기업들은 4차산업혁명 기회를 적극적으로 활용하고 있다. 국내외 선도 기업들은 기업경영활동 구조로서 가치사슬 모형 속에 콘텐츠 활동(content activity) 역할과 기능을 강화해왔다. 콘텐츠 기업 일반적인 가치사슬인 기획 → 개발 → 제작 → 유통 흐름에서 특별한 개별 핵심 요소들인 상상 → 몰입 → 창의 → 발명 → 혁신 플랫폼을 새 무기로 장착하여 한층 업그레이드하고 있는 선도 기업들을 따라 함께 준비해야 한다.

한류 콘텐츠 대표 OTT(over the top) 플랫폼 키우기도 꼭 필요한 전략이다. 유튜브와 넷플릭스 공세에 대항하는 한류 콘텐츠 특화 미니 메이저 플랫폼을 설계해야 한다. 글로벌 OTT가 주도하는 플랫폼 기반 콘텐츠 소비 트렌드에 선제적으로 대응해야 한다. 다국적 OTT 브랜드가 슈퍼 플랫폼이 되어 세계 미디어 소비 시장을 사실상 지배하고 있는 동향에 국내 콘텐츠 기업들은 적극적으로 대처해야 한다.

아울러 유튜브, 넷플릭스 같은 기존 슈퍼 플랫폼에 납새하는 PIP(플랫폼 인 플랫폼) 전략과 함께 한류 콘텐츠에 특화한 공공 플랫폼인 아시아 콘텐츠 뱅크(K콘텐츠 플랫폼)와 같은 자체 브랜드 OTT에 한류 마케팅을 중점 공급하는 특성화 전략도 필요하다. 이때 주관 기업 자체 브랜드와 다양한 서비스로 흩어져 있는 한류 마케팅 콘텐츠를 연결하여 응집시키는 플랫폼 포괄 네트워크 전략을 추진해야 한다.

한국형 슈퍼 플랫폼 또는 미니 메이저 플랫폼 전략은 기존 오프라인 구체제 유통을 대체하는 온라인 신유통 시스템으로서 작동하게 된다. 콘텐츠 사업자가 수출 등 해외시장 진출을 하는 유통경로 범주에서는 글로벌 퍼블리싱과 신디케이션, 디지털 플랫폼 등 2가지 영역이 들어오는 개념이다. 온라인 신유통에서는 해외 진출을 포함한 콘텐츠 판매와 공급, 거래와 계약, 수익배분, 마케팅 관리, 서비스 운영 등 개별 기능들이 좀 더 효율적인 방향으로 변화하게 된다. 콘텐츠 유통시스템 혁신을 돕는 사회적 지원을 의미하는 유통환경 측면에서는 유통인력 교육, 정보 인프라 지원 등 2가지 부문에서 온라인 디지털 유통 전략 과제가 개별 기업을 포함한 시장 전체, 산업적 차원에서 들어온다.

II. Do

(업무 실행 : 비즈니스 모델)

8 창의적 사업 기획, 개발

액션 플랜을 액션 실행(Doing)으로 넘기면 명실상부한 미디어 콘텐츠 경영 실전 실무가 시작한다. 1부 전체 내용이 나 자신과 상황, 환경 흐름을 보는(Seeing) 것이었기 때문에 2부는 1부의 조사 분석 평가를 통한 전략 생성에 기반을 두고 업무에 돌입하면 된다. 이제부터는 좌고우면하지 말고 한 번 정한 방향성, 작전 그림에 따라 돌격하는 일에만 집중할 때다. 비즈니스 모델 전략 수행이라는 결전의 시간이 찾아왔다.

미디어 콘텐츠 경영 실무는 전략프로그램을 세워 둔 액션 플랜을 실제 상황에 들어가 착수하는 데서부터 시작한다. 기업이 신사업을 내놓기로 했다거나 기존 사업을 확장, 다각화하는 뉴 비즈니스를 개시하는 경우라면 기획, 개발이 가장 먼저 떼는 첫 발자국이 된다. 첫 걸음을 떼는 사업 기획 개발 업무를 명확하게 위치시켜 알아보기 위해서 비즈니스 모델을 형상화해보자. 미디어 콘텐츠 경영 실제 업무를 1부에서 다룬 가치사슬 흐름보다 더 단순하고 적합하게 재구성하면 PP(pre production) - MP(main production) - PP(post production)으로 압축할 수 있다. 주로 할리우드 방송영상 기업들이 간명하게 사용해온 3단계 전 과정이다.

〈그림 77〉 사업기획개발 활동의 위치

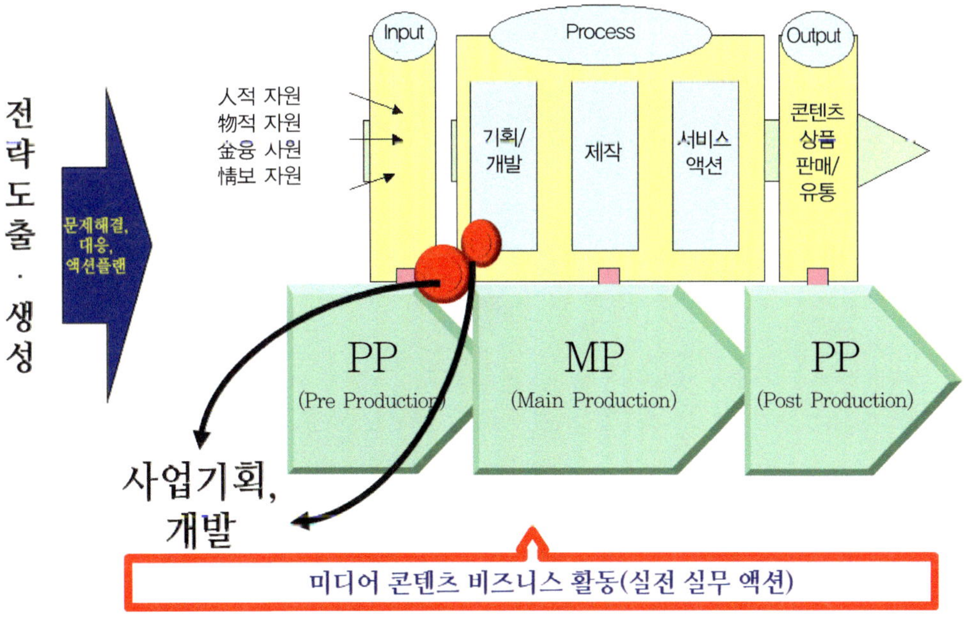

여기서 PP(pre production) 활동과 MP(main production) 초기 일부 과정이 곧 사업 기획 개발에 해당한다. 미디어 콘텐츠 비즈니스 활동의 실전 실무 액션에서 가장 첫머리에 해당하는 권역에서 사업 기획 개발을 개시함으로써 뒤이어 메인 제작(MP), 후반 공정(PP)이 따라오는 구조다. 메인 제작(MP)은 단순한 제작시스템을 넘어 전사적 경영관리 개념을 포함한다. 후반 공정(PP)도 제작 후 공정에만 국한하는 게 아니라 유통과 마케팅, 서비스 등 시장 활동까지 포괄하게 된다.

미디어 콘텐츠 경영 실전 실무의 첫 단추인 사업 기획, 개발 업무의 중요한 미션은 사업계획서 작성이라고 할 수 있다. 정해진 방향성, 만들어놓은 전략을 구체화하여 실행할 매뉴얼 같은 작전 시행 세칙을 만들어 나눠 가져야 한다. 사업계획서 작성 업무로 집약하면 된다. 액션 플랜 이후 또다시 중복되는 플랜이 아니라 실제 매뉴얼 성격으로 보면 좋겠다.

이번 장에서는 사업 기획, 개발의 다양한 실제 예시를 먼저 보고 창의적인 기획, 개발 노하우 한 가지를 소개한다. 기업의 전략 실행, 실현을 위한 창의적인 기획, 개발 활동인 〈쿨헌팅 인터뷰(C.H.I. : Cool Hunting Interview)〉다. 이어서 사업기획개발 활동의 주요 미션인 사업계획서 실무를 보고 산학협업을 통한 성공적인 기획 개발 사례를 차례로 탐구한다.

1) 개요

〈그림 78〉 예시 (데브시스터즈 기획, 개발 활동 1)

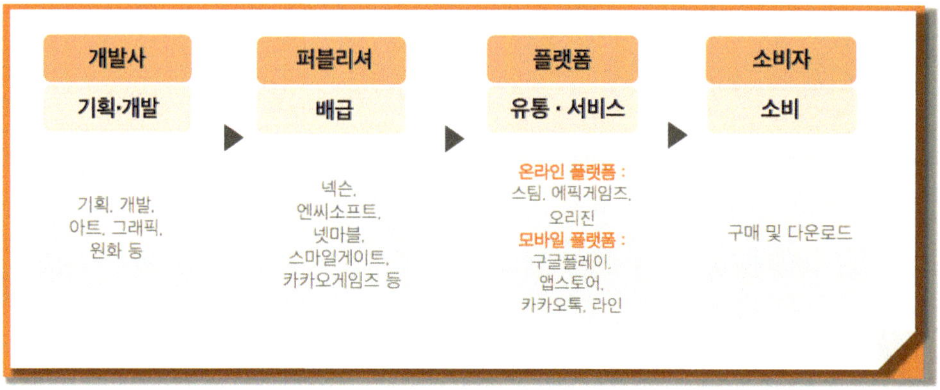

자료 : 성신여대(2021), 강의「미디어 비즈니스」팀 프로젝트 발표문

모바일 게임 콘텐츠의 메가 히트인 〈쿠키런〉을 보유한 데브시스터즈는 게임 비즈니스의 기획, 개발 업무 특성을 최대한 활용하고 있다.

오리지널 콘텐츠 창작 단계의 아트워크와 디자인 기획 부문에 전사적 자원을 특화해오고 있다. 이 회사는 게임 기획 능력과 아트 디자인 개발 능력에 역량을 집중함으로써 중소 규모 미디어 콘텐츠 기업으로서 여러 제약을 넘어서고 있다. 퍼블리셔 배급과 플랫폼 유통 부문은 강력한 브랜드와 포털 업체들에 의존하여 협업하는 구조다. 이 때문에 엔씨소프트, 넷마블 등 퍼블리셔나 네이버 라인, 카카오, 구글과 같은 슈퍼 플랫폼에 비해 우수한 인력을 풍부하고도 안정적으로 확보하기 힘들다는 단점을 안고도 있다. 그러다 보니 메가히트작 〈쿠키런〉 IP 매출 의존도가 심화하여 오히려 새로운 비즈니스 창출이 지체되고 있다고 분석한다. 〈쿠키런〉에서 검증된 기획, 개발 역량을 응용해 새로운 게임 창안을 성사시키는 것이 회사의 지속적 성장과 발전을 가르는 승부처가 될 수 있다는 얘기다.

〈그림 79〉 예시 (데브시스터즈는 기획, 개발 활동 2)

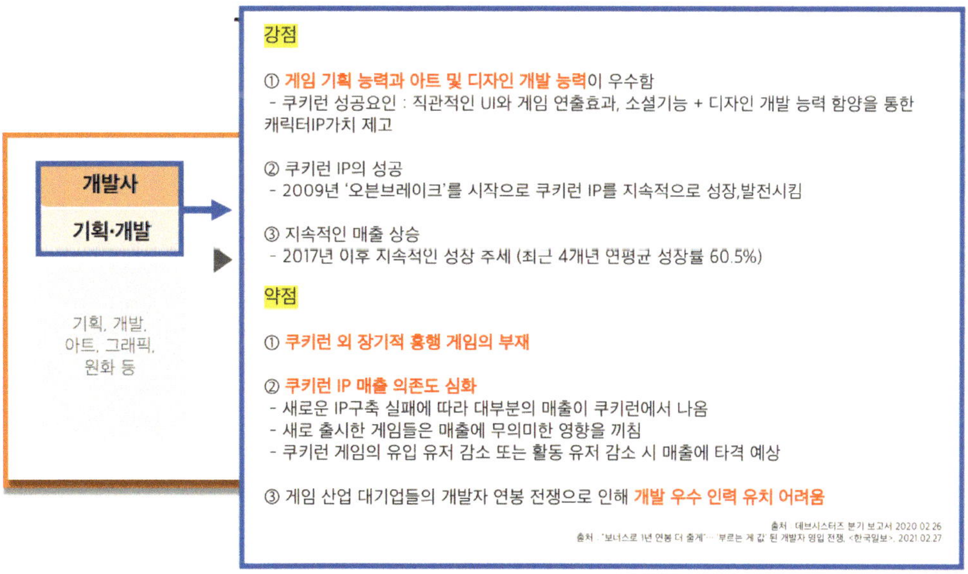

자료 : 성신여대(2021), 강의「미디어 비즈니스」팀 프로젝트 발표문

영화 비즈니스 기획

영화 비즈니스의 경우 개발 과정을 1단계, 2단계로 나누어 진행하기도 한다. 사전 기획을 통해 대강의 시놉시스를 정하게 되면 곧바로 연속적인 비즈니스 의사결정 단계에 돌입한다. 기본적으로는 개발단계(development)를 영화 시나리오를 완성해가는 작업으로 규정하고 있다. 원작과 대본의 힘이 결정적임을 잘 느낄 수 있다.

먼저 기획에서는 머니 코드(money code)라고도 부르는 비즈니스 모델의 핵심 콘셉트를 제시해야 한다. 지금부터 준비해 2년 후, 3년 후에 내놓을 신작 영화라면 장르를 떠나 영화 콘텐츠의 판매 포인트(selling point)를 단박에 알 수 있는 키워드이자 코드를 맨 먼저 각인해야 한다. 예를 들어 엽기로 가느냐, 노스탤지어 코드로 하느냐 하는 기본 방향성을 끌어내는 첫 단추가 기획 작업이다. 이 부분이 해결되어야 로맨틱 코미디나 액션 같은 장르도 바로 연결하여 결정할 수 있어서다.

〈그림 80〉 한국 영화 비즈니스 흥행 코드

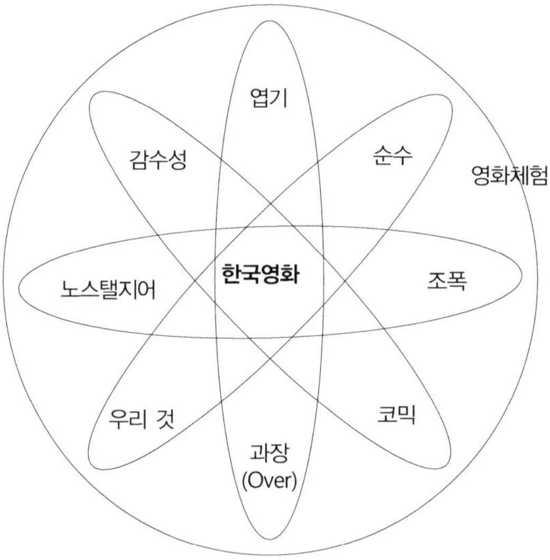

기획을 완료하면 제작사 이사회가 움직여 개발 결정 - 원작(저작권) 구매 - 작가선정 - 감독선정 - 시나리오 작업을 연쇄적으로 작동시킨다. 이때부터 가치 창출의 주역인 제작자와 작가, 감독 3자의 팀플레이가 본격 가동된다. 시나리오 방향이 설정되면 개발 2단계로 나아가 제작기획서 작성 - 시나리오 작업 - 주연 캐스팅 - 파이낸싱 - 제작단계 전환이 사슬처럼 연결된다. 프로젝트 파이낸싱을 통해 제작 예산선도 구체적으로 나오게 되고 마케팅 전략

의 초벌 밑그림 또한 슬슬 그려지기 시작한다.

〈그림 81〉 영화 비즈니스 기획 개발 과정

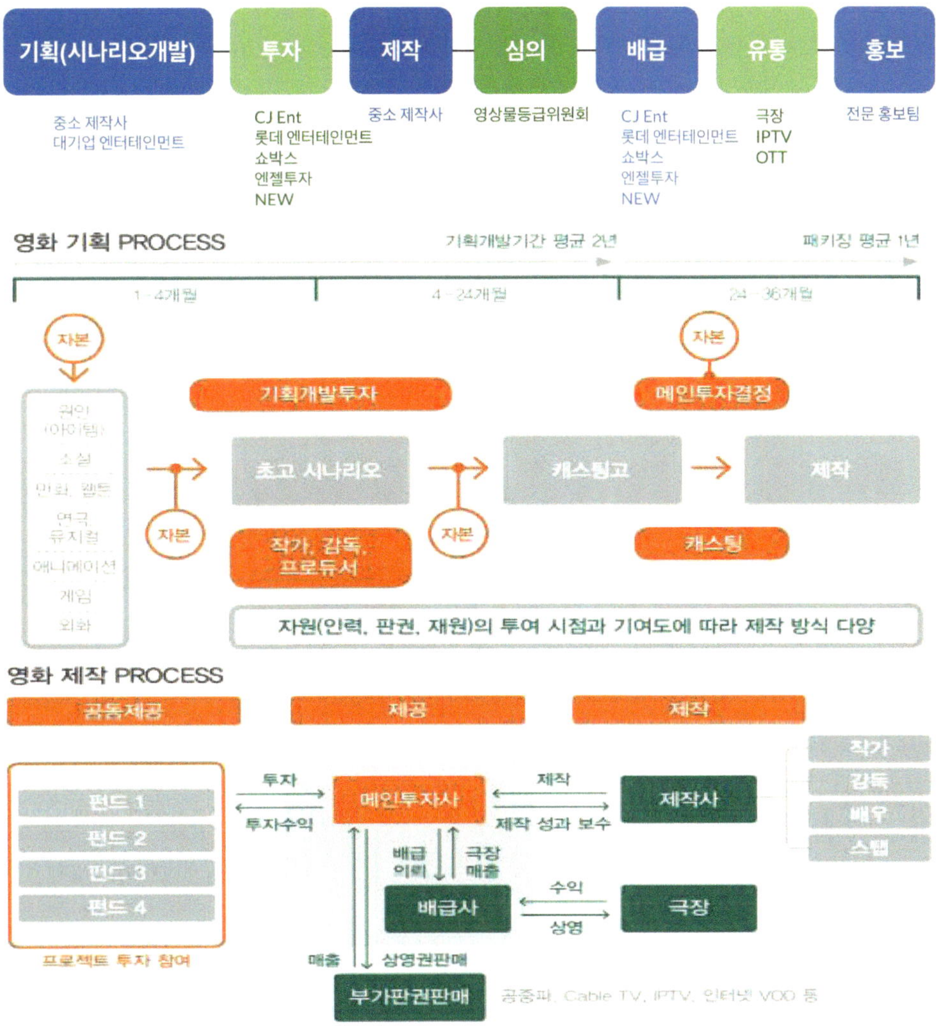

자료 : 부산영상위원회(2017), 부산지역 영화 기획 · 개발 워크숍 초록, https: //blog.naver.com/PostView.nhn?blogId=windseatree&logNo=222292152189&from=search&redirect=Log&widgetTypeCall=true&directAccess=false

영화 비즈니스에서 기획, 개발 부문을 프리 프로덕션(PP: pre production) 이전으로 구분하여 보기도 한다. 미디어 콘텐츠 비즈니스 활동을 펼친 가치사슬에서 기획 개발을 맨 먼저 놓고 이어 프리 프로덕션을 두고 그다음부터 제작-후반작업-국내 배급-해외 배급으로 연결하는 개념이다. 이는 PP(pre production) - 제작(MP : main production) - 후반 작업(PP : post production)으로 구분하는 관점이다. 이 때 기획 개발은 비즈니스 제안, 기획 단계에서 감독과 작가, 주요 제작진을 구상하고 의사 결정하는 단계를 말한다.

〈그림 82〉 영화 비즈니스 가치 사슬과 기획/개발 활동

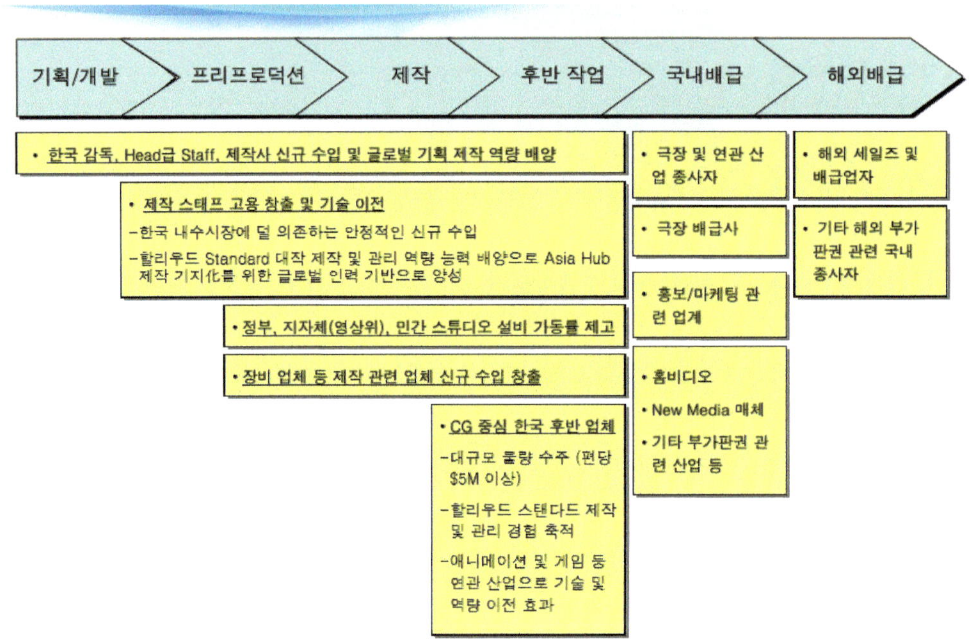

자료 : CJ엔터테인먼트 (2010), '한국 콘텐츠산업의 글로벌 도약을 위한 Global Film Fund 제안'

방송 산업에서는 영화와는 다른 독특한 포맷 비즈니스 기획, 개발 활동이 있다. 드라마나 엔터테인먼트 쇼(예능)는 물론이고 뉴스, 시사, 다큐멘터리 영역에까지 포맷의 기획, 개발 능력을 겨루는 진검승부가 세계 프로그램 마켓에서 열기를 띠고 있다. 영국의 경우 국영 BBC가 산학협력을 통한 R&D(연구개발) 활동을 통해 어린이 프로그램인 〈텔레토비〉와 같은 포맷을 개발한 다음 자매회사인 BBC 월드와이드를 통해 전 세계에 수출하는 마켓 메이커 역할을 해왔다. 관련 시장을 선도할 수 있었던 초기 활동 단계의 경쟁력이 곧 기획, 개발 역량에 놓여 있었다.

방송사의 포맷 기획은 사전 기획조사, 아이디어 설계, 모의 피칭 활동 등 매우 치밀한 디테일을 보여준다. 영화보다 주기가 빠르고 경쟁 여건도 더욱 치열하여서 신속하고도 체계적인 프로세스를 읽을 수 있다. 이때 나오는 초기 설계는 기획, 개발 매뉴얼에 해당하는 사

업계획서 작성 업무와 상통한다. 포맷 개발 단계로 오면 편성 논의가 시작되고 파일럿 테스트에 돌입한다.

이렇게 완성된 포맷은 그 자체가 콘텐츠 상품이 되어 프랑스 칸의 MIPCOM, MIPTV 등 견본시장 마켓플레이스에서 활발하게 거래된다. MBC가 제작한 〈복면가왕〉이 대표적인 수출 성공사례다. 한국에서 방영하는 완성품 콘텐츠가 있지만, 미국 등 여러 나라 방송사에서는 포맷만을 사들여 각자 시장의 분위기에 맞는 새로운 연출을 해낸다. 미국 NBC가 원작 포맷을 가져와 변형 제작한 〈Masked Singer〉 시리즈가 크게 성공하면서 포맷 비즈니스의 가치에 관한 관심이 크게 높아지고 있다.

〈그림 83〉 방송 포맷 비즈니스 기획, 개발

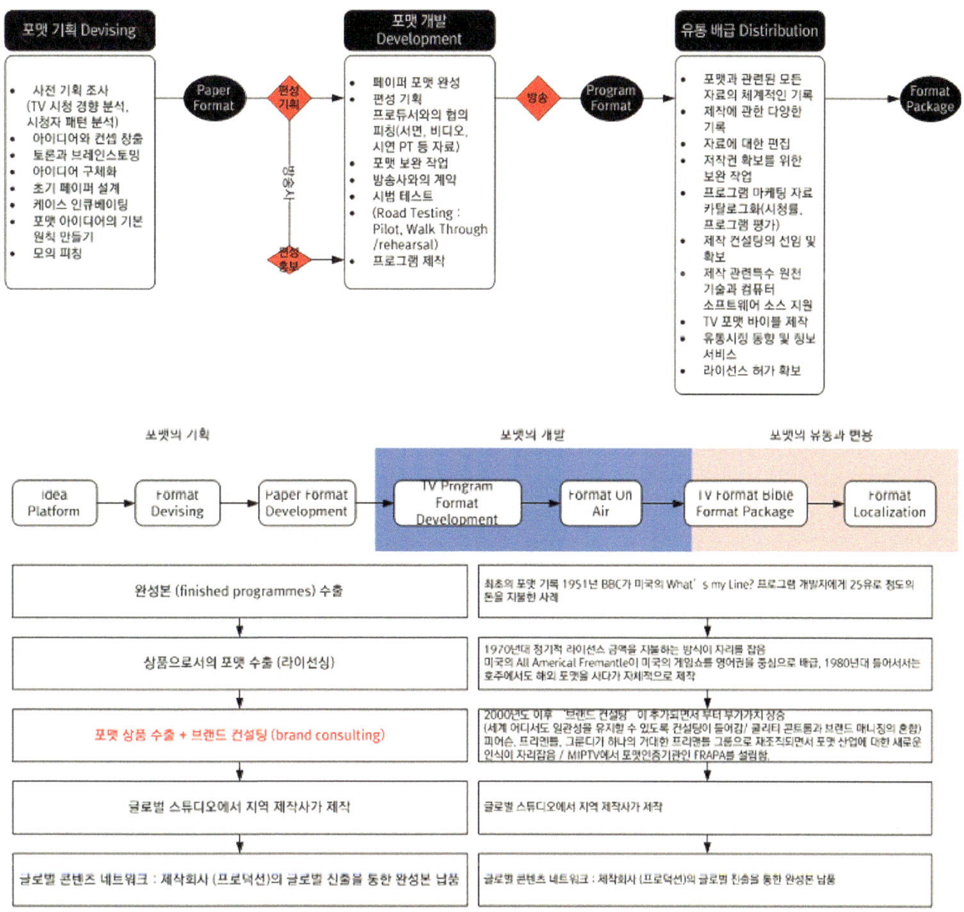

자료 : 성신여대(2021), 강의 「미디어 비즈니스」 팀 프로젝트 발표문

프랜차이즈 IP 기획

미디어 콘텐츠 경영 활동인 비즈니스 기획, 개발에서 프랜차이저 IP(franchise IP) 기획이 중요한 이유는 경제적으로 자족한 상태, 즉 자기 완결성을 갖추어 지속 가능한 자립을 할 수 있기 때문이다. 영화의 경우 프랜차이저 무비의 가장 성공적인 대명사인 007 제임스 본드 시리즈는 그 자체가 브랜드가 되어 더는 다른 광고나 협찬에 의존하지 않아도 되는 위상을 갖추게 되었다.

마치 월드컵이나 올림픽, EURO 축구대회가 스스로 일정 주기에 맞춰 대회를 개최하고 수많은 후원사와 중계권, 상품 판매 수익원을 파생하는 것과 같다. 이때 4년마다 열리는 범지구적인 대회 흥행 자체가 곧 본원적 콘텐츠가 되어 여러 발달한 파생 수익원을 거느리는 구조가 된다. 이와 똑같이 007 제임스 본드 시리즈나 해리 포터 시리즈, 반지의 제왕 시리즈, 쥬라기 공원 시리즈, 마블 엔터테인먼트 히어로물, 스타워즈 에피소드, 미션 임파서블 같은 프랜차이저 IP는 스스로 제1 슈퍼소스(one super source)이자 본원적 콘텐츠(primary content)가 되어 준다. 그 어떠한 플랫폼이나 채널, 유통시스템에 휘둘리지 않는 독자성을 갖출 수 있다. 사전 계약과 같은 모든 협상권에서 콘텐츠 아웃사이더들에 대한 우위를 점하여 고객, 독자, 이용자들에게 손상되거나 굴절되지 않고 좀 더 임팩트 있는 서비스 패키지를 제공할 수 있다.

반대로 프랜차이저 IP에 훨씬 못 미치는 스몰 콘텐츠는 수익모델 압박 때문에 PPL, 스폰서, 편성권, 스타 시스템에 예속이 되게 마련이다. 하여 원천적인 미학적 가치, 사회 · 문화적 가치의 상당 부분을 상실하고 마는 이른바 통속적인 커머셜 브랜디드 콘텐츠(commercial branded content)로 위축될 수 있다.

한편으로는 오랫동안 한국에서 프랜차이저 IP가 나오지 못했던 이유에 대해서도 고찰해 볼 필요가 있다. 콘텐츠를 본원적 가치로 여기지 않고 오랜 기간 편성 권력, 광고주 협찬사 자본 권력, 인터넷 모바일 유통 권력에 부속된 액세서리쯤으로 치부해온 탓이다.

가령 MBC 〈전원일기〉 경우 21년을 하면서 중간중간 변곡점을 맞아 적절한 프랜차이저 IP로 전환하여 수익모델을 고도화했다면 하는 아쉬움을 남겼다. 방송사에도 좋고 출연 배우들 제작진들뿐만 아니라 예비 지망생들에게도 매우 좋은 기회가 되었을 텐데 그러한 결정을 못 했다. 매번 전원일기 극 중 캐릭터 모두에 할애한 편집을 해야 한다는 고루한 패턴을 바꾸지 못한 관행도 점점 긴장도와 재미를 떨어뜨리고 말았다.

그 당시만 해도 공중파 방송의 공공성, 공익성에 대한 병적 집착과 반시장주의적 신념과 정서가 너무 강해 이른바 자기 검열의 악순환에 빠진 탓이다. 너무 출중한 PD도 나와선 안 되고 엄청난 부를 얻는 배우나 연예인 대중 스타도 용납을 못 하는 미디어 종사자 구성원들 의식의 한계가 운신의 폭을 좁히고 말았다.

프랜차이저 IP로 재창조하여 사적 영역(private sector)에서 투자도 많이 받고 큰 이익도 얻어 중화학 공업이나 반도체 사업을 하는 대기업 정도로 미디어산업이 발달하게 되면 안 될 거라는 이상한 경계심도 있어 보인다. 모두가 손가락질하는 상업주의로 빠지는 죄악을 짓고 만다는 몹시도 이율배반적인 사고, 이해 못 할 시대착오적 행보가 분명 있었다. 신원호, 나영석 PD가 KBS를 벗어나 CJ로 넘어와서야 비로소 한국형 프랜차이저 IP가 꽃피우게 된 것이 생생한 예증이다.

국내 선도 사례로서 CJ ENM의 프랜차이저 IP 투자와 전략을 들여다보도록 하겠다. 나영석, 신원호 감독과 김태호 PD는 한국형 프랜차이저 IP의 새 지평을 개척하는 혁신자이자 크리에이터로서 높은 성취를 계속 만들어나가고 있다. 특히 CJ는 〈슬의생〉, 〈응답하라(1997, 1994, 1998)〉, 〈신서유기〉, 〈대탈출〉을 성공적 킬러 콘텐츠 포트폴리오로 승격시킨 업계 리더로서 미디어 콘텐츠 명가로 성장하고 있다.

미디어 기업 경영관리 측면에서 가장 뛰어난 점은 거래 비용(transaction cost)을 과감하게 줄이고 컨트롤할 수 있는 경영시스템을 확보했다는 사실이다. 시즌 1부터 설정한 율제 병원이며 출연 캐릭터, LTV(Lifetime Value, 가치주기)에 따라 흘러가는 스토리텔링 등 모든 요소들이 신규, 추가 비용 부담을 최소화할 수 있도록 하였다.

중요한 것은 이러한 비용 절감에서 얻는 재원과 잉여 자원을 매번 새로운 포인트에 적절하고도 공격적인 투자를 실행하는 창의적 도전이다. 비용 절감 분을 상회하는 적극적이고 창의적인 투자를 하지 않으면 프랜차이저 IP의 유일한 취약점인 진부함, 매너리즘 관행으로 발목이 잡힐 수 있어서다.

007 제임스 본드가 매번 세계 일주를 시켜주듯 하는 센세이션한 로케이션에 크게 투자하여 크게 수확한 것과 같이 CJ의 프랜차이저 IP도 명확한 부가가치 전략을 세워 보여줘야 하겠다. 상소나 공간 세트든, 작가든, AR / VR / 메타버스 등 신기술이든 오로지 참신한 경험(fresh experience)만이 고객의 팬덤을 창출하고 유지해나갈 수 있다.

2) 사업계획서 작성

사업계획서를 방송 포맷 기획 단계에서 나왔던 초기 페이퍼워크 설계 활동을 계속해서 반복하는 액션 플랜의 연속이라고 볼 필요는 없다. 기획, 개발 매뉴얼에 해당하는 사업계획서라고 보는 것이 정확하다. 전략 수립 직후에 꼭 필요한 현장 실무 지침이며 도면으로서 매뉴얼이 된다.

사업 기획과 개발단계에서 암묵지(tacit knowledge)는 힘을 발휘하기 힘들다. 반드시 명백지(explicit)를 표방하는 설계 도면이 쥐어져야 한다. 일단 설계 도면을 갖고 건물을 짓듯이 사업하는 한 땀 한 땀이 만들어질 수 있다. 척하면 안다는 노하우나 시크릿 같은 암묵지가 특별한 경우에 잘 통할 수도 있다. 하지만 조금 큰 규모로 넘어서고 복잡한 상황으로 들어가게 되면 '거시기 거시기' 하고 눈만 깜빡이는 이심전심 불립문자 식으로 운영하는 게 불가능해진다. 도면이라는 명백지 또는 그에 근접한 체계가 잡힌 내용을 도면으로 봐가면서 사업 하나 굴리는 쪽이 훨씬 더 효율적이고 성공적이다. 이 도면이 바로 사업계획서이다.

사업계획서는 여러 버전이 가능하지만 대체로 다음 10가지 구성 목차로 하면 된다.[28]

1. 사업화 대상 기술, 서비스, 아이디어 개요
2. 비즈니스(서비스, 기술 등) 계획, 내용
3. 선행사례(Benchmark) 분석(현장 인터뷰, 취재 등)
4. 시장 상황
    a. 시장규모(국내 관련 시장 등)
    b. 경쟁환경 분석(수출입 현황, 경쟁회사 등)
    c. 주요 수요처(소비자) 분석
5. 비즈니스 추진 계획
6. 인력확보 계획
7. 자금확보 계획
8. 사업장 등 기타 소요 자산 확보 계획

28) Business Plan Competition 1996/97, Pro Bono Engagements in Berlin and Munich, GermanyHow to Write a Business Plan - the Business Plan Competition Guide to Plan Preparation

9. 영업목표와 향후 매출 예상
10. 사업의 비전과 목표

1. 〈사업화 대상 기술 서비스 아이디어 개요〉는 뒤이어 나오는 타미 힐 피거의 쿨 헌팅 인터뷰(C.H.L.) 성과물인 이미지 셋팅 내용을 준용하면 된다. 올겨울 윈터 컬렉션에 출품할 시제품의 아이덴티티와 상세한 특성을 설명을 해주고 내년 봄 시장에 리버럴한 성향을 지닌 진취적인 틴 에이저들을 공략할 것이라고 덧붙여주면 좋다. 게임 콘텐츠와 같은 베타 버전 파일롯 테스트가 중요한 사업 도메인이라면 포커스 그룹 인터뷰(FGI)와 마니아 그룹 인터뷰(MGI)를 시행해 고객들로부터 반응을 곁들여 보강하는 것도 좋은 방법이다.

2. 〈비즈니스 계획과 내용〉은 제1부 내용에서 다룬 사업 도메인으로서 비즈니스 모델, 즉 수익모델을 어떻게 설정하였는지를 상세하게 보여주면 된다. 이때 중요한 것은 비즈니스 계획과 내용이 이론적, 학술적 차원이 아니므로 마치 집에서 할머니 할아버지한테 말하듯이 이해하기 쉬운 용어와 표현으로 나타내는 일이다. 상식적으로 전달하여 사업계획서 도면을 처음 접하는 현장 일꾼들이 곧바로 실행할 수 있도록 한다는 것을 명심해야 한다.

3. 〈선행사례 벤치마크 분석〉은 전략을 생성해내기 위해 제1부 내용 선체에서 나룬 내로 이제 곧 실행한 우리 기업의 프로젝트, 비즈니스의 디테일을 묘사하는 것과 같다. 이미 훑고 간 선도적 선진적 선행사례의 시나리오를 가져와 최대한 축약하여 읽어주는 친절한 나레이션이라 하겠다. 이 부분은 전략적 포석으로도 매우 중요하다. 모방하는 장점을 취하는 접근이다.

제아무리 참신하고 획기적인 사업 기획이라도 하늘 아래 새로운 태양일 수는 없다. 부분적으로라도 먼저 치고 나간 선행 모델이 있게 마련이다. 실패했건 성공했건 상관없이 이런 사례를 한 번 더 숙지하고 사업에 착수하는 편이 훨씬 더 안정적이라는 의미다. 외부 투자를 받기 위한 사업계획서 작성이라면 더더욱 이 부분이 요긴할 수 있다. 사업의 실현 가능성, 이전 경험을 정리해놓고 있다면 훅 들어오는 돌발 질문, 까다로운 코멘트에도 잘 대응할 수 있다. 내부 조직안에서 스멀 스멀 올라오는 부정적인 지적에도 선행 사례 분석은 히트 상품이 될 수 있다.

4. 〈시장 상황〉에는 시장규모를 먼저 적시해야 한다. 전체 운동장 크기가 얼마인지를 알아야 한다. 간혹 전략은 세워졌고 공유하였으되 신규 시장규모를 제대로 예측하지 못해 감으로만 예산과 인력을 투입하여 소기의 실수와 실패를 하고 마는 경우도 많이 있다. 그 다음 경쟁환경 분석에서 수출입 현황과 경쟁회사 등 동향 등을 담아야 한다.

제1부에서 이미 해두었던 5 Forces Model 내용을 채택하거나 좀 더 확장하여 제시하면 된다. 글로벌 비즈니스라면 기대수익을 내다보기 위해서라도 수출입 현황과 추이 자료를 동원하는 게 좋다. 세 번째 주요 수요처(소비자) 분석 역시 5 Forces Model 내용을 원용하되 위협(force)에 치중하지 말고 우호적인 부분과 잠재적 수요까지도 포괄할 수 있어야 한다.

이때 예측이 필요하게 되는데 경영 현장에서는 시나리오 플래닝(scenarion planning) 기법을 애용한다. 최고 순간이 되는 더 베스트 시나리오(the best scenario)와 보통 중간 정도인 마더레이트 시나리오(the moderate scenario) 그리고 최악의 나쁜 상정인 더 워스터 시나리오(the worst scenario) 3가지에 대해 모두 전제를 달아 보여주는 것이 좋다. 현재 수요가 아닌 미래 수요를 전망하는 차원이니까 그렇다.

이 시나리오 플래닝(scenarion planning) 기법은 5. 〈비즈니스 추진 계획〉과 9. 〈영업목표와 향후 매출 예상〉에서도 도식화하여 그대로 사용할 수 있다. 이렇게 접근하는 것이 더 과학적으로 보이고 높은 신뢰감을 얻을 수 있다.

5. 〈비즈니스 추진 계획〉은 사업 개시 후 5개년에 걸쳐 전개 양상을 미리 그려보는 작업이다. 비즈니스 전개 후 Y1 ~Y5 구간에 매년 펼쳐지는 과정과 사업 성과를 가시적으로 전제하여 보여주는 대목이다. 4. 〈시장 상황〉에서 말한 시나리오 플래닝 기법을 다시 적용하되 사업과 공급이 창출하는 수요라는 세계관으로 적극적인 공세를 펼치는 것도 괜찮다. 사업계획서 실무가 투자를 유치하거나 내부 승인을 받기 위한 경우가 많아서다. 미래 시기 구분은 Y1 ~Y5로 하지 않고 초단기 단기 중기 장기로 대략 설정할 수도 있다.

6. 〈인력확보 계획〉, 7. 〈자금확보 계획〉, 8. 〈사업장 등 기타 소요 자산 확보 계획〉은 매우 전문적인 실무 역량을 요구한다. 이들 계획은 사업 기획자가 희망하는 사항이 아니고 전적으로 사업계획서를 접수하는 내부 의사결정권자, 외부 투자자 또는 공공자금지원 담당자에 맞추는 내용이라는 점도 중요한 포인트다. 앞서 진행한 4. 〈시장 상황〉과 5. 〈비즈니스

추진 계획〉에서 보여준 시나리오 플래닝에 따라 필요한 인력과 자금, 사업장 등 자산이 책정될 수 있으므로 앞 뒤 내용을 철저히 연동하는 것이 좋겠다.

9. 〈영업목표와 향후 매출 예상〉에서는 미래 시나리오의 구체적 내용을 서술하되 마케팅 영업 활동을 위주로 포함하면 된다. 4. 〈시장 상황〉과 5. 〈비즈니스 추진 계획〉 다루었던 내용을 수렴하여 외부 여건이 조성되는 정도에 따라 주관적으로 추진하는 비즈니스 특히 영업 성과가 달라질 수 있음을 다양하게 보여주면 된다. 최고 순간이 되는 더 베스트 시나리오(the best scenario)와 보통 중간 정도인 마더레이트 시나리오(the moderate scenario) 그리고 최악의 나쁜 상정인 더 워스터 시나리오(the worst scenario) 3가지 범주로 나눠 일관되게 설명하는 것이 전달력을 높일 수 있을 터이다.

10. 〈사업 비전과 목표〉는 사업계획서의 마무리 순서다. 사업 자체 성공 도달점이 되는 미래상을 보여주면 되겠다. 기업이 뉴 비즈니스를 하는 이유에서 출발하여 실제 사업을 추진하게 되면 기업의 위상이 어떻게 달라질 것인지를 말하는 기대효과를 표현하도록 한다.

추진하는 미디어 콘텐츠 비즈니스 한 부분이 기업 전체의 포트폴리오를 변화시켜 기업 정체성과 미션, 비전에 어떠한 영향을 끼치는지를 설명한다. 제1부에서 다룬 하우스 모델의 비전 개념을 참조하여 연동하는 사업 도메인, 업부 구소와 기능 사원, 기업문화를 내포하는 기업 인프라 등을 총체적으로 관측하면서 사업 목표 달성 후 변화상을 실감 나게 그려보도록 한다.

3) 창의적 기획 기법 : C.H.I.

영화 시나리오나 방송의 포맷을 책임지는 실무자가 좀 더 창의적인 기획, 개발해내려면 어떠한 절차와 방식이 필요할까? 어떤 비법이나 비장의 무기를 만나볼 수 있을까? 패션 기업의 상품 기획, 개발에서 숨은 시크릿을 찾을 수 있다. 영국에서는 패션도 창조산업으로 분류하고 있으니 패션 콘텐츠 비즈니스 기획, 개발 사례라고 해도 좋을 터이다.

밖으로 나가버리고 : 쿨 헌팅 인터뷰(C.H.I. : Cool Hunting Interview)

타미 힐피거는 랄프 로렌 폴로에 근접하고 한국 제일모직의 빈폴과는 뭔가 거리를 두고 있는 미국 뉴욕 기반의 의류 브랜드 회사이다. 영화로도 판타지를 잔뜩 심어주고 있는 〈샤넬〉이나 〈구찌〉와 같은 럭셔리 명품에는 클래스가 못 미친다. 주 공략 고객 연령대는 청년 세대이어서 경쟁이 매우 치열한 시장에 속해 있다. 상품 기획, 개발이 그리 녹록지 않다.

이 기업이 1990년대 어느 순간 사업 기획 실무에서 한 발짝도 진전하지 못하는 늪에 빠지고 말았다. 다가오는 가을, 겨울에 내놓을 신상품에 대한 전략은 이미 정해져 하달된 상황인데 정작 핵심 부서인 수석 디자이너실에서 몇 주째 간단한 실마리 하나 잡지 못한 채 집단 멘붕에 빠져들고 있었다. 상품개발을 책임지고 있는 담당 부서에서 사업 기획에 착수할 이미지 셋팅(image setting)을 끝내고 시제품으로 만들어 제작부서에 넘겨야 하는 업무 흐름 공정이 막혀 버린 상황이 되었다. 프로 스포츠 스타 플레이어가 별안간 입스(Yips)에 걸려 선수 생활을 중단할 것인가를 놓고 남몰래 전전긍긍하는 것과 비슷한 돌발 위기 비상이라고 봐야 할 심각한 상황이었다.

입스를 방불케 하는 압박감이 치밀어 오르는 어느 날 아침 일찍 팀장은 회의장에 들어서자마자 팀원 전원에게 소리쳤다. "오늘 말이에요. 모두들 지금 당장 밖으로 나가서 온종일 돌아다니다가 오세요. 어디든 좋으니 뭔가 찾아보고 와서 사업 기획 미팅을 다시 하겠습니다. 우리가 지난주부터 매일 회의하고 있지만 내놓을 만한 기획안의 밑그림조차도 못 잡고 있습니다. 이러다가는 보스가 요구한 다음 주 월요일 마감 때 우리 팀 모두 쫓겨나고 말겠지요. 자 다들 밖으로 나가서 윈터 컬렉션, 내년도 스프링 컬렉션이 내놓을 상품 기획 이미지를 잡아 오세요. 어서들 가방 들고 나가세요."

10년을 넘는 눈부신 경력을 지닌 베테랑 팀장이 지른 특단의 조치였다. 이번 과업에서 팀원들이 유달리 디자인 싱킹의 한계에 다다랐는지 일보 진전도 못하는 교착 상태를 해결해야만 했다. 팀장 자신이 맡은 수석디자이너 실에서 이미 확립된 전략 방안에 따라 신상품의 아이덴티티를 잘 표현하고 구체적인 상품 개발, 제작에 돌입하도록 하는 이미지 셋팅(image setting)이 도안과 시제품 형태로 나와주어야만 제작시스템과 마케팅, 서비스 활동 전체가 돌아가게 되어 있었다.

팀원들은 어안이 벙벙했지만, 팀장 지시대로 각자 생각을 정리해가며 뉴욕 맨하탄 곳곳으로 흩어졌다. 귀환을 명령받은 오후 5시에 다시 미팅룸에 모인 팀원들은 저마다 하나씩 일지를 꺼내 들었다. 누구는 모마(MoMA: Museum of Modern Art) 미술관에 가서 특별전, 상설전을 샅샅이 훑었다. 어떤 이는 미드 타운의 새로운 가게들을 둘러보았다. 또 누구는 트라이베카와 소호 지역의 레스토랑과 아틀리에를 두리번거렸다고 했다. 막내 사원은 엉뚱하게도 타임스퀘어 거리, 록펠러 센터 인근 NBC 스튜디오 근처에서 오가는 관광객이며 버스킹 하는 길거리 예술가들을 하염없이 응시하고 사진도 찍었다고 알렸다. 한데 그 아무도 현재 난관을 돌파할 기획안 윤곽으로 사용할만한 결정적 아이디어는 사냥하지 못한 채였다.

그다음 날 아침 한층 더 피곤한 몰골로들 출근한 팀원들에게 팀장은 다시 한번 출타를 지시했다. 이번에는 자유 동선이 아니라 공원을 가보라는 지침을 던졌다.

〈그림 84〉 타이 힐피거의 쿨 헌팅 인터뷰 활동 이미지

자료 : 타미 힐피거 홈페이지. https://global.tommy.com/ko

그날 오후 원대 복귀한 팀원 하나가 밝은 기색으로 그냥 평범한 뉴욕 시민들의 일상을 공원에서 관찰했다며 몇 가지 관찰한 장면들을 소개했다. 순간 팀장과 한두 명 팀원들 머릿속에는 아하(Ah Ha)하는 유레카 번개가 내리꽂혔다. 애써 흥분을 가라앉힌 팀장은 어떤 발설도 하지 않고 아예 다음날 미션을 좀 더 상세하게 날렸다. 정확히 D-4일 되는 내일에

어디 딴 데 가지 말고 센트럴 파크로 곧장 출근해서 뭔가 다르고 튀는 행색을 한 틴 에이저를 찾아 관찰만 하지 말고 인터뷰를 하고 오라는 지시를 내렸다. 인터뷰는 관찰 대상이 차려입은 스타일에 관한 모든 내용이면 된다고 팀장은 강조했다.

현장 그곳에서는 일본풍이 완연한 Japanese American 10대 중반 소녀들이 아주 특이한 복장과 헤어 스타일을 뽐내고 있었다. 기본적으로 교복 패션이긴 한데 하얀 토시같은 양말로 종아리를 휘감고 머리는 핑크 펑키로 코스프레를 한 것 같았다. 타미 힐피거 팀원들은 팀장의 명령대로 이들 소녀에게 다가가 다짜고자 질문을 시작했다. 놀라는 아이들을 붙잡고 "혹시 모델이니?", "이렇게 입고 나오니까 좋니?", "주말에는 뭐 입을 거니?", "너는 커서 뭐 될 거니?" 등등 닥치는 대로 물었다. 전문 기자도 아닌 디자이너 군단이었으므로 기승전결 따위는 없었고 오직 스타일 미학 자체에만 집중했다. 아이들도 곧잘 응답해주었다. 햄버거 핫도그도 사주고 몇 시간째 인터뷰 형식 대화를 하다 보니 그토록 찾아 헤매든 실마리가 잡혔다. 신인류라는 키워드였다. 교복 패션을 허물어뜨리며 자신들의 특이한 펑키 스타일을 연출한 이들의 원조 원형은 최근 일본 동경을 휩쓸고 간 신인류의 유행 스타일이었다.

재밌게도 이들은 일본이나 프랑스, 미국의 잡지나 영화에서 착안한 게 아니었다. 학교를 째고 공원에서 다른 학교 애들이나 기다리면서 누군가부터 양말 위에 덧버선 같은 하얀 토시를 높다랗게 덮어 감았다. 다른 소녀들이 죄다 따라 하기 시작했다. 머리를 더 세게 헝클어 놓았다. 찾아든 남자아이들이 멋있다고 치켜세웠다.

교복은 입었으되 전혀 다른 부속인 종아리 하얀 덧버선 토시 하나를 포인트로 일대 유행을 시킨 이 흐름이 일본 열도를 빠르게 휩쓸게 되었다. 이를 두고 동경의 재빠른 저널리스트과 비평가들이 신인류라 명명하기 시작했고. 머잖아 뉴욕 센트럴 파크로까지 날아든 신인류 홀씨가 마침내 타미 힐피거의 목마른 사슴들에게 포착되었다.

이 성공적인 쿨 헌팅 인터뷰에서 잡아온 사냥감을 팀장이 좋다고 하자 그다음부터 따라붙는 전사적인 사업 기획 개발은 일사천리로 전개되었다. 드디어 다음 날 오후 모두는 전투적 야근에 돌입했다. 누가 먼저랄 것 없이 손뼉을 쳐가며 시제품 만들기, 이미지 셋팅 도안과 보고서 작성하기에 매달렸다. 그날 팀원들이 특공대처럼 몰려다니며 들쑤신 센트럴 파크 한 곳에서 살아 걸어 다니는 기획안 원형을 발굴해낸 기쁨과 만족감의 여운이 작업실에 가득했다.

타미 힐피거 베테랑 팀장이 던진 승부수였던 이 쿨 헌팅 인터뷰는 일단 만들어낸 전략을 실행하는 첫걸음인 기획과 개발 과정에서 현장 속으로 들어가 이해관계자를 탐색할만한 가치가 충분함을 보여준다.

생성된 전략에 따른 미디어 콘텐츠 비즈니스 기획, 개발 카드가 미리 준비되어 있다면 지체 없겠지만 그렇지 않다면 좀 더 열린 생각으로 멋진 스타트를 도모해야 한다는 뜻이다. 기획, 개발에서부터 쿨 헌팅 인터뷰와 같은 오픈 시스템으로 사업을 진행하게 되면 초기부터 시장 조사, 마케팅 활동 준비까지도 잡을 수 있는 부수입도 수확할 수 있다.

4) 산학협력 모델

인문 사회과학 R&D 기반 산학협력 모형[29]

공동 협업 기획 개발

사업기획개발의 주요 기법이기도 한 시나리오 플래닝에서 잘 드러나듯이 되도록 창의적인 상상력을 꾸밀 줄 아는 예술가 정신이 필요하다. 이 정신은 비전과 미션에서부터 기업가 정신으로 출발하는 미디어 콘텐츠 비즈니스의 최대 특성이기도 하다. 논리적이고 과학적인 조사 분석 평가로부터 전략을 생성한 직후에서 현실적으로 요구되는 덕목이 자유롭게 구애받지 않는 예술가 정신에 해당하기 때문이다. 정치가 종합예술이라는 루틴한 표현도 있지만, 이 책의 제 2부야말로 경영(과)학을 지난 경영미학, 종합예술의 영역이라고 할 수 있다.

이 때문에 미디어 콘텐츠 기업으로서는 비즈니스를 기획 개발하는 단계에서부터 풍부한 상상력으로 창조적 파괴를 일삼는 예술가 정신의 놀이터를 적절히 골라 움직여야 한다. 이런 관점에서 기업이 손을 내밀어 적극적으로 활용할 수 있는 산학협력 모형을 실무 매뉴얼로 제시한다. 인문예술 사회과학 영역에 초점을 맞추도록 하겠다.

---

29) 심상민(성신여자대학교 산학협력단, 2011), '인문사회기반 산학협력 활성화에 관한 연구', 한국연구재단 보고서에서 내용 인용, 일부 변형함.

산학협력 활동 유형

산업화와 협동화를 별도 2개의 축으로 나눠 보아야 한다. 인문예술 사회과학은 과학기술과 달리 협동화 네트워크가 곧 산업화를 전제로 하거나 산업화 결과로 증거가 뚜렷하게 남는 분야가 아니기 때문이다. 인문학 진영과 산업 진영이 어떤 인연으로 협동하고 지속적인 협업 네트워크를 형성하는 것과 산업적 성과가 도출되는 것만으로도 상관관계를 가질 터이다. 하지만 곧바로 연동하여 조속히 측정하고 평가해볼 수 있는 대상은 아닐 수 있다. 정량화, 계량화가 쉬운 이공계와 다르기 때문이다. 따라서 이 장에서는 상호 배타적인 2개의 축으로서 협동화(네트워크) 정도를 나타내는 것과 산업화(산업적 성과, 가치)를 나타내는 별도 축을 양립시켜 보는 모형을 제시한다.

우선 나열해서 볼 수 있는 인문과학 관련 산학협력 활동 유형은 ▲ 반짝형 ▲ 의존형 ▲ 파트너형 ▲ 일체형 ▲ 잠복형 ▲ 모르쇠형 ▲ PR형 ▲ 단타형 ▲ 안티형 ▲ 단순교류 / 소통형 등으로 다채롭다. 이를 풀이해보면 산업체로서 대학, 연구소 등지의 인문학 진영과 협동에 대해 일시적으로 잠깐 해보는 정도(▲ 반짝형 ▲ 단타형 ▲ 단순 교류 / 소통형)를 더 큰 범주로 묶을 수 있다. 그야말로 별 관심은 없고 어떤 특정한 목적에 따라 잠시 인문학 분야와 손잡는 경우다. 아예 인문학 진영과 접촉이나 교류 자체를 해본 적이 없는 아웃사이더(▲ 잠복형 ▲ 모르쇠형 ▲ 안티형)들도 있다.

이렇게 나열할 수 있는 다채로운 유형들을 앞서 설명한 산업화와 협동화라는 축을 기준으로 만든 〈인문과학 분야 산학협력 모형〉을 통해서 좀 더 뚜렷하게 형상화할 수 있다. 이 모형은 산업화라는 횡축과 협동화(네트워크)하는 종축을 교차 사용하는 매트릭스 형상으로서 I~V까지 5가지 전형적인 유형으로 구분하게 된다. 유형별 특징과 사례들을 둘러보자.

I 유형 : 산업화와 협동화 정도가 모두 낮은 그룹. 차, 음료, 주류 등과 관련한 전통적인 인문학 연구의 산업화를 〈마실 것과 마음〉이라는 차원에서 다루는 실제 사례를 제시할 수 있다.

II 유형 : 협동화 정도는 낮으나 산업화 성과 수준은 높은 그룹. 여기에는 한국의 중소기업으로서 세계적인 조명 상품개발, 제조사로 명성을 가진 〈필룩스〉와 영화 〈스타 워즈〉를 예시로 포함할 수 있다.

III 유형 : 협동화 정도는 높으나 산업화 성과 수준은 낮은 그룹. 서울 강남의 포스코 본사 공간을 한국예술종합학교 교수진 등과 함께 꾸민 창의공간 〈포레카〉 사례가 좋은 예다.

IV 유형 : 협동화 정도와 산업화 성과 수준 모두 높은 그룹. 스포츠 의류, 용품 메이커인 아디다스가 홍익대 디자인 스쿨 IDAS와 함께 공동 연구, 개발하였던 사례가 이에 해당한다.

V 유형 : 협동화 정도와 산업화 성과 수준이 각각 중간 정도이면서 애매 모호한 경우이다. 한국 토지주택공사(LH)가 지속해서 관심을 두고 개발, 특허 저작권 등록까지 해낸 한국형 아파트의 사례가 이에 해당한다. 실험적 수준에서 산업화 노력을 기울이는 예시이다. 사내 자체 기획, 연구를 통해 상당한 수준의 한옥 관련 연구가 진행된 흔적은 있지만, 특정 대학, 연구소 인문학 진영과 체계적인 R&D 내용은 매우 드물다.

전통문화유산 산업화

인문예술 사회과학 부문 아이디어가 산업화하고 이 과정에서 적절한 산학협력이 이루어지고 있는 가장 선도적인 부분은 축제와 엑스포 현장에서 많이 찾을 수 있다. 축제와 엑스포는 광범위한 문화소비가 이루어지는 시장으로서 다양한 인문 사회기반 아이디어가 선을 보이고 상품화하여 거래되기 시작하는 지점이기 때문이다. 잘 알려진 기획, 개발 사례를 살펴보겠다. 산업적 활용 가치가 높은 문화원형 소재 개발이 기본방향이다.

▲ 국문학(소설 춘향전의 원문)을 가지고 축제의 콘텐츠(남원춘향제)로 재편성하여 인정받은 사례

▲ 남양주시 '슬로우 푸드' : 고문헌(안동장씨의 음식디미방 등)을 바탕으로 음식 소재를 고증하고 연구하여 고문헌 속에 나오는 음식을 철저히 고증하여 현대의 슬로 푸드로 재현. 음식의 이야기를 스토리텔링화함

▲ 제주 올레길 : 추사 김정희의 제주 유배 시절 "유배 행장록"과 스페인 산티아고 순례 역사문화를 바탕으로 제주 올레길 코스를 개발

▲ 서포 김만중의 소설(구운몽, 사씨남정기 등)을 가지고 남해에 유배 문학관을 만들고 유배 문학로드 개발. 소설 구운몽과 사씨남정기는 남해 유배 시절 만들어낸 작품

▲ 하회탈을 이용한 국제탈춤 페스티벌 : 현재 국제적인 행사로 발돋움. 현지 국학연구원과 국립안동대학, 문화콘텐츠 기획업체 등이 참여

삼국유사 (콘텐츠 산업화)

인문학 고전을 활용한 산업화 사례로는 우리나라의『삼국유사』를 들 수 있다. 이야기 소재가 풍부하게 수록된 이 역사 서적은 사극 드라마에서 만화, 애니메이션에 이르기까지 실로 다양한 응용 사례를 보여준다. 현장 기업과 학문 영역이 서로 협업하는 미디어 콘텐츠 비즈니스 기획, 개발 사례들이다.

▲ 영화

〈꿈〉(신상옥 연출, 1967)

〈꿈〉(배창호 연출, 안성기 · 황신혜 주연 1990)

〈달콤한 인생〉(김지훈 연출, 이병헌 주연 2005)

〈개그맨〉(이명세 연출, 안성기 · 황신혜 · 전무송 주연 1988): 꿈의 현대 판 버전

〈타짜〉, 〈범죄의 재구성〉

- 최동훈 감독은『삼국유사』에서 모티브를 얻었고 계속 얻고 싶다는 의견 피력

산업적 활용 가치가 높은 문화원형 소재 개발 기본 방향

○ 문화콘텐츠의 특성에 따른 차별적 맞춤형 소재 개발
- 게임, 애니메이션, 출판의 경우 장르적 특성에 따른 소재 개발이 균등하게 이루어져야 함.

○ 실물은 없으나 복원이 가능한 소재 개발
- 실물은 없으나 복원이 가능한 소재의 발굴을 산업계에서 가장 요구하고 있으므로 이에 대한 소재 복원이 필요함.

○ 공시적 · 통시적 분류에 따른 체계적 소재 개발
- 개발하고자 하는 문화원형 창작소재와 연계되는 소재들의 계통적 체계도가 만들어져야 산업분야에서 활용도가 높아짐. 이미 개발된 소재들도 하나의 계통적 체계도로 만들어 부족한 부분을 보충할 수 있어야 함.

○ 교육과 학습의 효과를 증진시킬 수 있는 소재 개발
- 창작 소재를 개발하는 데 있어 교육과 학습의 효과를 동시에 줄 수 있어야 문화시장에서 경쟁력을 가질 것임.

○ 삼국시대 이전의 내용을 다루는 소재 개발
- 기개발된 문화원형 소재는 조선 시대 후기에 편중되어 있어 이를 지양하고 문화콘텐츠 산업계 종사자들의 관심 분야인 삼국시대 이전의 소재를 발굴해야 함.

○ 민족의 기개와 특성을 살린 소재 개발
- 한민족의 자긍심을 심어줄 수 있는 요소를 충분히 가지고 있는 고구려 소재의 경우 아직 미개발된 분야이므로, 앞으로의 개발을 통해 한국의 대표 이미지로 성장할 가능성을 내포함.

○ 신화 / 전설 / 민담 등이나 역사적 인물 / 사건 등의 시나리오 소재 개발
- 문화콘텐츠의 장르를 불문하고 공통적으로 요구하는 소재 개발이 시나리오 발굴임. 시나리오는 모든 문화콘텐츠의 기본이 되는 요소로, 이것이 충실하게 이루어지지 않는다면 문화콘텐츠의 경쟁력은 상실될 것임.
○ 권위 있는 원작의 개발
- 삼국유사, 동의보감, 산림경제, 목민심서 등과 같이 권위 있는 원작에 대한 소재 발굴과 고증 및 해석이 필요함.
○ 국제적인 보편성을 띠고 있는 우리문화원형 소재 개발
- 우리문화원형 중 국제적인 보편성을 띠고 있는 소재는 교류가 활발하지 않은 나라에서도 우리의 문화를 낯설어하지 않는다는 이점 때문에 글로벌 소재로서의 경쟁력을 지님.
○ 우리나라의 역사적 인물·사건 중 다른 나라와 연계를 가지고 있는 소재 개발
- 우리나라의 역사적 인물이나 사건 중 인접 국가와의 연계성을 가지고 있는 소재를 발굴하여 문화콘텐츠로 개발한다면 동북아시아 지역에서 공감대를 형성할 수 있는 이점이 있음.
○ 글로벌 소재로써 중국의 문화원형을 가진 소재 개발
- 문화산업 종사자들은 글로벌 소재로써 중국의 원형 개발 욕구가 가장 큰 것으로 조사되어, 이에 따른 중국의 문화원형 소재 개발이 이루어진다면 글로벌 문화 콘텐츠 개발에 도움을 줄 것임.

▲ TV 드라마

1. KBS 드라마 〈바람의 나라〉, 만화 작가 김진

2. SBS 드라마 〈서동요〉

3. MBC 드라마 〈바람의 나라〉

▲ 연극 / 뮤지컬

1. 〈연오랑과 세오녀〉(김영옥 작 . 이윤택 연출)

2. 〈만파식적〉(오태석 작. 연출)

3. 〈블루뮤지컬-쌍생〉(연희단 패거리 박현철 작. 이윤주 연출)

- 〈제망매가〉에서 모티브 얻음

- 음악은 이윤택의 크로스오버 뮤지컬 〈도솔가〉에서 차용

4. 〈송산야화〉(오태석 작. 손남목 연출)

- 김산과 호랑이 처녀의 사랑에서 소재를 따온 뮤지컬

5. 〈키스 미 타이거〉(송산야화 윤색 장유정 연출. 김혜성 작곡)

6. 〈백년언약〉(한국연극 100주년 기념공연 국립극장 121회 공연 오태석 작. 연출)

- 억울하게 죽은 고구려 무당 추남이 신라의 김유신 장군으로 태어나 삼국통일을 이룬다는 『삼국유사』의 에피소드에서 모티브를 얻어 암울했던 지난 100년을 점검해 본 작품

7. 〈서라벌 밝은 달에〉(경주문화 엑스포 총체극. 처용설화)
   - 경주문화 엑스포 행사에서 개막공연으로 선보인 총체극. 처용가에서 전하는 관용의 정신을 21세기 시대정신으로 재해석한 작품으로 좋은 반응 얻음
8. 어린이극 〈호랑 각시〉(연희단 패거리 강석현 작. 정동숙 연출)
9. 〈신 석탈해전〉(세미 뮤지컬 김성수 작. 1994년 이화여자대학교)
   - 석탈해와의 이야기 각색
10. 뮤지컬 〈일식〉(이윤택 작. 원일작곡)
   - 도솔가에서 영감

▲ 미술

1. 이만익(서양화가) -『삼국유사』 소재 작품 발표
   - 현암사(출판) 엽서로 판매
2. 권순왕(판화작가) - 1999 네오픽션
   -『삼국유사』 사이버영화제 출품(국립정동극장)

▲ 무용

1. 〈낮달〉(제10회 대한민국 무용제 장유경 무용단. 1989)
   - 원왕생가를 소재로 한 무용
2. 〈처용무〉
3. 〈꿈. 꿈이었으니〉(경기도립 무용단 정기공연. 2004)
   - 경기도립 무용단의 우리 춤 실험무대. 김효경 연출. 조흥동 안무
4. 〈아바타 처용〉(손인영 안무. 나우무용단. 2003)

▲ 게임

1. 〈판타지 삼국유사〉(위덕 대학교). 위덕대학교 산학협력단(신라문화산업 센터)

▲ 애니메이션

1. 〈어린이 삼국유사〉(와우엠지)

2. 〈조신의 꿈 애별리고〉
3. 〈마법 삼국유사〉(조계종)
4. 〈삼국유사〉(KBS 애니멘터리)
5. 〈아이 삼국유사〉(SBS애니메이션. 마루기획)

▲ 만화

1. 〈만화 삼국유사〉
2. 〈일연스님과 박재동의 삼국유사〉 (박재동 한국예술종합학교 교수)
3. 〈이스트 아사아 판타지〉(오연 2008)

▲ 전시

1. 〈나는 삼국유사속의 주인공〉(경주박물관 2008)
   건국 - 사랑- 불교 - 나라사랑
2. 〈삼국유사 특별전〉(현암사. 서울역사박물관 2006)
3. 〈양진 사진전〉 - 길위의 삼국유사(처마 아트센터 2009)

〈그림 85〉 역사 문화콘텐츠(문화원형) 소재 활용 프로세스

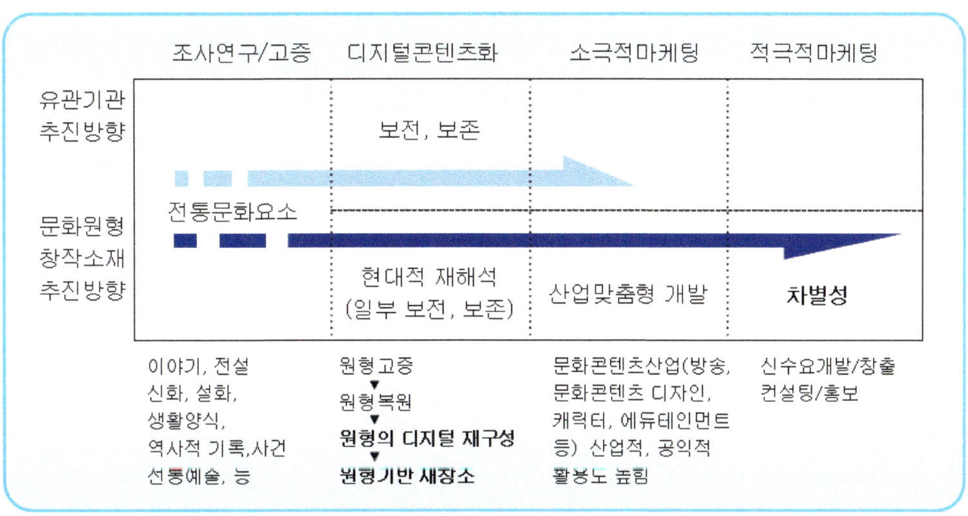

▲ 번역출판

1. 〈영어본〉(연세대학교 출판부 1976)
2. 〈영어본〉(김달용 전남대학교 영어교학과 교수 2006)
   - 현대 영문학의 필독서로 꼽히는『황금가지』(J.G.프레이저)에 중국과 일본 등의 다양한 신화가 소개되었지만, 우리나라는 언급조차 되지 않아 2004 아산재단의 후원으로『삼국유사』번역
3. 〈독일어본〉(뮌헨대학교 라이너 진머만교수와 레겐스부르크대학교 김영자교수)
4. 〈중국어판〉(상명대학교 권석한 교수 2009)

▲ 시

1. 〈삼국유사 1.2.3.4〉 (이정기)
2. 〈처용나무를 향하여〉 (윤후명)
3. 〈처용단장〉 (김소진)
4. 〈신라초〉 (서정주)

▲ 음악(노래분석) 연구서

1. 〈전경원〉 - 서동과 처용이 삼국유사를 박차고 나오다.

▲ 소설

1. 〈구운몽〉(김만중)
2. 〈꿈〉(이광수)
3. 〈꿈〉(김성동)
4. 〈일연의 꿈 삼국유사〉(조성기)
5. 〈삼국유사를 읽는 호텔〉(윤후명)
6. 〈신라의 푸른길〉(윤대녕)
7. 〈그대 몸 안의 여섯 도둑부터 잡으시게〉(윤청광 구도소설. 고승열전 시리즈)

▲ 디지털 출판

1. 〈디지털 삼국유사〉(고려대학교 박재대 교수)
   - 〈삼국유사〉 디지털화에 참가한 박재대 교수는 "시중에 나온 삼국유사 번역본은 일반적 해석 외에 전문용어와 고대지명에 대한 설명이 부족하다."며 "디지털화가 완료되면 삼국유사 전문백과사전이 완성되는 셈"이라고 그 의의를 설명
   - 박재대 교수는 또 "역사, 종교, 문학 등 종합적인 학문의 성격을 지닌 삼국유사는 고대문화의 보물창고"라며 "디지털화를 통해 삼국유사가 대중화되면 문학, 연극, 무용 등에 삼국유사를 이용한 문화 콘텐츠 개발이 활발해질 것"이라 기대

▲ 연구 및 콘텐츠 실행 전문 단체

1. 동국대학교(불교문화연구원)
2. 정동극장
3. 위덕대학교(신라문화연구소)
4. 대한불교조계종(한국불교문화사업단)

▲ 기타

1. 전국체전 개막식(2006 김천)
   - 전국체전의 개회식 주제는 〈신 푸른 비단 이야기〉. 푸른 비단 표지로 발견된 『삼국유사』 고판본이 있었다는 사실과 민중의 슬픔을 달래주고자 영웅을 만들고 전설을 만들었던 일연의 상상하는 힘에서 모티브를 찾았음.
   - 과거 실크로드의 종착지인 경북이 21세기 디지털 로드의 출발지로 다시 태어나는 새로운 역사를 재창조하여 세계로 미래로 나아가는 모습을 표현.
   - 경상북도 1천 년 문화를 이끌었던 더 나은 세상에 대한 상상의 힘으로 새 역사를 다시 한번 이끌어보겠다는 경상북도의 의지와 비전을 담은 〈신 푸른 비단 이야기〉를 풀어감.

5) 예시 : 해외 방송콘텐츠사업 기획[30]

브라질 시장 진출 전략프로그램 기획

전략 1 : 문턱 넘어서기, 액션 장르 공략

브라질 방송 시장이 액션 장르를 원하고 있다. 멜로와 가정사를 주로 다루는 브라질 텔레노벨라 드라마 지배력이 오히려 액션 장르에 대해 소홀해 왔다는 지적이다. 이 때문에 한국이 우선 액션 영화를 통해서 한국 브라질 합작 형태로 시장 진출을 꾀하는 방식도 검토해볼 만하다.

〈그림 86〉 영화 〈짝패〉 브라질 판매를 보도한 기사

'짝패'의 액션, 브라질이 반했다
칸 마켓서 '짝패'에 녹아있는 브라질 카포에라에 반한 브라질 바이어 구매 계약
2006-05-24 16:34
기사 댓글(0)
이 기사 어땠어요?
유익해요 0 | 재미있어요 0 | 놀랐어요 0 | 감동적이에요 0 | 통쾌해요 0 | 선정적이에요 0 | 분노상승 0

- 짝패(외유내강제공/노컷뉴스)
한국 액션이 격투기의 본고장이라 할 수 있는 브라질로부터 인정을 받았다.

주) 정통 액션 장르인 한국 영화 〈짝패〉가 예상을 깨고 남미 브라질 선택을 받았음. 당시 판매자인 CJ엔터테인먼트 관계자는 "한국 특유 액션 스타일을 보여준 류승완 감독의 영화 짝패가 격투기 문화에 심취해 있는 브라질 시장에 아주 독특하고 개성 있는 콘텐츠로 부각되었다"고 분석함.

자료: 노컷뉴스 2006.5.24. http://www.nocutnews.co.kr/show.asp?idx=237355

---

30) 이광철 심상민 문효진 (2014). "한류 방송콘텐츠 중남미 진출 전략에 관한 연구". 「국제지역연구」, 18(4), 85~117.

메인 캐릭터들은 한국과 브라질이 공동 캐스팅하는 것으로 전략 기획을 시작해야 한다. 특히 한국 여배우들은 브라질 시청자 그룹에 상당히 어필할 수 있고 아주 초기 형태이지만 한국 문화를 접한 일부 브라질 남성 등은 한국 여배우들을 상당히 좋아하는 편이라고 한다. "한국 여배우, 여성들은 오래 보고 함께 하여도 지겹지 않은 스타일이다. 브라질 여성들은 강렬한 매력이 있다고 할 수 있지만 금방 싫증이 날 수도 있다. 반면에 한국 여성들은 은근하고 오래가는 점이 좋다"라는 반응도 나오고 있다.

여배우 이미지로는 서구적인 외모도 있으면서 동양적인 신비로움이 깃들어 있으면 매우 좋을 터이다. 이처럼 우선 영화 몇 편 정도로 액션 장르에서 공동 제작하고 성공사례를 만드는 접근이 필요하다. 이를 통해 한국 액션 스타일과 한국 배우, 한국 촬영 장소 등이 알려지게 되고 어느 정도 흥행에서도 성공하게 된다면 그다음 단계 전략으로 방송시장 진출을 추진하면 된다. 브라질 공중파 방송에서는 아직 공식적으로 최초 한국 콘텐츠 방송 편성 사례가 없는 상태이기 때문에 초기 문턱 넘기 작전이 시급하다.

전략 2 : 마이크로 다큐멘터리, 미세 주제 다루는 문화비빔

전략 장르 공동기획물 합작도 적합한 기획 방향이 될 수 있다. 액션 장르(Filmic Drama 등) 외에도 애니, 문화 다큐 등 전략적 방송콘텐츠 품목에 집중하는 국제 공동제작 활동을 본격 개시할 수 있다.

영화 등 시초 성공사례를 통해 브라질 시장에서 대중성을 확보한 다음 첫 번째 시도로 공략할 방송콘텐츠는 다큐멘터리라는 분석이다. 다큐멘터리에서도 자연 다큐멘터리는 후순위로 미루는 게 좋다. 자연에 대해 보는 관점이 브라질과 한국이 다르기 때문이다. 예컨대 펭귄이 공격당한다든지 아마존 원주민들이 신음한다든지 하는 영상물을 브라질 사람들은 불편해할 수 있다.

자연환경에 관한 제작진 시각에 동조하지 않고 자연 그대로 두기를 바라는 근본적인 가치관 차이가 있다고 한다. 더구나 자연 다큐물 같은 경우 BBC, NHK, 내셔널 지오그래픽, 디스커버리와 같은 기존 브랜드가 절대 강세이다. 이 때문에 아주 세부적인 문화, 라이프 스타일 주제로 들어가는 다큐멘터리로 공략하는 게 더 나을 수 있다. 음식 요리, 교육, 역사, 전통과 같은 영역에서 아주 세부적인 기획물이 나와야 한다. 이런 세부적인 주제는 반드시 현지 시장 조사를 통해서 나올 수 있다. 한국식 김치찌개를 브라질 사람들에게 그대로 팔 순 없다는 얘기다.

소프트한 문화 주제를 설정하기 위해 브라질 현지 시장 조사를 철저히 한 다음 현지 시청자 가치관에 부합하는 내용으로 새롭게 제작하는 콘텐츠라야 승산이 있다. K POP이 알려지고 상파울로의 코리아타운 봉헤치로가 명소가 되면서 브라질 사람들이 관심을 가지게 된 한국 음식 요리를 주제로 하면서도 아주 구체적인 주제를 설정할 수 있다면 좋은 출발점이 될 수 있다. 예컨대 브라질 사람들이 가장 선호하게 된다는 한국 비빔밥을 매개로 세계 최대 다인종 문화를 가진 브라질 문화융합, 문화비빔(blending)을 다루는 식이다.

전략 3 : 첫 방송 맞춰 대대적 홍보, 문화마케팅 공세

공중파 방송에 한국 콘텐츠 처음 진입시키기 위해 드라마 등을 너무 성급하게 홍보 목적으로만 제공하는 것은 자칫 부작용을 낳을 수 있다. 브라질 방송사들이 별로 원하지 않는데 더빙 비용 등을 우리 측에서 부담하고 편성을 애원하다시피 하년 대중성 확보에 실패할 수 있다는 지적이다. 마지못해 한국 드라마 등을 편성해 내보낸다고 해도 동반하는 홍보 전략이 없이는 시청률 등 지표에서 성과를 기대하기 어렵다.

이렇게 되면 한국 드라마 최초 방송이라는 홍보 거리는 생기겠지만 브라질 시청자에게 전해지는 한국 콘텐츠에 대한 부정적 이미지가 잘못 확산될 수 있다. 이후 회복하기 힘든 악성 이미지로 굳어질 수도 있다. 따라서 칠레나 페루 멕시코 파나마 등 태평양 연안 중남미 국가들에 비해서 상대적으로 진입이 늦은 상황인 브라질에서는 최초 방송 제공에 맞춰 대대적인 홍보와 프로모션 등 종합적인 콘텐츠 마케팅 전략이 수반되어야 한다. 브라질 현지 한국 기업 빅 3인 삼성전자와 LG전자, 현대자동차와 연계한 스폰서십 기반 비즈니스 모델 차원 문화마케팅 전략도 필요하다.

기존고객을 대상으로 하는 서비스 강화 전략도 준비해야 한다. 자생 팬클럽 활동 지원부터 시작할 수 있다. 칠레 등지 K POP, K 드라마 팬클럽과 브라질 K POP, 한국어 클래스 등 한류고객 활동을 적극적으로 지원해야 한다. 인적교류와 정보획득, 스폰서십 활동 기회 칠레 등지 K POP, K 드라마 팬클럽과 브라질 K POP, 한국어 클래스 등 한류고객 활동에 특히 집중해야 한다. 이를 통해 인적교류와 정보획득, 스폰서십 활동 기회를 확충하도록 노력해야 한다.

한류 스타 남미 투어 릴레이로 효과적인 기획 상품이 될 수 있다. 쇼케이스를 개최 할 경우, 사절단뿐 아니라 현지에서 인기를 얻고 있는 한국 드라마 및 영화, K팝 등 팬클럽을 적극적으로 활용할 필요가 있다. 이러한 행사와 관련하여 현지에서 인기를 얻고 있는 한류스타 남미 방문이 지속해서 연달아 이루어질 수 있도록 하고 필요하다면 방송업계, 정부 차원 체계적 지원도 검토해볼 만 하다.

미디어 콘텐츠 기업은 서둘러 고객 응대 CRM 플랫폼부터 구축해야 한다. 남미 국가별 지역별 기존 고객 관계 관리(CRM) 활동을 담당할 인터넷 / 모바일 커뮤니티 운영이 시급하다. 현지 기존고객 대응 구심점이 될 이 커뮤니티가 공신력을 높일 수 있는 동영상 포털 서비스를 강화하고 현지 팬덤을 적극적으로 활용한다면 좀 더 많은 콘텐츠가 좀 더 좋은 조건으로 진입할 수 있는 중요한 계기가 마련될 수 있다.

이러한 인프라를 활용하여 현지 팬클럽 활동 후원에 적극적으로 나설 수 있다. 현지 드라마 팬들과의 교류를 통하여 방송 수출 잠재성을 파악할 수 있다. 특히, 드라마 확산을 주도하는 인물들과 지속적 접촉 및 지원을 통하여 현지 분위기를 자발적으로 고양할 필요가 있다. 또한 이들이 자생적인 모임(한국 페스티발)을 가질 때 지원이 필요하다.

공공 부문의 적절한 지원도 시장 개척 단계에서 아주 요긴한 기획 방향이 된다. 대사관의 문화 활동에 대한 방송발전기금 지원 추진 활동도 생각해볼 수 있다. 최근까지 남미에는 단 1개 한국 방송국 지사만 존재했다. KBS가 운영 중인 브라질 상파울루 지국이다. 하지만 KBS 지사는 언론 특파원으로서만 기능하고 콘텐츠 비즈니스는 직접 다루지 못하고 있나. 문화콘텐츠와 문화산업, 문화교류를 직접 담당하는 한국문화원은 아르헨티나 부에노스아이레스와 브라질 상파울루 두 군데에만 있다. 상파울루 한국문화원은 2013년 10월 23일 문을 열어 이력이 짧은 편이나.

그 때문에 대사관, 영사관과 같은 정부 행정, 외교 인프라 활용이 필수적이라는 지적이다. 현지 대사관 관계자들이 방송시장으로 들어가 한국 콘텐츠를 알리고 비즈니스 활동을 중재하고 때에 따라서는 손수 콘텐츠 마케팅 활동도 수행할 수 있도록 하는 구체적인 지원 프로그램이 따라줘야 할 때다.

전략 4 : 펀드 매개로 국제 공동제작 / 투자 유도

브라질을 대표하는 미디어 그룹인 글로보에게는 방송콘텐츠 제작 비용 분담과 공동 투자라는 카드를 제시할 수 있다. 거의 독점적 지위에 있는 글로보는 신문, 영화까지 겸영하는 방대한 회사 규모와 사업 확장, 자회사 등대 등으로 인해 자금 압박을 겪고 있기도 하다. 수십 년 동안 업계 1위로서 혁신 정체와 방만한 경영이라는 대기업병과 수성의 어려움 등이 겹쳐 있는 상황이다. 이 때문에 한국 정부가 매개하고 보증하는 펀드 시스템을 통해 글로보 비용 문제를 해결하는 접근을 시도해볼 수 있다. 이를 통해 글로보가 관심을 보인다면 브라질 언어인 포르투갈어와 한국어 사용이 가능한 브라질 현지 교포 연기자 발굴 에도 나서야 한다. LA를 중심으로 한 미국 교포 출신들이 대거 한국 방송계, 대중음악산업에 유입되어 K POP 열기와 신한류 창출에 기여한 선례를 브라질 교포 사회를 매개로 추구한다는 전략이다.

이러한 맥락에서 이미 브라질 현지에 자발적, 자생적으로 형성되고 있는 K POP 팬덤을 활용할 수 있다. 브라질 청년층을 주축으로 하고 인터넷 이용 경험을 통해 이루어진 K POP 팬 조직, 한국 드라마 예능 시청, 한국어 학습, 한국 요리 참가 등 흐름을 잘 활용하여야 한다는 지적이다. 브라질에 잘 알려진 K POP 스타가 출연하는 〈드림하이〉 류 드라마 제작이 좋은 예가 될 수 있다.

결국 브라질 시장 진출을 위해서는 기존 프로그램이 아니라 새롭게 기획되어 철저하게 브라질 시장을 겨냥해 만드는 새로운 전략 콘텐츠가 나와야 한다. 기존에 있는 〈대장금〉, 〈아이리스〉보다는 브라질 현지 시장 조사를 거쳐 새롭게 기획하여 재창조하는 〈대장금 2〉, 〈아이리스 브라질 편〉 등이어야 한다는 분석이다.

제작비 분담 글로벌펀드 조성도 가능한 수단이다. 브라질 글로보, 칠레 ETC 등 남미 다양한 미디어 그룹과 방송콘텐츠 제작에 특화 위한 공동 펀드 조성을 협의해야 한다. 제작비 절감과 수익 극대화 목표라는 아주 실질적인 상호 이익 추구를 통해서 이 합작 활동은 성공할 수 있다.

제작 후 판매, 유통 전략으로서는 전문위임을 생각해볼 수 있다. 기존의 유통시스템과 결합한 중남미 통합 신디케이트를 가동하는 기획안이다. 미국 텔레문도, 유니비전 브라질 글로보 등 미주 거대 유통채널, KOTRA 등과 결합하여 콘텐츠 종합상사 개념을 지닌 한국 방송콘텐츠 전용 신디케이트 도입을 추진해야 한다.

이 과정에서 분야별 비즈니스 파트너도 확보해야 한다. 방송 작가, 촬영, 기술, 연출, 연예 기획, 법률, 경영 컨설팅 등 콘텐츠 분야별 현지 메인 파트너 자원을 미리 물색해두어야 한다. 현지 주류사회, 교포 커뮤니티와 포럼, 워크숍, 축제 등 활동도 활발하게 추진하도록 한다.

전략 5 : R&D 협력으로 전문 작가 등 크리에이터(Creator) 확보

한국 정부가 미래 방송을 주제로 R&D 협력을 제안하는 것도 좋은 방법이다. 브라질 글로보, SBT 등은 미래 방송 포맷 개발, 차세대 독자 연구와 같은 R&D 활동을 자체적으로 수행하고 있지 않다. 별도 전담 조직이나 인력 배치도 하지 않는다. 그렇지만 젊은 층이 조금씩 TV를 떠나가고 있고 방송 통신 융합, 디지털 스마트 콘텐츠 확산 등에 따라 조금씩 불안감을 느끼고 있다.

이 점에 착안하여 디지털 경험이 풍부하고 방송 이외에도 게임, 애니메이션, 영화 등에서 다양한 혁신과 도전이 이루어지고 있는 한국 미디어 콘텐츠 경영 노하우를 공유한다는 차원에서 한국과 브라질 정부, 방송기업, 대학, 연구소 등이 광범위하게 참여하는 R&D 네트워크 형성을 추진할 수 있다.

관련하여 방송산업 '글로벌 콘텐츠 아카데미(가칭)'와 같은 프로그램을 한국에 둘 수 있다. 먼저 한국 방송산업 종사자들이 중남미 시장, 문화, 마케팅 전략을 공부하고 정보를 교류할 수 있는 학습, 연구, 아이디어 개발, 비즈니스 모델 생성 시스템과 프로그램을 만든다는 취지다. 이 아카데미를 통해 한국과 브라질 상호 인적 교류도 더욱 촉진할 수 있다.

브라질을 비롯한 중남미 현지에 통할 수 있는 콘텐츠를 만들기 위해서는 작가(writer) 확보가 가장 중요하다. 콘텐츠 시작을 담당하는 작가에게 브라질 현지 시장 조사 결과와 의미, 정확한 정보와 문화적 이해를 돕는 자료 제공, 현지 경험 안내 등을 수행할 수 있는 총체적인 R&D, R&E(Experiment) 활동 지원이 요긴하다.

9 인(人) : 인사, 조직 관리

미디어 콘텐츠 경영 활동을 집약한 PP-MP-PP 3단계 프로세스의 스위치를 누르는 최초 작용은 빅 4라고 하는 네 가지 자원의 유입이다. 사실 빅 4, 〈인 물 금 정〉 이들 네 가지 자원은 기업의 블랙박스 안으로 들어가기 전부터 조사 활동이나 거래 단계에서 기업과 교호한다. 성문 밖에서부터 비즈니스 모델이 작동하는 셈이다. 일단 이들 빅 4 자원이 기업이라는 성채 안으로 들어오게 되면 즉시 본격적인 기업의 활동이 개시된다.

첫 번째 순서 인적 자원은 I-P-O 구조의 프로세스와 아웃풋 단계, PP-MP-PP 모든 과정에도 관여한다. 경영의 인사조직관리(HRM : Human Resources Management) 활동으로서 사업 기획 개발에서 결정한 뉴 비즈니스, 뉴 프로젝트를 운영하고 관리하는 인력과 조직에 관한 모든 것을 가리킨다.

〈그림 87〉 인사조직관리 활동 위치

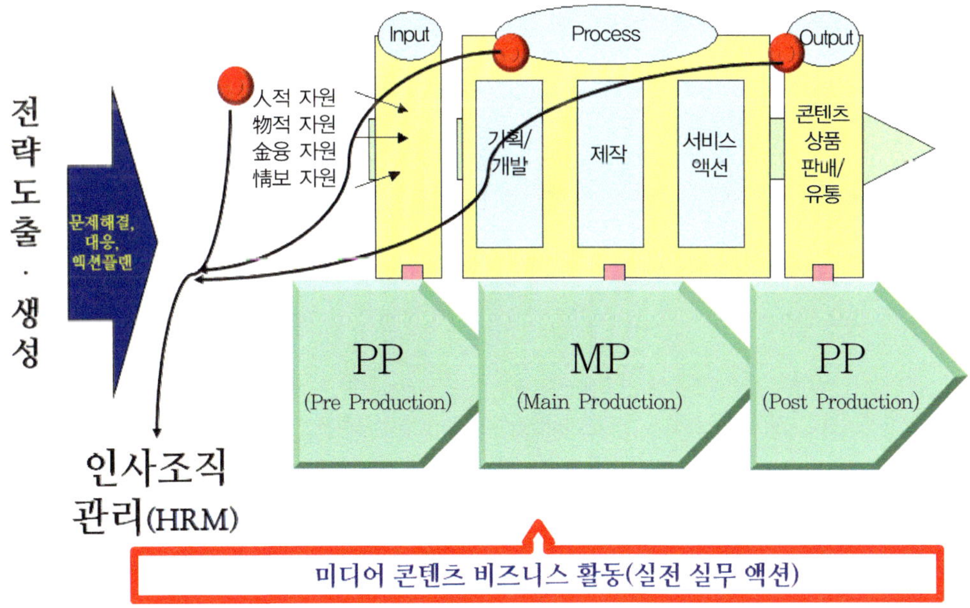

인사 조직 관리 (Human Resources Managment)는 좁게는 인력 자원과 조직 구조에 한정하는 경영을 말한다. 동시에 넓은 외연으로 미디어 콘텐츠 기업의 경영관리 시스템(Management System) 전체를 말하는 개념이기도 하다.

1) 개요

조직구조의 기본 개념은 기업목표 달성을 위해 개인과 부서에 직무를 할당하고 부서 간 또는 개인 간의 상호작용을 결정하도록 하는 장치이다. 조직의 외적인 모습이기도 하다.

구체적인 예시로서 모바일 게임회사 데브시스터즈에 대한 하우스 모델 분석 내용 가운데 구조를 보도록 하겠다. 기업의 몸체로서 지붕과 대들보를 떠받치는 3개 기둥 가운데 첫 번째로 나오는 구조는 기업의 경영시스템의 중요한 부분이며 조직력을 결속력을 보여주는 요소이기도 하다.

이 회사는 게임 개발에서부터 퍼블리싱까지 자체적 운영이 가능한 전문 조직을 구성하고 있다. 4가지 직군을 갖고 있는데 1. 기획 / 스토리 직군, 2. 아트 / 디자인 직군 3. 개발 직군 4. PM / QA(Project Manager / Quality Assurance) 직군이다. 구체적인 직무 영역은 서버 웹 앱 데이터 개발자에서부터 경영지원까지 다양하게 분포하고 있다. 이러한 직무와 직책을 대상으로 데브시스터즈의 인사조직관리 업무가 진행되는데 이 부분 관리의 성패가 비즈니스 활동 전체의 성과를 결정짓는 매우 중요한 독립 변인이 된다.

〈그림 88〉 데브시스터즈 인력 직군 분석 예시

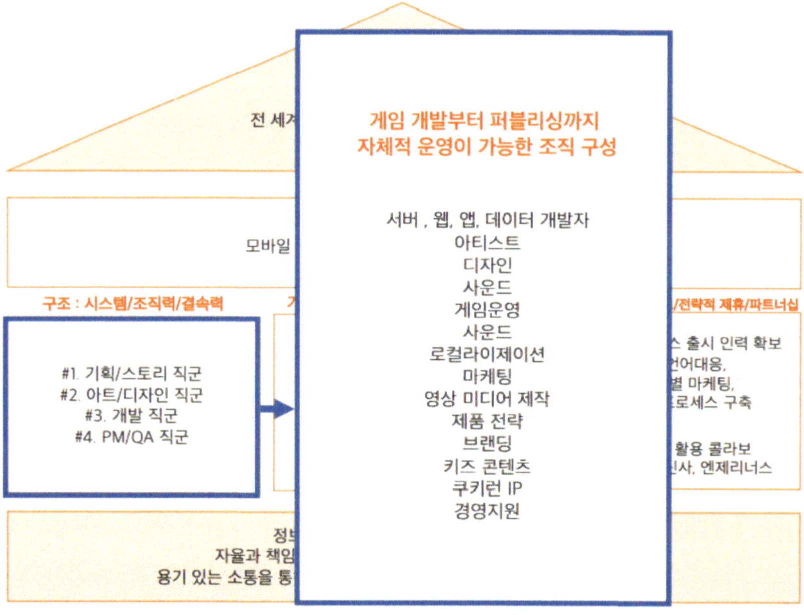

자료 : 성신여대(2021), 강의「미디어 비즈니스」팀 프로젝트 발표문

〈표 11〉 영화 비즈니스 직군과 직급

직군과 직급구분	소직군	책임자급	조정자급	조수급
개발 및 전반 제작직군	투자	투자책임자(투자팀장)		투자팀원
	제작	제작자/기획자/프로듀서	라인프로듀서/제작부장	제작부
	각본 / 연출	감독/시나리오작가/스토리보드작가	조감독	연출부/스크립터
	연기	주연급배우/무술감독		조연급배부/스턴트
주요제작직군	미술	미술감독	소품/의상/분장세트/팀원	소품/의상/분장세트/팀원
	촬영/조명	촬영감독/조명감독	촬영부/조명부 퍼스트급	촬영/조명부 세컨드/팀원
	녹음	녹음감독		동시녹음기사/붐맨
	특수효과	특수효과감독		특수효과팀원
후반제작군	편집CG	편집 CG기사		편집조수/CG조수
	현상/텔레시네	현상/텔레시네 소직군		퍈싱/텔레시네 소직군
	녹음	음악감독		음악조수
기타	편집CG	마케팅		마케팅임원
	현상/텔레시네	메이킹필름		메이킹필름조수
	녹음	스틸책임자		스틸조수

자료 : 영화진흥위원회 홈페이지, https://kofic.or.kr/kofic/business/infm/introMovieJobOrg.do

미디어 콘텐츠 비즈니스 부문에 따라 다양한 인적 자원 계약 체결이 이루어진다. 영화 비즈니스의 경우 개발 – 주요 제작 – 후반 제작으로 흐르는 가치사슬별 직군을 갖는다. 직급에 있어서는 소직군, 책임자급, 조정자급, 조수급으로 분류할 수 있다. 미국 할리우드 애니메이션 부문에서는 단기고용계약, 임의고용계약, 전속계약 등 3가지 범주로 나누어 주로 프로젝트 기반 활동에 도입하게 된다.

〈표 12〉 미국 애니메이션 영화산업의 애니메이터 계약 방식

직급	계약 방식	인력 비율	계약의 내용
Intern, Junior	단기고용계약 (end-dated employment contract)	10%	단일프로젝트에 대해 3, 6, 9개월 단위로 계약하므로 프로젝트완료 후 계약 종료로 떠나는 것이 원칙임
Regular	임의고용계약 (at-will employment contract)	80%	계약 당사자 쌍방이 모두 언제든, 어떤 이유로든 계약을 파기할 수 있음. 실제로 사측에서 해고하는 경우는 거의 없음.
Lesd, Senior	전속계약 (exclusive contract)	10%	2~3년, 2~3편 기준으로 계약함. 사측에서만 계약을 파기할 수 있음.

자료 : 정선화(2017), 영화산업의 자본 조달 구조와 지식축적과정에 대한 공간적 고찰: 한국과 미국 영화산업의 비교를 통하여, 한국경제지리학회지 제20권 제4호

경영시스템 고도화

하우스 모델로부터 경영시스템의 고도화, 특히 디지털 기업으로 전환이라는 전략 프로그램을 제시하는 것도 가능하다. 이 예시는 어느 대기업 그룹의 간접구매 업무를 대행하는 A라는 신생 벤처 기업의 인터넷 비즈니스에 관한 사업계획서이자 초기 경영 컨설팅 보고서 내용이다. 여기서는 비전과 도메인, 비즈니스 모델 아래에 있는 경영시스템 고도화 영역에 경영자원과 조직, 프로세스와 문화 4가지를 넣어 미래 로드맵을 제시하고 있다.

〈그림 89〉 인적 자원, 조직 등 경영시스템 고도화 개념도

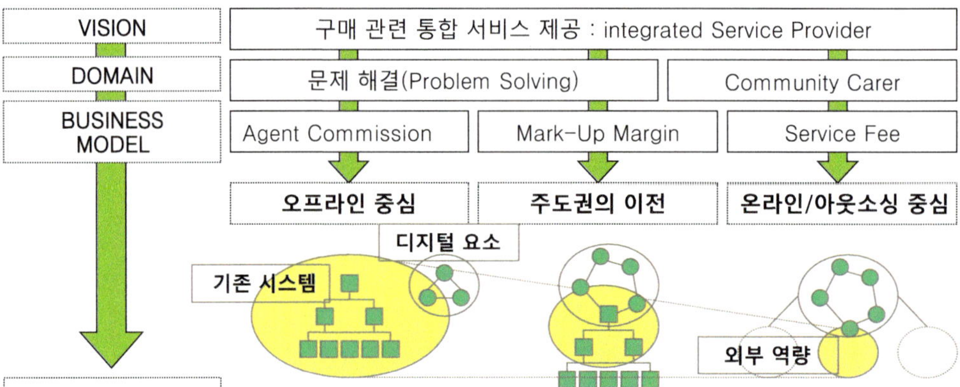

경영시스템 고도화	점화(Launch)	가속(Boost)	순항(Cruise)
경영자원 Resource	• 우수 자원 확보 • 자원레버리지 극대화	• 차별화/육성 • 선별 및 도태	• 자원의 비트(Bit)화 (지능/연결/유연)
조직 Organization	• 조직정예화 완수 (책임경영/시장지향)	• 조직연결성 강화 (하이브리드 조직)	• 가상기업 구축 (포탈형 조직)
프로세스 Process	• 프로세스 개선 • (효율화/비용절감)	• 프로세스 혁신 (서비스 질 향상)	• 프로세스 통합 (4 Any : 완전 연결)
문화 Culture	• 신구문화 갈등관리 • '파트너 의식' 강화	• 디지털문화 확산 • 글로벌 마인드 유지	• 디지털문화 정착 (개성/개발/모험/휴먼)

자료 : 삼성경제연구소 내부 자료(2002)

이 가운데 경영자원의 제1 영역은 제1단계 〈점화〉에서 명기한 우수자원확보 그대로 인적 자원관리를 나타낸다. 그 아래 조직도 제1단계 〈점화〉, 제2단계 〈가속〉, 제3단계 〈순항〉으로 디지털 전환과 경영시스템 고도화 발전 경로로 성장하는 과정을 보여준다. 조직 정예화를 하고 조직 연결성을 강화한 다음 가상기업으로 발돋움한다는 내용이다. 간접구매 업무를 대행하는 A라는 신생 벤처 기업의 인적 자원과 조직 관리의 실질 내용이 제1단계에서 책임경영과 시장 지향(조직 정예화 완수)으로 시작하고 제2단계의 하이브리드 조직(조직연결

성 강화)로 발전하는 고도화 과정이다. 궁극적으로는 포털형 조직(가상기업 구축)으로 진행하도록 경영 혁신을 촉진한다는 의미이기도 하다.

5 STAR MODEL

인적 자원과 조직 경영관리를 입체적인 연결 구도로 보여주는 5 STAR MODEL이 있다. 기업의 전략과 구조, 프로세스, 보상 그리고 사람이라는 별의 5개 꼭지를 형상화하여 내부의 동기부여(motivation), 정보(information)으로 모인 역량이 조직 행동(behavior)으로 나타나고 결국 기업의 성과와 대대로 이어지는 문화로 축적된다는 흐름이다. 여기서 전략(strategu)은 방향(direction)을 뜻한다고 했고 구조(structure)에는 힘(power)이라는 키워드로 강조하였다. 사람(people)은 숙련된 기술과 정신(skills and mind sets)을 가장 중요한 요소로 꼽았다.

〈그림 90〉 STAR MODEL

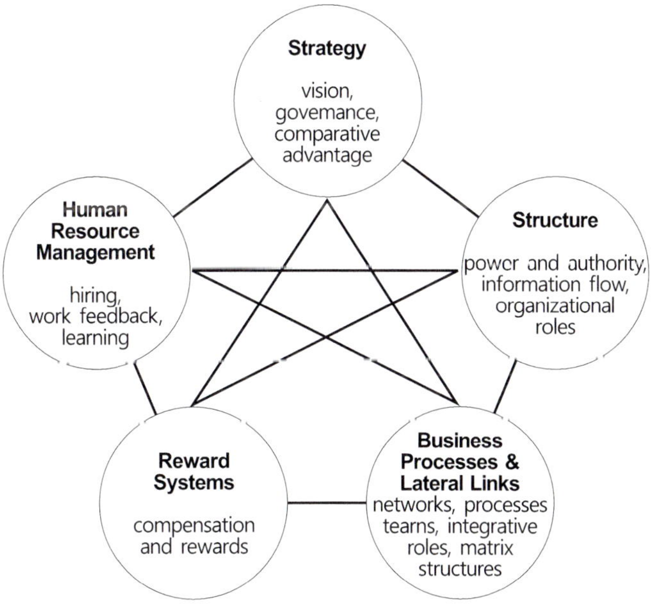

자료 : Galbraith's Star Model of organizational design, Galbraith, Jay R. Designing complex organizations. Addison-Wesley Longman Publishing Co., Inc., 1973.

특히 미디어 콘텐츠 경영에서는 여느 다른 업종의 기업과 달리 사람(people)과 보상(rewards) 2가지 부문이 매우 특이하고 관리가 어렵다고 할 수 있다. 구성원들부터가 일반적인 기업인이라기보다는 예술가 정신과 자유 의지가 강한 특징을 지니고 있어서다. 이 때문에 보이지 않는 무형의 자산을 다루는 업의 본성으로 인하여 미디어 콘텐츠 비즈니스, 프로젝트 경과 후에도 개별 구성원에 대한 보상을 시행하기가 쉽지 않다. 창작 행위, 기획 개발 활동과 같은 업무의 생산성과 성과, 성과 기여도를 측정하는 것 자체가 불가능에 가깝다는 게 가장 큰 문제다. 이러한 문제를 스스로 터득한 경영 노하우로 해결하고 있는 미디어 기업 사례를 살펴보도록 하겠다.

2) 인적 자원 보상

뉴욕타임스 성과관리

본래 언론을 비롯한 미디어 콘텐츠 경영 세계에는 다른 업종보나 보상하기도 받기도 어렵다는 일종의 패배주의와 같은 부정적 무력감이 만연해 있다. 성과를 측정하고 개별 성과를 평가하고 보상 결정을 하는 것 자체가 매우 어렵기 때문이다. 제조업을 하는 공장이나 일반 서비스 회사보다도 몇 배 더 복잡하고 어렵다. 기자나 PD, 아나운서, 영화감독 제작진 등 인적 자원들을 대상을 성과를 측정하여 절대 평가와 상대 평가를 동시에 추진하려다 보면 시초부터 여러 난관에 부딪히게 마련이다.

이 같은 사람(people)과 보상(rewards)의 어려움을 해결한 미디어 콘텐츠 경영의 희소한 선진 사례로서 뉴욕타임스(NYT)를 들 수 있다. 전 미국을 통틀어 최고의 에이스를 뽑아 모셔와서 그들이 저널리스트라고 하는 본업에서 최고 활동을 할 수 있도록 하는 시크릿이 있다. 그야말로 미디어 기업의 최고 성과가 나오도록 만드는 NYT의 마법과도 같은 HRM 보물찾기를 시작해본다. 이 올드 미디어 콘텐츠 회사는 해마다 6월이면 성과관리 캘린더 일정을 시작한다. 180년 역사를 지나오면서 스스로 진화하여 인적 자원 조직 관리에서도 핵심인 보상 시스템의 노하우를 터득한 내공을 보여주는 연중행사다.

종이신문과 매거진, 디지털 온라인 부서를 포함하여 1천여 명쯤 되는 기자들 가운데 비노조 종업원들이 먼저 회사 측과 협상에 나선다. 노조에 가입한 이들은 9월부터 바통을 이어받는다. 회사가 먼저 개인들에게 기회를 준다. 각자 앞으로 1년 동안 어디까지 성취를 할 건지 말해보라고 하는 게 전부다.

이 제안요청 같아 뵈는 메시지를 공식적으로 받아든 기자와 종업원들은 저마다 목표를 정해야 한다. 1년 차 신출내기 기자부터 15년 차, 20년 차 베테랑 전문기자와 대기자들 모두 예외 없이 미국의 국보라는 뉴욕타임스 기자답게 때로는 야심 차게 때로는 담대하게 자신의 목푯값을 설정한다.

거의 해마다 최고 수준은 정해 있다고 한다. 기자가 오를 수 있는 당대 최고봉인 퓰리처상 수상이다. 예를 들어 자신이 한창 물이 오른 15년 차 기자인데 지금으로부터 1년 안에 그 어마어마한 목표인 하늘의 별 따기, 퓰리처상 수상을 해낼 수 있겠다 싶으면 회사에 그렇게 그대로 알리면 된다. 이른바 목표에 따른 경영관리(MBO : management by objective)의 미디어 콘텐츠 경영 분야 개인 응용 버전이라고 할 수 있다.

〈표 13〉 뉴욕타임스 성과관리 캘린더

성과관리는 연간 과정이다. 다음은 2000/2001년도 주요 단계 및 행위 일정이다.

	2000년
6월	※ 비노조 종업원들에 대한 성과 Review양식 작성 시작
7월	※ 비노조 종업원들에 대한 성과 Review양식 작성 계속
8월	※ 비노조 종업원들에 대한 성과 평가 양식 작성 완료. 종업원과 공식적인 Review실시 8월 15일까지 모든 면담이 완료되어야 함(완성/서명된 평가서류 사본을 사내 HR 컨설턴트에게 제출) ※ 종업원은 관리자와 함께 자기개발 계획 수립
9월	※ 노조 종업원들에 대하여 평가 양식 작성 시작 ※ 비노조 종업원들에 대한 급여 Review(급여 인상, 고성과 포상 및 밴드 4 스톡옵션 추천)이 종료되고 상급 경영진에 대하여 추천
10월	※ 노조 종업원들에 대한 평가 완료, 종업원과 공식적인 점검을 실시 미리 면담 일정을 짜고 최소한 Review를 위한 면담 2일 전에 대상자의 Review 양식 사본을 제공함. 모든 면담은 월말에 완료되어야 함. (사내 HR 컨설턴트에게 평가자료의 사본을 제출) ※ 비노조 / 노조 종업원들과 다음 12개월의 성과 목표를 설정 및 합의를 위한 면담 실시
11월	※ 11월 1일 : 노조 종업원에 대한 고성과 포상 및 고과 인상을 상급경영진에 대하여 추천 ※ 관리자는 코칭 및 피드백을 줌
12월	※ 12월 18일 : 종업원과 급여 조정에 대하여 협의 ※ 12월 22일 : (노조 / 비노조 종업원에 대하여) 고성과 포상금 지급 ※ 관리자는 코칭 및 피드백을 줌
	2001년
1월	※ 1월 1일 : 비노조 종업원들에게 고과 인상 적용 ※ 1월 3일 : 고과 인상의 보너스 지급 ※ 관리자는 코칭 및 피드백을 줌
2월	※ 2월 20일 : 2000년 MBO 성과금 지급 ※ 비공식 반기점검 실시, 관리자와 함께 결과와 개발 계획표 갱신
3월	※ 관리자는 코칭 및 피드백을 줌 ※ 3월 31일 : 노조 종업원들은 2% 계약 인상분 적용
4~5월	※ 관리자는 코칭 및 피드백을 줌

자타가 인정하는 정상이자 최고의 목표치인 퓰리처상 수상은 오르기 힘든 너무 거대한 나무이기도 하다. 제아무리 세계 최고 신문사라고 모두가 칭송하는 뉴욕타임스라도 어떤 해는 단 한 명도 없다. 이런 경우가 흔한 편이다. 단 한 명의 취재, 편집, 사진기자도 수상하지 못하는 그해에는 누가 뭐라 하지 않아도 회사 분위기는 우울한 빛으로 꺼져 들어간다.

그럴 정도로 희소가치가 있다 보니 언론 직업 피라미드 최정점에 빛나는 퓰리처상 수상 기자들이 펴낸 서적이 곧바로 베스트 셀러가 되는 것도 떼어 놓은 당상이다. 퓰리처 수상 기자들은 은퇴 후에도 기자 정신을 발휘하여 탐사 보도하는 논픽션 류의 책을 펴내기도 하는데 곧잘 베스트 셀러 리스트에 등극하곤 한다. 영화계에서 일단 한 번 아카데미상을 받으면 평생 동안 오스카상 연금을 받는 영예와 혜택을 누리는 것과 마찬가지다.

하지만 너무 좁은 문이 아니겠는가? 6월과 9월의 목표에 따른 경영관리(MBO : management by objective) 협상 시기에 퓰리처상 운운할 수 있는 극소수 인원을 뺀 나머지 종업원들은 어떻게 해야 하는가?

NYT는 스스로 해답을 발견하였다. 역시 인적 자원 조직 관리의 시크릿을 보유하고 있었다. 방법이 있었다. 예컨대 뉴욕시 로컬에서도 도서관을 담당하는 기자가 있어 1년 내내 어린이 교육과 책을 맡아 그 유명한 NYT의 북 섹션 제작에 힘써 왔다고 치자. 재미교포 이민진 작가의 〈파친코〉가 뉴욕타임스 베스트 셀러에 오르고 미국의 수많은 공립 도서관에 비치되고 교실에서 활용되기도 하는 스토리를 취재하고 기사를 작성하는 기자로 설정해보면 좋겠다.

이 A라는 기자가 자신의 영역에서 대단한 노력을 해온 만큼 스스로 여기기에 이 분야의 자그마하지만, 내실이 있고 권위도 있는 어떤 상을 받을 수 있을 것 같다고 성과관리 협상 때 보고를 하는 경우다. A 기자는 회사에 제출하는 목표에 따른 경영관리(MBO: management by objective) 보고서에 뉴욕시 전체 도서관 사서(librarian) 협회가 해마다 수여하는 올해의 인물에 뽑히기를 희망하고 그럴 가능성도 있다고 알리면 된다.

특히 공공도서관 인프라를 중시하는 전통이 강하 미국하고도 뉴욕 로컬에서 이미 수십년을 넘어서는 내력을 지닌 전문 사서 협회에서 해마다 지역 언론인에게 명예를 주는 어워드 시스템이 있었다는 얘기다. 그 해 1년 동안 우리 지역 아이들이 좋은 책을 접하고 읽고 하는 데 실질적인 도움을 준 기사를 꾸준히 실어 이바지를 한 기자를 뽑아 명예로운 보상을 한다는 취지다.

이 시스템에 착안한 A 기자는 만일 자신의 목표대로 뉴욕사서협회가 뽑는 올해의 인물상을 받게 되면 그 업적을 인정해달라는 제안을 하게 되는 구조다. 회사 경영진들은 이를 받아들여 수상 여부를 체크만 하면 된다. 오랜 숙련으로 회사의 인적 자원 조직 관리 경영진들은 나름대로 조견표를 갖고 있다. 퓰리처상이 1천 포인트라면 뉴욕사서협회상 수상자는 150포인트에 해당한다는 식으로 조견표를 적용하거나 정비해나가면 된다.

같은 방식으로 모든 분야의 기자들이 각가 자신의 골목에서 제안을 할 수 있다. 레스토랑 기자라면 연말에 뉴욕시 미드타운과 트라이베카 구역의 업주들이 파티할 때 어김없이 발표하는 올해의 기자상이라도 제안하면 좋다. 뉴욕 경찰 NYPD나 소방관 NYFD와 같은 촘촘한 뉴욕시의 소사이어티 어디라도 기자상을 준다거나 평가를 해주는 근거가 나온다면 오케이다. 종업원 누구라도 자신의 독자적인 분야의 이해관계자가 인정해주는 객관적 자료가 있다면 일단 개인의 성취 목표로 스스로 적어놓고 회사에 제출하면 된다.

이때 중요한 것은 우연히 얻어걸리면 안 된다. 자신이 예상하였고 목표로 설정한 것을 이루는 것이냐가 관건이 되기 때문이다. 어느 기자가 나중에 퓰리처상을 목표로 설정하지 않았다가 실제로 수상하게 되면 아까운 보상의 실루엣만 남게 된다. 회사가 준비한 금전적 보상 이외에 명예를 주고 기회를 선사하는 심리적 보상이라는 특별한 패키지를 못 받을 가능성이 크다. 금전이든 심리적이든 보상 내역은 일체 비밀이다.

중요한 건 모든 종업원이 제안할만한 객관적 근거가 없지 않다는 사실이다. 최상승 퓰리처상 수상에서부터 아주 사소한 지역 동호회, 협회의 감사패에 이르기까지 나름대로 빽빽한 전 사회적 평가시스템이 발달해 있다는 방증이기도 하다. 이게 다 적용 가능한 데에는 뉴욕 사회가 갖춘 문화자본의 폭이 그만큼 깊고도 넓다는 얘기가 된다. 노서관 사서든 레스토랑 업주든, 경찰관 소방관이든 미국의 국보, 뉴욕의 상징인 뉴욕타임스 뉴스 콘텐츠와 고락을 함께 하므로 이 모든 게 가능해진다. 바깥에서 바라보는 객관적 근거로서 해당 기자를 평가하는 괜찮은 시스템이 부러운 대목이기도 하다.

종업원들이 써낸 다양한 목표에 따른 경영관리(MBO : management by objective) 제안을 접수한 회사 측은 1년이 지나간 10월에 평가를 완료하는 면담을 한다. 사내 매니저들뿐만 아니라 외부 HRM 경영전문가들도 배석하여 종업원들과 1 : 1 면담을 하게 된다. 외부 HRM 컨설턴트에게 크로스 체크를 의뢰하기도 한다.

이런 방식으로 인사팀장은 내외부 경영전문가, 이해관계자들로부터 이중 삼중으로 체크하고 확인하여 개별 보상 방식을 결정하고 연봉과 급여, 기타 인센티브를 정해 2월부터 MBO 성과급을 지급한다. 입사 동기라도, 똑같은 출입처를 가진 기자들이라도 어떤 이는 1억 원을 받고 다른 이는 5억 원을 받는다고 보면 된다. 스페셜 S 등급을 받는 미디어 콘텐츠 산업 종사자에게는 충분한 혜택을 주는 보상 시스템을 뉴욕타임스는 회사 경영의 신줏단지 시크릿처럼 가동하고 있었다.

실제로 미국의 공립초등학교 교육 현장 실태를 다룬 탐사보도로 퓰리처상을 수상한 NYT의 한 베테랑 기자는 바로 이 성과관리 MBO 보상을 받아 1년 유급 휴가를 받기도 했다. 보너스와 인상된 연봉인 금전적 보상에 더해 본인이 희망한 대로 뉴욕시 낙후된 지역의 공립초등학교 임시 교사로 파견되어 특별한 안식년을 보내게 되었다. 그 기자는 1년 동안 기사를 쓰지 않아도 되니 유급 휴가인 셈이다. 또 1년 동안 마냥 쉬는 게 아니라 퓰리처상을 받도록 한 현장의 생생한 체험을 자처하여 좀 더 심층적인 관찰을 하게 되었으므로 값진 연구년 기간이라고도 할 수 있겠다.

파격적인 연구년 기회를 주고서 내심 전력 손실을 염려할지도 모르는 회사에는 아주 매력적인 카드를 제시해 놓고 왔다고 기자는 설명한다. 공립학교와 NYT가 기자 파견을 하는 계약을 맺으면서 〈차세대 독자 개발(next generation development)〉 프로젝트를 수행하는 것으로 해놓았다. 그 기자는 기자대로 금전적 심리적 보상을 거머쥐고 자기 자신이 퓰리처상을 넘어 지속적인 역량을 입증하는 전문 대기자로서 충전하고 연마할 수 있게 되었다. 미디어 기업은 또 그대로 어린 초등학생에 투자하는 차원으로 차세대 독자를 연구해볼 수 있게 되었다. 아이들에게 신문을 친밀하게 여기는 기회를 만들어 영속적인 브랜드 위상을 강화하도록 하는 실질적인 마케팅 성과도 기대할 수 있다.

뉴욕의 해당 공립학교도 두말할 것 없이 미디어 리터러시의 핵심 기법인 NIE(News in Education) 프로그램을 최고 수준의 현장 기자와 함께 진행하는 절호의 기회를 얻을 수 있게 되었다. 기자도 미디어도 교육 현장도 윈 윈 윈(win win win) 하는 동화 같은 이야기가 올드 미디어 콘텐츠 기업 NYT의 인적 자원, 조직 관리 활동으로 가능하게 되었다.

개인 브랜드화, 스타 양성

포털 사이트의 뉴스 유통이 일반화하고, 무수히 많은 뉴스 유통채널이 존재하는 미디어 환경에서 차별화하지 못한 뉴스와 기사는 경쟁력을 갖기 어렵다. 특히 지금의 시대는 신문을 정보 전달만으로 그 기능을 제한하면 독자들의 외면은 피할 수 없다. 이러한 환경에서 가장 효과적인 차별화 전략은 뉴스를 전하는 기자의 차별화일 수 있다.

다른 매체에서는 따라 할 수 없는 특정 기자만이 지니는 필체와 호소력은 충성도 높은 독자를 양산할 수 있다. 이러한 관점에서 스타 기자들을 활용해 브랜드화를 시도한 뉴욕타임스는 대표적인 브랜드 기자의 선도 사례라고 할 수 있다. 뉴욕타임스는 스타 기자라는 차별화 요소를 극대화하기 위해 홈페이지 기사 접근 방식 중에 영역별로 기자들의 카테고리를 구성하고 기자에 따른 기사들을 검색해 볼 수 있는 구독 체계와 DB 체계를 구축했다.

또한 NYT는 기자의 이름을 통해 기사를 접근할 경우, 원하는 기자의 기사들을 한눈에 볼 수 있도록 홈페이지의 카테고리를 구성했다. 예를 들어, Health care에 관심이 있는 구독자들은 2011 퓰리처상 수상자인 데이비드 레온하르트의 기사들을 한눈에 볼 수 있다.

〈그림 91〉 NYT 경제 섹션 브랜드 기자들

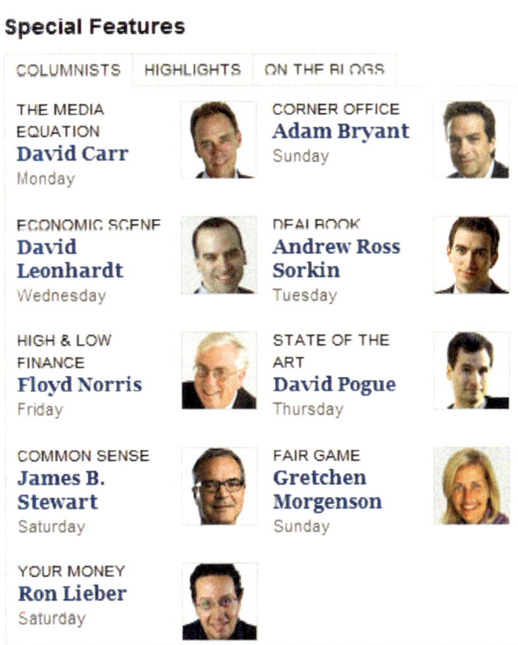

출처: 뉴욕 타임스 홈페이지, www.nytimes.com

〈그림 92〉 퓰리처상 수상자 데이비드 레온하르트

David Leonhardt

David Leonhardt is the Washington bureau chief of The New York Times.

Previously, Mr. Leonhardt wrote the paper's Economic Scene column, focusing on the housing bubble, the economic downturn, the budget deficit, health reform and education. In April 2011, he was awarded the Pulitzer Prize for commentary.

Mr. Leonhardt has also been a staff writer for The New York Times Magazine and helped found the Economix blog. He won the Gerald Loeb Award for magazine writing in 2009 for a Times Magazine article, "Obamanomics." In 2005, he was one of the reporters who produced "Class Matters," the paper's series on social class in the United States. In 2004, he founded an analytical sports column, called "Keeping Score." He became Washington bureau chief in September 2011.

Before joining The Times in 1999, he worked for Business Week magazine and The Washington Post.

Mr. Leonhardt studied applied mathematics at Yale. He is a third-generation native of New York.

E-mail: leonhardt@nytimes.com

On Twitter: @DLeonhardt

Times Topics: David Leonhardt
Recent and archival news by David Leonhardt of The New York Times

The Facts on the Fed
1 day ago ... David Leonhardt is the Washington bureau chief of The New York Times. Besides President Obama, the biggest villain in the early Republican ...

Dissecting Why the Fed Does What It Does
Reprints. David Leonhardt is an economics writer for The New York Times, who next month will become the Washington bureau chief. ...

On the Verge of a Double Dip Recession
By DAVID LEONHARDT Published: September 7, 2011 comments. E-Mail. Print. Reprints. If history is a guide, the odds that the American economy is falling ...

Rick Perry's Scientific Campaign Method
By DAVID LEONHARDT Sasha Issenberg, a former Boston Globe reporter who has also written for Monocle, Slate, Philadelphia and The New ...

TIMES TOPICS: Income Inequality
17 hours ago ... By David Leonhardt. Income inequality, by many measures, is now greater than it has been since the 1920s. The causes of income inequality ...

TIMES TOPICS: United States Economy - Times Topics
Match Any Word. Match All Words. Match Exact Phrase. Page 1 | 2 | 3 | 4 | 5 | 6 | 7 | 8 | 9 | 10 | Next >> bits logo. Bits Thumbnail More Posts by David Leonhardt ...

Corrections: September 17
2 days ago... about nonprolific novelists, misstates the year that David Foster Wallace died. ... of the second-grade teacher of one writer. David Leonhardt. ...

TIMES TOPICS: The Reckoning - Series
Articles in The Reckoning series from The New York Times

ECONOMIC SCENE

Health Care's Uneven Road to a New Era

By DAVID LEONHARDT
Published: October 5, 2010

Consider what it would be like to have a health insurance plan that capped annual benefits at $2,000. For any medical care costing more than that, you would have to pay out of pocket.

Enlarge This Image

Examples of care that costs more than $2,000 — and often a lot more — include virtually any cancer treatment, any heart surgery, a year's worth of diabetes treatment and care for many broken bones. Even a single M.R.I. exam can cost more than $2,000. A typical hospital stay runs thousands of dollars more.

So does this insurance plan sound like rt of the solution for the country's alth care system — or part of the problem?

$2,000 plan happens to be one of the main plans that cDonald's offers its employees. It became big news last ek, when The Wall Street Journal reported that the mpany was worried the plan would run afoul of a ovision in the new health care law. In response to the ovision, McDonald's threatened to drop the coverage ogether, until the Obama administration signaled it uld grant some exemptions.

is episode was only the latest disruption that the health w seems to be causing. Also last week, the Principal nancial Group said it was getting out of the health surance business, while other insurers have said they ight stop offering certain types of coverage. With each w disruption come loud claims — some from insurance ecutives — that the health overhaul is damaging nerican health care.

RECOMMEND
TWITTER
LINKEDIN
COMMENTS (170)
SIGN IN TO E-MAIL
PRINT
REPRINTS
SHARE

WATCH TRAILER

출처: 뉴욕 타임스 홈페이지, www.nytimes.com

그는 거시경제와 경제정책 부문에서 특화한 저널리스트로서 수년에 걸쳐 한 가지 주제(e.g. Health Care)를 집중하여 취재해왔다. 기사 작성에서도 저널리스트의 날카로움, 이코노미스트의 정교함, 아카데미아 스칼라(학자, 학술)의 통찰력 등을 겸비한 〈브랜드 기자〉로서의 면모를 갖춰 전문가 사이에서 인지도와 명성을 지닌 인물이다. 독자가 그의 전문적이고 통찰력 있는 기사를 모두 얻고 싶다면 그저 NYT 홈페이지에서 몇 번의 클릭만으로 가능하다.

월스트리트저널(WSJ)도 톱 기사 등 주요 콘텐츠 작성자를 2명 기자로 내세우고 기사 리드 문장 다음 소제목 형태로 부각하는 방식으로 기사 캐릭터와 자기 색깔 보여주기에 매진하고 있다. 이는 기자의 이름을 부각함으로써 필자의 필체와 색깔을 보여주고 책임감을 부여함과 동시에 기자의 브랜드를 형성시키기 위함이다.

과거 인사 시스템이 폐쇄적 피라미드 구조였고 현재 인재 유입이 활발하지 않고 인재 유출이 극심한 혼돈, 위기 상황을 겪고 있는 미디어 기업이라면 개방적 오뚜기형 구조로 이행해야 한다는 경로도 생각해야 한다. 기자나 PD, 제작진 개인이 조직에 들어와 성공적인 자기 브랜드를 만들 정도로 성장할 수 있어야 좋은 인재를 유입할 수 있다. 그래야만 핵심 인력이 유출되더라도 곧장 메꿀 수 있어 오뚜기처럼 다시 일어설 수 있다. 이런 탄력적인 회복력을 지닌 조직이라야 높은 수준의 생산성과 명성을 잃지 않고 유지할 수 있을 터이다.

〈그림 93〉 인재, 조직구조 변천

또 월스트리트저널(WSJ)은 기워드니 추가 설명이 필요한 경제 기사가 아닌 일반적 국제면 기사인 경우에도 기존 자료를 정리해 도형으로 보여주고 있다. 이런 기사 재창조(re-creation)는 원래 기사에 부가가치를 붙여주고 신문 매체가 항상 데이터와 선행사례(data and reference)를 활용해 기사를 제작한다고 하는 고급지식산업 수역으로서의 이미지를 공고히 하는 효과를 나타내고 있다.

이들은 국제적 이슈를 다루고, 글로벌 매체로서의 입지를 확고히 하기 위해 유일하고 고유한 단독 콘텐츠 명품 브랜드 만들기에 집중하고 있다.

뉴욕타임스(NYT)는 국제면 주제에 심층 몰입하는 르포르타지 성격 기사 콘텐츠 창출을 자기 매체 전문 대표 브랜드로 인식하고 있다. 많이 알려져 진부한 주제가 아닌 지구촌 현장 갈등, 소프트 파워, 세태 등을 정면으로 다루는 과감성을 보인다. 이들은 자사가 발굴한 르포르타지 기사 콘텐츠를 국제면 지면 안에서 중요한 위치와 충분한 분량으로 부각시켜 매체 영향력 극대화를 위한 첨병 브랜드로 활용하고 있다.

이러한 역량과 영향력을 확대하기 위해서 핵심 콘텐츠는 같은 미디어 그룹의 시스터 미디어에 최대한 전파하도록 노력하고 있다. 예를 들어, 뉴욕타임스는 일요일판 뉴욕타임스 매거진, 월간 〈T〉 스타일 등 자매지에 멀티 유즈를 하고 있다. 게다가 세계 콘텐츠 시장 장터인 신디케이션을 통해 국제면 히트 기사를 확대 전파하고 재활용하고 있다.

이로써 뉴욕타임스의 스타 기자가 만드는 각 지면의 대표 명품 콘텐츠는 신문과 잡지, 심지어는 다른 매체에까지 널리 퍼져 궁극적으로 세계 평화와 인류 의 이상 및 가치에 복무한다고 하는 심리적 임팩트를 주게 된다. 아울러 명실상부한 업계의 리더이자 퀄리티 미디어로서 뉴스 미디어 위상을 대내외적으로 끌어올리는 돌격대 역할을 맡게 된다.

3) 조직 운영

조직구조는 전문화, 통제의 폭, 부문화 등 3가지 요소들을 기준으로 운영하게 된다. 전문화는 직무가 얼마나 세분화하여 있는가를 체크한다.

〈그림 94〉 조직 운영 영역

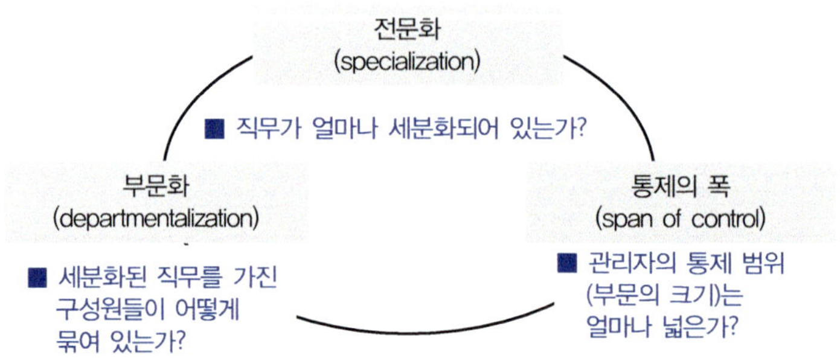

자료 : 이광근, 「조직구조 성과통제」, https://slidesplayer.org/slide/16581863/

통제의 폭은 관리자의 통제 범위(부문의 크기)가 얼마나 큰가를 보는 개념이다. 부문화는 세분화된 직무를 가진 구성원들이 어떻게 서로 묶여 있는가를 말한다.

이러한 운영의 틀과 기준에 따라 미디어 콘텐츠를 포함한 대부분 기업은 기능별 조직과 사업부제 조직과 같은 단순한 구분을 둔다.

〈그림 95〉 기능별 조직, 사업부제 조직

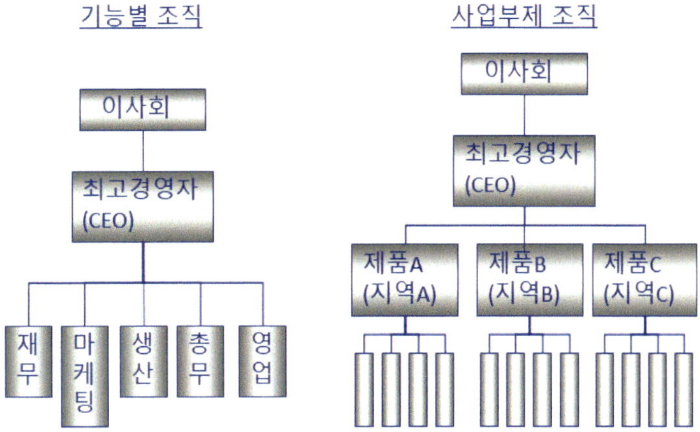

자료 : 이광근, 「조직구조 성과통제」, https://slidesplayer.org/slide/16581863/

이러한 구분이 갖는 단점을 극복하고자 하는 혼합 형태도 있다. 기업의 기능과 사업 영역을 씨줄 날줄로 섞어보는 매트릭스 조직이다.

〈그림 96〉 매트릭스 조직

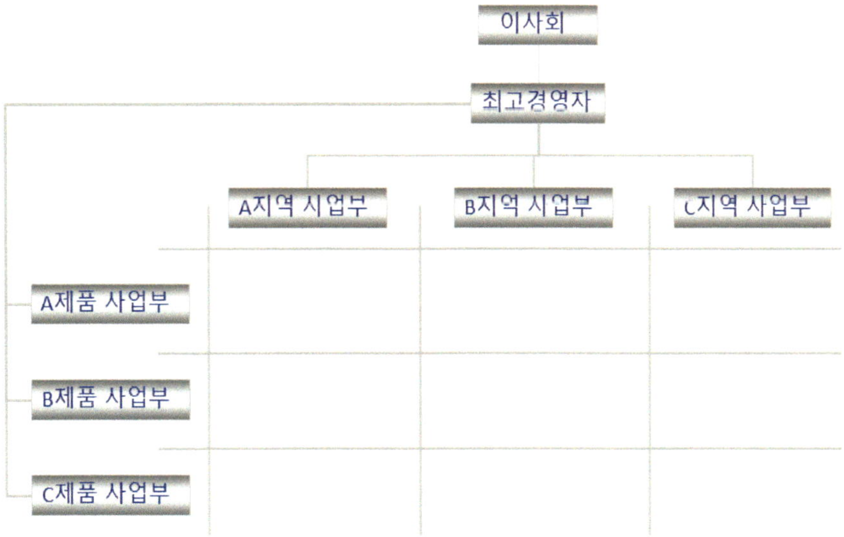

자료 : 이광근, 「조직구조 성과통제」, https://slidesplayer.org/slide/16581863/

매트릭스 조직은 제품의 다양성과 지역의 다양성을 함께 커버하는 방향으로 진화해온 조직 형태이기도 하다. 어느 업종의 어떤 기업이 여러 제품과 세계 각지의 시장을 상대하는 글로벌 다국적 기업이라면 매트릭스 조직 자체도 점차 고도화될 수 있겠다.

〈그림 97〉 기업조직의 변화과정

자료 : 이광구, 「조직구조 성과통제」, https://slidesplayer.org/slide/16581863/

미디어 콘텐츠 기업은 대체로 매트릭스 조직의 구체적인 형태이기도 한 프로젝트 조직을 운영하는 경우가 많다. 할리우드 방송영상산업 클러스터에서 사실상 표준이 되어 있는 프로젝트 기반 경영(project based business)이 가장 전형적인 사례이다.

〈그림 98〉 프로젝트 조직

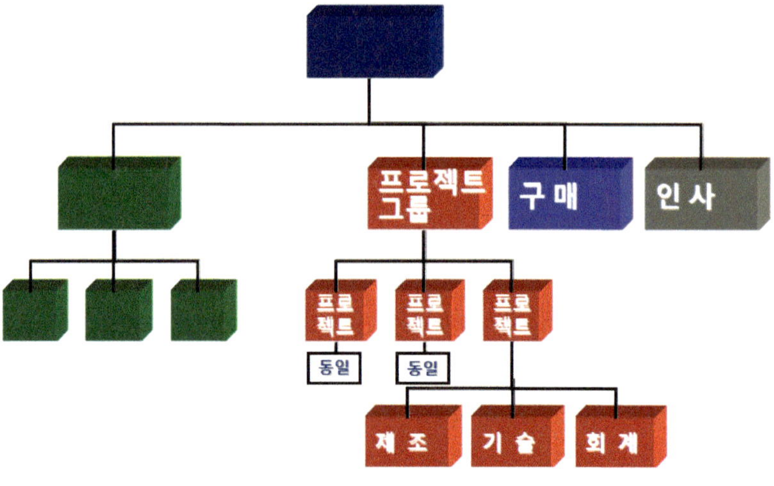

자료 : 이광근, 「조직구조 성과통제」, https://slidesplayer.org/slide/16581863/

지식경영과 학습조직

지식경영(knowledge management)이란 지식(knowledge)을 기업조직의 가장 근본적인 자원으로 인식하고 이를 강화하기 위한 노력을 중심으로 하는 경영 활동이다. 학습조직(learning organization)은 '구성원과 목표를 공유하며, 역량을 강화하고 성과를 개선하기 위해 지속해서 지식과 경험을 축적하는 조직'을 가리킨다. 권한위양과 능력의 함양을 중시하는 문화가 형성되어 있는 기업은 업무 활동의 질 향상을 위한 여건 조성에 주력하고 시공간적 여유를 제공한다. 협력을 통한 이익은 적극적으로 공유한다.

〈그림 99〉 지식경영과 학습조직

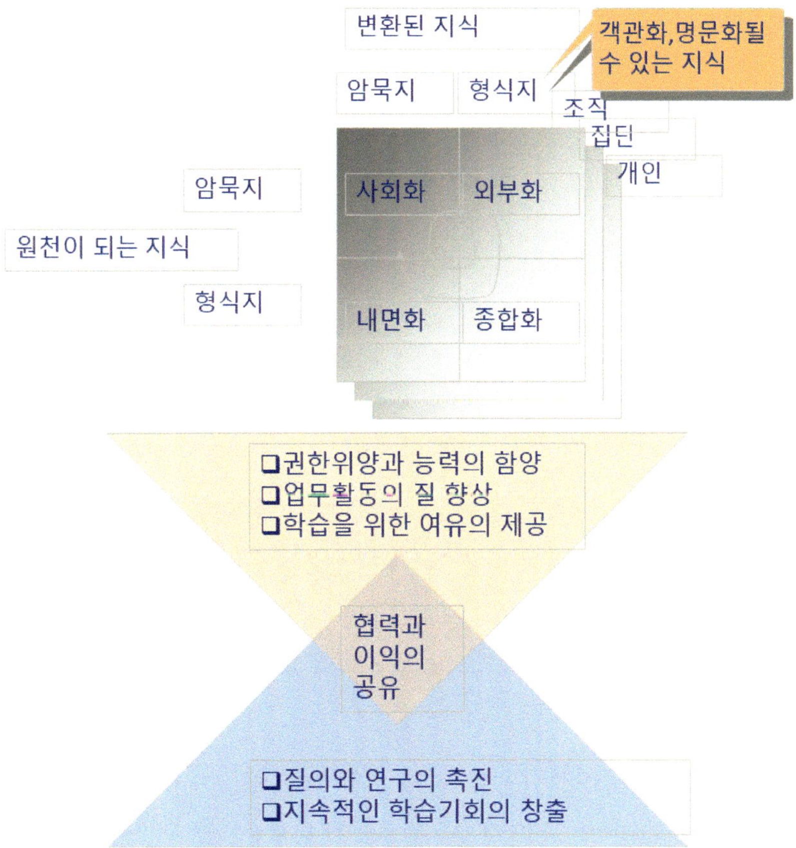

자료 : 이광근, 「조직구조 성과통제」, https://slidesplayer.org/slide/16581863/

합병

합병을 주도하는 경영층에서 조직문화의 중요성을 간과하면 경영성과 하락으로 이어져 결국에는 조직의 위기를 자초하기도 한다. 2개의 다른 내력을 가진 기업조직이 합치게 될 때 이른바 화학적 융화가 지상 과업이 될 수밖에 없다.

〈그림 100〉 기업조직 합병 과정의 불화

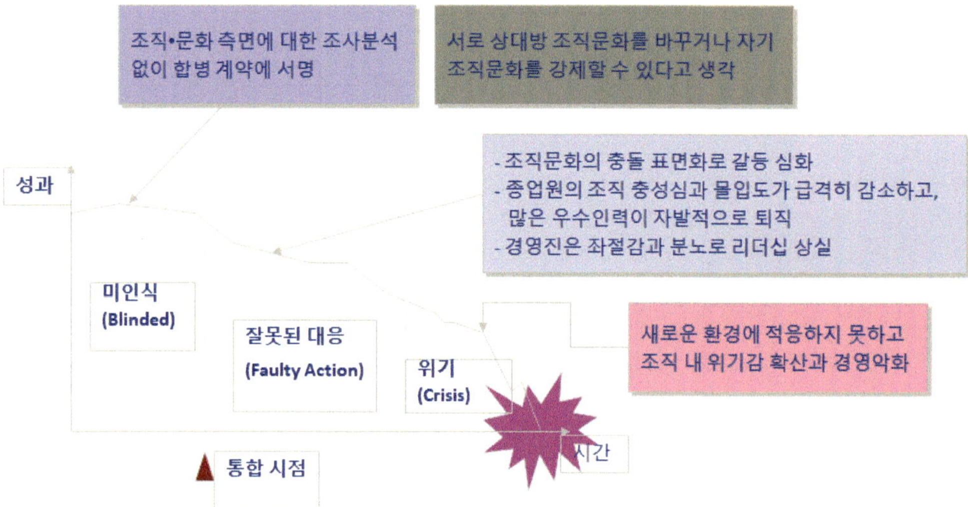

자료 : 삼성경제연구소 내부자료(2002)

리더십

경영자의 리더십은 비전과 변화의 추구 조직의 관성과 타성 억제 구성원들에 대한 동기부여 조직의 비전에 대한 확신으로 이어져야만 성공적이라고 평가받을 수 있다.

정치적인 역량과 협상력 기업 내부의 이해관계 조정 권한의 하부 위양 권한의 독점을 방지할 줄 알아야 한다. 기업윤리와 사회적 책임을 강조하는 것은 기업과 개인이 함께 윤리적 책임 강화하여야 한다는 맥락이다. 전문경영인으로서 CEO(Chief Executive Officer)는 기업의 선장이자 사령관으로서 비전을 제시하고 실무를 총괄하면서 위기를 이겨내고 전략 프로그램을 성공적으로 수행하는 리더십을 발휘해야 하는 대체 불가능한 자리이다.

이 때문에 CEO의 가장 큰 덕목은 카리스마라고 말하기도 한다. 한국적 상황에서 이루어진 경영학 연구를 보면 CEO에는 기업 성장 주기에 맞춰 창업형 CEO, 확장형 CEO, 관리형

CEO, 구조조정형 CEO로 분류해볼 수 있다.

〈그림 101〉 한국형 CEO 변천 과정

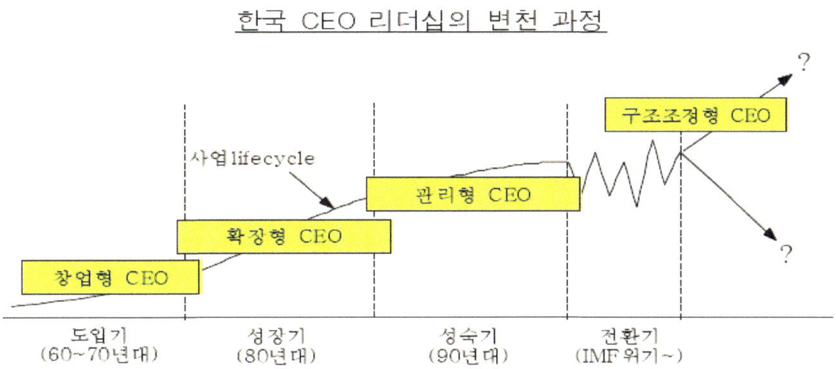

창업형 CEO	확장형 CEO	관리형 CEO	구조조정형 CEO
강인한 사업가정신으로 신규사업 개척	창업자와 거의 동일한 리더십스타일을 지닌 인물들로 창업자가 구축한 사업전개모형을 타사업분야에 적용	주력사업들이 성장국면을 지나 성숙국면에 진입하자 관리형의 CEO들이 주류를 형성	새로운 환경에 적응하기 위해 기업의 체질을 쇄신할 수 있는 신기업가정신이 충만한 CEO 그룹이 각광

자료 : 삼성경제연구소 내부자료(2002)

〈그림 102〉 경영자 후계 육성 과정 Z 전략

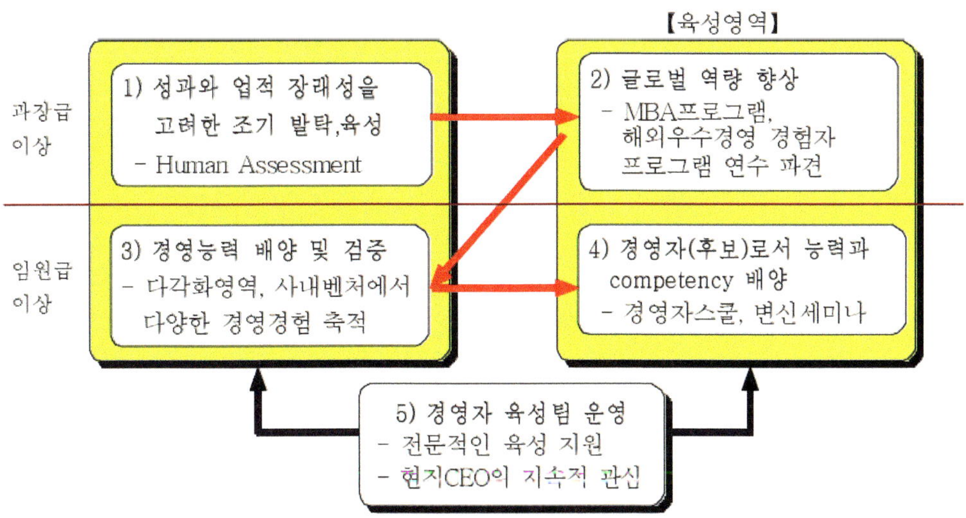

자료 : 삼성경제연구소 내부자료(2002)

GE처럼 과거 잭 웰치 회장으로부터 제퍼리 임멜트 신임 회장으로 CEO 구도가 이행하도록 미리 체계화하는 후계자 육성 프로그램도 있다. GE는 사내외 선발 프로세스를 통해 흡사 왕위 계승하는 것처럼 후보군을 축약하여 6년 정도 기간을 갖고 결정하는 CEO 전용 프로그램을 가동하기도 하였다.

특수 조직

기업의 조직은 상황에 따라 특수하고 임의적인 성격을 띠기도 한다. 지속가능경영이나 위기관리와 같은 테마에 맞춘 조직 설계도 활발하게 이루어진다.

〈그림 103〉 지속가능경영 조직도(유한킴벌리)

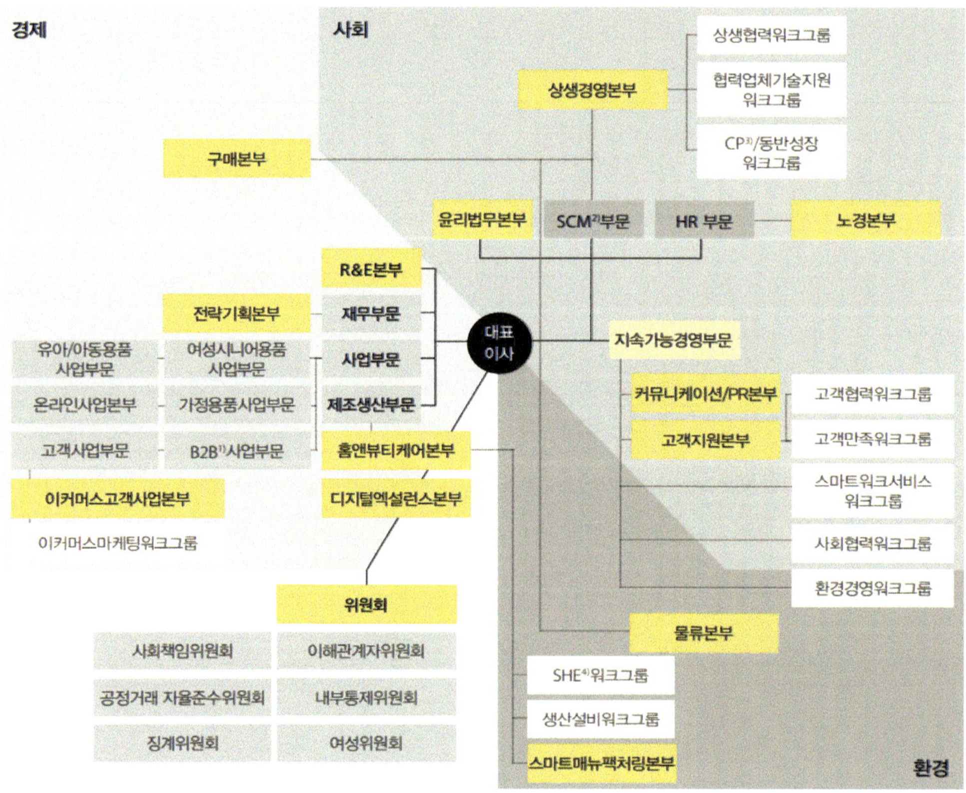

자료 : 유한킴벌리, 2016 지속가능성 보고서

〈그림 104〉 위기관리 프로세스와 조직설계(유한킴벌리)

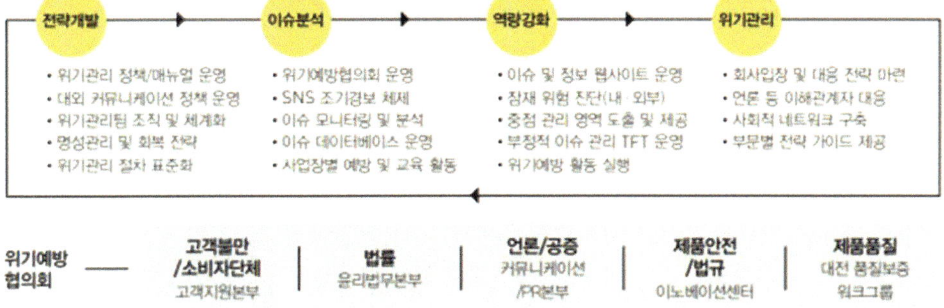

자료 : 유한킴벌리, 2016 지속가능성 보고서

4) 미디어 조직 통합

신문기업 내부의 조직 통합 및 업무 통합으로 콘텐츠 고유가치를 향상한 사례가 있다. 이탈리아 라 스탐파(La Stampa)는 뉴스룸 통합을 물리적 공간, 심리적 바탕에서 실현했다. 기존 편집국 질서에서 새롭게 들어온 소셜 미디어 등과 소통하는 데 어려움을 겪자 하나의 태양계에 모든 콘텐츠 부서를 편입시키는 공사를 단행한 사례이다.

신문 제작에서 자연스럽게 찾아온 온, 오프 융합을 흩어진 콘텐츠 장르, 장벽, 매너리즘을 타파하는 계기로 삼겠다는 의도였다. 아울러 회사 환경 변화에 대한 과감한 투자로 조직 구성원들에게 동기를 부여하고 사기를 진작시키는 효과도 겨냥했다. 업무상으로는 통합된 콘텐츠 편집과 제작이 원활하게 이루어지는 뉴스 팩토리(공장) 개념을 지향했고 이로써 생산성을 끌어올리고 궁극적으로는 콘텐츠의 고유가치를 높여나간다는 목표를 추구하고 있다.

라 스탐파는 신문 제작시스템 자체가 변화해야 새로운 수익모델을 창출한 특별한 콘텐츠가 나올 수 있다고 보았다. 여러 선택권 가운데 낙점된 도전은 편집국장을 영화감독처럼 변신시키는 일이었다.

뉴스룸을 리모델링해서 영화를 제작하는 현장 시스템과 같은 역동적인 조건을 만들었다. 영화 제작 시스템을 도입하여 감독이 현장에서 총지휘하는 듯한 허브(hub) 구조를 만들어 액티브하고 맹렬한 야전사령관이 장악하는 작전 상황실 벙커나 워룸(war room)과 같이 뉴스룸을 변모시켰다. 어느 이탈리아 신문의 이러한 변신은 마치 그들의 조상이 건설했던 원형경기장에 들어가 검투사 글래디에이터로 다시 태어난 기자, 편집자, 데스크들이 매일 일합을 겨루는 현장을 연상케 한다.

〈그림 105〉 라 스탐파 허브 개념 편집국 도면과 사진

출처: 이탈리아 라 스탐파 국장 발표, 2013.6. 태국 WAN IFRA 총회

〈그림 106〉 라 스탐파 허브 개념 편집국 구조

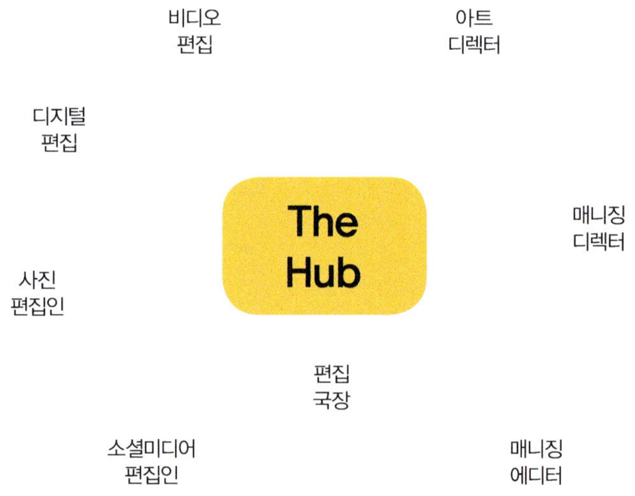

출처: 이탈리아 라 스탐파 국장 발표, 2013.6. 태국 WAN IFRA 총회

이렇게 리모델링된 뉴스룸이 바로 통합 뉴스룸이다. 통합 뉴스룸은 흩어진 여러 콘텐츠 영역들을 그야말로 조화롭게 집중시키는 수렴하는 회랑 개념(concentric aisles concept)을 반영했다.[31]

기존 신문이 정치 · 경제 · 사회 · 문화로 나뉘는 병렬적 서비스와 오프라인 온라인, 신규 소셜 미디어 등으로 흩어진 미디어 서비스로서의 고전을 면치 못했기 때문에 통합 뉴스룸의 통합 서비스로 새로운 수익모델을 개척하겠다는 라 스탐파의 노력이 혁신이 되었다.

〈그림 107〉 BBC 통합 뉴스룸 구조

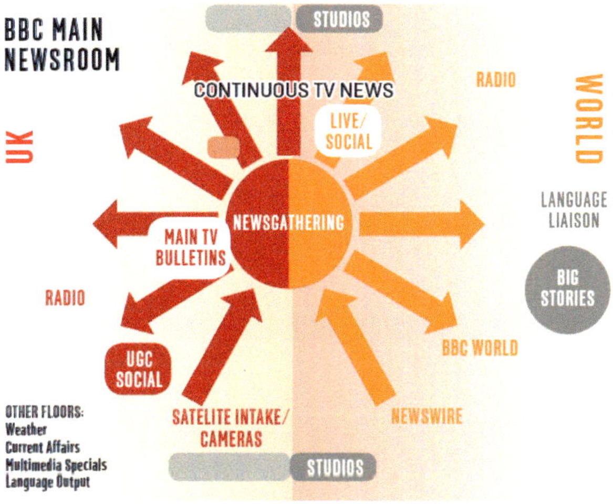

출처 : BBC 홈페이지, www.bbc.co.uk

31) 라 스탐파 국장 마르코 칼라브레시(marco calabresi) 사례발표, 2013.6. 태국 WAN IFRA 총회

10 물(物) : 제작시스템 가동

기업에 유입되는 빅 4, 네 가지 자원 가운데 두 번째인 물적 자원은 미디어 콘텐츠 기업의 경우 제작시스템 활동에 직접 쓰인다. 일반적인 제조업에서 공장으로 직행하는 직간접 원부자재 같은 유형 자원들은 거대한 제작 공방을 뜻하는 스튜디오로 속속 유입된다. 이 때문에 할리우드에서는 제작시스템을 스튜디오 시스템 또는 스튜디오 모델이라고 부르고 있다. 가치사슬 흐름을 3단계로 단순화한 구조에서는 PP(Pre Production)의 마무리 활동 일부와 MP(Main Production) 전 과정을 포괄한다. PP(Post Production) 과정 일부도 제작시스템 활동으로 들어오는데 다만 PP(Post Production)을 후반 작업보다 폭넓은 의미로 해석하면 제작시스템과 이후 공정인 시장 활동은 맞닿아 있다.

제작과 관련한 미디어 콘텐츠 경영 활동에 들어오는 장르가 워낙 많고 다양하여서 제작시스템 활동을 부르는 명칭도 다양하다. 언론사는 뉴스룸이라고 하고 방송국은 스튜디오, 제작소, 세트장 등으로 부른다. 영화는 스튜디오도 있고 야외 촬영 로케이션 그 자체도 제작시스템의 현장이 된다. 디지털 콘텐츠와 AI, 가상현실(VR), 증강현실(AR), 특수효과(VFX)가 중심이 되면 실험실 랩(Lab)이라고도 한다.

〈그림 108〉 제작시스템 작동 구간

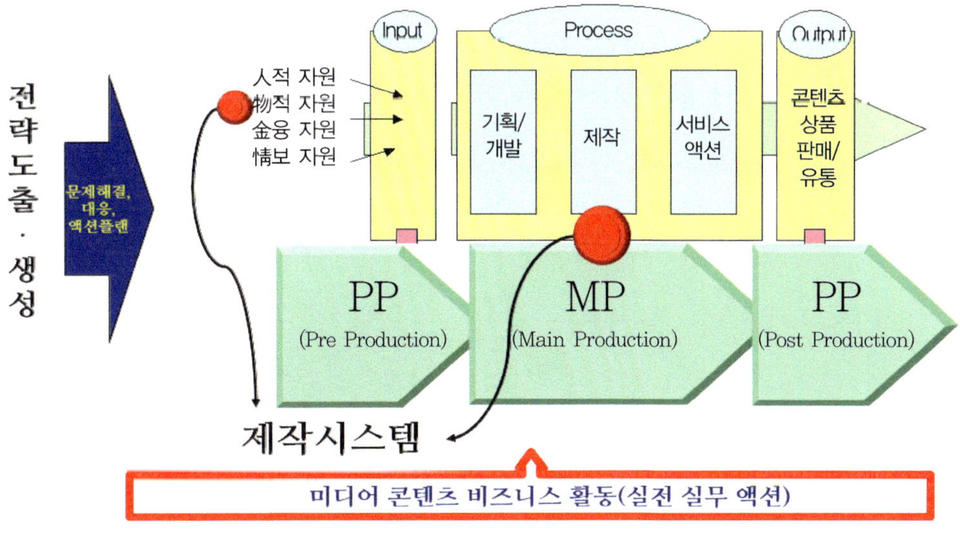

자료 : 성신여대(2021), 강의「미디어 비즈니스」팀 프로젝트 발표문

1) 개요

생산과 유통

방송영상산업과 같이 큰 업종 단위로 보면 제작시스템은 배급 유통이 시작되는 이전 범위를 총칭한다.

〈그림 109〉 영화 비즈니스 제작 과정

자료 : 영화진흥위원회 홈페이지 / https://kofic.or.kr

생산하여 공급하는 지점부터 유통 활동이 전개되어 이용자에게 전달되는 소비가 연결되므로 생산까지만 제작시스템으로 보아도 무방하다.

할리우드 클러스트는 예를 들어 콘텐츠 창조(Content Creation) - 콘텐츠 패키징(Content Packaging) - 콘텐츠 배급(Content Distribuion) - 유저 인터페이스(User Interface) - 최종 이용자(End User) 등 5단계를 거친다고 볼 수 있다. 여기서 첫 번째 활동 과정인 콘텐츠 창조(Content Creation) 가 가장 전형적인 제작시스템이 된다. 매칭하는 플레이어로서 미디어 콘텐츠 기업은 할리우드 스튜디오들과 독립 제작사가 있다.

〈그림 110〉 방송영상 비즈니스 가치사슬

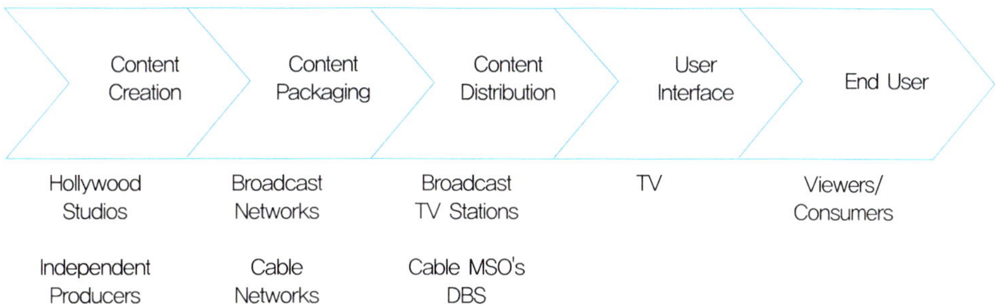

자료 : Bear, Streams and Co Inc.

음악 콘텐츠 산업으로 응용해보면 창작- 제작 - 중개 - 유통 / 서비스 - 활용 등 5단계로 볼 수 있는데 여기서 창작은 기획, 개발 성격이 강해 제작시스템 이전으로 분리할 수 있다. 오로지 음반과 음원을 만들고 대중가요 가수가 콘서트를 하거나 오페라 뮤시컬 부문 공연을 하는 활동이 전형적인 음악의 제작시스템 안에 들어온다.

여기 제10장에서는 미디어 콘텐츠 제작시스템의 대표적인 모델인 할리우드 스튜디오 시스템을 상세히 알아보고자 한다. 1912년 LA 할리우드에서 기업 역사를 시작한 유니버설 스튜디오를 기점으로 본다면 110년을 넘어가는 역사 속에서 할리우드 클러스터 생태계 안의 제작시스템이 어떻게 형성되어 진화, 발전해왔는지를 통찰하게 되는 셈이다. 이로써 영화를 벗어나 게임, 인터넷 모바일의 뉴 미디어 뉴 콘텐츠의 생산 양식들에 관해서도 손쉽게 접근할 수 있다.

〈그림 111〉 음악 콘텐츠산업 가치흐름 (생태계)

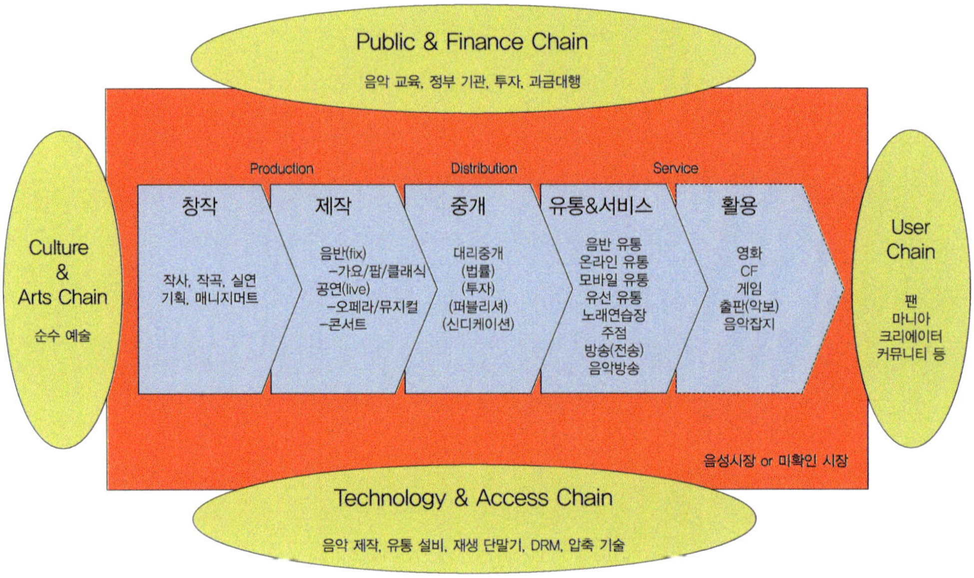

2) 스튜디오 시스템

제작시스템 : 할리우드 스튜디오 모델 3.0[32]

미디어 콘텐츠 경영활동의 가치사슬을 영상산업 차원으로 확장하게 되면 하나의 표준화된 제작시스템 모형을 얻을 수 있다. 영상산업 경제적 구조화 활동(activity)에 대해서는 투입-과정-산출(input-process-output)이라는 분석의 틀을 동원하여 볼 수 있다. 개별 사업자의 투입-과정-산출을 의미하는 기업의 가치사슬을 전체 산업의 단위로 확장하고 총합하면 산업 고유 가치 시스템이 성립된다. 이 가치 시스템은 변화하고 있는 영상시장의 환경에 따라 부분적인 요소와 구성이 변하게 된다.

이를 좀 더 근본적으로 나눠 산업별로 보면 콘텐츠 제공, 네트워크 제공, 서비스 제공 산업이 3대 영역으로 자리 잡게 된다. 이는 영상 콘텐츠 관련 사업의 개념을 「네트워크를 통한

32) 심상민(2012), 할리우드 영상산업 제작시스템의 역사적 변천 연구, 한국문화산업학회 문화산업연구 Vol.12, No.3.에서 인용, 일부 변형

콘텐츠 서비스 제공」으로 보는 관점이기도 하다. 콘텐츠 장르나 성격에 관계 없이 기획 - 제작 - 서비스 전달 - 고객 마케팅과 사후관리라는 기본적인 과정을 통해 가치를 부가하게 된다. 이런 관점에서 영상 콘텐츠 가치사슬은 크게 2가지 마디, 즉 제작과 서비스로 나눌 수 있다. 제작과 서비스는 각각 고유한 경쟁력의 원천으로서 작용한다고 분석한다.

제작의 경우 콘텐츠의 질을 좌우하는 아이디어, 메시지, 화면 구성력, 미술적 성취도, 연기력 등이 내포된 출연진의 '3씨'(말씨 솜씨 맵씨)가 중요하며 제작사의 엄격한 콘텐츠 품질관리만이 지속적인 경쟁력을 보장한다. 적은 비용으로 우수한 콘텐츠를 만들어내는 능력은 그야말로 오랜 경험과 노력 끝에 체득할 수 있는 암묵적 지식인 셈이다.

이 암묵지가 가장 잘 발원한 곳이 바로 할리우드다. 이곳에서 월트 디즈니, MGM, 워너브러더스, 유니버설, 소니, 파라마운트, 20세기 팍스와 같은 메이저 스튜디오가 영상산업 제작시스템을 만들고 유지하고 발전시켜왔다. 이어 메이저 스튜디오 계열, 관계사인 드림웍스, 미라막스, 터치스톤, 오리온, 뉴라인, 캐슬락과 같은 전문 제작 회사들도 한 축을 맡고 있다. 또한 메이저 독립 스튜디오도 생태계 또 다른 축을 담당한다. 루카스 필름이나 라이온스 게이트 필름 같은 회사가 이에 해당한다. 이들은 LA 할리우드를 벗어나 북 캘리포니아 지역이나 캐나다 밴쿠버와 같은 새 영토에서 미래 지향적인 영상산업을 지향하고 있기도 하다.

이 밖에 독립 제작 회사들도 제작시스템 구성원들이다. 독립제작사들은 자체적으로 또는 조인트 벤처를 통한 합작 형태로 콘텐츠를 만들고 메이저 스튜디오 힘을 빌려 유통을 해결하고 있다. 이들 제작사 곁에는 지원 서비스 업체인 프로덕션 서비스 회사들이 포진하고 있다. 이들 회사는 기술적, 행정 관리적 서비스는 물론 다양한 시설과 장비를 제공해주는 형태 비즈니스를 통해 전체 영상산업 생태계를 작동시키고 있다.

제작시스템

전통적인 영화 제작의 경우 총비용은 네거티브 비용과 P&A(Print & Advertising) 비용으로 나뉜다. 네거티브 비용이란 제작비용과 스튜디오 비용, 자본 비용을 합한 최종적인 네거티브란 뜻을 가진다. P&A(Print & Advertising) 비용은 필름 복사, 배급, 인쇄와 같은 관련 비용을 포함한다.

영화와 비디오 부문의 가치사슬은 맨 처음 가장 기초적인 형태의 인풋(in put), 즉 콘텐츠 기획의 개념, 시나리오나 인문적인 문화자산에서 출발한다[33]. 이 다음 단계부터가 '네거티브' 비용이라고 부르는 요소가 발생하게 되는데, 이는 곧 영화의 네거티브 필름을 제작하는 단계까지 이르는 각종 비용을 총칭하는 뜻이다. 정리하면 4가지 가치 부가 흐름이 나온다.

1. '네거티브' 부가 가치가 영상 제작에서 쌓이게 됨
2. P&A 부가 가치가 영상물의 배급과 프로모션 단계에서 쌓이게 됨
3. '전시(exhibition)' 부가 가치가 여러 다양한 형태로 표현되는 단계에서 쌓이게 됨
4. 파생되는 부가 가치가 부가 상품과 서비스가 영상물과 관련된 자산으로부터 추출

이 가운데 1번 프로세스가 본 연구 주제인 제작시스템의 가장 고전적 형태다. 여기에는 크게 나누어 2가지 경로가 있다. 하나는 네거티브 흐름이고 다른 하나는 P&A 흐름이다. 순제작 과정을 뜻하는 네거티브 흐름은 여기서 다시 프리 프로덕션과 프로덕션, 포스트 프로덕션으로 3등분 된다.

프리 프로덕션은 인수, 금융, 개발, 캐스팅 / 작업 인원 확보까지를 가리킨다. 프로덕션은 디자인과 조직, 슈팅(촬영)이며 포스트 프로덕션은 프로세싱과 SFX(special effect(s)), 영상 편집, 음향과 음악을 말한다. 이러한 네거티브 흐름은 또 다른 축인 P&A 흐름과도 연계된다. 프리 프로덕션은 인수, 금융, 개발까지는 P&A 흐름의 시장 조사와 연관을 맺고 있다. 프리 프로덕션과 프로덕션 전체는 P&A 흐름 마케팅과 광고, 퍼블리시티, PR, 복사와 배급 전체에 상관관계를 가지고 있다. 포스트 프로덕션의 음향과 음악은 P&A 흐름의 마케팅과 광고, 퍼블리시티, PR, 복사와 배급 전체와 또한 직접 연결된다.

이 2가지, 네거티브 흐름과 P&A 흐름이 본원적으로 이르게 되는 1차 도착지점은 영상화된 엔터테인먼트 콘텐츠 상품(프로덕트)이다. 이 완성된 1차 제품을 넘어서게 되면 전시(exhibition)와 부가 부문이 각각 2개의 큰 흐름을 형성한다. 전시(exhibition) 흐름은 영화와 텔레비전으로 이어지고 이는 다시 DVD와 비디오, 온라인 배급으로까지 가게 된다.

이때 방송은 유료방송 등 다양한 시장으로 뻗어나가게 된다. 또 다른 부가 부문 흐름

---

33) OECD 논의동향 보고서(2007), 「디지털콘텐츠 비즈니스와 가치사슬」에서 일부 인용.

은 광고산업과 머천다이징(캐릭터비즈니스), 기술 스핀오프, 미디어 스핀오프 등의 영역으로 확산한다. 결국 직접적인 제작시스템 부문을 뜻하는 네거티브 흐름은 프리 프로덕션(pre production) - 프로덕션(production) - 포스트 프로덕션(post production)으로 이루어진다.

첫 번째 프리 프로덕션은 사전 제작 단계로서 다음 4가지 과정을 거친다.

1. 자산 인수 : 영화화하기에 적합한 어떤 자산. 자산 소유주는 협상을 통해 영화 권리를 갖기 위해 선금 지급을 통해 관여함. 이때부터 최초의 가치 창출이 이루어짐

〈그림 112〉 영상콘텐츠 제작시스템 영역과 범위 (영화의 경우)

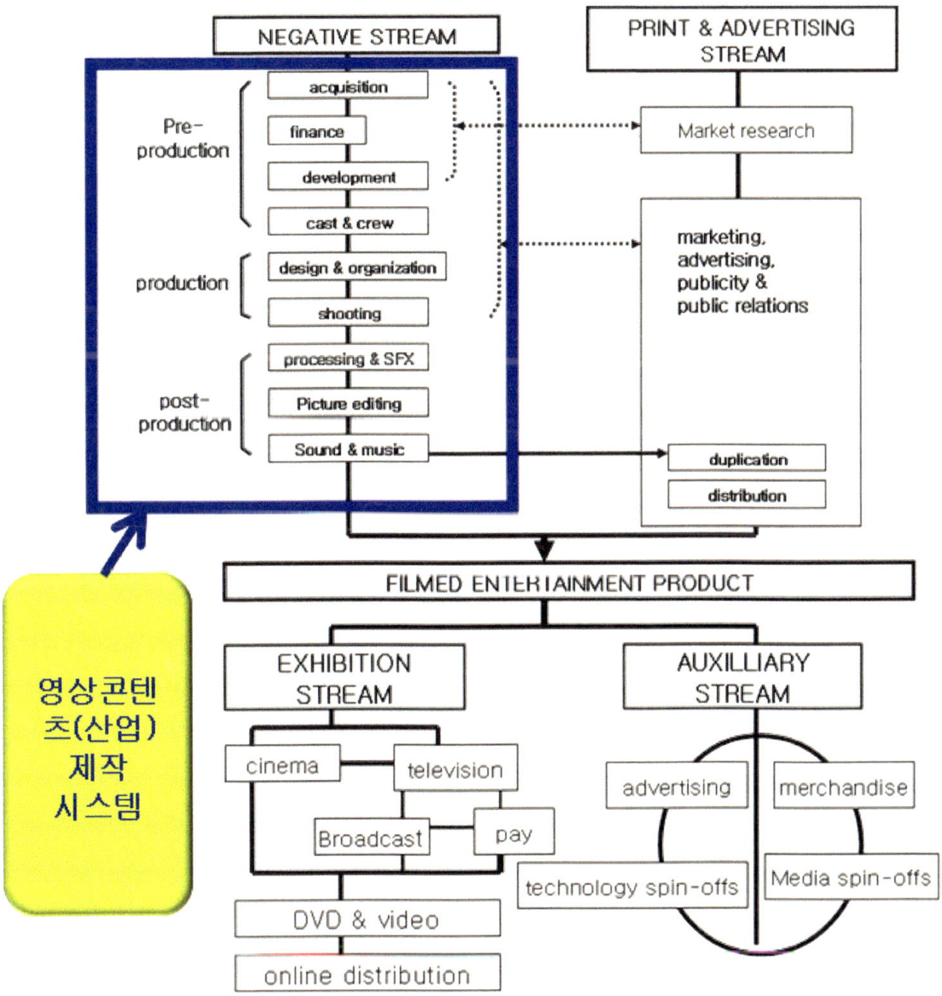

자료 : OECD 논의동향 보고서(2007), 디지털콘텐츠 비즈니스와 가치사슬 도형에서 변형

2. 프로젝트 파이낸스와 배급 : 영화 프로젝트는 배급 채널을 운영하는 스튜디오와 투자자에게 팔리게 됨. 이때 가치는 개발과 제작 자본 및 배급 보증 2가지 차원의 형태로 부가. 복잡한 공동제작 협의와 특별한 금융 기법을 통해 투자금액은 증액

3. 자산 개발 : 영화의 원형적인 개념과 같은 자산이 영화의 대화와 장면 구성을 설정하는 스토리보드와 시나리오로 전화하면서부터 미래 가치가 들어옴. 무형의 인물 캐릭터 가치를 더하게 될 창의적 주요 등장 캐릭터와 계약이 이루어지게 되며 프로덕션과 포스트 프로덕션 과정에 대한 구상도 시작.

4. 캐스팅 / 작업 인원 확보 : 배우, 감독, 촬영 작업 인원들과 계약을 하고 서로 협업하고 계획을 짬. 창의적이고 관리에 능한 인력들이 모여 제작의 모든 과정을 담당

두 번째 본 제작인 프로덕션 또는 메인 프로덕션은 2가지를 아우른다.

〈그림 113〉 워너브러더스 포스트 프로덕션 빌딩 (배우 C. 이스트우드에 헌정)

자료 : 워너브러더스 본사 방문에서 직접 촬영 (2010.4 미국 LA 할리우드)

1. 제작 디자인과 조직 : 디자인, 선택, 건축, 인수, 세트 설치, 자산, 의상, 분장, 음향, 음악, 특수효과, 로케이션 관리 등이 모두 포함
2. 슈팅 : 촬영, 실제 촬영을 하게 되는 단계이며 대부분의 무형 인물 캐릭터와 '보고 느끼는' 가치가 이 과정의 전문가에 의해 완성

세 번째 사후 제작 단계인 포스트 프로덕션에는 3가지가 작동한다.

1. 프로세싱과 특수효과 : SFX, 네거티브 작업이 진행되며 특수효과가 있을 경우 네거티브에 적용
2. 영상 편집 : 필름 조각들이 완성된 최종 영상물의 '파이널 컷'으로 순차적 배열
3. 음향과 음악 제작과 편집 : 음성과 음향, 음악이 만들어지고 녹음되어 추가

이 글에서는 할리우드 현장에서 직접 시행하고 있는 〈프리 프로덕션(pre production) - 프로덕션(production) - 포스트 프로덕션(post production)〉까지를 일컫는 순 제작 부문을 영상산업 제작시스템 기본 개념으로써 설정한다. 방송과 영화의 차이가 있긴 하지만 여기서는 실제 미디어 융합 흐름에 따라 방송영상콘텐츠라는 하나의 성격으로 일반화하여 영상산업 제작시스템을 다루도록 하겠다.

할리우드 고유 제작시스템 : 스튜디오 모델(시스템)

할리우드에서 자연스럽게 생성된 스튜디오 모델은 아주 유기적이고 강건한 영상산업 생태계로 알려져 왔다. 토마스 에디슨이 1893년 키네토그래프 특허를 취득한 이후 영화산업이 태동했다. 미국에서는 1920년대에 본격적으로 뉴욕에서 캘리포니아로 중심이 이동하는 시기에 파라마운트, 워너 브라더스와 같은 거대한 제작, 배급 회사가 나왔다. 이들의 성공이 스튜디오가 선 제작부터 영화관의 팝콘 판매까지 모두 통제해야 한다는 수직적 통합(vertical integration)에 대한 추구를 정당화하였다.

이후 할리우드는 1920년대 내내 영화산업의 팽창은 기술회사들과 스튜디오 부문의 통합을 촉진한다. 사운드의 도입 역시 산업계의 기술공학적 지원을 통해 급성장한 결과 중 하

나였다. 이 당시 진행된 스튜디오 시스템의 개발은 헨리 포드 등이 생산 공정의 능률을 높이기 위해 고안한 산업적인 모델에서 따온 형태였다. 이 시스템은 장편 극영화와 스타시스템의 이용을 극대화하기 위한 것이기도 했다. 영화산업도 막대한 투자와 고도의 생산 시스템에 의존하며 중앙 집중된 경영진의 조종을 받는 수백 명의 기술자와 정교한 기자재들을 사용하는 일종의 산업이라는 인식이 자리 잡았다.

이렇게 발전해온 스튜디오 모델(또는 스튜디오시스템)은 스타시스템과 결합하여 하나의 스타일을 창조해낸다. 감독, 스타, 스텝 등과 장기 계약을 맺는 스튜디오의 구조로 인해 제작 과정이 능률화될 뿐만 아니라 스튜디오만의 스타일이나 특징이 창조될 수 있음을 입증한 내용이다. 이 시기 스튜디오 모델과 스타일을 주도한 메이저 스튜디오는 다음과 같다.

1) 파라마운트 : 배급 회사로 출발, 많은 극장을 매입하며 규모를 확대

2) 로우스 / MGM(Metro Goldwyn Mayer) : 적은 극장 체인으로 인해 채무가 작았던 관계로 공황기에도 안전. 수많은 스타를 거느리며 화려하고 고급스러운 영화로 명성

3) 20세기 폭스 : 상대적으로 도시보다는 농촌 관객을 겨냥. 셜리 템플, 헨리 폰다, 타이론 파워, 베티 그레이블 등 배우 보유

4) 워너브러더스 : '노동자의 스튜디오'로 불리우며 주로 하류층 관객을 겨냥

5) RKO : 1940년대 초, 유명한 브로드웨이 연극의 각색물 제작으로 선회(오슨 웰스의 〈시민 케인〉 등). B급 제작부서는 할리우드 스튜디오 시기 중 가장 독창적인 저예산 영화 제작 등이 있었음

이밖에 마이너 스튜디오로는 유니버설, 콜롬비아, 유나이티드 아티스트 등이 존재했다.

이들 메이저, 마이너 스튜디오들이 초기 할리우드 스튜디오 시스템을 주도한 1세대 원조들이다. 이후 스튜디오 시스템은 여러 단계로 변화를 겪으면서 오늘날 정착된 제작시스템을 갖추게 되어 좀 더 안정된 체제를 의미하는 할리우드 스튜디오 모델로도 부르게 되었다. 따라서 현재 사용하는 영상산업의 스튜디오 시스템 또는 스튜디오 모델은 아주 기계적으로 정형화된 구조와 패턴을 보여준다.

우선 스튜디오 모델에 기반을 두고 설립된 새로운 회사는 외부 제작자의 프로그램 개발과 제작을 지원하고, 프로그램 콘텐츠 라이브러리를 구축하며 콘텐츠의 마케팅 및 배급을 관할

한다. 스튜디오 모델에서 새로운 회사는 직접적으로 프로그램 제작에 투자할 뿐만 아니라 방송사업자들에게 권리를 사전판매(pre-sale)함으로써 제작비를 충당하고, 외부제작사를 관리하며 여러 지역에 다양한 포맷(TV, 비디오, DVD)으로 프로그램을 활용한다. 이 때문에 스튜디오 모델은 독립제작사 모델보다 좀 더 많은 편익을 제공한다. 구체적으로 보면 다음과 같다.

첫째, 스튜디오 모델은 제3자, 즉 외부 제작자에게 실질적인 제작을 아웃소싱하기 때문에 고품질의 프로그램을 제작할 수 있도록 감독을 할 수 있다.

둘째, 제작물량이나 제작비 규모가 커질수록 프로그램 권리를 확보하기가 더 쉬워 진다.

셋째, 유통물량이 많을수록 수입은 안정적으로 형성된다.

넷째, 막대한 비용은 제작물량이 커질수록 분산되는 규모의 경제가 작동한다.

일반적으로 평균적인 독립제작사는 특정 기간에 1~2개의 프로그램을 5-15명 정도의 제작 인원을 가지고 제작한다.

콘텐츠 콘셉트는 내부적으로 개발이 된 후 제작비용의 일부를 충당하기 위해 사전판매를 통해 비용 일부를 충당하는 것이 보편적이었다. 하지만 다수의 독립제작사는 글로벌 영상 콘텐츠 사업자들과 거래 경험이 일천하여서 사전판매를 통한 제작비 충당이 쉽지 않은 상황이었다.

〈그림 114〉 할리우드 대표적인 메이저 스튜디오 워너브러더스 제작소 내부

자료 : 미국 할리우드 워너브러더스(WB) 스튜디오 방문 내부 촬영 (2010.4)

그러한 까닭에 독립제작사들은 프로그램을 제작하기 위해 친분을 이용해 제작비를 충당하거나 내부적으로 충원하고, 프로그램 완성 후 권리 판매를 통해 제작비를 회수하게 된다. 그러다 보니 다수의 독립제작사는 유통 사업에 경험이 거의 없게 마련이었다. 따라서 기존의 독립제작사 모델에서 제작사는 영세성을 면하기가 구조적으로 어렵다.

이 때문에 방송의 경우 미국의 공중파를 비롯한 대형 방송사들도 자체 시트콤이나 드라마, 쇼 프로그램 할리우드 스튜디오와 함께 제작하는 경우가 빈번하다. 영화의 제작 노하우가 방송으로 전이되기도 하는 실질적인 융합인 셈이다.

스튜디오 모델에 기반을 두고 설립된 새로운 회사는 외부 제작자의 프로그램 개발 및 제작을 지원하고, 프로그램 콘텐츠 라이브러리를 구축하며 콘텐츠의 마케팅과 배급까지 담당한다. 스튜디오 모델에서 전체 프로젝트 운영 회사는 직접적으로 프로그램 제작에 투자할 뿐만 아니라 영상사업자들에게 권리를 사전판매(pre-sale)함으로써 제작비를 충당한다. 외부제작사를 관리하며 여러 지역에 다양한 포맷(TV, 비디오, DVD)으로 프로그램을 활용한다.

스튜디오 모델에서는 운영 회사의 성격은 프로그램 개발과 유통회사로서 규정된다. 즉 다양한 원천으로부터 아이디어를 얻으며, 재원을 확보하고 프로그램 제작을 관리하며 제작된 프로그램들을 판매한다.

전체 프로젝트 운영 회사의 기능은 다음과 같이 설명할 수 있다. 제1단계는 운영 회사가 다수의 콘셉트를 보유하기 위해 제작사들로부터 글로벌 차원의 유통 가능한 콘셉트를 수집한다. 다음 2단계에서는 콘셉트를 패키지해서 글로벌 영상사업자에게 제안하고 제작예산의 50% 정도를 확보하기 위해 권리를 사전 판매해 제작비를 확보한다. 제3단계에서는 내부적으로도 제작비를 충당하고 프로그램에 대한 권리를 확보한다. 제4단계에서는 프로그램을 제작하는 외부제작사들이 예산과 제작의 효율성을 기하는지를 감독한다. 마지막 단계에서는 제작이 완료된 프로그램을 사전에 권리를 구매한 사업자들에게 판매한다. 이처럼 스튜디오 모델은 많은 프로그램이 제작될 수 있는 재정적 기반을 만들어 주고 추가로 외부제작사의 프로그램 권리와 연계되어 협상력을 가질 수 있는 풍부한 저작권 라이브러리를 창출시킨다는 강점을 지니고 있다.

〈표 14〉 프로덕션 모델(하청형 독립제작사 유형)과 스튜디오 모델 비교

구 분	프로덕션 모델 (하청형)	스튜디오 모델
제작비 조달/ 저작권	○ 코스트플러스 방식(cost plus, 일본) - 방송사에서 제작비 제공 - 1시간 제작비 약 3억원(드라마) ○ 방송사 저작권 소유	○ 적재재정방식(deficit financing, 미국) - 방송사서 일부 제공, 제작사가 대부분 조달 - 1시간 제작비 약 30억원(드라마) ○ 방송사 1차 저작권, 제작사 활용
시장 특성	○ 한국, 일본 정도 좁은 내수시장에 적합 - 영세한 제작사, 글로벌 유통경험 없음 ○ 지상파 중심 콘텐츠 제작구조	○ 미국 등 대규모, 글로벌시장에 적합 - 대형제작사 글로벌시장에 사전판매(pre-sale)로 제작비 충당 ○ 편성(플랫폼)과 제작 분리 제작구조
회사 성격	○ 제작회사	○ 콘텐츠 개발·유통·제작 회사
장점	○ 성과 낮아도 제작사 부담이 크지 않음	○ 과감한 제작비 투자와 해외수익, 부가서비스 수입 창출 ○ 제작비, 제작물량 대형화로 권리확보 용이 ○ 제작아웃소싱으로 고품질 제작 감독 용이
사례	○ 방송사가 제작비를 모두 담당하는 대부분의 드라마	○ 아이리스, 태왕사신기 등 제작사가 제작비의 50% 이상을 충당하는 드라마

* 자료 : 한국콘텐츠진흥원 내부자료, 2010

이러한 복합적인 스튜디오 모델에서도 핵심 기능이 존재한다. 바로 프로덕션 매니지먼트 기능이다. 프로덕션 매니지먼트 기능은 크게 보아 3가지로 정리할 수 있다.

첫째, 콘텐츠 상품 유통에 내재할 수밖에 없는 수요의 불확실성에 따른 위험을 분산시킬 수 리스크 관리 기능

둘째, 모듈(module)형 디지털 콘텐츠 개발과 제작 과정, 즉 작업 프로세스를 효과적으로 관리할 수 있는 관리 기능

셋째, 상대적으로 서로 다른 조직 문화와 언어를 갖는 콘텐츠 제작사와 금융, 투자 기관을 연결할 수 있는 파이낸싱 기능

할리우드 스튜디오 모델 변천과 현 위상

할리우드 스튜디오 모델이 영화와 방송, 인터넷 등으로 이어가며 스스로 진화, 발전한 경로를 1.0, 2.0, 3.0으로 각각 시기 구분하여 살펴볼 수 있다. 현재 할리우드 제작시스템은 통상 스튜디오 모델로 부르기도 하지만 엄밀히 내력을 살펴보면 스튜디오 모델 3.0 시기에 해

당한다.

오리지널 스튜디오 모델은 미국 영화산업의 제1 전성기이기도 한 1920~30년대 기간에 갖추어졌다. 이때는 무성영화가 유성영화로 발돋움하고 할리우드 지역에 대규모 메이저 스튜디오가 정착하던 시기였다. 영화 〈바람과 함께 사라지다〉와 같은 성공적인 대작이 나올 수 있었던 초반 전성기였다.

영화 제작시스템이 수직적 계열화, 통합화가 되고 수평적으로도 음악, 극장, 공연 등과 완벽에 가까운 통합 시스템을 갖출 수 있었다. 이처럼 거의 제약이 없었고 비길 경쟁 상대도 없었던 이 오리지널 스튜디오 모델은 1948년에 극장과 분리, 독점 방지 등을 강조한 파라마운트 법령 때문에 더는 지탱하지 못하게 된다.

이후 할리우드 스튜디오들은 텔레비전과 경쟁 또는 협조를 병행하면서 새로운 형태의 블록버스터 제작에 매달리게 되었다. 이후 굉장히 중요한 모멘텀이 된 것은 1975년에 나온 스티븐 스필버그 감독의 영화 〈죠스〉였다. 선통적인 스타시스템을 부시하면서도 오로지 공들인 특수효과, 잘 만든 음향효과, 창의적인 연출효과만으로 대박을 만들어낸 사실상 최초의 성공 사례가 〈죠스〉였다. 시리즈물로까지 성공한 〈죠스〉로 인해 할리우드는 좀 더 정교한 제작시스템에 입각한 과학적이고 체계적인 비즈니스 모델 개발에 몰두하게 된다. 할리우드는 영화를 메인 콘텐츠로 하므로 대규모 투자 자본을 확보하여 만드는 블록버스터라는 점에서 텔레비전과 차별화하는 데 주력했다. 이 전략은 상당 기간 먹혀들어 갔다.

한편 영화를 능가할 정도로 크게 성장하게 된 텔레비전 제작시스템 자체에도 커다란 분수령이 찾아왔다. 1970년 FCC(미국 연방커뮤니케이션위원회)가 독립제작사 보호를 위해 제정한 〈Fin Syn Rules(Financial Interest and Syndication Rules)〉가 1995년에 완전히 폐기된 사실이다.

이 Fin Syn Rules는 미국 지상파 네트워크(NBC CBS ABC)들이 신디케이션 시장에서 방송 프로그램 판권을 소유하지 못하도록 규제함으로써 외주제작사를 키우는 데 크게 이바지했었다.

이 때문에 1995년 규제 철폐 이후부터는 미국 지상파 네트워크들이 그야말로 경쟁력 있는 미드(미국 드라마)를 마음껏 만들어 전 세계 시장에 내놓는 새로운 중흥기가 열리게 되었다. 이 전성기는 방송과 영화 결합으로 나온 이른바 스튜디오 모델 3.0 시기로 접어들면서 그야말로 폭발적인 산업 성장세를 이루게 되었다. 이런 관점에서 볼 때 미국 영상산업의 경우 현재 스튜디오 모델 3.0 진행형으로 자연스럽게 와 있다고 분석할 수 있다.

정리하면 방송의 제작시스템 1.0 시기는 텔레비전이 나온 1939년 이후부터 FCC Fin Syn Rules가 나온 1970년까지에 해당한다. 스스로 자체 제작하는 하우스 시스템 또는 판권을 끝까지 갖는 우월적 권리관계로 일관했다.

1970년 이후 1995년 Fin Syn Rules 폐지까지는 뉴스와 스포츠 프로그램, 일부 오락프로그램들만 자체 제작하는 축소된 기능으로 갈 수밖에 없었다. 마침 이 시기에는 MTV, CNN으로 상징되는 케이블 방송사의 다양한 콘텐츠가 시장에 쏟아져 나왔기 때문에 미국 방송계 전체적으로도 다핵, 다품종, 다량 생산이 주종을 이룰 수 있었다.

이러한 방송계도 1995년을 지나면서 스튜디오 모델 3.0 시기라는 고도화된 성숙기를 맞이하게 된다. 영화와 결합하고 이미 오픈 플랫폼 전략을 채택한 할리우드 메이저 스튜디오와 파트너십을 맺게 되면서 〈CSI〉, 〈로스트〉, 〈프리즌 브레이크〉와 같은 강력한 킬러 콘텐츠를 지속해서 내놓을 수 있게 되었다.

〈그림 115〉 할리우드 스튜디오 모델 3.0 (제작자/창작자 중심 영상산업 생태계)

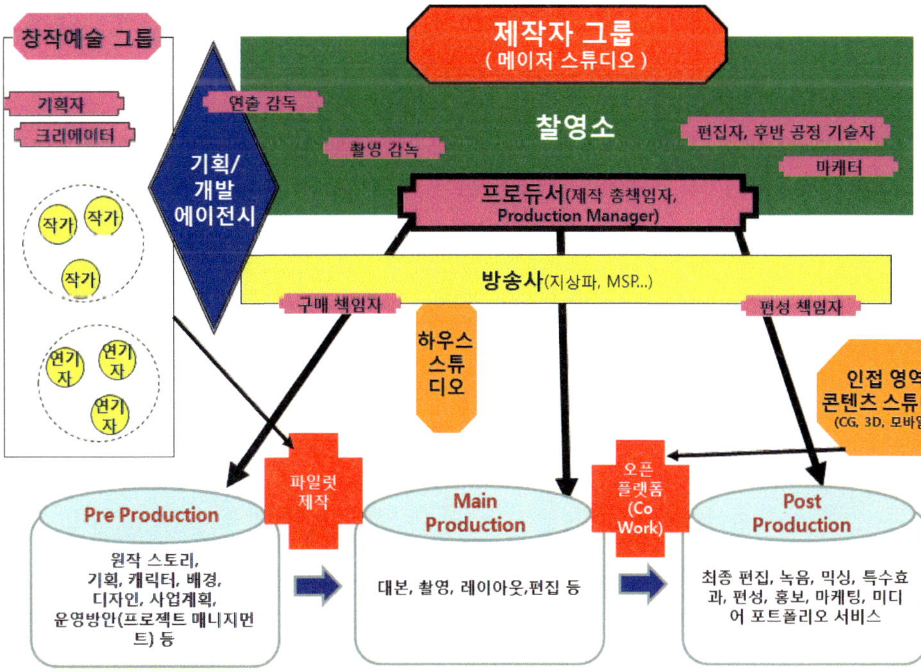

자료 : 문화체육관광부(2010, 연구책임자 : 심상민), '미디어환경 변화에 따른 방송콘텐츠산업 활성화 방안 연구'에서 내용 일부 변형

미국 영화산업 권역에서도 스튜디오 모델 3.0 형태가 현재 지배적인 거대 시스템으로 작동하고 있다. 과거 1930년대 수직계열화, 수평 통합화라는 초기 대형화 일변도 제작시스템(스튜디오 모델 1.0)이 있었다. 이후 1970년대 〈죠스〉가 촉발한 스타시스템에서 벗어난 진정한 연출력과 전문 스태프 중심의 블록버스터 제작시스템이었던 스튜디오 모델 2.0이 대략 1990년대 말까지 지속하였다. 그러다 방송 산업 진영이 손을 내민 1990년대 말부터 영화 자본과 방송 자본이 결합하기 시작하면서 영화 방송이 융합한 제작시스템이 더욱 견고해졌다. 인터넷, 모바일 기반 플랫폼 경제가 확산하고 있는 2022년 현재까지도 이 융합형 제작시스템, 즉 미국 할리우드 스튜디오 모델 3.0은 더욱 더 폭을 넓히며 진화, 발전하고 있다.

결국 세계적으로 가장 오래된 시장의 진화 발전 과정, 정책 프로그램과 적응 과정 등을 거치면서 완성된 지금의 할리우드 스튜디오 모델 3.0 형태는 영화뿐만 아니라 방송과 인터넷 동영상 부문에서까지도 아우르는 가장 효율적인 산업 생태계라고 할 수 있다.

그림에서 보여주듯이 이 스튜디오 모델 3.0 형태 제작시스템은 철저하게 제작자 그룹이 중심에 서 있다. 워너 브러더스, 파라마운트, 20세기 폭스, 유니버설 스튜디오와 같은 메이저 스튜디오가 전체 프리 프로덕션, 메인 프로덕션, 포스트 프로덕션을 일관 공정시스템으로 총괄 지휘한다. 이때 최고의 경험과 전문성을 갖춘 프로듀서(제작 총책임자)가 전체 제작시스템의 최고 정점에서 주요 의사결정을 담당한다.[34]

프로듀서는 연출을 담당하는 감독과는 다른 개념으로서 제작시스템이라는 거대 비즈니스 모델을 조율하고 이끌어나가는 프로덕션 매니저(Production Manager)이자 프로젝트 매니저(Project Manager) 또는 CEO 리더라고 할 수 있다. 이처럼 프로듀서가 핵심 역할을 하는 제작자 그룹은 창의적이고 좀 더 매력적인 프리 프로덕션 활동을 위해 작가와 연기자들이 포진한 창작예술 그룹과 특별한 관계를 유지하게 된다.

여기서 이른바 아트(Art)와 커머스(Commerce : 상업) 간 본질적 연결은 계약(Contract)이라는 콘텐츠 비즈니스 대원칙에 따라 지켜진다. 창작예술 그룹과 제작자 그룹 간 적절한 분리와 거리 설정 또한 작동한다. 이 간극을 기획, 개발 에이전시 그룹이라는 중개자가 메워주는 것이 또한 할리우드 제작시스템 특징이기도 하다. 윌리엄 모리스 에이전시(WME : The William Morris Agency, 2009년 회사명 Endeavor로 변경)가 할리우드를 대표하는 가장

34) 워너 브러더스 본사 관계자 방문 인터뷰 내용(애니메이션 / 음향 감독 마이크 뉴엔 감독 등, 2010.4. 미국 LA 할리우드.

유력한 에이전시 회사 사례이다.

이 같은 에이전시 회사를 통해 창작예술 그룹은 좀 더 안정적이고도 과감하게 새롭고 창의적인 콘텐츠 창작과 기획에 도전한다. 기획개발에이전시를 통해 개시한 프로젝트는 이후 촬영소 인프라로 편입되어 본격적인 제작에 돌입한다. 영화와 방송을 아우르기도 했던 뉴스코퍼레이션 그룹의 FOX 브랜드가 좋은 예다.

이러한 제작시스템 특징은 프리 프로덕션과 메인 프로덕션 사이에 완충 장치처럼 표시할 수 있는 파일럿 콘텐츠 제작에서 잘 반영되고 있다. 창작예술 그룹의 자유롭고 창의적인 활동을 제한적으로 보장하면서 제어하는 지점이 바로 파일럿 콘텐츠라고 할 수 있다. 제작자 그룹은 고유의 감각과 전문성으로 파일럿 콘텐츠라는 샘플을 보고 인증을 부여하고 제작 여부, 제작 규모 등을 결정하는 심판관 역할을 하는 셈이다.

3) 혁신적 제작시스템

메인 프로덕션과 포스트 프로덕션 사이에서도 새로운 특징이 나타나기 시작했다. 오픈 플랫폼이다. 이는 할리우드에 집약된 토털 제작시스템인 스튜디오 모델 3.0이 배타적인 내부 종사자 중심 메커니즘이 아니라는 점을 과시한다.[35]

여기에도 제임스 캐머론 감독 영화 〈아바타〉가 전형적인 본보기가 되어주고 있다. 이 영화에 뉴스코퍼레이션의 20세기 폭스사가 5천억 원에 가까운 막대한 자본을 투자하면서 포스트 프로덕션으로 넘어가는 파트에서는 뉴질랜드 웨타(WETA)와 협업을 시작했다. 또 할리우드와 떨어져 있는 루카스 필름의 ILM 등과 함께 협업(Co Work) 하는 방식으로 공장을 열었다.

이러한 오픈 플랫폼 제작시스템은 CG(컴퓨터 그래픽), 3D와 같은 최첨단 디지털 기술 부문에 대한 거래 비용을 줄인다는 경제적 타산에 부합한다. 제작시스템의 핵심인 작업자, 업무 흐름에 관한 커뮤니케이션 방식 자체가 이미 열린 소셜 미디어 플랫폼으로 가고 있다는 흐름도 잘 보여준다. 2010~2011년을 기점으로 할리우드 제작시스템을 규정짓는 스튜디오

35) 윌리엄 모리스 에이전시 본사 관계자 방문 인터뷰 내용 (수석부사장 스튜어트 텐저 등, 2010.4. 미국 LA 할리우드)

모델 3.0 내부 핵심인 작업자 인간의 소통과 생각 자체가 오픈 플랫폼으로 빠르게 이행하였기 때문이기도 하다. 인터넷, 모바일, 스마트폰 등과 연계하고 교차하지 않을 수 없어졌다. 바로 이 부분부터 콘텐츠 유저들이 어떤 형태로든 최종 완성은 물론 홍보, 마케팅, 해석 등에 참여할 수 있게 된다. 또한 제작자 그룹, 그 가운데에서도 프로듀서에게 집중화된 제작 권력이 일정 부분 해체되고 이양되어 유저나 다른 인접 전문가 영역, 인접 기술 실험실, 출판사나 게임 공급사업자와 같은 퍼블리셔 영역으로 넘어가기도 한다. 미디어 콘텐츠 산업에서 퍼블리셔(publisher)는 게임과 같은 콘텐츠를 직접 기획하고 개발하는 사업자와 달리 개발된 콘텐츠를 배급, 마케팅, 관리하는 비즈니스를 주로 담당하는 업체를 뜻한다.

퍼블리셔(publisher)와 포털 OSP(Online Service Provider) 등이 특정 영상 콘텐츠에 대해 정신적, 가상적 지분을 갖게 되는 사상 초유의 일이 벌어질 수 있게 된다. 이러한 과정을 통해 점점 더 거세지는 영상산업 안팎 압박에 따라 스스로 진화 발전을 거듭해온 할리우드 제작시스템 또한 나변화되고 번형되기 시작했다는 분석이 나오고 있다.

2000년대 이후 미드(미국 드라마)의 전 세계적 성공으로 최고 정점에 오른 스튜디오 모델 3.0 시기 제작시스템이 본격적으로 변모하기 시작했다는 지적이다. 가장 뚜렷한 움직임은 메이저 스튜디오보다는 미니 메이저 랩(lab)이 보여주는 새로운 제작시스템이다. 중소규모 업체이지만 오리지널 콘텐츠를 창작하고 기획하고 개발하는 개별 요소에 특화하는 독특하면서도 최적화한 수익모델과 아주 실험적이고 창의적인 제작시스템을 고안해내고 있다. 조지 루카스가 창설하고 애플의 스티브 잡스가 인수해 키운 컴퓨터 영상 전문업체 픽사(Pixar)가 바로 미니 메이저 랩(lab) 형태 제작시스템을 개척해왔다.

픽사가 보여준 랩모델은 전통의 초대형 메이저인 월트 디즈니와 다른 벤처형 영상 콘텐츠 전문제작사로서 가장 높은 수익을 실현한 사례로 꼽힌다. 디즈니는 예술과 비즈니스 결합을 아주 대대적으로 이루어낸 메이저 스튜디오 모델의 전형이다.

스타워즈의 감독이자 제작사인 조지 루카스가 컴퓨터 효과에 특화하기 위해 만든 픽사는 마케팅이나 유통과 같은 비즈니스 부문을 외부 역량에 의존하기로 하고 철저하게 '기술+예술'에 집중하였다. 여기서 기술은 루카스 필름과 실리콘 밸리 등의 컴퓨터 프로그래머들이 합작한 원천 기술력으로 성장했다. 컴퓨터아트라는 새로운 예술 영역은 디즈니 출신 애니메이션 감독 존 라세터가 담당했다.

존 라세터는 컴퓨터 애니메이션이라는 새 장르를 개척하기 위해 좀 더 특화된 사업체인 픽사로 옮겨왔다. 그는 혼신의 힘을 다해 시장의 새 판을 짜고 그곳에 깃발을 꽂는 전형적인 프론티어 전략을 관철해냈다.

〈토이 스토리〉 시리즈를 효시로 최고의 성과를 올린 픽사의 기본은 창의성 자산(creativity asset)이다. 회사 내에 다문화를 배경으로 하는 다양한 전공자가 집합하여 일하는 자체가 비교적 동질적인 아이덴티티로 구심점을 찾는 할리우드의 전통적인 스튜디오 모델과 다르다. 자유방임적이고 다양하지만 뭔가 기존 영상과 다른 컴퓨터 애니메이션 장르를 개척한다는 목적으로 귀결된 픽사 조직은 오픈 이노베이션(open innovation) 시스템을 스스로 갖춰 나갔다.

픽사를 잉태한 루카스 필름이 할리우드를 떠나(runaway Hollywood) 기성 체제에 구애받지 않고 오로지 창의성에 올인 하는 모험을 감행한 것이 도화선이 되어주었다. 결국 이 같은 도전을 통해 고위험 고수익(high risk, high return)으로만 비쳐왔던 엔터테인먼트 산업의 철칙까지도 바뀔 수 있는 계기를 맞게 된 셈이다.

컴퓨터 영상을 전문으로 만드는 원천 기술 개발에 먼저 주력한 픽사는 새 주인 스티브 잡스의 손으로 넘어가면서 기존 엔터테인먼트 산업의 한 축을 대체할 수 있는 완전히 새로운 세력으로 떠오르게 된다. 픽사의 뿌리인 루카스 필림 자회사 ILM(Industry Light & Magic)은 모션 실사 영화 스타 캐릭터 파워에 의존하는 기존 시스템과 달라 처음부터 저비용 고효율 수익구조로 이행할 수 있었다.

여기에 영감을 준 것은 조지 루카스의 파트너이기도 한 천재감독 스티븐 스필버그였다. 영화 〈죠스〉의 스필버그와 〈스타워즈〉의 루카스는 1970년대 미국판 40대 기수론을 높이 들고 유명 배우를 고가에 확보해 다소 신부하지만 안성된 흥행 공식을 이어가던 기존 할리우드 수익구조를 바꿀 수 있었다. 루카스는 컴퓨터와 최첨단 소프트웨어를 원천 기술로 삼아 픽사를 설립했다. 스필버그는 〈죠스〉와 같은 기발한 캐릭터와 특수효과, 창의적인 음향효과 그리고 가장 고전적이면서도 참신한 기본기인 최고 수준의 만듦새(제작 수준)에 특화해 승부를 걸었다.

이러한 루카스와 스필버그의 참신한 도전은 기존의 난공불락과도 같았던 할리우드 메이저 스튜디오 시스템을 벗어날 뿐만 아니라 더 많은 수익을 얻을 기회를 제공해주었다. 픽사의 예술 총감독 존 라세터가 디스니를 떠난 것도 새로운 장르, 새로운 영역인 컴퓨터 애니메이션 부문의 선두 주자로서 지배적인 독점적 수익을 거머쥘 수 있었기 때문이었다.

포화 상태에 다다른 레드오션을 떠나 신대륙 블루오션을 찾아 건너온 아메리칸 프론티어 후예들답게 존 라세트는 루카스 필름의 서부 지사에 취직해 인터페이스 디자이너로서 야심을 키웠다. 특화에 성공한 픽사는 결코 우연이 아니라 필연적인 운명처럼 최초의 컴퓨터 애니메이션 제작에 관심을 보였던 애플의 스티브 잡스에게 매각되었다.

이후 승승장구했고 존 라세터가 채용한 칼 아츠 출신의 피터 닥터 같은 이는 〈몬스터 주식회사〉를 만들고 〈업(up)〉 감독으로서 오스카상을 받기에 이르렀다. 기술적으로는 '렌더맨(RenderMan)'이라는 컴퓨터 애니메이션 제작에 필요한 저작도구 소프트웨어 기술을 초기에 연구, 개발한 것이 적중했다. 이런 과정을 통해 스티브 잡스는 1986년 루카스 필름으로부터 500만 달러에 픽사를 사들여 20년간 무려 1천500배 성장을 실현했다고 한다. 2006년 디즈니에 75억 달러를 받고 픽사를 팔았기 때문이다.

이러한 픽사의 성공 요인은 한 가지에 특화한 전문성과 창의적인 도전에 있었다. 근본적으로는 특화, 전문성, 창의성만이 진부한 할리우드 구조에서 벗어나 더 크고 자유로운 수익을 가져다준다는 것을 픽사 멤버들이 명백하게 느꼈다는 데 있다.

〈그림 116〉 애플의 혁신적 제작시스템(픽사 랩 모델)

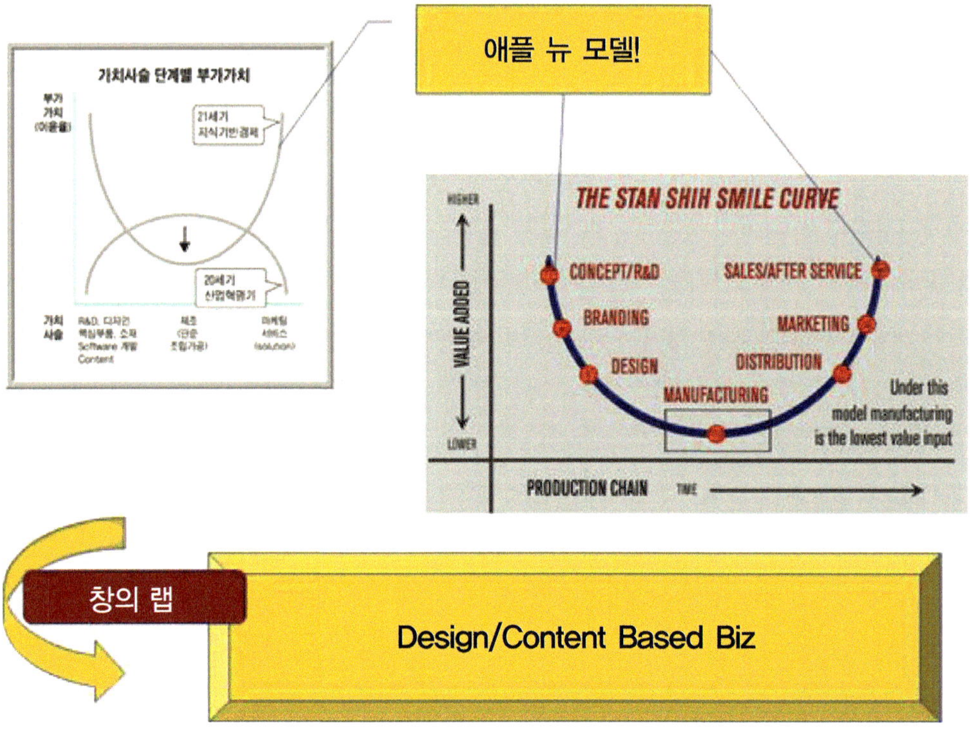

픽사가 보여준 랩모델은 창의성 기반 고수익 비즈니스 모델에 해당한다. 전통의 할리우드 스튜디오 모델은 프로젝트(또는 프로덕션)을 마치 자동차 공장의 조립 라인을 꿰맞추듯 컨베이어 벨트에 올리는 거대한 시스템이다. 특정 기술이나 창의성에 특화했다기보다는 모든 시스템 다 들어와야 작동하는 거대 일관 공정시스템에 가깝다. 이 때문에 개별 방송영상콘텐츠 기업들은 픽사가 창출한 랩모델을 추구해야 할지를 고민해야 하는 갈림길에 서기도 했다. 랩모델이 아니라면 거대한 기성 생태계 메이저 스튜디오 우산에 들어가 안정적인 수익기반은 갖지만, 예속적, 의존적 상태에서 큰 수익을 취하지는 못하는 하청, 협력 중심 하위 카테고리로 복속하는 운명을 감수해야만 한다.

이 밖에도 오프라 윈프리가 개척 중인 새로운 비즈니스 모델 사례도 주목을 끈 바 있다. 소셜 미디어, 앙가쥬망(engagement : 참여)과 같은 새로운 아이디어 등을 활용한 뉴 콘텐츠 제작시스템에 대한 중요한 실마리를 던져 주고 있어서다. 오프라 윈프리 사례는 스스로 새로워진 콘텐츠 신흥그룹의 전형을 보여주는 셈이다. 기존 올드미디어 틀 안에서 토크쇼 부문을 석권했던 오프라 윈프리는 새로운 이용자 군단이 직접 참여해 기획하고 만드는 〈당신 자신의 쇼(OWN SHOW)〉를 실험작으로 내놓았다. 이러한 뉴 콘텐츠는 소셜 미디어와 방송이 결합하는 새 지평을 선도적으로 보여주고 있다는 평가다.

오프라 윈프리는 방송을 넘어서고 인터넷마저 넘어서는 소셜 플랫폼 형식의 전혀 새로운 미디어로 만들어나가는 새로운 개념을 가진 스튜디오로 혁신적 제작시스템을 펼쳐 보였다. 비즈니스 모델로서도 〈오프라 닷컴〉을 브랜드화함으로써 기존 미디어를 살리는 동시에 새로운 뉴 콘텐츠 트렌드를 선도적으로 개척하는 시도를 감행하고 있다.

11 금(金) : 파이낸스 시스템

미디어 콘텐츠 기업에 유입되는 빅 4, 네 가지 자원 가운데 세 번째인 금융적 자원은 인풋, 프로세스, 아웃풋 전 단계에 작용하는 기업활동의 대동맥이자 모세혈관 전체의 혈류와도 같다. 예를 들어 제작시스템 활동은 곧 제작비 확보라는 파이낸스 시스템과 함께 굴러가는 양쪽 수레바퀴에 해당한다. 프로세스 단계와 MP(Main Production) 단계를 넘어서게 되면 시장 권역의 마케팅, 서비스 활동이 이루어진다. 인터넷 모바일 비즈니스를 중심으로 하는 플랫폼 경제 상황에서는 오히려 제작보다 더 많은 자금을 소모하기도 한다.

영화 프로젝트의 총예산에서 '순제(순제작)'라고 하는 제작시스템 규모보다 마케팅 비용이 더 커지게 된 것도 포털 웹사이트와 앱 등 인터넷 모바일 마케팅 활동이 급격히 늘어나게 된 때문이다. 순제작비와 마케팅 비용을 합한 총제작비 조달과 운영, 사후 정산에 이르기까지 파이낸스 시스템의 비중이 점점 커지고 있는 배경이기도 하다.

〈그림 117〉 파이낸스 시스템 작용 구간

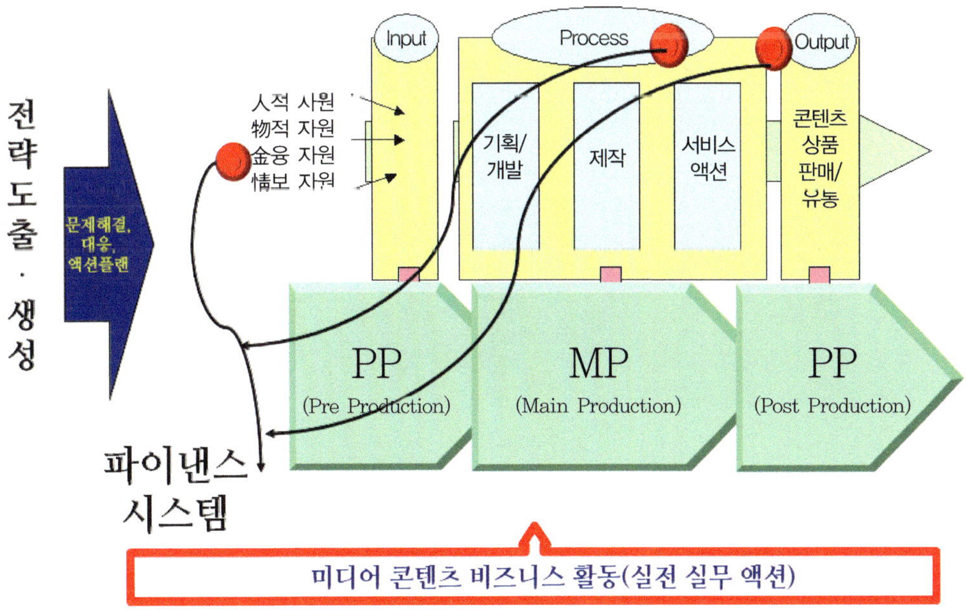

파이낸스 시스템은 돈을 받는 자금 조달 쪽과 돈을 주는 자금 운용 양 측면이 존재하는

데 미디어 콘텐츠 비즈니스 활동으로서는 확보하는 자금 조달에 집중하면 될 터이다. 이 장에서는 가장 기초적인 파이낸스 시스템 업무인 가치평가(valuation)를 먼저 보고 영화 방송 게임 등 대표적인 장르 콘텐츠들에 대한 투자 과정을 세부적으로 살펴보도록 하겠다. 투자회사, 은행 등 금융기관이 콘텐츠를 가치평가 심사하고 자금을 지원하는 과정과 사후관리하는 활동을 이해하게 되면 역으로 자금 확보 파이낸스 시스템의 대강을 파악할 수 있다.

1) 가치평가와 투자 구조

가치평가(valuation)

뉴스 미디어 기업의 경우 기업 전체에 대한 가치평가에 앞서 개별 언론 콘텐츠에 대한 미세한 가치평가를 선행해야 한다. 종이신문이라면 지면 평가를 통해 개별 지면, 섹션 안에 들어오는 스트레이트 기사, 박스 기사, 사진 기사는 물론 헤드라인 제목과 레이 아웃으로 반영되는 판형 편집 역량까지도 어느 하나 빠짐없이 모아 봐야 한다. 이런 총체적인 조사, 분석 과정을 통해 종합적인 그 수준과 완성도에 대하여 절대평가와 상대평가 수단을 모조리 동원해 객관화시켜야 한다. 이를 통해 결국 미디어 기업 전체의 실력과 과제를 가늠해볼 수 있게 된다.

방송이라면 개별 프로그램 가치 평가를 총합해야 하고 영화사라면 한 해 동안 포트폴리오를 짜서 운영해온 개별 프로젝트 모두에 대해 가치평가를 하는 절차가 요구된다.

문제는 뉴스, 프로그램, 프로젝트 콘텐츠에 대한 가치평가가 매우 어렵다는 점이다. 이 때문에 기존의 검증된 콘텐츠 가치평가 방식을 응용해 뉴스와 같은 극히 모호한 존재의 무게를 측정하는 시도를 해볼 수 있다. 영국의 방송 프로그램 가치평가 수단을 활용한 뉴스 콘텐츠 가치평가 기법을 소개한다.

뉴스 기사 콘텐츠 품질, 품격과 관련하여 〈사회적 가치〉가 11개 항목 , 〈콘텐츠 품질〉이 6개 항목, 〈범위와 균형〉이 3개 항목, 〈다양성〉이 6개 항목, 〈일반〉이 6개 항목으로 총 34개 평가 항목을 기본 유형으로 제시할 수 있다. 이 분석의 틀은 방송 프로그램 평가를 위한 영국 방송통신규제기관 오프컴(Ofcom)의 기존 방식[36]에서 응용하였다. 국가이익, 사회문화적

36) 영국 Ofcom . The Office of Communications is the independent telecommunications regulator and competition

고유가치 등을 중점 척도로 개발한 자국 방송 프로그램 콘텐츠 평가 항목을 신문 기사 / 지면에 맞게 약간 변형한 내용이다. 신규로 〈철학〉 범주(항목 2개)를 추가할 수도 있다. '신문의 뉴스 콘텐츠가 이용자의 판단(judgement)에 얼마나, 어떠한 영향을 끼치는가?'에 관한 가치평가 항목을 추가하는 것도 적절해 보인다.

〈표 15〉 개별 뉴스(지면)에 대한 가치평가 틀

영역	평가 항목 (총 34개)	1~10점
사회적 가치 (11개)	사람들에게 정보를 제공하는가?	
	부적합한 내용으로부터 독자(어린이 등)를 보호하는가?	
	뉴스 콘텐츠 다양성	
	독자들에게 전하는 전문적인 내용인가?	
	사람들이 보고 뭔가 배우게 된다는 느낌	
	공정하고 정보에 근거한 토론을 장려하는가에 관한 부분	
	국가 이익을 보호하고 위하는 부분	
	사회활동 캠페인을 지지하고 장려하는가에 관한 부분(예 : 범죄예방)	
	주요 정치, 사회 행사에 관한 실황 보고를 잘하고 있는가?	
	교육이나 기타 공동선도 캠페인을 후원하고 장려하는가에 관한 부분	
	문화예술을 즐기고 참여하도록 장려하는가에 관한 부분	
콘텐츠 품질 (6개)	콘텐츠 생산에서 보여주는 높은 수준의 전문성과 기술	
	특종, 단독 보도 등(가장 먼저 보여주는 내용인가?) 품질	
	일반적으로 받아들이는 품위의 기준을 만족하는가?	
	생각하게 만드는 콘텐츠인가?	
	새롭고 혁신적인 콘텐츠 제작에 관한 풍부한 아이디어가 보이는가?	
	○○일부 자체 제작 콘텐츠 비중은 어떠한가?	
범위와 균형 (3개)	전 세계 각 지역의 콘텐츠를 망라하고 있는가?	
	주간 단위로 볼 때 다양한 선택권이 주어지는가?	
	여러 가지 콘텐츠 유형의 폭넓은 다양성이 있는가? (정치, 경제, 문화 …)	
다양성 (6개)	광범위하고 다양한 독자 그룹을 상대하고 있는가?	
	한국내 다양한 계층(경제적)의 관심과 필요를 반영하고 있는가?	
	다양한 공동체(사회, 이념)의 이해와 인식을 증진시키고 있는가?	
	소수(사회적 약자 포함)의 이해관계를 다루고 있는가?	
	한국내 다양한 종교 공동체의 관심과 필요를 반영하고 있는가?	
	한국내 다양한 민족 / 국적 공동체의 관심과 필요를 반영하고 있는가?	

authority for the communication industries in the United Kingdom. Ofcom was initially established in the enabling device, the Office of Communications Act 2002[1], but received its full authority from the Communications Act 2003.

일반 (6개)	대중적인 흥미를 확보하고 있는가?	
	독자의 대부분에게 호소할 수 있는가?	
	개인적 요구를 만족시킬 수 있는가?	
	광고 지면을 적절하게 배치하고 있는가?	
	세계적 이벤트를 놓치지 않고 잘 다루고 있는가?	
	가장 대중적인 스포츠, 연예 관련 내용을 보여주고 있는가?	

자료 : 영국 방송통신규제기관 오프컴(Ofcom). the Office of Communications Act 2002[1], but received its full authority from the Communications Act 2003.에서 변형

현재 미디어 경영환경의 강력한 요소인 이용자 경험과 참여(UX(user experience)와 UE(user engagement)를 신규 지표 범주로 활용해보자는 취지다. UX와 UE 범주와 개별 항목을 추가하여 나날이 새로워지고 있는 미디어 소비 환경에서 이용자들이 어떤 공감과 동조를 하고 얼마나 많은 영향을 받게 되었는지를 파악할 수 있다. 개별 기사에 대한 상세한 내용 분석을 위해 다수 이용자 채점 평가나 타 신문 해당 지면과 직접 맞대는 비교 채점과 같은 정량적(계량화 : quantitative) 방식이 아닌 정성적(내용적, 질적 : qualitative) 분석 방법을 선택하면 된다.

〈표 16〉 평가 지표 추가 개발 (1개 범주 4개 항목)

UX, UE 영향력 (Influence)	신문 읽기가 사회현상에 관한 나의 가치판단(judgement)에 지속적으로 도움을 주고 있는가?	
	투자, 매매, 거래 등에 관한 힘든 의사결정 과정에 이 매체의 뉴스 콘텐츠가 도움을 주었는가?	
	뉴스 콘텐츠를 통해 관심 있는 온라인, 오프라인 활동에 참여하고자 하는 의향을 가지게 되었는가?	
	뉴스 콘텐츠를 통해 관심 있는 온라인, 오프라인 활동에 실제로 참여하게 되었는가?	
	뉴스 콘텐츠를 통해 관심 있는 온라인, 오프라인 활동에 참여한 경함을 지속해나갈 의향이 있는가?	

투자 구조[37]

투자 자금을 확보하는 조달구조는 외부와 내부로 나누어 볼 수 있다.

37) 정선화(2017), 영화산업의 자본 조달 구조와 지식축적과정에 대한 공간적 고찰: 한국과 미국 영화산업의 비교를 통하여, 한국경제지리학회지 제20권 제4호 2017(453~485)에서 내용 일부 변형

〈그림 118〉 영화 자본조달 구조의 유형: 외부금융형과 내부금융형

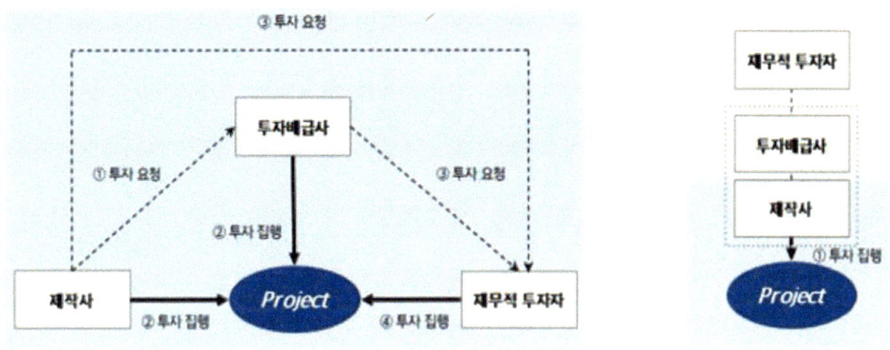

〈다원화된 자본조달구조 : 외부금융형〉 **〈일원화된 자본조달구조 : 내부금융형〉**

자료 : 정선화(2017), 영화산업의 자본 조달 구조와 지식축적과정에 대한 공간적 고찰: 한국과 미국 영화산업의 비교를 통하여, 한국경제지리학회지 제20권 제4호

한국의 경우 외부금융형 자본조달 구조에는 투자배급사와 제작사, 공공부문, 영상 전문 투자조합 등이 콘텐츠 프로젝트에 관여하게 된다. 투자조합은 특별출자자(SP : Special Partner), 운용사(GP : General Partner : 업무집행조합원 / 무한책임조합원), 출자자(LPs : Limited Partner : 유한책임조합원)로 나뉜다.

〈그림 119〉 한국 영화의 외부금융형 자본조달 구조

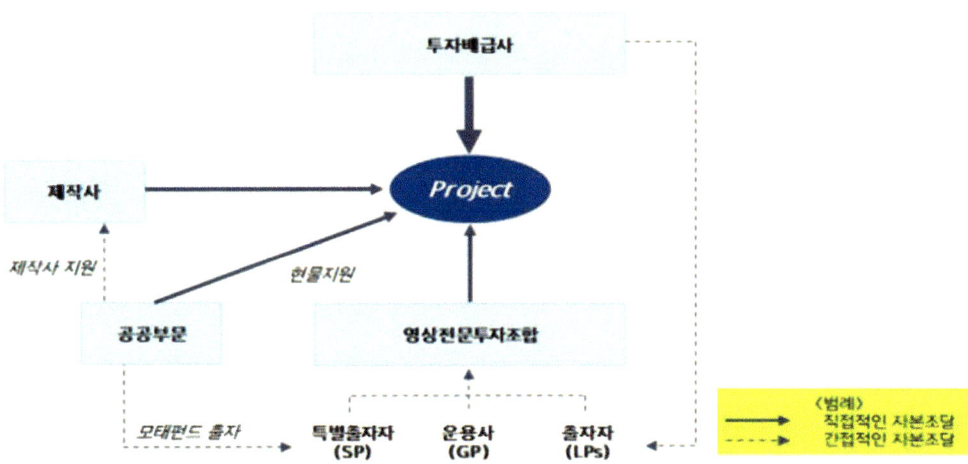

자료 : 정선화(2017), 영화산업의 자본 조달 구조와 지식축적과정에 대한 공간적 고찰: 한국과 미국 영화산업의 비교를 통하여, 한국경제지리학회지 제20권 제4호

미국 영화산업의 자본조달 구조에서는 내부금융형과 외부금융형이 모두 나타난다.

〈그림 120〉 미국 영화의 외부금융형 자본조달 구조

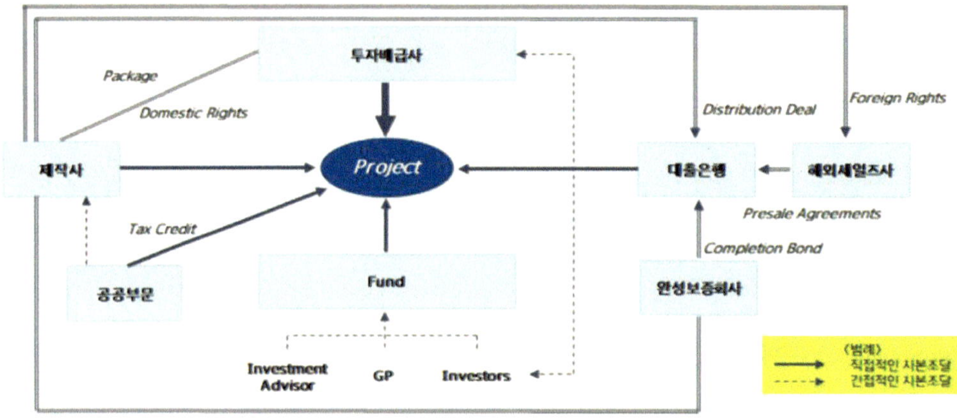

자료 : 정선화(2017), 영화산업의 자본 조달 구조와 지식축적과정에 대한 공간적 고찰: 한국과 미국 영화산업의 비교를 통하여, 한국경제지리학회지 제20권 제4호

인디 제작사(independent company)가 영화를 제작할 때 외부금융형 자본조달이 이루어진다. 투자배급사인 스튜디오와 최우선 교섭권 계약(First-Look Deal), 네거티브 픽업계약(Negative Pickup Deal), 포괄계약(Overall Deal) 등 다양한 방식의 전략적 제휴를 맺은 인디 제작사가 제작하는 영화의 경우와 같은 형태의 자본조달 구조가 나타난다.

제작사, 투자배급사, 펀드의 투자 외에 스튜디오의 배급약속과 해외 세일즈사와의 선판매 계약에 따른 최소보증금 그리고 완성보험회사의 완성보증보험이 일종의 담보로 작동하여 대출이 가능해진다.

이와 달리 스튜디오와 상관없이 제작되는 영화의 경우 주로 할리우드 스타 패키징을 통한 해외 시장 선판매로 자본을 확보하면서 로케이션 인센티브 등 세액 공제를 활용하게 된다. 영화의 낮은 흥행 가능성 때문에 스튜디오의 배급 약속을 받을 수 없고 재무적 투자자의 관심을 크게 끌 수 없지만, 제작사의 자체 투자에 더해 세액 공제라는 공공부문의 지원과 선판매 계약과 완성보증보험에 의한 담보에 근거한 대출로 제작비를 조달하는 구조를 갖게 되는 시스템이다.

영화산업의 내부금융형 자본조달 구조에서 프로젝트의 직접적인 투자는 제작사로 일원화되어 있다. 이는 투자배급사가 직접 제작하거나 제작 자회사를 통해 제작하는 영화의 경우에 나타난다. 내부금융형 자본조달 구조는 한국 영화산업에서는 거의 찾아볼 수 없지만, 미국 영화산업에서는 미국 실사 영화산업의 일부 그리고 애니메이션 영화산업 전체에서 찾아볼 수 있다.

〈그림 121〉 미국 영화의 내부금융형 자본조달 구조

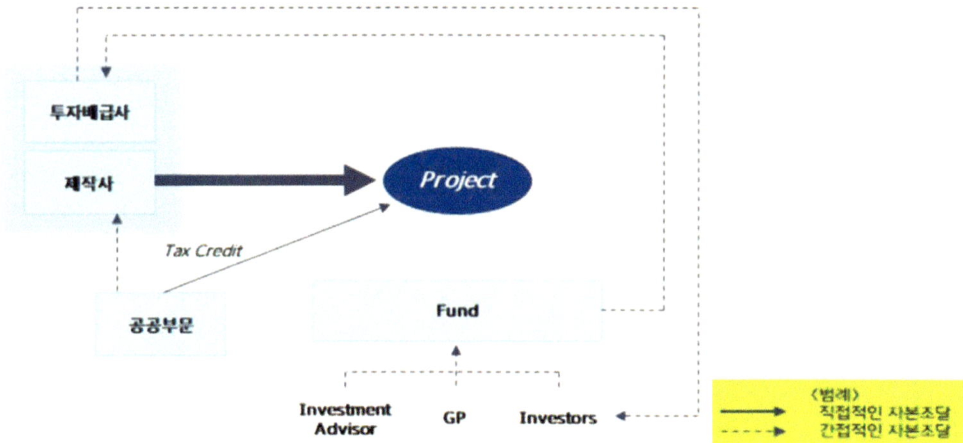

자료 : 정선화(2017), 영화산업의 자본 조달 구조와 지식축적과정에 대한 공간적 고찰: 한국과 미국 영화산업의 비교를 통하여, 한국경제지리학회지 제20권 제4호

2) 부문별 시스템

방송

통상 방송 제작 기간은 1년 이내이며, 완성도를 위해서는 제작비의 확보가 기본적인 미션이 된다. 방송의 성공은 우수한 작가(시나리오), 지명도 있는 PD, 인지도 높은 배우의 확보에 주로 좌우된다. 지상파 방송이 우월적 지위를 유지하는 상황에서는 시청률 15% 이상이면 성공으로 간주할 수 있다.

〈그림 122〉 방송업종 가치평가 대상과 절차

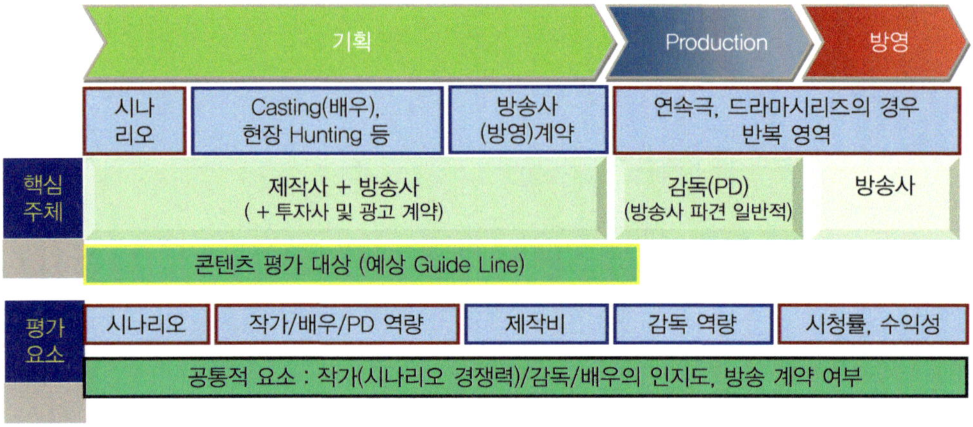

자료 : 한국콘텐츠진흥원(2010), 콘텐츠 가치평가모형 개발 현황

지상파와 주요 유료방송 부문에서는 대다수 드라마가 손익분기점(BEP)을 충족하며, 제작사의 판권 소유에 따라 후속 수익성의 기대치가 좌우한다. 통상적으로 순 제작비 배분 구조는 방송사 약 60%, 제작사 약 40% 비율을 보이며, 제작사 순 제작비 출자분은 자체 자금, 투자 및 대출 등을 통해 확보한다. 총제작비는 공공인프라 지원과 같은 현물과 현금을 포괄하고 순제작비는 오직 현금 부분만을 뜻한다.

드라마 제작의 핵심 성공 요소는 다음과 같다.

- ⊙ 제작능력 : 대표자 및 제작사의 역량
- ⊙ 시나리오 : 시나리오의 상품성 및 대중성
- ⊙ 배 우 : 수행실적, 대중적 인지도 및 흥행성 등
- ⊙ PD : 수행실적 및 업계 인지도 등
- ⊙ 작가 : 수행실적 및 업계 인지 등

이들 요소를 종합하여 투자자는 제작사 열정과 능력을 평가하게 된다. 파이낸스 시스템을 활용하는 자본 조달능력과 구체적인 콘텐츠 제작능력도 포괄해서 본다. 방송의 대본, 시나리오나 시놉시스 탐독 후 상품성과 대중성을 예측하는 정성지표 방식으로도 상당 부분을 분석해야 한다.

〈표 17〉 방송업종 가치평가 대, 중, 소 항목과 지표

대항목	중항목	소항목	지표 구분		비고
1. 사업주 능력	1.1 동업종 경험수준		C	정량	
	1.2 경영전략		C		
	1.3 제작사 역량	1.3.1 포트폴리오 및 과거 수행실적 현황	C	정량	
		1.3.2 포트폴리오의 연계성	C		
	1.4 방송제작자 정신		C		
	1.5 자본조달능력		C		
2. 콘텐츠 제작능력	2.1 시나리오의 상품성		I		
	2.2 시나리오의 대중성		I		
	2.3 주연급 배우역량	2.3.1 포트폴리오 및 과거 수행실적 현황	I	정량	
		2.3.2 인지도	I		
	2.4 PD역량	2.4.1 포트폴리오 및 과거 수행 실적 현황	I	정량	
	2.5 작가 역량	2.5.1 포트폴리오 및 과거 수행 실적 현황	I	정량	
	2.6 스탭구성의 완성도	2.6.1 스탭구성의 적정성	I		
		2.6.2 스탭간 팀워크	I		
3. 수익성 분석	3.1 제작계획의 타당성		I		
	3.2 제작계획의 수익성		I	정량	
	3.3 순수제작비 확보	3.3.1 기확보 제작비	I	정량	
		3.3.2 제작비 확보계획	I		
	3.4 방영확정성	3.4.1 편성확인(의향)서	I	정량	
		3.4.2 방영시간		정량	
	3.5 계약체결			정량	
	3.6 수익성	3.6.1 방송국의 순수제작비 지원		정량	
		3.6.2 부가수익성		정량	
	3.7 선판매 현황			정량	
	3.8 투자대비 회수가능성				
	3.9 파급효과				

자료 : 한국콘텐츠진흥원(2010), 콘텐츠 가치평가모형 개발 현황

방송 비즈니스의 파이낸스 시스템 관리는 가치평가에 근거한 펀드 조성과 가치 투자 증권화 작업으로 구체화한다. 파이낸스 시스템 결과 매칭을 보면 총제작비(현금과 현물을 더한 제작비) 중 현금 분인 순 제작비는 평균적으로 총제작비의 60% 수준이다. 제작사의 경우 순 제작비의 확보가 최우선으로, 통상 순 제작비는 다소 차이는 있으나 방송사 지원과 자체 자금, 투자, 대출 등을 통하여 해결하고 있다.

미니시리즈 드라마를 기준으로 방송사 지원금은 회당 5~20억 원의 총제작비 중 40% 정도를 지원하므로 전문제작사들은 PPL(Product Placement), BPL(Brand Placement) 등 마케팅 협찬에 큰 비중을 의존해야 하는 고충을 겪기도 한다.

제작 계획의 타당성 여부를 검증하는 과정으로, 제작비 확보 비율 및 제작비 확보계획(투자, 대출 등)의 타당성에 대한 정성 및 정량평가도 이루어진다. 방영 확정성도 체크하는데 통상 편성의향서 혹은 편성확정서가 절대적 요소로 적용되지는 않는 편이다. 서류 작업보다는 총제작비 대비 지상파 방송국의 출자 비중이 중요한 방영 확정 요소로 작용한다.

방송사의 제작비 지원이 많을수록 부가 판권 비율이 낮아진다. 통상, 부가 판권의 수익률은 제작비의 약 10% 수준이다. 대체로 제작사의 수익구조는 매우 열악한 상황으로 드라마의 경우 제작비의 약 40% 이상이 주연급 배우의 개런티로 지급되고 있다.

방송을 비롯한 대부분 콘텐츠는 프로젝트 기반 투자 형태로 진행되고 있어 기본적으로 불투명성을 지니고 있기도 하다.

〈그림 123〉 프로젝트 기반 투자 특성

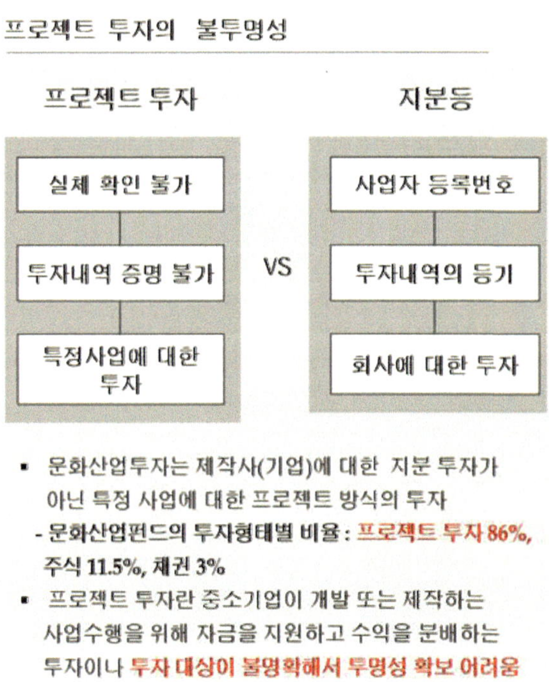

자료 : 성기홍(2011), 콘텐츠 펀드 운영 현황 및 발전 방안 -모태펀드(문화계정)을 중심으로-

영화

보통 영화 제작 기간은 1년 내외이며, 완성도 제고를 위해서는 자금력이 기본적이나, 영화의 성공은 우수한 시나리오, 성공 체험을 보유한 제작진의 역량, 메이저 투자 배급사의 확보 등에 따라 결정적으로 좌우된다.

〈그림 124〉 영화 부문 가치평가 요소와 절차

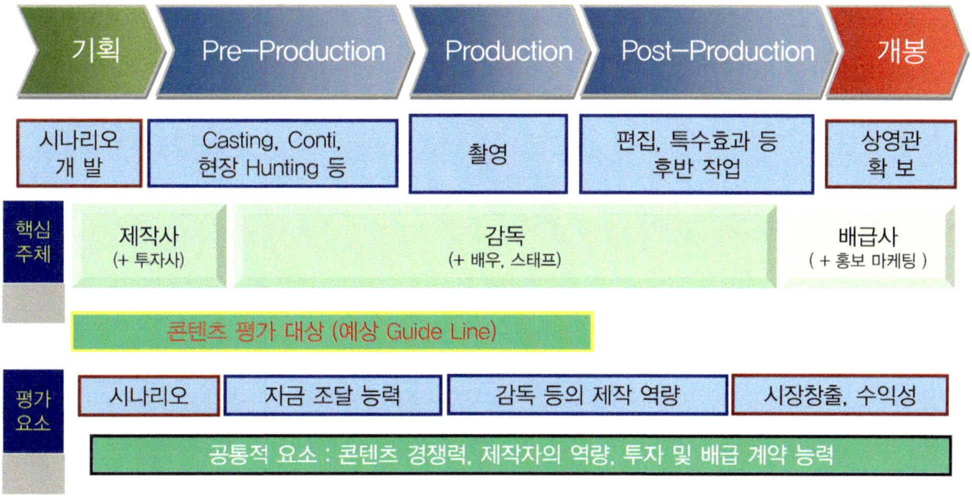

자료 : 한국콘텐츠진흥원(2010), 콘텐츠 가치평가모형 개발 현황

주요 평가 요소들이다.

소재 : 흥미를 유발하는지, 트렌드를 반영하고 있는지

캐릭터 : 캐릭터 설정이 명확한지, 갈등 구조가 자연스러운지

장르 : 이야기를 전달하는 장르가 명확한지, 관객들이 선호하는 장르인지

스토리 구조 : 플롯, 즉 극의 구조가 자연스럽게 연결되는지 등

소재의 독창성과 확장 가능성은 평가대상 영화의 소재 콘셉트에 대한 독창성과 확장 가능성을 본다. 관객 흥미 유발 및 장르, 목표 관객 설정 등을 고려하여 종합 평가하는 구조다. 시나리오의 완성도는 극의 구조, 캐릭터, 완결성, 흥미 유발 등을 감안하여 종합적으로 평가하는 시스템이다.

영화가 완성되기 위한 계약단계를 보면 국내의 경우 통상 300여 편 영화기획 안 가운데 Pre-Production 단계로 진입하는 편수는 150여 편이라고 한다. 감독 및 배우와 계약이 완료되는 영화는 100여 편, 주요 Creator(스태프)들과 계약과 일부 투자계약이 진행되는 영화는 80여 편, 투자계약이 이루어져 제작이 완료되는 영화는 50여 편으로 대개 파악되고 있다. 나머지 30여 편은 메인 투자계약이 이루어질 때까지 영화 제작이 이월되는 경우다. 메인 투자계약이 이루어지면 영화제작이 완성될 확률은 약 90% 이상이라고 보면 된다.

영화 계약 진척도에 따라 완성 가능성도 높아진다. 순차적인 5가지 주요 계약이다.

① 저작권 확보 계약

② 감독과의 계약

③ 배우와의 계약

④ 주요 스태프와의 계약

⑤ (메인) 투자 계약

파이낸스 시스템의 투자 차원에서는 각종 계약 체결 여부를 검토하여 작품 제작의 형식적 요건을 갖추고 있는지 확인하여야 한다.

〈그림 125〉 수익 배분 구조와 할리우드 투자 방식

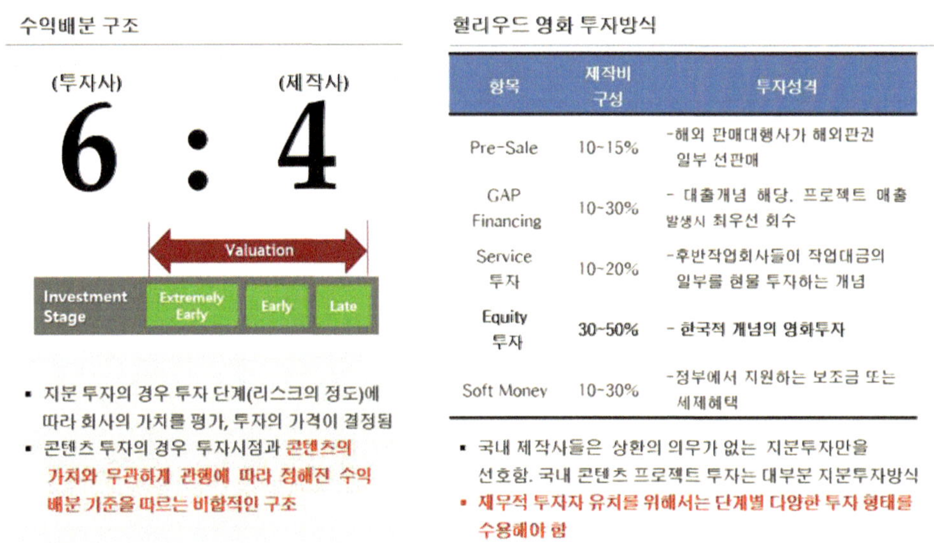

자료 : 성기홍(2011), 콘텐츠 펀드 운영 현황 및 발전 방안 -모태펀드(문화계정)을 중심으로-

영화 선 판매의 경우 불법다운로드 등의 영향으로 부가 시장이 급격히 줄어들 경우 해외 수출계약이 대부분을 차지하게 된다. 연간 개봉영화 약 100여 편 중 3~4편 정도(5% 이내)가 선 판매되며, 선 판매 영화는 대부분 주연배우가 일본, 중국, 동남아시아 등에서 인지도가 높은 한류 스타들인 케이스다. 이러한 선판매 현황을 상황을 총제작비에 대한 선 판매(해외 판권 포함) 현황을 파악하여 평가하는 시스템이다.

투자사와 제작사의 수익지분 구조의 경우 투자사가 제작사의 무형자산(콘텐츠) 가치를 평가하여 수익지분 구조를 결정한다. 통상 투자사 대 제작사의 수익구조가 6 : 4이나, 때에 따라 7 : 3이나 8 : 2, 심지어는 9 : 1의 구조도 있을 수 있다.

수익배분 구조는 제작사와 투자사의 합의 내용을 파악하여 평가하면 된다. 영화 상영으로 발생하는 수익금 정산 구조를 보면 통상 마지막 상영 후 익월 말일에 극장과 수익금을 정산한다. 수익금 중 영화발전기금(3%)과 부가가치세를 제외한 수익금에서 극장 수익지분 50%를 차감한다. 이 잔액에서 배급사의 배급수수료 10%를 우선 정산한다. 총제작비(순 제작비 + P&A 비용)를 정산하고 남은 금액으로 투자사와 제작사의 수익 지분으로 배분하여 정산하게 된다.

제작비 회수 가능성은 총제작비 규모와 수익구조, 배급계약, 배급사 규모, 선 판매 및 부가 판권 계약 현황 등을 고려하여 평가하는 시스템이다.

평균 제작비 규모와 손익분기점(BEP)은 2009년 한 해 제작된 한국 영화의 평균 제작비 규모가 순 제작비 15.6억 원 + P&A 비용 7.5억 원이었으므로 평균 손익분기점은 관객 수 기준 약 100만 명 내외로 측정되었다. 경영주의 포트폴리오 수익률은 최근 10년간 제작한 영화의 BEP 분석을 통해 경영주의 포트폴리오 수익률을 평가하는 개념이다.

게임

게임 콘텐츠는 제작 원가와 비교해 고부가가치 창출이 가능한 대표적인 분야다. 타 콘텐츠 산업과 연계하여 파급효과와 시너지 효과가 크고 시장규모와 성장성 또한 타 업종과 비교해 우위에 있다. 3N으로 부르는 엔씨소프트, 넥슨, 넷마블 등 선발업체와 후발업체의 시열 고착화가 진행 중이었으나 신흥 강자 2K(크래프톤과 카카오)의 약진이 두드러지고 있어 업계 판도가 크게 바뀌고 있다.

게임 시장에서는 개발과 유통의 분리가 일반적이다. 점차 마케팅이 중요해짐에 따라 중소 개발사들의 경우 퍼블리셔를 통한 시장진출이 일반화되어 왔다. 게임 제작은 일반 제조업과 달리 인적요소에 절대적 영향을 받는 분야로 인적자원(대표자, 개발진 등)에 대한 평가가 매우 중요하다. 게임의 성공은 최종 이용자인 게이머의 주관적 성향에 따르긴 하지만 게임 트렌드, 게임의 기술 수준, 문화, 지역적 특성, 마케팅 등에도 큰 영향을 받으므로 이에 대한 가치평가 항목도 필요하다. 금융의 보증지원은 콘텐츠 제작과정에서 이루어지는데 실제로 개발 중인 게임 우수성을 판단하기 어려우므로 기업의 환경, 개발인력의 과거 실적, 시장의 요구 등을 종합하여 판단해야 한다.

〈그림 126〉 게임 부문 가치평가 요소와 절차

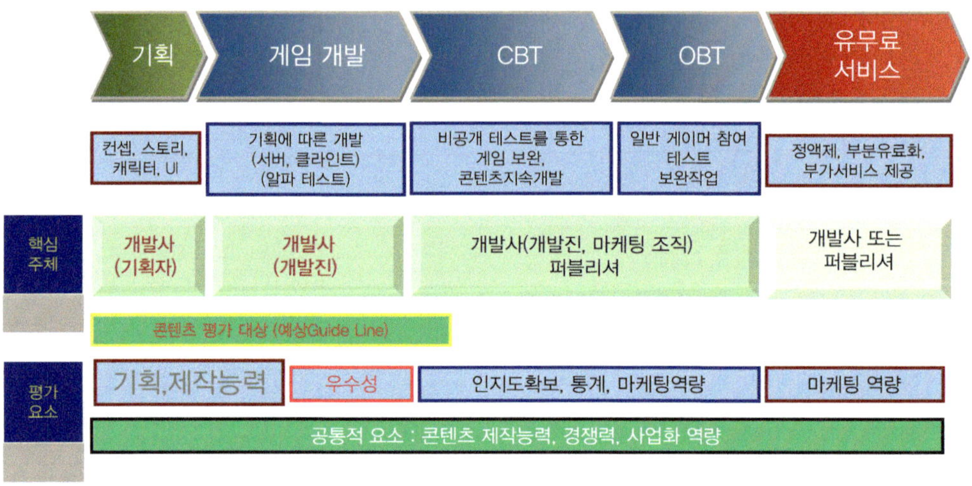

자료 : 한국콘텐츠진흥원(2010), 콘텐츠 가치평가모형 개발 현황

게임 콘텐츠 제작 플로우를 보면 통상 게임 제작 기간은 3년 정도 소요된다. 기획 요소가 특히 중요하여 개발기간의 가장 큰 부분을 차지한다. 이후 비즈니스 과정에서 지속적 서비스를 제공할 아이템 확보, 마케팅을 통한 노출의 중요성이 점차 강조되고 있다. 파이낸스 시스템에서는 '시나리오 평가 기준을 인터뷰한 결과 공통으로 중요한 요소는?'과 같은 물음에 답하는 자료들을 종합하여 정성, 정량지표로 평가하게 된다.

공공 서비스 지원

투자자와 미디어 기업, 정부 간 정보공유시스템 구축도 파이낸스 시스템의 중요한 인프라가 된다. 사업자 리스트와 재무 정보, 정부 지원 프로그램과 투자자 정보, 글로벌 시장 동향 등을 인터랙티브하게 제공함으로써 산업 내부에 관한 효과적인 정보 공유가 이루어질 수 있다.

한국의 경우 공공부문의 파이낸스 시스템 지원 모델로서 특수 목적 회사(SPC : special purpose company) 성격인 문화산업 전문회사(문전사)가 활성화된 적이 있다. 이 회사는 문화산업 분야의 특정 프로젝트 수행을 위해 설립하고 투자자 보호를 위해서는 프로젝트 수행과 자금관리를 각각 위탁받아 활동한다. 법적으로도 문화산업 진흥 기본법령의 근거를 갖고 설립자본금과 문전사 법적 의무 등록 기간 규정 등이 나와 있다. 아울러 완성보증제도, 모태펀드 등 기존 금융투자 제도와 연계한 통합 운영 방안도 제시되기도 하였다. 업계에서는 문전사 활용 시 제작사의 고유자금과 프로젝트에 대한 투자자금이 명확하게 분리되어, 해당 프로젝트에서 발생한 매출이나 수익을 정확하게 파악하는 것이 가능해진다고 평가한다. 자금흐름의 투명성이 향상되어 금융회사의 대출 심사 활동에도 큰 도움을 주게 된다.

반면 콘텐츠 소액투자 활성화는 지지부진한 상황을 벗어나지 못하였다. 콘텐츠 금융투자 지원제도 자체가 중소 콘텐츠 제작자가 접근하기 곤란하다는 한계를 지녔다는 평가다.

〈그림 127〉 문화산업 전문회사 구조

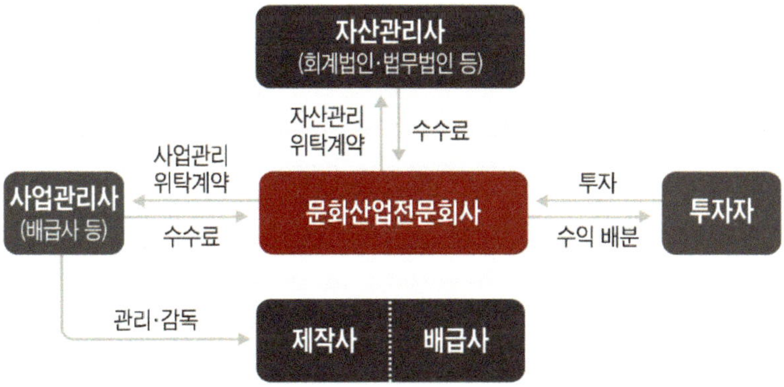

작성: 인베스트 조선
http://www.investchosun.com/site/data/html_dir/2017/04/06/ 2017040686001.html

담보 문제도 있다. 전통적으로 일반금융권은 부동산과 같은 물적 담보 요구를 하고 있다. 완성보증제도는 해외 선판매 등 대출금 상환요건이 필요하므로 벤처, 중소기업으로서는 이용하기 힘들 수 있다. 모태펀드 등 투자제도는 수익성에 기반하기 때문에 기존 실적이 부족한 경우 가치평가 지표에서 불리하다는 측면도 있다.

중소콘텐츠 제작자의 자금 조달 수단으로 일반인을 대상으로 하는 소액투자 방안을 적극적으로 허용하고 장려해야 한다는 지적도 나왔다. P2P 금융(Peer to peer finance), 소셜 펀딩이 대표적인 예다. 전문기업이 인터넷사이트를 통해 자금 수요자와 공급자 연계, 역경매 방식(낮은 이자율을 제시한 자금 공급자부터 낙찰)으로 매칭하는 구조다. 2007년 이후 '펀딩마켓', '머니옥션', '팝펀딩', '피투피머니' 등 업체가 등장했으나 연체 업무 등과 관련해 사이트운영자 역할 한계, 관련 규제법령 미비 등 문제점이 드러나기도 했다.

정부와 공공부문에서는 '공모 문화산업 전문회사'라는 공모 펀드를 활용하되 일반 투자사 보호를 위한 장치를 보강하는 법 개정 노력이 있었다. 공모 펀드의 기준가 산정 방법, 투자자 진입과 퇴거(환매) 절차 등을 보충하였다. 소액투자 활성화를 위한 제도 도입 방안에 대한 다양한 의견 개진과 법 제도적 기반 마련을 위한 관계 기관 간 공조가 필요한 것으로 진단받았다. 콘텐츠 공제조합을 통한 자금 조달도 제시되었다.

시중자금 활용 방안도 공공지원 파이낸스 시스템에서 적극적으로 검토하였다. 콘텐츠 자본시장에 시중은행 및 정책자금의 자금 유입을 유도하여 국내 콘텐츠 기업의 자본력과 시장규모를 확대한다는 전략이다. 완성보증보험 제도 차원에서는 수출입은행만 대출 은행으로 참여하여 주로 수출용 콘텐츠가 대상이 되어 내수용 콘텐츠 대출 시 어려움이 따랐다는 지적도 나왔다.

펀드 출자에서는 문화부가 영화 부문에서 추진하였던 글로벌 펀드에 정책자금, 기금 등을 포함한 범정부적 공공영역과 민간 부문 재무적 투자자들의 적극적 참여가 요청되기도 했다. 관련한 주요 추진방안을 보면 우선 완성보증의 시중은행 확대가 있다. 수출입은행뿐만 아니라, 우리은행, 하나은행을 추가로 참여시켜 완성보증 활용을 촉진하였다. 펀드 출자 참여기관 확대 차원에서는 정책금융공사 등 기금운용 기관이 간접투자 등의 방식을 통해 글로벌 펀드에 출자기관으로 참여할 수 있도록 하였다.

특히 글로벌 펀드를 결성하고자 하는 창투사는 재무적 투자자가 출자에 참여할 수 있도록 지속적인 협의와 수익률 제고 노력을 기울일 것을 요청받고 있다. 기대수익률 높은 프로젝트에 대한 투자계획 마련, 전담 심사역 등 전문인력 보강을 통한 재무적 투자자의 시장진입 유도가 급선무로 꼽혔다. 그러나 콘텐츠 산업에 대한 정부의 직접 투자는 제한적일 수밖에 없어 시중은행과 자산운용사 등 민간의 투자 참여 활성화가 파이낸스 시스템 성공의 관건으로 작용한다는 분석이 나오고 있다.

3) 콘텐츠 투자 방식 변화

콘텐츠 투자 변화가 이끌 열린 시장과 제작 협치[38]

IP 오너십이라는 매혹

20년 전인 2001년 봄 영화 〈친구〉 제작 때 초창기 열린 시장이 모습을 드러냈다. 네티즌 펀드라고 불렀던 획기적인 투자 방식이 한국 콘텐츠 경제사에서는 제 1기에 해당하는 열린 금융 시장을 선도했다. 당시 순제작비 20억 원으로 출발한 〈친구〉 프로젝트에서 1차 마케팅 비용이 10억 원이 들어갔고 개봉 후 영화가 블록버스터 대박 조짐을 보이자 추가 마케팅 비용 10억 원 급전이 요구되는 상황이었다. 이때 긴급 수혈 자금 성격으로 네티즌 펀드가 구원 투수 역할을 했었다. 이후 크라우드 펀딩으로 개념이 확장하고 이윽고 플랫폼 기반 콘텐츠 투자 방식이 혁신적인 트렌드를 이끌게 되었다.

〈친구〉 20년 후인 2021년 10월이 되자 음악 저작권 거래 플랫폼 기업이 국내 증시 상장을 예고하는 기사가 나오기에 이르렀다. 세계 최초 저작권 거래 플랫폼을 표방하는 〈뮤직 카우〉 기업은 2016년에 설립되어 음악 지식재산권과 저작인접권에서 발생하는 저작권료를 받을 권리인 '저작권료 참여 청구권'을 거래 대상으로 삼는 비즈니스 모델을 갖고 있다. 흡사 주식처럼 몇 주 단위로 쪼개어 거래할 수 있는 플랫폼 안에서 자유로운 콘텐츠 증권이 유통될 수 있도록 했다.

2021년 10월 시점까지 920여곡 저작권이 거래되고 있고 지난해 이용자들의 평균 투자 수

---

38) 심상민, 콘텐츠에 투자해볼까?, www.kocca.kr/n_content/vol22/sub/trend1.html, 2021.12.8. N콘텐츠 22호, 콘텐츠 위드 코로나, 한국콘텐츠흥원

익률은 연 8.7%로 알려져 있다. 2021년 9월 한달 거래액은 700억 원을 돌파했고 누적 거래액은 2천465억 원에 이른다고 한다. 개인투자자 누적 회원 수는 2021년 9월을 기점으로 71만 명을 넘어선 것으로 집계되었다.[39] 거래액 25억여 원을 기록한 브레이브걸스의 '롤린'이 1위에 올랐고 가서 선미, 윤종신, 이무진이 모델로 나온 TV 광고를 통해 대중적으로도 많이 알려진 업태가 되기도 했다.

K 콘텐츠 직접 투자를 기치로 내건 또 다른 플랫폼 〈펀더풀〉의 행보도 주목을 끌고 있다. 이 회사는 종전에 전문 투자자들의 전유물이었던 이 문화콘텐츠 투자라는 특정 구역을 일반인에게도 개방하는 데 주력하고 있다. 누구라도 홈페이지에 들어가 여러 장르에 걸친 콘텐츠 프로젝트를 검수한 뒤 손쉽게 투자할 수 있다. 빠르면 12개월 안에 수익 실현을 기대할 수 있도록 했다. 실제로 〈결혼작사 이혼작곡 시즌 2〉의 경우 모집 시작 2주 만에 5억 가까이 모집했다고 한다. 투자 수익은 TV 조선 최고 시청률에 근거하여 제공하는데 최종화 16회가 16.582%를 기록해 수익률은 8%에 이를 것으로 알려졌다.[40]

〈그림 128〉 음악 저작권 투자 비즈니스 사례

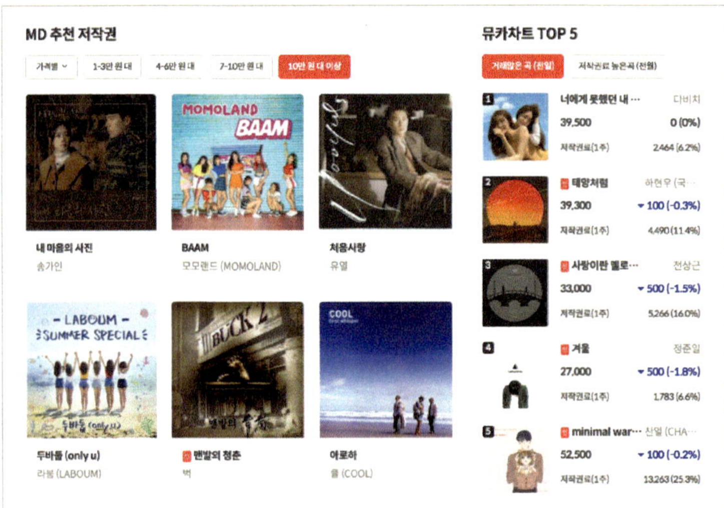

자료 : 뮤직카우 https://www.kocca.kr/n_content/vol22/sub/trend1.html

---

39) 한국경제신문, "뮤직카우, 음악 저작권 거래 플랫폼 증시상장 추진", 2021.10.21. https://www.hankyung.com/finance/article/2021102145071.

40) 이데일리, "'오징어 게임' 열풍에 K콘텐츠 직접 투자 관심 커져", 2021.10.14. https://www.edaily.co.kr/news/read?newsId=02532166629212920&mediaCodeNo=257

2021년 8월 개봉영화 〈싱크홀〉은 초과 모집하였고 2022년 여름 개봉 예정인 영화 〈데시벨(가제)〉 공모도 직전에 와있다. 이 영화에는 일반 개인투자자는 최대 500만 원까지 투자할 수 있고 매출 총합이 총비용(총제작비 + 개봉 비용 + 수수료 등)을 넘어서면 수익이 실현되는 상품으로 디자인되어 있다.

회사 〈펀더풀〉은 드라마와 영화, 웹툰, 뮤지컬, 애니메이션 ED 상업 대작을 폭넓게 커버하는 'K 콘텐츠 전문 투자 플랫폼'을 내걸고 있다.

넷플릭스 시그너처 콘텐츠로 떠오른 성공작 〈오징어 게임〉 신드롬 이후 단순한 콘텐츠 감상과 소비를 넘어 지분 투자, 프로젝트 투자라는 이른바 '대체 투자', '대안 파이낸스'로까지 확대하는 신규 콘텐츠 투자가 더욱 탄력을 받기 시작했다. 특히 인도네시아, 필리핀, 베트남에서 넷플릭스 톱 10 TV 프로그램 부문 1위에 오른 〈갯마을 차차차〉를 비롯한 후속작들이 K 콘텐츠 한류를 규모의 경제로 끌어 올리면서 투자는 물론 연이은 제작과 유통시스템에도 유의미한 개혁과 발전을 추동하기에 이르렀다.

'음악 연금', '콘텐츠 연금'이라고도 부르는 이러한 업태는 사실 기존의 B2B 구조 IP 거래 플랫폼의 순한 맛이라고 볼 수 있다. 기업 고객을 벗어나 다양한 개인투자자들 입맛에 맞춘 순한 맛 버전으로 응용한 콘텐츠 직접 투자 방식, 직접 금융인 셈이다.

부산국제영화제 부대행사로 출발했지만, 어느새 영화 투자 마켓 메이커로서 자리 잡은 AFM(아시아 필름 마켓)의 핵심 프로그램인 E(엔터테인먼트) IP 피칭 행사가 가장 전형적인 선행 사례이기도 하다. 이미 수년 전부터 영화 축제와 함께 연동한 AFM의 E IP 피칭은 〈신과 함께〉, 〈D.P.〉와 같은 웹툰 원작 콘텐츠를 발굴해 키운 파이낸스 시스템으로서 명성을 쌓았다. 이러한 신도자 역할이 축적되어 B2C 또는 B2B2C 구조로 개방하고 확장한 개인 참여형 콘텐츠 투자 방식으로서 저작권 거래 플랫폼이 출현했다는 것은 콘텐츠 제작과 유통 시스템 차원에서 커다란 임팩트를 주고 있다.

디지털 제작, 디지털 유통 고도화

기존의 텀블벅, 와디즈 등 크라우드 펀딩 형태 파이낸스 시스템이 음악을 비롯한 콘텐츠 전반을 다루는 투자 플랫폼으로 확장한 것은 자연스럽게 산업 제작과 유통 활동을 일컫는 콘텐츠 비즈니스 활동 본원직 영역에서 일대 변화를 가져오기 시작했다. 변화의 양상은 디지털 투자, 디지털 제작, 디지털 유통의 고도화로 압축 표현할 수 있다. 2021년 2월 나온 '승리호' 사례가 혁신 표본이 되어주고 있다. 중국의 텐센트 등이 250원 순수 제작비 20%를 충당하자 투자배급사를 경유해 게임사 엔씨소프트가 100억 원 투자를 단행했다.

이어 크라우드 펀딩 플랫폼인 '크라우디'가 진행한 일반인 프로젝트 투자 사전 등록에는 4천900여명이 신청했고 이어 또한 IBK기업은행, 미시간벤처캐피탈 등이 합류했고 최종적으로 넷플릭스가 310억 원으로 판권을 구매함으로써 마침내 전 세계 인터넷 모바일 플랫폼으로 가는 와이드 릴리스가 실현되었다.[41]

이처럼 해외 IT 기업의 최대 지분 투자, 국내 게임 회사 등 비 미디어 기업의 투자, 크라우드 펀딩 등이 복합적으로 집결하는 네트워크 펀딩이 혁신적 콘텐츠 투자 방식을 선도하고 있다. 이는 곧 산업 생태계 변화로 연결되어 영화와 드라마 제작 투자의 디지털화를 촉진하는 blintn(블린튼), Goviddo 등이 다양한 플레이어들이 등장했다.

투자의 디지털화는 기존 표준이자 주축인 AFM의 'E IP' 피칭과 같은 오프라인 플랫폼이 갖는 태생적 한계를 넘어서게 해준다는 이점을 지니고 있다. 배다적 멤비십과 입회비 구조로 대면 직접 피칭 행사를 하는 경우 배타성, 배제성의 문제도 있고 정보의 비대칭성에 따른 기회 불균등과 불공정 여건이라는 약점이 있을 수 있다. 영화나 드라마, 예능, 게임 영상을 구매자가 직접 스크리닝하는 오랜 관행도 코로나 팬데믹 시기에 들어서는 더더욱 불편하게 되었다. 이런 제약을 넘어서기 위해 신생 서비스 벤처들은 투자와 제작, 유통의 디지털 혁신에 역량을 집중했다. 우선 시장 데이터, 수익 데이터를 분석하여 콘텐츠 특성 별로 다양한 펀딩 참여 투자 시스템을 마련하고 고객에 맞춘 큐레이션을 통해 다양한 경로로 투자 채널이 작동하도록 함으로써 선택권을 확장했다.

그뿐만 아니라 미디어 콘텐츠로서는 철저하게 외면받아온 큰손 아웃사이더였던 IT나 제조업 분야 재무적 투자자들에게도 손쉬운 참여 기회를 제공하게 되었다. 이 과정에서 넷플릭스와 유튜브, 국내 티빙과 웨이브, 왓챠와 같은 OTT 부문이 급성장하여 로컬 콘텐츠의 글로벌 슈퍼 플랫폼 유통과 경영 성과 실현이라는 플랫폼 신경제가 결정적 기여를 했다는 분석도 빼놓을 수 없다.

41) 한국경제TV, "미디어 시장 격변이 불러온 콘텐츠 투자 다변화의 시대", 2021.2.18https://www.wowtv.co.kr/NewsCenter/News/Read?articleId=A202102180158

개인 지분 집단 지성이 승부처

결국 콘텐츠 파이낸스의 개방적 혁신이 디지털 제작, 디지털 유통 혁신으로 작용하면서 콘텐츠 산업 전반에 플랫폼 경제 효과가 극대화되기 시작했다는 평가다. 열린 시장으로 들어오는 다양하고 적극적인 신규 일반인 개인들은 관조하는 수동적 투자자라는 틀을 박차고 나왔다. 그들은 왕성한 참여(engagement)를 하면서 제작과정에 관여하고 홍보와 판매, 마케팅 서비스 가치사슬까지 거들고 리드해가며 전체 디지털 제작, 유통시스템 전환을 하드 캐리하고 있다.

자기 지분을 가진 주인의식으로 똘똘 뭉친 오너십 멘탈로 무장한 팬덤과 소비 자본을 가진 신흥 창조계급이기도 하다. 이들은 기존 미디어 업계에서 광고주가 광고 촬영 현장에 나타나 격려하고 이따금 조언이나 의뢰인 갑질을 행사하는 것보다 훨씬 더 강하고 빈번하게 제작시스템에 들어오게 된다.

인터넷 모바일로 고도화되고 있는 디지털 유통 체계에서도 전면적인 오너십 멘탈 오지랖을 전개하기 시작했다. 예컨대 네티즌 비평과 댓글 참여는 당연하고 세계 시장에서 키가 되는 더빙, 자막, 해설 프로그램 설명이나 문화 교류, 현지 팬 커뮤니티 활동에 이르기까지 광폭 행보를 보인다. 이런 유별난 오너 오지랖이 확산할 가능성이 매우 크다.

따라서 콘텐츠 투자 방식 혁신이 불러올 디지털 제작과 디지털 유통시스템 고도화의 향방은 '개인 지분 집단 지성(individual owner's collective intelligence)'의 실력과 적합한 경영 활약이 결과를 좌우할 진밍이다. 신규 창조세급이 되는 뉴 오너들이 서로 긴밀하게 공조하고 조직화할 수 있도록 만드는 투자 플랫폼 사업자의 조정자 역할과 신진 경영시스템 또한 중요하다.

이토록 신통한 우호적 여건을 활용할 줄 아는 슬기로운 투자 에이전트 플랫폼과 대박 가치를 지닌 K 콘텐츠를 조련하고 전파하는 디지털 제작, 유통시스템 혁신 전개가 미디어 콘텐츠 생태계를 한층 더 쇄신해나가고 있다.

12 정(情) : 대외관계, 글로벌 진출

기업에 유입되는 빅 4, 네 가지 자원에 맨 끝 순서로 나오는 정보적 자원은 점차 그 중요성이 커지고 있다. 미디어 콘텐츠 경영활동에 직, 간접적으로 영향을 끼치는 대외 관계 업무의 비중이 더 많이 강조되고 있어서다.

OTT 플랫폼의 선도 기업인 넷플릭스의 경우 전 세계적으로 중국과 북한, 시리아를 제외한 모든 나라에서 구독경제 모델로 사업을 영위하고 있다. 200여 개 국의 서로 다른 문화적 배경에서 만들어진 규제 정책을 일일이 상대해야 한다. 한국에서 망 사용료를 둘러싼 법적 분쟁이 벌어진 것처럼 전혀 우호적이지 않은 현지 정부와 언론, 여론과 정서를 되도록 원만하게 소통해야 하는 미션을 강제적으로 부여받게 된다.

이처럼 정책 프로그램 이슈 (Public Policy)와 이해관계자(Stakeholders) 관리와 같은 실무가 동시다발적으로 터져 나오기 때문에 이른바 고급 정보 수집과 분석, 학습이 매우 중요하다. 미디어 콘텐츠 시장의 개방되고 가상공간에서 융합할수록 문화적 다양성과 문화적 할인과 같은 제약 조건도 두터워진다.

〈그림 129〉 정보적 자원(대외관계, 글로벌) 활동 구간

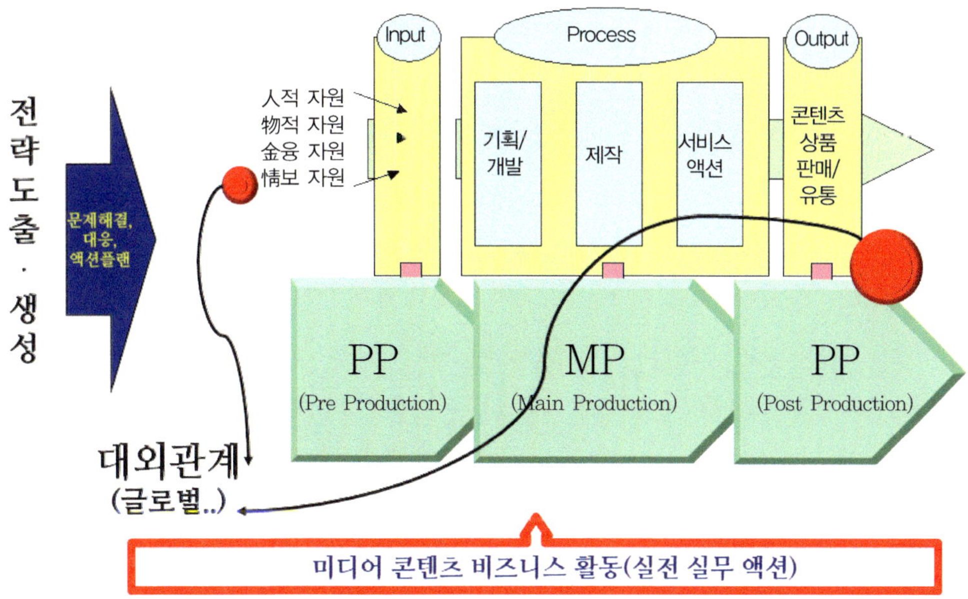

다국적 기업의 글로벌 진출과 현지화 과정에서 발생하는 여러 채널 갈등 문제도 녹록지 않다. 미디어 콘텐츠 기업의 세계 경영활동이 절대강자로 재편되고 있는 슈퍼 플랫폼 경제 상황과 맞물려 큰 도전에 직면해 있기도 하다.

글로벌 대외 관계 활동은 미디어 콘텐츠 비즈니스에서 아웃풋을 기반으로 한 시장 활동이 마무리되는 시점이자 PP(Post Production) 영역에서 마케팅 서비스 활동을 엄호하고 지원하기 위한 단계에서 광범위하게 전개된다.

이 장에서는 한국의 미디어 콘텐츠 경영이 창출해 낸 한류 현상과 관련해서 동남아 시장에서 나타나는 소비 자본 형성을 먼저 살펴본다. 이어 독일과 영국, 프랑스 등 국가들이 미국 할리우드 영화 콘텐츠를 역이용하는 혁신적인 정책 프로그램을 도입한 사례를 탐색해 본다. 세 번째로는 네티즌 펀드를 넘어선 콘텐츠 IP 투자 새 기법을 제어하는 규제 리스크를 관리하는 이슈에 관해 실제 사례를 들어 알아보도록 하겠다.

1) 한류 현지화

한류 소비 자본[42]

글로벌 유통 기존 패턴인 오프라인 중심 유통이 디지털 플랫폼 기반 온라인유통 개념으로 빠르게 이행하고 있다. 이 방향은 글로벌 시장 환경에서는 이미 슈퍼 플랫폼이 주도하는 혁신적 유통시스템으로 바뀌고 있어 이에 대한 적절한 대응과 재정 정책 개입이 요구된다. 슈퍼 플랫폼이 주도하는 혁신적 온라인유통시스템에서는 콘텐츠 창작자, 제작사, 지상파, PP 등이 미국과 중국 등 글로벌 유통플랫폼에 예속되는 구조가 아닌 직접 유통 또는 간접 PIP(플랫폼 인 플랫폼) 형태로 작동하게 된다. 따라서 2017년 5월 개봉한 봉준호 감독 영화 〈옥자〉 사례에서 보듯이 넷플릭스와 같은 슈퍼 플랫폼 유통시스템과 투자 모델이 선도하는 새로운 콘텐츠 비즈니스 게임의 규칙을 예의 주시하지 않을 수 없다.

해외 선진국 정부와 기업들도 디지털 온라인 유통시스템 형성에 커다란 관심을 기울이고

42) 심상민(2017), "여성 소비에 맞춘 콘텐츠 신유통과 한류위기 극복", 「여성학연구」, 27 (1), 273에서 내용 일부 변형함.

있다. 우선 유럽 선행 사례들에서 디지털 부문, 온라인유통 지원 모형의 참고 대상을 찾아 볼 수 있다. 유럽연합은 역외지역(주로 북미)의 침투를 방어하는 한편 역내 지역에서 회원국들 사이의 자유로운 콘텐츠 유통을 활성화하는 방안에 역점을 두고 있다. 이를 위해 온라인 콘텐츠 유통 플랫폼을 지원하기 위한 정책이 상당히 목적 의식적으로 진행되고 있다.

미국과 중국에서도 유튜브와 넷플릭스, 아마존 같은 신흥 미디어 복합그룹들이 동영상 플랫폼 사업자로서 기존 할리우드 메이저 스튜디오를 능가할 정도로 강력한 혁신과 시장 지배력을 갖춰 나가고 있다.

중국에서는 이른바 BATS라고 묶어서 부르는 바이두, 알리바바, 텐센트, 샤오미 등 플랫폼 선두그룹들이 자국 내 OTT(Over the Top) 형태 인터넷 모바일 플랫폼 비즈니스는 물론 글로벌 비즈니스 모델을 한층 더 강화해나가고 있다. 이들 비즈니스 모델은 곧 슈퍼 플랫폼이 주도하는 디지털 유통 기반 비즈니스 모델로 해석할 수 있다.

생활자 중심 라이프 스타일 콘텐츠 소비 대두

콘텐츠가 점차 소비재 소비문화와 연결되는 정도가 강해지고 있다. 소비자들의 한류 콘텐츠 접촉과 이용 행태에 관한 연구를 보면 시청자 개념이 생활자로 변모하는 것을 잘 알 수 있다. 엔터테인먼트 콘텐츠가 라이프 스타일 콘텐츠로 바뀌는 경향도 잘 읽을 수 있다.

중국의 경우 이동 시간이나 대기 시간 등 파편화된 시간이 유독 많고 긴 나라다 보니 자투리 시간을 이용해 모바일 폰으로 인터넷에 접속하는 경우가 많아 콘텐츠 신 유통 경로가 급부상하고 있다. 관련해서 유통에 더해 미디어 생활까지 포괄하는 가상 국가(Virtual Nation)라는 개념까지 등장했다. 뉴미디어를 통해 문화 공감대를 형성하고 동질감을 느끼는 가상 국가(Virtual Nation)는 글로벌 생태계의 새로운 기회로 급부상하고 있다.

SM엔터테인먼트 이수만 회장은 'SM Town'이라는 가상 국가(Virtual Nation)를 통해 SM 콘텐츠에 열광하고 결속되는 가상 제국을 만들고 있다고 밝힌 바 있다. 이수만 회장은 "페이스북과 유튜브 등을 통해 국적, 피부색과 관계없이 문화콘텐츠를 공유하는 동질감은 경계 없는 문화의 시대를 알리는 시작, 가능하다면 SM 콘텐츠를 공유하는 국민을 초청해 시민권을 주고 국가 선포식을 하고 싶다"라고 말하기도 했다.[43]

---

43) KT 경제경영연구소, 최민경, "글로벌 플랫폼을 위한 새로운 접근방식, 한류, in: http://docsplayer.org/20654329-Microsoft-word-_-274-366-301-244_.html

현재 국내 3대 기획사는 회사 단위의 팬 그룹을 만들고 이를 대상으로 해외 마케팅 전략을 취해 그들만의 가상 국가(Virtual Nation)를 건설하는 새로운 유통시스템을 실험하고 있다. 국내 3대 엔터테인먼트 기획사 모두 유튜브 공식 채널을 보유해 수십만의 구독자를 가지고 있다. 동영상 플랫폼을 통해 각 기획사 전용 채널을 통해 빠르고 쉽게 회사 전체의 콘텐츠를 일괄적으로 전 계에 소개하고 팬들은 해당 기획사별로 군집시키는 전략이다.

이는 곧 온라인 가상 커뮤니티에서 열성적으로 활동하는 한류 여성 팬들이 남성 중심이 국가주의적 사고의 틀을 넘어설 수 있다는 가능성을 보여 준 것으로 풀이되기도 한다(김은실, 2004). 남성들이 주로 정치나 역사극과 같은 국가 경합 구도에 익숙한 것과 달리 여성들은 한류와 같은 초국가적 대중 몬화 혼종에 관심을 두고 인터넷 모바일을 통한 가상 커뮤니티 활동에 적극적인 편이라는 분석이다.

콘텐츠 소비자가 생활자 개념으로, 엔터테인먼트 콘텐츠가 라이프 스타일 콘텐츠로 빠르게 이행하는 번동은 한류 현상과 해외 소비 자본 축적을 통해 설명할 수 있다. 한류 시초는 글로벌 개방 시장인 문화콘텐츠 영역이라는 호수에 던진 한국의 빼어난 문제작, 즉 조약돌 콘텐츠였다. 이후 시기 구분과 진화를 거듭하면서 한류 제1선에 해당하는 문화창조산업으로 드넓게 동심원 형태로 확장해나갔다.

〈그림 130〉 한류 발전 과정

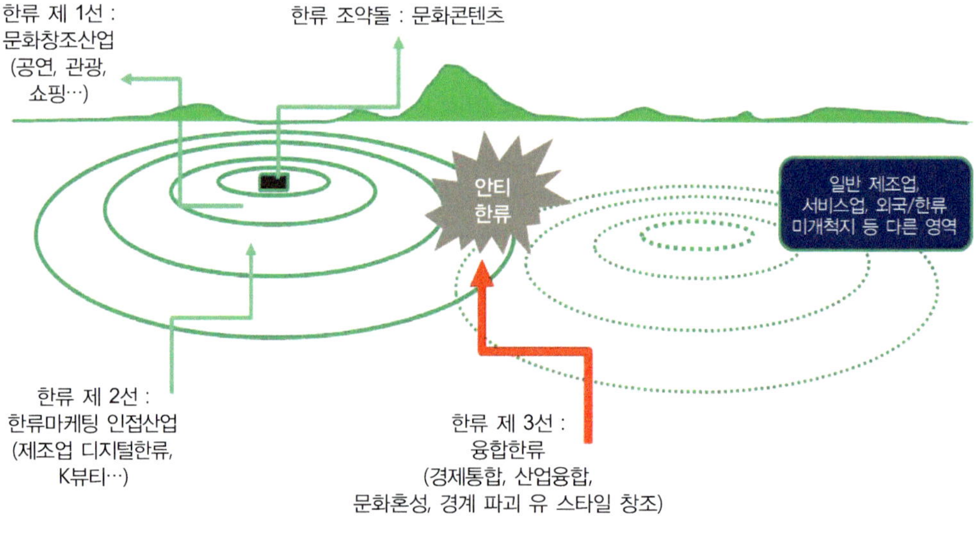

이후 한류 제2선은 한류 마케팅이 활발하게 이루어지는 관련 제조업과 디지털 한류, K-뷰티 등 전략적 인접 영역과 외부효과(External Effect) 발생 지점으로 확장하였다. 계속해서 호수에 던진 조약돌(pebble in the lake) 효과를 거듭한 한류 현상은 2016년 드라마 〈태양의 후예〉 성공 사례를 분기점으로, 경제적 퀀텀 점프를 기약할 만한 융합 한류라고 하는 지대로 확장하게 되었다. 한류 제3선에 해당하는 융합 한류 지대는 국가, 지역, 도시를 횡단하고 초월하는 경제통합과 산업융합을 매개로 궁극적인 문화 혼성과 경계 파괴를 통한 4차 산업혁명과 같은 새로운 스타일 창조를 현실화했다. 이처럼 세계적인 보편 현상으로 발돋움해갈 이행기에 한한령과 같은 안타까운 안티 한류 분위기가 나타난 셈이다.[44]

한류 제1선 성공은 드라마〈겨울연가〉와 〈대장금〉을 주축으로 하는 '여성적 서사구조'(feminine narratology)에 바탕을 둔 서사구조 기획 성과였다. 여성 영웅소설 계열의 한류드라마가 〈다모〉, 〈선덕여왕〉, 〈황진이〉, 〈바람의 화원〉 등으로 창출되어 아시아 기층 장르이기도 했던 여성 수난담 구태를 넘어서면서 큰 호응을 불러일으켰다.

드라마 〈겨울연가〉는 두 가지 정체성을 가지고 있는 남성 주인공을 등장시켰으며, 여성 주인공이 똑같은 남성 주인공을 두 번 사랑하게끔 하는 여성적 서사구조를 담고 있다. 〈겨울연가〉는 올바른 여성이라면 사랑하는 남성이 가면을 쓰고 다른 사람으로 나타나도 변치 않고 다시 사랑할 수 있으며, 궁극적으로 진정한 사랑을 얻을 수 있다는 점을 부각시켰다. 〈겨울연가〉는 이러한 사랑의 신데렐라 서사구조로 인해 일본 중년 여성들에게 커다란 사랑을 받았다.

〈대장금〉은, 〈겨울연가〉와는 반대로, 두 가지의 성(性) 정체성을 지닌 한 여성이 한 번은 여성적인 요리사로서, 다른 한 번은 남성적인 의녀(醫女)로서 궁중에서 대활약을 펼치는 여성 서사구조를 가지고 있다. 〈대장금〉은 '금지된 사랑'이라는 스릴을 관중에게 안기면서 여성의 성정체성을 새롭게 일깨워주는 흥행 성공작이었다. 특히 여성 주인공이 자신을 소유하는 왕과 그 소유자 왕과 사랑의 경쟁을 하는 시위 장교 사이에서 두 명의 남자로부터 동시에 사랑을 받은 뒤, 마침내 자기가 사랑하는 시위 장교와 금지된 결혼에 성공한다는 점에서 '안티고네(Antigone)적 모티브'란 독특한 서사구조를 갖춘 점이 흥행 비결이었다.

요컨대, 한류 1.0 드라마의 성공은 '보편적 여성 서사구조의 확립'이라는 세계 드라마 역

---

44) 심상민(2016), "융합 한류와 한류의 미래 진화", 한국문화산업교류재단

사적 성과를 드라마 작가들이 창출해 내었기 때문에 전개가 가능한 내용이었다. 한류 제2선을 주도한 K-POP 중심 신한류 열풍은 일본, 태국, 홍콩, 필리핀 등에서 불기 시작하였다. 연령 측면에서도 종전 한류는 30대, 40대 여성 팬들이 많았으나 신한류에서는 10대 후반에서 20대 초중반 여성 비중이 높아졌다. 또한 K-POP은 해외 진출시 유튜브, 페이스북, 트위터 등 소셜 미디어와 동영상 플랫폼을 매체를 적극적으로 활용할 줄 알았다.

한류 제3선으로 이행할 킬러 콘텐츠로 주목을 받은 드라마〈태양의 후예〉에서도 한류 성공 요인 핵심인 여성이 존재함을 알 수 있다. 주인공 캐스팅에서 남자 주인공으로 송중기를 캐스팅한 것이 〈태양의 후예〉 드라마의 가장 성공한 포인트였다. 〈태후〉가 방송된 후 송중기는 중국 내 여성 네티즌들로부터 남편의 뜻을 의미하는 라우궁(老公)이라는 별명을 얻게 되었다 한다. 국민 남편 혹은 남자친구가 되었다. 이로부터 〈태후〉는 중국 여성들이 선호하는 남성상을 그리는 데 성공하였음을 인정받았다.

잘 생기고 유머가 있으며 잘 챙겨주고 여성과 대화를 할 줄 그런 남자라는 얘기다. 한류가 시작할 때만 해도 중국 여성들이 선호하는 남성상은 굵직하고 냉철하며 카리스마 넘치는 캐릭터였다. 이런 변화가 의미하는 바는 현대 여성들은 자신을 보호해 줄 수 있는 사람보다 자신을 이해해주며 같이 즐거운 일상을 보낼 수 있는 그런 사람이 필요하다는 의미다.

한류 콘텐츠 수용 연구에서도 생활자 중심 라이프 스타일 콘텐츠 소비 경향이 주목받은 바 있다. 허진(2001)은 중국 내에서 한국 드라마의 성공 요인을 문화적 유사성, 현대적 볼거리, 한국문화의 빠른 수용 등에서 찾아볼 수 있다고 하였다. 이은숙(2002)은 중국이 한류를 수용할 수 있었던 것은 새로운 문화를 갈구하고 있었기 때문이라고 하였다.

김세도 외(2011)는 중국인들의 시청유형을 파악하기 위하여 한류드라마 수용 유형을 조사하였다. 그 결과 중국 시청자들의 시청유형은 '스타 의존형', '개인 이익 추구형', '영상 음악 추구형', '비판적 시청형', '대사 중시형', '캐릭터 중시형', '정서 공감형' 등 7가지 유형으로 귀결하였다.

이문행(2011)은 중국인들이 선호하는 한국 드라마의 특성에 관한 연구에서 중국인들이 선호하는 드라마 유형은 미니시리즈에 코믹 장르인 것으로 파악했다. 안정아(2014)는 중국 1980~90년대 생 젊은 시청자들의 온라인 동영상 서비스를 이용한 대중문화의 선택적 수용 특징에 관해 연구하여 인터넷을 통한 드라마와 프로그램의 시청이 큰 흐름이 되었다는 것을 확인시켜 주었다.

소비재 수출로 확산하는 한류 효과에서도 해외 여성 역할이 절대적이다. 중국 관광객들이 한국에 방문하면 빼놓지 않고 구매하는 품목이 바로 화장품이다. 중국인 관광객 수는 2014년 5백만 명을 넘어섰는데, 관광객 10명 중 7명 이상은 화장품을 사 가는 것으로 조사되었다.

중국 시장에서 한국 화장품의 인기도 급격히 높아지고 있어, 국내 화장품 중국 수출액은 2014년은 10월까지 3억 7천만 달러로 2013년 동기 대비 84%나 늘었고 그 결과 올해 화장품 무역수지는 처음으로 흑자를 기록할 전망이다. 이처럼 중국 사람들이 한국 화장품을 좋아하는 것은 우선 한국 화장품의 품질에 대한 신뢰에서 그 이유를 찾을 수 있다. 중국 사람들의 미용에 대한 니즈가 한국인과 유사한 점이 중요하게 작용하고 있다는 의미다.

여기에는 한류 영향이 가장 컸다. TV 드라마 등 한류가 한국산 화장품의 중국 내 인기에 영향을 주고 있다. 한국 TV 드라마 등을 통해 본 한국 여성들의 세련된 이미지가 한국산 화장품에 대한 구매로 이어지고 있다고 분석한다. 중국의 화장품 사용 인구는 아직 10%에 불과하고 주 소비 분야도 다양하지 못해 성장 잠재력이 매우 큰 시장임을 참작할 때 여성이 주도하는 한류 효과는 이제 갓 시작 단계에 불과하다고 하겠다.

그뿐만 아니라 한류 스타들 헤어 스타일, 메이크업, 피부리, 네일, 화장품, 성형 등으로 확되어 K 뷰티란 이름으로 트렌드를 형성하게 되었다. K-뷰티는 뷰티 서비스 산업, 뷰티 헬스 산업, 화장품 산업, 미용 산업 등 분야를 포괄하는 유망한 미래 산업이기도 하다.

콘텐츠 파워로 형성되고 축적되어온 한류 연관 소비 자본 연구에서도 콘텐츠 소비자가 생활자 개념으로, 엔터테인먼트 콘텐츠가 라이프 스타일 콘텐츠로 빠르게 이행하는 변동을 간파할 수 있다. 국내 시장 크기가 작은 나라들은 해외 진출이 필수적이다. 문화상품의 경우 해외 시장 진출에서 문화적 할인(cultural discount) 때문에 어려움을 겪는 경우가 있다.

문화적 할인 현상은 Becker (1996)의 소비 자본(consumption capital)으로도 알아볼 수 있다. 어떤 나라가 상대 국가의 문화에 대한 소비 자본을 이미 많이 축적하였다면 문화적 할인이 낮아진다. 실제로 미국 할리우드 영화는 전 세계에 이미 조성된 현지 소비 자본으로 인해 적극 유입되고 있고 아울러 미국의 무역흑자를 수반하기도 한다. 이처럼 대부분 국가와 미국 간 문화상품 교역에서 문화적 할인은 비대칭적 성격을 갖는다(Shulze, 1999).

글로벌 소싱과 유통의 글로벌 마케팅 활동이 늘어날수록 특정 국가에 대한 이미지가 문화상품을 포함하여 그 국가에서 나온 제품과 서비스에 대한 소비자 반응에 영향을 미치기 마련이다. Jeon and Min (1997)은 특정 국가 원산지에 대한 소비자 신념은 품질 선입견으로 작용하여 품질 평가에 영향을 끼친다고 하였다.

한류도 마찬가지다. 1990년대 후반부터 아시아 지역에서 확산된 문화현상 한류는 한국 국가이미지를 높이었다. 이윽고 패션 의류와 같은 한류 파생 상품과 가전제품, 일반 소비재 등 일반 상품 평가와 구매 의도에도 후광효과로 작용하였다(Hong et al., 2007; Jung, 2006; Kim & Ahn, 2012; You, 2013).

Cui and Choo(2013)는 과시적 소비성향이 높은 소비자들이 외국 브랜드를 더 선호한다고 분석하였다. 과시적 소비성향은 소비자 자기 민족중심주의가 적대국 브랜드에 대해 부정적인 영향을 미치는 것을 완화하기도 한다고 보았다.

Choi(2012)는 베트남 고학력 젊은 여성들 사이에서 한류스타의 패션을 모방하고자 하는 경향에 주목하였다. Lee(2002)도 베트남 소비자들이 한국 대중문화에 대한 선호가 높고 더구나 아시아적 가치관의 공유로 문화적 동질성을 느끼고 있어 한국 제품을 선호한다고 하였다.

중국 소비자와 베트남 소비자를 비교한 Kim and Ahn(2012)에 따르면, 베트남 소비자들이 중국 소비자들보다 한국 영화를 더 좋아하고, 한국 가전제품, TV, 컴퓨터, 의류, 자동차도 더 선호하는 것으로 나타났다. 성별로는 베트남 여성이 한류의 1차 소비자이며 주로 의류, 화장품, 음식에 큰 관심을 두고 있는 것으로 파악되었다. 이와 같은 한류소비는 주로 구전에 의해 전파되는 것으로 나타나 준거집단의 영향력이 큼을 알 수 있다(홍금희, 손수민 2014).

세계적으로 민권 운동이 확산하고 여성 지위가 강화되면서 글로벌 여성 소비 자본이 비국가적, 초국가적으로 형성되고 있다는 분석도 나왔다. 미국의 할리우드가 국가 초자연적 권력을 구현하는 슈퍼맨 시리즈가 중심축을 이루었다면, 미국의 민권운동(Civil Rights Movement)을 겪은 1960년대 이후 다문화주의가 미국 내에서 확산하면서 문화상품 세계화에 큰 변화가 찾아왔다는 견해다. 지역적, 민족적 문화 코드를 이해하고 글로벌 인지 코드, 감성 코드를 잘 구축해 왔기 때문에, 한국 등 후발 국가들은 이를 기존 할리우드의 미국 문화 코드와 함께 잘 융합하고 발전시켜 왔다.

글로벌화는 분명 미국이 주도해왔고, 미국이 더욱 주도하면서 전 세계의 인본주의적, 인본주의적 윤리를 가미해왔고 여성을 비롯한 세계 시민들이 호응하게 되었다. 이에 소셜 미디어와 같은 소통 시스템의 혁신적 발전으로 자본과 인본주의를 평등하게 나누어 가지는 현상으로 흐르게 되고 글로벌 사회에서는 세계 민권 사회(international civil society)가 등장해 국가를 넘어서는 글로벌 도시(박은정, 2015) 또는 사이버 공동체가 새로운 소비 시장이 되고 있다. 한류도 이러한 새 미디어 새 유통 플랫폼 새 시장에서 주력 소비자군으로서 글로벌 여성과 일상적으로 만나고 있는 문화현상, 경제 현상인 셈이다.

민권이 강조되고 여성 지위가 높아지고 여성 활동이 증대되자 초국가적 개인 문화 교류와 체험이 날로 확산하는 분위기다. 중국과 같이 사회 통제가 심한 곳에서 이른바 관시(사회적 관계성)보다는 가격과 서비스가 결정적인 소비와 판매 결정 요인으로 떠오르고 있다. 최근 중국의 비즈니스에서 관시 중시 개념이 원가 개념으로 변화하고 있다. 치열한 경쟁 속에서 관시보다는 가격과 서비스가 더욱 중요해지고 고가 브랜드라고 무조건 사는 것이 아니라 브랜드 아이덴티티와 인지도를 더욱 따지는 경향은 더욱더 뚜렷해졌다.

아울러 구매력을 갖춘 중국 중산층도 급속히 확대되고 있다. 중국 시장 내에서 중산층 인구의 증가율이 가장 높다. 최근 중국의 도시 서민들이 소득 증가로 중산층으로 편입됨에 따라 이들의 소비 패턴이 생필품 구매 수준에서 컴퓨터, 자동차, 명품, 가전 제품 등과 같은 내구재 구매로 이동하고 있다. 중국의 중산층의 특징은 세계 일반 중산층보다 젊은 층이 많다는 점이다. 일반적으로 미국에서는 가장 높은 보수를 받는 연령대가 45~54세이나, 중국에서는 25~44세 연령대가 가장 높은 보수를 받고 있다. 이 가운데 한류에 친근한 여성과 같은 전형적인 열성 생활자 기반 소비 자본이 엄연히 존재하고 있다.

이는 인터넷과 모바일의 급속한 발달로 새로운 소비 활동이 촉진되는 메가 트렌드와 식격되는 현상이기도 하다. 중국은 이동 시간이나 대기 시간 등 파편화된 시간이 유독 많고 긴 나라다 보니 자투리 시간을 이용해 모바일 폰으로 인터넷에 접속하는 경우가 많다. 이 같은 생활자 중심 소비문화 트렌드는 MR(혼합현실, VR(가상현실)과 AR(증강현실) 결합)과 AI(인공지능), 로봇, 소프트웨어 기술이 주도하는 4차 산업혁명과 플랫폼 비즈니스 확산에 따라 더욱 강화될 전망이다.

2) 미디어 콘텐츠 사업 유치 정책

콘텐츠정책 새 흐름 : 밖을 향함[45]

해외 선도국가들 영화 콘텐츠 정책변동을 중심으로

세계 영화 콘텐츠 정책을 보면 미국을 제외하고 대부분 국가가 정부 주도 진흥, 규제책을 직영하고 있음을 알 수 있다. 글로벌 조감을 해본다면 이들 다양한 정책들은 결국 미국 할리우드 영상산업 클러스터를 에워싼 광범위한 정책 협공이 이루어지는 모양새다. 가령 미국 내 51개 주가 저마다 주 정부 차원에서 조세, 인센티브제 정책 프로그램(T.I.P : Tax Incentive Program)을 운영하고 있다. 할리우드라는 중핵에 쏠려 있는 영화산업 자원을 나눠 갖고 발달한 온라인 네트워크 환경에 맞는 분산된 협업 시스템을 추구한다는 취지이기도 하다.

이같이 할리우드라는 구심점으로 고착화되어가는 세계 영화산업 구조를 바꾸는 정책적 역동성이 2012년 시점부터 본격 사용하고 있는 용어이기도 한 〈차이나 우드(Chinawood : China + Hollywood)〉를 분기점으로 활발하게 나타나고 있다. 사실상 중국 정부 지원을 받은 중국 영화 상영관 기업 완다 그룹이 미국 2위 영화 상영 기업인 AMC를 인수함으로써 할리우드 영토를 향한 차이니즈 인베이전(Chinese Invasion)이 신호탄을 올렸다.

이러한 중국 영화 자본의 확장과 팽창은 영화 비즈니스 아성인 할리우드 생태계에 자본 유입 이상 충격을 가져왔다. 시장 자유주의를 신봉하는 영화기업들과 미디어, 콘텐츠 제작과 유통 천국으로 여겨왔던 민간 섹터 할리우드가 이젠 더는 비즈니스 현장으로서만 존재할 수 없다는 자각이 생겨났다.

어느새 국가전략이 들어오고 문화전쟁이 선포되고 정부 활동이 경합을 이루는 영화정책 각축장으로 불붙기 시작했다. 실제 이 차이나 우드 충격은 종전에 세계영화 시장 다핵 거점으로 불러왔던 인도의 볼리우드와 뉴질랜드 웰리우드가 차지하는 위상까지도 드높이고 더

45) 심상민(2013), “콘텐츠정책 새 흐름 : 밖을 향함- 해외 선도국가들 영화콘텐츠 정책변동을 중심으로,”「인문콘텐츠」, 30, 69~97.

욱 공고하게 만들어 주었다.

할리우드가 누려왔던 경제력 집중과 지배적 영화 이데올로기 발신을 제어할 대항마로 떠오른 새로운 정책적 성취 사례가 속속 등장하고 있다는 의미이기도 하다. 할리우드와 가까운 관계를 맺고 불편한 동거를 해오기도 했지만, 전통적으로 치열한 경쟁 관계를 유지하고 있는 영국과 프랑스, 독일 등 유럽 국가들도 덩달아 새로운 정책 변화를 모색하게 되었다. 거대 상업영화 할리우드 브랜드가 실효적으로 지배하고 있는 유럽 앞마당에서 아주 약소한 예술영화 창작 자원을 보호하는 정도 소극적인 정책으로는 더는 버티기 힘들다는 인식 때문이다.

자국 민족적 정체성(national identity)을 이어가기 위해 자국 영화를 보호하고 양성한다는 최소한 정책 기대효과마저도 대망하기조차 힘들어진 현실을 직시하기 시작한 셈이다. 급기야 독일을 필두로 좀 더 창조적이고 획기적인 정책 혁신을 위한 과감한 도전이 나오기 시작했다. 정책 자원과 방법은 같다고 하더라도 정책 대상을 아예 외국 영화로 바꿔버린다든지 하는 발상의 전환이 새로운 영화 정책 프로그램으로 등장했다.

미디어 융합과 소셜 미디어, 스마트 미디어 확산이라는 환경에 맞춰 영화정책에서 영화를 버리고 영화 미디어 부속이라고 할 개별 기술, 콘텐츠 포맷, 고객 관계 서비스 개발 등에 열중하는 미래에 대한 투자와 연구개발(R&D) 활동에 정책 자원을 우선 배치하는 파격도 나타났다.

때마침 차이나 우드가 공식화된 2012년에는 한국 가수 싸이가 K POP 컬처를 미국 주류 미디어 현장에 들여놓아 정책 빈경을 넓혀주었다. 2013년 2월 85회 아카데미 영화상에서 인도 소재 영화를 만든 중국인 앙 리가 〈라이프 오브 파이〉로 2번째 감독상을 받으면서 글로벌 기획과 소싱에 대한 자신감도 커졌다. 이윽고 문화적 다양성을 모태로 하는 미디어 다원주의, 영화 창작과 비즈니스 다원화가 거대한 트렌드로 자리 잡기 시작했다는 지적이다. 이러한 대변동 밑바닥에는 세계 영화정책 창조적 아이디어와 실험이 꿈틀대고 있다.

해외 선도국가 정책 흐름

세계 주요 선도국가들 영화정책 최근 흐름을 분석해본 결과 새로운 정책 패러다임 출현을 감지할 수 있었다. 독일이 독일영화가 아닌 미국, 프랑스, 러시아 영화들 적극적으로 돕고 프랑스가 국제적 영화 제작에 관심을 두고 TRIP과 같은 세금 우대 제도를 도입한 것은 뚜렷한 정책 기조 변동을 보여준다.

정부가 자국 영화 콘텐츠를 직, 간접적으로 지원하던 내치(내부관리) 틀에서 벗어나 외국 영화 콘텐츠나 국제적 프로젝트를 들여와 자극을 주고 긴장감을 고조시키는 〈외부관리〉 방향으로 선회한 격이다. 이는 자국 내부 영화를 밖으로 가져가는 〈인사이드 아웃 : Inside Out〉 전략을 떠나 외부 우수 영화를 안으로 가져와 내부 체질을 강화하고자 하는 〈아웃사이드 인 : Outside In〉 전략으로 이행을 의미한다.

영국이 영화 혁신을 추동하기 위해서 BBC와 같은 방송미디어와 함께 국가 R&D 프로젝트를 수행하는 것도 영화 내부(Inside)에서 혁신과 미래영화 창조, 연구개발 실마리를 찾지 않고 인접 외부(Outside) 영역인 방송과 인터넷에서 개발 성과를 들여오겠다고 하는 〈아웃사이드 인 : Outside In〉 전략에 해당한다. 영화정책이 영화를 뒤로 물리고 다른 미디어에 먼저 주력하고 미디어 융합을 매개로 궁극적으로는 영화를 돌보겠다는 취지라고 볼 수 있다.

뉴질랜드가 디지털 영상 콘텐츠 전문업체인 WETA 지원을 통해 할리우드 영화 〈아바타〉, 〈킹콩〉, 〈틴틴〉 등 일감을 가져오는 국제적 분업에 전념하는 것도 〈Outside In〉 전략이다. 자국 국산 영화 제작에 연연해하지 않고 외국 영화 일부 부분 제품, 반제품 생산을 도맡는 정책 전환이 오늘날 웰리우드(뉴질랜드 수도 웰링턴 + 할리우드) 라는 뚜렷한 존재감을 창출해낼 수 있었다는 평가다.

영화 기술이라는 핵심 외적인 요인(Outside)을 핵심 영화 콘텐츠(In)으로 들어오게 한다는 차원이기도 하다. 미국 루이지애나주나 플로리다주 등 주 정부 차원에서 내놓고 있는 최근 영화정책들도 외부 힘을 빌려 내부 체질을 강화하는 또 하나의 〈아웃사이드 인 : Outside In〉 전략이다. 물론 내부 영화 제작과 생산에도 관심을 두고 있지만, 현실적으로 압도적인 위상을 갖춘 할리우드 클러스터 자원을 끌어오는 데 우선 주력하자는 게 미국 주 정부들 영화정책 기조다.

다만 과거 캐나다 밴쿠버 등이 할리우드로부터 이탈을 초래하는 런 어웨이(Run Away) 유형과는 달리 서로 공존하고 공생하는 상호보완적 취지가 강한 편이다. 할리우드에서 기획과 후반작업 등을 진행하되 3개월간 촬영 작업은 뉴올리언스시에 와서 하도록 유인하는 식이다. 이러한 지역 간 협업과 공생을 끌어내기 위해 루이지애나주와 뉴올리언스시는 재즈 음악의 본고장으로서 문화적 향취, 생활 쾌적함(amenity)을 유치 수단으로 적극적으로 홍보하는 정책 프로그램을 창안해 호평을 받고 있다.

같은 미국 안에서 영화산업을 쪼개는 제로섬 게임을 지양하고 저마다 장점을 한 영화에 부가해 붙어 넣고 시장 파이를 키운다고 하는 플러스섬(plus sum) 게임 규칙을 택하고 있다는 분석도 가능하다.

그런가 하면 차이나 우드 중국도 미국 영화 자산을 끌어들여와 자국 영화산업 네트워크 확충을 꾀하는 〈아웃사이드 인 : Outside In〉 전략으로 방향을 고쳐 잡고 있음이 파악되었다. 미국 현지 상영관 체인 AMC 인수는 분명 자국 경내 영화 자산에 대한 정책 지원이 아니다. 이제 더 많은 중국 정부의 〈아웃사이드 인 : Outside In〉 정책 활동 활약을 세계 시민들은 지켜볼 준비를 해야 할 터이다.

이와 같은 여러 선도국가 영화정책 경향성에 관해 본 연구는 적절한 새 키워드로 한 데 묶어서 보는 시도를 해보고자 한다. 독일, 프랑스, 영국, 뉴질랜드, 미국과 중국 등이 모두 새롭게 갈아입었다고 할 혁신적 정책 프로그램 본질적 가치는 "남을 이롭게 해서 나를 성장케 한다"로 적절하게 표현할 수 있다. 자국 영화 대신 외국 영화를 먼저 돕는 정책이 그러하다. 영화 미디어를 뒷전으로 돌리고 미디어 격변이 가장 심한 방송과 인터넷, 모바일을 먼저 들여다보고 나중에 영화 변화를 촉진하는 접근도 마찬가지다. 자기 지역 자체 영화도 보호하지만 다른 지역 영화를 받아들여 내부 영화 창작 텃밭인 지역 커뮤니티 활성화를 모색하는 정책도 역시 같은 맥락이다.

이 같은 정책 대변동 기조와 내면 가치를 함축적으로 일러 주는 용어가 바로 예지락지(譽之樂之)다. 남의 좋은 점을 찾아내어 칭찬하고 배우는 일을 낙으로 삼는다는 뜻이다. 예지락지(譽之樂之)라는 용어는 퇴계 이황 종손인 이근필(李根必)씨가 즐겨 사용함으로써 바깥에 알려지기 시작했다. 이근필 씨는 방문객들에게 譽之樂之'라고 손수 쓰고 낙관한 붓글씨 글귀를 전해주곤 했다. 이에 대해 한문학을 전공하는 이신성(2008)은 "'譽之樂之'는 '譽人樂己(남의 좋은 점을 드러내어 칭찬하고, 자신은 배우는 일에 즐거움을 삼는다. 譽는 기릴 예)'라고 하면 더욱 뜻이 뚜렷이 다가오겠다고 생각했다고 하는 분석을 내놓기도 하였다.[46]

이 예지락지(譽之樂之) 개념을 빌어 세계 영화정책 메가 트렌드이자 새 키워드로서 '밖을

46) 李愼成 부산교육대학교 교수·한교운동 부산울산경남 지회장, 「退溪 先生과 宗家 宗孫의 올곧은 삶」, 전통문화연구회 제22호, 2008년 가을호.

향함'을 본 연구는 제시하고자 한다.

세계영화 콘텐츠 정책 메가 트렌드이자 새 키워드인 '밖을 향함'은 대략 3가지 다른 유형으로 더욱 세분화해서 정리할 수 있다. 첫째 유형은 〈이타적 세계경영〉이다. 영화정책 주 방향을 글로벌화로 두되 앞에 선 외국 콘텐츠를 우선 돕고 분석해서 자국 영화 활력을 높이고 활동 반경으로서 네트워크를 확충해보겠다는 접근이다.

'밖을 향함' 둘째 유형은 〈할리우드와 공생〉이다. 대부분 국가가 기존에 취했던 할리우드와 대적, 경쟁 또는 할리우드로부터 보호 정책 틀을 버리고 나타난 영화 비즈니스 생태계 차원 발상이다. 할리우드 현장 영화 자원을 인위적으로 이탈시키고 가져오는 적대적 정책이 아니다. 때로는 할리우드 영화 제작에 부가가치를 전해주기도 하고 자국이나 자기 지역 특화 요소를 할리우드에 심기도 하는 공존, 공생 모드이기도 하다.

'밖을 향함' 셋째 유형은 〈미래 개척 협업〉이다. 영화 미래를 예측하고 선제적으로 연구개발 등 활동을 통해 미래영화 창조와 개척에 나시는 과업을 영화가 아닌 다른 현장에서 찾는 움직임이다. 이는 미디어 융합(cross media, trans media) 트렌드가 가속화되고 있는 현실 속에서 기술 미디어, 비즈니스 미디어로서 가장 치열한 변동을 경험하고 이른바 오픈 이노베이션 활동이 활발한 현장을 찾아 영화를 떠나 보는 정책 모험이다. 예술 창작 미디어로서 영화가 갖는 한계점을 넘어서 기술 미디어, 커뮤니케이션 미디어, 커뮤니티 미디어와 새로운 콘텐츠, 플랫폼이 지배하기 시작한 미디어 전체 지형도에서 불가피한 정책 방향이기도 하다.

유형별 정책생성 특징과 국가별 사례

1) '밖을 향함' 제1유형 : 이타적 세계경영

한 국가나 지역 영화정책이 경내를 넘어 외부 플레이어에 눈을 돌리기는 쉽지 않다. 특히 자국 영화산업 플레이어(창작자, 사업자, 투자자 등)들을 건너뛰어 독일 정부 표현대로 밖을 향하는 정책을 결정한다는 것은 결코 간단한 일이 아니다. 이러한 대변동에는 영화 소비자들 요구와 성향에 대한 직시가 있었다. 영화 소비 환경 변화에 따라 소프트 파워에 민감한 소비자 주도 혁신 (User Led Innovation)이 현실화하고 있음을 독일과 프랑스 등 영화정책 담당자들이 정확히 간파해냈다.

영화산업 공급자 관점에서는 당장 정부 보호와 투자가 시급한 이슈이지만 독일이나 프랑스 국내의 선도적 수요자 그룹들은 자유로운 선택과 혁신 체험을 더욱 중시하게 마련이다. 때에 따라서는 수요자가 국산 영화 콘텐츠를 질타하고 외면하면서 곧바로 외국어, 외국 문화콘텐츠를 즉각 선호하기도 한다. 이러한 소비자 이용할 능력 극대화에 새롭게 초점을 두겠다는 것이 바로 이타적 세계경영 요체다.

우선 소비자가 원하는 대로 바깥에 있는 외국 영화를 먼저 끌어들이는 정책의 창조적 파괴를 감행하게 되었다. 여기에는 프리미엄(freemium : 새로운 미디어, 플랫폼을 통해 무료 콘텐츠를 자유롭게 접할 수 있도록 하는 소비자 이용 중심 비즈니스 모델. 동영상 포털 구글을 통한 영화 예고편 제공 등이 이에 해당)에 능숙한 스마트 미디어 공략이 크게 작용하고 있다고 분석한다.[47]

〈그림 131〉 독일 영화정책 이타적 세계경영 지원 사례 : 영국영화 〈킹스 스피치〉

* 자료 : 독일 FFA 홈페이지(2013)

극장 영화 한 편 소비로 성패가 좌우되었던 기존 비즈니스 모델은 물러가고 있다. 예고편이나, 기사, 평점, 메이킹 필름 등 한 편 영화를 둘러싼 수많은 파생 부대 콘텐츠를 매력적이고도 가격 부담 없는 서비스로 제공하는 물량 공세가 철저하게 소비자 글로벌 소비에 맞춘 새로운 정책 개발로 이어졌다. 정책 당국도 자국 영화산업 경쟁력을 다시 인식하기에 이르렀다. 자기 산업 덩치를 키우자는 기존 경쟁력 개념을 넘어서 국가 / 사회 총체적 개혁역량(경쟁력 개혁, 규제 개혁, 인적 자본 개혁)과 콘텐츠 소프트 파워(문화 가치)로 파악하는 〈영향력 : Global Influence)〉을 더욱 중시하게 되었다. 더 많이 외부와 연결하고 글로벌 네트워크에 투자해서라도 자국민들 소비 역량을 높이는 것이 경쟁력보다 더 중요한 영화산업 영

47) Chris Anderson., Free : the future of a radical price. 1st ed. Hyperion; June 24, 2009

향력이라는 가치라고 본다는 얘기다. 이 부분은 일찍이 문화경제학자 보몰이 말한 "Change the Rules Will Lead to a Change in Culture." (Baumol, Culture and Economic Performance, 1999)가 현실화하고 있음을 역설해준다.

스마트 미디어, 스마트 플랫폼이 콘텐츠 소비 패턴을 대대적으로 바꿔나가는 상황에서 영화를 포함한 문화산업 성격 자체가 생산자, 유통자 등 공급 부문 중심 논리에서 벗어나고 있다. 이용자 역량과 참여가 중심이 되는 이른바 참여 문화가 바탕이 되는 글로벌 신문화산업(Global Culture Industry with Participatory Culture)으로 크게 변화하고 있음을 뜻하는 대목이다.

실제로 이용자 개인이 디지털 활동 공간 경험과 탐사 성과를 축적하게 되면서 영화를 비롯한 모든 미디어, 콘텐츠 기업들 서비스 품질(QOS) 향상이 대대적으로 이루어지고 있다. 관련하여 "날로 확충되고 견고해지는 디지털 / 모바일 환경이 콘텐츠 생성자(content generating user)가 주도하는 소셜 네트워크 마켓으로 변모를 촉진하면서 새로운 디지털 스페이스 수급 균형(equilibrium) 맞추기와 최적화 노력이 가속화되고 있다(포츠 등 (Potts et al), 2008)"는 진단이 나오기도 했다. 일상적인 소셜 네트워크 사용(day to day usage of social networks)이 전통적 영화콘텐츠 생산양식과 소비행태를 파괴하기 시작했다는 분석이다.

피터 잭슨 감독 차기작 〈호빗〉 경우는 라스베이거스 중간 시연(2012.4)을 통해 비포 마켓(before market) 리서치를 병행했다. 이후 쏟아지는 소비자 의견을 반영해 집단지성(collective intelligence) 집단창작 형태로 제작을 마무리했다. 한 편 영화 제작 과정에 이미 초국적 글로벌 개입이 이루어진 셈이다. 제작뿐만 아니라 유통도 자유로운 세계경영, 세계서비스에 돌입했다.

디지털 신유통 경로가 약소 콘텐츠 대박 기회를 제공하는 사례도 속속 알려졌다. 디지털 신유통을 개척한 중소 제작사 Cross Creek Pictures 영화 〈블랙스완〉 성공사례가 건강한 생태계와 니치 마켓 가능성 보여주었다. 극장 박스 오피스 수입을 상회하는 VOD 서비스 성취들은 특정 국가와 지역에 한정되지 않는 자유로운 초월적 유통을 실현하고 있다. 이에 대해 라쉬와 루리는 "현재 자본주의는 공급자 생산보다는 소비자가 참여하는 공동생산 형태 소비(co-productive consumption)에 더 의존하게 되는 이른바 가상 축적(virtual accumulation) 과정"이라고 말한다.[48]

48) Lash and Lury, Global Culture Industry, 2007

이처럼 네트워크화된 신종 가상자본축적(networked virtual capital accumulation)은 기존 유형의 자본 질서와는 다른 새로운 게임의 법칙을 제공(digital gadgets of information (or content) capitalism…) 하게 되었다. 더는 극장과 같은 물리적 공간을 중심으로 한 영화 소비가 주력이 될 수 없는 대변동이 감지되었다는 뜻이다.

이에 따라 각국 정부들도 영화 수출, 메이저 스튜디오 / 로케이션 유치를 단기 타당성으로 추진하는 것이 아니라 글로벌 영향력이라는 소프트 파워 강화를 추구하는 〈신문화산업〉 차원 전략 실천을 표방하기 시작했다. 예컨대 자국 영화 지원으로 당장 결과를 보는 단기업적주의를 지양하고 해외로 눈을 돌려 세계 어디서든지 자국 소비자 이용 능력을 키울 수 있는 요소가 있다는 정책 네트워크로 연결하는 장기투자 개념을 적극적으로 도입하게 되었다.

중국, 인도, 캐나다, 뉴질랜드 등도 기존에 매달려 왔던 정량적 경쟁력 중시 〈구문화산업〉 틀을 벗어나 자국 영화소비, 이용자가 사는 텃밭 자체 '땅심'을 강화하는 방향으로 옮겨오고 있다. 이런 변동 패턴이 바로 세계 영화정책 메가트렌드 새 키워드 '밖을 향함' 제1 유형, 이타적 세계경영이다.

(1) 독일

독일 모델은 '밖을 향함'이라는 새 정책 기조를 가장 먼저 정착시켰다. 독일 모델은 그저 독일영화가 아닌 독일 영화산업 글로벌화 중흥기를 개막했다. 2008년 독일영화 자국 시장 점유율은 26.6%로 1991년 이후 최고치를 기록했다. 1백만 명 이상의 관객을 동원한 독일영화가 모두 11편으로, 이는 독일이 통일을 이룬 1990년 이후 가장 많은 편수다. 독일은 영화산업의 경제적인 기반 조건을 향상함으로써 국제적인 경쟁력을 확보하겠다는 전략을 설정했다. 또한 독일을 중요한 영화 제작의 요충지로 만들고자 하는 목적을 띠고 2007년 1월 독일영화 진흥기금(DFFF)을 출범시켰다. DFFF가 2008년 집행한 기금은 약 6천만 유로다. DFFF는 특히 미국과의 공동제작 영화에 많은 금액을 투자했다.

2007년에는 〈인터내셔널〉과 〈스피드 레이서〉에 각각 5백80만 유로와 9백만 유로를 투자했다. DFFF뿐 아니라 독일에서 가장 유서 깊은 스튜디오인 바벨스베르크 스튜디오(Studio Babelsberg AG,1911년 건립)는 바벨스베르크 혹은 독일을 부분 혹은 전체적으로 영화 촬영 장소로 해야 한다는 조건을 내걸었다. 이후 〈스피드 레이서〉, 〈인터내셔널〉, 〈더 리더 : 책 읽어주는 남자〉 등을 공동제작하고 독일에서 제출한 제작비 중 16~18%를 환급해 주었다.

〈그림 132〉 독일 영화 정책 성공작 〈더 리더 - 책 읽어주는 남자〉

자료 : 네이버 (www.naver.com)

2009년에도 공동제작이 이어져서 로만 폴란스키 감독의 〈영혼(The Ghost)〉에 독일 영화진흥기금이 600만 달러 투입되었고, 쿠엔틴 타란티노 감독의 〈거친 녀석들〉에는 1천100만 달러가 투입 이 작품은 칸 영화제 경쟁에 출품되었다. 톰 크루즈가 출연하고 브라이언 싱어가 감독한 영화 〈발키리(Valkyrie)〉도 740만 달러를 독일 영화진흥기금에서 투자받았고, 촬영도 바벨스베르크 스튜디오에서 했다.

이런 독일에 대해서 덴마크 프로듀서 피터 젠슨(Peter. A. Jensen)은 "바보가 아니라면, 독일이 가장 국제 공동제작에 좋은 파트너라는 데에는 의심의 여지가 없다."라고 단언하기도 했다. 독일이 주도한 이러한 소프트머니 혹은 지원 제도는 세계 경제 불황기를 맞아 이전보다 좀 더 정교하게 안정적인 운용을 모색하는 방향으로 변화해나가고 있다.

한때 영국과 미국이 합작한 영화 〈킹스 스피치, 2010〉에 대한 지원 이후에는 기금 삭감 조치도 있었다. 독일 바벨스베르크 스튜디오는 물론 다른 독일의 스튜디오들도 외국 작품들을 유치하는 데 2010년 이후 지난 3년간 만족할 만한 성과를 거두지 못했다는 비판도 나왔다. 독일을 능가하는 최고 수준의 후원금과 조세 조치 감면 정책이 캐나다, 헝가리, 영국과 같은 나라에서 도입되면서 외국 영화를 지원하고 유치하는 〈아웃사이드 인 : Outside in〉 활동에도 경쟁이 격화되기 시작했다. 전체 제작비의 40%까지도 후원해 주는 사례까지 알려졌다.

이 때문에 독일 영화진흥기금 펀드 변경을 요구하는 움직임도 있었지만, 기금 측은 "국제적인 영화 작품을 유치하는 것이 독일 전체의 영화 산업을 위해서도 매우 중요하다. 이는 독일을 위한 것"이라고 한결같이 응답해오고 있다.[49]

베를린-브란덴부르크지역만 해도 1만8천 개 기업에서 17만 명 인력이 영화 콘텐츠 분야에 종사하고 연 매출 약 2백억 유로를 책임지고 있어 더욱 강력한 산업 동력이 필요하다는 분석도 내놓았다.

(2) 프랑스

세금 인센티브제 대명사 격인 프랑스 TRIP(Tax Rebate for International Production)이 뉴욕의 얼굴 우디 앨런 감독을 파리로 불러들였다. 지원을 받은 우디 앨런의 〈미드나이트 인 파이, Midnight in Paris〉은 제64회 칸 영화제에서 선을 보였고 당시 슈퍼모델 출신 프랑스 영부인 카를라 브루니 사르코지가 까메오로 출연하기도 해 큰 화제를 모았다.

〈그림 133〉 우디 알렌과 프랑스 지원 영화 〈미드나이트 인 파리〉 포스터

자료 : AP Photo/Thibault Camus AP (Woody Allen, on set of Midnight In Paris starring Owen Wilson and Carla Bruni-Sarkozy, is set to shoot his next movie in Rome)

49) Financial Times Deutschland, 2012. 10. 10. 영화진흥위원회 영화정책센터 http://www.kobiz.or.kr/jsp/news/corrReports.jsp?seq=1234&mode=VIEW&pageIndex=4&searchType=ALL&pageRowSize=5&boardType=news&blbdComCd=601003&excelYn=N

자신의 영화를 대부분 뉴욕에서 만들어 왔던 우디 앨런의 유럽 외도는 미국 영화는 물론 미디어 전체에 상당한 충격을 던져 주기도 했다. 정책적 인센티브가 거의 없이도 영화산업 중심지로 군림해온 미국 할리우드와 뉴욕 등지에서 역사적 문화재급 인력과 노하우가 이탈하는 본격적인 신호가 나타났다는 분석도 나왔다.

우디 앨런의 유럽 오디세이는 로마로 이어졌다. 로마에서 촬영할 〈라 리퍼블리카〉 시나리오 작업중인 우디 앨런은 "나는 판타스틱한 대도시를 선호해왔다. 영화 〈맨해튼〉을 뉴욕에서 찍었고 〈매치 포인트〉를 런던에서, 〈비키 크리스티나〉를 바르셀로나에서 만들었다"고 말했다.[50]

이 같은 미국 감독의 유럽 가출을 견인한 한 축에는 바로 프랑스 영화정책 〈TRIP〉과 같은 전격적인 후원이 있다. 이 〈TRIP〉은 2008년 프랑스 의회를 통과해 2009년부터 시행된 제도다. 일본 망가를 소재로 한 일본 감독 영화에도 지원이 이루어지기도 했다. 지금까지 로완 아트킨슨(Rowan Atkinson), 클린트 이스트우드(Clint Eastwood), 우디 앨런(Woody Allen), 마틴 스콜세지(Martin Scorsese), 왕가위(Wong Kar-wai), 가이 리치(Guy Ritchie), 재키 찬(Jackie Chan), 크리스토퍼 놀란(Chris Nolan) 등이 혜택을 받았다.

(3) 중국

중국의 부상을 표현한 차이나 우드(China와 Hollywood 합성어) 실체는 중국 정부가 총지휘하는 국가전략산업으로서 문화산업 정책과 막강한 자금동원력이 연출한 합작품이다. 중국 영화산업이 괄목할만하게 성장하고 미국 할리우드 본토로 진입하자 미국 언론들은 2012년에 들어서면서 대대적으로 차이나 우드로 호명하기 시작했다. 중국 영화산업 글로벌화가 일정 궤도에 올랐다는 방증이기도 하다.

이 같은 특성을 이해하기 위해서는 중국 영화산업이 역사적 자존심 복원이라는 소임을 지닌 특수영역임을 직시해야 한다. 중국 영화산업이 계획경제 시기의 '사업' 중심에서 '산업' 중심으로 재편되면서, 얼핏 보면 사회적 가치보다 경제적 가치를 우위에 두는 것으로 보인다는 지적도 있어 왔다. 그러나 중국 정부는 단호하게 사회적 가치 우위의 경제적 가치를 강조하고 있다. 장쩌민(江澤民) 전 주석은 문화산업에 있어서 사회적 가치 우위를 견지하

---

50) Woody Allen to shoot next film in south of France, AFP, 2013.1.5.

면서 사회적 가치와 경제적 가치를 통일적으로 실현할 것을 강조한 바 있다. 그러면서 그는 사회적 가치와 경제적 가치가 대립하는 경우 경제적 가치가 반드시 사회적 가치에 복속되어야 한다고 정리했다. 이는 영화산업 역시 반드시 사회적 가치를 우선하여 사회적 가치와 경제적 가치의 통일원칙을 견지하여야 한다는 것을 의미한다.

2011년 한 해 동안 중국 내에서는 장편영화 5백58편, 애니메이션 24편, 다큐멘터리 26편, 과학 교육 영화 76편, 특수영화 5편이 제작되었다. 영화 채널(CCTV 6)이 제작하여 방영한 디지털 영화는 1백2편이었으며, 이로써 중국 내에서 2011년 한 해 제작한 영화는 모두 791편으로 집계되었다. 전국 영화 흥행수입은 131억1천5백억 위안(한화 2조 3천 6백억 원)에 달했으며 2010년과 비교해 봤을 때 28.93%의 성장률을 보였다. 중국 영화 박스오피스 수입이 처음으로 20억 달러를 넘어선 수치다. 그 가운데 중국 자국 영화의 흥행수입은 70.31억 위안으로 전체 흥행수입의 53.61%를 차지하였다.

2011년 중국 전역에 새로 문을 연 영화관은 8백3곳이다. 이러한 폭발적인 증가세에 맞춰 중국 정부의 문화산업에 대한 투자 활성화 정책도 본격화하기 시작했다. 해외 시장으로 자본을 유입하는 형태의 차이나 우드 글로벌화 전략이 가동되기 시작했다. 그 첫째는 영화투자를 목적으로 하는 사모펀드(Private Equity Fund)와 기업상장이다. 특히, 기업상장의 경우 2009년 7월 '청티엔위러(橙天娛樂)'가 상장회사인 홍콩영화사 '지아허(嘉禾)'를 인수함으로써 홍콩증시에서의 우회상장에 성공한 것이 분기점이 되었다. 동년 10월에 '화처영상(華誼兄弟傳媒股份有限公司)'이 주식시장에 성공적으로 상장한 이래, 2010년에는 '보나(博納國際影業集團)'와 '화처영상(華策影視)'이 각각 미국 나스닥과 중국 주식시장에 상장되었다. 이와 함께 중국 최대 국유영화회사인 '중국영화그룹(中國電影集團)'도 상장을 추진하였다.

이와 같은 중국 정부 주도의 문화산업 투자와 글로벌화는 단기적으로 볼 때 일단 할리우드 영화산업 따라잡기에 맞춰져 있다. 중국의 영화정책이 검열과 보호주의 고수 등으로 다소 보수적인 방향을 추구하고 있기는 하지만, 그 속에서 중국의 글로벌 전략은 분명히 드러난다. 중국 영화산업 전체의 목표는 문화적 수준을 높이는 것이지만, 영화산업의 목표는 할리우드 영화산업의 규모와 수준을 따라잡는 것이다.

이는 문화학자들이 언급하는 "탈-서구화(De-Westernizing)"와는 사뭇 다른 양상을 보여준다. 문화저 코드들이 비록 서구화와 다르게 보일 수는 있지만, 글로벌 경제 하에서 한국과 중국의 블록버스터들이 추구하는 궁극적인 목적은 자본의 극대화를 위한 보편주의이다. 특히 중국의 블록버스터는 경제적 규모 면에서뿐만 아니라, 질적인 수준까지 높이고자 하였다.

이러한 맥락에서 나온 미국 대표적인 극장사업체 AMC 인수 건이다. 미국 AMC는 350개 극장, 5천 50개 스크린을 보유했던 대표적인 상영관 체인이다. 1위는 리갈 그룹으로 522개 극장 6,580 스크린을 보유했었다. 미국의 경우 2011년에 12억8천6백만 관객을 기록해 전년 대비 3% 하락한 추세이긴 하지만 여전히 티켓 매출은 102억 달러 수준으로 중국 시장 5배 규모(New York Times. 2012.5.25)인 점을 생각하면 AMC는 그야말로 미국 영화산업의 엠파이어 스테이트 빌딩이라고 할 수 있다.

〈그림 134〉 차이나 우드 기폭제 된 완다 그룹 AMC 인수 관련 이미지

자료 : 구글 (www.google.com) 등

이 회사의 기존 주주인 JP Morgan, 아폴로, 베인 케피털 투자 등은 최근 IPO 문제와 자금 문제 등으로 매각을 결정한 것으로 알려졌다. 인수자인 왕 장린 완다 그룹 회장은 AMC를 26억 달러에 매입하고 다음 목표는 유럽이라고 뉴욕타임스와 인터뷰에서 밝힌 바 있다. 이는 민간 기업 차원이지만 기본적으로 중국 정부 국가전략 일환. 중국은 소프트 파워에서 글로벌 영향력 추구하고 이를 발판으로 경쟁력을 굳힌다는 방향을 세우고 있음(content influence internationality)을 의미한다.

완다 그룹과 같은 차이나 우드 핵심 세력들은 중국 영화시장 미래에 대해서도 낙관적이다. 중국 영화시장 규모는 1백70억 달러 규모지만 2015년 1천3백억 달러까지 성장하는 것으로 전망하였다. 박스 오피스 매출을 보면 중국은 2011년에 30% 증가한 21억 달러 수준에

도달했고 2012년에는 일본을 추월한 것으로 추정된다. 또한 2017년까지 2만5천 개 극장 스크린도 예상해 장차 중국 내수시장을 본거지로 한 내재화된 글로벌화 전략도 실행할 것으로 내다보인다. 이에 더해 중국 자본이 아예 할리우드 메이저 스튜디오를 매입하는 것도 배제하지 않는 것이 세계 영화계 분위기이기도 하다. AMC를 인수한 완다 그룹은 자회사 완다 시네마 라인 코퍼레이션을 갖고 86개 극장 730개 스크린 보유하고 있다. 다이렌시 소재인 이 모그룹은 부동산 그룹으로서 백화점, 호텔 사업을 영위해왔다.

AMC 인수 건에 동원된 자금 출처는 민간 기업인 완다 그룹이 아닌 이면의 중국 정부라는 분석이 지배적이다. 2011년 12월 공포된 중국 영화산업 촉진법 제 32조, 제 33조를 보면 영화제작업의 진입장벽을 낮춘다는 내용이 나와 있다.[51] 구체적으로 영화 제작등 업무에 종사하는 기업의 시장진입 문턱을 낮춘다는 이 정책 기조는 더욱 적극적인 '밖을 향함'으로 가는 변화라고 풀이할 수 있다. 완다 그룹은 민영회사이지만 중국 정부가 2012년 6월 고유한 영화 배급시스템인 원선제를 10년 만에 개혁했을 때 최대 혜택을 받기도 해 문화산업 부문 국가전략 첨병이라고 부를 수 있을 정도 위상을 갖추고 있다.

2) '밖을 향함' 제2유형 : 할리우드와 공생

두 번째 유형은 할리우드와 적대적 관계를 해소하고자 하는 변동이다. 할리우드를 에워싼 주변 이웃들이 완전 개방에 가깝게 단일화된 세계 영화시장 안에서 직접적인 대결 전선을 둘러치게끔 만든 시장과 경쟁 관계에 대한 신념이 낡은 가치관으로 격하되었기 때문이다. 할리우드와 같은 거대 포식자가 서식하고 나머지 개체군들은 약육강식 원리에 따라 퇴출당하기 일쑤라고 보는 견해였다. 조무한 경쟁 구도로서 호전적인 시장 안에서는 영화정책도 격돌과 보호, 점유와 쟁탈로 나갈 수밖에 없었다. 그러다 시장 개념 자체가 공존, 공생이 절실한 생태계 개념으로 옮아오면서 영화정책 성격도 부드러운 호혜로 급선회하게 되었다.

경쟁 관계가 강조되는 사각의 링 이미지를 탈피해 새롭게 부각한 비즈니스 생태계 디지털 비즈니스 생태계 (Digital Business Eco-System) 논의가 활발해졌다. 따뜻한 인간의 얼굴을 한 자본주의를 추구하는 공동체 개념이다. 탐욕을 벗고 사회적 기업 등을 장려하는 자본주의 4.0과, 대기업 그룹의 경제력 집중을 제어하고 협력업체나 영세상인과도 좋은 관계

51) 도성희 ,「중국 영화산업의 정책방향과 한국의 대응책 고찰」, 영화진흥위원회, 2012

를 유지하고 함께 크는 동반성장 등 우호적이고 보완적 관계를 강조하는 개념이다.

영화산업이 시장에서 생태계로 변화가 가시화된 것은 2012년 2월 중국 국가지도자 시진핑 부주석(당시) 미국 방문 때였다. 〈라이언 일병 구하기〉를 매우 좋아한다는 당시 시진핑 부주석 미국 방문에 때맞춰 중국 내 미국 영화 수익배분율을 종전 20%대에서 40%대로 인상케 하는 할리우드 숙원 사항이 이루어졌다.

미국 영화계는 드림웍스 상하이 제작 스튜디오 설립 등 약속으로 이에 화답했다. 이어 차이나 우드 바람을 일으킨 중국 완다 그룹 왕 지란회장은 AMC 인수를 중국 영화 미국 진출 파이프라인으로 삼을 것이라고 말하고 유럽이 다음 진출 지역이라고 공언하였고 할리우드 메이저 스튜디오 매입 가능성도 배제하지 않았다.

미국과 중국이 영화시장에서 적대적 경쟁 관계로 부딪치지 않고 서로 기술 이전, 자본 이전을 허락하고 핵심 자산까지도 교류할 의향을 보였다는 것은 전쟁 같은 경쟁을 피하고 공생하는 생태계 관계를 원했기 때문이다. 특히 할리우드는 부족한 자금력, 소재, 아이디어 파워 등을 중국 자산으로부터 충당하기에 더는 주저할 필요가 없었다.

세계 최고 쇼비즈니스, 갬블링 비즈니스 자리에 군림해온 라스베이거스가 그랬듯이 할리우드도 중국 자본과 결합을 강력히 원하고 있었다. 중국은 중국대로 할리우드 핵심역량인 콘텐츠 제작 부문과 상호 협업하고 보완할 수 있는 극장 체인, 특수 효과 기술 등 부문에 관심을 집중하고 있어 일단 펼쳐지는 국면은 미국과 중국 영화산업 또는 정책의 우아한 결혼 시나리오(marriage scenario)가 진행되고 있다고 분석한다.

실제로 2012년 5월 중국 완다 그룹이 극장사업체 AMC(미국내 2위)를 26억 달러에 인수하면서 미국 내 AMC 극장 인프라 업그레이드에 IMAX(캐나다업체)를 가세시킬 것이라는 구상을 밝혔다. 낡은 할리우드 자산 하나를 좀 더 윤기 나게 고치고 다듬어 우선 할리우드 영화 성장세를 끌어올리고 이후 중국 문화 부흥 첨병인 중국 영화 세계 진출도 꾀하겠다는 포석이다.

인도 발리우드도 팽창을 거듭하면서 할리우드와 공존을 모색하고 있다. 이를테면 인도 영화들은 전 세계에 흩어져 있는 인도 교민 사회를 일컫는 인디안 디아스포라(Diaspora)를 거쳐 동남아, 미주지역 공략을 가속화하고 있다. 할리우드와 직접적으로 겹치는 장르나 고객층을 겨냥하는 것이 아니라 인도 문화 전통을 유지하고 있는 글로벌 틈새시장에 초점을 맞춘 전략이다. 따라서 인도 영화정책 팽창주의는 문화적 다양성, 영화 미디어 다원주의, 다핵 거점, 다극화를 촉진할 뿐 할리우드 영화와 불필요한 충돌은 없다고 볼 수 있다.

한편 할리우드가 공존 공생 흐름에 적극적으로 부합하는 정책적 움직임도 활발해지고 있다. 제임스 카메론 감독 작업으로 유명한 컴퓨터그래픽 전문업체 디지털 도메인이 아부다비에 제작 시설을 건설하고 있다. 〈트랜스포머〉, 〈토어〉 등 작업을 마친 이 회사는 150,000 sq feet 규모 프로덕션 스튜디오를 2015년까지 아부다비에 짓기로 했다. 파트너는 아부다비 정부 산하 미디어 & 엔터테인먼트 컴퓨터 TWO FOUR 라는 회사로 아부다비 소속국인 아랍에미레이트연합(UAE) 영화정책이 적극적으로 개입했다.

아부다비는 이 스튜디오에서 영어와 아라비아 언어를 사용하는 애니메이션 무비를 제작, 중동 소비자를 타켓으로 하고 향후 3-D 부문 거점으로 활용하는 계획을 밝혔다. 이에 더해 현재 디지털 도메인이 운용 중인 미국 플로리다 웨스트 팜 비치의 미디어 스쿨과 유사한 개념인 교육기관 설립도 추진하고 있다. 아부다비 스튜디오에는 제작인력 500명이 들어오게 되고 5천만 달러가 투입된 것으로 알려졌다. 비용 일부는 아부다비 정부 보조이며 앞으로 중동지역 엔터테인먼트 허브를 지향하는 거점이 될 전망이다. 이미 게임 퍼블리셔 유비소프트와 팍스 인터내셔널 채널, 카툰 네트워크 오피스가 아부다비에 들어와 있다. 아부다비 정부는 이들 콘텐츠 회사에 30% 리베이트를 제공해 퀄리파이드 프로덕션 코스트 관리가 가능하게 지원해주고 있다.

디지털 도메인은 1993년 카메론 감독이 창업. 현재 플로리다 런던 밴쿠버 캐나다 몸바이에 사무실 운영하고 있다. 베이징에는 생산 시설 운용을 개시한 바 있다. 현지 Galloping Horse Film Co과 함께 3D 프로덕션 스튜디오 차이나를 추진하고 있기도 했다. 디지털 도메인 대표 존 텍스투(John Textor)는 해리슨 포드 주연 SF 영화와 애니메이션 〈The Legend of Tembo〉 제작에 돌입했다. 이 회사는 2011년에는 3억9천1백만달러 적자를 기록하기도 했다.

그 당시 돌파구로서 플로리다 국립대와 산학협력으로 인력을 충원했었다. 할리우드 전문업체의 이 같은 글로벌 확장은 중국 정부, 아부다비 (UAE) 정부가 구상하는 영화정책과 맞아떨어져 다각적인 전략적 제휴를 성사시키고 있다. 할리우드 외연을 확장하고 할리우드와 공생하는 국가 간 공동브랜드(Co Brand) 정책 기조이기도 하다. 이런 정책변동이 바로 세계 영화정책 메가 트렌드 새 키워드 제2유형인 할리우드와 공생이다.

(1) 미국 루이지애나 주, 플로리다 주

허리케인으로 상처를 입었던 루이지애나주는 제작비 30%까지 되돌려주는 인센티브제로

2011년 92개 영화를 제작유치(6억8천만 달러 투입)해 11억 달러(1조2천억여 원) 경제적 효과를 얻었다. 캘리포니아주는 2011년 28개 영화를 인센티브제로 끌어와 2천9백 명 캐스트, 2천8백 명 크류 인력을 새로 고용했다. 이들 주 정부들은 영화를 유치하면 음악, 공연, 컴퓨팅, 관광으로 확산시켜 더 큰 효과를 만들어냈다.

미국 영화계 한 경영자는 "어떤 주는 비즈니스를 적대시하고 있다"고 꼬집으며 더 나은 여건을 만들어주는 새 지역으로 옮겨야 한다고 주장하기도 했다.[52]

〈그림 135〉 미국 전역 주 단위 영화 지원 사업 내역 맵

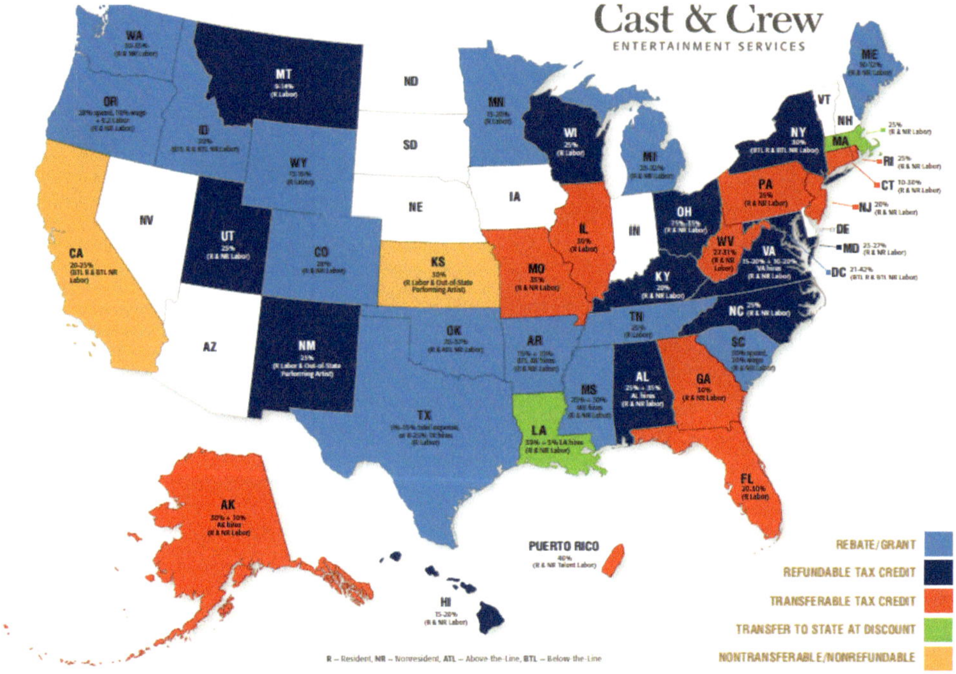

자료 : Cast & Crew 〈Entertainment Services, 2012〉

이런 민감한 반응 탓인지 2002년에는 전 미국 6개 주에 불과했던 영화 인센티브제도가 10년만인 2012년에는 40개로 늘어났다. 캘리포니아주 경우 영화산업 이탈 현상을 지켜보고 있다. 나름대로 노력하고는 있지만 2011년에 322개 지원작중 28개 영화에만 지원금이 돌아갔다. 대표적으로는 ABC 패밀리 채널 〈Bunhead〉가 710만 달러, MTV 〈Teen Wolf〉가 1천4

52) The Hollywood Reporter, 2012, 2, http://www.hollywoodreporter.com/

만 달러를 획득했다. 이런 영향으로 조지아주 계획했던 일부 영화가 캘리포니아로 돌아오기도 해 전방위적인 영화 제작 유치 쟁탈전이 불붙게 되었다.

가장 활발한 지역은 단연 루이지애나주다. 스필버그가 제작한 영화 〈Abraham Lincoln : Vampire Hunter〉에 6천2백만 달러를 들여 루이지애나에서 촬영토록 했는데 이 가운데 31%인 1천9백만 달러를 택스 크레딧(tax credit) 명목으로 돌려주는 파격적인 지원을 단행했다.

루이지애나는 이렇게 과감한 인센티브제(T.I.P. : The Incentive Program)을 내세워 퀸턴 타란티노 감독 영화 〈Django Unchained〉와 〈Perry James : Sea of Monsters〉 등 우수한 화제작들을 대거 유치했다. 오래전부터 영화와 공연, 재즈 음악에 대한 사랑과 지원을 위해 노력했던 이 지역의 정성이 통했다고 할 수 있다.

이 밖에도 플로리다주도 오는 2016년까지 4천2백만 달러를 추가해 영화 인센티브제 재원을 키우겠다고 밝혔고 샌프란시스코시, 뉴욕시, 캔자스주 등이 5~35% 정도 제작비를 보전해주는 택스 크레딧, 리베이트 등 방식 지원 프로그램을 운영하였다.

3) 규제 대책

콘텐츠 투자, 진퇴의 비탈에 서다[53]

역풍을 맞은 분산 조각 투자

평범한 한 사람, 필부필부(匹夫匹婦)의 저작권 개인 소수 지분. 어느 갑남을녀(甲男乙女)의 강남 빌딩 한 조각. 보통 선남선녀(善男善女), 장삼이사(張三李四)의 K 콘텐츠 한 몫.

어느덧 돌풍을 지나 주류로까지 올라선 플랫폼 기반 콘텐츠 투자 방식을 말한다. 한국에서는 2001년 영화 〈친구〉 제작 전후로 확산하기 시작한 인터넷 크라우드 펀딩이 20년 만에 음악 저작권 거래 플랫폼 기업이라는 신생 수익 모델로까지 치고 올라왔다. 세계 최초 저

53) 심상민(2022), 콘텐츠 투자, 진퇴의 비탈에 서다콘텐츠의 분산 조각 투자. 괜찮은 대박 투자VS 휴지조각이 될 순간의 열풍! 여러분의 생각은 어떠신가요?, 만화규장각 칼럼, 2022.7.11., https://www.kmas.or.kr/webzine/column/2022070012

작권 거래 플랫폼을 표방하는 〈뮤직 카우〉는 확장을 거듭해 이젠 누구나 알고 많은 이들이 참여를 저울질하기도 하는 유명 벤처가 되었다. 투자자들은 저작권을 구매한 후에는 보유한 지분만큼 매월 저작권료를 받거나 주식과 유사하게 '주' 단위로 거래도 가능해 매매를 통한 시세차익도 얻을 수 있다. 지난 4월 말 기준 뮤직카우의 누적 회원 수는 약 110만 명, 누적 거래 금액은 3715억원에 달한다. 아이유, 트와이스 등 최신 K팝 가수들은 물론 이선희, 김현식 등 중장년 세대 가수들까지 약 1200곡이 거래 중이다.[54]

콘텐츠 투자 중개 플랫폼으로서 K 콘텐츠 투자라는 과감한 기치를 내건 〈펀더풀〉도 MZ세대를 개별 공략하며 유명세를 얻고 있다. 지난 5월에는 영화 〈범죄도시 2〉 개봉 직전 투자 게임 판을 열어 화제를 모았다. 이 영화가 천만 관객을 돌파한 시점부터는 차기작 〈범죄도시 3〉 제작비 모집을 선도하는 발 빠른 이벤트를 시작해 기존 금융시장의 고루했던 투자 방식과 차별화하고 있다. 인터넷 모바일을 통한 소셜 인베스팅(social investing)이라고도 부르는 이들 신종 투자 방식은 콘텐츠 프로젝트를 넘어 전 업종 영역으로 빠르게 확산되고 있는 중이다. SNS와 기존 증권사의 MTS(Mobile Trading System)를 결합한 소셜 주식 투자 플랫폼으로 선보인 커피하우스가 대표적인 예다. 주식 정보 공유와 매매를 한 자리에서 할 수 있게 하면서 여러 사이트나 앱을 이용해야 하는 번거로움을 줄인 것이 특징이다.

〈그림 136〉 영화 〈범죄도시 2〉 포스터

영화 〈범죄도시2〉 포스터, 이상용
(출처_네이버영화)

커피하우스는 현재 신한금융투자의 비대면 계좌 개설과 주식거래 서비스가 연동되어 있으며 SK증권과는 오픈 API(application programming interface)를 통한 주식 서비스를 연동 중이라고 한다.[55]

부동산은 물론 명품 시계, 그림 투자에서도 같은

54) 한경닷컴, "뮤직카우, 주식보다 안전…증권 규정은 위기 아닌 기회", 2022.6.5., https://www.hankyung.com/finance/article/2022060316966.

55) 글로벌 경제신문, "'잡한 투자 NO' …MZ세대 투자 트렌드, 쉽고 빠른 '플랫폼'이 이끈다", 2022.5.18., https://www.getnews.co.kr/news/articleView.html?idxno=584801

오픈 시스템 방식이 도입되었다. '조각 투자' 방식을 통해 자본금이 넉넉하지 않은 MZ세대 등 개인 투자자도 부동산에 투자할 수 있도록 허들을 낮춘 〈카사〉가 등장했다. 이 회사는 "2020년 카사가 1호 상품으로 출시한 서울 역삼 런던빌의 공모에선 참여자 1만5000여 명 중 65%가 20~30세대"라고 설명했다. 카사는 건물을 직접 소유하는 것은 아니지만, 상업용 부동산에 투자해 권리를 주식과 유사한 형태로 거래, 매매가 가능하다. 현재 투자자들의 예치금은 하나은행 특정금전신탁을 통해 관리되고 있으며 투자자는 임대 배당 수익을 비롯해 유동화 수익증권(DABS) 시세차익, 건물 매각차익 등 총 3가지 이익을 얻을 수 있다.[56]

이랬던 분산 조각 신규 투자가 제도화라는 거센 역풍을 맞게 되었다. 2022년 4월 28일 금융위원회는 '조각 투자 등 신종증권사업 관련 가이드 라인'을 발표했다. 핵심은 증권성이 인정되는 조각 투자 상품을 발행 · 유통하려는 사업자는 자본시장법과 관련 법령 준수에 있다. 자본시장법상 증권에 해당하면 증권신고서 제출, 공시, 투자자 보호 등 규제를 준수해야 한다. 금융위는 투자자들에게 기초자산의 소유권을 쪼개서 주는 게 아닌 수익에 대한 청구권 등을 나눠 줄 때는 증권에 해당한다고 판단했다. 자산에 대한 '직접 소유권'을 투자자들이 나눠 가지면 일반적 상거래에 해당해 규제 대상이 아니라는 것이다. 이 경우 조각 투자 플랫폼 사업자들의 사업 성패에 따라 투자자 손익이 영향을 받지 않아야 한다.

증권성이 인정되지 않는 사례로는 부동산 투자가 있다. 반대로 투자 자산에서 발생하는 수익에 대한 청구권 등을 서비스하는 파생 성격 서비스면 증권성이 명백히 인정된다는 게 금융위의 판단이다. 금융위는 가이드 라인 발표에 앞서 음악 저작권료 참여 청구권을 서비스하는 조각 투자 플랫폼 〈뮤직카우〉의 서비스가 자본시장법상 투자계약증권에 해당한다는 결론을 내렸다. 조각 투자 플랫폼을 대상으로 한 첫 번째 증권성 인정 사례다. 〈뮤직카우〉 등 해당 업체들은 이용자 보호, 전문가 배치 등을 통해 쇄신 자구책을 내놓고 있다. 동시에 시장의 혼돈과 투자자의 불안감은 쉽게 잦아들지 않고 있다. 이윽고 '양날의 검'이라는 고 탄식과 볼멘소리도 터져 나오기에 이르렀다.

---

56) 글로벌 경제신문, "'복잡한 투자 NO' … MZ세대 투자 트렌드, 쉽고 빠른 '플랫폼'이 이끈다", 2022.5.18., https://www.getnews.co.kr/news/articleView.html?idxno=584801

C(콘텐츠)- P(플랫폼)- I(투자자) 유통 왜곡 견제와 탈규제가 해법

새로운 기풍의 열띤 투자가 끝내 휴짓조각으로 날아갈지, 투명성과 전문성을 보강한 썩 괜찮은 대박 투자로 반전할지를 가르는 분기점 비탈 끝에 모두 매달린 셈이다.

지금 찬찬히 살펴봐야 할 이슈는 '증권' 개념이다. 콘텐트 투자 플랫폼의 여러 신규 서비스가 자본시장법 규제 대상인 '증권'인지 여부에서부터 초기화해야 한다. 금융위는 음악 저작권료 참여 청구권을 보유한 투자자들의 경우 저작권료 수입, 청구권 가격변동 손익을 공동으로 누리게 되는데 이 서비스가 투자계약증권의 전형적인 특성을 가진 것으로 봤다. 다만 투자자 보호를 위해 6개월 동안 제재 보류 카드를 제시했다. 이에 뮤직카우는 사업 구조 개편안을 금융 당국에 제출하도록 권유받았다.

기본적으로 자본시장법에 따르면 증권은 채무증권, 지분증권, 수익증권, 투자계약증권, 파생결합증권, 예탁증권 등 6개로 구분된다. 금융위는 사입자 없이 투자자가 조각 투자 수익의 배분을 기대하기 어렵거나 사업자의 운영 노력 없이는 투자자 손실이 발생하는 경우는 명백히 증권에 해당한다고 봤다. 또 사업자가 투자자가 갖는 권리에 대한 유통시장을 개설해 운영하는 등 거래 여부, 장소를 결정하는 예도 마찬가지다. 가치 상승, 손실 방지를 위한 사업자의 노력과 경험 등이 홍보 포인트로 제시된 경우도 포함했다.

때문에, 원천 투자 대상인 콘텐츠(저작권 포함)와 플랫폼, 투자자라고 하는 'C-P-I' 3단계 생태계 구조에서 핵심 쟁점이 되는 플랫폼의 유통 기능과 서비스 범위에 대한 명확한 성격 규정이 필요하다. 플랫폼의 성격이 단순 중개 거래 서비스 제공을 벗어나 유통시스템 변형, 대행 운영 업무, 정보 경영 컨설팅 활동 등을 적극적으로 포괄하는 복합 중개 쪽으로 확장할 때 엄정한 규제가 불가피하게 된다. 투자자 피해 방지와 구제, 보호라는 명분만으로도 규제 당국은 민간의 실패를 꼬집어 콘텐츠 투자 플랫폼을 제약할 수 있다는 얘기다.

해서 객관적이고 공정한 규제 적용 기준을 확인하는 것으로 '양날의 검' 불확실성과 애매모호함을 어느 정도 해소할 수 있으리라고 본다. 이 기준은 규제를 합리화하여 들여오는 3가지 실패, 즉 시장의 실패, 시스템의 실패, 역량의 실패라고 하는 실물경제 현장의 조견표이다.

첫째 시장의 실패를 척도로 보면 오히려 국내 콘텐츠 산업에 충분한 자금이 공급되지 못하고 있는 점이 최대 문제이다. 증권 또는 비증권 개인 투자 기회를 늘려 더 많은 자금이 적재적소에 가도록 하는 탈규제가 최우선 요구 사항이라는 지적이다.

둘째 시스템의 실패는 우리 콘텐츠 업종의 해묵은 파이낸스 시스템 구체제 질곡을 보면 된다. 제1금융권 자본 조달과 제2금융권 운영자금 조달이 낙후한 가치평가 시스템으로 인해 오랫동안 외면받아왔다. 유연하고 원활하며 빠른 민간 대체 파이낸스 시스템은 도리어 적극적으로 환영해야 할 시기가 왔다.

세 번째 역량의 실패는 기존 금융권의 관습을 보면 단박에 알 수 있다. 대표적인 사례가 정부 모태 펀드이다. 한국벤처투자가 여전히 제조업과 기술 중심 세계관으로 최첨단 문화 트렌드, 소프트 파워를 잉태하는 콘텐츠 영역을 마구 다루어왔다. 이러한 아마추어리즘을 못 벗어난 정부 당국이라면 콘텐츠 투자계의 젊은 피, 당찬 도전을 가로막을 자격이 없다.

결론적으로 콘텐츠를 포함한 온갖 소프트한 자산에 대한 일반인 조각 분산 투자로 무에서 유를 창조하는 도전을 감행하고 있는 플랫폼 사업체들에 대한 규제는 불필요하다고 본다. 다만 금융위에서도 강조한 이용자 보호, 피해 가능성 차단 차원에서 슬림하고 건강한 감독 시스템 정도는 있어야 할 터이다. 이를테면 콘텐츠 플랫폼 투자라는 경기장에서 시시비비를 가리는 VAR(Video Assistant Referees)과 같은 장치만으로도 족하다. 콘텐츠와 플랫폼, 투자자 'C-P-I' 흐름을 왜곡하는 플랫폼 사업자의 탐욕과 반칙을 가려내기만 하면 된다. 그러면 규제 없는 전반적인 자율 투자 시스템 작동이 가능해진다.

컬쳐 파워 보듬는 '가치 투자'로 미래 개척

투자자도 개별적으로 자신이 바라보는 콘텐츠 가치와 특성을 직시해야 한다. 자동차 회사, 반도체 기업 투자와 달리 문화예술 콘텐츠는 경험재요 가치재로서 특성을 강하게 끌어안고 있다. 예컨대 팬덤, 팬심에 따른 관심이라면 금전적 수익 외에 경제외적 가치, 즉 심리적 보상과 자긍심이라고 하는 또 다른 바깥 세계관이 열려 있다. 피렌체의 메디치 가문이 르네상스 미술가들을 평생 후원해온 연결성을 보면 투자를 넘어서는 정치적, 문화적 가치와 효능, 보상이 드러나 있다. 분명 수백억, 수천억 원 손실과 적자가 적혔겠지만, 결국 행복이 되고 지역과 인류에 기여하고 가문도 유지하는 마술이 될 수 있었다. 메디치 이펙트다. 가치 투자의 역설이기도 하다. 콘텐츠 가치 투자가 반드시 수반하는 요술 같은 행복감이라고 말하고 싶다.

달리 표현한다면 영어의 'Philanthropy'를 변형한 'Philcontent' 또는 'Philsoftpower' 쯤이 되

지 않을까? 인간의 인격 · 휴머니티를 존중하고, 각자 평등이라는 사상에 따라 인종, 종교, 습관, 국적을 초월한 인간애라고 말하지 않던가. 그리스의 작가 아이스킬로스는 신들을 사랑하는 것보다는 인간을 사랑하는 것을 philanthropia(인간애)라고 불렀다.

그렇다면 영화 콘텐츠 〈범죄도시 3〉을 골라 투자하는 개인 투자자들 또한 천만, 2천만 영화를 기대하는 이익금과 함께 영화의 미래를 함께 고민하고 영화와 행복, 마동석 시네마틱 유니버스(MCU)를 애정하는 마음으로 흔쾌히 소신 투자를 할 일이다. 스스로 책임지고 전방위로 행복감을 퍼뜨리는 콘텐츠 가치 투자의 전성시대를 앞당길 절호의 기회가 지금이다.

BTS도 BBC 뉴스에 따르면 '신경쇠약 공식'으로 활동을 중단한 마당에 대한민국이 함께 맞들어 기어이 콘텐츠 시장의 큰 판을 키워 장엄한 슈퍼 파워를 거머쥐어볼 때가 되지 않았는가?

13 전략 실행 : 다각화, 세계경영, 마케팅

미디어 기업에 유입되는 빅 4, 네 가지 자원별로 비즈니스 활동의 과정과 주요 이슈, 실제 사례들을 살펴보았다. 이어 이들 자원을 활용하여 벌어지는 전투에 들어가야 할 때다. 고객 관계 관리(CRM)로서 마케팅 리서치와 활동, 브랜드 경영, 종합 커뮤니케이션 활동을 아우르는 아웃풋 단계와 폭넓은 의미에서 해석하는 PP(Post Production) 과정을 자세히 살펴본다. 특히 미디어 콘텐츠 비즈니스 환경이 2020년 시작한 코로나 팬데믹을 거치면서 플랫폼 신경제로 급속히 재편되는 상황에 주목하고자 한다. 글로벌 슈퍼 플랫폼이 시장을 장악하는 독과점적 경제력 집중 현상은 세계경영과 글로벌 비즈니스, 마케팅 영역의 큰 도전으로 다가오고 있어서다.

〈그림 137〉 전략 실행 활동 구간

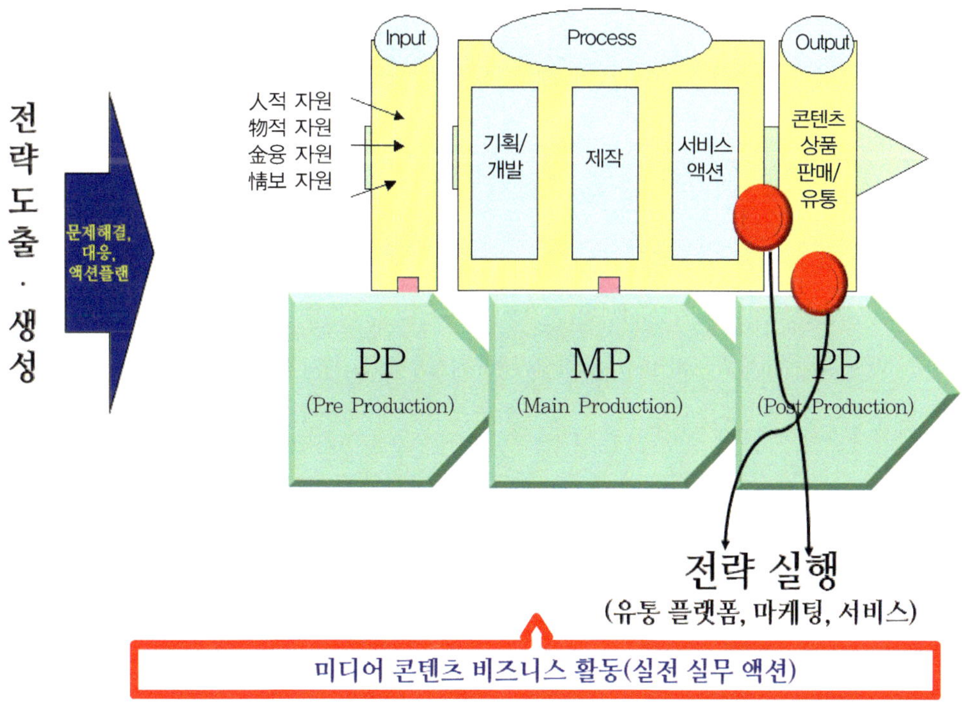

이에 완전히 개방된 시장과 틈새에서 번창하는 로컬 브랜드들이 고군분투하고 있는 비즈니스 활동에 대해서 이 장에서는 다각화 전략과 글로벌 무대를 장악할 세계경영, 슬기로

운 마케팅 전략 순으로 알아보도록 하겠다. 마케팅은 세계 시장을 평정했던 해리포터 콘텐츠의 뉴 마케팅 전략 연구를 인용한다.

1) 다각화 전략[57]

다각화 방향은 미디어 범주에서 신문=〉 잡지 =〉 디지털 모바일 부문으로 확대하고 지식 / 문화콘텐츠 범주에서 =〉 정보서비스 컨설팅업 =〉 멀티 브랜드 콘텐츠사업으로 나아가는 경로가 될 수 있다.

〈그림 138〉 다각화 전략 구조도

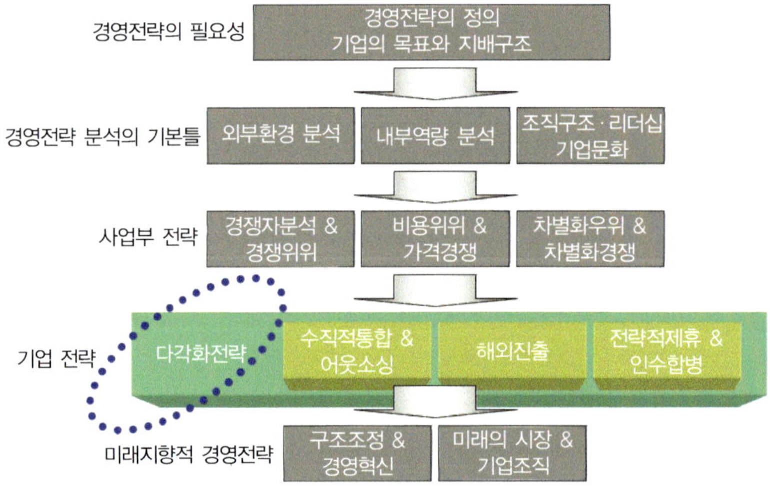

다각화 전략은 수직적 통합이나 해외 진출 등을 당장 추진하기 힘든 미디어 기업에는 가장 유력한 초기 확장 기업 전략 수단이 될 수 있다. 다각화 기본 방향은 향후 새로운 고객들을 상대로 사업 포트폴리오를 확장하기 위해 선제적으로 이용자 라이프 사이클과 전 생애주기에 맞춤화한 콘텐츠를 제공하기 위한 결정이 될 터이다.

---

57) 심상민(2005),『미디어기업 수익다각화 전략』, 커뮤니케이션북스에서 인용, 내용 일부 변형

이 다각화 과정에서 미디어 사업의 경우 새로운 사업체인 방송(TV), 디지털플랫폼(동영상 포털과 비디오 오디오 서비스), 국내외 전문 매거진 등 사업 포트폴리오를 효과적이고도 신속하게 확보하기 위해서는 제휴를 성사시키는 과업을 제시해볼 수 있다. 업의 개념, 본질에 따라 오로지 고객의 생활 주기에 들어오는 시간과 싸움으로 보는 인식에서 출발하는 차원이다.

신문과 같은 뉴스 미디어라면 구체적으로 부동산, 주택, 자재, 금융, 리빙 등 인접 영역 확장을 위해서는 해당 분야 전문 매체를 선정해 인수, 합병함으로써 발전전략 가속도를 높여야 한다.

〈그림 139〉 다각화 전략 원칙 논리

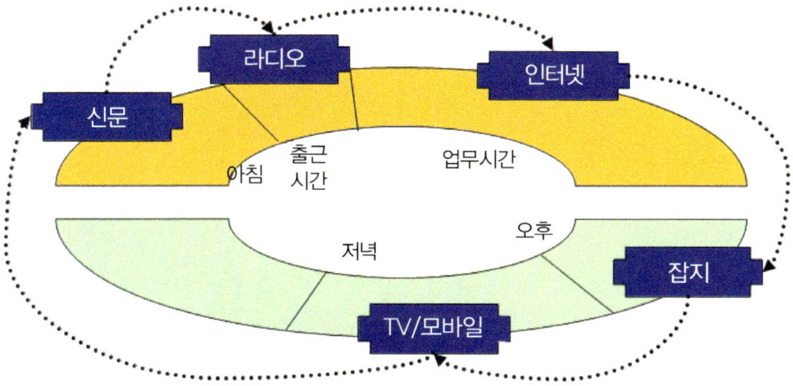

다각화 전략은 동시에 기업 내부 지면 제작과 조직 분위기를 일신하고 진부하지 않은 참신한 콘텐츠를 동반하는 '내재적 다각화' 효과를 거둘 수 있다. 다각화를 통해 신문기업과 같은 전통적 미디어 기업은 수익성 높은 멀티미디어 기업으로 만드는 전략 10가지 지침을 다음과 같이 제시할 수 있다.[58]

1. 핵심 사업 정의를 정확하게 하고 총력 집중
2. 고객 니즈를 인식
3. 새로운 상품을 알기 쉽게 만들기
4. 책임감, 소속감 높은 경영관리, 조직 창출
5. 조직 슬림화

58) 'World Forum on Newspaper Strategy 2002'

6. 프로젝트를 시종일관 잘 관리하기
7. 사업의 목적은 돈을 벌기 위함이라는 점을 명심
8. 손실을 용납하지 말 것
9. 콘텐츠는 여전히 왕이며 그만한 값을 치러줘야 함
10. 콘텐츠가 왕이라고 하더라도 실제로 돈을 벌어들이는 것은 브랜드

이 지침을 지켜나가 보면서 기업 내부 다각화 원리를 공유하고 모든 구성원이 내재화, 체질화, 생활화 습성화를 실행해나가는 것이 중요하다.

트리뷴 그룹 내재적 다각화 문화

미국 트리뷴 그룹은 우수 기자, 종사자에게 샐러리 스프레드(salary spread) 방식을 적용하고 있다. 한 기자가 다양한 트리뷴의 미디어 윈도우를 통하여 기사를 싣거나 활동을 하였다면 보수도 다양한 미디어별로 챙겨 받도록 해준다는 원칙이다. 인사, 조직 관리의 세세한 기법에서도 다각화 원리가 내재화되어 통용되고 있는 셈이다. 실례로 미국의 자동차 경주 게임인 NASCAR 대회 전문기자 한 사람이 7개 트리뷴 계열 신문에 동시에 기사를 게재한 경우가 있는데, 이 사례를 트리뷴은 '1인 다각화 사례'로 꼽고 있다. 회사의 시각을 보면 1인 기자가 멀티미디어에 동일 콘텐츠를 'One Source Multi Use' 하는 시스템은 여러 기자가 같은 일을 중복되게 하지 않아서 비용 절감이 되고 담당 기자가 신문은 물론 방송 등에 다양한 포맷으로 기사를 서비스하면서 전문성을 더 높일 수 있는 잇점이 있다. 때문에 당사자에게 더 많은 보수(reward)를 해주게 되고 개인 다각화(individual diversification)에 의한 하나의 선순환 구조가 형성되게 된다. 이로써 전체 트리뷴의 다각화된 이미지 또한 강화된다.

다각화는 독자로 표현해왔던 이용자 고객에 대한 재발견과 재정의를 자연스럽게 결정짓도록 해준다. 다각화를 포함하여 신문기업이 생존할 수 있는 모든 전략의 기본 바탕을 이루는 철학적, 원칙적 차원의 전략 기조를 정리해보면 크게 2가지 원칙이 나타나게 됨을 알 수 있다.

첫째는 '고객에서 의뢰인으로(from customer to client)'라는 개념 전환이다. 신문의 독자를 고객으로 생각하는 인식에서 더 나아가서 구체적인 주문과 요구를 수시로 말하는 의뢰인(client)으로 새롭게 여기겠다는 의미를 준다. 둘째는 신문기업 스스로가 지식 서비스, 문화기업이자 미디어로서 본업의 개념을 늘 염두에 두고 다각화와 같은 경영 전략 실행에 임해야 한다는 교훈이다. 이를 달리 표현하여 신문기업이 이른바 '보이지 않는 대차대조표(invisible balance sheet)'를 관리해야 함을 지적할 수 있다. 이는 신문기업이 다양한 활동과

외부조달 등을 통해 지속해서 기업의 지식, 문화적 자산을 확대해나가는 노력이 중요하다는 뜻이다. 이러한 원칙 위에서 신문기업의 생존과 발전을 위한 전략 기조 10가지를 다음과 같이 정리할 수 있다.

1. 니치 마켓 지향
2. 유기적 성장
3. 품질 관리
4. 핵심 노하우 개발
5. 노하우를 체득한 핵심 인재 유지
6. 작은 것이 아름답다
7. 범위의 경제
8. 강력한 문화(자율성) : 형식적 관리, 개입 극소화
9. 전문가 그룹에서 리더 배출
10. 전반적인 '지식' 중심 사고, 분위기

이처럼 일반적으로 생각할 수 있는 전략 기조위에서 구체적인 다각화 전략의 생성이 가능하다. 신문기업의 다각화도 일반적인 기업 다각화와 같이 성장 극대화, 잉여 경영자원 활용, 거래 비용 감소와 같은 구체적인 동기에 의해 추진할 수 있다. 다각화를 통하여 다양한 영역의 콘텐츠 자산을 어떻게 결합하여 다각화의 실질적인 목적에 접근해 가는지에 계속 집중해야 한다. 다각화를 통한 미디어, 콘텐츠 자원 결합은 다음과 같은 다양한 자원에서 볼 수 있다.

컨버전스 상품, 비즈니스 (convergence business)

미디어 산업 자원 교환 구조 고도화

콘텐츠 컨버전스 전략 : 콘텐츠 상품 종류(대체재, 보완재별 차이)

미디어 기업 보유 자산 재조정

콘텐츠 가치 확대 : 인정, 지원

자원 거래 구조(시너지상 포상 아이디어)

지리적 시장 다각화(글로벌 커버리지)와 상품 다각화

이와 같은 다각화 움직임을 분석함으로써 다음 주요 쟁점들을 다각화 전략과 관련해서 다루고 결론 부분에서 적적한 해답을 도출하여야 한다.

다각화 전략의 주요 쟁점
시장 집중 vs 시장 다각화
소극적 국제화 vs 적극적 국제화
다각화를 통한 (콘텐츠) 집적 신문(clustered paper)이 높은 성과 실현
재브랜드화(re-branding effort) 노력

다각화 전략 핵심 성공요인

신문기업이 다각화 전략을 결정하고 실행하고 실행 후 사업 부문간 통합 등을 위하여 유지, 관리하는 전체 과정을 일정한 틀(framework)로 분류하여 살펴보고 핵심 성공 요인 도출을 위한 시사점을 찾아볼 수 있다.

이 분석의 틀은 다각화 전략의 핵심적인 5가지 요소(factor)이자 컴포넌트(component)를 기축으로 하여 형성하게 된다. 미국 등 선도적 신문기업의 다각화 관련 역사와 배경, 개별 사업 부문 등을 조사, 분석해본 결과 5가지 정도의 중핵적인 다각화 전략의 요소를 추출하였다.

우선 첫 번째 요소는 다각화의 방향과 경로. 여기서는 구체적인 개별 신문기업이 저마다 조금씩 다른 다각화 전략의 목표와 비전, 철학을 갖고 지향하는 바를 달리하기 때문에 반드시 거론해야 하는 요소이기도 하다. 구체적으로는 다각화 비전과 목표가 새로운 고객을 지향하며 이루어지느냐, 새로운 제품 / 서비스를 향하느냐, 새로운 시장 / 산업을 향해 가느냐, 새로운 미디어 채널을 바라보고 가느냐, 아니면 해외와 같은 새로운 지역을 겨냥해 실현되느냐를 가리키는 차원의 개념이다.

두 번째 요소는 다각화의 방법과 패턴. 여기서는 실제로 다각화를 결정하였을 때 취하게 되는 실행(action) 방법을 다루게 된다. 인수 / 합병, 지분투자, 창업 / 재창조, 협업 / 공동마케팅, 합작 / 제휴 등이 주 내용이다.

〈그림 140〉 다각화 전략 분석의 틀과 내용

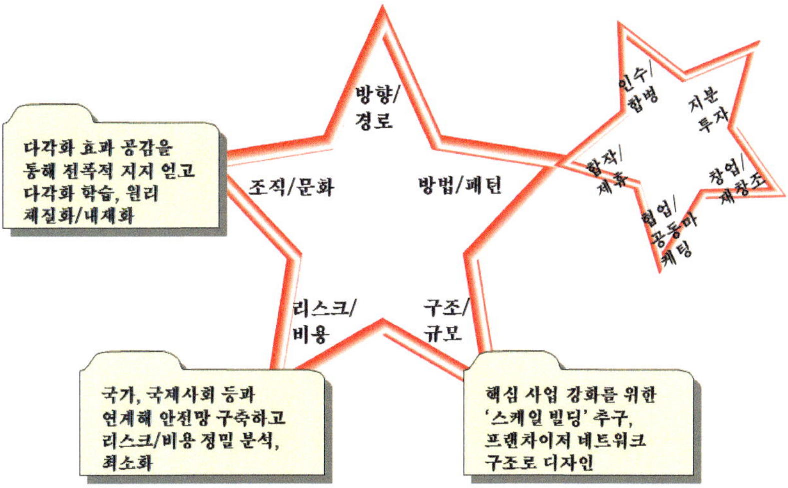

세 번째 요소는 다각화의 구조와 규모이다. 이는 다각화의 범위와 외형이 큰 규모인지 작은 규모인지와 관련된 개념이면서 동시에 수직적 계열화 구조인지 수평적 통합구조인지, 또는 수직 / 수평이 조화롭게 교차하는 매트릭스형 구조인지를 보여준다.

〈표 18〉 다각화 요소별 내용

다각화 5대 요소	내 용
방향 / 경로	- 다각화 비전과 목표의 지향하는 바가 새로운 고객인지, 새로운 제품/서비스, 새로운 시장/산업, 새로운 미디어 채널, 새로운 지역 등인지에 관한 내용
방법 / 패턴	인수/합병, 지분투자, 창업/제창조, 협업/공동마케팅, 합작/제휴 등 다양한 방법을 다룸
구조 / 규모	- 다각화의 범위와 외형이 큰 규모인지 작은 규모인지와 관련 - 수직적 계열화 구조인지 수평적 통합구조인지, 또는 수직/수평이 조화롭게 교차하는 매트릭스형 구조인지 등
리스크 / 비용	- 현재 및 미래의 위험 요소와 다각화 주체가 실제로 떠안아야 하는 부담을 평가
조직 / 문화	- 다각화를 담당하는 신문기업의 조직을 비롯하여 다각화 대상 영역과 결합하는 전체 미디어 기업의 조직 설계가 다루어짐 - 다각화에 임하는 조직 내부의 분위기와 의지, 문화적 풍토 등 보이지 않는 여러 요소들을 커버

네 번째 요소는 다각화의 리스크와 비용. 여기서는 아무리 매력적이고 가치가 높은 영역으로 다각화가 이루어진다고 해도 정작 관련한 현재 및 미래의 위험 요소와 다각화 주체가 실제로 떠안아야 하는 부담을 묻는 내용이다.

끝으로 들어올 요소는 다각화의 조직과 문화. 여기서는 다각화를 담당하는 신문기업의 조직을 비롯하여 다각화 대상 영역과 결합하는 전체 미디어 기업의 조직 설계이다. 아울러 다각화에 임하는 조직 내부의 분위기와 의지, 문화적 풍토 등 보이지 않는 여러 요소를 커버하게 된다.

다각화 선도 사례 1. 다우존스

다우존스가 추진해온 사업 확장, 다각화는 마치 연못에 조약돌을 던져 물결을 만드는 형상과 같이 자연스럽게 이루어져 왔다.

〈그림 141〉 다우존스의 연못 조약돌 물결 효과와 전략 방향

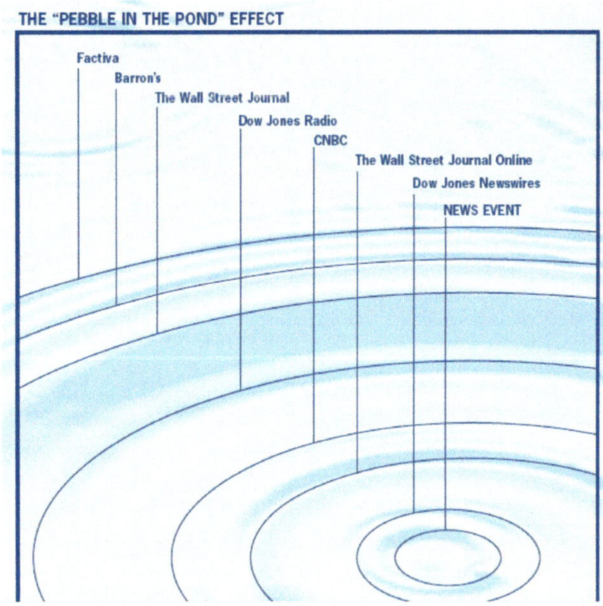

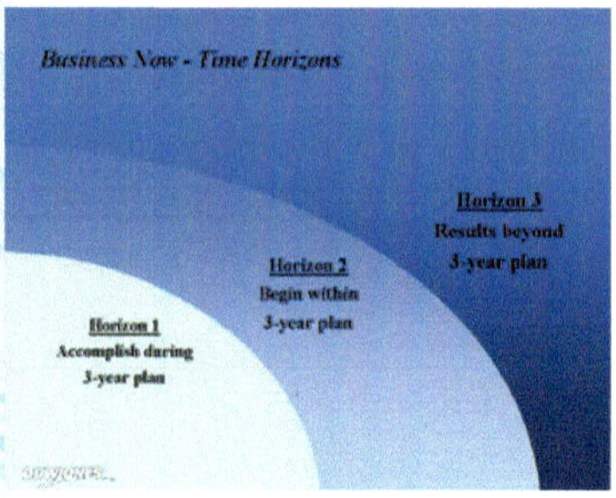

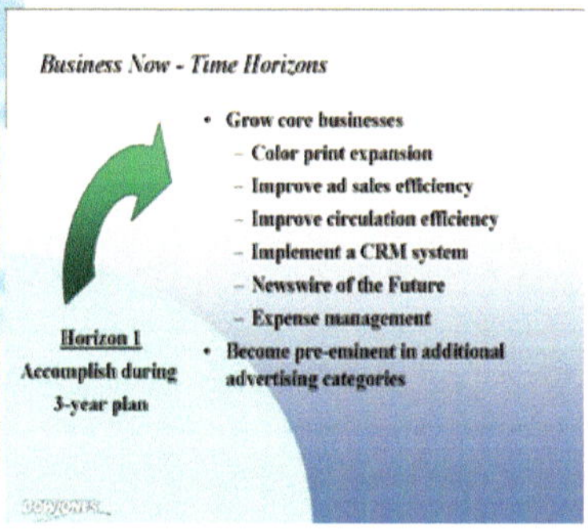

정 중앙에 원 소스(one source)로서 뉴스 이벤트가 발생하고 나면 이내 다우존스 뉴스와 이어가 받고 이를 다시 WSJ 온라인, CNBC 생방송, 다우존스 라디오, WSJ 신문, 바론스 잡지, 팩티바 온라인 통신 등이 연차적으로 실어 나르는 방식이다. 이 같은 원 소스 멀티 유즈(One Source Multi Use)가 거의 완벽하게 구현될 수 있도록 디자인되어온 것이 바로 다우존스의 다각화 프로그램이기도 하다.

이를 전략 방향으로 이해해 보면 3개의 수직계열화 축이 존재. 중심에는 월스트리트저널,

바론스, 파 이스턴 이코노믹 리뷰, 스마트 머니 등이 속한 〈Print Publishing〉이 있고 옆에 주간지 군단과 지역 커뮤니티 일간지 군단이 포진한 〈Community Newspaper〉가 있다. 각종 전자, 온라인 서비스 브랜드가 있는 〈Electronic Publishing〉이 또한 존재한다.

이에 더해서 1997년 이후 다우존스가 역점을 두고 있는 전략적 업무 제휴를 다각화의 한 형태로 본다면 전략적 제휴가 신문과 방송의 통합과 같은 차원(수평통합화)에서 이루어지고 있음을 강조할 수 있다.

다우존스는 위에서 설명한 〈조약돌 연못 물결 효과〉와 같이 본원적 콘텐츠(primary content : 뉴스 등)를 끊임없이 파생 상품화(derivatives)하는 금융 기법 원리를 그대로 원용하여왔다. 수직계열화(縱)로는 〈콘텐츠 파생상품화로 지역, 매체별 다중 계층 커버리지 확대〉를, 수평 통합화(橫)로는 〈콘텐츠 서비스 경로 다양화, 특화 / 전문화로 고급 독자 커버리지 확대〉를 추구해왔다.

〈그림 142〉 다우존스 다각화 사업 전략 기조(논리)

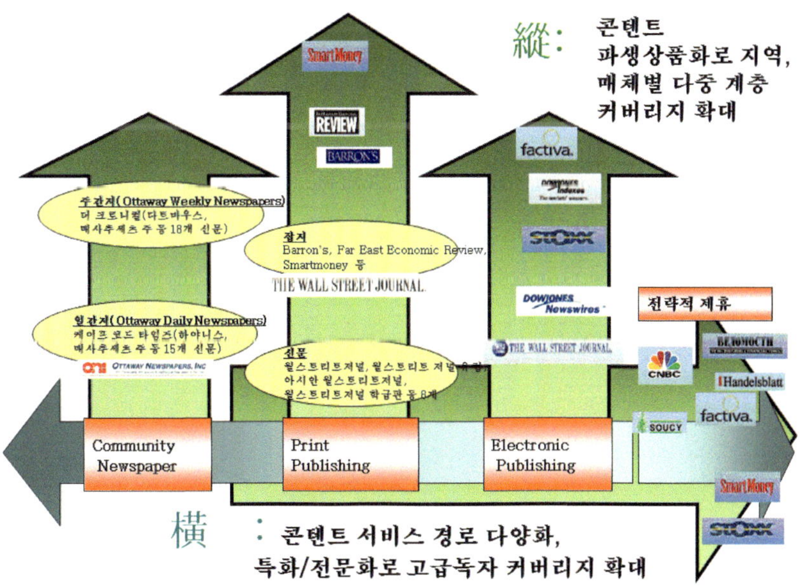

다우존스가 기본적으로 수직계열화, 수평 통합화는 추진해왔고 그 이면에 내재한 전략 기조 또는 논리가 어떠하다는 것까지 살펴본 이후 단계에서는 흐름(flow)과 동태(trend) 차원이 나온다. 여기서는 사업다각화 전략 프로그램 향후 변화, 발전 경로를 알아보는 데 관

심을 기울일 필요가 있다.

한 미디어 기업의 다각화 과정을 역사적으로 추적하고 전략적 의사결정의 기준과 논리를 추정함으로써 사례 분석(case study)은 종료할 수 있겠지만 더 이상의 가치를 획득할 순 없기 때이다. 더 캐내야 하는 부가가치는 "과연 이 미디어 기업이 과거와 현재에 보여 왔던 전략적 행보를 보건대 앞으로는 어떠한 방향으로 어떤 영역에 걸쳐 사업을 지속해서 다각화할 것인가?"란 물음에 답하는 과업이기도 하다.

간단하게 말해 사업다각화 전략을 '설명'하는 데서 더 나아가 새로운 미래의 다각화 전략을 '예측'하는 작업이 요청된다는 뜻이다. 이러한 맥락에서 모체가 되는 신문사를 모든 연관 기업들의 다각화 전략 흐름과 동태를 이른바 '전략 매트릭스(Matrix)'라는 모형을 도출할 수 있다. 이 전략 매트릭스는 하나의 커다란 직사각형 박스 안에서 핵심 업종과 다각화한 업종간 상관관계를 화살표로 표시하고 있고 아직 진입하지 않은 영역은 여백으로 남겨 처리해 보았다. 또한 기본적으로 횡수의 X축은 미디어 사업 영역에서 통하는 확장 전략의 목적과 의도를 표현하였고 Y축은 미디어 시장(산업)과 관련을 갖지만, 더 큰 범위로 확장한 지식, 문화, 콘텐츠 서비스라고 하는 새로운 업(業)의 개념을 제시하고 이에 따른 사업다각화의 목적과 의도를 또한 표현하였다.

〈그림 143〉 다우존스의 사업다각화 전략 매트릭스

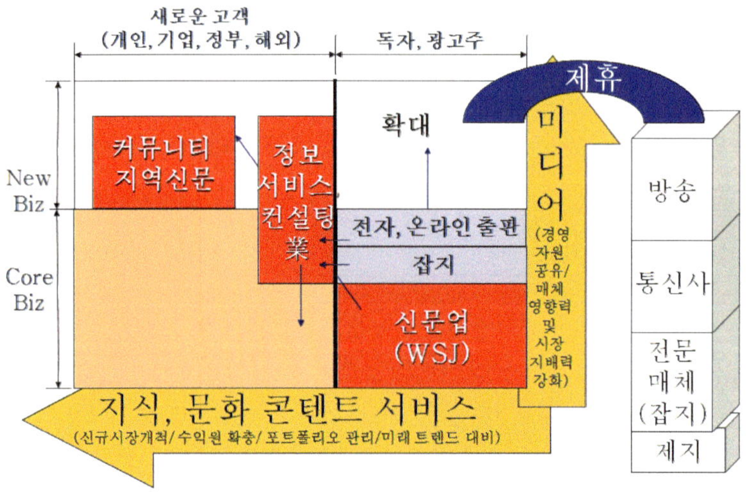

아울러 전략 매트릭스 박스의 한쪽 가로 면적은 고객을 분류한 〈미디어 독자, 광고주〉와

〈새로운 고객(개인, 기업, 정부, 해외)〉으로 구분하여 다각화하는 사업들을 고객 분류의 차원에서 연결 지을 수 있도록 해보았다. 전략 매트릭스의 다른 한쪽 세로 면적은 전체 미디어 그룹 내 핵심 사업 영역을 〈Core Biz(Business)〉로 핵심 영역에 포함되지 않는 신규 사업 영역을 〈New Biz(Business)〉로 각각 표시하여 역시 다각화하고 있는 개별 사업 영역들이 차지하고 있는 그룹 내 위상을 점검하였다.

다우존스는 다른 미디어 기업의 다각화 전략 매트릭스와는 다르게 별도 영역을 동원해야 한다. 제휴 때문인데 여기에는 다우존스의 핵심적인 신문, 잡지, 전자 / 온라인 사업과 연계하는 방송, 통신사, 전문 매체, 제지업 등이 도열하고 있다. 또 하나 특징적인 것은 신문업에서 보유 정보력 등 핵심역량을 기반으로 관련 다각화한 정보서비스 컨설팅업이 점차 핵심 사업 영역으로 전환해 들어오고 있다는 점을 꼽을 수 있다.

이는 역시 지식 문화 콘텐츠 서비스 축에서 볼 때 신규 시장 개척과 수익원 확충, 포트폴리오 관리(리스크 관리 등), 미래 트렌드 대비 측면에서 중요한 의미를 지니고 있다. 아울러 다우존스가 미디어 부문에서 제휴 등을 통하여 지속해서 확장하고 있는 것은 경영자원 공유, 매체 영향력 및 시장 지배력 강화 등을 목적으로 하는 움직임이라고 해석도 가능하다.

다각화 선도 사례 2. 맥그로힐

맥그로힐은 중국 시장을 영어 교육을 매개로 공략하기 시작했다. 특히 2008년 베이징 올림픽을 계기로 급팽창할 영어 교육 시장을 선점하는 지역적 다각화 전략을 실행해왔다. 멀티 플랫폼 비즈니스를 지향하며 맥그로힐은 기존 비즈니스를 조금씩 연장해나가는 방식으로 이른바 멀티 플랫폼 비즈니스를 실현해나갔다. 시장 분할 후 다각화로 점령한다는 전략 차원에서 맥그로힐은 목표하는 시장을 마치 도면을 사용하여 해체하듯이 재설정하여 분할된 개별 시장별로 가장 적합한 개별 브랜드를 개발(벤처 합작 등으로), 공략하는 전법을 선보였다.

차세대 사업 부문에 선착 다각화 차원에서 맥그로힐은 시스코 시스템즈와 팀을 짜서 차세대 이러닝(e-learning) 솔루션 개발을 시작했다. 이 솔루션의 핵심 컴포넌트(요소)는 멀티미디어 교재의 필수 요소이기도 한 〈애니메이션〉, 〈스트리밍 비디오〉, 〈개인 맞춤화된 평가 측정 툴〉 등이다. 맥그로힐과 시스코는 2005년 중에 총 50개 코스를 차세대 이러닝

(e-learning) 솔루션으로 개발하였다. 이 코스웨어(course ware; CW) 시장의 새로운 수익원을 확보하기 위하여 맥그로힐은 시스코와 함께 다각화 전략을 펼치고 있는 셈이다.

지식 서비스에 콘텐츠, 기술을 보완(CT형 다각화)하는 방안도 추진하였다. 맥그로힐의 S&P는 이미 국가, 기업 신용도 평가와 지수(Index) 관련 컨설팅, 리서치 부문에서 빼어난 실력을 인정받아왔다. 여기에서 한 걸음 더 나아가 이 S&P는 좀 더 강화된 전문 콘텐츠 소스와 결합하기 위하여 〈S&P- Citigroup Index〉를 개발하여 일본 시장 등을 적절하게 공략했다. 이는 또 'Global Research Settlement'라고 하는 일종의 최고급 연구, 조사 시장에서 다른 브랜드가 섣불리 흉내를 내기조차 어려운 프리미엄급 서비스의 마케팅 포인트로도 활용되고 있기도 하다.

이 'Comprehensive S&P / Citigroup Indices'는 종전의 단일 브랜드 격인 S&P 지수인 S&P 500, S&P 글로벌 1200 등이 시장에 대한 가상적 전제로 데이터를 분석하고 주로 투자 관련 정보에 초점을 많이 맞추고 있던 것과 차원을 달리한다. 'Comprehensive S&P / Citigroup Indices'는 전 세계 52개 지역 시장에서 활동 중인 7천5백 개 주요 기업을 커버함으로써 전 세계 시장 자본 규모의 97%를 커버하는 막강한 파워를 지니게 되었다. 아울러 운영 방법 면에서도 'Rule based methodology', ' Wide opportunity set', 'Performance benchmarks' 등의 진일보한 기법을 자랑하고 있기도 하다.

맥그로힐은 또 지역 거주 마켓을 중시하는 다각화 경로를 추구해왔다. 맥그로힐은 건설, 주택 사업 관계자를 대상으로 해온 B2B 마켓플레이스 관련 매체인 'Constructor'를 2004년 11월 만들어 이른바 'residential market'에 처음으로 진입했다. 'residential market'은 특정 지역에 사는 거주민이 집(하우스)을 관리하는데 필요한 모든 정보 콘텐츠를 제공한다. 궁극적으로는 콘텐츠 사업을 넘어서는 부동산, 금융 서비스 등의 영역에까지 연결되도록 하는 전략의 차원에서 이해할 수 있다.

이로써 공격적 가치 창출 비즈니스 지향한다는 것을 확실하게 나타냈다. 맥그로힐은 "다각화된 매출 흐름(diversified revenue stream)'을 지상 가치로 내세우면서 〈정보 & 미디어〉 사업 부문의 경우 매출의 절반 이상을 광고 매출이 아니라 새로 개척하는 이른바 'value added business'로 가져간다는 확고한 원칙을 추구하고 있다. 이런 원칙에 부합하는 성공사례로는 건축, 주택 부문의 매체인 Constructor가 신규 사업으로 벌인 〈My House〉 매체를 자체적으로 꼽고 있다. 이러한 건축 부문과 에너지 산업, 항공 산업 등의 영역에서 새로운 미디어 비즈니스를 개척한 것이 바로 맥그로힐 표현으로 하면 'value added offerings'라고 하는 새로운 다각화 영역이다.

다각화 방법, 패턴에서는 벤처 사업을 통한 다각화가 특징적이다. 대표적인 예가 디지털 교과서 사업. 맥그로힐은 다양한 영역의 교육, 출판 부문에서 벤처 사업을 벌이는 형태로 스스로 해결하기 힘든 솔루션, 디지털 기술, 방송, 배급 등의 사업 역량을 확보함으로써 다각화 전략을 성공적으로 수행해왔다. 대부분 합작, 협업 형태로 개시한 맥그로힐 벤처 사업들이다. 〈콘텐츠 파트너십〉, 〈기술 파트너십〉, 〈배급 파트너십〉 등 실제 교육, 출판 콘텐츠 비즈니스에 필수적으로 필요한 경쟁력 요소별로 업무 제휴 또는 전략적 제휴를 꾀하고 있는 것이 최대 특징이라는 분석이다.

맥그로힐은 떠오르는 의료 부문에서 먼저 핵심 사업 역량을 발휘하고 있다. 의료 교재 출판 등 사업을 해오다가 적절한 다각화 계기를 발견하면 여지없이 '의료' 부문의 주류 시장인 의료 서비스 자체에 뛰어드는 과단성을 보인다. 맥그로힐이 이른바 원격 의료 서비스(Tele-Medicine) 시장으로 들어와 개인 단말기(PDA)를 통해 의사와 환자가 진단 데이터, 콘텐츠를 주고 받을 수 있도록 하는 사업에 착수한 것도 특별하다. 이를 주 고객인 의사 사회를 겨냥한 〈Professional Markets〉으로 맥그로힐은 규정하고 있다. 앞으로는 이러한 다양한 전문가 시장으로 다각화하여 진출한다는 전략을 더욱 강화할 것으로 보인다.

〈표 19〉 맥그로힐 벤처 사업 포트폴리오

투자 브랜드	사업 내용(합작, 콘텐츠 유형 등)
Business.com Pure Business Information	- 영국 파이낸스 타임즈 그룹(피어슨 계열), Cahners Business Information(Reed Elsevier 계열), Industry Click(Primedia 계열사)와 맥그로힐 벤처 부문이 합작 - Marketwatch.com, Multex.com Incorporated, 로이더, 톰슨 투자 네트워크 등의 투자, 비즈니스 정보 콘텐츠 제공
ebrary	- 책, 저널, 지도, 간행물 등 디지털 파일 컬렉션 제공
IBS	- 인터넷 브로드캐스팅 서비스 : 지역민이 해당 지역에서 반드시 알아야 할 뉴스, 정보 콘텐츠 등을 제공 - 워싱턴포스트 그룹의 방송부문인 PNS와 파트너십
iBlast	- 디지털 콘텐츠 배급 네트워크 업체

Teachscape	- 미국 초, 중, 고등학교 교사를 위한 교육 / 강의 시스템 개발, 공급
ALEKS®	- 인공지능(AI) 기반 교육, 학습 시스템 (개인 가정 교사 역할)
Bell	- 캐나다 통신업체와 현지 무선 콘텐츠 서비스 사업
unbound MEDICINE	- 의료 분야 콘텐츠 개발, 제공
netLibrary	- 디지털 교과서 버전

전체적인 사업 포트폴리오 차원에서 스케일 빌딩(이중 선체 전략)을 채택하였다. 맥그로힐 비즈니스위크의 경우 멀티미디어 플랫폼을 강화하고 본 잡지의 성격을 보완하는 차원에서 〈비즈니스 위크 스몰 비즈니스〉와 같은 'complementary magazine'을 개척하여 다각화된 사업을 영위했다. 이는 조선업계가 1970년대 엑슨 발데스 유조선 사건 이후 기름 유출을 방지하기 위하여 유조선 선체를 이중(double deck)으로 제작하기 시작한 것과 비슷해 보인다. 사업 영역으로는 새로운 분야는 아니더라도 기존의 유력한 사업을 호위하고 보완하기 위하여 하나 더 덧씌우는 형태로 진행된 다각화라고 하겠다.

날줄 씨줄 매트릭스 다각화 전략도 펼쳐왔다. 맥그로힐은 핵심 보유 역량인 교육 사업 역량과 측정 / 평가 부문 역량을 서로 결합하여 이른바 매트릭스형 다각화 전략을 선보이고 있다.

이 같은 특이한 전법의 실마리를 제공한 것은 빌 게이츠 마이크로소프트 창업자였다. 게이츠 재단이 미국 공립학교 교육을 제대로 평가하자는 취지로 내놓은 4천만 달러 재원이 계기가 되어 성과 평가, 측정의 노하우에 정평이 난 맥그로힐의 S&P와 교육 부문이 서로 결합하여 새로운 사업 영역을 개척하게 되었던 스토리다.

주력 브랜드 보완 다각화 전략도 개발. 맥그로힐은 캐피털 IQ사를 2004년 9월 17일 인수, 통합하면서 S&P의 취약 부문을 보완하는 다각화 전법을 단행한 적도 있다. 캐피털 IQ

를 보완하게 된 결정적 이유는 S&P에 대하여 프로젝트를 발주하는 의뢰인의 워크 플로우(Client's Workflow)에 부합하는 총체적 서비스가 필요했기 때문이다. S&P에는 없고 캐피털 IQ에는 있는 주요 기능이자 사업 역량을 보면 다음과 같다.

핵심 기술
어플리케이션 솔루션
데이터 플랫폼
급속하게 발전하는 데이트 베이스

이와 같은 맥락에서 S&P가 강점으로 갖고 있는 사업 역량 부문과 겹치지 않으면서도 시급하게 필요한 솔루션, 데이터베이스 등 첨단 콘텐츠 관리 기술을 보유한 캐피털 IQ을 인수하였다. 이로써 S&P가 명실상부하게 총체적인 연구, 조사, 컨설팅 서비스를 제공할 수 있는 조건을 갖춰 나가는 방향으로 다각화가 이루어졌다.

다각화 리스크 관리, 비용 절감 측면에서도 성공적 대응이 있었다. 해롤드 맥그로 3세 맥그로힐 회장은 "미국이라는 기업(Corporate America)'과 조인트 벤처를 펼쳐나간다는 표현을 사용하였다. 맥그로힐은 실제로 미국 교육 정책이 흘러가는 경로에 선제적으로 대응하면서 다양한 사업 기회를 창출해 공략하는 '국가의 파트너' 전략을 실행했다. 미국 정부의 'No Child Behind' 정책 프로그램과 보조를 맞춰 다양한 교육 콘텐츠사업을 거의 독점적으로 펴고 있는 것이 좋은 본보기다.

다각화 조직, 문화 차원에서도 우수한 사례가 맥그로힐이다. 외부 일감이 없으면 내부에서 발주하는 방식으로 수익원을 다원화하였다. 맥그로힐의 다양한 사업 부문이 주로 영위하고 있는 외부 프로젝트 기반의 비즈니스가 불황 등의 이유로 부진할 경우나 이에 대비하는 차원이다. 미리 내부에서 자체적으로 프로젝트를 만들고 이를 사업화하는 이른바 'independent research' 형태를 강화함으로써 새로운 수익원을 추가해왔다.

다각화 선도 사례 3. 농민신문

우리나라에서 가장 오래된 전문 신문 중 하나인 농민신문은 합병과 자매지 창간 등으로 관련 다각화를 성공적으로 추진하여왔다.

〈그림 144〉 농민신문 자매지 발간 현황 1

자료 : 농민신문 홈페이지, https://www.nongmin.com/

〈그림 145〉 농민신문 자매지 발간 현황 2

자료 : 농민신문 홈페이지, https://www.nongmin.com/

〈그림 146〉 농민신문 자매지 발간 현황 3

자료 : 농민신문 홈페이지, https://www.nongmin.com/

농민신문 내력에서 보는 제휴와 합병, 다각화 방향

농민신문은 지난 1964년 8월 15일 농업협동조합중앙회 기관지로 창간된 전국 350만 농민의 대변지. 특히 창간호에 게재된 정일권 국무총리 한글휘호 '식량증산'은 당시 최대 역점사업이 다름아닌 식량증산이었음을 여실히 보여줌.

당시 제호는 농협신문이었으나 1976년 6월 28일 현재 제호인 농민신문으로 변경 대판 4면으로 출발한 농민신문은 1978년 10월 2일부터 8면으로, 1983년 4월 1일부터 12면으로 증면을 단행. 1988년 1월1일부터 주 2회 발행 체제를 구축한데 이어 1991년 7월 1일부터 격일간으로 발행.

농업협동중앙회 한 부서에서 발행해오다 1982년 4월 16일 사단법인 농민신문사로 독립했고 1991년 새농민사(1961.10 창간)와 합병을 단행. 1997년 12월 인터넷 농민신문을 개통. 창간 당시 발행부수는 5만부 정도였지만 1978년 100만부를 기록. 그 후 1984년 4월 1일부터 유상판매가 시작되어 부수가 다소 줄어들었음

미국과 일본의 선진영농기술과 농업정보, 농업정책, 농산물교역, 농산물 시장정보 등을 폭넓고 신속하게 취재, 보도하기 위해 1989년 농협중앙회의 미국, 일본 사무소장을 특파원으로 임명, 발령했던 것은 농민신문이 기울인 노력으로 특기할만한 시도로 평가받음.

특히 우리 농업 농촌이 농축산물 수입개방 확대, 농촌인구 감소와 고령화 등으로 매우 어려운 여건에 직면해 있는 현실에서 농민신문은 시대적 사명과 책임도 더욱 커지고 있다는 분석임. 이에 농민신문은 꼭 필요한 매체로 거듭나겠다는 각오로 독자들의 욕구를 충족시키고 현장감 넘치는 기사와 전문지의 특징을 살린 심층기획물을 늘려나가고 있음.

아울러 농업의 부가가치를 높일 수 있는 농식품 가공산업과 농촌관광 등 새로운 분야에 대한 보도를 확대

단순비판보다는 농정의 대안을 제시하는 농업정론지로서 그리고 농업인의 권익을 대변하고 농촌문화를 창달해 나가는 농업종합전문지로서 신뢰받을 수 있도록 혼신의 노력을 다하고 있음

자매지인 전원생활과 어린이동산 디지털농업 월간축산 등 내용을 알차게 꾸며 자연의 소중함과 농업의 중요성을 일깨워주고 농업인에게 시대를 앞서가는 선도 농업인으로 우뚝 설 수 있도록 뒷받침

2) 세계경영 사례

남미 킬러 방송콘텐츠 텔레노벨라[59]

텔레노벨라의 개념과 발전

텔레노벨라는 스페인어(포르투갈어 포함)로 제작되는 프라임 타임 시간대의 시리즈물을 의미한다. 현재는 프라임 타임대 뿐만 아니라, 점심시간, 오후 시간, 초저녁 등 시간대에 따른 차별화된 시리즈물이 편성되고 있다. 텔레노벨라는 이름은 텔레비전의 'tele'와 소설이라는 뜻의 'novela'가 합해져서 만들어진 합성어다. 다양한 차이가 존재하는 것이 사실이지만, 근원은 스페인과 포르투갈의 미니시리즈 포맷에서 찾을 수 있다. 대부분의 영어로 만들어신 소프 오페라(soap opera)가 끝없이 이어질 수 있는 포맷인 데 반해, 텔레노벨라는 사전기획되어 정해진 기간 안에 종료되는 것이 차이라고 할 수 있다.

텔레노벨라의 역사에 대해 살펴보면, 텔레비전이 보급되기 이전에는 라디오를 위한 텔레노벨라가 이미 존재하고 있었다. 그리고 텔레비전이 보급되면서 텔레비전으로 옮겨가 영상으로 나오게 된 것이다. 최초의 텔레노벨라는 1950년 브라질에서 제작된 〈네 인생은 나의 것 Sua vida me pertence(Your life belongs to me)〉를 들 수 있다. 초기에 제작된 텔레노벨라는 일주일에 두 분 편성하기 시작하였다.

이후에는 점차 다양한 텔레노벨라가 여러 나라에서 제작되는데, 〈사랑의 길 Senderos de amor(Love paths, 쿠바, 1951))〉 등이 그 뒤를 이어갔다. 그러나 〈거리의 천사들〉 역시 일주일에 한 번만 편성됨으로써 현재의 텔레노벨라 형태를 취하지는 못하고 있었다. 월요일부터 금요일까지 일주 5회 편성되는 지금의 전형적인 형태의 텔레노벨라로 자리를 잡기 시작한 것은 멕시코의 페르난도 비엘리(Fernanda Villeli)가 제작하고 1957년부터 1958년에 이르기까지 제작 · 편성된 〈금지된 길Senda prohibida(Forbidden path)〉에서부터였다.

브라질의 경우는 1960년대 들어 처음으로 인기 있는 텔레노벨라가 Diorios Associaos에 의해 제작되었다. 이 회사는 당시의 신문, 라디오, TV 등 모든 것을 소유하고 있는 상당한 대

59) 이광철 심상민 문효진 (2014). "한류 방송콘텐츠 중남미 진출 전략에 관한 연구". 「국제지역연구」, 18(4), 85~117.

규모 회사였다. 이후 Globo가 전국적으로 인기를 얻게 되면서 선발업자인 Diorios Associaos는 파산하게 되고 모든 자산과 기술, 인적자원까지 Globo가 흡수하게 되는 과정을 밟게 되었다.

텔레노벨라의 인기와 더불어 중남미 각국에서 자국의 텔레노벨라를 제작하게 되었으며, 베네수엘라, 콜롬비아, 페루, 파나마 등이 이러한 대열에 참여하게 되었다. 자국에서 제작되어 자국에서 인기를 끌던 초기에 비해 1960년대에 들어와서는 하나의 텔레노벨라가 제작되어 인접 국가에서 인기를 얻는 새로운 현상이 일어났다.

중남미 여러 나라에서 동시에 성공을 거둔 최초의 텔레노벨라는 1969년 페루에서 제작된 〈마리아 마리아 : Simplemente María(Simply Mary)〉를 들 수 있다. 특이한 점은 이 프로그램은 첫 방 당시에도 워낙 인기가 있었지만, 20년 뒤인 1989년 빅토리아 루포(Victoria Rufo)가 열연한 리메이크 버전도 큰 히트를 기록했다. 현재까지 제작된 텔레노벨라 중 전 세계적으로 가장 성공한 텔레노벨라로 기록되어 있다.

지금처럼 텔레노벨라가 전 세계가 사랑하는 장르로 정착하기까지는 더욱 긴 세월이 필요하였다. 브라질에서 제작된 〈노예 이사우라Escrava Isaura(The Slave Isaura, 1976)〉가 세계적인 성공을 거둔 최초의 텔레노벨라로 기록될 만하다. 이 프로그램은 중국에서 4억 5천만 명의 시청자의 심금을 울렸고, 여기에 출연한 루세리아 산토스(Lucélia Santos)를 단번에 중국에서 유명인으로 만들었다.

이러한 전 세계적 성공을 거둔 텔레노벨라는 1979년 멕시코에서 제작된 〈부자도 슬픔은 있는 법 : Los ricos también lloran(The rich cry too, 멕시코, 1979)〉으로 이어지게 되었다. 이 프로그램 역시 러시아, 중국, 미국 등 거의 전 대륙에 걸쳐 성공을 거두면서 서서히 텔레노벨라라는 프로그램 장를 세계인들에 각인시키면서 그 팬층을 확보하기에 이르렀다.

2000년 이후 가장 인기 있는 텔레노벨라는 멕시코, 브라질, 콜롬비아와 베네수엘라에서 만들어지고 있다. 스페인에서는 꿀레브롱(long snake)이라고도 불리고 있으며, 이는 보통 하나의 프로그램이 180편씩 이어지기 때문이다. 텔레노벨라는 단순히 히스패닉들에게만 인기를 끌고 있는 제한된 장르는 절대 아니라는 점을 과시했다. 러시아, 동유럽, 필리핀, 이스라엘, 말레이시아, 싱가폴, 인도네시아, 중국은 물론 유럽권인 프랑스에서조차 그 팬층들이 존재하고 있는 막강한 장르로 자리 잡아가고 있다(은혜징, 2007).

텔레노벨라의 특성

텔레노벨라의 특성에 대해 살펴보면, 크게 내용적인 특성과 형식적인 특성으로 분류해 볼 수 있다. 먼저 텔레노벨라의 내용적인 특성에 대해 알아보면 다음과 같다.

텔레노벨라는 나이와 성별과 관계없이 중남미의 전 안방극장을 점령한 드라마 장르로, 높은 광고 유치율을 자랑한다. 포르투갈어 사용국인 브라질과 스페인어권 중남미 국가들에만 한정되지도 않는다. 포르투갈어와 스페인어의 종주국인 포르투갈과 스페인은 물론 미국의 히스패닉들에 이르기까지 일상생활의 일부로 자리잡을 만큼 폭넓은 시청자층을 확보하고 있다(Barreran & Bielby, 2001).

1960년대 중반까지 멕시코, 브라질을 비롯한 대부분의 중남미 텔레노벨라는 사랑하는 한 쌍의 남녀가 그들의 사랑을 방해하는 장애물을 만나는 판에 박힌 멜로 드라마식 구성에 의존했다. 그러나 고유의 장르직 특성을 갖춘 1970년대 이후 중남미의 텔레노벨라에서는 사랑의 추구와 사회적인 역할에 대한 제약 사이에서 갈등하는 개인의 모습이 두드러지면서 사랑에 관한 담론이 계층의 담론과 연계되고 다른 사회적 계층의 인물들 간의 많은 의미 있는 '사랑'이 나타난다.

텔레노벨라는 이러한 멜로 드라마의 정형화된 코드와 장치들을 사용하면서 사회 · 정치적 문제들을 가정 내부의 가족 관계를 통한 은유로 풀어낸다. 그러나 Martin-Barbero(1995)가 지적하는 바와 같이, 중남미의 텔레노벨라 간에는 지역별로 명확한 차이점이 나타난다.

첫 번째는 '진지한 장르'라고 명명되는 것으로 주로 멕시코와 베네수엘라의 제작품이 이에 해당한다. 멜로 드라마 서사의 정형성을 지닌 등장인물들이 주를 이루는 이 지역의 텔레노벨라는 극의 배경이 되는 시간과 장소에 대한 언급은 없다. 멜로 드라마를 중심으로 비극적 고통이 지배하고 있는 본원적인 감정과 열정에 비중을 둔다. 주요 극적 갈등의 핵심이 혈연관계와 밀접하게 연관된 것이 특징이다.

두 번째 유형은 브라질과 콜롬비아의 텔레노벨라에 해당한다. 이 지역의 텔레노벨라는 일정 부분 일상적인 사실주의와 민족적 특수성을 담아낸다. 계급, 민족, 성별 그리고 연령 등의 세세한 특징들을 다양한 등장인물의 모습 속에 투영시킨다. 전형적인 인물이 존재한다고 하더라도 멕시코의 경우처럼 명백하게 드러나지 않는다. 특히, 브라질의 텔레노벨라에서는 등장인물을 개인화하거나 캐릭터화시켜 그 자체로 하나의 살아 움직이는 인물로 개발하는 경향이 있다. 등장인물들은 성장하고, 성숙하며, 변화하는 가운데 발전하고, 선택하며, 퇴화한다. 또한 그들끼리 서로 다른 다양한 관점을 가지고 대화하며 토론한다.

따라서 이 지역의 텔레노벨라는 새로운 사회적 관계와 도덕적 갈등을 포함한 현대 중남미 사회의 변화를 좀 더 사실적으로 반영한다. 브라질의 텔레노벨라는 여기서 한 걸음 더 나아가 여론을 형성하고 미래의 청사진을 제시하는 구실을 한다.

텔레노벨라에서 일어난 사건은 바로 해당 TV채널, 라디오 방송국, 신문 및 길거리의 일상생활 속에서 논쟁의 대상이 되곤 한다.

크리스 바커(2001) 역시 멕시코와 달리 브라질의 텔레노벨라는 일정 부분 공식에 따르긴 하지만 오히려 경쟁적이고 갈등적인 담론을 담아내는 것에 치중한다고 말한다. 이에 따라 여성은 남성의 부속품으로 경제적으로나 사회적으로 남성에게 의지하고 딸들은 아버지의 뜻에 따라 결혼을 하는 것으로 묘사된다. 그러나 또 한편으로는 다양한 방식으로 그러한 지배를 비판하고 저항하는 여성을 보여줌으로써 개인의 자유와 선택, 계층 · 사회적 이동, 경제적 발전과 소비와 같은 근대적인 주제들을 보다 강조하고 있다는 점에서 브라질 텔레노벨라의 전 지구적 확산의 이유를 찾아볼 수 있다고 주장한다. 말하자면 브라질의 텔레노벨라는 보편성과 특수성의 긴장 관계에 놓여 있으며, 보편적인 테마들을 지역적 시각과 특수성을 통해 재현해 낼 수 있느냐 하는 가능성에 따라 세계화의 성패가 달려 있다고 본 것이다(대외경제정책연구원, 2010).

텔레노벨라의 내용적 특성과 함께 형식적 특성에 대해 살펴보면, 텔레노벨라는 제작하고 편성할 줄 알아야 1, 2위를 차지하는 방송사가 될 수 있다는 말이 나올 정도로 중요한 편성 상품이다. 중남미 사람들은 주로 현지에서 제작된 텔레노벨라를 선호하는 경향이 있으며, 주 방영 시간대는 오후 7시부터 오후 11시까지로 편성된다. 이 시간대에는 보통 3~5개의 현지 제작 텔레노벨라가 방영된다. 현재 브라질에서 방영되는 일일연속극의 수는 총 9편이다.

텔레노벨라는 TV극, 드라마, 미니시리즈, 단막극과 같이 다양한 형식을 지니고 있지만 대부분 매일 방영되는 일일연속극 형태를 취한다. 보통 주중의 저녁 시간이나 낮에 5회에서 6회 정도 방영되며, 180~200회의 에피소드를 통해 궁극적으로 이야기를 종결짓는다. 대략 한 시간 정도로 편성되며 일반적으로 3~6개월, 성공적일 경우, 이례적으로 18~20개월 방영된다. 인기가 많은 경우에는 무한정 연장하여 300회까지도 가능하고, 시즌별로 나누어지기도 한다.

시청자층은 시간대에 따라 다르기도 하고, 취향에 따라 분류되기도 하지만, 다양한 수용자층을 확보하기 위해 시간대별로 목표 시청자를 달리한다. 오후 이른 시간대에는 어린이와 젊은 성인을 겨냥한 텔레노벨라를, 늦은 시간대에는 주부를, 그리고 저녁 늦게는 남녀 성인을 겨냥한 텔레노벨라를 편성한다. 브라질이나 멕시코 등 중남미 국가는 대개 저녁 5시부터 텔레노벨라를 집중 편성하고 있다. 오후 5~6시에는 청소년을 겨냥해 폭력, 섹스, 욕설 등이 들어가지 않은 로맨틱한 드라마나 과거 역사에 관한 이야기를 주로 방영한다.

이들 역사, 종교 물에서는 식민 시대의 이야기, 노예 문제, 이민 문제 등을 다룬다. 오후 7시에는 주로 도시를 배경으로 한 액션, 유머, 로맨스 물을 방영하며, 오후 8시부터는 성인용을 포함한 모든 종류의 드라마를 방영한다. 7시에 방영되는 텔레노벨라는 복수와 음모가 바닥에 깔려 있지만, 결국에는 코미디로 끝나는 현대극인 경우가 많다. 그러나 9시부터 방영되는 텔레노벨라는 본격적으로 성인을 겨냥해, 좀 더 논쟁적인 사회 이슈들이 등장한다. 정치부패, 빈곤, 가정폭력, 마약, 동성애, 섹스, 인종, 계층·지역 갈등, 여성, 낙태, 인간복제, 장애, 불법 이민, 사회변동 등이 소재로 등장한다(대외경제정책연구원, 2010).

텔레노벨라의 인기 비결과 성공 코드

텔레노벨라가 인기를 얻고 있는 비결은 무엇일까? 텔레노벨라의 내·외적 특성을 통해 살펴보도록 하겠다. 텔레노벨라는 현대에 중요성을 획득하게 된 전통적인 형식과 내용이 결합한 서사 장르로, 특정 문화와 연계된 현대적인 내용을 담고 있다. 철저하게 대중적이기 때문에 남녀 간의 '성적 관심'이 잘 드러나 있으며, 텔레노벨라 이야기에 내재되어 있는 요소들은 상업적 관심사와 연계되어 있다. 멕시코와 브라질의 텔레노벨라를 비롯하여 중남미의 텔레노벨라에는 멜로 드라마적인 요소를 기반으로 서사시적 요소, 시적 요소, 소설적 요소, 음악적 요소, 연극적 요소가 탁월하게 융합되어 있는데 구체적으로는 다음과 같은 특징을 지니고 있다(대외경제정책연구원, 2010).

① 시청자의 욕망을 일깨우는 서사 구조

시청자의 욕망은 시청자의 관심으로 표출되는데, 이 욕망은 광범위한 시청자를 끌어들이기 위해 가능한 한 보편적 특성을 보여야 한다. 그 이야기들이 특정 현실과 연계해야 할 필요도 있다. 성공한 텔레노벨라들이 지닌 서사 구조는 시청자의 욕망을 일깨우고, 이 욕망은 시청자에게 지속적인 센세이션을 일으킨다. 여기서 공통으로 다루고 있는 사랑이라는 테마는 모든 인간이 지닌 보편적인 감정으로, 각기 시대와 배경, 상황을 달리하면서 독특하게 형상화됨으로써 시청자에게 독특한 쾌감을 유발하고 있다.

② 특별한 문화적 관심을 불러일으키는 테마

제작자들은 텔레노벨라의 이야기가 가장 보편적인 특성을 보일 수 있도록 노력하는데, 이를 위해 공간, 시간, 인물 유형의 설정에 있어 특별한 삶의 양식을 반영함과 동시에 현대성과의 접목을 꾀하고 있다. 특히, 세부 장치에 신경을 많이 쓰고 이야기의 시각적인 표현을 미학적으로 승화시킴으로써 대중의 취향에 부합하도록 한다.

분석 대상으로 선정된 텔레노벨라는 사회 속에서, 그리고 가족과의 관계에서 여성의 역할(성, 가정, 도덕), 남녀 간의 사랑과 이별의 문제, 부자와 가난한 자 사이의 갈등 관계, 사회적 신분과 관념의 전복, 전통으로서의 과거, 고유의 문화, 현대 사회의 변화 양상을 흥미진진하게 다룸으로써 시청자의 시선을 사로잡았다.

예컨대, 'Da Cor do Pecado'는 브라질 텔레노벨라 역사상 최초로 흑인 여성을 주인공으로 내세움으로써 인종과 계층을 초월한 사랑을 다뤄 전 세계 100여 국에 수출되었고, 〈Alborada〉와 〈Terra Nostra〉는 각각 식민지 시대의 멕시코 역사와 근대국가 형성기의 브라질 사회를 배경으로 다룸으로써 시청자에게 과거 문화에 대한 향수를 불러일으켰다. 〈Destilando amor〉는 멕시코의 테킬라 문화를 배경으로 삼음으로써 멕시코에서 선풍적인 인기를 누린 뒤 전 세계 30여 국가에서 설찬리에 방영되었다.

③ 등장인물과 동일화

텔레노벨라는 자체의 이데올로기를 대중화시키고 지속적인 시청을 유도하기 위해 적합한 모티브를 제공하고 시청자가 등장인물과 자신을 동일시하도록 하는데, 특히 텔레노벨라의 주 소비자인 여성이 여자 주인공과 자신을 동일시하도록 전략을 구사한다. 분석 대상으로 선정한 텔레노벨라에서는 거의 모두가 여성 인물에게 초점을 맞추고 있다.

④ 여성의 문제

텔레노벨라는 여성이 맺고 있는 다양한 관계의 뒤틀림, 그 관계에서 비롯되는 복잡한 감정에 관해 다룸으로써 사회적 관계들을 유지할 임무를 부여받고 교육 수준이 높은 여성 시청자들의 관심을 일깨운다. 위에서 분석된 텔레노벨라는 주로 여성을 위해 만들어진 것이기 때문에 서사의 중심에 여성 영웅을 위치시키는데, 이 여성은 희생자가 아니라 영웅적인 인물로 그려진다. 처음에는 희생자처럼 보일지라도 나중에는 영웅으로 변모한다. 대개 여성 인물은 신분의 고하, 미추를 떠나 여성의 공공연하거나 비밀스러운 욕망과 공포를 대변한다.

⑤ 복합장르

하나의 텔레노벨라 안에 여러 가지 다양한 장르를 선보인다. 심각한 멜로 드라마에 코미디 장르에서 이용되는 코믹한 장면을 삽입시키거나, 또는 트릭스터적[60] 인물을 등장시켜 풍자적인 장면을 연출한다. 사회, 문화적으로 현안이 되는 일상적인 테마도 텔레노벨라에 명시적으로, 또는 은연중에 삽입되어 있다. 이처럼 장르를 혼합하는 추세는 멕시코와 브라질을 비롯해 중남미 전역에서 증가하고 있다.

⑥ 긴장감 조성

시청자의 관심을 지속해서 일깨우기 위해 이상적인 긴장감을 조성한다. 이런 긴장은 시청자의 시청 욕망이 계속해서 작용하도록 함으로써 시청자 개개인이 살아 있도록 만든다. 시청자의 긴장 상태를 유지해 주는 서사는 끊임없이 판타지를 일깨우고 중단시키기를 반복한다. 물론 제작자들은 자신들의 상업적인 메시지를 전파하기 위해 이러한 메커니즘을 이용한다. 분석 대상 텔레노벨라에는 다양한 인간의 복잡한 관계, 음모, 복잡한 플롯이 긴장감을 높여주고 있다.

⑦ 카타르시스

각 텔레노벨라에는 특정 인물, 즉 사회·경제적으로 하층민에 속하는 여성, 못생긴 여성이 결혼이나 유산을 통해 신분 상승을 이루기도 하고, 아무 잘못도 없는 여성이 다른 사람의

60) 트릭스터(trickster)는 신화나 이야기 속에서 신이나 자연계 질서를 벗어나 이야기에 파란을 일으키는 존재. 셰익스피어 〈한여름 밤의 꿈〉에 등장하는 요정 퍽 등이 유명하며 그리스 신화의 오디세우스나 북유럽신화의 로키가 트릭스터적 성격을 지니고 있다. 자료 : https://breakage88.tistory.com/3

잘못 때문에 고통을 받는 희생자로도 등장한다.

시청자는 이런 인물들을 통해 카타르시스를 느끼게 된다. 예를 들어, 'Alborada', 'Destilando amor', 'O Clone', 'América' 같은 경우, '비극적인' 여주인공이 겪는 초중반부의 비참한 운명에 의해 시청자의 마음에 '두려움'과 '연민'의 감정이 격렬하게 유발된다. 그 과정에서 시청자의 인간적 정념이 어떤 형태로 순화되는 일종의 정신적 승화작용을 일으키게 되는 것이다. 또한 특정 등장인물을 희화함으로써 카타르시스를 유발하기도 하는데, 이런 텔레노벨라에서는 멜로 드라마적인 요소가 줄어들고 시청자의 관심을 유도하는 구경거리가 증가한다.

⑧ 소비 촉진을 위한 센세이션 유발

분석 대상이 된 텔레노벨라의 경우 시청자에게 센세이션을 유발하는 장면이 간간이 삽입되어 있다. 이를 위해 단순히 소비 촉진을 위해 잘 만들어진 다른 요소와 기교, 장치들을 동원하는데, 간혹 상업 광고나 정치 선전 같은 형식인 멀티 스팟(multi-spot) 형식이 도입되기도 한다. 오버 액션(sobreacción) 또한 시청자를 끌어모으는 기재로 사용된다.

⑨ 의도적인 정치화

과거 텔레노벨라는 흔히 정치적인 선전을 배제하고, 주로 수동적이고, 감정적인 시민을 모델로 다루었다. 현재는 정치적인 선전이 노골적으로 등장하지는 않는다. 하지만, 등장인물의 감정을 표현하는 식으로 자연스럽게 삽입됨으로써 현재의 텔레노벨라는 하나의 대량 소비 문화상품이자 정치 선전의 도구로 이용될 수도 있다.

'Destilando Amor'와 'Fuego en la sangre'에 출연한 에두아르도 야녜스(Eduardo Yáñez)와 'Alborada'의 여주인공 역을 맡은 루세리토(Lucerito) 등은 자신들이 출연한 텔레노벨라의 등장인물을 통해 "우리 멕시코 인들은 위기에 처해 있습니다. 의욕을 가지고 전진합시다(los mexicanos estamos en crisis, échale ganas y saldremos)"라고 말한다. 이렇듯 텔레노벨라에서 인기를 얻은 배우는 여론 형성과 도덕성 고양의 주도적인 역할을 한다. 정치 시스템은 '공개적으로' 정치적인 선전을 하기 위해 대중적 삶의 대표 모델로 변한 이들 인물이 지닌 명성과 대중성을 이용한다.

브라질의 경우, 이러한 정치적 특성은 'O Clone'의 마약 복용 반대 캠페인과 'América'의 다양한 사회 병리학적 현상에 대한 고찰을 통해 친사회적 기능을 수행하기도 한다.

⑩ 외국의 텔레노벨라 리메이킹

과거 중남미의 텔레비전 프로그램에서는 미국의 시리즈물이 프라임 타임을 차지했으나 현재는 자국의 제작사가 자국에서 제작한 프로그램을 시청하는 시청자가 늘었다. 이제 멕시코는 완성품을 수입하거나 수출하지 않고, 시나리오만 수입하거나 수출한다. 예를 들어 콜롬비아의 'Bety la fea', 아르헨티나의 'Rebelde' 같은 경우 Televisa가 수입해 멕시코 배우들이, 멕시코 문화를 반영해, 멕시코에서 촬영함으로써 멕시코 시청자를 끌어모았다.

이런 경향은 완성도가 높은 기존의 텔레노벨라를 근간으로 자국 시청자의 기호, 소비 패턴, 문화, 정체성 등을 반영함으로써 또 하나의 새로운 텔레노벨라를 만들어낼 수 있다는 장점이 있는데, 이는 텔레노벨라가 철저하게 '대중적'인 속성을 지니고 있어서 가능한 것이었다.

더불어 텔레노벨라가 필수적으로 지닌 요소도 있다. 서사구조 및 소재 등과 관련 해 총 9개로 정리할 수 있으며, △불가능한 사랑 △삼각관계 △passion △초현실주의 △갈등 △아름다운 장면 △악인 △배우 △장르와 시간 등이 그것이다(은혜정, 2007).

⑪ 불가능한 사랑

스토리에 있어 반드시 들어가야 할 사항으로는 '불가능한 사랑'이 단연 첫 번째로 꼽힌다. 특히 가난한 여인과 높은 신분의 남자 사이의 첫눈에 반한 피할 수 없는 사랑 이야기가 그 주류를 이루고 있다.

⑫ 삼각관계

그리고 사랑을 풀어가는 과정에서 남녀의 삼각관계를 설정해 긴장감을 고조시키고 있다.

⑬ passion

모든 사랑과 갈등은 절대적으로 열정적이고, 표현도 최대한 과장되게, 열정적으로, 그리고 모든 표현은 진정 가슴속에서 우러나오는 것처럼 표현하고 있다. 또한 한 가지 오해하지 말아야 할 것은, 텔레노벨라는 '열정'을 그리는 것이지, '섹스'를 그리는 것이 아니라는 점이다. 겉보기에는 때로 야한 장면들이 나올지 모르지만, 이는 어디까지나 극의 흐름을 보면 필요한 것일 뿐이다.

⑭ 초현실주의

중남미의 텔레노벨라는 철저히 초현실적(surreal)일 만큼의 신비로운 로맨스(magical romance), 동화 같은 사랑 이야기를 근거로 펼쳐지고 있다. 특히 멕시코의 텔레노벨라의 경우, 이는 아마도 멕시코 문화에서 그 근원을 찾을 수 있을 것이다.

멕시코 문화에 있어 신비주의가 차지하는 역할은 무척 크고 많은 갈등이 초현실적인 사건들로 해결되고 신비로운 존재들이 나타나기도 하는 등 멕시코의 깊은 뿌리가 바로 초현실주의라고 볼 수 있다. 이는 아마도 중남미 전체에 고루 해당하는 말로써 유명한 Paulo Cohello의 많은 소설, 전 세계적으로 팔려나간 Laura Esquivel의 〈Like Water for Chocolate〉 등이 그 좋은 예라고 할 수 있다.

⑮ 갈등

드라마 전개에 있어 불가능한 사랑을 어떻게 얻는가에 따르는 갈등은 반드시 동반된다. 특히, 이러한 갈등은 해결하기에 전혀 단순하지 않은 매우 복잡하게 짜여 있으며, 갈등을 해결해나가는 과정에서 시청자들의 심금을 울리고, 감정 몰입을 유도하게 하는 특성을 가지고 있다.

⑯ 아름다운 장면

이야기가 전개되는 모든 장면은 대화에 앞서 무엇보다도 '그림'이 아름다워야 한다. 말로 풀기보다는 우선 이미지로 시청자에게 다가가는 것이 중요하다. 텔레노벨라의 주요 배경은 그런 점에서 아름다운 풍경과 스케일면에서 두드러진 특징이 있다.

⑰ 악인

악인의 존재와 역할은 텔레노벨라의 여주인공에 버금갈 만큼 무척이나 중요하다. 악인은 갈등을 고조시키고, 더 많은 감정이입을 낳는 중요한 요소다. 모든 사람의 동의를 얻을만

한 악인의 역할이 중요한데, 최근에는 세태를 반영하듯 주로 정치인들이 단골로 악역을 차지하고 있다.

⑱ 배우

배우들의 연기는 어디까지나 각본에 충실하여야 하고, 각본에 없는 즉흥적 애드립을 하는 경우는 거의 없다. 특히, TV Televisa처럼 이미 확고한 위치를 차지한 방송사의 텔레노벨라의 경우는 더더욱 배우들은 각본에 충실한 연기를 하도록 권고 받고 있다. 다만 TV Azteca처럼 경쟁을 통해 최고의 자리를 차지하기 위한 노력을 기울이는 경우라면 배우들의 즉흥적인 연기가 보다 감각적인 리액션을 끌어낼 수 있고, 이러한 예들이 시청자들에게 어필 할 수 있는 것을 기대하기도 한다.

⑲ 장르와 시간

"장르는 영원하지만 시간에 따라 내용은 변화하고 있다" 이 말은 '텔레노벨라'라는 포맷은 계속가지만, 그 안에서 다루는 내용은 시대의 변화를 반영한다는 뜻이다. 이는 특히 브라질의 텔레노벨라가 가장 신속하게 받아들이고 있는 경향이라고 할 수 있다.

텔레노벨라의 해외 마케팅 전략

멕시코, 브라질, 베네수엘라, 콜롬비아, 페루, 아르헨티나, 칠레 등 중남미의 텔레노벨라 산업은 1980년대 후반부터 소위 '초국화(transnationalization)현상'을 경험하는데, 이는 다음과 같은 양상으로 전개되었다.

멕시코와 브라질의 메이저 제작사들은 텔레노벨라를 중남미 국가뿐만 아니라 미국, 유럽, 아시아, 중동 등에 수출해 오고 있다. 판매망을 넓히기 위해 문화적 기준을 표준화하려고 애써 왔고, 판매와 유통을 원활히 하기 위해 외국에 사무소를 개설했는데, 특히 마이애미와 마드리드, 리스본이 주요 거점이 된다. 중남미의 텔레노벨라 제작자들은 마이애미와 스페인, 포르투갈에서 공동으로 제작, 판매, 유통하고 있다.

이때 중요한 것은 외국 텔레노벨라의 버전을 자국의 현실에 맞게 수정해 리메이크함으로써 지역의 특성을 살리는 것이다. 다시 말해, 텔레노벨라의 콘셉트, 플롯, 주요 인물 등 텔레노벨라의 구조를 판매하고 나중에 플롯과 등장인물을 바꾸어서 그 지역의 배우가 그 지역의 언어를 사용해 국내 시장에 보급용으로 리메이크하는 것이다. 언어학적인 측면에서 보면, 아르헨티나에서 수입된 텔레노벨라에서는 '보세오(voceo)'와 '악센트'를 제거하고, 콜롬비아에서 수입된 텔레노벨라에서는 '악센트'를 순화하는 방법이다. 텔레노벨라의 성공 여부는 시청자가 등장인물, 이야기, 등장인물들과 자신들을 동일시하는 정도에 따라 결정되기 때문이다.

같은 맥락에서, 지역적인 특성이 두드러진 작품을 생산하는 것은 글로벌화 전략에 매우 중요하다. 텔레노벨라는 무엇보다도 자국 시장을 겨냥해서 만들어야 한다. 자국 시장에서 성공을 거둔 뒤에야 수출이 될 수 있고, 자국 시장의 시청률이 수출에 큰 영향을 미치기 때문이다. 원작과 같이 만들어 자국의 시청자에게 지루함을 유발해 자국 시장의 점유율이 낮아지면, 당연히 수출 타당성 또한 낮아진다. 브라질의 〈Da Cor do Pecado〉, 〈Terra Nostra〉, 〈O Clone〉는 시청률 45% 이상의 큰 성공을 거둔 뒤, 전 세계 90여 개국 이상 수출되었다. 이어 멕시코의 테킬라 문화를 배경으로 한 〈Destilando amor〉는 멕시코 자국 시장에서 큰 인기를 얻은 뒤 30여 국가에서 절찬리에 방영되었다. 콜롬비아의 커피 문화를 담은 〈Café con aroma de mujer〉도 자국 시장의 성공을 바탕으로 80개국에 수출되었다는 사실이 이를 잘 증명해 주고 있다.

멕시코가 중국을 텔레노벨라의 공동 제작 파트너로 정했다는 점도 특기할만하다. 2010년 4월 14일 멕시코의 Televisa와 중국 최대 방송국인 중국국제텔레비전총공사(China International Television Corporation : CITVC)가 합작했다. 중국에서 중국의 특성과 문화가 드러난 텔레노벨라를 제작해 중국, 멕시코와 중남미 등에 보급하는 방식에 합의하였다. 약 20억 명의 시청자가 있는 양 지역 시장에 양국이 공동으로 제작한 텔레노벨라를 보급키로 한 전략이다.

3) 베스트 마케팅 프랙티스

〈해리 포터〉 콘텐츠 마케팅이 보여준 〈뉴 OSMU〉[61]

해리 포터 콘텐츠 비즈니스의 토털 마케팅은 종합 커뮤니케이션으로서〈PI-PR-IR-글로벌 서비스-OSMU〉 구성을 보인다.

〈그림 147〉 〈해리 포터〉의 토털 마케팅 구조

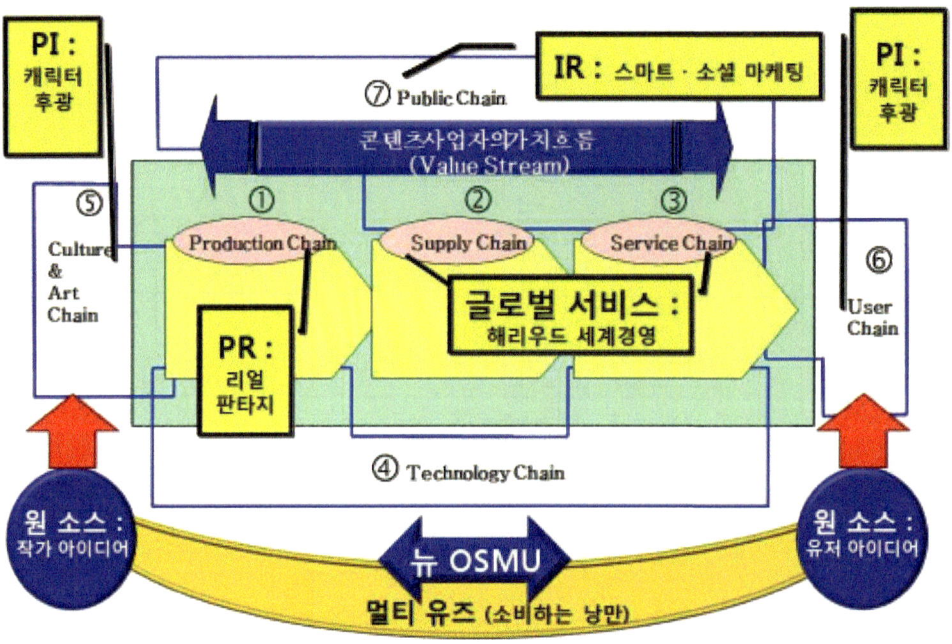

PI : 캐릭터 후광

PI(Personal Image)에서는 캐릭터 후광을 연출했다. 해리 포터 작가, 독자, 이용자 모두 평범한 캐릭터의 마성적 힘 발휘하도록 했다· 해리 포터는 콘텐츠 마케팅에서 지배적인 기법인 할리우드 스타시스템을 탈피한 신종 캐릭터 후광 발현에 성공할 수 있었다· 기존의 할리

61) 심상민, 〈해리 포터〉 콘텐츠 마케팅이 보여준 뉴 OSMU, KOCCA 포커스 (통권4호) 10-04, 2010.7.9.

우드 스타시스템은 소비자 대중을 따르게 하고 조작하는 환상을 중시하는 반면 해리 포터는 대중이 친근감을 느낄 수 있는 보편적, 서민적, 중류층 캐릭터로 일관하였다.

작가 조앤 롤링 자신이 영국의 옥스브리지(옥스포드 + 캐임브리지) 엘리티시즘이라는 후광 효과 없이 평민 레벨에서 창작을 개시한 이력을 가졌다. 이 점에서 영화 영역에서 경쟁관계로 부각된 〈반지의 제왕〉 존 로널드 톨킨과 대비된다. 작가가 창출한 해리 포터와 론 위즐리, 헤르미온느 그레인져 등 주변 인물 캐릭터 또한 평민 이미지 작가의 분신으로서 특별한 엘리트나 우월한 유전자가 아닌 중간자 레벨 캐릭터라고 할 수 있다.

이들 캐릭터는 또한 특별히 부진한 루저(loser : 패퇴자, 낙오자) 이미지와는 선을 긋는 중간자, 평범한 보통 캐릭터로서 정체성을 한결같이 갖게 된다. 이러한 평민 캐릭터 값어치에 후광 효과를 부여한 것은 캐릭터에 자기 환상을 투영시키게 된 전 세계 이용자 그룹 덕택이다. 이들의 평민 캐릭터 후광 효과 창출을 촉진한 것은 1997년 해리 포터 출간 이후 자가 발전한 인터넷, 모바일 등 뉴 미디어 자산이 되었다.

시초부터 대중성과 상업성을 허락받는 〈퍼미션(permission) 마케팅〉을 전개하였다. 성인 독자층, 그리고 마니아층으로부터 호평을 받는 〈반지의 제왕〉과 달리 해리 포터는 훨씬 더 넓은 독자층을 겨냥, 우선 아동 독자 팬들을 상대로 초기 마케팅을 포지셔닝하였다.

처음에 주 독자층인 아동을 대상으로 상업주의를 바로 드러낼 수 없었기 때문에 아동의 꿈을 펼치게 해주고 교육 효능을 거둘 수 있다는 점을 집중적으로 부각하였다. 실제로 〈해리 포터〉의 독자 가운데 51%는 5세에서 17세의 어린 독자층이고, 어린 독자의 65%는 학업 성적이 올라가는 효과를 봤고 "비디오와 컴퓨터 게임기에 빠져 있던 어린이들을 다시 책으로 끌어들였다"라는 찬사를 부모들로부터 받아 왔다.

이렇게 부모, 가족으로부터 콘텐츠 가치를 허락(permission) 받은 이후 곧바로 강력한 상업주의 마케팅인 스타일 모방과 중독 바이러스를 퍼뜨렸다. 시력이 멀쩡한 아이 가운데 40%가 〈해리 포터〉처럼 안경 쓰기를 원한다(영국 안경사협회에서 발표)는 조사가 나오기도 했을 정도였다.

스타일 모방과 중독을 통한 캐릭터 후광 효과 증폭은 출판 콘텐츠에서 캐릭터 이미지를 형상화하는 일러스트레이션 파트가 담당하게 되었다. 해리 포터도 안경을 쓰고 창백하고 왜소해 보이기까지 하는 주인공 캐릭터를 형상화함으로써 보편적 아동 독자층이 쉽게 느끼고 금세 따라잡을 수 있는 모델을 제시한 연출이었다.

세계 시장 보편적 서비스를 위해 야성 이미지로도 연출하였다. 해리 포터 원 소스 콘텐츠에 나온 캐릭터는 이용자 대중에게 자신을 복제한 수많은 피지배자의 저항, 반란을 부추기는 극적인 선동을 고취하였다. 해리 포터가 모든 것을 다 잃은 무산자 소년 이미지를 갖고 가출, 일탈하고 마법 학교라는 새로운 판타지 영역으로 들어간다는 구성은 곧 지긋지긋한 현실을 박차고 자유를 찾아 훨훨 떠나간다는 강력한 정치적, 사회적 메시지를 전파하였다.

해리 포터는 판타지 문학의 요소 가운데서도 특별히 가지지 못한 자에 대한 위로와 선동을 감행하였다. 이는 자유라는 판타지의 본성으로 이용자를 매혹하는 마케팅 효과로 나타났다. 판타지는 음악 분야에서 뿌리를 두고 있는 장르 또는 스타일에 해당한다. 원래 환상곡이라는 뜻으로 그 하위개념은 5가지로 나누어진다. 하지만 이 5가지의 하위개념들은 자유로운 형식과 주제라는 공통점으로 환상곡, 즉 판타지를 상위개념에 두고 있다. '자유로움'이라는 의미에 뿌리를 두고 있는 판타지는 현실을 떠나 자유롭게 구사된다. 이를 통해 지금의 판타지 개념, 즉 현실이 아닌 다른 세계에서의 그 무엇이라는 의미를 지니게 되었다.

해리 포터는 이 같은 요소에 착안, 국적, 인종, 경제 사회적 계급 등에 묶여 있는 억압을 등지고 싶어 하는 보통 중간자 층 정서를 부추겼다. 특히 순수 이상주의, 공상적 사회주의 성향을 지닌 아동과 미성년 층을 주 타켓으로 자유를 갈망하는 정당, 조직(비밀결사)과 같은 커뮤니티 형성으로 이어지게 되었다.

책에서는 또 '순수 혈통', '혼혈 혈통', '머글 태생'이라는 말을 자주 등장시켜 인물 캐릭터들이 '헤르미온느'가 '머글 태생'이라는 이유로 무시를 당하는 것으로 설정하였다. 이 부분은 혈통에 집착하는 인종주의와 관련이 있다. 작가는 소설 속에서 '혈통'을 강조하는 인물들이 잘못되었음을 지적하고 인종주의 타파를 간접 표현하여 더 많은 지지 기반을 획득하는 상업주의로 넘어갔다.

또한 현실 모순과 문제를 해결하는 〈레인메이커 캐릭터〉로서 이미지를 확대하였다. 현실세계에서 사회활동을 하는 인물 캐릭터를 제시함으로써 현실의 모순을 해결한 열쇠를 찾아 나가도록 하는 게임 요소 또한 해리 포터 PI 마케팅의 주된 특징이 되었다. 해리 포터와 작가를 어려운 문제를 해결하는 레인 메이커(rainmaker)로 이미지 메이킹하였다.

'헤르미온느'는 집 요정들이 노예노동으로 시달리고 있다고 주장하면서 꼬마 집 요정 해방운동(S.P.E.W-Society for the Promotion of Elfish Welfare)과 같은 모임을 만들었다. 말포이의 집에서 혹사당하며 일하고 있던 도비를 해방시키는 설정 등을 통해 핍박받는 피지배

서민 정서를 표출하기도 했다. 그리하여 마치 현실 세계 인권운동처럼 집 요정의 권리를 위한 운동을 통해 '권리'는 지켜야 함을 알리면서 민주주의 이념과 교육의 종가인 영국 사회의 전형적인 가치를 전파하였다. 이 지점에서 영국 시스템에 대한 외경심을 다소 가진 세계의 다양한 보편적 이용자 그룹이 공감대를 형성할 수 있는 PI(personal Image) 후광 효과가 실현될 수 있었다.

〈꽃보다 남자〉류의 관객 보독과 정반대인 관객 예찬, 서민 취향을 발산하기도 했다. 현실 문화 엘리티시즘을 떨친 조앤 롤링은 시초부터 작가주의 작품성이 아닌 대중이 자연스럽게 호흡할 수 있는 높은 대중성, 상업성으로 이행하였다. 〈해리 포터〉는 누가 선이고, 누가 악인지에 대한 구분이 명료하고, 가족의 사랑과 친구들 간의 우정 그리고 사춘기를 통한 성장이라는 것처럼 주제가 명확하다는 점에서 흥행 공식 표준인 할리우드 영화 포맷에 닿아 있긴 하다.

반면 〈반지의 제왕〉은 소설 속에 존재하는 '악'이 〈해리 포터〉에서처럼 실질적으로 보이는 인물이 아니라 눈에 보이지 않는 '악'이라는 심리적인 요소여서 할리우드 흥행 공식과는 다른 고급문화 취향을 보여주었다.

〈반지의 제왕〉은 문장 구성이 어렵다. 복잡한 스토리와 수많은 캐릭터 등장, 지명이 복잡하고 세계관이 좀 어렵게 구성되어 있으므로 어린이들은 이해하기 쉽지 않다는 지적도 많다. 또한 서사시 풍의 글은 일반적인 소설만 읽어 왔던 독자들에게는 내용이 어렵고 가독성을 저해하는 경우가 많다. 더구나 번역판일 경우 번역 소설들이 가지는 미묘한 문어체가 문제가 될 수 있다. 〈반지의 제왕〉에는 비유체가 많아 독자의 풍부한 어휘력을 요구한다. 그래서 독서 능력이 어느 정도 있어야 소설 속 모든 디테일을 감상할 수 있고 즐길 수 있다는 한계를 지닌다.

이와 달리 해리 포터는 콘텐츠 캐릭터와 이용자 개인 캐릭터가 동화될 수 있었다. 아울러 평민 캐릭터 후광 효과라는 이미지의 현실성이 높았기 때문에 장난감, 의류, 게임, 액세서리, 문구, 가정용품, 가구, 캔디, 파티 용품 등 다양한 머천다이징도 가능하였다.

반면 〈반지의 제왕〉은 영화 자체가 현실과 관련이 있는 것이 아닌, 다른 세계와 관련성이 높았기 때문에 게임, 장난감 등 현실과 관련된 머천다이징은 중요하지 않았다. 그보다는 판타지적 요소가 강한 머천다이징, 즉 영화를 찍은 장소인 뉴질랜드의 관광 사업 마케팅 등으로 콘텐츠 비즈니스가 제한되었다.

결국 판타지에 대해 흥미를 느끼고 있고, 작품에 대해 잘 알고 있는 사람들에게 〈반지의 제왕〉과 〈해리 포터〉의 상업적 마케팅은 둘 다 확실한 효과를 낸다는 것은 맞다. 반면 호기심을 가지고 있는 대중들에게 일반적인 머천다이징으로 다가가기 쉬운 것은 〈해리 포터〉라는 평가다.

조앤 롤링도 "자신은 아동용으로 글을 쓰지 않았고 해리 포터는 순전히 자신의 유머 감각으로 썼지만, 아동도서가 이 책을 선택하였다. 그러니 성인들에게도 해리 포터는 충분히 읽을 만한 책이다"라며 〈해리 포터〉는 어린이와 성인들 모두에게 충분히 읽을 만한 가치가 있는 책이라고 범용성을 강조했다.

PR :「리얼 타지(Real Fantasy)」 상품 가치 창출

PR(Public Relations)에서「리얼 판타지(Real Fantasy)」 상품 가치를 창출해낸다. 친근하고 쉬운 판타지로 고객의 이중적인 꿈과 현실을 모두 공략하였다. 해리 포터 콘텐츠 상품은 리얼리티와 판타지 속성 등 2마리 토끼를 모두 잡는 하이브리드 유형 비즈니스를 선보였다. 이른바 〈리얼타지(real fantasy)〉 라고 할 수 있는 새로움으로 1997년 이후 영화 시장 등에서 경쟁관계에 돌입했던 〈반지의 제왕〉과 대척점에서 차별화에 성공하였다.

정교한 고객 체험 경영(CEM)을 전개하였다. 콘텐츠 상품 수명주기에 따라 발매 시기 등을 차등화하는 고전적인 밀어내기식 마케팅이 아니라 고객의 라이프 스타일 변화에 맞추는 고객 체험 연동형 마케팅(Customer Experience Driven Marketing)을 실행했다. 출판, 영화 등으로 확산되는 판타지 게임을 즐길 수 있다는 입소문을 키우면서 해리 포터 콘텐츠는 고객이 주도하는 체험의 장이라는 인식을 확산할 수 있었다. 이 같은 해리 포터의 고객 체험 중시는 기존의 고객 만족, 고객서비스 마케팅 활동이 비즈니스 운영 효율성을 중시해왔던 차원과는 다른 차원을 개막했다.

고객 체험 경영(Customer Experience Management : CEM)이라고 하는 새로운 차원이 해리 포터에 적용되었다. CEM은 기존의 운영상 효율성을 중시해온 고객서비스나 고객 케어 개념과는 다르다. CEM은 고객 경험을 매개로 고객의 감성적인 충성도를 탄탄하게 쌓아 올리는 데 핵심을 두는 개념이다. 고객이 해리 포터에 대해 갖게 되는 감성적인 충성도(emotional loyalty)는 콘텐츠와 내부 캐릭터에 대한 공감(empathy), 자신의 꿈과 상상을 대입하게 되는 카타르시스, 꿈과 현실 차이를 긴장감 있게 수용하는 소외 효과 등이 어우러진다는 내용이다.

〈그림 148〉. 고객체험경영(CEM) 개념 : CS에서 CEM으로

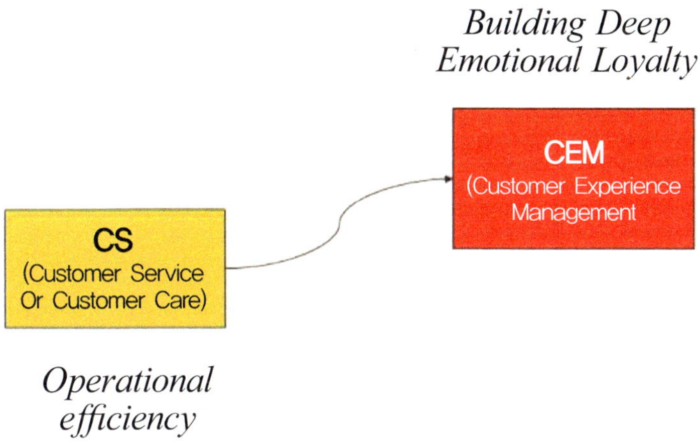

자료 : 'Cable's Customer Care Crusade', 2008. NCTA, New Orleans, USA

이러한 개념 변화를 통해 해리 포터 콘텐츠는 더 나은 고객서비스를 실현할 수 있었다. 관련해서 "고객은 우리(작가 조앤 롤링 등)와 함께 살지 않는다"라는 평범하면서도 분명한 리얼리티 메시지도 전달하였다. 고객은 해리 포터라는 〈리얼타지(real fantasy)〉를 통해 체험하는 내용과 고객 스스로 발 디디고 있는 현실이 괴리되어 있음을 자연스럽게 확인하게 된다. 그런데도 상실감을 느끼는 게 아니라 그 드러난 괴리를 자신의 능동적인 부수 활동 체험으로 채워나가는 계기로 삼게 된다. 제품 이외에도 만족스러운 고객 체험을 창출해낼 수 있다.

실제로 미디어뿐만 아니라 모든 비즈니스에서 고객 서비스를 둘러싼 고객과 회사의 큰 괴리가 엄연하고도 광범위하게 존재하곤 한다. 고객이 원하는 경험(desired experience)와 실제로 제공한 서비스(delivered experience) 사이에는 꽤 큰 간격(gap)이 있게 마련이다. 주변의 이발소나 항공사 서비스 경험들에서 우리는 무수히도 많은 간격을 느끼고 있다. 이 때문에 고객체험경영(Customer Experience Management : CEM)이라고 하는 개념과 모델은 이 간격을 메우고 고객이 실제로 받아들이는 경험에 대한 품질과 만족도를 최대한 높게 끌어올리는 과업을 의미한다. 이런 어려운 과업을 비교적 잘 실천하고 있는 기업으로는 스타벅

스, 노르드스톰(백화점), 싱가폴 에어라인 등이 있다.

해리 포터의 출판, 영화 등 관련 사업자는 고객 경험 회랑(corridor of experience)을 제공하기 위해 고객에 대한 소프트 데이터를 확보하는 데 주력하였다. 소프트 데이트는 고객의 생각, 느낌과 같은 경험에 관련한 미묘한 내용을 말한다.

따라서 종전에 해오던 일반적인 서베이와 같은 조사로는 역부족이며 아주 심층적인 포커스 그룹 인터뷰(FGI)와 같은 방식을 동원해야 한다. 심층적인 인터뷰는 고객 스스로가 무엇이 필요한지를 모를 때에도 적용할 수 있어야 한다. 해리 포터의 경우 발달한 인터넷 사용과 맞물려 팬 커뮤니티를 중심으로 다양한 고객의 소프트 데이터가 축적될 수 있었다.

이처럼 PR 서비스 관리 능력이 고객체험경영(CEM) 성과를 결정한다. 해리 포터의 경우 마케터들이 고객 경험 관리(Customer ExperienceManagement : CEM)에 중점 투자해야 한다는 인식을 갖추고 고객과 소통에 주력하였다. 그 결과 CEM을 통해 콘텐츠 비즈니스의 밑바낙(수익 관련)을 끌이올리고 운영비용은 절감할 수 있었다. 아울러 해리 포터를 찾는 고객의 평생 가치(lifetime value)라고 하는 부분을 먼저 이해하고 콘텐츠 마케팅을 철저하게 고객 경험과 밀접하게 연관을 맺는 데 성공하였다. 전체 과정에서 항상 진도 사항을 체크하고 스코어 카드를 챙기는 고도로 잘 훈련된 요원(워너 브라더스 프로덕션 매니저 등)이 해리 포터의 마케터 역할을 담당하도록 했다.

고객체험 수준을 끌어올리기 위한 소프트 데이터 확보 방법

현장 조사를 통해 이용할 수 있는 특단의 방법은 메타포(metaphor)를 사용할 수 있다. 이를테면 "지금 귀하가 받는 서비스 수준이 고등학교 학년으로 비유한다면 고1 수준 정도입니까. 아니면 고2, 고3?"과 같은 질문을 개발해야 한다는 얘기다. 이러한 방법을 통하여 비로소 고객의 느끼는 경험의 폭과 깊이를 알 수 있다. 다음 2번째는 CPA. CPA는 Customer Perceptual Analysis를 뜻하는 말로 고객의 평생 가치를 분석해 들어가는 작업이다. 고객 조사를 하는 해당 시점의 단면도에만 해당하는 한정된 분석이 아니라 고객의 일생에 걸쳐 해당 서비스가 갖는 가치를 입체적으로 보겠다는 취지다. 때문에 CPA는 3가지, Function, Interaction, Feel을 중심으로 풀어나가야 한다.

비즈니스 주역들은 신상품으로서 해리 포터의 콘텐츠 정통성, 계보, 권위를 연출하였다. 〈해리 포터〉는 이미 영국 아동문학에서 자리를 굳힌 두 종류의 장르를 결합하였다. 해리 포터를 보는 고객으로서는 책 한 권을 여는 순간 서양 문화의 메인 스트림을 체험할 수 있다는 역사적 배경이 PR 차원의 이미지 자산으로 작용하는 셈이다. 콘텐츠 정통성과 배경을 잘 활용한 〈스타워즈 에피소드〉의 이른바 계보 마케팅 (genealogy marketing)이 해리 포터의 주요한 선행 사례라는 점을 참조할 수 있다.

〈그림 149〉 콘텐츠 계보 경영 사례, <스타워즈>

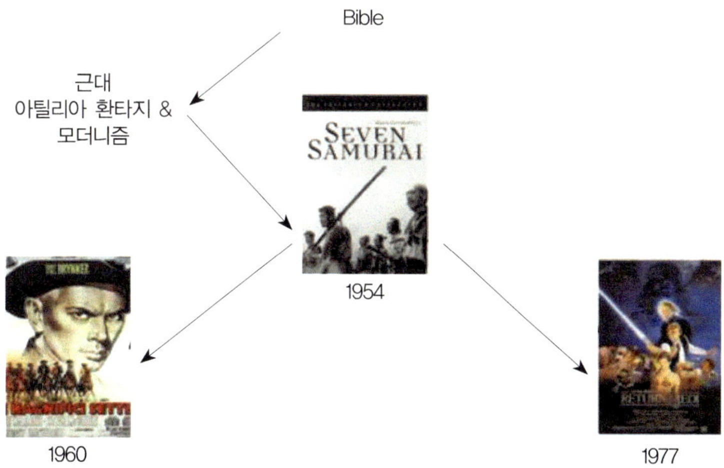

〈스타워즈 에피소드〉는 일본 영화의 거장 구로자와 아끼라 감독의 〈7인의 사무라이〉에서 받은 영향을 고스란히 활용하였다. '제다이(시대의 일본말)이 귀한'과 같은 제목을 그대로 사용함으로써 영화 한 편이 갖는 오랜 문화적 DNA 혈통의 흡인력을 발휘하였다. 구로자와 아끼라 감독 또한 스스로 많은 것을 창조한 천재형이라기보다는 19세기에 융성했던 이탈리아 근대 판타지 문학을 콘텐츠 제작 원천으로 삼았던 슬기로운 메트로폴리탄 후예였다. 이는 근원적인 상상 체험의 원형에 해당하는 서양의 바이블에까지 이어지게 된다.

해리 포터 또한 전형적인 서양의 기숙 학교물로서 판타지의 환상성과 기숙 학교물의 일상성을 결합하는 시도하는 전통적인 방식에서 출발한다. P.L 트래버스의 〈메리 포핀스〉 시리즈는 마법과 요정이 난무하는 판타지와 현대 영국 중산 계층 가족의 평범한 일상을 결합한 작품으로 〈해리 포터〉의 선배라고 할 수 있다. 기숙 학교물과 판타지의 직접적인 결합 역시 질 머피의 〈워스트 워치가〉가 시도하였다. 〈해리 포터〉 이야기의 배경이 되는 호그와트 마법학교 역시 토머스 휴스가 1857년 펴낸 『톰 브라운의 학창 시절』 이후 이어신 학교소설 전통에서 나온 것이다.

〈그림 150〉『톰 브라운의 학창 시절』

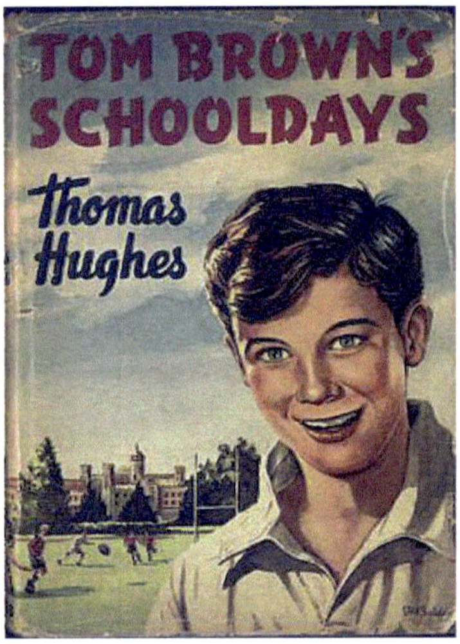

자료: https://www.crisismagazine.com/2012/thomas-hughes-tom-browns-school-days

해리 포터에는 영국 전래의 소년 영웅 이야기『거인을 물리친 잭』,『엄지 소년 톰』도 영향을 주었다고 한다. 작가 조앤 롤링이 한 일은 이런 영국 아동 문학의 전통에서 기본 재료들을 뽑아와 현대 독자들의 구미에 맞는 책을 써냈다는 것밖에 없다는 지적도 있을 정도다.

하지만 해리 포터가 다른 판타지 콘텐츠와 차별화되는 점은 바로 익숙함과 익숙함을 모르게 만드는 상상력에 있다. 우리에게 무의식적으로 익숙한 이야기 틀임에도 불구하고 상상력과 같은 새로운 요소로 인하여 해리 포터는 전혀 낯선 전무후무한 이야기로 기억에 남게 했다. 기본적으로 해리 포터가 기초적인 신화적 원형과 고전에서 이야기가 시작되었기 때문에 사람들은 이미 그 틀을 체득하고 있었다.

이 때문에 판타지 문학, 아동문학임에도 전 연령층을 아우를 수 있었다. 판타지 문학만을 읽는 마니아층의 협소한 독자층이 아니라 일반 독자층까지도 형성할 수 있었던 것이 바로 익숙한 이야기 틀에서 비롯된 연유다. 그 결과 다른 판타지 콘텐츠는 국한된 독자층을 가지고 있던 데 비해 해리 포터는 폭넓은 독자층을 가지게 되었다.

현실의 친밀함과 컨템포러리 판타지의 새로움이 PR 전략의 핵심이 되어주었다. 해리 포터는 결국 기존의 판타지와 다른 〈리얼 타지(real fantasy)〉 유형을 선보임으로써 전통에서 벗어나는 불안감을 가지면서도 동시에 새롭고 파괴적인 일탈을 꿈꾸는 이중적 고객 심성을 간파하여 독자를 어루만질 수 있었다.

해리 포터 PR 공식은 색다른 판타지 소설, 영화인데도 불구하고 친밀한 느낌이 든다는 데서 출발한다. 친밀감과 새로움, 즉 독창성의 적절한 조화가 된 모범사례에 해당한다고 분석한다. 손향숙은 해리 포터는 "보편적 호소력을 지니는 옛이야기의 특성이 있다. 그 외 학교 소설, 모험소설, 판타지 등 영국의 아동문학을 충실히 이행하고 있는 작품"이라고 분석한다.[62] 지금까지 보지 못해왔던 독창적인 소재, 분위기의 소설이지만 우리가 친숙하게 느

62) 손향숙(2005), 해리포터는 아동문학의 고전이 될 수 없을 것,「창작과 비평」겨울호

낄 수 있었던 것은 해리 포터도 비켜 갈 수 없는 일반적인 '흥행 공식'을 철저하게 수용했다는 데 있다는 얘기다.

해리 포터도 추종한 흥행 공식은 독자 (또는 관객)이 연민을 느꼈던 주인공이다. 다른 세상으로 넘어와 영웅이 되는 '카타르시스'를 느끼게 만들어나가는 극적 효과에서 시작하는 구도다. 이후 〈해리 포터〉가 다른 판타지 콘텐츠와 달리 현대적 현실감을 풍부하게 가진다는 컨템포러리(Contemporary) 콘텐츠라는 세련미에 있다. 여기에는 톨킨과 달리 자기만의 고명한 학문 세계에 탐닉하지 않은 조앤 롤링 작가의 대중성, 서민 취향이 배경으로 작용했다.

기존의 판타지 콘텐츠들은 그 배경이 '옛날 옛날에…' 혹은 다른 차원의 세계. 〈반지의 제왕〉처럼 다른 세기 혹은 세계의 이야기이거나, 〈나니아 연대기〉처럼 다른 차원의 이야기가 대부분이었다. 하지만 〈해리 포터〉는 현실감이라는 소재로 기존의 판타지 콘텐츠와의 차별을 꾀하는 데 성공하였다. 〈해리 포터〉의 기본적 배경은 현재의 영국 런던. 주인공은 우리와 동시대에 살고 있으며, 평범한 사람들과 같은 사람이자 마법 세계의 신비한 사람이기 때문이다. 현실적인 주인공인데 그가 바로 마법 세계의 주인공이다.

이 특징 때문에 사람들은 이 소설을 보며 사람들은 자신의 친구가 혹은 자신이 아는 누군가가 마법사는 아닐까 하는 생각을 해 볼 수 있게 된다. 이 소설에서 현실 세계와 마법 세계는 잇닿아있는 세계다. 현실 세계에서 마법 세계로 통하는 통로가 실제 존재하고 있는 '킹스 크로스 역'에 있다는 것과 마법 세계에서의 학교가 현실 세계에서의 학교와 유사하게 운영된다는 점이 〈해리 포터〉만의 현실감을 도드라지게 해준다.[63]

〈해리 포터〉에 나오는 마법 세계는 마법을 사용할 수 있다는 점 빼고는 현실 세계와 크게 다르지 않다. 영국의 마법 학교인 '호그와트'는 일반적인 영국의 학교와 운영 방식에서 크게 다를 것이 없다. 교장인 '덤블도어'가 있고, 각 과목을 가르치는 교사들이 있고, 일반 학교와 같이 기숙사도 존재한다. 또 중간, 기말고사처럼 시험도 존재하고, 그에 따른 성적도 따로 있다. 또한 학교뿐만 아니라 마법 세계에서 존재하는 가게나 직업들도 현재 세계와 아주 다르지 않다. 옷가게, 병원, 찻집, 술집, 백화점, 장난감 가게 등 평범한 가게들이 존재하고, 학생들은 학교를 졸업하면 현실 세계처럼 직업을 찾게 된다.[64]

---

63) 고훈우, 〈베스트셀러와 작가들〉, 인물과사상사, 2001

64) Jglakfl, 〈[해리 포터] 해리 포터에 나오는 용어 정리〉, http://blog.naver.com/jglakfl?Redirect=Log&log

〈해리 포터〉에서 일어나는 사건들 또한 현실적이다. 〈해리 포터〉에는 일상생활의 소식을 미리 알려주는 신문도 존재한다. 현실 세계에 존재하는 신문이 과거의 개념이라면, 미리 소식을 알려주는 신문은 미래의 개념이기도 하다.

IR : 스마트 / 소셜 마케팅

IR(Investor Relations)은 스마트, 소셜 마케팅으로 대응하였다. 읽지도 않은 사람들까지 고객으로 끌어안는 관계망 구축· 해리 포터 콘텐츠는 비소비자, 비독자 층, 안티 팬 고객까지도 이해관계 당사자 그룹(stakeholder)으로 여기고 적극적으로 대하는 스마트 / 소셜 마케팅을 실현하였다. 해리 포터 스마트 / 소셜 마케팅의 핵심은 고객 체험이 밑바탕이 되는 고객의 콘텐츠 자산(personal content asset)을 상대로 하는 '리치 미디어 서비스'에서 비롯한다. 리치 미디어(rich media)는 인터넷 멀티미디어 환경에서 쌍방향성, 고급 인터페이스, 고화질 3D 입체 영상과 같은 풍부한(rich) 미디어 서비스를 통해 이용자에게 다가가는 풍부한 미디어 기법을 가르친다. 해리 포터의 경우 열성 팬에서부터 안티에 이르는 다양한 이해 관계당사자 그룹(stakeholder)의 개인 취향, 개인의 콘텐츠 자산에 철저하게 맞추는 '리치 미디어 서비스'를 통해 성공적인 IR(이해관계자 관리) 마케팅을 수행하였다.

인터넷 포털 사이트는 스마트폰 스마트 마케팅의 핵심인 PWS(Personal Web Service : 개인 웹서비스) 원천인 고객 개인 애셋(개인의 작업을 통해 쌓이는 자료, 엔터테인먼트 콘텐츠, 기록물, 이용 내역과 같은 소프트 데이터 등)을 자원으로 활용하는 스마트폰 환경 대응 전략을 구상하였다.

인포테인먼트(infotainment)의 경우 스마트폰 환경에서 콘텐츠가 점차 정보콘텐츠화하는 경향에 대응하는 축을 의미한다. SNS(Social Network Service)는 T.G.i.F.(트위터, 구글, 아이폰, 페이스북)으로 부르는 소셜 미디어 활동 트렌드에 대응하는 기존 사업자의 전략을 암시하고 있다.

LBS(Location Based Service)는 다음의 로드뷰, 구글의 맵 서비스와 같은 위치기반서비스를 신종 미디어 플랫폼으로 활용하는 스마트, 소셜 미디어 비즈니스 모델을 의미한다. 해리 포터의 경우 본격적인 스마트, 소셜 미디어 환경 이전의 마케팅 활동이긴 하지만 오히려 스

No=130072729354, 2010. 04. 21

마트, 소셜 마케팅의 원형(prototype)을 보여준 사례다. 특히 블로그와 같은 개인 미디어, 카페와 같은 커뮤니티, 출판사 영화사 등의 공식 홈페이지 커뮤니케이션 등 다각적 경로를 통해 고객과 소통, 해리 포터 오리지널 콘텐츠를 직접 체험하지 않은 고객까지도 마케팅 커버리지에 포함하는 '리치 미디어 서비스'를 추구하게 하였다.

〈그림 151〉 스마트/소셜 마케팅 전략 예시

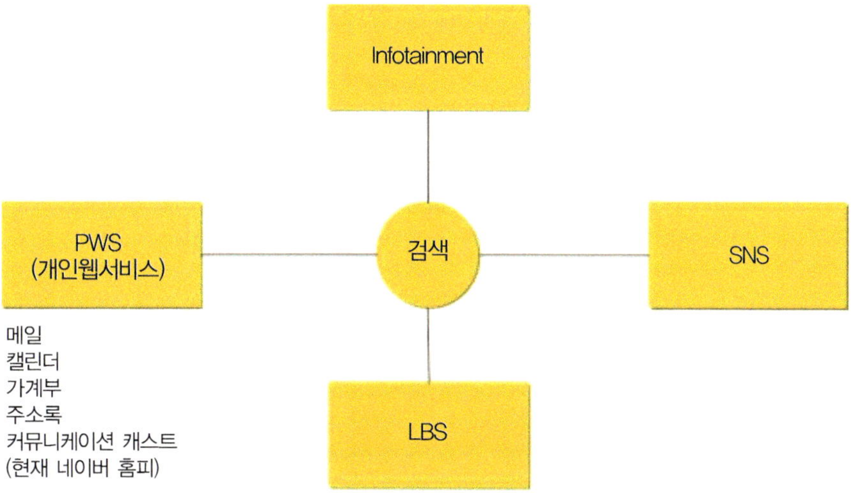

마니아층의 탄탄한 충성도가 마케팅 모험의 베이스캠프 임무를 맡았다. 사실 해리 포터는 영화화되는 단계에서부터 소설을 본 사람들과 보지 않은 사람들을 모두 만족시킬 만한 콘텐츠를 제작해야 한다는 부담을 품었었다. 성공한 원작에 힘입어 두꺼운 마니아층을 형성하고 있었기 때문에 의외로 〈해리 포터〉가 영화화에 관한 찬반 의견이 대립하기도 하였다. 무엇보다 성공작을 비즈니스화시키기 위해서는 성공 이상의 부담을 안고 영화를 제작해야 하며 기준을 소설에 두어야 할지, 아니면 새로운 상상력으로 자체적으로 만들어야 할지에 관한 실질적인 판단이 쉽지 않았었다.

원작에 충실하면 일반 관객들에게는 지루한 영화가 될 수 있고, 원작을 벗어나면 소설의 팬들이 영화를 외면하게 될 수도 있다는 어려움이 있었기 때문이다. 결국 해리 포터 마케터의 선택은 〈해리 포터〉의 마니아층 요구를 충분히 반영하고 염려를 최소화하는 IR 전략이었다. 이를 통해 마니아층을 전 세계적인 입소문 마케팅의 전사로 확보할 수 있었다. 영화화에 부정적인 고객이나 소설을 체험하지 못한 일반 고객들을 상대로 한 티저 마케팅과 같은 다양한 기법을 동원하는 데 성공하였다.

마니아층에는 입소문 마케팅을 준비하고 실행할 시간과 동기를 확실히 부여했다. 해리 포터는 입소문 마케팅의 가장 성공적인 전형을 보여주기도 하였다. 입소문 마케팅이란 말 그대로 소비자들이 자발적으로 상품에 대한 긍정적인 메시지를 입소문 내게 하는 것으로 버즈 마케팅(buzz) 또는 구전 마케팅(word of mouth)라고 부른다.[65]

보통 이 개념을 설명할 때 드는 대표적인 예가 바로 〈해리 포터〉다. 최첨단 미디어가 등장하면서 영화를 보거나 책을 보거나, 물건을 구매하는데도 타인의 '리뷰'를 참고하는 경우가 많아졌다. 사람들은 남들에게 검증된 것을 안정적으로 구매하기를 원하는데 이러한 추세는 입소문 마케팅에 긍정적인 영향을 끼쳤다. 입소문 마케팅을 사용하기 위해서는 마케팅을 할 상품의 질이 좋아야 한다. 〈해리 포터〉는 작품의 질은 보장이 되어 있는 상태였고 여기에 작가인 조앤 롤링의 성공 이야기까지 합세한 금상첨화 상태였다.

롤링의 신데렐라 스토리는 구박받던 한 아이가 역경을 거쳐 영웅이 된다는 〈해리 포터〉의 기본적인 스토리와도 비슷하게 맞아떨어져 사람들의 관심을 끌게 되었다. 이렇게 인지도를 얻게 된 〈해리 포터〉는 신데렐라 스토리와 맞물려 언론의 관심을 받게 되었고, 언론의 홍보에 관심을 두게 된 사람들은 〈해리 포터〉를 접하게 되어 비로소 입소문 마케팅이 시작되었다.[66]

〈해리 포터〉를 읽어본 사람들은 작품 자체에 매료되었고, 주변의 사람들에게 자발적으로 〈해리 포터〉를 알려 나갔다. 〈해리 포터〉는 시리즈물이라 한 권이 끝날 때마다 호기심을 자극하는 상태에서 끝이 나기 때문에 사람들은 다음에 어떤 내용이 올지 더 호기심을 가지게 된다. 이에 따라 〈해리 포터〉를 좋아하는 사람들이 뭉쳐 웹사이트를 만들고, 게시판에 의견을 게시하며 다음 시리즈에 관한 이야기를 나누는 등 활발한 커뮤니케이션으로 이어질 수 있었다. 이를 통해 온라인 버즈를 통한 입소문 마케팅 역시 오프라인 못지않게 굉장한 효과가 나타났다.

〈해리 포터〉 테마파크 역시 입소문 마케팅을 사용한 사례다. 테마파크 개장에 앞서 유니버설 스튜디오는 테마파크의 구성과 개장 시기 등 모든 사항을 해리 포터 마니아 7명에게만 알렸다. 하지만 해리 포터의 열광적 팬이었던 7명의 입소문을 통해 전 세계 3억 5천명이

65) 네이버 백과사전, http://100.naver.com/100.nhn?docid=794047, 2010. 04. 24

66) 수잔 기넬리우스, 〈스토리노믹스〉, 미래의 창, 2009

'해리 포터 테마파크'의 개장 소식을 알게 될 정도로 확산하였다.[67] 엄청난 추종 팬들이 입소문 바이러스 마케팅의 착한 좀비 PC 역할을 담당한 셈이다.

출판사들은 시리즈의 첫 네 권을 연달아 발매함으로써 대중의 공감과 입소문을 확대했다. 그럼으로써 수용자층의 관심을 유지할 수 있었다. 이후 첫 번째 영화의 제작이 시작되었고, 다섯 번째 책이 출간되기까지는 3년을 더 기다려야 했다. 이 기간, 해리 포터를 둘러싼 온라인 대화 채널은 폭증했고 해리 포터는 하나의 현상이 되었다. 7권짜리 시리즈라는 해리 포터의 특성이 초기 온라인 버즈에 불을 붙인 주요인이었는데, 시리즈가 끝날 때까지 온라인 버즈는 계속해서 활활 타올랐다고 분석할 수 있다.

해리 포터 입소문 마케팅은 인터넷을 지배하고 인터넷을 키우기도 했다. 2007년에는 인터넷 주요 검색 엔진에 '해리 포터'라는 키워드를 치면 수백만 건의 결과가 나오게 될 정도였다. 해리 포터 브랜드 초창기에는 누구도 브랜드가 이 같은 규모로 성장할 줄 꿈도 꾸지 못했다. 그러나 인터넷의 발달에 힘입어 해리 포터 팬들은 서로 교류하고 그 브랜드를 컬트의 지위로까지 끌어낼 수 있는 맞춤의 장소를 획득할 수 있었다.

사실 해리 포터가 시장에 등장했을 때는 인터넷이 아직 사회적 매개체로서 상대적으로 태동기였기 때문에, 해리 포터의 마케터들은 바이러스 마케팅 기회를 어떻게 제대로 활용할 수 있을지를 잘 몰랐다고 한다. 대신 그들은 독자들이 팬 사이트, 팬 픽션 작품, 비디오, 메시지 보드, 토론방 등을 통해 브랜드에 대한 그들 자신의 온라인 체험을 마음껏 경험할 수 있도록 허용하며 스스로 적응하였다.

해리 포터 마케팅팀은 재빨리 충성스러운 고객들에게 부정적으로 인식될 수 있는 푸시 마케팅 기법 대신 브랜드와 연관된 풀 방식의 마케팅을 활용하는 법을 배우기 시작하였다. 그들은 팬들이 걸어 다니는 광고판이 되어 인터넷을 통해 전 세계에 해리 포터 브랜드를 전파하도록 만들었다.

67) 데이비드 미어먼 스콧, 〈오! 레이브〉, 갤리온, 2010

입소문 마케팅의 성공 요인

1. 얘깃거리를 가진 좋은 제품으로 시작하라

해리 포터 이야기는 기본적으로 독자들이 그 브랜드를 경험한 후 이에 대해 얘기하고 싶게 만들고 감정적인 애착을 형성. 조앤 롤링의 신데렐라 스토리는 독자들에게 하나의 얘깃거리를 제공한 중요한 요소

2. 한꺼번에 모든 것을 다 내주지 말라

비밀을 남겨두는 것도 마케팅의 한 전략. 소비자들이 보다 더 많은 것을 원하도록 남겨두는 것은 그들이 제품에 대해 이야기할 수 있게 만드는 확실한 방법

3. 바이러스 요소를 추가하라

해리 포터 브랜드의 입소문 마케팅전략은 자연스럽게 바이러스 요소를 추가. 인터넷은 막 사회적인 매체로 성장하고 있었고, 해리 포터에 대한 팬들의 끊임없는 질문들은 인터넷 토론장을 뜨겁게 달구었음. 팬 사이트와 블로그 등이 온라인상에 등장하기에 적합한 시점

4. 한 식구라는 의식을 조성하라

해리 포터 브랜드의 경우 커뮤니티 의식을 조성하기 위해 영향을 끼치는 인물이 가장 인기있는 팬 웹사이트를 만든 사람들이었음. 그들에게 마케팅팀은 기꺼이 내부 정보를 제공하고 영화 촬영장으로 초대하는 등의 방식을 통해 의사소통의 장이 더욱 활성화되고 확산될 수 있도록 조장. 그 결과, 해리 포터의 온라인 커뮤니티는 서로 모여 교류할 수 있는 구체적인 장소를 찾을 수 있었음

5. 대화에 참여하라

조앤 롤링은 대화에 참여하기 위해 작가 개인의 웹사이트를 개설하였는데 이는 해리 포터팬 커뮤니티의 가치를 높여주었을 뿐만 아니라 온라인상 버즈에 더욱 활기를 불어넣었음. 대화에 참여하기 위해서는 무슨 이야기가 나눠지고 있는지에 대해 귀 기울이는 것이 필요한데, 이는 팬들이 브랜드로부터 원하는 것과 필요로 하는 것이 무엇인지에 대한 엄청난 통찰력을 제공. 대화에 반응하는 것은 팬들의 욕구에 부합하고 입소문 마케팅의 파워를 유지하는 데 결정적으로 작용

해리 포터 팬 커뮤니티의 일원들은 충성심이 강했고 해리 포터의 메시지를 '비회원'들에게 퍼뜨려 그들 역시 그 일원으로 끌어들이게 되었다. 포터 마니아들은 월드와이드웹을 자유자재로 돌아다녔다. 해리 포터 마케팅팀은 바이러스 마케팅의 본질인 바이러스가 그대로 퍼지도록 내버려 두었다. 입소문 마케팅의 중요성과 의사 영향 자로서 온라인 팬들의 역할을 인정함으로써, 마케팅팀은 해리 포터 브랜드가 아무런 제재를 받지 않고 자유롭게 성장할 수 있도록 만들어나갈 수 있었다.

마케터들은 지속적인 티저 마케팅으로 해리 포터의 다양한 이해관계자 그룹을 관리하였

다. 해리 포터는 지속적인 티저 마케팅을 시행했다. 티저 마케팅 (Teaser Marketing)의 Teaser는 tease에서 비롯된 용어로 괴롭히다, 골리다, 집적거리다, 희롱하다, 놀린다는 것과 같은 의미로 쓰인다. 티저 마케팅이란 회사명과 상품명 등 중요한 정보를 제외하고 제한적인 정보만을 제공함으로써 시청자들의 궁금증을 불러일으키면서 서서히 밝히거나 일정 시점에 가서 일거에 베일을 벗기는 방법을 사용해 광고효과를 높이는 방식이다.[68]

〈해리 포터〉는 소설과 영화, 게임, 테마파크 등 다양한 장르에도 티저 마케팅을 적용하였다. 해리 포터는 우선 소설의 마케팅에서 마케팅팀은 표지나 제목에 대한 정보를 온라인으로 간간이 공개하여 팬들의 궁금증을 증폭시켰다. 이미 〈해리 포터〉에게 빠진 팬들에게는 작은 하나의 단어나 단서라도 무한한 상상력을 펼칠 수 있는 소재가 되어 더욱더 콘텐츠에 빠져들게 되었다.

영화나 게임에서도 티저 마케팅이 많이 사용된다. 영화에서는 누가 주연배우가 될 것인지, 누가 출연을 하게 될 것인지부터가 마케팅이 된다. 세트, 사진, 스토리보드, 예고편 등이 온라인을 통해 차례대로 천천히 공개되었다. 게임 또한 마찬가지로 티저 영상이 온라인을 통해 어떤 내용의 게임인지 천천히 공개하는 방식을 통해 팬들이 얼른 완제품을 만나보고 싶게 유도하기도 한다. 치부와 단점, 약점까지도 적극적인 소통으로 관리하면 된다.

〈해리 포터〉 비즈니스에서 장점이자 단점이 될 수 있는 것으로 모든 비즈니스가 다 원작에 너무 충실하다는 것을 들 수 있다. '원작에 충실하다'라는 것은 앞서 언급했던 것처럼 브랜드 메시지의 일관성을 유지하는 데 효과적으로 작용하고, 원작을 본 독자들의 기대를 저버리지 않게 만들어 준다. 하지만 이 장점은 역설적으로 첫 번째 다른 매체에서의 내용 전개가 다 예상이 된다는 점, 두 번째로 원작을 읽지 않은 사람들은 다른 매체를 접하는데 이해의 어려움이 있을 수 있다는 점, 그리고 마지막으로 비슷한 브랜드 메시지로 대중들이 식상함을 느낄 수 있다는 점 등에서 커다란 단점으로도 드러날 수 있다.

해리 포터가 '원작에 충실'하면 다른 매체, 즉 〈해리 포터〉에서 가장 큰 다른 매체인 영화에서의 내용 전개가 다 드러나 버려 스포일러가 되는 셈이다. 〈해리 포터〉는 지금까지의 시리즈가 거의 원작에 충실하여 각색된 내용은 거의 없었지만 2009년 개봉한 〈해리 포터와

68) 네이버 백과사전, http://100.naver.com/100.nhn?docid=156814, 2010. 04. 24

혼혈왕자〉에는 원작과는 전혀 다르게 각색되어 들어간 장면들이 여러 가지가 있어 논란을 불렀었다. 결국 원작의 치밀함을 무너뜨렸고, 실망을 느끼게 했다는 원작의 팬들과 각색을 통해 스토리의 예상을 깨트리는 바람에 영화 쪽으로만 팬들이 쏠렸다는 평가도 나왔다.

원작을 읽지 않는 사람들에게는 다른 매체를 접하는데 어려움을 주는 불가피한 약점도 수반한다. 실제로 〈해리 포터〉가 원작에 지나치게 충실했기 때문에, 모든 내용을 영화나 게임에 한 번에 다 담을 수 없어 중간중간 삭제한 장면들이 많다. 제작자들은 소설을 보지 않는 사람을 위해서 충분한 설명을 영화나 게임에 담으려고 하지만, 관객들은 〈해리 포터〉를 원작을 보지 않고서 영화만 본다면 쉽게 이해되지 않는 영화라고 여기게 된다.

이 때문에 관객들이 어느 정도 기본 정보를 알고 있다는 전제하에 영화 전개상 필요한 내용만 골라서 넣게 되는데 이러한 과정에서 개연성이 떨어지는 경우가 생기게 된다. 바로 이 부분은 같은 판타지 영화에 소설을 원작으로 하더라도 영화가 더 이해하기 쉽다는 평을 받는 영화 〈반지의 제왕〉에 비해 불리한 측면으로 작용하기도 했다. 원작도 원작이지만, 그보다 영화 자체가 별개로 높은 평가를 받는 작품으로 남게 되는 측면도 있다.

해리 포터 브랜드가 확장함에 따라 비슷한 브랜드 메시지로 대중들이 식상함을 느낄 수 있다는 점 또한 약점으로 나타났다. 비슷한 브랜드 메시지는 일관성 있는 메시지의 전달로 대중들에게 브랜드의 이미지를 확고히 정립할 수 있지만 다양한 메시지 수용에 익숙한 이용자 대중들에게 '식상함' 혹은 '지루함'으로 다가오게 된다. '저 브랜드는 저런 이미지야'라는 대중들의 인식에서 '저 브랜드는 저것밖에 말할 게 없나 봐'라는 이미지로 바뀔 수도 있다는 얘기다. 해리 포터 마케터들은 이러한 약점과 단점 요인들을 중시하여 이미 기층 그룹이 된 높은 충성도의 마니아층을 중심으로 활발한 상호 소통, 정보 교환을 통해 약점을 이겨나가는 과정과 노력을 보여주었다. 이를 통해 약점보다 더 큰 효용을 가진 강점과 장점을 집중적으로 부각하는 IR 활동을 펼쳤다.

글로벌 서비스 : 해리우드 세계경영

글로벌 서비스 차원에서는 '해리우드' 세계 경영이 눈에 띈다. 해리 포터와 할리우드를 결합한 〈해리우드〉 세계경영으로 고도화하였다. 해리 포터는 영국 원작 콘텐츠와 미국 할리우드 마케팅 관리가 상호보완하며 결합하는 비틀스 석세스(Beatles Success)를 확대 재생산할 수 있었다. 해리 포터 글로벌서비스는 초기 로컬(local) 시장 출판사업에서 시작, 대략 5

단계를 거치는 동안 성장, 확대하는 전형적인 콘텐츠 비즈니스 고도화 과정을 보여준다. 창조적인 아이디어가 〈생성 - 현실화 - 네트워킹 - 전달 - 시장 형성〉으로 이어지는 5단계 순환고리를 활기차게 돌아가는 형상으로 만들어지며 작동하게 된다. 창조 생태계의 주역인 창조기업을 중심으로 아이디어가 〈생성 - 현실화 - 네트워킹 - 전달 - 시장 형성〉되는 5단계 순환 고리별로 각각 필요한 창조 생태계 기능을 도출한다는 개념이다.

〈해리 포터〉가 할리우드 자본과 제휴(타임워너 그룹) 시기가 해리 포터 글로벌 서비스 마케팅의 모멘텀이 되었다. 첫 번째 영화 촬영은 2000년 9월 경이었다. 할리우드 타임워너 그룹의 〈스튜디오 모델〉이 글로벌 서비스 경쟁력 원천이 되어주었다. 타임워너는 온 · 오프라인을 망라한 기업의 막강한 미디어 파워에 대한 믿음을 가지고 있어 이를 활용한 마케팅 전략을 구사했다. 타임워너 회장은 영국 언론 파이낸셜 타임스 인터뷰에서 "첫 영화 성공을 위해 우리 그룹의 총 역량을 동원한 것은 사실"이라면서도 "우리의 최종목표는 영화 '해리 포터'의 성공을 '다(多) 필름 프랜차이즈'(multi-film franchise)로 연결하는 것"이라고 말하고 "지금과는 전혀 새로운 산업을 창출한 것이 합병의 아이디어"였다고 밝힌 바 있다.

이 인터뷰에서 타임워너 회장은 해리 포터로 종합엔터테인먼트 그룹의 진가를 유감없이 보여주겠음을 언급하며 다매체 영화 총판업, 멀티필름 프랜차이즈라는 새로운 사업 분야를 개척 전략을 강조했다. 영화표를 온라인으로 예매, 이벤트로 네티즌 유혹했으며 사이버몰에서는 해리 포터의 마술 지팡이 등 캐릭터 상품 판매를 개시했다. 연예잡지 〈엔디데인민트 위클리〉는 해리 포터 홍보기사를 게재하고 음반 자회사 애틀랜틱에서는 사운드트랙 음반 제작에 돌입했고 이런 사실을 CNN과 타임지를 통해 기사화했다. CNN이 〈해리 포터〉 마니아들과의 인터뷰를 계속 내보내고, '피플' '포천' '머니' 등의 잡지는 작가 롤링의 성공 신화를 대대적으로 보도하는 식으로 지원하였다. 또, 영화 전문 케이블 HBO와 TV방송 워너 브라더스 네트워크는 예고편과 제작 소식도 방영에 들어갔다.

타임워너 마케터들은 코카콜라에 영화 해리 포터의 유일한 스폰서 업체가 될 자격을 주면서 스포서십 문화마케팅 유치 활동을 본격 전개하였다. 코카콜라는 자격을 얻기 위해서 1억 5000만 달러(약 1천 9백억 원)를 제시하였다.[69] 이는 올림픽 스폰서십을 따낼 때의 규모며 코카콜라 1년 마케팅 예산의 10%에 해당한다. 이는 워너 브라더스사가 만든 블록버스터 영화

69) 징재영 런넌동신원. 영화 '해리포터'의 또 다른 성공비결 'AOL 타임 워너' 계열사 총동원. 포터 현상 띄워 띄워 멀티필름 프랜차이즈 콘텐츠 비즈니스 모델 마케팅

'배트맨'에 200개 스폰서 업체를 둔 것과 크게 비교되는 마케팅 전략으로 평가받고 있다.

영화 〈해리 포터〉를 만들고 홍보하고 표까지 판 AOL 타임워너사가 가장 경계하는 것은 역설적으로 지나친 영화 과열 현상이었다. 한 번에 김을 빼지 않고 오랫동안 꾸준하게 수입을 올리겠다는 방침이었다. 100만 달러의 '헐값'으로 '〈해리 포터〉' 3편의 영화 판권을 사들인 AOL 타임워너사의 스티브 케이시 회장의 '다(多)필름 프랜차이즈'(multi-film franchise)라는 신조어에서도 글로벌 비즈니스의 특징을 설명할 수 있다.

당시 AOL 타임 워너사는 〈해리 포터〉를 새로운 형태의 산업을 창출하는 시금석으로 삼고자 했다. 한 번에 대박을 터뜨리는 것이 아니라, 인기 관리를 하면서 크게 그리고 오랫동안 비즈니스를 유지하겠다는 의미로도 파악된다. 이런 글로벌 비즈니스 전략은 비즈니스를 시작한 이후에 일어난 일이 아니다. 시작하기 처음부터 목표로 제시되어 있던 전략이었으며 목표를 달성하기 위해 다양한 마케팅 전략을 도입했다. OSMU 전략과 미디어 매체를 통합하여 사용한 마케팅도 글로벌 비즈니스를 달성하기 위한 단계에 불과했을 뿐이다.

글로벌 시장을 목표시장으로 하여 기획-제작-유통-배급-마케팅-펀딩으로 이루어지는 제반 프로세스가 존재했다. 여기에 학제적 네트워크가 협업시스템으로 참여하였다. 온라인과 오프라인상으로 4C(COMMUNICATION, COMMUNITY, COMMERCE, CONTENT)와 4P(PRODUCT, PRICE, PLACE, PROMOTION)의 통합마케팅을 전개하는 구도였다, 그 자체를 광고 홍보전략으로 활용, 고객의 지갑점유율을 제고하고, 부가가치를 창출하기 위한 비즈니스를 보여주었다.

이러한 전체 콘텐츠 비즈니스 총지휘는 타임워너 그룹 본부가 하고 영화 제작은 워너 브라더스(영화사), 인터넷 영화홍보, 티켓, 관련 상품 온라인 판매는 온라인 AOL이 담당했다. TIME(잡지), 엔터테인먼트 위클리(잡지), CNN(방송) 등은 관련 기사 게재에 들어갔고 방영도 시작했다. 애틀랜틱(음반사)은 사운드트랙 발매하였고 HBO(케이블), WB네트워크(TV) 등은 예고편 방영을 개시했다. 3편의 〈해리 포터〉 영화 판권(혹은 7편이 될지도 모르지만)을 가지고 있는 AOL 타임워너사의 전략은 한 번에 모든 것을 소진하지 않는다는 방침을 준수했다. 영화 판촉을 위한 일회용 홍보팀이 아닌, 그룹 차원의 마케팅 위원회를 발족시킨 것도 프랜차이즈를 최대화한다는 기본 방침에 따른 잘 짜인 활동이었다.

온라인 글로벌 영토에서도 마케팅 효과를 극대화하였다. 사용자 제작 콘텐츠는 사회적 웹의 촉매제가 되고, 브랜드 가치는 기업과 소비자들의 양방향 대화에 의존하게 된다. 대중을 강력한 전파자로 만든다는 '레이브 법칙'을 적용하여 인터넷이라는 강력한 플랫폼을 통해 아이디어를 급속도로 전파했다.

이는 잠재 소비자의 구체적인 '페르소나'를 파악하고, 흥미로운 콘텐츠와 이를 전파하는 사람들을 통해 아이디어 확산을 촉진하는 '트리거'를 만들며 큰 비용 없이도 강력한 마케팅 효과를 거두었다. 온라인 비즈니스의 초창기, 시장 확보 경쟁에 나선 유통업체들이 성장 가능성이 큰 〈해리 포터〉를 집객 상품으로 결정하여 대대적인 출혈 경쟁을 벌인 덕분에 '해리 포터'의 온라인 버즈는 폭발하기 시작했다.

온라인서점 아마존은 '해리 포터'를 40~50% 할인하는 출혈 마케팅을 벌이면서 책 판매로 얻어지는 수익을 포기하는 대신 자사 웹사이트에서 〈해리 포터〉 책을 사는 소비자들이 다른 제품도 함께 구입하기를 기대하자는 결정을 내리기도 했다. 팬들의 온라인 활용에 맞추어 〈해리 포터〉 마케팅팀도 온라인을 활용하기 시작. 그들은 공식 홈페이지에 티저 마케팅 형식을 활용하여 사이트 방문자들의 기대감을 고조시켰다. 온라인 이벤트를 통해 영화에 단역으로 출연할 기회를 주는 등 다양한 접근을 허용하였다.[70]

온라인 버즈는 전 세계적인 사람들이 의견을 교환할 수 있게 만들었고, 다양한 시각에서 〈해리 포터〉를 바라볼 수 있게 하여 더욱더 재미를 더하였다.

워너브러더스의 프로덕션 매니지먼트 노하우가 마케팅에 전이되기도 했다. 이 회사는 영화 홍보전략에서도 원작의 신비감을 최대한 유지하고자 하였다. 세 명의 꼬마 주인공들은 기자회견에 나타나긴 했지만, 곧 자리를 떠나 언론에 노출되는 시간을 최소화했다. 그 이후에도 영화 제작 동안 배우들에 대한 접근은 통제됐다. 영화 세트 내부는 출입자가 철저하게 제한됐으며, 영화 제작에 관련된 뒷얘기도 완벽하게 비밀에 부쳐졌다. 마치 영화 제작이 마법의 성에서 이뤄지는 것 같은 분위기를 조성하였다.[71]

원작의 비밀스러운 분위기를 유지하려는 전략은 영화 개봉 후에도 지속하였다. 이후 10여 년에 걸쳐 해리 포터 시리즈를 끌고 나갈 예정인 워너 브러더스 측은 영화와 관련 제품에 관한 관심은 지속해서 유지하되 자칫 이미지가 과대 포장되거나 너무 많이 노출됨으로써 '꼬마 마법사가 상업화됐다'라는 이미지가 만들어지는 것을 가장 우려했었다고 한다.

---

70) 수잔 기넬리우스, 〈스토리노믹스〉, 미래의 창, 2009

71) 모드위크. 황정선. http://blog.naver.com/kongwin

브랜드 명성 관리에서도 실력을 발휘했다. 특정 브랜드가 잘 나간다고 무작정 확산하기보다 적절하게 제한해 소비자의 마음을 확실하게 이끄는 전략이 주효했다. 롤링은 영화화 제의를 여러 차례 거절하고 영화의 '예술적 측면'뿐 아니라 상품화 라이선스 결정권까지 주겠다는 워너 브러더스와 계약했다. 계약에는 당시 출간도 되지 않았던 7편까지 포함. 관련 상품이 나오기만 하면 불티나는 시기에 오히려 상품 종류를 제한하면서 브랜드 일관성을 유지하였다. 당시에 극장뿐 아니라 서점에서도 철저한 보안 단속에 나섰다. 출판사는 정해진 발매일까지 책이 든 상자를 개봉하지 않겠다는 서점들의 동의서를 받았다.

〈그림 152〉 〈해리 포터〉 팬 픽션 사례

자료 : https://www.pinterest.co.kr/pin/410672059778698285/

결과적으로 지나친 머천다이징으로 브랜드가 희석되는 것을 막을 수 있었다. 해리우드 사업자가 마련한 세계 무대를 팬들이 자연스럽게 독차지하게 되었다. 팬들은 인터넷을 통해 〈해리 포터〉의 책과 영화에 대한 의견을 펼치기 시작했다. 팬 사이트를 개설하고, 〈해리 포터〉에 대한 추측과 찬양을 사이트에 표현하였다. 2001년 워너 브러더스사가 첫 영화홍보를 위해 웹사이트를 개설하자 수많은 팬이 몰려들어 토론방에 자신의 의견을 올리고, 서로 토론하기도 했다. 또한 점차 시간이 흐르면서 팬들은 팬 픽션을 올리고, 〈해리 포터〉를 이용해 새로운 영상이나 작품을 창작해내는 등 그들의 능력을 통해 할 수 있는 것들을 자신의 사이트에 올렸다.

팬 픽션

팬 픽션(Fan Fiction)이란 인기 작품, TV 쇼, 영화 등에 기반해 창작된 작품을 일컫는 말. 처음에는 자신들끼리 작품을 돌려보기만 하다 점점 스케일이 커지면서 팬 픽션이 문학의 장르가 되어 원본에 필적할만한 인기를 누리고 있는 경우도 많아졌음.

팬들의 활동이 활발해지면서 팬의 위력도 높아지기 시작했는데, 그 예로 〈해리 포터와 혼혈왕자〉의 개봉일 연기에 대한 팬들의 반발 사건을 들 수 있다. 비록 팬들의 반발에도 불구하고 개봉일은 연기된 날짜로 유지되었지만, 1만 2000여 명이 개봉 연기에 항의하며 원래대로 개봉할 것을 요구하는 온라인 청원 캠페인을 벌였다. 이 사실은 〈해리 포터〉의 팬들의 세력이 커졌고, 온라인 버즈가 탄탄하게 구성되어 있음을 알 수 있다.

팬의 힘이 세진 것이 문제가 되는 사건도 있었는데, 〈해리 포터 백과사전〉에 대한 조앤 롤링의 출판 금지 소송이다. 이 사건은 해리 포터의 모든 것을 기록해 놓은 사이트인 '해리 포터 렉시콘'(www.hp-lexicon.org)을 정리하여 오프라인 북으로 출판하려는 계획에 반발하여 조앤 롤링이 소송을 벌인 사례다.[72]

이는 온라인 버즈의 주축을 이루던 팬의 힘이 세져 나타난 사태라고 볼 수 있다. 기본적으로 〈해리 포터〉 마케팅팀과 팬 사이트와는 우호적인 관계를 맺고 있다. 마케팅팀은 이들에게 내부 정보를 제공하고, 영화 촬영장에 초대하는 등 다양하게 의사소통을 하기 위해 노력. 조앤 롤링도 개인적으로 웹사이트를 열어 팬들과의 대화에 참여하여 온라인상의 버즈에 활기를 부여했다. 조앤 롤링의 개인 사이트 사진으로 이 사이트에서는 자신에 관한 정보와 해리 포터에 관한 정보나 뉴스를 전달하였다. 이를 통해 브랜드의 이미지와 메시지에 일관성을 유지하는 데 도움을 주었다.

유통, 금융 부문과 함께 〈해리 포터 마케팅 카르텔〉을 형성하기도 했다. 『해리 포터와 불의 잔』이 발매되었을 때, 아마존과 반스앤노블은 웹사이트에서 사전 주문을 받아 『해리 포터와 불의 잔』을 사전 주문하는 독자들에게 발매일에 책을 받을 수 있도록 하겠다고 약속했다. 서점에서 책을 못 살 수도 있음을 우려한 독자들은 2000년 7월 8일 발매일 이전 70만 권이 넘는 사전 주문을 했다. 아마존과 반스앤노블은 순매출에 긍정적 영향을 미친 사전 주문 전략을 통해 엄청난 이득을 얻었다.

예를 들어, 『해리 포터와 혼혈 왕자』의 사전 주문 물량은 150만 부에 이르렀는데, 이는 그 해 아마존 3분기 매출의 1%인 1천940만 달러에 해당하는 것이었으며, 반스앤노블의 경우에는 이 책의 사전 주문 분이 2005년 2분기 매출의 2%를 차지했다. 〈해리 포터〉의 새 책이

---

72) 뉴스엔 엔터테인먼트부, 〈해리 포터 백과사전에 조앤롤링 분노, 출판금지 소송〉, 뉴스엔, 2008. 03. 01

나올 때마다 이들 대형 서점들이 맞게 되는 기회는 금융계 애널리스트들의 주목을 끌 만했다. 엄청난 물량의 〈해리 포터〉책 매출에 대한 기대감으로 이들 회사의 주가가 상향조정되는 일도 벌어지기도 한 시기였다.

2007년 마지막 책인『해리 포터와 죽음의 성물』발매를 앞두고, 사전 주문 물량은 200만 부 이상으로까지 치솟았다. 아마존, 반스앤노블, 보더스 그리고 월마트 등이 〈해리 포터〉 팬들을 자사 웹사이트로 끌어들이려 노력하는 가운데 온라인 유통 업체간 시장 점유 확보 경쟁은 과열되고 있었다. 이 가운데 가격 인하 전략을 들고나온 첫 온라인 유통업체는 아마존이었다. 아마존은 자사 웹사이트의 트래픽을 증대시키기 위해 사전 주문 도서를 큰 폭으로 할인된 특가에 내놓았다. 〈해리 포터〉 책을 40~50퍼센트 할인된 가격에 판매하기로 한 아마존의 전략은 〈해리 포터〉 책의 판매를 통해 얻어지는 수익을 포기하는 대신 자사 웹사이트에서 〈해리 포터〉 책을 구입하는 소비자들이 다른 제품도 함께 구입하기를 기대한 대담한 결정이었다. 이 전략은 성공을 거두었고 다른 온라인 유통업체들도 아마존의 가격과 같은 수준으로 아니면 이와 비슷하게 가격을 할인함으로써 재빨리 이에 동참하였다.

영화에서 할리우드 글로벌 마케팅 실력은 유감없이 발휘되었다. 전 세계에서 동시에 해리 포터 책이 발매되며 영화 또한 동시에 개봉된다는 점에 주력했다. 전 세계 동시 개봉이라는 내용의 기사와 티저 영상의 지속적인 노출은 해리 포터를 간절히 기다리는 전 세계 팬들의 기대 심리를 더욱더 극대화한다는 점에서 강력한 마케팅이 될 수 있었다. 〈해리 포터〉의 경우는 이미 원작 소설이 영화에 앞서 발매가 되기에 영화 티저의 공개는 상당히 조심스러웠다고 한다. 너무 많이 스포일러를 해버리면 흥미가 떨어질 것이고 또 너무 감춘다면 실망을 안겨줄 수 있어서다. 〈해리 포터〉 시리즈 제6탄 〈해리 포터와 혼혈왕자〉의 아이맥스용 티저 예고편이 공개됐을 때 해리 포터 팬들이라면 잔뜩 기대했을 첫 예고편일 테지만 너무 썰렁한 것이 문제였다. 20여 초 정도 되는 동영상에 영화 속 장면은 하나도 없이, 마법학교 교장 덤블도어(마이클 갬본)의 대사만 나올 뿐이었다. 덤블도어의 대사 “Once again I must ask too much of you, Harry”는 주인공 해리 포터에게 뭔가 중대한 것을 부탁한다는 뜻인데, 원작 소설을 떠올려 봤을 때 하이라이트가 되는 동굴 장면에 나오는 대사로 여겨졌다.

전 세계 해리 포터 팬들은 이 티저 영상을 보았을 때 실망을 하기도 했지만, 오히려 기대 욕구를 갖게 되었다. 대사 한 줄만 나온 이 티저 영상을 보고 ‘전 세계 동시 개봉’이라는 홍보 기사를 계속 접하는 해리 포터 팬들은 빨리 영화가 개봉되기를 더욱 기다리는 효과를 가져왔다.

영국과 서유럽 특유의 선진 이미지도 활용하였다. 한 국가 안에서만 통하는 마케팅이 아니라 전 세계를 대상으로 이런 콘텐츠 마케팅이 이루어졌다. 해리우드 글로벌 서비스 마케팅은 애플 아이폰 탄생과도 연결이 되었고 해리 포터의 마케팅은 애플사의 아이폰, 아이팟의 마케팅과 닮아있기도 하였다.[73]

전 세계 이용자들에게 선풍적 인기를 불러왔던 아이팟과 아이팟을 능가하고 있는 아이폰은 해리 포터의 경우와 마찬가지로 심리적 요인을 잘 노린 심리 마케팅에 성공했다. 아이폰은 얼리 어댑터들에게 먼저 사용되었고 이들은 온라인에 자신의 소셜 미디어를 통해 아이폰의 사용기를 올리기 시작했다. 인터넷 사용자들은 이들의 글을 보고 댓글을 달며 호기심을 보였고 점차 주위 사람들과도 아이폰을 소재로 이야기하기 시작했으며 이렇게 입소문을 타고 아이폰을 가지고 있는 사람은 앞서 나가는 사람이라는 이미지를 사람들 스스로 만들며 점차 아이폰을 구매하는 사람들이 늘어만 갔다. 해리 포터 역시 마찬가지였다. 신드롬에 영합하려는 욕구와 동화 욕구는 사람들로 하여금 상품의 구매에 이르게 하는 가장 강력한 마케팅이 될 수 있었다. 해리 포터는 그 자체로도 충분히 매력적이고 놀라운 콘텐츠이지만 사람들의 심리가 스스로 작용해 해리 포터의 신드롬까지 만들어 냈다고 볼 수 있다.

해리 포터와 아이폰은 모두 지속적인 티저 마케팅을 하고 있다. 두 제품 모두 "지속적 마케팅"으로 매년 제품의 "세대"를 발전시키면서 고객 관심도를 높여가며 기반을 확대하고 있다. 아이폰 티저 마케팅은 사실상 애플이 직접 하지도 않는다는 점이 특색이다. 오히려 감정이입에 충실한 "컬트 고객"에 의해서 스스로 다양한 티저를 만드는 양상이었다. 물론 "고객 스스로에 의한 티저" 현상은 예의 온라인 버즈와 맞물려서 더욱 많은 고객에게 확산되고 공유되며 그 스스로가 "재미"를 전해준다는 장점이 있게 되었다.

이러한 마케팅이 이루어지고 있다는 사실은 더욱 큰 시너지 효과를 불러일으켰다. 해리 포터는 영국을 배경으로 영국만의 이국성과 신비로움을 담고 있는 콘텐츠이기에 영국 내에서는 물론이고 영국 주변 국가, 영국의 문화를 흠모해오던 다른 국가들까지 해리 포터 열풍에 가담하게끔 연출하였다. 한 회사 차원의 마케팅이 아니라 영국이 주도하는 국가 브랜

73) 기사 참고 http://www.ebuzz.co.kr/content/buzz_view.html?ps_ccid=81137

드 이미지로 확산하게 되었다.

해리 포터 마케팅 시사점 : 뉴 OSMU

해리 포터 콘텐츠 뉴 OSMU(One Souce Mult Use) 차원에서는 2개 심장(원 소스)으로 뛰었다. 〈해리 포터〉는 독자와 이용자그룹 등 고객의 참여와 공유가 워낙 강해 각각 PI(캐릭터 후광)라는 마케팅 요소를 지녔다. 이 요소 자체가 전체 해리 포터 콘텐츠 비즈니스 원 소스(One Source)가 됨으로써 다른 일방향, 선형적 OSMU와는 구별되는 새로운 메커니즘을 보여주었다. 첫 번째 심장인 작가의 원 소스가 〈해리 포터〉 소설 이전의 문화, 예술적 영감과 아이디어라는 점 또한 기존의 OSMU와는 다르다. 작가의 아이디어 형상. 자체가 그야말로 기본 원형에 해당하는 원 소스로서 시장에 받아들여졌고 이에 이용자들이 자신의 로망과 상상력, 아이디어를 대입하고 연결하고 공유하고 재창조하는 관여를 통해 두 번째 심장인 또 다른 수용자 원 소스를 형성하게 되었다.

따라서 작가의 PI 부분(소설 하나로 담기기 어려웠던 풍부한 원천적 아이디어 원형)이 하나의 원 소스가 된다. 고객(개인은 물론 집단으로서)이 받아들이는 형상화 과정에서 실현된 리디자인, 리크레이이션(재창조) 작용이라는 일종의 집단지성과 감성 자체가 또 하나의 원 소스가 되는 듀얼 트랙, 투 톱 시스템을 창출하였다. 이러한 OSMU 흐름은 〈해리 포터〉가 이미 한 작가의 창작물 레벨을 넘어 전 세계 역사의 문화자본으로 확장되었기 때문에 나타난 전대미문의 케이스에 해당한다. 미학적으로는 창작 예술물에 대한 수신자(이용자그룹, 고객)의 체험과 참여, 변형, 역류, 재창조까지를 예술 행위의 완성으로 보는 〈수용이론〉으로 해석이 가능하다. 결국 해리 포터 OSMU는 적당한 매력을 지닌 콘텐츠 발신과 역시 편안한 소비를 즐기는 이용자그룹의 행복한 결탁을 뼈대로 삼는 일반적인 OSMU와 구별되는 뉴 OSMU라고 할 수 있다. 뉴 OSMU 핵심은 단연 아이디어 생성, 제공자로서 작가와 아이디어 재창조, 집단지성 / 감성 역할을 해낸 고객 이용자그룹에 대한 재발견에 있다.

2개의 원 소스이지만 별도 상이한 투 소스라기보다는 각각 원 소스가 미완성인 채로 출발하여, 활발한 상호작용을 하면서 그 중간에 나오는 전 비즈니스 과정에서 콘텐츠 멀티유즈를 생성한다는 점에서 뉴 OSMU라는 표현이 적절하다. 소비하는 낭만에 대한 판타지로 구매 저항을 무너뜨린 점이 특징적이다. 경험재 〈해리 포터〉 콘텐츠에 매혹된 고객들은 소득과 효용, 선택, 기회비용 등을 따지는 합리적 행태에서 완전히 탈피하였다 이후 가격,

분량, 홀드백 피리어드(콘텐츠 발매 간격) 등 기본적인 소비 제약 변수에 아랑곳하지 않고 소비하는 낭만을 즐기게 되면서 마케터의 OSMU(One Source Multi Use) 전략이 완연하게 펼쳐지게 되었다.

〈해리 포터〉는 지속적으로 소비하는 낭만을 특권처럼 부여하였다. 마케터들은 원작에 충실한 원 소스 멀티유즈를 만드는 데 주력하였다. 〈원 소스 멀티유즈〉의 핵심인 원천소스의 완성도를 자산으로 활용하여 독자들에게 명품 해리 포터 콘텐츠에 대한 유지, 보수의 미션을 부여하고 수호하는 과업에 대한 동참을 유도하였다. 영화 〈해리 포터〉는 원천소스인 소설 〈해리 포터〉의 명성을 영화로 연결하며 원 소스 멀티유즈 전략을 충실하게 실천하고 있는 작품으로 평가할 수 있다. 〈해리 포터〉 '스타일'의 패션도 발 빠르게 유행하고 있고 각종 캐릭터 상품, 게임, 동호회, 책 속의 책 등 이루 헤아릴 수 없이 많은 아이템 들이 문화 전반에 걸쳐 〈해리 포터〉로 인해 탄생하였다.

할리우드도 원작에 대한 외경심도 유지하도록 했다. 워너브러더스 역시 '원작 살리기'에 가장 충실하게 임하였다. 이들은 프로젝트를 구상하면서 최우선으로 정한 원칙으로 영화 제작에서부터 원작을 최대한 살려내는 데 중점을 두었다. 섣부른 변화를 시도하기보다는 성공한 '원조'의 장점을 최대한 업고 가자는 이 작전은 영화 자체적으로도 주효하였다. 이렇게 결국 뉴 OSMU 전략은 결과적으로 큰 수익으로 이어졌다.[74]

2007년『해리 포터와 죽음의 성물』로 시리즈가 완결된 해리 포터는 64개 언어로 번역 출간되어 누적 판매 부수만 약 4억 권으로 추정된다. 또, 현재 5편까지 개봉된 영화 시리즈 전편은 박스 오피스에서 50억 달러 이상의 수익을 얻었다. 캐릭터 관련 제품 매출은 1억~1억 5,000만 달러 규모에 이를 것으로 보인다. 관련 상품 및 DVD 매출을 통해 추가로 수십억 달러를 상회하게 되었다. 머천다이징 제품은 장난감, 게임, 액세서리, 문구와 학용품, 가정용품, 가구와 장식, 캔디 등의 분야에 이미 400개를 넘어서기도 했다.

마케터들은 브랜드 희소가치 준수로 콘텐츠 품질 관리를 최우선시하였다. 영화는 소설의 시리즈와 함께 그대로 영화화되었다. 소설을 영화화하는 작업에서 원 소스의 한 축인 조앤 롤링의 브랜드 가디언(brand guardian) 노력이 돋보이는 대목이다. 그는 영화 시리즈에

---

74) 2010-03-22. '해리 포터' 성공 요인 심층 분석! ebs다큐 '이야기의 힘'

대한 권한의 일부를 유지하기로 합의하고 나서야 계약을 성립시켰고, 실제로 영화를 제작하는 데 있어서 원작에서 많이 벗어나지 않게 감시하였다. 이러한 조앤 롤링의 역할은 영화의 화려한 영상미를 강조하면서도 원작의 영화화를 원하는 팬들의 욕구를 왜곡시키지 않고 충족시켰다. 영화라는 매체에 맞도록 스토리텔링을 재구성한 결과, 원작에도 크게 벗어나지 않고 영화에도 어색하지 않은 〈해리 포터〉의 영화가 성공적인 멀티 유즈가 될 수 있도록 작용하였다.

게임에서는 원 소스의 건너편 축인 이용자그룹이 멀티 유즈를 촉진하게 된다. 〈해리 포터와 혼혈왕자〉에서는 실제 영화의 배경을 게임에서 볼 수 있게 하면서 볼거리를 확대하여 영화의 개봉일과 맞추어 게임을 출시하였다.[75]

.게임의 경우 소설이나 원 소스 한쪽 축인 작가의 입김보다는 영화를 체험한 이후 이용자그룹의 입김이 더 많이 작용한 멀티 유즈가 나오게 된다. 실제 마케터들은 소설을 기본 모토로 삼기보다는 영화 관객으로서 이용자그룹을 기준으로 삼은 다음 게임에 맞게 스토리텔링을 재구성한다. 작가가 〈해리 포터〉의 과도한 머천다이징을 방지한 노력은 결국 이용자그룹의 좀 더 원활하고 자유로운 참여와 공유를 끌어내게끔 하였다. 고객을 또 하나의 원 소스를 대접하는 구조를 만들어졌다.

작가는 〈해리 포터〉 브랜드가 자신이 만들어 낸 이미지를 그대로 유지하고 여기에 감정이입 되어 있는 소비자들이 혼란을 느끼거나 실망하는 일이 절대 없도록 해야 한다고 신념을 유지했다. 이를 토대로 조앤 롤링은 초기 해리 포터 브랜드에 대한 머천다이징에 반대했지만 이후 입장을 누그러뜨려 팬들이 〈해리 포터〉를 자신의 책 이외의 형태로도 경험할 수 있게 해야 함을 깨달았다고 한다. 이로써 작가의 손을 떠나 문화자본으로 커버린 이용자그룹이라는 해리 포터의 또 다른 원 소스가 특별한 위상을 차지하게 되었다.

중의적, 복합적 개념의 원 소스가 강력한 캐릭터 비즈니스 성과를 가져오기도 했다. 워너브러더스는 해리 포터의 머천다이징 계약을 10여 개 다른 업체들과도 맺었다. 일렉트로닉아츠, 레고, 마텔, 네카 등 다양한 기업들이 해리 포터 브랜드와 관련된 라이센스 판권을 구입해 갔다. 당시 해리 포터 관련 상품들은 워너브러더스의 오프라인 및 온라인 상점뿐만 아

75) 김동현, 〈'해리 포터와 혼혈왕자', 영화 속 풍경 게임 속에서 찾다〉, 게임동아, 2009.07. 27

니라 대형 유통업체, 장난감 가게 그리고 온라인 유통업체들을 통해 판매가 이루어졌다.

오디오북, DVD, 사운드트랙 그리고 비디오 게임 또한 판매되기 시작했다. DVD 〈해리 포터와 불의 잔〉이 2006년 미국에서 발매되었을 때 첫날에 500만 장이, 그리고 1주일 동안 900만 장이 열혈팬들에 의해 판매되었다. 똑같은 DVD가 2006년 3월 20일 영국에서 발매되었을 때, 영국에서 역사상 가장 빨리 팔린 DVD의 기록을 세우면서, 첫날에는 초당 6개, 그리고 1주일 안에 모두 140만 장이 팔려나갔다.

〈해리 포터와 불의 잔〉은 역사상 가장 빨리 팔려나간 기네스북에 올라있다. DVD의 경우 매출을 추가로 늘리기 위해, 해리 포터 마케팅팀은 다양한 패키징과 연계 상품의 콘셉트를 개발하였다. DVD에는 보너스 피쳐와 예고편이 수록되어 있고 싱글 디스크로 아니면 더욱 풍부한 피쳐와 인터랙티브 게임이 담겨 있는 두 장짜리 스페셜 디스크 세트로도 구매할 수 있었다. 첫 해리 포터 DVD인 〈해리포터와 마법사의 돌〉은 개별 패키지 혹은 영화에 등장하는 캐릭터인 트롤 인형이 들어있는 패키지로 나왔다. 그 결과, 워너 브러더스는 소비자들이 특별판에만 들어 있는 추가 피쳐나 연계 부록 때문에 각각의 해리 포터 DVD를 한 번 이상 구매하는 예도 나오게 되었다.

사운드트랙과 오디오북 역시 해리 포터 제품이라면 무엇이든 사고 싶어 하는 팬들에 의해 인기리에 팔려나갔다. 랜덤하우스 오디오가 만든 해리 포터 시리즈 오디오북은 다른 해리 포터 브랜드들과 마찬가지로 역시 기록적인 매출액을 기록하였다. 해리 포터 시리즈 첫 5개 오디오북은 북미지역에서 400만 개가 팔리는 기록을 세우기도 한다. 여섯 번째 책이 발매됐을 때는 오디오북 초판으로 60만 장 이상을 수분하여 역사상 가장 많은 초판 제작을 한 오디오북이 되었다.

이와 비슷하게, 해리 포터의 사운드트랙도 전 세계적으로 수백만 장이 판매되었다. 비디오 게임 역시 해리 포터 브랜드에 활기를 불어넣는 요소로 작용하였다. 해리 포터 시리즈의 개별 영화가 나오는 것과 맞물려 일렉트로닉 아츠(EA)가 비디오 게임을 맡았는데, 조앤 롤링은 개별 게임의 개발에 깊숙이 개입해 각 게임개발의 모든 사항에 대한 승인을 내렸고 이 과정에 또 다른 원 소스인 이용자그룹의 다양한 니즈가 온라인 소통 등을 통해 작가와 사업자에 파고들었을 것으로 분석할 수 있다.

〈해리 포터〉 머천다이징 사례

※ 장난감 : 캐릭터모형, 플러시 인형, 플레이 세트, 레고, 퍼즐, 빗자루 등
※ 게임 : 보드 게임, 트레이딩 카드, 비디오 게임, 분장 등
※ 액세서리 : 지갑, 열쇠고리, 선글라스, 모자, 보석, 시계 등
※ 문구 및 학용품 : 펜, 연필, 노트, 달력, 도시락통, 배낭 등
※ 가정용품 : 텐트, 비치타올, 포스터, 머그, 접시, 전자제품 등
※ 가구 및 장식 : 벽걸이 장식, 조각, 욕실용품, 벽시계 등
※ 기타 : 스티커, 임시 문신, 생일 및 파티용품, 악보 등

롱테일(long tail) OSMU도 실현하였다. 해리 포터 시리즈는 총 7권, 영화 또한 7편으로 2001년부터 영화 마지막 편이 나오는 2011년까지 약 10년간 계속되는 장기 프로젝트의 결과물이기도 했다. 따라서 10년간 해리 포터 이미지를 보아 온 대중은 해가 지날수록 쉽게 지루함을 느끼게 된다는 부담을 안게 되었다. 당시 워너 브러더스 대표는 “한 번에 왕창 벌고 빠지는 식은 원치 않는다. 우리는 해리 포터가 영원한 생명을 갖길 바란다”고 말하며 해리 포터는 전 세계의 대중들을 매료시키리라는 것을 확신했다고 전했다.

마케터들은 일시적인 이미지 소비를 경계하고 원작자 소설에 묘사된 상상의 세계를 잘 표현하는 상품만을 기획하고 제작해내는 품질 관리를 실현해냈다. 해리 포터 관련 캐릭터 상품에 대한 워너 브러더스사의 가이드 라인에는 해리 포터 캐릭터는 공예품이어야 한다는 조항이 제시되었다.

독점화 전략 구사도 특기할만하다. 워너브라더스는 기존의 디즈니사가 했었던 것처럼 맥도날드 같은 패스트 푸드점과 캐릭터 계약을 맺지 않고 코카 콜라 하나만을 배타적으로 선택했다. 코카 콜라에게 단독 스폰서 계약권을 위임하며 1억5천만 달러의 이익을 창출할 수 있었다. 이렇게 코카 콜라에게 단독 권리를 준 것은 해리 포터 캐릭터의 희소성을 높여 고부가적인 이미지를 창출하는 데 큰 역할을 했다고 볼 수 있다.

이미 해리 포터의 원작은 그 유명세가 대단했기에 별도의 홍보가 필요 없었을뿐더러 캐릭터와 작품 이미지의 잦은 노출은 오히려 해가 된다고 판단한 것도 배경으로 작용했다. 워너 브러더스 사는 해리 포터의 기사를 실을 언론까지도 선택해 독점 기사를 내도록 했다. 유명 시사 주간지 〈TIME〉에 해리 포터 역의 다니엘 래드클리프 사진을 실으며 총 6페이지의 독점 취재 기사를 내도록 하였다.

14 미래 도전과 전망 : 비즈니스모델 실행

미디어 콘텐츠 경영 활동을 경영전략 프로그램까지 성공적으로 수행한 다음 어김없이 맞닥뜨리게 되는 것은 '내일에는 내일의 해가 떠오른다'라는 현실이다. 예를 들어, 모든 기업이 비상 경영을 선포하면서까지 긴장하고 있는 위기관리의 선명한 목표는 생존과 지속이다. 지속 경영을 위해 기업은 끊임없이 학습조직을 만들어 지식경영을 하고 리더십 개발과 혁신에 뛰어든다.

기업들은 진화 과정에서 M&A, 아웃소싱, 전략적 제휴, 협업 등을 감행하여 모든 영역이 일거에 헤쳤다 모이는 융합 생태계를 선점하려 애쓴다. AI, 빅데이터, 블록체인, 메타버스, NFT(Non-Fungible Token), 5G, 6G 등 신기술이 도입될 때마다 미디어 콘텐츠 부문의 비즈니스 기회를 확보하기 위해 동분서주하고 있다.

〈그림 153〉 미래전략 과제와 개념도

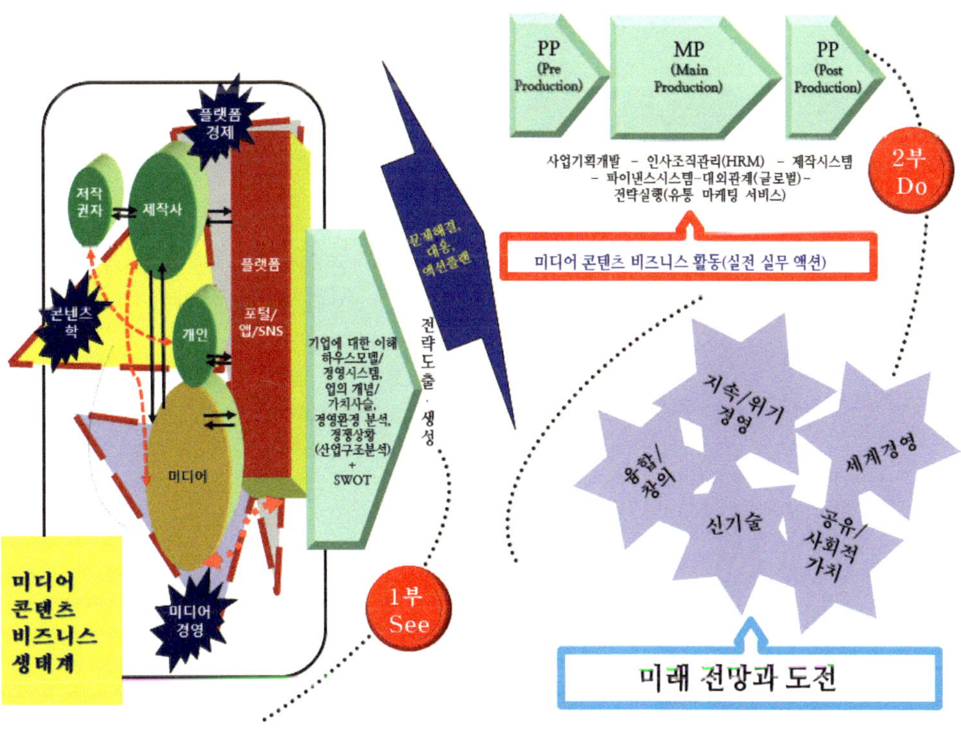

사회적으로는 공유가치와 사회적 가치를 중시하는 새로운 비전과 경영 철학에 대한 요구도 높아지고 있다. 사업 기획과 개발, 제작시스템 등 미디어 콘텐츠 경영의 본원적 활동에서는 창의적 발상과 인적 자원에 대한 미래 경영시스템이 날로 강조되고 있다.

1) 개요

기업이 마주해야 할 미래의 파도들은 매우 불확실(uncertainty)하고 애매모호(equivocality)할 수밖에 없다. 미디어 기업으로서는 우선 산업의 변동으로부터 객관적 정보와 자료를 조사 분석 평가하여 예측 가능한 범위를 최대한 넓게 펼쳐 보아야 한다. 경영환경에서 주어지는 저성장 시대, 역성장 시대와 같은 절대 장벽이 있고 새로운 질서가 드러나기 시작하는 기회의 땅으로서 미래의 시간이 또한 성큼 와 있다.

이에 디지털의 물결과 같은 확고한 동인(enabler)을 활용해 어떻게 하면 거대한 흐름이라는 호랑이 등에, 거인의 어깨 위에 올라탈 것인가에 관한 물음에 구체적인 해답을 지니고 있어야 하겠다.

〈그림 154〉 기업 경영 과제

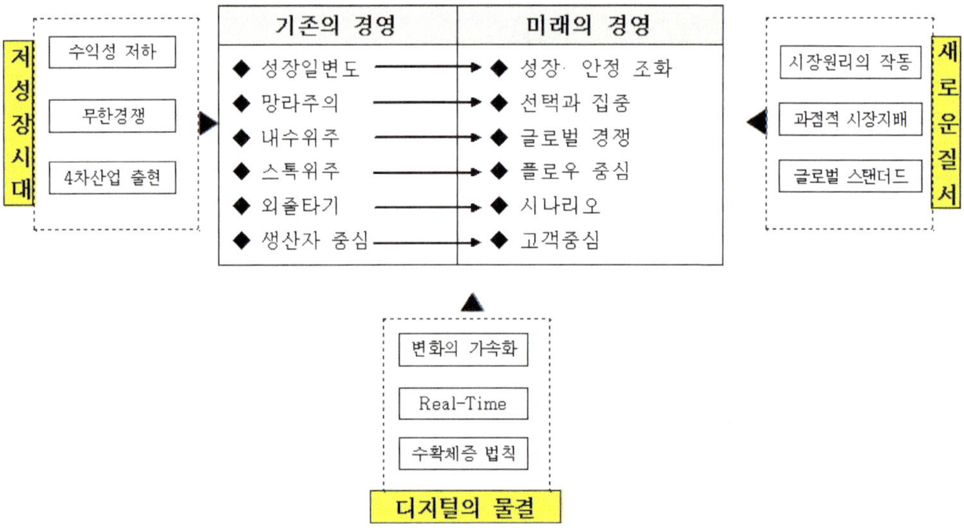

자료 : 삼성경제연구소 내부 자료(2002)

아울러 내부적으로는 자신의 핵심역량이 무엇인지를 정확하게 간파하여 실현 가능한 대응 방안을 수립해야 할 터이다. 핵심역량을 파악하고 전략을 준비하고 대처하는 방법에 관해서는 경영학의 자원기반관점(Resource Based View)에서 말하는 VRIO 분석과 동적 역량 분석을 소개하도록 하겠다.

이에 더해 이번 장에서는 경영환경을 전망하고 선제적으로 대처하여 철저하게 준비하는 비즈니스 활동으로서 연구사업개발(R&DB)과 수익모델 실행을 탐구해본다.

전략 수행을 위한 핵심역량 파악 : VRIO[76]

기업 성장의 요인이 되는 핵심역량은 다음과 같은 특징이 있다. 첫째, 다양한 시장으로 진출할 준비된 가능성을 제공해야 한다(Oganization). 둘째, 제품에 대하여 고객의 욕구를 충족시켜 줘야 한다(Value, Rareness). 소비자의 만족도가 높으면 수익이 늘어서 기업이 성장하고, 기업은 핵심역량을 가지게 되는 원리이다. 셋째, 다른 기업들이 모방하기 어려워야 한다(Inimitability).[77]

이들은 자원기반이론(Resource Based View)을 통해 기업의 내부 강점과 약점을 분석하기 위한 질문이다. Barney가 제시한 이들 VRIO는 미래 환경에 대비하여 스스로 찾아내 강화하여 전열을 가다듬도록 하는 최종 병기를 골라내는 작업이라고 할 수 있다.

Value : 기업의 차별화된 가치

Rareness : 다른 기업과 다른 희소성

Inimitability : 모방하기 힘들어야 함

Organization : 조직화해서 다른 사업으로 적용

+ Substitutability : 대체 불가능함

이 VRIO 모형은 '특정 자원이 그것을 소유한 기업이 환경적 기회를 이용하거나 환경적

76) 김은아 (2019). CJ CGV의 VRIO 모델을 통한 핵심역량분석. 한국엔터테인먼트산업학회논문지, 13(3), 333-342

77) Barney & Hesterly(2020).

위협을 중화시키도록 하는가? 희소성 특정 자원을 소수의 기업만 소유하고 있는가? 모방불가능성 특정 자원을 소유하고 있지 않은 기업이 그 자원을 획득하거나 개발하는 데 있어서 큰 비용이 소요되는가?'를 묻는다.

기업 조직에는 '특정 기업의 정책과 과정들이 그 기업이 소유한 가치 있고 희소하며 모방하기 힘든 자원을 충분히 인식하고 이용할 수 있는가?'를 점검하는 내용이다.

VRIO 모형은 자원이 경쟁우위로 연결되는 데 있어 가장 결정적인 영향을 끼치는 자원의 속성이다. 네 가지 기준에 대한 유무를 순차적으로 적용하여 특정 자원이 지속할 수 있는 경쟁우위를 가져올 수 있는지를 판별하는 수단으로 제시한 것이라 볼 수 있다(송주영, 성형석, 2015). 즉 자원이나 능력이 가치 있고 희소하며 모방하기 어렵다면 그 자원을 이용하여 전략을 선택하고 실행하는 기업은 지속적인 경쟁우위를 창출할 수 있다는 뜻이다(Barney & Hesterly, 2020). 개별 요소들을 구체적으로 살펴보자.

1) 가치

Barney가 제시한 가치 있는 자원에 관한 물음은 '특정 자원이 기회를 이용하거나 위협을 중화시키도록 하는가'이다. 즉, 기업의 특정한 자원이 외부로부터 기회를 이용하고 위협을 중화시킬 수 있을 때 비로소 가치 있는 자원이 될 수 있다(Barney & Hesterly, 2020; 송주영, 2016).

또한 가치 있는 자원은 기업이 효율성과 효과성을 향상시킬 수 있는 전략을 인식하고 실행할 수 있도록 기여할 수 있는 자원을 의미한다(진상준, 2019; 송주영, 2016). 이러한 자원의 가치는 그와 관련된 기업 활동의 결과로 인한 수익 증가와 비용 감소를 통해 나타날 수 있다(Barney & Hesterly, 2020). 소비자가 기꺼이 지급하고자 하는 가격을 높이게 만들거나 원가를 절감함으로써 기업이 창출하는 경제적 가치를 증가시키기 때문이다(송주영, 2016).

2) 희소성

자원기반이론에 따르면 기업은 동일산업에서의 평균적인 기업에 비해 좀 더 많은 경제적 가치를 창출할 수 있을 때 경쟁우위를 갖게 된다. 만일 가치 있는 특정 자원을 여러 기업이 보유하고 있거나 흔한 것이라면, 각각의 기업들은 이 자원을 비슷한 방법으로 개발하고 전략을 실행하게 됨으로써 어떤 기업도 지속 가능한 경쟁우위를 창출할 수 없게 된다(송주영, 2016). 따라서 자원의 희소성은 '특정 산업 또는 시장 내에서 얼마나 많은 경쟁 기업들이 해당 자원을 이미 소유하고 있는가'에 대한 판단이라 볼 수 있다(Barney &Hesterly, 2020).

3) 모방 불가능성

모방 불가능성에 관한 질문은 '어떤 자원이나 능력을 소유하지 못한 기업들이 그것을 획득하거나 개발할 때 그 자원을 이미 소유한 기업들에 비해 비용 열위를 가지는가'에 대한 내용이다. 만일 특정 자원을 모방하기 힘들다면 경쟁 기업들은 성공적인 기업의 자원을 모방하는 데 있어서 상당한 비용 열위에 직면하게 된다. 이렇게 모방 불가능성의 전략적 속성을 가진 자원은 지속적인 경쟁우위를 창출하는 잠재적 자원으로 강조되었다(Barney & Hesterly, 2020). 모방 불가능성을 더욱 어렵게 하는 것은 고유한 역사적 상황, 인과적 모호성, 사회적 복합성, 특허 등의 이유로 설명할 수 있다.

〈표 20〉 CJ CGV 기업에 대한 VRIO분석

CGV VRIO Framework				
Resource / Capability	V Valuable	R Rare	I Inimitable	O (Organized)
CGV영화관수	○			
연구개발능력	○			
명품프라이빗관	○			
영화관셋업	○			
구매력	○	○		
직원혜택	○	○		
직원보상	○	○		
인적자원운영	○	○		
최첨단영화관장비	○	○	○	
영화관입지조건	○	○	○	
고가마켓팅	○	○	○	
사회적 회사이미지	○	○	○	○
글로벌화	○	○	○	○
차별화된 상영관	○	○	○	○
해외현지 영화관과의 관계	○	○	○	○

혁신적 경영	○	○	○	○
고객의 경험만족도	○	○	○	○
브랜드가치	○	○	○	○
CGV리더십	○	○	○	○
CGV비전	○	○	○	○
컬쳐플렉스	○	○	○	○
관람혁신선도	○	○	○	○

자료 : 김은아 (2019). CJ CGV의 VRIO 모델을 통한 핵심역량분석. 한국엔터테인먼트산업학회논문지, 13(3), 333-342

4) 조직

송주영(2016)은 VRIO의 'O'가 보충적 자원 또는 역량으로 다른 자원과의 결합성을 갖는다면 이는 조직역량이나 핵심역량, 동적 역량 등의 개념 정의 형태와 매우 유사한 성격을 갖는다고 하였다. 그는 VRIO의 'O'를 보충적 자원으로서 조직역량에 가까운 개념으로 보고자 하였다.

VRIO와 다른 접근으로는 Eisenhardt와 Martin(2000)의 연구가 제시한 기업의 동적 역량 분석이 있다. 이 역시 자원기반이론을 토대로 동적 역량 개념을 구상하였다. 기존 자원의 변환 능력과 관련된 구체적인 프로세스를 제시하였다고 할 수 있다.

VRIO 특성을 갖춘 자원이 환경 변화에 따라 어떻게 새로운 자원으로 변환되는가를 핵심적으로 보는 접근이다. Eisenhardt와 Martin(2000)는 자원 통합, 자원 재구성, 자원 확보 · 해체 측면에서 좀 더 역동적인 상관관계와 흐름을 강조한다.

2) 연구사업개발(R&DB : Research and Development of Business)

신화학과 영화 〈스타워즈〉

이러한 악조건 속에서도 명징한 가능성과 해답의 실마리를 보여주는 인문학의 프론티어가 의외로 많이 있다는 것도 거대한 패러독스이다. 영화 〈스타워즈〉 사례가 좋은 본보기다. 영화 〈스타워즈〉를 만든 루카스 감독은 신화(神話)학자 조셉 캠벨을 마음의 스승으로 모셨다. 루카스는 캠벨이 쓴 신화연구서 〈천의 얼굴을 한 영웅〉을 읽고서 크게 감동해 '스타워즈'를 구상했고, 캠벨을 찾아가 도움말을 구했다.

〈스타워즈〉는 영웅의 탄생과 수난, 아버지와의 만남이란 동서양 신화의 공통분모에 SF 상상력과 특수효과를 입혔기에 세계적으로 성공했다. 루카스는 1987년 캠벨이 죽기 직전 미국 공영방송 PBS 제작진에게 스튜디오를 빌려줬다. PBS는 5부작 대담 프로 '조셉 캠벨과 신화의 힘'을 제작해 1988년 방영했다. 이 프로에서 캠벨은 예수, 붓다, 영화 주인공들을 관통하는 영웅의 원형(原型)을 비교하고, 희생과 천국, 사랑과 신성(神聖), 영원성의 가면(假面)에 대해 구수한 이야기보따리를 풀어놨다.

PBS가 소개한 대담의 한 토막이다.

모이어스 : 스타워즈의 마지막 싸운이 벌어지는 절정에시 스카이워커의 귀에," 컴퓨터를 끄고, 기계를 끄고 너의 느낌에 따라 너의 마음이 가는 대로 하라"는 벤 게노비의 음성이 들리지요?스카이워커는 그가 시키는 대로 하고, 결국 이 싸움에서 승리를 거둡니다.

캠벨 : 아시겠지만, 그 영화는 우리에게 말을 걸고 있어요. 젊은이들 사이에서 통하는 언어로 우리에게 말을 거는 겁니다.이건 중요해요. 너는 가슴을 사는 사람, 인간성을 섬기는 사람이겠느냐, 아니면 '음험한 세력'이 요구하는 대로 하며 사는 사람이겠느냐. 이렇게 묻고 있는 겁니다.물론 가슴으로 사는 사람이어야 하지요. 생명이 있는 곳은 가슴이니까요. 벤 케노비가, "포스가 너와 함께 할지어다"라고 말할 때 그가 말하는 '포스'는 프로그램된 정치적 힘이 아니라, 우리 생명의 힘, 생명의 에너지인 겁니다.

〈그림 155〉 신화학자 조셉 캠벨 『천의 얼굴을 가진 영웅』과 〈스타워즈〉

미국 신화학자 조셉 캠벨과 영화감독 조지 루카스 관계와 같이 인문학 자산이 간접적 경로로나마 산업화 효과를 창출한 사례는 전혀 드물지 않다. 예컨대 경제학자 존 K 갤브레이스는 1977년 영국 BBC TV 강좌 〈불확실성의 시대〉에 출연해 서양 경제사를 강의했다. 그는 시장경제의 성공을 인정하면서도 불안정과 불평등을 해결하기 위해 정부가 개입해야 하는 까닭을 설명했다. TV가 딱딱한 경제학에 관한 관심을 높인 모범사례로 꼽힌다.

1980년 PBS는 갤브레이스를 비판한 자유주의 경제학자 밀턴 프리드먼을 출연시킨 시리즈 '선택의 자유'를 방영했다. 프리드먼은 시장경제 장점을 10부작 시리즈로 조목조목 풀이해 TV도 경제학 토론장이 될 수 있음을 보여줬다.

2010년 말부터 한국 사회에 상당한 영향을 준 하버드대 마이클 센델 교수의 〈정의란 무엇인가?〉라는 강의도 인문학 분야 콘텐츠가 사회 전반에 강력한 임팩트(Impact)를 준 사례다.

중국에서도 비슷한 사례가 속속 알려지고 잇다. 중국 CCTV는 2001년부터 학술교양프로 '백가강단(百家講壇)'을 내보내 인문학 대중화에 성공하고 있다. 이중텐 샤먼대 교수는 '삼국지' 강연을 해 단번에 스타 지식인이 됐다. 그가 TV에서 한 강연을 묶은 책은 밀리언셀러가 됐다. 이 프로는 '논어'와 '장자' 전문가 강좌도 방영해 오늘날 중국 공영방송의 자부심을 대변한다.

영국 BBC R&D센터

전 세계에서 가장 존경받는 미디어 그룹중 하나인 BBC는 통합적 R&D 현장인 BBC R&D 센터를 운영하고 있다. 1922년 방송국 설립 때부터 미디어 엔지니어링 분야 R&D 활동 전개. 현재 런던 맨체스터 등에 센터 거점을 두고 있으며 연구 분야는 Production, Media Management, Distribution, Audience Experience 등 4개로 분류하고 있다. BBC가 연구를 위한 광범위한 산학협력 (Research Collaboration)과 기술 전수(Technology Transfer)에 중점을 두어 왔다고 분석할 수 있다.

〈그림 156〉 BBC R&D 센터

출처 : http://www.bbc.co.uk/rd/about/introduction_structure.shtml

BBC R&D 센터는 특히 인문 사회과학 기반 아이디어를 방송 미디어 현장에 적용하는 연구 수행을 최근 강화하고 있다. 예를 들어 방송프로그램 기획자 창의성 증진에 관한 연구인 〈BBC Blast〉 관련 연구 (아래 보고서 표지 : 브리스톨대학교 - BBC R&D 센터 - AHRC 협업 구조)가 대표적인 산학연관 사례라고 할 수 있다.

이용자 인간에 관한 연구에 집중

영국 BBC R&D센터는 AHRC와 파트너십을 통하여 스스로 오디언스(audience)라고 부르는 이용자 인간에 관한 연구 주제에 집중하고 있다. 오디언스(audience) 상대편에 서 있는 생산자 (producers)에 대한 연구는 그동안 주력이었던 과학, 기술 R&D가 담당한다고 하는 분업적 발상이기도 하다.

이 공동 연구에서 하나 특기할만한 것은 지적 재산권 성과물이 나오면 BBC 변호사와 AHRC 변호사가 함께 의논하여 성과 배분을 결정한다는 점이다. 대체로 개인 연구자와 소속 기간이 50 : 50 비율을 지킨다고 한다.

연구물 성과는 무척 다양하다. 예를 들어 "어린이들에게 버추얼 월드가 끼치는 영향은?"이라는 주제로 연구가 이루어진 후에 BBC는 뉴 프로그램 시나리오를 획득하는 후속 작업을 펼친다. 교수나 연구자는 논문이나 보고서 형태로 마무리하고 기업인 BBC는 새로운 프로그램이나 기획안, 시나리오, 아이디어 원형(프로토타입)을 얻게 된다는 뜻이다.

연구 결과 평가에 있어서는 특히 'peer review'를 통해 엄격하게 관리를 하고 있다. 이 평가 주체는 BBC - AHRC 공동 연구의 경우에 이사회(board members) 소속 멤버 각각 6~8명이 담당한다. BBC와 AHRC 보드(이사회) 멤버가 서로 미팅을 통해 사전 평가와 심사 등을 주도한다. BBC의 경우 자체 헌장(charter)이 있어 연구자 윤리와 수행 매뉴얼을 갖춰두고 있다.

현재 BBC가 인문과학 분야 연구개발과 관련해 관심을 기울이고 있는 영역은 고령화 이슈, 세대 간 소통 이슈 등이다. 날로 디지털화해가는 미디어 환경에 따라 전통적인 BBC 주력 시청자층과 새로운 디지털 세대 간 소통 문제가 BBC 시청자 확보 전략과도 맞물리면서 긴급한 현안이 되고 있다는 설명이다.

BBC는 주제에 따라 AHRC와 같은 기관 말고 대학이나 아카데미 현장과 직접 연결하여 업을 진행하기도 한다.

영국을 대표하는 예술 교육기관인 Royal College of Arts(RCA)와 특정 연구도 수행하였다. 연구 주제는 주로 프로그램의 아트 워크(art work) 등에 관한 부분이고 인력 확보 등도 걸려 있다고 한다. 이러한 예술 분야 연구의 경우 연구 산출물의 매우 유연하고도 폭 넓은 응용을 추구한다. RCA와 연구를 하게 되면 결과물에 관하여 제임스 본드 영화에 나오는 콘셉트 무기와 같은 아이디어 제품만으로도 평가할 수 있도록 했다. 실제로 ▲ 보고서 ▲ 콘셉트를 담은 비디오 동영상 ▲ 모의 콘셉트 설명 (mock up concept : 이 형태가 제임스 본드 영화에 나오는 아이디어 상품에 해당한다) 등의 산출물 제시가 가능하다. 이 지점이 예술 인문 분야 연구에 대한 탄력적 적용에 해당한다고 하겠다.

한편 BBC 회사 내부에서는 예술 인문 연구라고 하더라도 되도록 경제적 가치를 따지고 좀 더 구체적인 성과를 압박한다. 내부의 일반 경영시스템인 매니저 네트워크를 통해 연구 활동에 대한 자체적인 리뷰 프로세스를 가지고 있다. 공식적으로는 연구자가 분기별 보고서와 같은 정기적인 보고를 상사에게 해야 한다. 이런 보고 과정에서 경영자는 연구진에게 '연구 진행이 잘 안 되면 연구비를 철회할 수 있음을 늘 일깨워준다고 한다. 연구비는 언제나 흘러 다닌다 (money is flow continuously)는 표현이 바로 이러한 긴장 조성을 보여주는 대목이다. 연구 도중이라도 리뷰 평가를 통해 돈이 들어올 수도, 나갈 수도 있다는 뜻이다.

수시로 또는 정기적으로 이루어지는 이러한 평가 프로세스는 5점 척도로 형태로 상대 평가를 하고 BBC 관리 이사 멤버들이 최고 경영진에게까지 보고하게 된다. 평가는 물론 현지 실사도 실행한다. 리뷰 과정에서 비공식적으로 면대면 미팅도 하고 대학에 직접 가서 실사도 한다.

연구 성과가 우수한 경우 BBC LAB이라고 하는 자체 조직에서 연구물을 매개로 한 인력 교육을 바로 시행한다는 점 또한 BBC 예술 인문 연구의 장점이다. 실제로 창의성에 관한 연구인 BBC BLAST 연구 과업의 경우 연구 결과를 갖고 BBC 내부 인력에 대한 교육이 활발하게 이루어졌다고 한다.

또 다른 사례로는 BBC의 과거 프로그램에 대한 반성과 고찰에 관한 연구가 있다. '광부 스트라이커와 같은 민감한 이슈에 대해 미디어가 어떻게 반응하여왔는가, 무엇을 반영해야 하는가?'와 같은 연구 주제를 다루고 향후 BBC 프로그램 개선 방안을 찾는 방식이다. 이 경우에도 연구 성과물을 두고 BBC 조직 내에서 적극적인 교육 프로그램이 작동하게 된다.

BBC Blast (창의성 연구) 사례

〈BBC Blast〉 관련 연구는 〈동물의 왕국〉 다큐멘터리와 같은 명품 콘텐츠 제작을 맡는 BBC의 기획자, 경영자, 연출자, 작가 등이 좀 더 창의적인 기획 활동을 할 수 있도록 돕는 인문과학적 연구의 결과물이기도 하다.

팀 창의성이라는 주제로 브레인스토밍 과정을 자세히 관찰, 연구하여 팀원들의 심리, 감성, 창의성 변화를 파악하고 있다. 이를 토대로 기획 회의 과정을 5단계로 나눠 모델화하였고 이 5단계마다 나타나는 실제 구성원들의 생각, 상호작용, 협업, 난관, 돌파, 실천 등을 분석한 다음 가장 효과적인 회의 방법, 팀 리더 운영 방법 등을 결론으로 도출하는 연구이다.

〈그림 157〉 사례 : 방송콘텐츠 창의적 기획에 관한 연구(BBC Blast 보고서 표지)

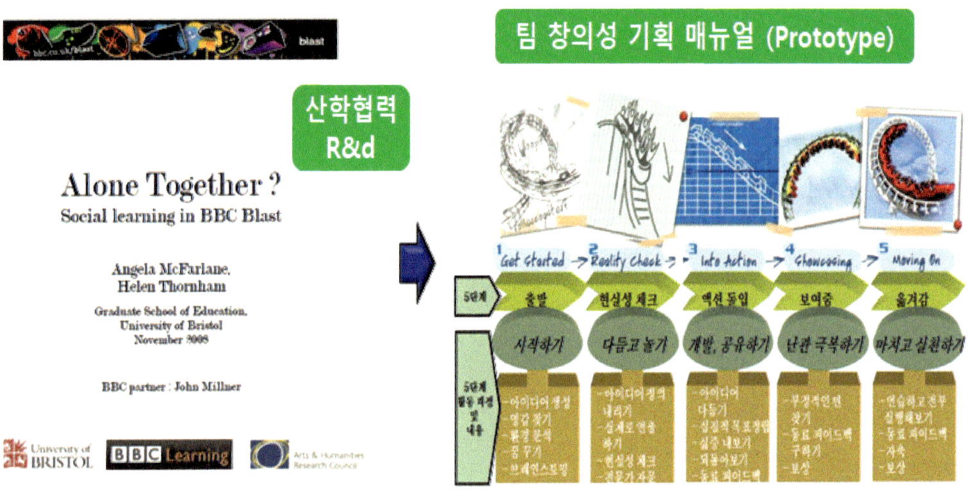

출처 : http://www.bbc.co.uk/ 에서 내용 변형

〈그림 158〉 BBC Blast 핵심 내용

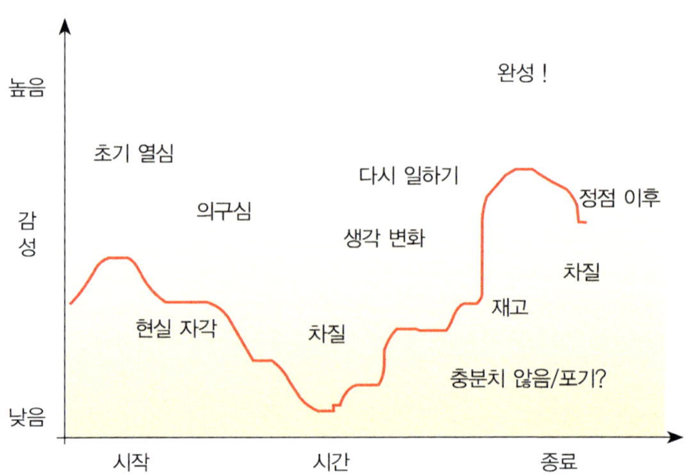

출처 : http://www.bbc.co.uk/ 에서 내용 변형

〈그림 159〉 BBC Blast 연구 결과 (팀 창의성과 회의 과정 등에 관한 finding)

출처 : http://www.bbc.co.uk/ 에서 내용 변형

BBC는 이 BBC Blast 연구 결과를 활용하여 최초 기획자(first time explorer), 기술 개발자(skills developer), 떠오르는 창안자(emerging reator) 등으로 분류하는 모형을 갖고 내부 종사자에 대한 창의성 교육, 학습 프로그램을 개발해 실행해오고 있기도 하다.

어린이 프로그램에 관한 연구 사례

BBC는 AHRC와는 주로 〈Knowledge Exchange〉 프로그램 영역에서 전략적 파트너로서 산학협력 네트워크를 구축하면서 당장 사용 가능한 실질적인 주제를 설정하고 있다.

BBC가 웨스트민스터 대학과 함께 연구한 'Virtual Worlds : An overview, and study of BBC Childeren's Adventure Rock' 프로젝트에서는 종전에 볼 수 없었던 재밌고 기발한 고객 분석이 나왔다. 어린이 시청자들의 행동 분석과 함께 explorer- investigators, self-stampers, social climbers, fighters, collector-consumers, power users, life-system builders, nurturers 등에 대한 유형화 작업이 이루어졌다. 이런 연구 성과는 장차 제2, 제3의 해리 포터나 반지의 제왕과 같은 문화상품으로 커갈 수 있는 밑거름이 될 수도 있다는 점에서 실용적 가치를 지닌다고 분석한다.

기타 사례

이 밖에도 BBC는 AHRC와 공동으로 카디프 대학교, 보메마우스 대학교 등과 함께 주로 미래 미디어 등에 관한 주제로 연구를 수행하기도 했다.

〈그림 160〉 파트너십 모델 원형 (영국 AHRC-BBC)

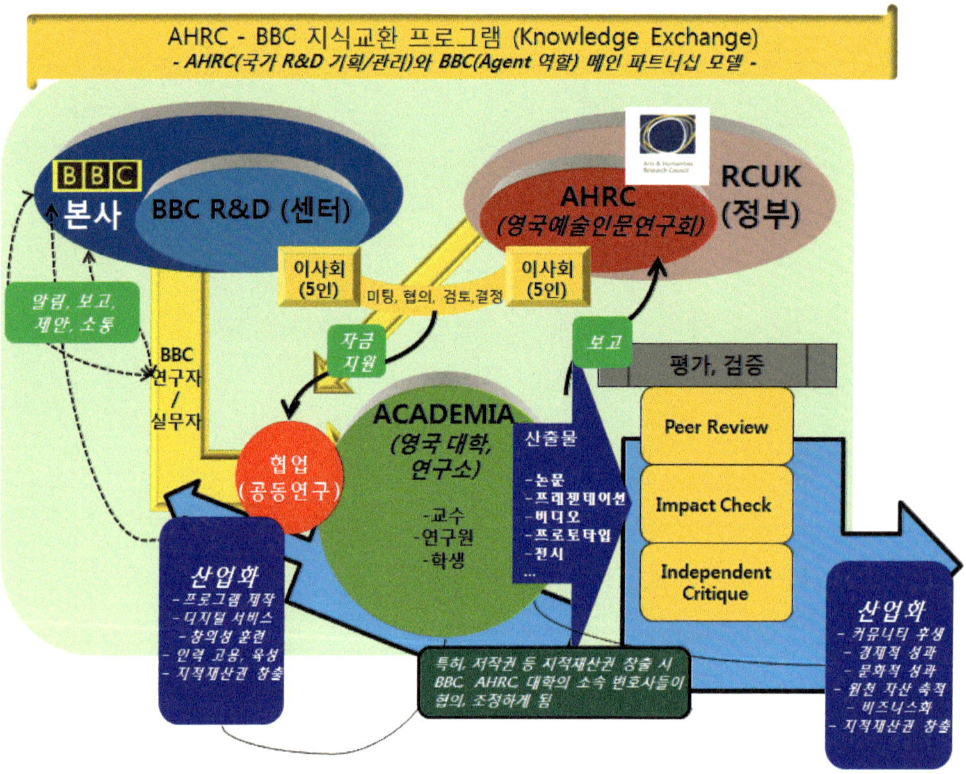

영국 AHRC 선행 모델을 참조할 필요가 있다. AHRC는 〈더 깊게 파기 (Drilling Deeper)〉로 이름 붙인 활동을 수행한다. 이는 제1차 선별 결정(Award 개념 수여) 자체는 끝나게 되면서 추가 후속 심층 〈Knowledge Infusion funding〉이 이루어지게 하는 식이다. 이를 통해 연구자는 핵심 결론, 연구자 발견사항을 갖고 좀 더 심층적으로 연구하여 소용 있는 콘셉트와 프로토타입을 만들게 된다. 이를 응용하여 시범 사업의 중간 평가와 검증을 통해 〈2+1년〉 형태로 운영하는 방안을 적용할 필요가 있다.

AHRC의 경우 전략적 파트너를 BBC로 두고 상호 협력에 의한 평가 프로세스를 거치고 있다. 그림에서 보듯이 사후 성과 평가와 검증은 동료 전문가 그룹이 참여하는 피어 리뷰

(Peer Review)와 경제, 사회, 문화적 임팩트 체크, 독립 비평가들의 자유로운 품평 등을 망라하고 있다.

3) 수익모델

새로운 수익모델과 전략 세부 내용[78]

미디어 기업이 새롭게 쇄신해나가야 하는 수익모델은 실현하는 가치를 향상하는 방향으로 확고하게 자리 잡아야 한다. 기업의 가치사슬 단계별 부가가치 형상으로는 입꼬리가 아래로 처지는 꼴에서 위로 올라가는 모양새로 혁신하는 전환을 요구한다. 콘텐츠라고 하더라도 단순한 제작(제조)은 부가가치(이윤율)바닥인 수준이다.

〈그림 161〉 비즈니스 모델 가치향상

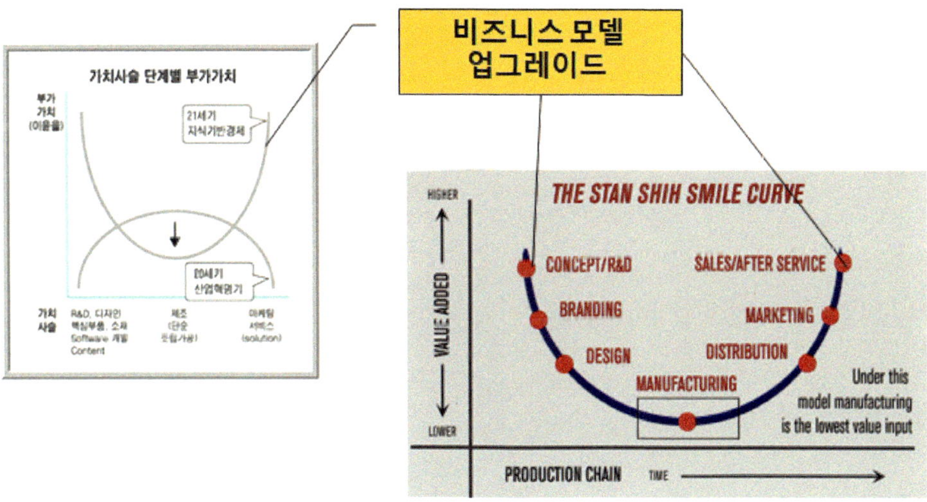

이로부터 수익모델, 비즈니스 모델을 업그레이드하여 프로덕션 체인에서 초기 기획 영역에서는 R&D, 브랜딩, 디자인 쪽으로 발돋움해야 한다. 필요하면 관련 다각화, 비관련 다각

78) 심싱민(2013), 세계신문의 새로운 수익모델과 신문 경쟁력 강화방안 연구, 한국언론진흥재단 지정주제 연구보고서 2013-03

화를 꾀해 제조, 하청 수준에서 벗어나야 한다. 프로덕션 체인의 시간이 경과 하면 마케팅 서비스를 수행하는 시장 활동 현장에서 부가가치 수준이 결판난다. 이 불꽃 튀는 고부가가치 실현 전장에서 승자가 될 수 있는 성공적인 수익모델, 비즈니스 모델을 확보하는 것이 곧 미래 대응 전략이 될 터이다.

올드 미디어 기업 가운데서도 가장 급변하는 환경을 맞아 고전하고 있는 신문기업의 수익모델 연구를 인용해보도록 하겠다. 뉴스 콘텐츠 제공이라는 업의 개념을 유지하고는 있지만 유통 경로 자체가 인터넷, 모바일, 개인 소셜 플랫폼으로 워낙 빠르게 변경되는 상황에서 전통적인 신문사들이 생존과 지속, 발전을 도모하기 위해 고군분투하는 미디어 경영의 실제 상황(real life)이다. 그래서 미래 도전과 대응 전략 차원에서 오로지 수익모델이라는 핵심적 활동과 전략에서 성공하도록 하는 통찰을 얻을 수 있다.

신문기업의 새로운 수익모델과 전략 세부 내용을 다양한 기업과 환경, 선진 사례에 대한 조사, 분석, 평가 프로세스를 통해 얻을 수 있었다. 유형별로 나눠 정리한 새로운 수익모델은 곧 개별 모델별 전략 세부 내용이자 경쟁력 강화 방안을 보여준다.

〈그림 162〉 새로운 수익모델과 전략세부내용 도출 과정

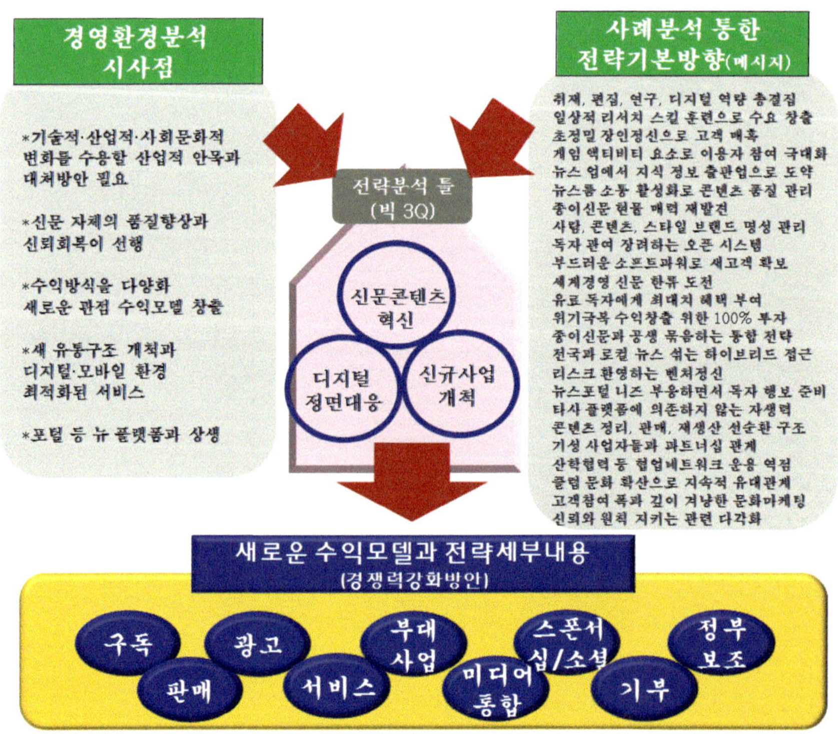

〈그림 163〉 수익모델 집합

세계신문협회에서 펴낸 보고서 Shaping the Future of Newspaper (2010)를 보면 신문기업의 새로운 수익모델 56가지가 나열되어 있다. 구독, 판매와 같은 전통적인 수익모델에서부터 모바일 소셜 미디어와 같은 첨단 미디어 플랫폼이 가져온 크라우드 펀딩(crowd funding)과 같은 새 기법들도 포함한 내용이다.

이들 56가지 세분화된 수익모델을 살펴보면 다음과 같다.

구독 subscription

세부 지급 micropayments

제품 서비스 production service

새 인쇄 제품 new print products

배너 광고 banner advertising

행동 광고 behavioural advertising

광고 네트워크 advertising networks

프린트 인소싱 print insourcing

배급 서비스 distribution service

소셜 네트워킹 social networking

모바일 텍스트 광고 mobile text ad

모바일 배너 mobile banners

스마트폰 멀티미디어 광고 smartphone multimedia ads

잡지 magazines

크로스 미디어 광고 cross media ads

틈새 신문 niche newspapers

프린트 캐스팅 printcasting

검색 키워드 광고 search keyword ad

전자상거래 e-commerce

경매 auctions

프리미엄 freemium

업셀 upsells

셀프 서비스 광고 self-service ad

광고게임 advergaming

모바일 TV 광고 mobile TV ad

비디오 게임 video games

와인 관련 클럽 wine and affinity clubs

콜렉트 북스 collector books

성인 사진과 비디오 adult photos and videos

카지노와 빙고 게임 casino and bingo games

문자 알림 text alerts

쿠폰 coupons

웹 TV광고 web TV ads

웹 라디오 광고 web radio ads

이벤트 & 컨퍼런스 events and conference

무료신문 free newspapers

아카이브 archives

컨소시엄 consortiums

데이터베이스 마이닝 database mining

기사형태광고 advertorials

웹사이트 스폰서십 website sponsorships

e-리더 구독 e readers subscriptions

방송 broadcasting

크라우드 펀딩 crowd funding

특별 오퍼 exclusive offers

협력 사업 cooperatives

기부 endowments

트러스트 trusts

재단 기부 foundation grants

정부 보조 governmental subsidies

비영리 사업 not-for-profit status

콘텐츠 네트워크 content networks

아웃소싱 운영 outsourcing operations

아이폰 앱 IPhone applications

이상 56개 수익모델을 활용하여 이 글에서는 상호 배티적이고 포괄적으로 완결적인 (mutually exclusive and collectively exhaustive) 기준으로 총 9개의 새로운 수익모델 유형을 도출하게 되었다. 구독, 판매, 광고와 같은 최상위 범주 속에 세세한 개별 수익 흐름, 기법 등 하위 범주 내용을 배치하고 포함해 뚜렷하게 존재하는 9개 모델로 정리했다.

아울러 수익모델 개념이 수익을 실현하는 비즈니스 활동 방식을 뜻한다는 것에 충실하게 하여 비상업 적 재원 확보 활동에 이르기까지 광범위한 스펙트럼을 반영했다. 기부나 정부 보조 유형이 바로 그런 예다.

9개 새로운 수익모델

이 연구가 도출한 대로 세계 신문산업의 혁신 방향 흐름을 알려주는 새로운 수익모델은 전통적인 신문기업 수익모델과 급변 중인 미디어 환경을 반영하는 동향을 아우르는 총 9개 유형으로 집약된다. 여기서 세부 전략프로그램으로 제시하는 세계 신문산업의 9개 새로운 수익모델은 1) 구독 2) 판매 3) 광고 4) 서비스 5) 부대 사업 6) 미디어 통합 7) 스폰서십 / 소셜 8) 기 9) 정부 보조 등이다. 이들 9개 수익모델은 '소셜'을 제외하고는 대부분 기존에 있던 모델이지만 내용상으로 아주 혁신적인 수익모델 변동을 보여주고 있다.

국내외 선도사례 조사, 분석으로부터도 새로운 수익모델 시도와 지향성을 알 수 있었고 외부 여건에 해당하는 소비자와 시장 환경 변화로부터도 신문기업 대응을 이끄는 동인도 찾아냈다. 신문 인접 영역이나 다른 콘텐츠 산업에서 나타났던 시행착오와 같은 선행적 사례들을 통해서도 현 단계에서 주목해야 할 신문산업의 새로운 수익모델의 실마리를 발견할 수 있었다. 이러한 과정을 통해 다음 9가지 수익모델 범주별로 새롭게 드러나는 흐름, 즉 새로운 수익모델 내용을 도출해냈다.

세계신문산업 연구를 통해 파악한 새로운 수익모델 9가지는 구체적인 수익 흐름 혁신 방향을 나타내고 있다.

〈표 21〉 신문기업 9개 새 수익모델과 전략 세부 내용

수익 모델	새로운 수익모델별 전략세부내용 (경쟁력 강화방안)	전략 범주별 내용
구독	이미지 커뮤니케이션 승부	[콘텐츠] : 파워 저널리즘 캐스트 [디지털] : 온라인 순차 유료화 [새 사업] : 액티브 유저 공략
판매	브로드웨이 방식 제값 받기	[콘텐츠] : 스마트콘텐츠 상품개발 [디지털] : 세분화된 종량제 [새 사업] : 탈신문 범출판
광고	목표고객 식별, 정조준	[콘텐츠] : 리치 콘텐츠 [디지털] : 스마트 광고 [새 사업] : 포털 동맹
서비스	리서치 통한 과학적 상품개발	[콘텐츠] : 개인화된 신문 [디지털] : 가상업무, 생활도구 [새 사업] : 프리미엄 서비스R&D
부대 사업	최우선 캐시박스 총력	[콘텐츠] : 콘텐츠 연동 상업주의 [디지털] : 재다각화 [새 사업] : 파생결단
미디어 통합	멀티 플레이어 친화	[콘텐츠] : 멀티소스 멀티유즈 [디지털] : 게임화 [새 사업] : 크로스 컨설팅

스폰서십 / 소셜	소셜 큐레이션 활동 개척	[콘텐츠] : 매격(매체품격) 관리 [디지털] : 소셜 시너지 [새 사업] : 커뮤니티 캠페인
기부	신문 주도 사회적기업 추구	[콘텐츠] : 리서치 중점 [디지털] : 신문 메세나 [새 사업] : 컬처 브리지
정부 보조	공동 R&E(연구 / 실험)수행	[콘텐츠] : 우수 콘텐츠 [디지털] : 뉴스변동 대응 [새 사업] : 미디어펀드, 길드

9개 범주마다 수익 흐름 성격은 다르기도 하고 유사한 특징을 보이기도 하지만 공통으로 콘텐츠와 디지털, 새 사업이라는 3개 영역에서 도전과 응전을 하는 형국이다. 각각 개별 범주에서 핵심역량인 신문 콘텐츠 혁신 노력이 불붙고 있고 압도적 요인으로 들어오고 있는 디지털 고도화에 대응하는 숨이 가쁜 움직임이 있다. 그런가 하면 다각화 방향에서 이루어지는 새 사업 개척도 모든 수익모델 영역에서 활발하다. 이러한 세부적인 움직임을 총괄하는 수익모델 별 키 메시지를 단일화해서 9개 개별 범주별 수익모델 타이틀을 제시한다.

새로운 수익 모델별 전략 세부내용 (경쟁력 강화방안)

1) 구독 : 이미지 커뮤니케이션 승부

종이신문 구독과 디지털 e 리더(reader) 구독으로 개척하는 새로운 수익모델에서는 유료화와 고령화, 제값 받기(종량제) 등을 주요 이슈로 안고 있다. 실제로 신문기업들은 인터넷 온라인 환경에서 유료화와 제값 받기라는 버거운 상황에 직면해 있다. 유료화로 이전하고 더 나아가 신문 콘텐츠 제값 받기를 실현하기 위해서는 개별 신문기업은 어떤 노력을 기울여야 할 것인가?

(1) 이미지 커뮤니케이션으로 고객 매혹

〈그림 164〉 USA 투데이 신문 이미지 커뮤니케이션 예시

출처 : USA TODAY 홈페이지 , www.usatoday.com

신문을 아끼는 독자들도 보이는 신문, 뭔가 강력한 느낌을 주면서 이용자를 전율케 하는 새로운 뉴스, 새로운 신문을 원하게 되었다.

이에 신문은 활자 문자로 다가가는 고정적 패턴을 벗어나야 하고 현란한 동영상 멀티미디어로 치달리는 첨단 인터넷, 모바일 서비스와도 차별화해야 하는 중압감을 안고 있는 상태다. 이런 난제와 맞서 유료화를 추진하고 안정적 구독 수입 기반을 확보하기 위한 새로운 수익모델 방향성과 내용은 미래 미디어를 지배할 이미지 커뮤니케이션 승부라는 분석이다.

USA 투데이가 신문뉴스 제작에 더해 별도 최강 이미지 커뮤니케이션 스크린을 꾸미고 가동하는 '커넥티드 스크린(connected screens)'을 통해 고객 참여를 높이는 사례에서 이미 새 지평이 열렸다. 주목받기 시작한 비디오 저널리즘, 데이터 저널리즘도 더 멋있게 더 강력하게 잡아끌 이미지 커뮤니케이션으로 형상화하는 데 성공해야만 지속 가능한 수익모델로서 의미를 가질 수 있다.

(2) 구독 품질 높이기

구독 수익모델에서는 신문을 모르는 젊은 세대 독자 확보가 최대 관건이기도 하다. 이때 독자 확보도 중요하지만 신문읽기(readership : 리더십) 습관, 의식과 같은 문화와 신문 보는 정도(readership frequency)가 핵심이 된다. 매일 이용자가 머무는 시간, 즉 사용하는 실제 시간이 구독 수익모델의 질을 좌우한다. 구독률이 1% 올라가면 광고 수익은 3% 동반 상승한다는 조사도 있다. 구독률이 제일 중요하다는 자료다.

리더십에서 성별 요소도 점차 중요해지고 있다. 중동지역에서는 쿠웨이트와 같이 여성 독자가 늘어나는 큰 변화가 나타나고 있다. 한국에서 지난 1980년대 초 〈가정 조선〉 잡지 등을 매개로 여성 독자 확충에 성공한 조선일보 사례도 남아 있다. 이 또한 여성에 대한 감성 마케팅을 염두에 둔 이미지 커뮤니케이션 승부였다. 온라인과 모바일 등 디지털 상황에서도 이미지 커뮤니케이션은 신문 구독 수익모델의 해결사가 될 수 있다.

결국 온라인 유료화만으로 문제가 해결되는 것이 아니라 제값 종량제(metered model)라는 시험대도 거쳐 통과해야 한다. 이때 이미지 커뮤니케이션으로 구독자를 시로집지 못하면 최저 수준 구독료에서 맴돌 수밖에 없다. 독자를 온라인으로 끌어오기는 하지만 끝내 참여시키지는 못하는 좌절만 남게 된다.

세계 신문들이 공통으로 이 앙가주망(engagement : 고객 참여) 정도가 너무 낮아 평균 하루 1.3분 0.9페이지에 불과하고 심지어는 종이신문 이용 수준 5%만 디지털 참여로 나타나고 있다는 세계신문협회 총회 발표 자료도 있다. 이런 악화된 여건 속에서도 뉴욕 타임스가 2012년에만 68만 명의 새 구독자를 확보한 사례를 보면 구독 부문에서 검증된 새 수익모델의 핵심 원천을 파악할 수 있다. 바로 비디오 저널리즘이다. 영국 FT 데이터 저널리즘도 새 엔진이 되어주었다. 따라서 이미 이들 비디오 저널리즘, 데이터 저널리즘 과목은 필수가 되었다.

비디오 저널리즘, 데이터 저널리즘의 미래 승부는 이미지 커뮤니케이션 영역에서 결판날 수 있다. 새로운 수익모델 경쟁에서 앞서 나가기 위해서는 부가할 수 있는 벽돌 한 장, 가치 아이템을 반드시 보유해야 한다는 지적이다. 바로 부드러운 감성과 문화, 예술의 힘을 장착한 이미지 커뮤니케이션이다.

(3) 소셜 큐레이션(Social Curation)과 이미지 커뮤니케이션

비디오 저널리즘과 그래픽을 강화한 비주얼 저널리즘만으로는 신문 없이도 왕성한 미디어 생활을 해오고 있는 이용자들을 신규 구독자로 확보할 수 없다. 지금 세계 기업들이 뉴스토리텔링에 주안점을 두고 있지만 새로운 수익모델에 불을 지피는 키워드는 더 나가야 구할 수 있다.

〈그림 165〉 소셜 큐레이션 선두 주자 핀터레스트

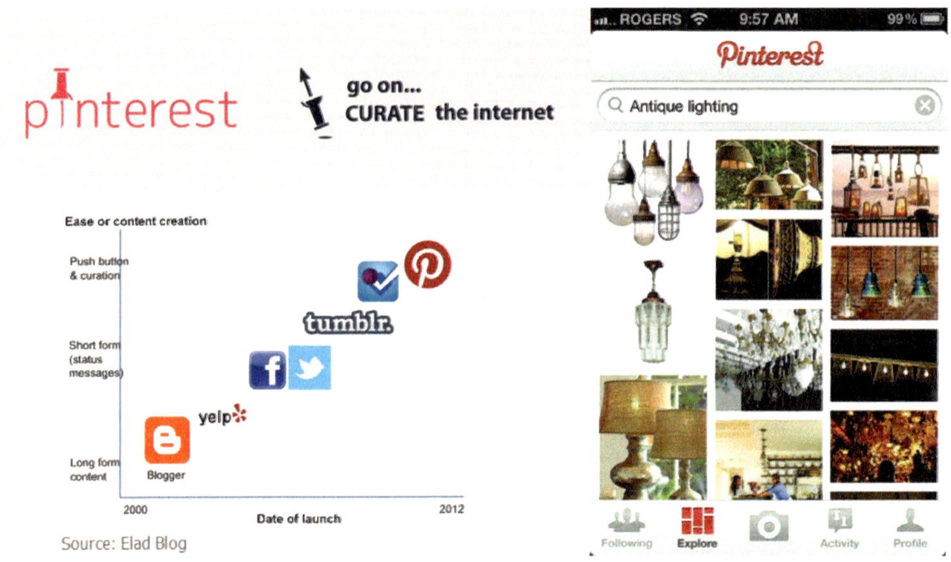

출처 : http://www.stratfordbeaconherald.com/2013/02/28/why-retailers-are-pinning-hopes-on-pinterest, http://pinterest.com/kanter/, http://tophatrank.com/what-is-pinterest-com-and-how-do-i-use-it-for-my-small-business/

이미지 텔링(image telling)을 포괄하는 이미지 커뮤니케이션이다. 이용자가 문자 커뮤니케이션만으로는 닿을 수 없었던 생각, 사상, 느낌을 선사할 수 있도록 영적 영역까지 매혹할 최강 커뮤니케이션이 필요하다. 사람의 심금을 울리는 마성적 힘이 곧 이미지 커뮤니케이션에 있기 때문이다. 여기에는 당연히 가상 세계를 연출하는 버추얼 커뮤니케이션(virtual communication)도 들어온다. 1년 전 뉴스도 현재 뉴스를 재가공 재창조하여 전하는 이미지 커뮤니케이션 재료로 너끈히 쓰이게 된다. 모든 미디어 중에서 이미지 커뮤니케이션을 가장 먼저 창조한 소셜 미디어 브랜드 핀터레스트(pinterest)를 보면 힌트를 얻을 수 있다.

트위터나 페이스북이 텍스트 중심이고 이미지는 부차적이었다면 새로운 소셜 큐레이션 서비스 매체들은 사진, 그림과 같은 이미지 자료를 전면에 내세우면서 차별화하고 있다. 해외에서는 이미 '핀터레스트', '인스타그램' 등의 서비스가 활발히 운영 중이다. 소셜 큐레이션 서비스의 원조격인 핀터레스트는 '핀(pin)'이라는 시스템을 통해 여러 가지로 분류된 콘텐츠 중 자신의 관심사만 따로 간단히 수집할 수 있다.

미국 시장조사기관 컴플리트에 따르면 핀터레스트는 지난 2010년 3월 서비스를 시작한 이래 방문자 수가 2011년 1천만 명을 넘어서더니 2012년에는 2천500만 명으로 급증했다. 이에 발맞춰 우리나라에도 소셜 큐레이션 서비스들이 속속 모습을 드러내고 있다.

가장 대표적인 국내 서비스로는 CJ가 만든 '인터레스트 미(interest.me)'가 있다. CJ 자체 발표에 따르면 2012년 7월 서비스를 시작해 4개월 만에 월간 순방문자 수 894만 명, 페이지뷰 7천911만 명을 기록했다. 인터레스트 미는 현재 슈퍼스타K 등 CJ 자체 콘텐츠를 대폭 활용하였다.

CJ는 케이블채널 tvN(http://tvn.interest.me), tv프로그램 SNL코리아(http://snl.interest.me) 등의 홈페이지 수소까지 바꾸면서 전사적으로 서비스 홍보에 나서고 있다. 해외 언론들 일부는 자신들의 기사를 정치, 사회, 문화 등 섹션 별로 구분, 원하는 뉴스만 받아볼 수 있게끔 핀터레스트를 활용하고 있다. 네이버 패션 분야 큐레이션 서비스인 '워너비'에는 60개 업체가 입점해 있다. 인터레스트 미는 시작부터 '쇼핑'을 표방했다.

업계는 이들이 향후 단순히 정보가 모이는 곳의 플랫폼에서 적극적으로 수익 창출에 나설 가능성이 충분하다고 보고 있다.[79] 이러한 이탈과 이변을 단순 유출이라고 볼 수 없다고 분석한다. 이 같은 현상은 분명 시시각각 변유하는 이용자의 미래 방향을 미리 알려주는 신호이기도 하다.

이와 관련해 정보통신정책연구원의 연구 결과[80]를 보면 우리나라 사람들은 개방성 때문

79) 노컷뉴스, http://www.nocutnews.co.kr/Show.asp?IDX=2490661 기사 내용 일부 발췌하고 변형

80) 「KISDI STAT Report」(13-04) 'SNS(소셜네트워크서비스) 이용 현황. 2013.4.30

에 페이스북에 피로감을 느끼는 것으로 조사됐다. 남의 눈을 의식해야 하고, 난잡하게 올라오는 스피디한 정보들 때문에 지쳐 간다는 지적이다. 이 때문에 사람들은 넓은 관계를 포기하고 다시 폐쇄적으로 모이기 시작한다는 것이다.

결국 사람들이 모이는 구심점은 '관심사'이고 소통하는 도구는 '이미지'다. 이 같은 흐름에 따라 우선 자유, 향유에 이은 미디어 이용자 변유의 새 방향은 당장 감지된 바로는 〈소셜 큐레이션〉으로 모인다. 소셜 큐레이션 서비스는 이른바 노하우(Know-how)에서 노웨어(Know-where)로 진화하는 '3세대' SNS라고 부른다. 흔히 1세대는 싸이월드와 마이스페이스, 2세대는 SNS로 트위터와 페이스북을 꼽는다. 소셜 큐레이션은 페이지 이용자들이 콘텐츠를 찾으러 헤매다니지 않도록 돕는다. 페이지 운영자들이 이용자들의 입맛에 맞는 자료를 '큐레이션' 해주기 때문이다.

'소셜 큐레이션 서비스(Social Curation Service)'는 원하는 정보만 골라서 볼 수 있도록 해주는 네트워크 서비스를 말한다. 미술관에서 활동하는 '큐레이터(박물관 등지에서 작품 수집, 전시 기획자)'에서 유래한 말이다. 이 서비스에서는 '관심사'를 중심으로 네트워크가 형성되는 것이 특징이다. 패션에 관심이 있다면 패션만, 야구에 관심이 있다면 야구에 관한 정보만 집중해서 받아볼 수 있는 것이다. 자기가 원하는 내용만 받아보고 맞춤형 상품 · 서비스를 제공하는 시장을 뜻하는 마케팅 용어 '버티컬'을 따서 '버티컬 SNS'라고도 부른다.

(4) 3개 영역 (콘텐츠, 디지털, 새 사업) 대응

구독 부문 수익모델 세부 전략을 콘텐츠, 디지털, 새 사업 등 3개 영역별로 정리해본다. 먼저 콘텐츠 영역에서는 뉴스에 더해 뭔가 강력한 전율을 줄 수 있는 파워 저널리즘 캐스트가 요구된다. 이는 새로운 전달 방법, 즉 뉴 커뮤니케이션를 통해서 가능하다. 이미 선보인 비디오 저널리즘, 데이터 저널리즘을 넘어서는 이미지 커뮤니케이션에 해답이 있다. 기존 뉴스에 인포그래픽스, 미래시간 뉴스(뉴스 예보), 뉴스룸에서 뉴스 스튜디오(보이는 신문), 심층 취재 기사(Deep Journalism) 등 가치를 부가하는 동시에 아트 워크(art work)를 통한 상상력을 가미해 매혹적인 콘텐츠로 이미지 세팅(image setting)을 해야 새로워질 수 있다.

두 번째 디지털 영역에서는 순차적인 온라인 유료화가 요구된다. 이미지 커뮤니케이션을 한다고 할 때 그야말로 전사적으로 매달려 아이디어를 발휘하되 초기 일정 기간에는 이용자가 자유롭고 부담 없이 체험할 수 있도록 하는 접근(Freemium : Free + Premium)도 필요하다.

세 번째인 새 사업 영역에서는 어느 정도 이미지 커뮤니케이션에 익숙해진 액티브 유저(적극적 고객)를 공략하는 구체적인 사업 전개를 할 수 있다. 신문 구독에 부가해 개인 정보, 지식 콘텐츠 관리와 조언을 해주는 '스마트 큐레이션'과 같은 사업을 통해 구독자 멤버십 수준을 더 높이 끌어올리는 방식이다.

2) 판매 : 브로드웨이 방식 제값 받기

새 인쇄 제품(프린트 캐스팅, 프린트 인소싱)을 개발한다든지 잡지나 틈새 신문을 내놓는 방향으로 갈 수 있는 판매 수익모델은 비용 질병(cost of disease), 콘텐츠 혁신, 임팩트 경제(economy of impact)와 같은 이슈를 마주하고 있다. 〈판매〉 수익모델에서 신문기업들은 비용 질병(인쇄, 마케팅 등 비용 압박이 심해짐)과 콘텐츠 혁신(젊은 세대를 비롯한 독자 이탈, 다른 지식 정보 엔터테인먼트 콘텐츠와 비교해 혁신이 부진하다는 고객 반응 등)과 상황이 가장 큰 난관이다.

업계 전체를 보면 미국이나 유럽도 경기 침체가 심해 구독을 통한 콘텐츠 유료화 모델이 매우 어렵다. 광고의 맹주 격인 클래스파이드 애드(classified ad)도 좋지 않은 상태다. 이 때문에 오직 판매 가능한 프리미엄 모델이 대안이라는 시각이다. 즉 초 고품질, 초고급 편집 수준을 보여주는 판매 지향 비즈니스 모델이 나와야 한다는 얘기다.

이처럼 점점 극심해지는 다매체, 다채널 시대 속에서 신문이 콘텐츠를 혁신시켜 판매를 확대해나가려면 어떻게 해야 하나? 신문기업과 업계, 개별 기자, 편집자, 판매자들은 각각 어떤 노력을 해야 할까?

(1) 편안한 사치재, 브로드웨이 콘텐츠

신문 판매는 아주 오랫동안 가격을 제대로 올려 받지 못하는 상방 경직성을 보여 왔다. 다른 어느 매체보다도 더 자주 더 수준 높게 오리지널 콘텐츠를 생산하는 신문이지만 지적권을 짓밟는 시장 왜곡으로 공짜 유통을 피하기에 급급한 실정이다.

디지털 온라인 환경도 비우호적으로 돌변하면서 포털 업체와 같은 대형 유통사업자에 밀린 신문업계는 판매 수익모델에 대한 자신감을 잃어 가고 있다. 이런 악조건 속에서도 앞선 신문들은 한 부에 1천 원 미만, 한 달에 2만 원 미만 정도에 갇힌 판매 비즈니스 유리천장을 깨고 나오는 실험을 감행하고 있다. 우수한 뮤지컬이라면 단 한 번 관람에 10만 원, 20만 원도 기꺼이 내는 브로드웨이 방식 제값 받기가 야심에 찬 목적지다.

〈그림 166〉 브로드웨이 방식 수익모델 개념

(2) 스마트 콘텐츠

판매에서 콘텐츠는 첫째다. 이걸 키우는 게(multiply them) 독자들을 키우는 방법이기도 하다. 예를 들어 사진팀을 줄이는 게 단기적으로는 비용 절감에 유리하지만, 전문성을 살려 독자들을 유지하고 넓히는 간접 효과가 더 중요하다는 지적이다. 지면 제작 차원에서는 일차적으로 기사 품질과 품격 제고를 위해 개별 영역별 전문가 그룹을 필진과 자문단으로 적극적으로 활용하는 것과 같은 구체적 노력이 필요하다.

더 나아가 지면을 디딤돌로 독자들이 모이고 경험하고 교감할 수 있도록 만드는 콘텐츠 사업을 본격적으로 펼쳐 그 안에서 또 다른 기사가 생성되도록 해야 한다. 지면 제작을 오픈 시스템으로 열어 더 뛰어난 콘텐츠를 품목으로 확보한다는 전법이다. 이것이 가장 실험적이고 창조적인 시도이자 〈소셜 & 스마트 콘텐츠〉 창출이 될 터이다. 그러면 신문 판매를 획기적으로 향상시킬 원동력이 될 스마트 콘텐츠란 무엇을 말하는가?

스마트 콘텐츠라는 미래 미디어 핵심역량(core competence)은 스마트 TV, 태블릿 PC, 스마트폰, 좀 더 진전된 인터넷 서비스 등을 마구 종횡무진으로 활동하면서 축적되는 메타 데이터 메타 콘텐츠에서 생성될 것으로 보인다. 3D로 다큐멘터리를 촬영해 우선 TV 시간에 편성, 방영한 후 시청자 반응을 확인한 다음 사용되지 않았거나 축소된 메타 콘텐츠를 다시 되살려 다큐멘터리 영화나 교육용 단편물 등으로 재창조(Re-creation)하는 식이다.

이러한 재창조, 재제작, 재활용으로 가는 형태에서 막강한 스마트 콘텐츠가 나오게 된다. 되풀이하는 과정에서 소비자의 니즈와 충고, 관점이 전혀 새롭게 들어올 수 있기 때문이다.

스마트 콘텐츠란 콘텐츠 상품 마감을 작가와 기획자, 개발자, 제작자가 포진해 있는 생산자 그룹이 도맡아 하는 것이 아니라는 점에서 차별화된다. 기존의 전문 생산자 그룹은 사회적 니즈를 활용한 이른바 소셜 디자인을 통해 스마트 콘텐츠의 밑그림을 대강 설계한다.

그다음 콘텐츠를 제작하는 〈Production Chain〉을 거쳐 〈Supply Chain〉에 밀어 넣으면 스마트 콘텐츠는 오픈 마켓과 같은 스마트 콘텐츠 전용 시장으로 갈 채비를 갖춘다. 이어 연결되는 〈Service Chain〉을 통과해 이용자그룹과 만나는 지점에서는 본격적인 상호작용에 의한 교감(consensus, sympathy)이 이루어진다.

이처럼 스마트 콘텐츠는 사회적 역량으로 소셜 디자인되고 이후 진담 생산자 그룹에 의해 밑그림이 만들어져 사업자에 넘겨지면 오픈 마케팅이 작동하고 최종적으로 이용자와 교감을 하게 되는 새로운 개념의 콘텐츠 비즈니스 프로세스를 갖추게 된다.

〈그림 167〉 스마트 콘텐츠 비즈니스 기본 흐름

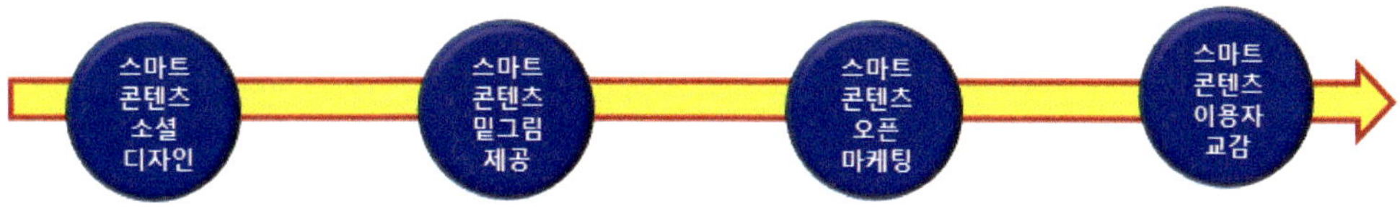

게임 콘텐츠 전유물이었던 탐험과 추격에 끌어들이기인 'Quest Inviting' 패턴이 영화에 스며들기 시작한 것도 스마트 콘텐츠의 출현이다. 영화 콘텐츠에 다양한 액티비티와 같은 게

임 다이내믹스를 반영하려는 요구가 커지면서 영화 미래 개척을 위한 협업 노력도 점차 늘어나고 있다.

게임 다이내믹스를 매개로 한 藝(예술 할리우드)와 技(기술 실리콘밸리), 영게방통(영화, 게임, 방송, 통신) 혼합이 본격화되면서 미래 영화에 대한 연구개발 자체가 영화를 초월한 미디어 인 베타(Media in beta : 새로운 미디어 실험) 형태로 진행되기에 이르렀다.

이용자 경쟁 및 충돌 본능을 공략하는 콘텐츠 게임화(Gamification)가 본격 반영된 영화로 2012년 상반기 성공작 〈헝거 게임〉을 들 수 있다. 이 영화는 게임과 같은 포맷을 가져가고, 승자는 보상하고 사회적으로도 주목받고 인정받게 만드는 장치를 통해 효과를 증폭시키는 데 성공했다. 영화 이용자 중 10%는 LikedIn에 자신의 프로필을 적어 넣고 Foursquare에 가상 체크인을 한 후 'adventure badge'를 개시하도록 하는 앱(app)과 같은 소셜 네트워크 게임 방식을 적용한 바 있다.

이때 이용자는 Endomodo나 Runkeeper에 가서 러닝 타임을 서로 비교하고 이를 페이스북(Facebook)에 올려 커뮤니케이션하며 액티비티 재미를 배가하게 된다. 이와 관련, 미디어 현장에서는 신규 소셜 네트워크 마켓이 선보이는 행동 알고리즘이 전방위 혼합을 촉진하게 되었다는 분석도 내놓고 있다.

극단적인 개인화, 1 : 1 마이크로 트랜스액션, 멀티 커뮤니티 참여, 멀티 플랫폼 이용과 같은 새로운 소셜 네트워크 마켓 스마트 콘텐츠 이용자그룹의 요구와 행태에 맞춘 혼합주의(syncretism) 방식의 기업 활동이 더욱 두드러지고 있다. 이에 따라 할리우드가 실리콘밸리와 밀접하게 엮이고(실리우드) 기존 방통융합에 영화와 게임까지 추가한 영게방통 흐름이 현실화했다. 영화 미디어의 외적 영역에서 출발한 플랫폼 기반 비즈니스 모델도 이러한 초월적 협업을 견인하고 있다.

이 변동의 핵심에는 온라인 영화 콘텐츠 제공 플랫폼을 구축한 넷플릭스(Netflix)가 있다. 온라인 DVD 렌탈과 영화 아카이브 서비스를 개시한 넷플릭스가 영화 콘텐츠의 관람, 소비, 소장 문화를 바꿔놓기 시작했다.

이처럼 속속 등장 중인 다양한 소셜 미디어는 이미 영화 상영 30일 전부터 유저 액티비티를 제공하며 대체 플랫폼으로 떠올랐다. 이 신규 매체들은 배급에서도 영화 비즈니스 사이클을 줄여놓고 있다. 보통 극장 개봉은 6~8주, 홈비디오는 4~6개월로 유지했던 오랜 홀드백 피리어드 패턴이 대략 3개월 정도로 단축됐다. 디즈니는 2011년 6월, 4개월을 단축해 〈앨

리스 인 원더랜드〉 홈비디오를 출시했다.

이에 VOD는 6~9개월, PPV 6~9개월, 페이TV(프리미엄 케이블)는 12 ~18개월, 지상파 TV(free TV)는 24~33개월로 가는 전체적인 홀드백 운영이 모조리 바뀌게 됐다. 여기에 스마트폰 등으로 제공하는 디지털 모바일 프리미엄 서비스까지 가세해 가격차별화가 현실화하고 있다.

이제 영화계가 신종 플랫폼 서비스 업체와 협업하지 않고 영화 비즈니스 운명을 독자적으로 결정할 수 없게 됐다. 사업자로서는 넷플릭스(Netflix), 아이튠즈(iTunes), 리복스(Rebox), 훌루(Hulu) 등이 프리미엄 콘텐츠를 앞세워 멀티플랫폼 선두그룹을 형성하고 있고 인터넷 쇼핑몰의 절대 강자 아마존(amazon)도 영화서비스에 본격 참여키로 했다. 부두(VUDU)는 오프라인 유통업체 월마트와 손잡고 영화 타이틀 렌트($0.99, $5.99 (HD)), 구입($4.99, $24.99(HD)) 사업을 개시하였다.

영화 제공 방식만으로 보면 다음 세 가지로 디지털 뉴 서비스가 있다. 첫째는 넷플릭스가 선보인 DVD 타이틀(패키지 콘텐츠) 서비스 형태다. 둘째는 방송과 같이 스트리밍하는 방식이다. 세 번째는 개별 콘텐츠를 나눠 제공하는 알 라 카르테(a la carte)다.

이미 유튜브가 자체 채널 등으로 콘텐츠당 $2.99~3.99 가격대로 제공하고 나섰다. 유튜브는 2011년 11월 디즈니와 파트너십을 맺었었다. 소니, 유니버설, WB와도 협약해서 마돈나, 재즈, 애스턴 커처, 오닐 등 브랜드 채널을 영화는 물론 음악, 방송, 공연 등 전 미디어 영역으로 확장하였다. 이 밖에 소셜 네트워크 강자 페이스북이 30 페이스북 크레디트로 유료 지급하도록 하는 영화 〈다크 나이트〉 배급을 계기로 본격 참여했다.

영화뿐만 아니라 〈에임 하이〉라는 워너 브라더스 TV 시리즈물도 페이스북이 다루게 되면서 이른바 개인화된 쇼(Personalize show) 소비 시대를 개막했다. 페이스북에서는 두 개의 윈도를 한 화면에 올려놓고 영화와 함께 다른 창에서는 친구와 사진 공유를 하고 백 그라운드와 스크린을 디자인하는 참여 액티비티가 중심을 이룬다. 디즈니는 부모들로부터 크레디트를 부여하는 방식을 고안했고 전통 ISP인 AOL도 15개 뉴시리즈(하이디, 허핑턴 포스트, 트와일라잇, 제니퍼 로페즈 등) 브랜드 캐스팅을 직접 개시했다.

또한 영화계 인디 필름 제공 루트 사업으로 시작한 무비(MUBI), 판도라(음악 서비스)도 새로운 플랫폼 사업에 진입했다. 울트라 바이올렛(Ultra Violet)사는 클라우드 베이스 콘텐츠 유통 서비스를 개시해 'buy once play anywhere' 전략을 전개하고 나섰다. 2006년 창업한

Rottentomato.com도 유력 주자다.

(3) 3개 영역 (콘텐츠, 디지털, 새 사업) 대응

판매 부문 수익모델 세부 전략을 콘텐츠, 디지털, 새 사업 등 3개 영역별로 압축해서 정리해본다. 먼저 콘텐츠 영역에서는 스마트 콘텐츠 상품개발(체험 실감 뉴스 포맷 개발, 지식재산권 권리 수호, 뉴 스토리텔링(포에틱스 : 뉴스 시학), 캐릭터 신문이 가장 주된 활동이다. 그다음 디지털 영역에서는 세분화된 종량제 판매를 의도한 미장센 아트워크, 뉴스 판매 메뉴 재분류(a la carte), 서브라이선싱 모델 등을 제시할 수 있다.

세 번째 새 사업 영역에서는 탈신문, 범출판 방향이 요구된다. 신문이라는 헌 업에서 벗어나 현대화하고 미래지향적인 출판 관련업으로 개념을 새롭게 정의해야만 새로운 판매 수익모델이 통용될 수 있다. 하이퍼 신디케이션, 명품 기사 / 기자 / 편집 브랜드화, 이중 선체 구조(탐사보도 특수팀, 강력계, 마이너리그 2부 제도) 등 판매 관련 다각화 사업도 적극적으로 추진해야 한다.

3) 광고 : 목표 고객 식별, 정조준

광고의 새 수익모델은 아주 많다. 배너광고, 행동 광고, 광고 네트워크, 모바일텍스트 광고, 모바일 배너 광고, 스마트폰 광고, 크로스미디어광고, 검색 키워드 광고, 셀프서비스 광고, 광고 게임, 모바일 TV광고, 웹 TV 광고, 웹 라디오 광고, 기사 형태 광고 등 실로 다양하다. 하지만 이 광고 수익모델은 신문 뉴스콘텐츠를 발판으로 모바일화(mobile presence), 소셜 미디어 등 플랫폼 관계, 리치미디어 개발 등과 같은 실질적 난제들을 품고 있기도 하다.

〈광고〉 수익모델에서는 신문기업들이 소셜 미디어와 같은 새로운 플랫폼 대응과 모바일화와 같은 급격한 변화에 서둘러 적응해야 하는 긴박감이 흐른다. 이러한 가운데 스마트 광고, 멀티미디어 리치 콘텐츠와 같은 새로운 기법 등을 동원하고 온라인 환경에서 광고효과를 높여나가기 위해서는 어떤 노력을 해야 하나?

(1) 타깃에만 집중

광고 시장 경기 변동에 일희일비해 왔던 미디어 기업으로서는 광고 수익모델에 대한 적절한 리스크 매니지먼트가 절실하다. 현재로서는 경쟁 매체에 더해 신문뉴스를 대체할 수도 있는 경쟁 플랫폼이 득세하게 되면서 광고 시장 제로섬 게임(zero sum game) 성격이 신문 경영을 위협하고 있다.

동시에 기회 요인도 잠복하고 있다. 선도적인 신문기업들은 특히 타깃 광고를 예의 주시하고 있다. 불특정 다수와도 같았던 기존 종이신문 현장 광고 비즈니스 타깃을 뒤로 하고 이용 동선, 취향, 의향, 경향성까지 빅데이터, 마이크로 데이터로 관리할 수 있는 미디어 이용 패턴 자료를 최대한 활용한다는 전법이다. 신문기업 현재 수익, 미래 수익, 미래 가치에 이바지하거나 이바지할 가능성이 큰 주력 진성 고객층을 목표 타겟으로 정조준하는 예리한 접근이다. 신문사가 원하는 새로운 수익모델의 원천이 되어줄 목표 고객 식별과 정조준은 위축된 신문 광고의 지평을 열어줄 것이다.

〈그림 168〉 이용자들 관심사를 기반으로 한 소셜 마케팅 사례(백달 닷컴 스폰서 기사광고)

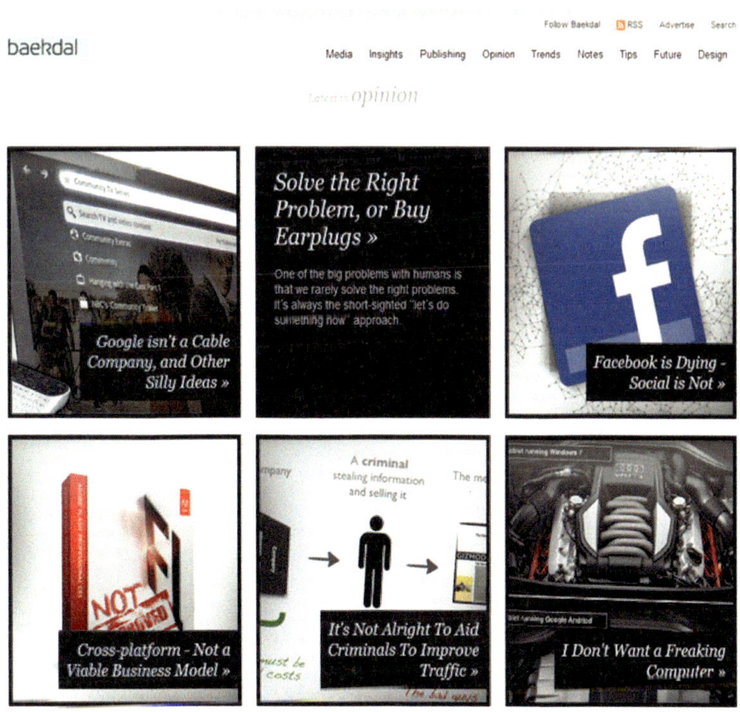

출처: 백달 닷컴 홈페이지 , www.baekdal.com

신문기업들이 마케팅 대상인 오리지널 뉴스콘텐츠를 홍보, 광고하기 위해서는 방송, 인터넷 등 광고 매체에 적합한 형태로 또 다른 형태의 메타 콘텐츠를 만들어 이미 설정된 기존 미디어(광고 등 커뮤니케이션 미디어)의 논법을 따라야 한다. 트위터로 하는 광고, 페이스북이나 백달 닷컴(덴마크 트렌드셋팅 사이트) 등에 스폰서로 집어넣는 경우다.

백달 닷컴이라는 신종 미디어는 이러한 메타 콘텐츠 기반 서비스를 개발하여 새로운 미디어 비즈니스 모델을 창출해 보이고 있다. 이 벤처는 트위터로 하는 광고, 페이스북이나 백달 닷컴(덴마크 트렌드셋팅 사이트) 등에 스폰서로 집어넣는 케이스다. 백달 닷컴은 스폰서 있는 기사를 게재하면서 1회 250달러까지 받고 있다.

광고에 영화나 게임, 언론 저널리즘에 준하는 고객 액티비티(활동) 알고리즘을 내재한 스마트광고 예시도 찾을 수 있다.

기존 종이신문 틀 안에서도 광고의 효율성을 높이는 방안을 마련할 수 있다. BMW가 독일 WELT KOMPAKT 신문 등에서 시도한 독특한 광고 공간(unique ad space)도 2개 면을 펼친 더블 페이지를 크로스로 가로지르는 시원한 배치로 광고 효과를 한 단계 끌어올리고 있다.

이처럼 한 걸음 한 걸음 뚜벅뚜벅 걸어 나가는 발전과 향상도 분명 새로운 수익모델의 실현이다. 기업 등 광고주가 좀 더 증가한 광고효과를 원할 때 신문기업은 타깃 목표 고객에 대한 일상적 조사 자료를 활용해 제대로 소비자 심리를 공략할 준비가 되어 있어야 한다.

〈그림 169〉 BMW 독특한 광고공간 예시

자료 : 성신여대(2021), 강의「미디어 비즈니스」팀 프로젝트 발표문

(2) 3개 영역 (콘텐츠, 디지털, 새 사업) 대응

광고 부문 수익모델 세부 전략을 콘텐츠, 디지털, 새 사업 등 3개 영역별로 압축해서 정리해본다. 먼저 콘텐츠 영역에서는 리치 콘텐츠로서 광고가 또 하나의 작품이자 장르로서 우뚝 설 수 있도록 해야 한다. 고객이 극장 멀티플렉스를 누리듯이 신문을 통해 뉴스콘텐츠 이외에 인포머셜, 콘텐츠 믹스 광고를 접하며 즐길 수 있도록 스마트 광고 관련 플랫폼 매니저를 두는 일도 좋은 방안이다.

디지털 차원에서는 곧바로 스마트 광고 선점에 나서야 한다. 미디어 통합 개념 MMM 전략(멀티미디어 멀티플랫폼 멀티캐스팅) 역량을 총동원해 스마트 광고 제작과 이용을 추진해야 한다. 세 번째 새 사업 영역에서는 현재 지배적인 플랫폼 사업자들인 포털과 동맹을 수용하여 이른바 광고 때려주기(Ad Bashing)를 통해 새로운 광고 창출에 집중해야 한다. 이를 통해 신규 광고주 개발(B2B2C), 에이전시 모델(뉴스 렙), 키워드 검색어 광고 도입과 같은 구체적인 진척을 이룰 수 있다.

4) 서비스 : 리서치 통한 과학적 상품 개발

서비스로 하는 새 수익모델은 흡사 아이디어 경연장 같다. 신문 관련 제품 서비스, 세부 지급(micro payment), 배급 서비스, 소셜 네트워킹, 프리미엄(freemium), 무료신문, 문자알림, 아이폰앱 등에서 날마다 창의적 실험과 도전이 펼쳐진다. 맞닥뜨리고 있는 주요 이슈와 문제점은 고부가가치, 고객관리, 경쟁 격화 등이다.

현실적으로 신문기업들은 부쩍 눈높이가 올라간 고객들 입맛에 맞는 고부가가치 서비스 개발, 다른 미디어 기업과의 무한경쟁이라는 현실적 어려움과 이슈에 직면해 있다. 고객이 원하는 개인화된 신문을 만들고 고급 프리미엄 서비스를 창조적으로 개발해 제공하는 것과 같은 변화를 추진하기 위해서는 개별 신문기업, 신문업계 등이 각각 어떤 노력을 기울여야 하나?

(1) 특별한 고품격 서비스 생성

신문 비즈니스에서 서비스는 기본 상품인 콘텐츠에 더해 주는 플러스(plus)다. 동시에 본원적 뉴스콘텐츠 제공 업무 수준이 갈리게 되는 퀄리티 오브 서비스(quality of service :

QOS)로 수렴되는 전방위적 개념이다. 이 때문에 이 서비스 하나로 고객 이탈과 고객 유지가 결정되는 경우가 많다.

전통적으로 언론사 역할에 몰두해왔던 신문사들은 유달리 서비스 마인드가 취약한 편이었다고 분석했다. 이로 인해 서비스 예술화를 논할 정도로 발달한 서비스 품질을 맛보고 있는 미디어 이용자들로서는 신문에 대한 반감을 가지기 십상이다. 신문사업의 블랙홀과 같은 서비스 활동에서 선진적 신문기업들은 마치 애플이나 삼성전자와도 같은 R&D(연구개발) 브레인 가동에 눈을 뜨고 있다.

진부함, 매너리즘과 결별하고 신문 포맷을 바꾸고 희소가치, 고유성을 드높이기 위해서는 콘텐츠 상품에 대한 과학적 시각이 요구된다. 일상적이고 집중적이고 우선적인 리서치를 통한 과학적 상품개발이 서비스 범주에서 가장 중요한 새로운 수익모델이 되고 있는 이유다.

그림에서 보여주듯 한국 신문산업의 앞날에는 비즈니스 모델 가치를 수직 상승시킬 수 있는 프리미엄(premium) 전략 도입이 필수적이다. 상대적으로 강대한 신문사들은 당장 직면한 온라인 유료화 현안을 해결하고 곧장 종량제 판매와 고객 참여(앙가주망) 활성화와 같은 과업를 다루게 될 터이다.

이런 정상적 운영이 이루어진 다음에는 결국 통합과 혁신 R&D와 같은 채찍질을 통해 고급화, 고부가가치화가 실현되는 프리미엄 서비스에 도달해야만 한다. 최고 정점에는 사치재를 방불케 할 수준으로 지식, 정보, 문화콘텐츠로 잘 정돈된 신문기업 미디어 상품이 창

〈그림 170〉 한국 신문기업 수익모델 현 위상과 발전 경로

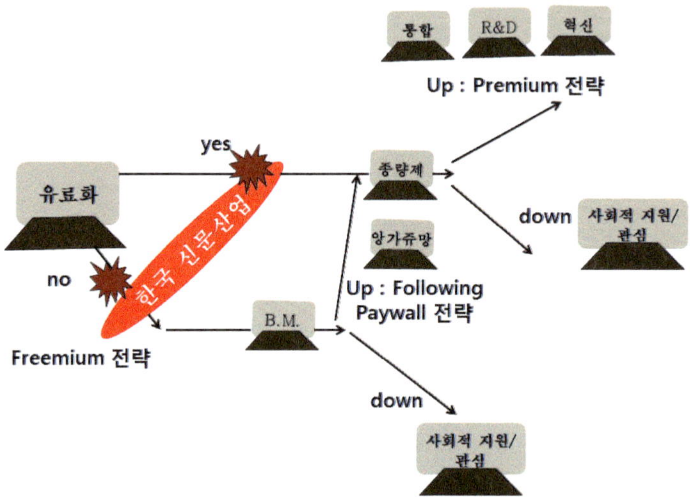

안될 것이라는 전망이다.

이와 달리 중소규모 신문기업들은 한동안 유료화 고비에서 무료로 가지만 미래 혁신, 새로운 수익모델을 도모하는 프리미엄(Freemium : Free + Premium) 기간을 거칠 것으로 내다보인다. 대부분 한국 신문기업들이 현재 놓여 있는 좌표가 바로 이 지점이기도 하다. 하지만 일정 정도 준비가 된다면 미뤄두었던 유료화, 종량제, 고객 참여를 일거에 해결하는 트랙으로 올라서야 한다(following paywall 전략). 유료화 이후 정상적 발전 경로로 가는 이 트랙으로 솟구친 다음에는 먼저 나선 강대한 신문기업보다는 늦겠지만 역시 프리미엄 서비스로 수익을 확대하는 필수 코스로 가야 한다.

이런 바람직한 경로를 좇아서 트랙으로 올라서는 'following paywall 전략'을 달성하지 못하면 수익모델 관점에서 볼 때 최악 상황으로 추락할 수 있다. 한국의 중견 신문기업들이 이 상황으로 내몰리게 된다면 시장 자유에 모든 것을 내맡길 것인가에 관한 이슈가 제기될 것이다. 이런 심각한 때가 온다면 정부보조와 같은 사회적 지원 방안이 새로운 수익모델로 거론될 수 있다.

(2) 3개 영역 (콘텐츠, 디지털, 새 사업) 대응

서비스 부문 수익모델 세부 전략을 콘텐츠, 디지털, 새 사업 등 3개 영역별로 압축해서 정리해본다. 먼저 콘텐츠 영역에서는 개인화된 신문 상용화가 방향이다. 이용자가 주도하는 피플 파워드 퍼블리싱(PPP) 개념과 하이엔드 최고급 성향을 지닌 고객을 향한 톱 서비스(Top Service), 구글과 같은 이용자 편의성 등이 모두 새 수익모델 대상이자 과제이다.

두 번째 디지털 부문에서는 가상업무 수단으로서 신문을 사용하는 잠재된 수요 서비스가 있고 일이 아닌 일반 생활에서도 요긴한 도구로 받아들여질 수 있는 신문 관련 서비스 제공이 관건이다. 신문이 좀 더 탈(脫) 엔터테인먼트 형태로 가고 지식 청중과 격조 있는 지적대화를 주도하는 고유 서비스가 나와야 한다. 세 번째 새 사업 부문에서는 프리미엄 서비스R&D 수행이다. 그저 주어지는 혁신 서비스가 아니라 신문사 내부에서 대망하고 준비하는 컬처 클럽, 뉴 뉴스 연구개발, 고객흥분 연구 등이 모두 서비스 R&D 활동의 내역들이다.

5) 부대사업 : 최우선 캐시박스 총력

부대사업은 신문사가 할 수 있는 관련, 비관련 다각화 사업을 총망라한다. 전자상거래도 가능하고 경매, 쿠폰, 이벤트, 컨퍼런스, 아카이브, 데이터베이스 마이닝과 같은 신종 사업 유형도 모두 포괄하게 된다. 주요 이슈 겸 문제점이라면 신문사 자체 투자 능력과 불확실성, 비관련 다각화 결정 문제 등이 있겠다.

〈부대사업〉 새 수익모델에서 신문기업들이 신규 사업을 개척하고 확장할 자체 투자 능력 보유 여부와 시장 수요 불확실성, 비관련 다각화 결정 문제 등 이슈에도 직면해 있다고 분석한다. 매력적인 신문콘텐츠와 연동해 수익 위주 사업을 시도해고 성공적인 파생 비즈니스를 만들어나가기 위해서는 개별 신문기업, 신문업계 등이 각각 어떤 준비를 해야 하는가?

(1) 본업을 키우는 부대사업

뉴욕 타임스는 신문업 내부 다각화(internal diversification)에 워낙 역점을 둔 나머지 미디어 외적인 영역에서는 이렇다 할 신규 사업이 없다. 다만 신문업에서 이룩한 명성과 시장 내 지배적 위상을 활용해 전 세계적인 네트워크를 가진 신문콘텐츠 판매 유통 신디케이션 사업의 경우 신문, 방송콘텐츠 제작과는 엄밀하게 말해 업의 성격이 다른 유통업이라는 점에서 독특한 '외부 신규 사업'이라고 볼 수 있겠다.

뉴욕 타임스가 이 유통업 부문에 더 많은 관심을 두고 전략적 포석을 두고자 한다면 신디케이션업은 신문과 온라인 콘텐츠(신문 관련)에만 한정되지 않고 방송프로그램을 포함한 전반적인 디지털 온라인 콘텐츠를 모두 취급할 수 있는 일종의 대형 포털 허브로서 성장하고 핵심 사업 영역으로도 전환할 가능성을 지니고 있다고 전망된다.

특히 신디케이션 유통업은 뉴욕 타임스 그룹내 콘텐츠만을 다루는 이른바 '인 하우스(in house)' 비즈니스에만 국한되지 않고 마치 사통팔달 광장에 들어서는 장터처럼 기능하는 '오픈 마켓플레이스'로서 작동할 수 있어 무한한 잠재력을 지녔다고 하겠다. 아울러 보스턴 글로버 인수를 계기로 지분을 갖게 된 메이저리그 야구팀 보스턴 레드삭스와 펜웨이파크 야구장이 2004 월드시리즈 우승을 통해 상품 가치를 한층 더 높이고 있는 만큼 〈스포츠〉 시장에 대한 뉴욕 타임스의 다각화 노력도 점점 탄력을 받을 것으로 예측된다.

위 그림의 전략 매트릭스가 보여주고 있는 대로 미디어 축으로는 뉴욕 타임스가 고전적으로 중시해왔던 정통 뉴스, 교양, 콘텐트 등 일정 수준 이상의 품격을 갖춘 콘텐츠를 위주로 한 미디어 브랜드 정체성(media brand identity)을 중시하는 방향으로 확장이 이루어질 것으로 보인다. 이에 부응하는 지식, 문화, 콘텐츠 서비스 축으로는 뉴욕 타임스가 하나의 문화권력 기관이기도 하다. 이런 속성 때문에 이를 핵심역량(core competence)으로 활용하는 이른바 '초국적 보편적 커뮤니케이션 전략'의 구사가 예상된다. 다시 말해 미국은 물론 전 세계 뉴스와 지식 관련 문화 권력의 발신자 역할을 지속해서 담당하려는 의도와 전략 방향에 따라 신디케이션업과 같은 유통업 확장의 폭과 깊이가 정해질 수 있다.

과거 아시아, 아프리카 국가들에 뉴욕 타임스의 기사와 사진, 데이터, 만화 등을 무상에 가깝게 제공하며 고유문화를 발신해왔던 이력으로 미뤄볼 때 앞으로는 한국을 비롯한 세계 각국의 주요 계층을 타겟으로 하고 맞춤화하여 공략하기도 하고 쌍방향으로 아시아 문화 등을 세계 중앙 무대로 소통시키기도 하는 범세계적인 고객관리 차원의 신디케이션 유통업, 즉 수익성 중심의 신규 사업을 기획할 가능성이 높아 보인다.

신문사가 신규 사업을 개척해왔던 것은 수익모델 외적인 이유도 많이 포함되어 있었다. 문화, 예술사업과 같이 신문사 위상과 이미지 관리 강화에 도움을 주는 경우 신문사들은 단기, 중장기 수익과 관계없이 부대사업을 끌어안았다. 마라톤과 같은 스포츠 경기, 컨퍼런스 컨벤션 포럼 같은 지식사업, 교육사업, 캠페인 등이 신문뉴스 콘텐츠의 수장고이자 수자원 저수지와도 같은 역할을 도맡았다.

신문이 기획하고 콘텐츠 재료를 예금, 적금처럼 붓는 은행 놀이와도 같은 시스템이지만 정작 수익성을 해결해주는 성공적인 다각화 사업은 아주 드물었다. 주된 원인은 신문기업 자원 할당 용량을 벗어난 오버 다각화와 내부 담당자조차도 확고한 캐시박스로 인식하지 않는 방관이라고 볼 수 있다. 오늘날 성공적 신문기업 부대사업은 그야말로 정교한 선택과 확실한 집중으로 요약된다. 정예화한 최우선 캐시박스에 돈 벌기 위한 자원과 노력을 올인할 줄 아는 경영능력과 기업문화가 성공적인 새로운 수익모델을 보장한다.

(2) 처널리즘 닷컴 아이디어

예를 들어 '처널리즘'과 같은 새로운 사업 모델이 있다. 2012년 개시한 이 사업(Churnalism.

com) 내용은 독자가 접한 오리지널 저널리즘이나 뉴스가 보도자료에 의해 만들어진 콘텐츠인지를 판별해준다. 아니면 또 다른 뉴스 서비스를 통해 나온 것인지 등을 추적해 알려주는 서비스를 근간으로 한다. 정보 홍수와 대범람, 사회적 전염을 근심하게 만드는 미디어 환경에서 이 처널리즘 사업은 이용자가 분별력을 갖고 미디어를 볼 수 있도록 하는 노하우(bottom-up service to the public)를 추구한다. 휘저어 거품을 낸다는 'churn'과 저널리즘의 합성어인 이 처널리즘(Churnalism)은 미디어 스탠다즈 트러스트가 고안한 미영리 사업 웹사이트로 출발했다.

오리지널 저널리즘과 여러 갈래를 거친 처널리즘을 구분하도록 돕겠다는 게 취지다. 이런 형태의 부대사업이야말로 신문의 본원적 사업인 콘텐츠 비즈니스에 가장 밀접한 관련성을 가진 최근접 정예 관련 다각화다. 저널리즘, 뉴스와 1촌 관계라고 할 이런 종류의 사업이 추가 개발을 통해 검색 포털 사업이 초강력 수익모델로 성장했듯이 탄탄한 캐시박스로 발돋움할 수 있도록 하는 것이 신문사 전략 결정이 되어야 한다.

부대사업을 하되 현금 수익성을 가장 중시해야 하고 핵심 역량인 뉴스 콘텐츠, 저널리즘 부문에 투입할 자원 분산을 최소화할 수 있는 아이템을 찾아야 한다. 현재 수익성 악화로 상당히 위축된 신문기업들이 보유하고 있는 한정된 투자 자원을 본원인 저널리즘, 뉴스와 거리가 먼 부대사업 쪽에 할당하는 것은 바람직한 새 수익모델이 되기 힘들다.

(3) 3개 영역 (콘텐츠, 디지털, 새 사업) 대응

부대사업 부문 수익모델 세부 전략을 콘텐츠, 디지털, 새 사업 등 3개 영역별로 압축해서 정리해본다. 먼저 콘텐츠 영역에서는 콘텐츠 연동 상업주의로서 아웃리치(outreach)다. 철저하게 저널리즘과 뉴스콘텐츠 사업과 밀착한 캐시박스라야 성공 가능성이 크다. 그러니 다른 미디어들에 비해서도 투자 여력이 많이 감퇴한 신문기업이 선택할 만한 현명한 대안이다.

두 번째 디지털 영역에서는 재다각화를 말할 수 있다. 유행처럼 번진 방송 겸영, 인터넷 서비스 확충 흐름 속에서 이미 벌이고 있는 부대사업과 다각화 전략을 재목적화(repurpose)하는 과업이다. 거대 포털이나 통신회사가 마케팅 차원에서 선도한 빅데이터 관련 부대사업을 좇아갔다면 신문사는 달라야 한다. 오히려 로컬과 타깃 목표고객에 더 치중하는 스몰데이터에 눈을 떠야 한다.

쇼핑몰도 LA타임스가 L Shop에서 보여준 대로 철저하게 뉴스 연계 쇼핑몰로 나가야 한다.

또 하나 세 번째 영역인 새 사업 차원에서는 '파생 결단'을 권고한다. 우선 본원적 뉴스 데이터를 바로 정돈한 다음 파생하는 관련 부대사업을 체계적으로 추구하자는 취지다. 모든 신문사가 보유하고 있는 역사자원을 본원 콘텐츠로 활용하여 여러 다양한 캐시박스로 가져갈 수 있는 파생 사업을 창출해낸다면 뉴스, 저널리즘 자원에 대한 롱테일(long tail) 비즈니스 실현도 이룰 수 있다.

6) 미디어 통합 : 멀티 플레이어 친화

미디어 통합 또는 미디어 믹스 새 수익모델은 신문을 중심으로 방송, 게임, 영상 등 멀티미디어를 비빔밥처럼 잘 섞어 보는 과업이다. 세계 신문업계 선두주자들은 이미 방송, 게임(카지노와 빙고 게임, 비디오 게임), 성인 사진과 비디오, 콘텐츠 네트워크, 콜렉트 북스 등과 같은 구체적인 수익사업을 펼치고 있다.

미디어 통합이 대세이긴 하지만 마침 관련된 주요 이슈와 문제점이 한국 신문업계에는 불거져 있다. 융합역풍과 신문 정체성 논란이다. 현실적으로 〈미디어 통합〉 수익모델에서 신문기업들은 융합 역풍(방송 등 다른 미디어와의 융합 사업 후 겪는 어려움), 신문 정체성(방송, 인터넷 등 다른 미디어 위상이 더 커지는 것)과 같은 현실적 이슈에 맞닥뜨리고 있다고 분석한다.

그렇다면 신문콘텐츠를 원 소스(one source)로 하여 다른 여러 미디어에서 멀티 유즈(multi use) 효과를 내기 위해서는 어떤 전략적 노력이 따라야 하는가?

(1) MMM 전략

지금 세계 신문업계에서는 이미 '멀티'를 외치는 전략이 풍미하고 있다. MMM 전략이라고도 부르는 이 트렌드는 멀티미디어, 멀티 플랫폼, 멀티채널 쪽을 가리킨다. 실제로 신문사라면 예외 없이 미디어 통합에 전력투구하고 있다.

그런데도 신문 방송 겸영을 포함하여 온라인 오프라인 통합, 소셜 미디어 연동, 잡지 출판 영상과 같은 인접 콘텐트 통합 등은 고비용 구조로 악화하기 일쑤다. 비용이 너무 많이

들고 투자 부담이 크다면 충분한 수익이 투과되어 나오지 못하게 마련이다.

따라서 미디어 통합에 대한 기계적 해석과 적용을 되새기고 새로운 수익모델로 나아가는 노력에 주목할 필요가 있다. 키워드는 미디어(기술) 멀티가 아닌 신문기업 인력의 멀티에 있다. 그야말로 뼛속까지 멀티 플레이어일 수 있는 기자, 편집자, 경영자가 신문 그룹을 장악할 때 MMM 전략이 실질적 성과를 가져올 수 있다는 견해다.

〈그림 171〉 MMM 전략 개념도

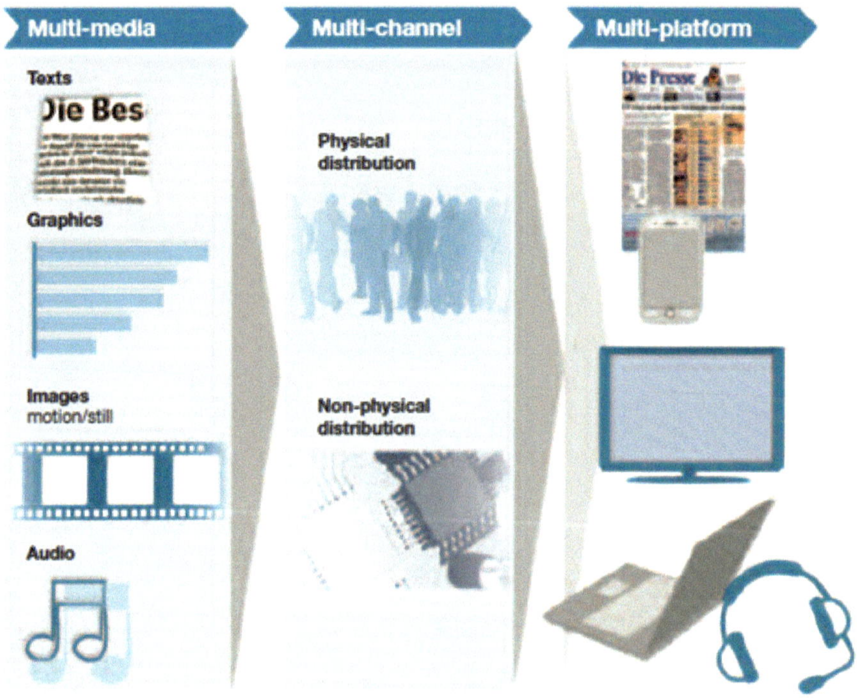

출처: 세계신문협회 자료, www.wan-ifra.org

전문가들도 원소스 멀티유즈 기반의 MMM(멀티미디어, 멀티채널, 멀티 플랫폼) 전략이 필요하다는 지적이다. 원소스 멀티유즈 전략으로 기사를 생산하면 원가가 절약되고, 다양한 시각의 콘텐츠가 생산되어 독자들이 상황을 이해하는 데 많은 도움을 줄 수 있기 때문이다.

이렇게 생산된 콘텐츠를 개별 플랫폼과 상황에 맞추어 유료와 무료 전략을 병행한다면 비용은 절약되고 수익은 극대화할 수 있을 것이다. MMM전략은 멀티 플랫폼에 맞추어서 기사를 생산하는 것이 아니라 기사를 소비하는 소비자들이 어떻게 접하는 것이 더 빨리 이해할 수 있도록 하느냐를 먼저 생각하는 것과 관련된 개념이기도 하다.

(2) 모바일 뉴스 새판 짜기[81]

가장 시급하고도 중요한 부분은 모바일 미디어와 통합이다. 모바일 뉴스 서비스 유료화를 위해서 실질적으로 고려해야 할 부분은 멀티 플랫폼의 존재, 독자의 지급 의사 그리고 가격책정이다. 특히 PC상에서 유료화가 선행되지 않으면 모바일에서 유료화도 쉽지 않을 것이다. 물론 각각의 플랫폼에 따른 사용자들의 관여도가 달라 PC에서 유료화 실패가 모바일에서 실패로 그대로 이전되지는 않을 수도 있다.

하지만 온라인에서 모바일로 시장이 매우 빠르게 전환되면서 잠시 등장했던 '네이버 위기론'은 모바일 검색 점유율 역시 네이버가 PC 점유율과 비슷한 70%를 웃돌면서 더는 고개를 들지 못했다. 더불어, 〈PC와 스마트폰 중 어디에서 주로 뉴스를 읽습니까?〉라는 조선일보의 2013년 6월 온라인 뉴스 이용 행태 설문조사에서(조사 일시 2013년 6월 4일, 응답자 500명) PC에서 본다는 사람이 44%, 스마트폰으로 본다는 사람이 37%로 나타났으며, PC와 모바일을 거의 같은 비용으로 이용한다는 사람도 19%에 이르렀다.

PC와 스마트폰 상에서 뉴스를 이용하는 방식으로 주로 네이버 같은 포털 포털앱(405명의 응답자 중 355명, 중복응답 허용)을 이용한다. 사용자들의 지급 의사 또한 유료화를 진행하는 데 있어 매우 중요한 요소임에도 〈대부분 온라인 뉴스 서비스가 유료화할 때 어떻게 하시겠습니까?〉라는 설문에 80%가 '온라인 뉴스를 이용하지 않거나 유료화하지 않은 온라인 뉴스를 찾아서 이용하겠다'고 답해 디지털 뉴스 콘텐츠 유료화에 상당히 부정적인 의견을 밝혔다. 이런 상황에서 특정 신문이 유료화를 단행하면 부정적인 응답이 90%에 육박하는 것으로 파악하였다.

사용자들의 인식변화를 위한 노력이 필요해 보이는 부분이다. 이런 노력의 하나로 온라인 독자가 누구인지에 대한 철저한 조사가 필요하다. 현재 대부분 언론사의 경우 PV와 UV 같은 트래픽 측정이 디지털 뉴스를 평가하는 척도가 되고 있어 사용자에 대한 분석은커녕 디지털에 맞는 제대로 된 콘텐츠 생산은 요원한 상태이다.

---

81) 조선일보 내부 모바일뉴스팀 담당자가 본 연구를 위해 작성한 원고 가운데서 새로운 수익모델 전략 내용에 해당하는 부분 발췌하고 일부 변형하였음

독자의 특성에 따라 뉴스의 구성이나 배열을 바꾸는 것도 필요하다. 나이, 성별, 지역, 직업 등 독자 조건에 맞춰진 뉴스가 나온다면 충성도 확보가 가능하고 궁극적으로 유료화를 위한 필수조건을 달성하게 된다. 이런 기본적인 조건을 갖추면서 가격책정을 할 때 신중함을 기해야 한다. 사용자들은 디지털 뉴스에 대해 만족도와 충성도를 갖춘 후 가격이 장벽이 된다면 유료화는 더 요원해진다.

조선일보의 온라인 뉴스 이용 행태 설문조사(2013년 6월)에서 디지털콘텐츠의 이용료를 신문과 같은 1만5천원에서 1만 원, 5,000원, 3,000원으로 책정했을 때 이용 의사가 있느냐는 설문에 지급 의사가 있다는 긍정적인 응답이 8%, 12%, 23%, 29%로 증가했다. 3,000원이라면 디지털콘텐츠를 이용하겠다는 응답이 30% 가까이 나온 점은 상당히 고무적이다.

또 조선일보에서 실시한 또 다른 조사인 콘텐츠 유료화 수용 행태 조사(2013년 5월 조선닷컴 사용자 500명 대상)에서 '가장 선호하는 특정 언론사의 인터넷 사이트 뉴스의 월 이용료가 이 정도면 기사의 품질과 서비스의 수준을 유지하는 데 문제가 될 정도로 낮다고 생각하는 금액은?'이라는 설문에 응답자 평균 2,719원이 나왔다. '가장 선호하는 특정 언론사의 인터넷 사이트 뉴스의 월 이용료가 이 정도면 아무리 좋은 서비스가 제공된다고 하더라도 절대로 이용할 것 같지 않은 금액은?'에서는 평균 9,152원이라고 답한 부분도 가격책정 시 고려해 볼 필요가 있다.

대부분의 언론사가 OS별로 단말기별로 자사의 앱을 만들어 시장에 출시했다. 일부 언론사는 뉴스앱을 유료로 판매하기도 하고, 광고를 유치해 수익을 창출하는 곳도 있다. 하지만 현재 언론사들이 전략적으로 모바일시장에 대응하기보다는 '대세'라는 분위기에 의해 앱을 만들고 '앱 만들기' 자체에서 경쟁을 벌이고 있다. 언론사들에서 자사의 앱을 얼마나 많이 내려받았는지가 중요한 경쟁요소였다. 사용자들이 더 많은 앱을 내려받게 하려면 여러 프로모션을 벌이기도 했고 지금도 여전히 진행 중이다.

뉴스 앱은 스마트폰 도입 초기에서 가장 인기 있는 앱 중 하나였다. 스마트폰과 태블릿이 등장했을 때 사람들은 뉴스를 보기 위해 주로 앱을 사용했다. 그러나 최근 들어 상황이 달라지고 있다. 스마트 뉴스 소비자들이 모바일 앱 대신 모바일 웹을 통해 뉴스를 보고 있는 경향이 뚜렷해지고 있다. 신문사의 개별 앱을 사용해 뉴스를 보는 비율은 감소하는 추세다. 반면 모바일 웹 브라우저를 이용해 신문사가 운영하는 모바일 뉴스 사이트를 방문해 뉴스를 읽는 사람은 늘고 있다.

하지만 여러 자료를 보면 언론사 스마트플랫폼에 대한 사용자들의 관심과 이용이 이전만 못 하다. 언론사의 모바일 웹 이용의 상당수가 기존 온라인 PC에서처럼 주요 유입 채널로 포털사의 모바일 웹을 활용하고는 있지만, 결과적으로 이는 모바일 단말기 상에서도 웹의 사용이 보편화했다는 것을 의미한다.

이는 언론사가 스마트 플랫폼 전략을 구축하는 데 있어 굳이 앱에 치중하기보다 이제는 모바일 웹에 대한 전략을 세우고 준비를 해야 한다는 것을 뜻한다. 안드로이드OS 기준 앱 사용 현황 조사에서 주간 이용자 기준으로 신문사 중에서 순위가 가장 높은 YTN과 연합뉴스의 경우 각각 전체 앱 이용 순위에서 185위와 188위에 불과한 실정이다. 조선일보의 경우 256위이다. 반면 모바일 앱의 경우 언론사 수위에 있는 조선일보, 동아닷컴, 머니투데이는 전체 순위에서 각각 13, 15, 17위를 기록한 적이 있다(2013년 4월 랭키닷컴 조사).

개별언론사에서 우수한 앱을 개발해 시장에 출시해도 궁극적으로 사용자의 이용행태를 변화시키기에는 한계가 있다. 사용자들은 모바일 단말기 상에서 앱보다는 웹을, 개별언론사 사이트보다는 포털사이트를 더 많이 이용하고 있다. 이런 상황에서 일부 언론사를 제외한 대다수의 언론사는 여전히 앱에 집중하고 있는 모습을 보인다.

결과적으로 대부분의 언론사의 모바일은 비슷비슷한 화면구성이 있고 포털 의존적인 형태다. 스마트폰 상에서는 스마트폰에 최적화되고 사용하기 편리한 모바일 서비스에 관한 연구가 필요하다.

이와 같은 과정들을 수행할 때 기본 전제는 유료로 구매할 가치가 있는 콘텐츠를 제공해야 한다는 점이다. 기존에 익숙해진 포털이 아닌 해당 언론사의 디지털 서비스를 식섭 잦거나 설치한 후 로그인을 하고 결제하기까지의 과정을 거칠 만큼의 이점을 주는 콘덴츠가 필요하다.

모바일시장의 대중화는 분명 신문사에 기회를 제공하고 있다. 모바일기기의 이동성과 다양한 모바일기기의 등장으로 뉴스콘텐츠를 이용하는 절대량과 사용자의 이용 시간이 증가했기 때문이다. 이러한 양적 증대를 실질적인 수익으로 전환하는 일이 만만치 않은 일임은 분명하다. 하지만 해외에서도 성공사례가 지속적으로 나오고 있고, 국내에서도 디지털 음원이나 영상프로그램 같은 디지털콘텐츠의 유료화가 점차 자리를 잡아가는 추세다. 이제는 질적 콘텐츠를 기반으로 제대로 된 분석과 수익모델을 구축해야 할 시점이 되었다.

(3) 3개 영역 (콘텐츠, 디지털, 새 사업) 대응

미디어 통합 부문 수익모델 세부 전략을 콘텐츠, 디지털, 새 사업 등 3개 영역별로 압축해서 정리해본다. 먼저 콘텐츠 영역에서는 원소스 멀티유즈에서 더 발전한 멀티소스 멀티유즈(multi source multi use, MSMU)다. 뉴스 콘텐츠 기획이 이루어지는 맨 첫 단계에서부터 콘텐츠가 가질 수 있는 다중 혼성 활용 가치를 높이는 쪽으로 초점이 맞춰져야 한다.

이때 하나의 뉴스콘텐츠가 멀티유즈로 나아가는 선형적 패턴에 그치지 말고 여러 종류의 신문콘텐츠가 크로스, 트랜스 형태로 융합해나가면서 여러 가능성을 보여주는 비선형적 패턴, 즉 멀티소스 멀티유즈(MSMU)를 초기부터 의도해야 한다. 콘텐츠 레버리지, 조직 수익성 집중, 스몰 뉴스, 옴니버스 미니 신문, 인사이드 신문, 편집인 대체하는 큐레이터 / 감독 코칭 시스템 등도 모두 미디어통합 차원에서 추진해 봐야 할 세부 전략 내용이다.

두 번째 영역 디지털에서는 여러 미디어 가운데 게임 미디어 장점을 표적으로 삼아 신문에 적용하는 일이다. 게임화(gamification) 차원에서 이용자를 흥분시키고 재미를 유지하게 만드는 액티비티 요소, 통합 프로그래밍, 게임 앙가주망 등을 탐구해야 한다.

세 번째 영역인 새 사업에서는 여러 미디어를 넘나들면서 경영전략을 디자인하는 크로스 컨설팅을 생각해볼 수 있다. 신문업계가 주도하여 다자간 연합 수익모델, 인접 미디어 영역 확장과 같은 구체적인 주제로 신문기업 상호(크로스) 컨설팅 기회를 만들 수도 있다.

7) 스폰서십 / 소셜 : 소셜 큐레이션 활동

스폰서십 / 소셜 새 수익모델은 신문사가 현재 기득권을 버리는 역설적 의사결정에서부터 시작한다. 기존 광고 물량과 출혈 경쟁을 하기도 하고 때로는 뉴스콘텐츠 저널리즘과 홍보성 특집 지면을 맞바꾸기도 하는 관행과 결별이 있어야 한다. 대신 새로운 수익원이 될 수 있는 웹사이트 스폰서십, 소셜 네트워킹, 와인관련 클럽, 컨소시엄 / 특별 오퍼, 협력 사업, 파트너십, 아웃소싱 운영, 비영리사업 등을 추구할 수 있다.

이 때문에 수익사업 카니발리즘(상호중복), 공영상업주의, 캐시박스 등 이슈를 안게 된다. 현실적으로 〈스폰서십 / 소셜〉 수익모델에서는 홍보용 기사로 꾸미는 특별 지면, 다양한 캠페인과 커뮤니티 클럽 등 사회적 관계를 활용한 비즈니스로써 안게 되는 공영상업주의(광고주 등에 지나치게 의존하여 언론사 중립적 위상을 흔듦), 캐시박스 집착(지나친 영리주의)과 같은 민감한 이슈들이 불거지고 있다.

신문기업이 매체 품격을 관리하고 사회적 책임을 다하면서 사회적 관계를 활용한 비즈니스 활동을 추구하기 위해서는 어떠한 일을 해야 하는가?

(1) 소셜 네트워크 관계 정립

최근 한국 신문산업에서 가장 두드러진 수익흐름 마이너스 요인은 이른바 스폰서십 기반 비즈니스 모델(sponsorship based business model)이라는 분석이다. 반대로 가장 두드러지는 희망적 요인은 단연 소셜 미디어 트렌드다. 기업과 정부 등 광고와 홍보 이해관계당사자들과 특약하는 스폰서십 기반 수익모델은 실제로 전형적 소탐대실로 흐르고 있다. 당장 수익은 거둘 수 있어 단기업적주의에는 부합하겠지만 신문 이용자를 밖으로 내치는 원심력으로 작용하고 있다.

〈그림 172〉 저널리즘 - 리더십 - 경영성과 선순환 구조

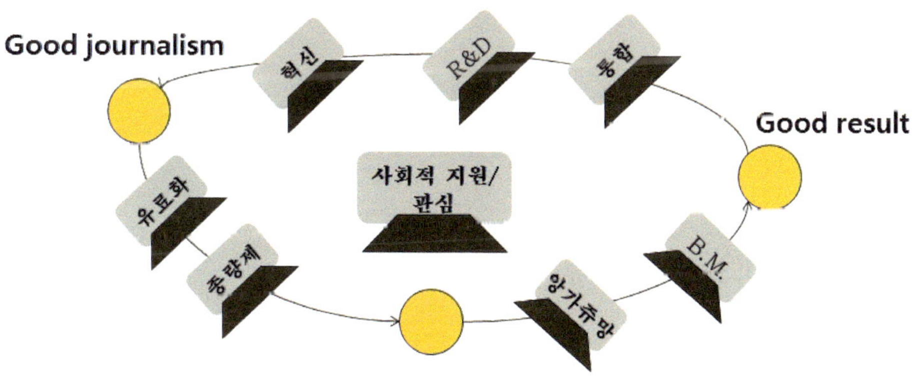

신문뉴스라는 본원적 콘텐츠가 아닌 유사 뉴스 행위에 해당하는 이 변종을 극복하는 방안을 소셜 미디어가 가져온 미디어 과잉에서 실마리를 찾을 수 있다.

선도적 신문기업들이 도전하는 소셜 큐레이션 활동이 그것이다. 신문사가 과잉 정보, 오남용 정보가 불러온 사회적 오염을 방지하고 해결하는 유일무이한 심판관 역할을 자임할 수 있어서다. 특정 스폰서에만 복무하는 반사회적 (안티 소셜) 제작 관행과 퇴행적 수익모

델에서 벗어나 소셜 미디어를 치유하고 교통 정리할 수 있도록 하는 소셜 큐레이션 활동을 통한 새로운 수익모델 창출을 추구해야 할 때다.

위 그림에서 나타낸 대로 탐욕적 스폰서십 비즈니스 모델을 위해 좋은 저널리즘(good journalism)을 희생할 수는 없다. 신문사가 타협할 수 없는 좋은 저널리즘(good journalism)을 모든 지면과 사업에서 지켜야만 독자들이 감응하여 유료화와 종량제로 수익이 개선될 수 있는 끈끈한 관계(good readership)가 나올 수 있다.

이 굿 뤼더십이 유지되어야만 고객 참여(앙가주망), 여러 수익모델 적용이 가능해져 신문사 경영목표인 좋은 성과(good result)가 실현될 수 있다. 이어서 좋은 성과(good result)가 차곡차곡 쌓여야만 혁신과 R&D, 통합 활동이 힘을 얻을 수 있고 이러한 선순환 과정을 통해서 다시 원천적인 좋은 저널리즘(good journalism)이 항상적인 활동으로 자리 잡게 된다.

(2) 클래스 큐레이션(Class Curation) 흐름

신문기업의 스폰서십은 언제나 사회적 관계망에 따라 변하게 된다. 소셜 네트워크가 신문사 사회적 사업 활동의 성격과 수위를 좌우할 수 있다. 여기에는 빠르게 변화하는 미디어 이용자들 성향이 작용한다.

과연 미디어 전성시대를 누리고 있는 현재 미디어 이용자들은 바로 내일 아침 미래 환경에서 과연 어디로 갈 것인가? 소셜 큐레이션 흐름으로만 모두 쏠릴 것인가? 또 다른 경로는 보이지 않는가?

돌이켜 보건대 미디어 선택의 자유는 서비스와 콘텐츠의 다양성, 그리고 브랜드의 양적 확대라는 선물이었다. 이어 고도화된 미디어의 향유는 소셜 TV와 같이 혁신적 이용, 이용자의 집단지성과 체험이 결집된 한바탕 흐드러진 무정부주의적 난장과 파격을 거침없이 보여주고 있다.

그럼 전망은 어떤가? 어떤 변화가 클라이맥스에 부어 버릴 물이나 기름을 정할 것인가. 대략 내다보이는 단기 전망은 베스트 8 규칙(Best 8 Rule)으로 다시 모이고 있다는 견해다. 베스트 8 규칙이란 미국에서는 70년대, 한국에서는 90년대 각각 유료 케이블 TV사업이 뉴미디어 화신으로 환호받았을 때 이미 검증된 이용자 소비 행태다. 고를 수 있는 채널이 단박에 5배, 10배, 20배가 많아져 100개를 넘나드는 다채널 다매체 환경이 조성됐다 해도 결국 이용자들은 작은 만족으로 회귀하더라는 판정이다. 아무리 많고 좋은 브랜드가 생겨나도 이용자 한 사람 한 사람이 즐겨 찾고 집착하는 채널은 8개를 넘어서지 않았다는 얘기다.

'베스트 8'. 이 규칙은 인터넷에도 모바일에도 지금 광풍을 일으킨 스마트 소셜 미디어, 플랫폼에도 고스란히 적용될 조짐이다. 관련해서 SNS 피로감 얘기를 다시 곱씹어 볼 필요가 있다. 퓨(Pew, 2012)에 따르면 페이스북을 사용하는 미국인들은 평균 245명의 친구를 갖고 있다. 이는 사람이 관계를 맺을 수 있는 의미 있는 숫자인 150명, 즉 '던바의 수'를 넘는 것이고 그러다 보면 형식적인 관계에 머물 수밖에 없게 되고 스스로 통제할 수 있는 범위를 넘어서게 되는 것이다.

옥스퍼드대 인류학과 교수인 '로빈 던바(Robin Dunbar)'에 따르면 던바 교수는 신뢰 관계를 가질 수 있는 친구는 50명, 좋은 친구는 15명, 가장 친한 친구는 5명이 한계라고 규정했다. 이런 한계를 벌써 수년째 타파하고 있는 멀티 플랫포밍과 같은 미디어 향유가 앞으로 온전히 지속될 수 있을까?

이미 첨단 미디어 현장에서는 트위터 절필, 페이스북 탈퇴, 도청과 감청으로부터 안전하다는 SNS로 이동, 지적하고 따지고 노출해야 하는 직설화법이 주종을 이루는 텍스트 메시지로부터 감성적이고 은유적이면서 조심스러운 간접화법을 선호하는 이미지 중심 커뮤니케이션으로 이사하는 이용자가 늘고 있다.

영화 '소셜 네트워크'의 각본을 쓴 애릭 소킨과 이 영화의 주인공을 맡았던 제시 아이젠버그가 잇따라 페이스북을 탈퇴했다는 소식도 전해졌다. 소킨은 "나는 트위터도 싫어한다. 인생은 복잡하다. 하지만 소셜 미디어는 빠르기만 할 뿐 깊이가 없다"라고 페이스북 탈퇴 이유를 밝히기도 했다. 그는 또 "슬슬 트위터에 대해 자세히 알아갈수록 점점 이 방식의 SNS는 내가 원하는 SNS가 아니란 생각이 강해졌다. 모두를 만족시킬 수 없고, 그러고 싶지도 않고. 그렇다고 공익인 척하긴 싫고"라고 고민하기도 했다.

페이스북 전문 통계 사이트인 인사이드 페이스북이 실시한 조사에서 2012년 5월 미국과 캐나다의 페이스북 탈퇴자 수는 모두 700만 명에 이른다고 한다.

이런 흐름은 곧 소셜 미디어가 부분적이겠지만 해체 절차를 밟을 것을 예고하고 있다. 소셜 미디어 해체는 거대 단일 동질성으로 묶여 있던 미디어 이용자그룹을 여러 분파로 나눌 것이 확실시된다. 분파 구획 기준으로는 이른바 스마트 콘텐츠를 둘러싼 역학관계, 즉 문화 권력관계 위계질서가 유력하게 떠오른다. 스마트 콘텐츠라는 자산을 누가 얼마나 보호하느냐에 따라 이용자 클래스가 나뉘게 되고 개별 클래스별로 이용자 능력 수준도 달라진다.

그렇게 되면 이용자 클래스별 큐레이션 활동이 주종을 이루게 되고 궁극적으로는 개인 미디어와 소셜 미디어 중간 지대에 서식하는 다채로운 클래스 분파별 이용자그룹이 경합하고 공존, 공생하고 순환하는 새로운 생태계가 나타날 터이다. 따라서 이러한 사회 변동에 대응할 수 있는 새로운 수익모델 찾기가 꼭 필요하다.

중시해야 할 것은 신문기업이 지향해야 할 스마트 콘텐츠다. 스마트 콘텐츠들을 다루고 전파하고 이용하는 각기 다른 수준의 계층들이 소셜 큐레이션을 압도할 클래스 큐레이션 기초 단위가 된다. 모바일 등 첨단 미디어 플랫폼을 경유하여 제공되는 혁신적 영화 상영 서비스를 누구보다도 잘 다루는 이용자들은 제1 클래스가 되어 미래 미디어 클래스 큐레이션을 주도하게 된다.

이에 못 미쳐 약간 뒤처진 군단은 제2, 제3 클래스로 차등화되는 본격적인 이용자그룹 계층화, 분파 형성이 이루어질 전망이다. 예컨대 창조도시 창조계급(creative class)은 미래 미디어 이용자 제1 클래스가 될 확률이 가장 높다.

이들은 자신 영역(클래스) 내부에서만 오픈 이노베이션, 오픈 콜라보레이션(collaboration)을 실행하는 상호 배타성을 지니고 있다. 국가 간, 지역 간 쟁탈보다는 클래스 차원 전선과 격돌, 경쟁을 선호하는 강력한 독점주의자들이 득세할 분위기다.

아직은 소셜로 일반화되어 있고 한 덩어리로 묶여 있지만 창조 계급과 같은 강력한 분파가 이기적 클래스를 형성하게 되는 순간 위계질서가 통용되는 권위적 질서와 파워 게임이 다시 촉발될 것으로 본다. 이때부터 미디어 이용 향유를 확대할 리더 계층의 클래스 큐레이션은 아주 왕성해질 것이다.

반면 아마추어리즘과 이용자 전체 일반화로 회귀하는 소셜 큐레이션은 중장기적으로 내림세를 보일 수 있다. 결국 이 모든 성패는 스마트 콘텐츠를 만들진 않아도 재빨리 선점하고 유통해서 누리는 이용 능력에 달려 있다. 이런 클래스 큐레이션과 같은 첨단 동향이야말로 신문기업이 거머쥘 새로운 수익모델 기회가 될 수 있다.

(3) 3개 영역 (콘텐츠, 디지털, 새 사업) 대응

스폰서십 / 소셜 부문 수익모델 세부 전략을 콘텐츠, 디지털, 새 사업 등 3개 영역별로 압축해서 정리해본다. 먼저 콘텐츠 영역에서는 매격(매체 품격) 관리가 선행되어야 한다. 현재 상당 수 신문기업이 매달리고 있는 홍보성 기사 남발은 홍보의 품격을 상실하고 있다. 매격(媒格) 관리 프로그램을 세우고 기존 스폰서십 모델에 대한 창조적 파괴를 단행해야 한다. 사회적 존중과 영향력 강화를 담보할 인력과 자산을 응집시키는 콜렉티브 모델(collective model) 도입도 필요하다.

두 번째 디지털 영역에서는 소셜 미디어 잠재력을 최대한 빨아들이고 미래 동향을 선점하는 소셜 시너지 실행이 요구된다. 소셜 네트워크 위에서 우호 / 후원 그룹을 꾸준히 확보하고 소셜 미디어를 통한 글로벌 시너지와 세계경영에도 새 수익모델 차원에서 도전해볼 수 있다.

새 사업 영역에서는 특정 커뮤니티 캠페인 사업을 강화하는 캠페인 저널리즘 확충을 추진할 수 있다. 신문사가 아닌 다른 미디어, 사업체가 대체할 수 없는 사회적 책임과 지역 밀착, 창조경제 캠페인, 르포르타지 심층 취재 등을 무기로 스폰서십 / 소셜 새 수익모델을 개척할 수 있다.

8) 기부 : 신문 주도 사회적기업 추구

기부는 번외 사업이다. 수익모델이 아닐 수도 있지만, 신문업 성격상 독사 기부, 재단 출연 등 형태로 새로운 수익원이 생성되는 경우를 가정할 수 있다. 시기적으로도 한국 신문업계의 경우 안정된 재원 조달에 해당하는 기부 형태의 새 수익모델이 절실하기도 하다.

기부, 트러스터, 재단 기부, 독자 기부, 크라우드 펀딩 등이 수익원이 되고 이에 따른 자금력, 고객 충성도, 기업 위상 등이 관련 이슈와 문제점으로 꼽힌다. 기본적으로 〈기부〉 수익모델은 신문기업 내부와 외부 독자, 독지가 등이 안정적 재원을 출연하여 기업의 수익구조를 탄탄하게 만드는 유형이다.

오너 자금력과 의지, 고객 충성도, 신문사 사회적 위상과 같은 쟁점이 거세게 드러날 수도 있다. 그런데도 신문기업이 기부와 기탁, 재단 조성 등을 목표로 한다면 어떤 일을 해야 하나?

(1) 기부 모집으로 안정된 재원 확보

기부라는 수익모델은 신문사 내부 뱃속을 뒤집어 보는 발상의 전환이다. 밖을 향하는 수익모델에 열중하는 가운데 누군가는 내부로부터 나올 수 있는 마중물과 같은 수익모델을 세워보아야 한다. 바로 이 지점에 새로운 수익모델이 나와야 한다.

예전에도 있었던 기업 총수의 무조건적 출연과 재단 조성과 같은 패턴은 낡은 행보다. 독자 고객과 오래된 좋은 관계라면 더욱 견고하고 오래가는 새로운 관계를 제안할 수 있다. 먼저 보여줘야 할 것은 고객을 움직일 수 있는 매혹적인 콘텐츠 서비스다. 이는 신문사 기부를 결정할 수 있을 정도로 강력한 프로젝트로 답해줘야 한다. 사회를 위한 연구, 개발 활동이라는 명분이 살아 있어야 한다는 뜻이다.

〈그림 173〉 세대 격차를 연결하는 컬처 브리지(culture bridge) 이미지

출처: 세계신문협회 자료, www.wan-ifra.org

신문이 시장에서는 전형적인 비즈니스 모델을 추구하지만, 기부를 염두에 둔 공익적 활동 차원에서는 사회적기업에 준하는 면모를 보여줘야 한다. 이러한 신문 발 사회적기업 추구가 종전에 거의 존재하지 않았던 자본주의 4.0[82]과 같은 블루오션 차원에서 나올 수 있는

82) 소프트웨어 버전처럼 진화단계에 따라 숫자를 붙일 때 네 번째에 해당하는 자본주의라는 의미.자유방임의 고전자본주의(1.0)1930년대 정부의 역할을 강조한 수정자본주의(2.0)1970년대 말 시장의 자율을 강조한 신자유주의(3.0)에 이어 등장.자본주의 4.0 시대의 교육은 성공한 사람이 더 큰 성공으로 나아가도록 장려하되, 낙오한 사람들을 북돋고 이끌어 갈 수 있는 책임을 강조함. https://ko.dict.naver.com/#/userEntry/koko/eefcb36

새로운 수익모델이 될 수 있다.

그야말로 신문이 행하는 사회적기업으로 기부 수익모델이 꾸려질 수 있으려면 기부 당사자는 물론이고 주변에서 모두가 인정하는 아름다운 명분이 있어야 한다. 위 이미지가 묘사한 대로 할아버지가 컴퓨터에, 손주 아이가 종이신문에 열중하는 광경은 우리 시대 큰 화두이기도 한 세계격차, 세대 단절을 다루는 컬처 브리지(culture bridge)를 상징한다.

이 컬처 브리지라는 표현은 고령화 시대 시니어 계층과 새로운 디지털 네이티브 세대를 모두 석권해야 하는 신문기업으로서 중요한 주제이기도 하다. 신문기업이 여러 세대, 즉 멀티 제너레이션을 아우르는 콘텐츠를 내놓는 역할을 확실하게 하지 못한다면 수익기반이 금세 쪼그라들 수밖에 없다.

컬처 브리지만큼이나 중요한 주제를 설정해 신문기업이 조사, 연구하는 중요한 프로젝트가 있다면 기부에 동참할 독자, 기관들을 확보할 수 있을 것이다. 신문 뉴스콘텐츠 이용과 유통 시스템에서 불거진 고질적 문제인 저작권도 아주 적합한 명분이자 주제다. 콘텐츠 비즈니스를 성공시키기 위한 전제로 뉴스 소비자뿐만 아니라 생산자들의 저작권에 대한 마인드 확립이 필수조건이기 때문이다.

(2) 저작권 연구 공감대 활용[83]

매체가 생산하는 유일한 생산품이 뉴스콘텐츠임에도 불구하고, 콘텐츠가 유통되는 순간이 가치는 평가 절하되기 일쑤다. 몇몇 해외 매체들이 콘텐츠 비즈니스를 성공시키는 이유는 콘텐츠 생산뿐만 아니라 유통에 대한 소유권을 인식하고 이에 맞춘 전략을 세우기 때문이다. 국내에서도 방송사들의 경우는 해외 사례를 벤치마킹해 콘텐츠 유통 과정에서도 정당한 값어치를 인정받고 있다. 텔레비전 프로그램을 VOD 등으로 판매하는 것이 그 예다.

텍스트 기반의 콘텐츠를 생산하는 신문사의 경우에는 상황이 다른데, 신문사가 생산한 콘텐츠를 더 많은 사람이 봐주어야 매체 영향력이 생긴다고 생각하기 일쑤다. 과거에는 신문을 사 보아야만 해당 매체의 콘텐츠를 읽을 수 있었지만, 정보기술의 발달로 추가 비용

83) 머니투데이 내부 담당자가 본 연구를 위해 작성한 원고 가운데서 새로운 수익모델 전략 내용에 해당하는 부분 발췌하고 일부 변형하였음

없이 신문사가 생산한 콘텐츠를 자유롭게 볼 수 있는 플랫폼은 매우 다양화했다.

뉴스콘텐츠가 공공재의 성격을 띠는 것은 매체의 숙명이지만 자사 소유 이외의 플랫폼에서 유통되는 콘텐츠에 대해서는 유일한 생산물이라는 인식을 해야 한다. 생산품인 콘텐츠의 소유권을 가지고 더 많은 독자가 자사의 콘텐츠를 소비하기를 바란다면 다른 매체와 차별화된 콘텐츠를 생산하려는 노력도 필요해 보인다.

온라인 트래픽을 위해서 타사 기사를 베끼는 식으로 콘텐츠 수만 늘리는 것은 아무 도움이 될 수 없다. 정보기술의 발달로 독자들은 실시간으로 제공되는 수많은 비슷비슷한 콘텐츠를 매일 접할 수 있게 됐다. 이로 인해 독자들은 단편적인 기사 내용은 알지만, 포괄적인 이해도는 떨어지고 있는 듯하다. 핸드폰의 기능이 발달하면서 점점 많은 사람이 전화번호를 기억하지 못하는 이유와 비슷하다고 분석한다.

글을 읽는 것은 받아들인 내용을 바탕으로 사고를 한다는 것인데, 이 기능이 점점 약화하는 것 같다. 최소한 신문을 찾는 사람들은 개별적인 내용을 알려고만 하는 것이 아니라, 포괄적인 현상을 이해하고 싶어 한다고 생각된다. 개별 매체가 포괄적인 이해를 도울 수 있는 콘텐츠를 자사 신문 및 사이트를 이용하는 독자들에게 제공할 수 있다면 콘텐츠 비즈니스의 전망은 밝을 것이다. 이를 위해 가장 시급한 과제가 바로 저작권 인식이다.

각 매체의 상황과 포털 등과의 관계, 통신사의 소매 시장 진출 등으로 국내 콘텐츠 시장은 해외와는 매우 다르다. 가장 중요한 것은, 문제점은 인식하고 있지만 단일한 목소리를 내지 못하고 있다는 점이다. 국내 매체가 벤치마킹할 만한 대상으로 로이터를 꼽을 수 있다. 이 회사는 콘텐츠를 구매하는 곳의 상황에 따라서 개별 계약 조건이 모두 다르다. 사이트에 접속하는 사람들의 수, 방송을 보는 시청자의 수, 콘텐츠가 제공되는 플랫폼의 종류, DB에 저장할 수 · 기간 등 상황에 따라서 부과되는 사용료가 모두 다르다.

이 같은 계약이 가능한 이유는 우선 콘텐츠의 질이 좋고, 양이 많고 적고를 떠나서 콘텐츠를 접하는 회사와 개인들의 인식이 우리와 다르기 때문이라고 할 수 있다. 로이터 역시 자사의 콘텐츠 가치를 인정받기 위해서 수많은 시간 동안 노력했을 것이다.

국내 매체는 로이터와 달리 포털, 기업 등과 계약할 때 월 정액제로 계약한다. 콘텐츠 양이 많고, 매체 인지도가 높으면 비용을 조금 더 지급하는 식이다. 그들 역시 로이터와 같은 해외 매체와는 이런 방식을 인정하면서 국내 매체에는 그렇지 않다. 제공된 콘텐츠는 계약 순간 무장 해제가 되어 구매사의 웹사이트, 모바일, 기타 등등에서 무제한 사용된다.

받은 콘텐츠를 구매사 DB에 보관하는 기간은 아예 무한대로 되어 있다. 관련 업체에 시정을 요구해도 다른 매체는 그렇지 않은데 왜 문제 삼는지 모르겠다고 한다. 젊은 세대들은 포털이 뉴스도 생산하는 언론사로 여기는 사람들도 많다. 소비자 측면에서, 포털에 가면 개별 매체의 뉴스가 모두 모여 있으므로 개별 매체 사이트를 굳이 찾아갈 필요성을 느끼지 못하는 것이다.

독자들이 개별 매체 사이트에 갈 이유를 찾지 못하면 콘텐츠 비즈니스의 성공은 불가능하다. 개별 신문사들의 상황과 이해관계가 달라서 자율적으로 이 문제를 해결하고, 독자들을 이해시키고, 콘텐츠 구매사를 설득하는 것은 매체 하나의 노력으로는 역부족이다.

언론재단이나 정부에서 콘텐츠 계약과 관련해 권고한 내용도 있으나 권고는 말 그대로 권장하는 것이기 때문에 콘텐츠 구매사들이 적극적으로 반응하지 않으면 무용지물이다. 새로운 정부가 강조하는 '창조경제'는 새로운 아이디어와 방식으로 생산된 독창적인 생산물의 가치를 인정해 주자는 의미도 있는 듯하다.

이와 같은 시대 상황에 발맞추어서 독창적인 신문사 콘텐츠의 가치를 인정받을 수 있는 입법이 필요하다. 월정액으로 무한대의 콘텐츠를 재사용할 수 있는 모순점만 개선되더라도 지금과 같은 신문사의 경영환경은 크게 나아질 수 있을 것이다.

콘텐츠의 양이 적은 매체는 반대할 수 있지만 질 좋은 콘텐츠를 생산한다면 해법이 될 수 있을 터이다. 이처럼 저작권 인식 하나를 주제로 기부 수익모델을 가동할 수 있다는 발상의 전환이 필요하다.

(3) 3개 영역 (콘텐츠, 디지털, 새 사업) 대응

기부 수익모델 세부 전략을 콘텐츠, 디지털, 새 사업 등 3개 영역별로 압축해서 정리해본다. 먼저 콘텐츠 영역에서는 리서치 중점 주제와 명분 발굴을 제시한다. 신문사가 사회 현상을 정리하고 공인해주는 인덱스 비즈니스, 저지먼트(판정) 비즈니스 부문에서 적합한 주제가 나올 수 있다.

두 번째 디지털 영역에서는 신문 메세나 개념 대응이 가능하다. 온라인 전업 매체 허핑턴포스트 사례가 보여준 대로 전문가와 일반인 등 많은 이용자가 제작에 참여하도록 하고 이들로부터 관심과 소셜 펀딩, 크라우드 소싱 펀드 등을 끌어내는 명분 제시가 새로운 지평을 열 수 있다.

세 번째인 새 사업은 앞서 설명한 컬처 브리지 카테고리다. 문화적 정체성, 문화적 다양성 차원에서도 우리 사회가 원하는 뿌리 지킴과 같은 사업을 위한 제휴 공조 연합을 신문사가 적극적으로 추진한다면 사회적 열망을 담은 기부 기반의 새 수익모델이 전개될 수 있다.

9) 정부보조 : 공동 R&E(연구/실험) 수행

정부가 신문사에 재정적으로 기여할 수 있는 수익원에는 세금유예와 직간접 지원이 있다. 가장 적나라한 지원 형태가 정부 보조금(subsidy)이다. 이 또한 정부 자금이 신문사 수익구조에 들어오는 수익모델 일환이라고 여길 수 있다. 당연히 언론독립과 신문사 지배구조 변형과 같은 초민감 이슈가 제기된다.

〈정부보조〉 수익모델은 신문산업 내부에서 나타나는 민간 시장 실패를 전제로 하고 있다. 대부분 신문기업이 자생력을 잃어 다원화된 미디어 이용과 선택이 불가능해진다면 특별법, 미디어 펀드, 보조금 등 제도를 통한 정부 지원을 구상할 수 있다는 의견도 적지 않다.

언론독립과 특혜시비 등과 같은 이슈가 제기될 수 있기도 하지만 현 상황에서 극단적 수익 악화를 겪고 있는 신문업계에 필요한 방안일 수 있다. 필요하다면 언제 어떠한 프로그램으로 정부 보조를 실행해야 할까?

(1) 특별하지만 투명하고 믿음이 가는 지원

정부 보조는 언론사 자존심이 걸린 사안이다. 조사 결과 대부분 부정적 반응이다. 만약 실행한다 해도 개별 신문사에 대한 직접 지원이 아닌 업계 차원의 간접 지원 요구가 압도적으로 많다. 하지만 현재 한국 신문업계 상황은 전혀 녹록지 않다. 링거가 필요한 침해 지역이 광범위하다.

다행히 핀란드, 노르웨이, 아일랜드 등에서 보는 신문업계와 정부, 유럽연합 간 공동보조가 설득력 있다는 평이다. 이 논의에서 새로운 수익모델과 관련해서 가장 중요한 이슈는 개별 신문기업이 하려야 할 수 없거나 너무 버거운 영역이다. 좁혀 보면 세심한 국가통계와 재교육사업도 있고, 확장해보면 국가 R&D(연구개발) 활동과 같은 거대 국책프로젝트와 연계한 움직임도 가능하다.

신문은 물론이고 언론, 미디어 비즈니스 차원에서 거의 전무한 수익모델 관련 국가 R&D 또는 사회적 지원을 용기 있게 요청할 시점이 온 듯하다. 다만 여기서 정부와 사회적 지원 역할이 기존 패턴과 달라야 하는 것은 특허와 같은 과학기술 기반 R&D 활동보다는 인문 사회과학, 예술 차원 R&D 활동일 수 있다. 신문산업의 적극적 미래 개척을 돕는 공동 R&E(Research & Experiment : 연구 / 실험) 수행이 새로운 수익모델이자 혁신적 정부 보조 모형이 될 수 있다.

정부 지원 공영과 민영 미디어 기업이 거의 대등하게 혼재하기도 하는 유럽 각국에서는 정부 보조 명목이자 용처로서 R&D 사업이 일상화되어 있다. 핀란드 넥스트 미디어 사노마 뉴스 경영자 에스코엔시코 피파티는 "R&D 중요성에 대해 미디어업계와 정부가 함께 인식하고 있다. 핀란드에서는 특히 디지털 미디어 연구개발 활동이 활발해 1년에 업계가 1,000만 유로를 투입하고 정부는 1,880만 유로를 보조하고 있다"라고 전한다.

〈그림 174〉 미국 국립인문기금(NEH) 대표 프로젝트 'Picturing America'

자료: National Endowment for the Humanities (NEH) 홈페이지, www.neh.gov

이러한 협업구조는 정부가 민간 신문기업들과 파트너십 관계를 형성하는 좋은 모델이다. 정부 보조를 주로 하는 유럽과 다르고 신문업계와는 직접 관계가 없지만, 미국에서도 파트너십 관계를 통한 정부 지원 사례가 발달해 있다.

미국 국립 인문기금(NEH), 픽처링 아메리카 같은 사례는 자생적 수익모델을 갖지 못한 인문학자, 예술가들을 대상으로 정부가 일감(프로젝트)을 제공하는 방식으로 협업을 성사시키고 있다. 미국의 문화적, 역사적 자원을 이미지 자료로 만들고 보관하는 국책프로젝트에 전문가들을 참여시키는 방식이다.

이 밖에도 미국 NEA(국립예술기금), 미국과학재단 등은 산학협력 등 경로로 미디어, 콘텐츠 기반을 강화하는 정부 지원 프로젝트를 지속해서 진행하고 있다. 예를 들어 태블릿 PC 이용자 효용을 높이기 위한 휴리스틱스(heuristics) 관련 연구가 MIT 연구진 주도로 이루어진 사례가 있다. 이 내용은 디지털 콘텐트 개념 진화를 구동시키는 발견법 또는 발견학으로서 경험적 지식을 활용한 발견적 교수법이라고도 한다.

이용자가 나름대로 발견한 편리한 기준에 따라 당면한 문제를 해결하는 방법에 관한 연구인 셈이다. 이 프로젝트에 만약 신문기업이 참여했다면 미디어 경험을 토대로 새로운 디지털 플랫폼 디자인 운영 매뉴얼을 고안할 수 있다. 콘텐츠 흐름(flow)을 중시하는 새로운 종류의 콘텐츠디자인도 가능해진다.

바로 이러한 실질적인 연구개발 또는 신문콘텐츠 관련 연구 / 실험(R&E)을 매개로 정부 보조가 이뤄지도록 하는 방안이 가장 바람직한 새 수익모델이 될 수 있다. 정부 보조도 수익이 되지만 연구 결과 자체가 수익모델에 직결될 수 있도록 가야 한다. 관련해서 2013 세계신문협회 총회에서는 유럽연합 차원에서 보조하고 있는 실질적인 프로젝트가 소개된 바 있다.

이용자가 〈미디어 키〉로 한번 로그인하면 모든 미디어를 수월하게 오갈 수 있는 시스템 연구다. 이때 만능열쇠가 반드시 신문으로 들어가게끔 하는 것이 키(key)다. 이 같은 고객행위, 즉 커스터머십(customership)에 관한 연구를 신문기업, 신문업계가 주도하도록 한 유럽연합 2020 프로젝트(EU HORIZON 2020)가 발진했다고 한다. 2014년까지는 노르딕 국가들이 리서치 프로그램을 가동하게 된다.

이런 정부의 공적 보조 역할에 대해 핀란드 사회에서는 국가적 차원의 미디어 생태계 보존(finnish media eco system)이라는 시각을 갖고 있다. 아일랜드 정부도 디지털 더블린 프로젝트를 통해 아이리시 타임스 등 신문기업과 함께 하는 새로운 수익모델 패턴을 보여주고 있다. 일본에서는 활자 문화 진흥을 위한 캠페인이 벌어진 적이 있다.

(2) 3개 영역 (콘텐츠, 디지털, 새 사업) 대응

정부 보조 수익모델 세부 전략을 콘텐츠, 디지털, 새 사업 등 3개 영역별로 압축해서 정리해 본다. 먼저 콘텐츠 영역에서는 우수 콘텐츠가 단연 중요한 화두가 된다. 인기 높은 뉴스, 첨단 뉴스도 중요하지만, 국가적, 사회적으로 선별하는 우수 콘텐츠는 분명한 사회적 가치, 문화적 가치를 지녀야 한다.

예컨대 슬로 뉴스(slow news), 신문 안보와 같은 주제라면 정부와 신문이 함께 공동으로 다룰 만한 연구 대상이 될 수 있다. 두 번째 디지털 영역에서는 뉴스 변동 대응과 같은 실질적인 아이템이 등장한다.

국가경쟁력 차원에서도 활발하게 논의됐던 소프트 파워와 이를 뒷받침하는 보편적인 커뮤니케이션 파워로서 소프트 뉴스와 같은 새로운 개념을 고민한다면 정부보조 형태로 참여하는 해당 신문기업의 수익 흐름에 도움을 주고 사회적으로도 의미 있는 연구 성과를 획득할 수 있다.

세 번째 새 사업 차원에서는 미디어 펀드와 신문업계 내부 길드 등을 통해 우리 사회에 만연한 콘텐츠 오염 방지와 같은 실질적인 과업을 수행할 수 있을 터이다.

실천과제

기업 규모별 실천 방안

기업의 규모에 따라 사업의 범위는 크게 달라진다. 흔히 제시할 수 있는 신문산업의 전략은 대형 신문사에 한정되는 경우가 많다. 일반적인 전략 대부분이 여유자금이 있고, 사업을 개척할 인력이 있다는 것을 전제로 하여 만들어진 것이기 때문이다.

그러나 현실을 보면 대형 신문사는 조선, 중앙, 동아, 매경, 한경, 서경 등 일부 기업에 한정되고 대부분은 중견기업이거나 소기업 군에 해당한다. 이러한 중소기업 신문사에 대한 전략도 동시에 제시되어야만 균형적인 신문산업의 전략이라고 할 수 있다. 따라서 여기에서는 신문사의 규모별로 어떠한 차별화전략을 세워야 하는지 알아보고자 한다. 기업규모에 따라 콘텐츠 혁신, 디지털화 대응, 신규 사업 전개 등의 세 가지 사업 전개 방향이 달라질 수 있다.

〈그림 175〉 기업 규모별 신문기업 새로운 수익모델과 전략 세부 내용 실천 방안

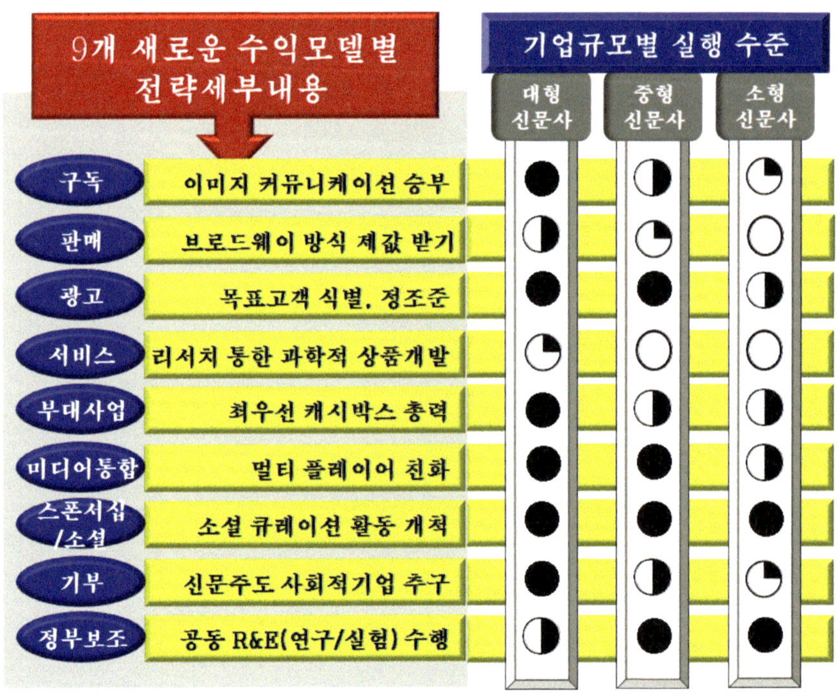

신문사 경영에서 기업규모를 나눠 보는 일은 몇 가지 기준으로 할 수 있다. 신문사 매출 규모나 당기순이익으로 보는 수익성 수준이 신문기업 경쟁력 위상 또는 규모를 결정짓는 기준이 될 수 있다. 아니라면 신문 발행 부수, 유료 판매 부수 등도 기준이 될 수 있고 신문사의 자산 크기로 나눌 수도 있다.

이들 가운데 본 연구는 유료부수를 기준으로 기업 규모별 전략 실천 방안을 구분해 적용해보고자 한다. 유료부수는 본 연구 주제인 신문기업 수익모델과 관련한 가장 핵심적인 자료이고 디지털 대응이나 사업다각화와 같은 수익원 확대를 추동하는 원천적인 비즈니스 모델이기 때문이다.

특히 본 연구 대상인 종이신문을 발행하는 일간지 신문기업들의 경우 유료부수라는 공신력 있는 자료를 통해 기업 위상과 수익 흐름을 객관적으로 파악할 수 있다. 유료부수 조사 자료는 2011년도 일간신문 발행 부수 및 유료부수 공시 결과(ABC 협회, 2011.1~12. 전국 일간지 인증 부수 43개지)를 활용할 수 있다.

이에 따르면 조선일보가 1,353,159로 가장 많고 그 사람 다음 중앙일보(943,880), 동아일보(749,792), 매일경제 (580,001), 한국경제(348,259) 등이 상위 5개사로 나와 있다. 이들 5개 신문사 그룹이 본 연구가 적용하는 대형신문사 그룹에 들어올 수 있다. 그 다음 지역일간지 인증부수(68개지) 가운데는 부산일보와 매일신문만이 각각 123,524와 101,040으로 10만 부를 넘고 있다. 이들 2개 지역일간지를 포함하여 유료부수 10만 ~20만 부 사이에 있는 스포츠조선, 한겨레, 경향신문, 일간스포츠, 한국일보, 국민일보, 문화일보, 스포츠서울, 스포츠동아, 서울신문 등이 본 연구가 제시하는 중형 신문사 그룹이다.

유료부수 10만 부 이하인 신문기업들은 모두 소형 신문사 그룹으로 간주할 수 있다. 이 같은 분류는 한국신문협회 회원사(47개 사, 46개 신문사와 1개 통신사)인 종이신문 일간지를 중점 분석 대상으로 설정하고 있는 본 연구 대상으로 볼 때 상위 5개 사가 대형 신문사, 그다음 12개 사(10만~20만 부 유료부수 기준)가 중형 신문사, 나머지 29개 사가 소형 신문사인 것으로 나눠 볼 수도 있다.

1) 대형 신문사(Large)

신문업계의 대규모 기업군에 속하는 신문사들은 지금까지도 많은 사업을 진행하고 있고, 사업을 구상하고 있다. 이미 시행하고 있거나 미래에 시행할 사업을 포함하여 이들 대기업 신문사가 추진해야 할 사업전략은 콘텐츠 혁신, 디지털화 대응, 신규 사업 전개 등 세 가지 중에서 디지털화 대응과 신규 사업 전개이다. 대기업은 여유자금이 있다고 하지만 사실은 종편채널 등으로 그다지 여유가 있는 것은 아니다. 그런데도 미디어 콘텐츠 경영에서 디지털화 대응은 불가피한 필수조건이면서 주력사업을 크게 벗어나지 않는 분야이다. 대기업은 디지털화 대응에서 자금상의 여유로 시험적인 기간 확보가 가능하고, 시장 리더십을 가지고 있어 새로운 플랫폼 사업자와의 전략적 제휴가 가능하다.

대형 신문사는 자금력과 인력, 그리고 핵심역량이 많아 신규 사업의 전개는 가능하다. 많은 자금이 소요되는 분야로서 영상미디어 진출, 부동산 임대사업, 교육사업과 같은 분야는 이미 사업을 진행 중이다. 대기업은 강점이 많으므로 이를 활용한 신규 사업 전개는 얼마든 가능할 것이다. 그러나 이러한 신규 사업은 거대 자본이 소요되어 인력과 재정적 부담이 큰 사업이므로 위험 요인도 큰 사업이다. 실패했을 경우 본 사업에 영향을 받을 정도로 위험부담이 크므로 위험 회피를 위한 안전장치를 마련하는 것이 필요하다.

콘텐츠 혁신은 이미 풍부한 콘텐츠를 확보하고 있고, 많은 지면을 통해 다양한 형태의 사업을 전개하고 있어 이러한 연장선상에 콘텐츠 혁신 전략을 추진하는 것이 필요하다. 즉, 기존의 사업에서 좀 더 다양화하고 새로운 아이디어로 확장하거나 축소하는 방향이 되어야 한다.

2) 중형 신문사(Medium)

대기업군과 비교해 규모가 작은 중형 신문사들은 여유자금이 풍부하지는 않지만, 신규 사업의 여력이 있고 일정 정도 신문에서의 입지를 확보한 기업이라 할 수 있다. 이러한 중견기업도 대기업군과 마찬가지로 디지털화의 대응이 우선으로 요구되는 전략이다. 신규 사업의 전개는 자금상 여유가 있는 기업은 괜찮지만, 종편에 진입한 기업과 자금 압박에 시달리는 기업은 어려울 것으로 보인다. 신규 사업은 많은 자금이 소요되고 전문성을 요하므로 자칫 실패하면 기업 전체가 위협받을 가능성이 있기 때문이다. 다만 일부 경제신문 등은 원활한 자금흐름을 유지하고 있어 관련 다각화로 가는 신규 사업 전개도 필요하리라 본다.

콘텐츠 혁신은 항상 필요로 하는 전략으로서 일반신문의 경우에는 틈새시장 등을 노려

대기업군과 차별화가 필요하다. 일부 경제신문 등은 이미 틈새시장에 진입하고 있어 콘텐츠 혁신에 대한 중요도는 상대적으로 약해 보이기도 한다. 그런나 소비자의 니즈와 기술변화에 따라 다양한 형태의 종이 콘텐츠에 대한 혁신은 필요하므로 항상 주시해야 할 분야라는 것은 간과할 수 없다.

3) 소형 신문사(Small)

소형 신문사들은 매출 규모가 작고 광고 수입이나 월 구독료 수입이 적다. 이들 기업이 가장 주력해야 하는 전략은 콘텐츠 혁신이라 할 수 있다. 이들은 여유자금이 많지 않아 새로운 신규 사업 개척에는 한계점이 있으나 기존의 콘텐츠를 최대한 활용하면서 틈새시장을 노리는 콘텐츠 혁신 전략은 필요할 것으로 보인다. 대기업이나 중견기업과 직접 경쟁하기보다 자신만이 가지고 있는 콘텐츠를 개발하면서 전문화해 틈새시장을 개척하는 것이 필요하다.

그러나 디지털화의 대응은 무시할 수 없는 대세이므로 디지털을 통한 틈새시장도 바람직한 대안이 될 수 있지만, 대기업과 중견기업에서 할 수 있는 자금이 많이 소요되는 사업은 피해야 할 것이다. 이런 경우라면 아웃소싱이나 전략적 제휴를 통해 매년 자금이 소요되지만 매년 유입되는 자금으로 해결할 수 있는 전략이 필요하다.

신규 사업의 경우에는 자금 소요가 예상되므로 사업 전개가 쉽지 않으나 기존 자산을 확보하고 있거나 저비용으로 가능한 사업은 못 할 이유가 없다. 이종 업종으로 진입 같은 출혈이 예상되는 신규 사업 전개는 되도록 피하고 자사의 사업 수익성 확보를 위한 혁신이 필요한 기업군이라 할 수 있다.

소기업은 자금상의 압박을 어떻게 해소하느냐가 중요하므로 사업성이 높은 것부터 시작함으로써 재정적인 현금흐름이 선순환을 이루도록 해야 할 터이다.

마지막으로 사업이 지속해서 악화하여 회복할 수 없을 때는 사업을 포기하는 예도 가정할 수 있다. 지나치게 늦어서 퇴출 기회를 잃는 것보다는 조금 손해 보더라도 일찍 퇴출하는 것이 유리할 때도 있다.

참조문헌

고은지(2014), 중국 화장품 시장 아직 성장 초기 단계, ≪LG Business Insight≫.

고훈우(2001),『베스트 셀러와 작가들』, 인물과사상사.

김가영 · 이우진(2017), 소셜 미디어 채널별 특성이 소비자 만족도에 미치는 영향에 관한 연구. ≪한국경영학회 통합학술발표논문집≫, 535~540.

김동현(2009), '해리 포터와 혼혈왕자', 영화 속 풍경 게임 속에서 찾기, ≪게임동아≫.

김시범(2018), 캐릭터산업의 권리활용(Licensing) 사업 가치사슬 체계화 연구. ≪문화산업연구≫, 18(2), 75~83.

김은아(2019), CJ CGV의 VRIO 모델을 통한 핵심역량분석, ≪한국엔터테인먼트산업학회논문지≫, 13(3), 333-342.

김윤지(2017), 콘텐츠 금융과 개선 방향, ≪한국수출입은행 해외경제연구소≫.

김영주(2015), OTT 서비스 확산이 콘텐츠 생산, 유통, 소비에 미친 영향에 관한 연구, ≪방송문화연구≫, 27권 1호, 75~102.

김원식 · 유종민(2015), 글로벌 OTT의 국내 시장 진출과 미디어 지형 변화 예측, ≪방송통신연구≫, 91호, 63~101.

김장우(2020), K팝 아이돌 제작시스템의 문화산업적 효용 가치 분석 - SM엔터테인먼트 사례를 중심으로 -, ≪글로벌문화콘텐츠≫, 42호 1 ~ 21.

노규성 · 조남재(2010),『경영정보시스템』, 사이텍미디어

도성희(2012),「중국 영화산업의 정책방향과 한국의 대응책 고찰」, 영화진흥위원회.

류은주 · 변정민(2019), K-Pop의 한류 지속을 위한 소셜 미디어 활용 방안에 대한 고찰 - 방탄소년단의 활동 패턴 분석을 중심으로 -, ≪문화와 융합≫.

박노일·정지연(2016), "중국인의 한류 이용과 국가브랜드 및 한반도 통일 인식",「아태연구」 23 (2), 166~168, 149, 162, 166~168.

박승현·이푸름(2019), 할리우드 영화의 흥행요인에 관한 연구 : 개봉 첫 주 흥행 1위 작품을 중심으로, ≪한국엔터테인먼트산업학회논문지≫, 13(5), 1~13.

박성철(2013), "미국 온라인동영상 사업자(OTT)의 오리지널 콘텐츠 전략연구",「한국통신학회 2013년도 추계종합학술발표대회」, 서울: 연세대학교.

박은정(2015), 한류, <강남스타일>, 문화코드, 미국인의 꿈, 거울 신경세포, 한국외국어대학교.

박준석(2013), 한국 지적재산권법과 다른 법률들과의 관계, KLAJ, vol.62, no.12, 통권 687호

pp.5-65.

서영덕(2007), 영화산업의 수익성과 다양성 제고를 위한 가격차별전략, ≪문화경제연구≫, 10(2), 417.

손향숙(2005), 해리포터는 아동문학의 고전이 될 수 없을 것, ≪창작과 비평≫ 겨울호.

송낙원(2007), 포스트 할리우드 시대의 미국 영화산업 연」, 한양대 박사학위 논문.

송민정(2016a),「유튜브 독주와 수익모델 한계 극복 전략: 멀티플랫폼+MCN 마케팅」, 바로투자증권.

송민정(2016b), 동영상 스트리밍 기업인 넷플릭스의 비즈니스 모델 최적화 연구. ≪방송통신연구≫, 96호, 40~74.

송민정(2017),「비디오 라이브 콘텐츠 유통 중심인 메신저, 카카오의 콘텐츠 유통 전략」, 신영증권.

송주영(2016), VRIO 모형을 이용한 전략적 기술평가 응용에 관한 연구, 부산대학교.

성기홍(2011), 콘텐츠 펀드 운영 현황 및 발전 방안 –모태펀드(문화계정)를 중심으로-.

심상민 · 김휴종(2001),「한국 주력산업의 경쟁력-엔터테인먼트 산업」, 삼성경제연구소.

심상민(2002a),「콘텐트 비즈니스의 새 흐름과 대응전략」, 삼성경제연구소.

심상민(2002b),『미디어는 콘텐츠다』, 김영사.

심상민 · 민동원(2002c),「문화마케팅의 부상과 성공전략」, 삼성경제연구소.

심상민 · 고정민(2002d),「한국문화산업발전을 위한 긴급과제」, 삼성경제연구소.

심상민(2005a),『블루콘텐츠 비즈니스』, 커뮤니케이션북스.

심상민(2005b),『미디어 기업 수익 다각화 전략』, 커뮤니케이션북스.

심상민 외(2006a),『문화콘텐츠 입문』, 인문콘텐츠학회, 북코리아.

심상민 외(2006b),『문화콘텐츠와 창의성』, 역락출판사(호서대 문화콘텐츠총서).

심상민(2010),「<해리 포터> 콘텐츠 마케팅이 보여준 뉴 OSMU」, ≪KOCCA 포커스≫ (통권 4호) 10-04.

심상민(2011, 성신여자대학교 산학협력단),「인문사회 기반 산학협력 활성화에 관한 연구」, ≪한국연구재단≫

심상민(2012), 할리우드 영상산업 제작시스템의 역사적 변천 연구, 한국문화산업학회 ≪문화산업연구≫ Vol.12, No.3.

심상민(2013a),「세계신문의 새로운 수익모델과 신문 경쟁력 강화방안 연구」, 한국언론진흥재단 지정주제 연구보고서, 2013-03.

심상민(2013b), 콘텐츠정책 새 흐름 : 밖을 향함- “해외 선도국가들 영화 콘텐츠 정책변동을 중심으로,” ≪인문콘텐츠≫, 30, 69~97.

심상민(2015), 영화한류 확장 위한 초국적 시네마 창출 방안, - 한국영화 둘러싼 「다섯 개 힘」 분석을 중심으로 -, ≪인문과학연구≫ 제 33집 408~413쪽.

심상민(2016), 융합 한류와 한류의 미래 진화, 한국문화산업교류재단.

심상민(2017a), 한류 위기 돌파할 엔터 키, 게이미피케이션」, ≪한류스토리≫.

심상민(2017b), 여성 소비에 맞춘 콘텐츠 신유통과 한류위기 극복, ≪여성학연구≫, 27 (1), 256~259.

심상민(2021a), 『엔터테인먼트 산업론』, 커뮤니케이션북스.

심상민(2021b), 콘텐츠에 투자해볼까?, www.kocca.kr/n_content/vol22/sub/trend1.html, ≪N콘텐츠 22호≫, 콘텐츠 위드 코로나, 한국콘텐츠흥원.

심상민(2022), 콘텐츠 투자, 진퇴의 비탈에 서다, 콘텐츠의 분산 조각 투자, 괜찮은 대박 투자 VS 휴지조각이 될 순간의 열풍! 여러분의 생각은 어떠신가요?, ≪만화 규장각≫ 칼럼, 2022.7.11.,https://www.kmas.or.kr/webzine/column/2022070012.

오세영 · 심창섭(2016), 영국 엔터테인먼트 관광 사례연구, 관광연구논총, vol.28, no.4, 통권 49호, pp. 31-54.

유승훈 등(2008), 산업연관분석을 이용한 방송산업의 국민경제적 파급효과 분석, 방송과 커뮤니케이션, vol.9, no.1, pp.134-158.

은혜정(2005), 『남미로 가는 교두보 : 멕시코 방송시장』, 커뮤니케이션북스.

은혜정(2007), 「남미의 드라마 : 텔레노벨라의 분석과 전망」, ≪KBI 포커스≫, 23 (07-03).

이광근, 「조직구조 성과통제」, https://slidesplayer.org/slide/16581863/

이광철 · 심상민 · 문효진(2014), 한류 방송콘텐츠 중남미 진출 전략에 관한 연구, ≪국제지역연구≫, 18(4), 85~117.

이승연 · 장민호(2019), K-pop 음악의 글로벌 성공 요인 분석, ≪한국엔터테인먼트산업학회논문지≫, 13(4), 1~15.

이언정 · 변혁(2019), 게이미피케이션 융합콘텐츠 연구: 잼라이브에 나타난 게임의 형식적 요소를 중심으로, ≪한국콘텐츠학회논문지≫, 19(8), 483~489.

이인혜 · 권상집(2017), tvN의 콘텐츠 혁신 : 폐기학습 및 흡수역량을 통한 탐험과 활용, ≪한국엔터테인먼트산업학회논문지≫, 11(8), 355~368.

이용관(2017), 콘텐츠산업 인력의 업무 자율성 변화 분석, 문화경제연구, vol.20, no.2, pp.3-18.

이재홍(2016), 「<포켓몬GO>의 인기요인과 스토리텔링 분석」, ≪한국게임학회 학회지≫, 16권 5호 159~168.

이재홍(2017), 게임캐릭터 스토리텔링 연구, ≪한국캐릭터학회 논문 발표집≫.

이진성(2008), 부산교육대학교 교수, 한교운동 부산울산경남 지회장, 「退溪 先生과 宗家 宗孫의 올곧은 삶」, ≪전통문화연구회≫ 제22호, 2008년 가을호.

이태호(2017), 콘텐츠산업 정책금융 활성화 논의, 「한국금융자산연구원」.

조영신 · 최민재(2014), 미디어 환경 변화에 따른 미국 방송사업자들의 미래 전략, ≪방송과 커뮤니케이션≫, 15 (4), 9~49.

정상철 · 이해춘(2014), 중국 시청각서비스분야 통상장벽 분석과 진출전략: AHP와 Fuzzy 신뢰도 지수를 이용하여, ≪문화경제연구≫ 17 (2), 63~80, 66.

정선화(2017), 영화산업의 자본 조달 구조와 지식축적과정에 대한 공간적 고찰: 한국과 미국 영화산업의 비교를 통하여, ≪한국경제지리학회지≫ 제20권 제4호.

홍금희 · 손수민(2014). 베트남 주부의 한류지각이 한국 브랜드 아동복 구매의도에 미치는 영", ≪Journal of the Korean Society of Clothing and Textiles≫, 38 (5), 627~637.

데이비드 미어먼 스콧(2010), 『오! 레이브』, 갤리온.

수잔 기넬리우스(2001), 『스토리노믹스』, 미래의 창.

宮下眞(2001), キャラクタ-ビジネス知られざる戰略, 青春文庫, 정택상 옮김(2002), 『캐릭터 비즈니스 감성을 팔아라』, 넥서스.

네이버 지식백과, 전사적자원관리(ERP) (기업을 바꾼 10대 정보시스템, 2014. 4. 15., 커뮤니케이션북스)

문화체육관광부(2010, 연구책임자 : 심상민), 미디어 환경 변화에 따른 방송콘텐츠산업 활성화 방안 연구.

부산영상위원회(2017), 부산지역 영화 기획, 개발 워크숍 초록.

통계청 발표 자료(2021), 고령자 통계.

한국콘텐츠진흥원(2010), 콘텐츠 가치평가모형 개발 현황.

한국콘텐츠진흥원(2012), 국가별 한류 콘텐츠 수출동향과 한국 상품 소비인식 분석 – 중국, 일본, 태국, 베트남 사례 비교.

한국콘텐츠진흥원(2016), "문화 : 기술 – 문화와 기술의 만남".

성신여대(2021), 미디어커뮤니케이션학과 강의「미디어 비즈니스」팀 프로젝트 발표문.

디지털마케팅연구회(2016),「마케터가 주목해야 할 브랜디드 엔터테인먼트 마케팅」.

삼성경제연구소 내부자료(2003),「기업에 대한 이해」.

삼성증권(2016),「Global Market Strategy」.

신용보증기금(2017),「문화콘텐츠기업 종합지원방안」.

유한킴벌리(2016),「지속가능성 보고서」.

Cast & Crew「Entertainment Services, 2012」.

CJ엔터테인먼트(2010),「한국 콘텐츠산업의 글로벌 도약을 위한 Global Film Fund 제안」.

CJ E&M(2015), KCON 2015 Japan : THE MOST EXCITING K-CULTURE FESTIVAL.

MPAA(2011), Theatrical Market Statistics.

PwC(2019),『엔터테인먼트 미디어 산업 전망 2019-2023, (Global Entertainment & Media Outlook 2019-2023』.

KT경제경영연구소(2016),「글로벌 플랫폼을 위한 새로운 접근방식, 한류」, 서울: KT경제경영연구소.

Alcatel-Lucent(2012), Video shakes up the IP edge : A BELL LABS STUDY ON RISING VIDEO DEMAND AND ITS IMPACT ON BROADBAND IP NETWORKS, STRATEGIC WHITE PAPER.

Albarran. A. B.(1996), Television Economics. Iowa State University Press.

Albarran, A. B.(1998), Media economics: Research paradigms, issues, and contributions to mass communication theory. Mass Communication And Society, 1(3-4), 117-129.

Aitchison, C., & Evans, T.(2003), The cultural industries and a model of sustainable.

Bach.D and Allen.D.B.(2010), What Every CEO Needs to Know About Nonmarket Strategy, MIT Sloan Management Review, SPRING 2010 VOL.51.

Barney & Hesterly(2020), Strategic Management and Competitive Advantage: Concepts, Pearson.

Caves. R.(1974), "The Causes of Direct Investment: Foreign Firms' Shares in Canadian and UK manufacturing industries", Review of Economics and Statistics, Vol.56, pp 279-293.

Galbraith, Jay R(1973), Galbraith's Star Model of organizational design,. Designing complex organizations. Addison-Wesley Longman Publishing Co., Inc.

Giyahi.Y. (2012), An empirical study to detect effective factors to increase number of moviegoers, Management Science Letters.

Ghyczy, Bassford, Oetinger(2001), Clausewitz on Strategy : Inspiration and Insight from a Master Strategist, BSG.

Hofstede, G.(2011). Dimensionalizing Cultures: The Hofstede Model in Context. Online Readings in Psychology and Culture, 2, 8.

Iwabuchi, Koichi(2002), Recentering Globalization: Popular Culture and Japanese Transnationaoism. Durham: Duke University Press.

Lash and Lury(2007), Global Culture Industry: The Mediation of Things. Cambridge: Polity.

Laudon, K. & Laudon, J. (2006) Management Information Systems: Managing the Digital Firm, 9th ed. Prentice Hall.

Owen, Beebe, & Manning(1974), Television economics, Lexington Books.

Owen & Wildman(1992), Video Economics, La Editorial, UPR.

Park, J. H.(2011), Legal Issues on Revenue Models for Next Generation in Music Industry, The Study on Contents Property pp.155-179.

Throsby, D.(2001), Economics and Culture. Cambridge University Press. 성제환 옮김 (2004). 『문화경제학』, 한울아카데미.

Webster & Phalen(1997), Media, Communication, Culture: A Global Approach, Lawrence Erlbaum Associates.

Wildman, S. S. & Owen, B. M.(1985), Program competition, diversity, and multichanel bundling in the new video industry. In E. Noam(Ed.), Video media competition: Regulation, economics, and technology. Columbia University Press. 244~273.

웨타 디지털, http://www.wetafx.co.nz

국제신문 홈페이지(www.kookje.co.kr)

네이버 홈페이지(www.naver.com)

동아일보 홈페이지(www.donga.com)

디지털타임스 홈페이지(www.dt.co.kr)

BBC 홈페이지, www.bbc.co.uk

세계신문협회 자료, www.wan-ifra.org

National Endowment for the Humanities (NEH) 홈페이지, www.neh.gov